中国哲语鉴赏

ZHONG GUO ZHE YU JIAN SHANG

段楚英 段春晓 段蓉辉 段华辉 编著

九州出版社
JIUZHOUPRESS

图书在版编目(CIP)数据

中国哲语鉴赏/段楚英等编著.--北京：九州出版社，2014.10

ISBN 978-7-5108-2862-1

Ⅰ.①中… Ⅱ.①段… Ⅲ.①格言—鉴赏—中国
Ⅳ.①H136.3

中国版本图书馆 CIP 数据核字(2014)第 254861 号

中国哲语鉴赏

作　　者	段楚英　段春晓　段蓉辉　段华辉　编著
出版发行	九州出版社
出 版 人	黄宪华
地　　址	北京市西城区阜外大街甲 35 号(100037)
发行电话	(010)68992190/3/5/6
网　　址	www.jiuzhoupress.com
电子信箱	jiuzhou@jiuzhoupress.com
印　　刷	北京洲际印刷有限责任公司
开　　本	880 毫米×1230 毫米　32 开
印　　张	25.875
字　　数	660 千字
版　　次	2014 年 12 月第 1 版
印　　次	2014 年 12 月第 1 次印刷
书　　号	ISBN 978-7-5108-2862-1
定　　价	88.00 元

总　　目

前　言

我国有5000多年的文明史，勤劳智慧的中华民族创造了世界上无与伦比的丰富多彩的语言。其中，在广大人民群众中广为流传、最喜应用的一种具有格律式的语言，就是哲语。

哲语是中华民族语言宝库中一颗璀璨明珠。它既有歇后语、成语、警语、格言的特色，又有与这些语言不同的特点。它自成一体独具一格，最富迷人的魅力之所在，就是它的哲理性。并且幽默、形象、直观，同时又言简意赅，给人以启迪。引用它，具有一下子就把人抓住的语言力量。以至墨客文人，特别是文学泰斗和伟人，尤其独钟也最善于运用它，使文章添彩，演说增辉，使读者听众赏心悦目，其味无穷，而且无形之中被降服。历史名著《资治通鉴》《盐铁论》《醒世恒言》《东周列国志》《三国演义》《水浒传》《红楼梦》《儒林外史》，更早些的《论语》《庄子》《道德经》，还有《孙子兵法》等，都有丰富的哲理性的哲语。如果把这些历史名著比作浩瀚无垠的太空，那么，其中的那些哲语，就如同一颗颗闪闪发光的星星。一代伟人毛泽东对哲语的引用更是独到绝境，在《论联合政府》这样重大而又严肃的论著中，在讲到批评的问题时，竟连续引用了“地要天天扫，脸要天天洗”、“流水不腐，户枢不蠹”、“知无不言，言无不尽”、“言者无罪，闻者足戒”、“有则改之，无则加勉”五句哲语，如行云流水一般，使听众无不折服。此外，毛泽东还创造了许多哲语，如人们惯常引用的“你要知道梨子的滋味，就得亲口尝一尝”，“鸡蛋放在冰窖里，永远孵不出小鸡”，“从群众中来，到群众中去”，“群众是真正的英雄”等。许多外国首脑人物到中国访问演说中也要说一句“中国有句老话”什么什么的哲语，以显示他们知识的渊博和对中国语言的精通，表示其幽默和风趣以及对中国人民的友好感情，给人留下深刻的印象。由此可见，哲语在中国语言中的重要地位和作用。

所以，我很偏爱哲语，也想挖掘这一灿烂文化，做一点微薄贡献。让哲语更好地为人们所运用，为社会服务，为精神文明建设服务。在此，我把平时从群众口里听来的，看书看报中见到的记录下来，利用业余时间，从中精选了约8000条富于哲理的语条，编写了这本读物，以飨读者。

哲语是实践经验的结晶，随社会的发展而发展。有的是古代流传下来的，依旧保留文言的特色，但其含义并不过时，这足以说明其哲理性；有的由于时代久远，内涵已经扩宽或者变迁，这足以说明其实践性。有相当一部分选自民间流传的俚语，实践特点更加突出，虽然一看就明白，但其含意却不好用语言解释。出自历史典故，名人名著之中的，都一一作了注释，把其时代、人名和书名，都加以标明。但这只表明从此处选来的，并不一定是出处。有的哲语含有消极成分，解释中略加评判，为的是吸取精华或者合理的部分，去其糟粕或者有害的东西。

这里需要说明一点，所谓“哲语”是指有哲学特点的语言。哲学是有关世界观的学问。因此，这里所选的哲语语条，都具备一定的哲学意义，不限于唯物辩证法。

由于正文语条是按照专题分类的，查找较难，所以，专门列有语条检索，按照笔画顺序排列，注明所在页数，这样就方便查找了。

本书的注解、解释，虽然参照了原书的原文含意和有关权威工具书，力求准确无讹，但由于本人的理解能力和水平所限，一定有不少欠当之处。恳请读者斧正。

段楚英

2011年1月1日

凡　例

一、本书共收集哲语约8000条，共分19个专题，所涉时代自古至今，所涉内容几乎无所不包。为了避免琐碎，从内涵的角度分为：人与自然，人生，人民与国家，法制，智慧，人才，文学艺术，事业，情感，品质，志向，思想境界，思想与方法，物性事理，社会交际，世态炎凉，真善美与假恶丑，生产与经济，战争与和平等。根据大专题的内容，又分了若干小专题。如“人才”这个大标题下，又分了“论才”、“选才”、“用才”、“育才与毁才”。其他类推。

二、正文语条一律根据专题内容安排，便于全面掌握，有个比较，正确选用，避免片面理解。

三、语条检索一律按首字笔画数顺序排列，便于查阅。同一笔画数按首字起笔的点、横、竖、撇、折的顺序排列。例：“一言可以兴邦”，在“一画”中查到该语条在正文的97页，即可查阅到注释。例：“宁先时，毋后时”，“平生莫邪剑，不报小人仇”，“兄弟不信，其情不亲”，“务本节用财无极”，“司马昭之心，路人皆知”，这些语条首字笔画数都是五画，但“宁”字起笔是“、”，“平”字起笔是“一”，“兄”字起笔是“丨”，“务”字起笔是“丿”，“司”字起笔是“ㄱ”。这样，在“语条起笔检索目录”的“五画”的“、”“一”“丨”“丿”“ㄱ”处，查到“、”点笔，“宁先时，毋后时”是在正文的465页；查到“一”横笔“平生莫邪剑，不报小人仇”是在正文的344页；查到“丨”竖笔，“兄弟不信，其情不亲”是在正文的321页，查到“丿”撇笔，“务本节用财无极”是在正文的628页；查到“ㄱ”钩笔，“司马昭之心路人皆知”是在正文的598页。就可以查到该语条在注释正文的页数。其他类推。

四、相同含义的语条,个别字不同而内涵不变的语条,语条注释中分别用与什么语条"同"的字样标明;或者"也作"什么的标明。

五、查阅语条或注释,注意语条检索目录和语条检索,即可非常方便地查到所需要查到的语条或者该语条的注释。

分类目录

语条起笔检索目录说明

一、语条检索包括了全书的全部语条，因为语条是按照分类排列的，所以，每一条哲语都必须按首字和首字的笔画数为根据标明页码，否则查找十分困难。因此，本书专门编排了语条检索。

二、语条检索中有约 8000 条语条，按照笔画顺序找下去也很费时，所以在语条检索中专门为读者编排了语条起笔检索目录，这样找起来就很省时间。

三、语条起笔检索目录是指每一条哲语的首字的起笔为标准的目录，表明该语条在“语条检索目录”中的首字起笔检索的页数位置。例：“会者众，精者寡”，首字是“会”，“会”字是 6 画，“会”字的起笔是“丿”撇。这样，在语条起笔检索目录找到六画，在六画中找到“丿”撇，后边标明的页码是 181，这就告诉你该语条在语条检索中的页数位置了，查的范围很小。

四、如果你要找该语条的注释，只需在语条检索中找到该语条，按照语条检索给出的页码即可方便找到。例：“会者众，精者寡”，在语条检索中找到该语条后边标明 181 页，即是你要找的语条在注释中的页数位置。其他类推。

五、如果你要使用某一条哲语，最好多找几条含义类似的语条做个比较，这样用的更准确贴切。

语条起笔检索目录

（首字首笔起）

九画

十画

十一画

十二画

十三画

十四画

十五画

十六画以上

语条检索目录

一　画

二　画

[一]

[丿]

三 画

四　画

[丿]

五　画

[、]

[一]

六 画

[、]

七 画

[、]

八 画

[、]

九 画

［乛］

十　画

[、]

十一画

十三画

［ 、］

十四画

[、]

[一]

[丨]

[丿]

十五画

十六画以上

一、人与自然

1. 自然不依赖于人

【人法地,地法天,天法道,道法自然】 法:自然法则,孕育于。道:自然规律,自然现象。意思是,人是孕育于地,地是孕育于天,天是孕育于自然规律,自然规律纯属自然。先秦时代老子《道德经》

【人不见风,狗不见雪】 风是空气流动而形成的,所以人的肉眼看不见。雪是寒白的,狗眼中的色彩单调,所以看不见雪。说明人的肉体器官对自然界的认识是有限的。

【万物皆出于机,皆入于机】 机:天机,即所谓造化。老庄哲学认为,万物均从无而产生有,最后又必定返回到无。机就是指万物的自然造化。意思是,自然界的万物都产生于自然的造化,最终又全都返回大自然的造化。于此循环无穷,造化无穷。《庄子·至乐》

【三五明月满,四五蟾兔缺】 三五:指农历每月的十五。四五:指农历每月的二十。蟾兔:月亮。意思是,到了每月的十五,月亮就圆满了,到了每月的二十,月亮就残缺了。汉朝无名氏《古诗十九首·孟冬寒气至》

【山空花自红】 意思是,山中无人,花照样开得红艳。比喻客观事物总是按照自身的规律存在发展,并不需要依赖人的主观意志。

【天行有常，人为有序】 天：大自然。常：规律。意思是，大自然是按照自己的规律运动变化的，人类的活动也必须遵循大自然的规律，进行有序的作为。

【天有常道，地有常数，君子有常体】 意思是，天的运行有一定的规律，地滋养万物有一定的法则，高尚的人的作为也有一定的标准。战国时期荀况《天论》

【天不为一物枉其时】 一物：一种或一个事物。枉：改变。意思是，天不为某一种或一个事物，当然也不为人，来改变时间。即天是按照自己的运动规律运行的，不以人的主观意志而运动。《管子·白心》

【天之自高，地之自厚，日月之自明】 意思是，天自然就那么高，地自然就那么厚，太阳、月亮自然就那么明亮。用不着修养。《庄子·田子方》

【天无私覆，地无私载，日月无私照】 覆：盖。意思是，天、地、日、月都是无私的，不向人类索取任何东西，不依赖于人而存在，而"工作"。《礼记·孔子闲居》："天无私覆，地无私载，日月无私照。奉斯三者以劳天下，此之谓三无私。"

【天无为以之清，地无为以之宁】 意思是，苍天无为因而清虚明澈，大地无为因而浊重宁寂。《庄子·至乐》：

【天地不为万物所有，万物因天地而有之】 意思是，天地并不是因为有了万物而存在，相反万物是因为有了天地才能生存。唐朝李筌《太白阴阳经·人谋》

【天行有常，不为尧存，不为桀亡】 天行：大自然的一切变化。常：常规，一定的规律。为：因为，由于。尧：传说古代的贤明帝王。桀：夏代国王，名履葵。残酷，暴虐，荒淫。后被商汤所败，出奔南方而死。意思是，天是按照自己的规律运行的，不因人的好坏而变化。《荀子·天论》

【天高而明，地厚而平】 意思是，天空晴朗无云就显得明远，大地厚实就显得平旷。唐朝韩愈《祭董相公文》

【天何言哉，四时行焉，百物生焉】 四时行：指一年四季：春、夏、秋、冬按照自己的规律运行。百物生：指地球上的万事万物蓬勃生长。意思是，天何尝说话了呢？一年四季不照样运行吗？不照样养育万物蓬勃生长吗？《论语·阳货》

【天地虽大其化均，万物虽多其治一】 化均：变化、运动均衡有规律。治一：指万物各居其位，各有所得。意思是，天虽然很大，但是它们的运动和变化时均衡有规律的，万物虽然很多，但是它们都各得其所，归根结底却是同一的。《庄子·天地》

【天地不仁，以万物为刍狗】 刍狗：古时祭祀时用草扎成的狗，使用后即被抛弃掉。意思是，天地是无所谓仁慈的，它没有仁爱，对待万事万物就向对待刍狗一样，任凭万物自生自灭。先秦时代老子《道德经》

【天地所以能长久者，以其不自生，故能长生】 以其不自生：指天地的运作不为自己，或其生存不自己。意思是，天地之所以能长久地存在着，乃是因为它们的一切运作都不是为自己，因而能够长久生存运作。先秦时代老子《道德经》

【天下万物生于有，有生于无】 意思是，天下万物产生于看得见的有形物质，而有形物质又产生于不可见的无形物质。物质是可见可感知可试验可重复客观存在的；所谓不可见，只是限于人的肉体器官和人类所能到达的领域。整个宇宙都是物质的。先秦时代老子《道德经》

【天下有始，以为天下母】 母：根源。意思是，天地万物本身都有起始，这个起始是天地万物的根源。先秦时代老子《道德经》

【天之道利而不害，圣人之道为而不争】 天之道：指自然规律。意思是，自然规律是让万事万物都得到好处，而不伤害它们。圣人的法则，是做奉献而不与人争夺。先秦时代老子《道德经》

【天下之至柔驰骋天下之至坚，无形入无间】天下：自然界。至柔：最柔软的。至坚：最坚硬的。无形：无固定形体。无间：无隙缝。意思是，在自然界中，事物之间都是相反相成。最柔软的东西驰骋于最坚硬的东西之中，无固定形体的东西进入没有隙缝的东西里。先秦时代老子《道德经》

【天不为人之寒而辍冬，地不为人之恶辽远而辍广】辍：停止，取消。意思是，天不因为人讨厌寒冷，就取消东季；地也不因为人厌恶太辽阔遥远，就取消它的宽广。即天、地不因为人而存在或改变。战国时期荀况《天论》

【不为而成，不求而得，是谓天职】意思是，用不着人去作为就可以成就，不用人去追求就可以获得，这就是自然的职能。战国时期荀况《天论》

【无为相合，万物皆化】意思是，天与地两个无为，相互结合，万物就都能变化生长。《庄子·至乐》

【无，名天地之始；有，名万物之母】意思是，“无”可以用来表述天地混沌未开之际的状况；而“有”，则是宇宙万物产生之本源的命名。先秦时代老子《道德经》

【日有短长，月有圆缺】意思是，白天的时间有短有长，夜晚的月亮有圆有缺，这是客观存在，不以人的主观意志为转移。比喻人必须承认客观，适应客观。

【日月不同光，昼夜各有宜】意思是，太阳和月亮发出的光不同，但是太阳白天照耀万物，月亮黑夜照耀大地，它们各得所宜。唐朝孟郊《答姚怤见寄》

【日往月来，星移斗转】斗：指北斗星、南斗星。意思是，白天过去了，夜晚来了，星星在不停地移动转换位置。比喻时间在不停地流逝，过得很快。明朝冯梦龙：《古今小说·明悟禅师赶五戒》

【日以煜乎昼，月以煜乎夜】煜：照耀。意思是，太阳照耀白

天,月亮照耀夜晚。人和万物离不开太阳月亮。《太玄·元告》

【以其终不自为大,故能成其大】意思是,万无归附不自以为伟大,所以才能成就它的伟大,完成他的伟大。先秦时代老子《道德经》

【水奔山头血奔脑】意思是,水跟血一样,往山顶上奔流。通常是水往低处流,这里反其说,意思是高山上同样有水。

【未生不可忌,已死不可徂】忌:禁。徂:通"殂",死。意思是,事物没有产生的不能禁止其产生,已经死亡的不能阻挡其死亡。《庄子·则阳》

【四时有不谢之花,八节有长青之草】四时:指春、夏、秋、冬四季。八节:指立春、立夏、立秋、立冬、春分、夏至、秋分、冬至。意思是,一年四季都有花开,都有青草生长。清朝李汝珍《镜花缘》第一回

【有名有实是物之居,无名无实是物之虚】物之居:指名与实相合就构成物的具体存在。物之虚:指名与实不相合就不能构成物的存在。意思是,有名有实,就构成物的具体形象;无名无实,事物的存在就显得非常虚无。唯物辩证法认为,事物都是以物质的客观存在形式而存在的,是不以人的称谓为存在依据的;名只是人对客观事物的一种认识符号,实也是人对物的存在的一种感知。在自然界和宇宙中,人们还没有认识没有感知的物是无穷无尽的。《庄子·则阳》

【初三初四蛾眉月,十五十六月团圆】意思是,每逢初三初四时,月亮像蛾眉那样形状,到了十五十六时,月亮就变成了圆形。

【其好之也一,其弗好之也一】其:指人。弗:不。好:喜好,喜欢。一:同一。意思是,大自然不依人类的好恶而存在、变化、发展,人类所喜好的,它是浑然为一的,人类不喜好的,也是浑然为一的。《庄子·大宗师》

【若水火有情,能浮石沉木】意思是,如果说水火有情,那么,

水火就能使石头漂浮起来，使木头沉下去。唐朝李筌《太白阴经·人谋》

【域中有四大，而人居其一焉】 域中：指空间之中，宇宙之间。四大：自然规律、天、地、人。意思是，在宇宙之间有自然规律、天、地、人四大，而人是居其中之一。先秦时代老子《道德经》

2. 自然互为条件

【万物生长靠太阳】 意思是，一切生命都离不开太阳。生命要有能量才能维持，太阳给一切生命提供了永续能量。即便是地球上的任何能源，其含有的热能，归根结底，也是太阳的热能转换而来的。

【万物列形，否泰交著】 意思是，万物都有固定的形态，而气候混乱和安泰是交替进行的。北宋许洞《虎铃经》卷一

【万物为道一偏，一物为万物一偏】 道：自然规律。一偏：一部分。意思是，万物是自然规律所产生的一部分，而一物只是万物的一部分。战国时期荀况《天论》："万物为道一偏，一物为万物一偏。愚者为一物一偏而自以为知道，无知也。"

【与人和者谓之人乐，与天和者谓之天乐】 和：谐和。意思是，人跟人谐和共处，这就叫做人乐；人跟自然谐和相处，这就叫做天乐。《庄子·天道》

【山不高则不峻，渊不深则不清】 渊：深潭。山不高就没有灵气，潭水不深就不会清澈明亮。南北朝刘义庆《世说新语·排调》

【山穷必无水】 山上不长东西，光秃秃的，肯定是因为缺少雨水而干旱。

【山水总相依】 有山就有水，有河流。比喻关系密切亲近，不可分离。

【山秀水必秀】 山秀丽,水肯定也秀丽。因为山秀丽必须有茂盛的植被,而茂盛的植被依赖于有好水。

【山大川必长,溪多川必深】 意思是,山大占的地面就大,积蓄的水就多,所以形成的河流就长;溪流多汇集的水自然就多,所以河水就深。

【山青水必秀】 意思是,山上植被茂盛,水经过植被的涵养过滤,就变得洁净清秀。

【天有其时,地有其财,人有其治,是之谓能参】 意思是,天有它的时空,有春夏秋冬四时的变化,地有蕴藏的财富,人有掌握使用天时、地利的办法,这就是能够参助、配合自然的职能。战国时期荀况《天论》

【水是万物之源】 意思是,生机勃勃的大自然,水是渊源,是一切生命的起源,没有水,就没有生命。人也不例外,地球上因为有了水,才孕育了人类。

【四时得节,万物不伤】 四时:指一年春夏秋冬四季。得:顺应时节之意。意思是,一年春夏秋冬四季的变化都顺应时节,不发生恶劣的气候,万物全不会受伤。《庄子·缮性》

【生机动则应之以生,气机动则应之以气】 意思是,上天开始生机的时机一到,大地就以万物的繁荣生长来回应;上天气候时机一到,大地就随之呈现出四季的不同。北宋许洞《虎铃经》卷一

【世界之大,无奇不有】 意思是,世界这么大,什么样的奇怪事物都有。

【机正则泰,机乱则否】 机:指天时,气候变化。意思是,天时正常,大地事物就安泰;天时一乱,大地事物就会被扰乱。北宋许洞《虎铃经》卷一

【同则无好,化则无常】 同:与自然同一。化:变化。无常:不固执于常理。意思是,与万物同一就没有自我偏好,顺应自然变化就不会固执于常理。《庄子·大宗师》

【同声相应，同气相求】 应：呼应。求：感应。声音相同就互相呼应，同类的物质相互感应。《周易·乾》

【同明相照，同类相求】 同明：同样的发光体。同样的发光体在一起，就会互相光照，同类的东西互相感应，互相求助支持。《史记·伯夷列传》

【同性相斥，异性相吸】 斥：排斥。吸：吸引。原是物理学中正电负电的一条定理，说明正电或电的正极接触就会发生排斥的现象，正电与负电（正极与负极）接触就会发生互相吸引的现象。

【阴阳和静，鬼神不扰】 阴阳：指自然界统一的两个方面。鬼神：泛指各种灾祸福降。意思是，保持自然界的统一和谐存在和发展变化，连鬼神也不会干扰，就可以免除各种自然灾祸。《庄子·缮性》

【尽有天，循有照，冥有枢，始有彼】 照：明朗，清晰。冥：幽暗，这里指最高深的道理。枢：枢要。意思是，万物全都有其自然，顺应自然就会循序生长发展，相互清晰明朗，而任何事物产生的同时又必然出现相应的对立面。这里面深奥的道理之中都存在着枢要。《庄子·徐无鬼》

【芳藻春耀不能离柯以久鲜，吞舟之鱼不能舍水而摄生】 芳藻春耀：芳香灿烂的鲜花。柯：草木的枝茎。意思是，鲜花再芳香灿烂，离开了它生长的枝茎，很快就会枯萎，不可能长久保持姿色；大鱼离开水后便不能生活。比喻任何生命体，离开维系生命的本源，就要失去生命。东晋葛洪《抱朴子·博喻》

【其一也一，其不一也一】 一：同一，浑然一体。意思是，大自然中，那些同一的东西是浑然一体的，那些不同一的东西也是浑然一体的。《庄子·大宗师》

【春到人间万物鲜】 意思是，春天到了，人间万物都焕发出新生的活力。明朝冯梦龙《警世通言·王娇鸾百年长恨》

【春回大地，万象更新】 意思是，春天来了，万事万物都生机勃勃，一派新气象。

【泉水不长鱼】 意思是，泉水太清冽，缺少营养，鱼不能生长。比喻人太清廉了，过于洁身自好，不利于自身作用的发挥。

【泉涸遍地火】 涸：干枯。意思是，泉水都干涸了，说明旱情严重，遍地干旱得像火烧了一样悲惨。

【海是龙世界，松是鹤家乡】 古人认为龙住在海里，所以说海是龙的世界。白鹤喜欢群栖古松，所以说松是鹤家乡。诗人、画家常借鹤发、古松指人长寿，有"松鹤延年"之诗画，这也是形成"松是鹤家乡"之说的原因。

【高山之巅无美木，大树之下无美草】 意思是，高山顶上没有长得好的树，大树底下没有长得好的花草。植物生长发展竞争激烈，争夺阳光水土和空间，低矮弱小的植物竞争不过高大强壮的植物。也比喻弱势力的人或群体竞争不过强势力的人或群体。汉朝刘向《说苑·谈丛》："高山之巅无美木，伤于多阳也；大树之下无美草，伤于多阴也。"

3. 自然在不断演化进化

【人是猴变的，猴是石头变的】 这种传说没有科学依据，但说明生命和无生命之间并不是绝对无联系，同时说明自然界是在不断演化和进化的过程中。

【人类只有一个祖先】 现代考古学证明，人类最起源于非洲，还未发现地球其他处有非洲人相同或更早的人类化石。

【天地氤氲，万物化醇】 氤氲：阴阳之气聚合。化醇：变化精醇。意思是，天地之间的阴阳之气不断聚合，使万物不断地变化精醇。《周易·系辞下》

【无动而不变，无时而不移】 无：莫，没有什么。意思是，世界万事万物没有什么不在运动,不在变化,无时无刻地在迁移。《庄子·秋水》:“物之生也,若骤若驰,无动而不变,无时而不移。”

【年不可举,时不可止】 止:停留。意思是,岁月不可挽留,时间从不会停息。《庄子·秋水》

【阴阳相照相蓋相治,四时相代相生相杀】 照:辉映。蓋:通作“害”。杀:衰减。意思是,阴阳互相辉映,互相伤害又互相调治,四季互相更替,互相产生又互相衰减。《庄子·则阳》

【阴阳不为万物而生,万物因阴阳而生之】 意思是,阴阳变化不是因为万物而存在的,相反万物是因为有了阴阳变化才得以生成。唐朝李筌《太白阴经·人谋》

【近亲傻远亲聪,无亲万里出皇臣】 亲:血缘关系。意思是,血缘关系太近,出生的后代就会有生理缺陷,呆傻不聪明。血缘关系越远,出生的后代,身体就会越健康,智力较好。没有血缘关系而且出生地很远,出生的后代,智商就很高,可能成为大官。

【凫胫虽短续之则忧,鹤胫虽长断之则悲】 凫:野鸭。胫:小腿。意思是,野鸭的小腿虽然很短,续长一截就有忧患;鹤的小腿虽然很长,截去一段就会痛苦。比喻自然界万事万物是不以人的主观意志为转移的,是按照自身本真而存在发展的,人为地干预、改变他们是没有必要的,也是错误的。《庄子·骈拇》

【是先有鸡还是先有蛋】 这是民间的一个有趣的抬杠命题。以鸡论蛋或以蛋论鸡,都会陷入一个封闭的圆圈出不来。从现在或从有鸡的前提条件下来讨论鸡与蛋孰先孰后,是得不出结论的。因为在进化论中,鸡与蛋是不能互为前提条件的,否则就不叫进化论。因此,鸡是从比鸡低一极的某个动物进化来的。从起源来说,鸡与鸡蛋之间并不存在谁先谁后的问题。

【适者生存,不适者亡】 自然界规律。意思是,一切生物,适应自然界的环境,就能生存发展下去,不适应又不能通过进化去适应,就会消亡。

【性不可易，命不可变，时不可止，道不可壅】 意思是，事物的本性不可改变，规律不可变更，时光不会停留，真理不会壅塞。《庄子·天运》

【消息盈虚，终则有始】 消息：消指消退、消失；息指生长。盈：指充实。意思是，宇宙万物始终处在消退、生长、充实、空虚的发展变化中，一种物质终结了另一种物质便又开始了。《庄子·秋水》

【物竞天择，优胜劣汰】 意思是，自然界的万物，为着生存和发展，每时每刻都在相互竞争，进行着生存的选择。这种自然竞争、选择的结果是，优良的胜利了保存了下来；那些低劣的失败了，被淘汰了。这是一种自然规律。

4. 人依赖自然

【一叶落知天下秋】 意思是，从一片树叶枯落，便知道秋天来了。宋朝唐庚《文录》："山僧不解数甲子，一叶落知天下秋。"

【人以食为天，食以土为本】 食：前一个"食"是指吃，后一个"食"泛指庄稼作物。意思是，人以吃为最重要、最大的依靠，庄稼以土为依靠。说明人、庄稼、土壤三者之间的依存关系，教育人们要爱惜土地，不要破坏土壤。《史记·郦生陆贾列传》："民以食为天。"

【人不知春，草木知春】 意思是，对节气的变化更替，草木比人还敏感。人只要看看草木是否发芽了，就知道春天是否到了。

【人的命，天注定】 宿命论。意思是，人的命运是生下来就注定了的，人是无能为力改变的。某种程度上是说明人是不可与自然规律违抗的。

【力田不如逢年】 力田：努力辛苦耕耘。逢年：遇上好年成。

说明农业对气候的依赖性。《史记·佞幸列传序》:“力田不如逢年,善仕不如遇合。”

【人为万物之灵】 意思是,人是地球上最有智慧,可以主宰一切的最高级的动物。宋朝欧阳修《秋声赋》:“草木无情,有时飘零。人为动物,惟物之灵。”在《怪竹辩》中说:“有知莫如人,人者万物之最灵也。”

【人是万物之灵】 参阅“人为万物之灵”。

【万物皆备于我】 皆:都。意思是,万物都是为我(人)准备的。《孟子·尽心上》

【天生万物,唯人唯贵】 贵意思是,大自然造就了万物,其中人是最高级最贵重的。《列子·天瑞》

【天生万物,人享万物】 意思是,大自然产生了万物,而人享受着大自然馈赠的万物,人应该感谢热爱大自然。

【水富鱼米之乡,水穷不毛之地】 意思是,雨水充足,就成了鱼米之乡,缺少雨水,就什么都不长。

【天人合一】 天:指天和整个自然界。意思是天地和人是一个统一体,人离不开并依赖天地。

【天为爹,地为娘,人是天地好儿郎】 意思是,天地孕育了万事万物,其中人是这万事万物中最杰出的。《尚书·泰誓上》:“惟天地,万物父母;惟人,万物之灵。”惟:同唯。《庄子·达生》:“天地者,万物之父母也,合则成体,散则成始。”

【天下名山僧多占】 意思是,庙宇都建在风景优美的名山上,僧人都住在那里。

【冻者假衣于春,暍者反冬乎冷风】 假:借。暍:中暑。意思是,冬天,受冻的人想借助增加衣服,使身体像春天一样温暖;夏天,中暑的人刚好相反,希望天气像冬天一样冷,以求助冷风带来凉爽解暑。《庄子·则阳》

【君子使物,不为物使】 使:差遣,使用。为:被。意思是,有智慧的人善于利用一切事物,而不被事物所左右。

【明于权者,不以物害己】 权:应变。意思是,明白应变的人定然不会因为外物而损伤自己。《庄子·秋水》

【养备而动用,则天不能病】 意思是,加强农业生产,人民衣食充足,根据实际而行动,那么,天也不能使人生病。战国时期荀况《天论》

【养略而动罕,则天不能使之全】 养略:缺衣少食。罕:少。全:指健康。意思是,如果生产荒废,衣食不足,而劳动又不积极,那么,天也不能使人健康。战国时期荀况《天论》

【春到人间草木知】 意思是,春天来了,人还没有感觉到,而草木早知道了。宋朝张栻《立春偶成》:"律回岁晚冰霜少,春到人间草木知。"

【倍道而妄行,则天不能使之吉】 倍:同背。意思是,违反自然规律,胡作妄为,破坏大自然,那么,天也不能使人得到好的结果。战国时期荀况《天论》

【莫知其所终,何其无命?莫知其所始,何其有命?】 意思是,没有人能够真正懂得生命的终向,怎么能说没有命运安排?没有人能够真正懂得生命的起始,又怎么能说存在命运的安排?《庄子·寓言》

【循道而不贰,则天不能祸】 道:自然规律。不贰:不违反、违背。天:指大自然。意思是,遵循自然规律行事,不违反自然规律,那么,天也不能使人遭自然灾祸。战国时期荀况《天论》

【梅破知春近】 意思是,当梅花含苞待放的时候,就知道春天快要来临了。宋朝黄庭坚《虞美人·宜州见梅作》

【彊本而节用,则天不能贫】 彊本:彊,同强。指加强农业生产。意思是,加强农业生产,那么,天也不能使人贫困。战国时期荀况《天论》

【静胜躁,寒胜热】 躁:烦躁,扰动。意思是,清静下来,能消除心情烦躁扰动,寒冷能战胜天气炎热。原意比喻统治者不能浮躁,做事不冷静。应该保持冷静的头脑,沉稳地处理问题。先秦时代老子《道德经》

【天地之间,莫贵于人】 意思是,在天和地之间,人是最宝贵的。《孙膑兵法·月战》

【浮游乎万物之祖,物物而不物于物】 物物:以外物为物,役使外物。不物于物:不被外物所役使。意思是,优游自得地生活在万物的初始状态,役使外物,却不被外物所役使。《庄子·山木》:“浮游乎万物之祖,物物而不物于物,则胡可得而累邪!”

【既得其母,以知其子;既知其子,福守其母,设身不殆】 母:根源。子:派生物,指由母所产生的万物。意思是,如果知道万物的根源,就能认识万物,如果认识了万物,又把握了万物的根本,那么,终身都不会有危险。先秦时代老子《道德经》

5. 爱护自然

【人皆尊其知之所知,而莫知其不知而后知】 尊其知:看重自己的才智。意思是,人人都尊崇自己的才智所了解的知识,却不懂得人们才智所不知道而后知道的知识。《庄子·则阳》

【人禀七情,莫非自然】 禀:具有。七情:喜、怒、哀、惧、爱、恶、欲七种感情。意思是,人具有喜、怒、哀、惧、爱、恶、欲七种感情,这些感情没有不是触景生情,自然形成的。南朝梁代刘勰《文心雕龙》:“人禀七情,应物斯感,感物吟志,莫非自然。”

【大天而思之,孰与物畜而制之】 大:尊敬。思:思慕。孰:与其,不如。意思是,与其尊敬天而仰慕它,不如把它作为一种物来养畜而能空制它。战国时期荀况《天论》

【上有天堂,下有苏杭】 苏杭:苏州、杭州,旅游疗养胜地。意思是，苏州、杭州风景秀丽优美，就跟天堂一样好。元朝奥敦周卿《双调蟾宫曲》："春暖花香，岁稔时康。上有天堂，下有苏杭。"

【大巧在所不为，大智在所不虑】 意思是，有高超技术的人，不做超过自然条件和自然规律许可的蠢事；有高智慧的人，也不超过自然条件和自然规律去胡思乱想。战国时期荀况《天论》

【三十年栽杉，自家顾自家】 也说"三十岁栽杉，自家顾自家"。家：自己。意思是，三十岁栽种杉树，还赶得上为自己做棺材用。杉树质轻，有一种香味，耐腐蚀，南方喜欢用杉木做棺材。

【山秀藏人杰，水秀藏珍珠】 意思是，秀丽的山村出英雄豪杰人物，秀丽的水域产珍珠。说明人杰地灵。

【下雪不冷化雪冷】 下雪时，雪放热，所以不冷；化雪时，雪吸热，温度下降，所以冷。

【门前一园竹，全家添福禄】 意思是，住宅前边种有一园竹，全家人都幸福富裕。

【门前千棵竹，家藏万卷书】 把诗书同竹相提并论，可见人们对竹的喜爱。

【门前一棵樟，妖邪不入堂】 樟：樟树。樟树含有樟脑油，散发出辛辣清凉的香气，害虫害怕；树冠大，枝叶茂密，换叶，四季常青；而且树冠自成整齐的伞状，夏天树下阴凉清香洁净，好乘凉，所以人们说樟树能防妖邪。南方人喜欢在院里种樟树，既驱毒虫，又改善美化环境，还有很高的经济价值。

【天地与我并生，万物与我为一】 意思是，人也是大自然的产物，人和大自然是一个不可分割的整体。所以，人和万物应该和谐相处。《庄子·齐物论》

【天不变道亦不变】 道：指法规，自然规律，法则。亦：也，一样。意思是天不变化，所以社会规律、法规、法则等也不能变。《汉书·董仲舒传》："道之大源出于天，天不变道亦不变。"实际是，天每时每刻都在发生变化，阴晴雨雪，风电雷雹，日食月食，流星飞云等，人们看得到的，感觉得到的，习以为常；还有许多人的肉眼看不到的，肉体感觉不到的，如太阳黑子，磁爆，太阳风，星系变迁等等宏观变化无穷无尽，永远无休止，且激烈异常。所以，应该倒过来说：天在变，道亦要变。

【天地相合，以降甘露，民莫之令而自均】 意思是，天地间阴阳之气相合，就会降下甘露，人们不必指使天地，它会自然均匀。先秦时代老子《道德经》

【天有历数，地有人据】 历数：日月星辰与寒暑节令的自然变化。人据：人们赖以生存的区域与寓所。意思是，天有日月星辰和节气的变化，地有人们居住区域和寓所的划分。即一切都是有定规的，由不得人的主观随意。《庄子·寓言》

【水用则利，水废则患】 意思是，水得到合理利用，就会成为水利；水被荒废不用，任其横流泛滥，或者被人为破坏、污染，就成了水患。

【水养万物，万物为我】 意思是，一切生命都离不开水，水养育了一切生命，而人又离不开万物。因此，保护水就是保护人类自己。

【水行莫如用舟，陆行莫如用车】 意思是，在水上行走，没有什么比得上用船的了，在陆地上行走，没有什么比得上用车的了。《庄子·天运》

【本荒而用侈，则天不能使之富】 本：指农业。意思是，如果农业生产荒废，而又奢侈浪费，那么，天也不能使人富裕。战国时期荀况《天论》

【天不能以气顺人，君能以人顺气】 意思是，天是不会让气候适应人的要求的，但有智慧的人可以让人去适应气候的变化。北宋许洞《虎铃经》卷一

【从天而颂之，孰与制天命而用之】 意思是，与其服从天而歌颂它，还不如掌握和控制天的规律来利用它。战国时期荀况《天

论》

【长者不为有余，短者不为不足】意思是自然界的万事万物的形态各异，形体长短大小不同，都是自然造化的结果，长有长的用处，没有多余的；短有短的作用，没有不足的。《庄子·骈拇》

【风不鸣条，雨不破块】鸣条：风摇动树枝的响声。破块：雨点打在土块上，把土块打破了。意思是，和风细雨，使树的枝条不摇动发出声响，使土块不被打破。意为风调雨顺，太平盛世的美好景象。明朝西周生《醒世姻缘传》第二十四回

【古人外化而内不化，今人内化而外不化】外化：指适应外部环境与物一道变化。外不化：与“外化”相反。内不化：指内心持守守凝聚。内化：与“内不化”相反。意思是，古代人外表适应环境变化，但内心世界却持守凝寂；现在的人，内心世界不能凝寂持守，而外表又不能适应环境的变化。《庄子·知北游》

【世丧道，道丧世】世：指人类世界。道：指自然规律。意思是，人类世界丧失了自然规律，自然规律就丧失了人类世界。《庄子·缮性》

【生于陵而安于陵，长于水而安于水】陵：丘陵，山地。意思是，我出生在丘陵山地，就安于丘陵山地的生活，长大了又生活在水边，就安于水边生活。比喻人生活在什么地方，就适应了那里的生活条件，养成了那里的生活习性。《庄子·达生》

【旧地重游别样新】意思是，重新游览过去曾经生活过的地方，特别感到亲切新鲜。

【可使食无肉，不可使居无竹】意思是，为了有一个优美舒适的居住环境，要保护好自然，宁可自己不吃肉，也不能以使居处没有竹。宋朝苏轼《于潜僧绿筠贤》

【灰喜鹊喳喳叫，松毛虫无处逃】松毛虫是林业的大害，被松毛虫侵害过的松林像被大火烧过了一样惨，无论是成年松树还是幼松，一概死亡。灰喜鹊是专爱吃松毛虫的益鸟，孵雏期，一只灰

喜鹊一天要吃一百多条松毛虫。我们要爱护灰喜鹊。

【有以相应,何其无鬼?无以相应,何其有鬼?】意思是,人有时候可以跟外物形成相应的感召,那么,怎么能说没有鬼神呢?有时候又不能跟外物形成相应的感召,又怎么能说存在鬼神呢?《庄子·寓言》

【动人春色不须多】意思是,能够触动人的春色美景不在于多,而在于有。宋朝王安石《咏石榴花》:“浓绿万枝红一点,动人春色不须多。”

【好雨知时节,当春乃发生】意思是,好雨就像知道节气一样,当庄稼正需要雨水时,它就下了。杜甫《春夜喜雨》

【物无贵贱,自贵而相贱】意思是,万物没有贵贱的区别,其所以有贵贱之说,是因为各自为贵而又以他物为贱。《庄子·秋水》

【泛爱万物,天地一体】意思是,要广泛地爱护一切物类,因为人和天地本来就是没有区别的一个整体。《庄子·天下》

【物以稀为怪】意思是,物因为稀少很难见到,所以才感到奇怪。

【物以稀为贵】意思是,物因为稀少,所以才贵重。也表示物品因稀少而价格高之意。

【望海见桅不见边,望山见天不见川】意思是,海很大,远远望去,只看到船的桅杆,却看不到海边;山很高,抬头望去,只看到天空,却看不到山之间的河流、平地。

【望远察雄伟,望近奋精神】察:感觉,觉察。奋:激发,振奋。意思是,旅游赏景,看远山远水,给人一种雄伟的感觉;俯首看近处,就被五颜六色的花草,活泼可爱的动物,千姿百态的山石,清澈激越的流水,精神为之振奋。

【桂林山水甲天下,阳朔山水甲桂林】桂林、阳朔都位于广西壮族自治区,山水都非常优美,是旅游胜地。此句之意是说,桂林的山水之优美天下第一，而阳朔的山水比桂林还美，超过了桂林。

【梅虽逊雪三分白，雪却输梅一段香】 意思是，梅花纵然比雪差了三分白，但雪却只是白而没有梅花的芳香。意喻各有长短，但相得益彰，构成一幅赏心悦目的美景。宋朝卢梅坡《雪梅》

【梅爱雪白，雪爱梅香】 意思是互有所尝，必然互有所爱。用拟人法颂赞梅、雪，表现对大自然的热爱。《白雪遗音·梅雪争艳》

【霜叶红于二月花】 意思是，霜打的树叶比江南二月的花还红，格外美丽。唐朝杜牧《山行》

【杉树剋桠如点粪，松树剋桠如钉钉】 剋桠：砍树枝。意思是，杉树砍枝桠，就像施了肥一样长得快，而松树砍枝桠就像钉了钉一样不长。

【鸟语花香，福寿安康】 意思是，环境优美舒适，使人健康、幸福、长寿。

【蚂蚁也惜命】 意思是，就连蚂蚁这样小的动物都爱惜自己的生命，我们人类更应该爱惜一切生命，不要滥捕滥杀。也教育人不要轻生。

【猫头鹰呵呵笑，老鼠跑不掉】 猫头鹰是益鸟，是捕老鼠的能手，猫头鹰求偶时发出叫声似笑。进入产卵孵雏时期，是捕鼠的高潮期。要保护猫头鹰，以保护生态平衡。

【啄木鸟是树木的外科郎中，黑八哥是树木的播种能手】 啄木鸟：天性爱吃树身内的肉虫，靠着极强的嗅觉和敏感的听力，能准确地判断出什么地方有虫，会不惜力气地用它那又尖又硬的喙啄树，直到把虫啄出来吃掉为止，为树木清除了人类难以解决的钻到树木木质部的害虫，保护了树木的健壮生长。黑八哥喜欢吃树上的果实，只消化果实的表层部分，不损伤种子。种子随粪便排出去，飞到哪里，种子就播种到哪里。

6. 破坏自然

【一家方便,万家受害】 也说“一家得利,万家遭殃”,“一家污染,万家受害。”可用来指一家工厂只顾自己生产盈利,不治理废水废气废物排放,造成周围水、空气、土壤、环境的污染,使千家万户受害。

【人有逆天之时,天无绝人之路】 逆:违反。天:指自然规律。意思是,人往往做出违反自然规律的事,但客观规律从来没有对人以无路可走的绝境。通常表示,虽然做错了事,但办法还是有的,不会活不下去的。明朝冯梦龙《醒世恒言》卷三十二

【下雨闹水灾,天晴闹旱灾】 意思是,农田水利建设没有搞好,或者对大自然的破坏严重,抵抗自然灾害的能力很差,即便是正常气候也闹灾害。

【火灾一场,黄金万两】 意思是,一场火灾,要造成万两黄金的损失。说明防火的重要性。

【天不害人,人自害】 意思是,大自然从不危害人类,而所有闹自然灾害,是人类自己造成的。

【天无害人之心,人有逆天之时】 天:指大自然。意思是,大自然是按照自己的规律运行,本无祸害人类的想法,只是人类不懂得自然规律,做些违反自然规律的事,才造成自然灾害。

【不知常,妄作凶】 常:指万物运动变化的永恒规律,即守常不变的规则。意思是,不知道自然规律而轻妄举止,往往要造成乱子和灾凶。先秦时代老子《道德经》

【化肥农药胡乱撒,地结虫多少鱼虾】 意思是,滥用化肥和农药,造成土壤破坏,生态破坏,以致土壤板结,害虫成灾,鱼虾也无法生存。

【知常容，容乃公，公乃全，全乃天，天乃道，道乃久，设身不殆】 容：宽容，包容。全：周到，全面。天：指自然的天，或为自然界。意思是，认识自然界规律的人，对自然界的认识是无所不包的，无所不包就会坦然公正不自私，公正不自私，做事就能周到，周到才能符合自然规律，符合自然规律才能长久，终生不会遭到危险灾祸。先秦时代老子《道德经》

【河溃蚁孔端，山坏由猿穴】 蚁：蝼蚁。端：开端。穴：洞穴。意思是，河堤崩溃是从蝼蚁的小孔开始的，山坏了是由猿猴的洞穴引起的。通常说明小事不注意就要坏大事，或者是说，坏大事都是由最初的小事开始的。汉朝孔融《临终诗》

【知遇而不知所不遇，知能而不能所不能】 意思是，人类知道遇上了什么，却不知道遇不上什么；能够做自身能力所及，却不能做自身能力所不及的事。《庄子 · 知北游》："悲夫，世人直为物逆旅耳！夫知遇而不知所不遇，知能能而不能所不能。"

【滥砍滥伐，天地惩罚】 天：自然规律。意思是，滥砍滥伐森林，会造成植被破坏，水土流失，生态失去平衡，引起气候恶化，自然灾害频发。这是自然规律对人类破坏大自然的惩罚。

【滥砍乱挖，房倒屋塌】 意思是，把树木砍伐光了，到处乱挖，破坏了地质和固土能力，下一场雨就闹水灾，造成滑坡，泥石流等灾害，使房屋被冲毁。

【墙坏于隙，剑折有啮】 啮：缺口。意思是，墙坏了，从有裂缝时就开始了的，剑折断了，从有小缺口时就产生了。《淮南子 · 人间训》

7. 改造自然

【人定胜天，天亦胜人】 定：谋。宋朝刘过《襄阳歌》："人定兮胜天。"《史记·伍子胥列传》:"人众者胜天,天定亦能破人。"意思是,人能谋划战胜大自然,大自然也能惩罚人类。

【人处物不伤物,物亦不能伤人】意思是,人与外物相处却不损伤外物,那么,外物也不会伤害人。《庄子·知北游》:"圣人处物不伤物;不伤物者,物亦不能伤也。"

【天生万物,人治万物】意思是,大自然造就了万物,而人却可以治理万物,利用万物,但却不能创造万物。唐朝刘禹锡《天论上》:"天之所能者,生万物也;人之所能,治万物也。"

【天能人不能,人能天亦不能】意思是,大自然能做到的,人做不到;人能做到的,大自然也有做不到的。即人只能利用、改造大自然,而不能创造大自然。唐朝刘禹锡《天论上》:"天之能,人固不能也;人之能,天亦有所不能也。"

【天数有违,江山难恃】天数:指一、三、五、七、九诸奇数。恃:依赖,依靠。意思是,违反了天意,即自然规律,江山也不能依靠,保不住了。《后汉书·公孙述传赞》

【天与人不相胜】天:指大自然。意思是,大自然与人不可能相互对立而相互超越。实际上,大自然对人无所谓对立或超越,因为大自然不依赖人而客观存在,是按照大自然自身的规律运行。强调的是人不能与大自然对立而超越大自然;人所谓改造自然是为了顺应自然规律,更好地适应自然,使人和自然浑然一体。《庄子·大宗师》

【天上没有玉皇,地上没有龙王】中国上世纪五十年代末"大跃进"时期农民的豪言壮语:"天上没有玉皇,地上没有龙王,我就是玉皇,我就是龙王。喝令三山五岭开道,我来了!"表现那个时代人的豪言壮志。

【天不悯人,人自悯】悯:怜悯,同情。意思是,老天无情人有情,不能靠天恩赐,要靠人互相救助。

【天公不作美,人有胜天术】意思是,没有遇上好天气,人自有战胜坏天气的办法。

【天若有情天亦老，人间正道是沧桑】 沧桑：沧海桑田，比喻人间世事变化很大。全句的意思是，老天如果也有情感的话，也会变老的；人类社会的发展变革是符合历史规律的，这就如同自然规律一样，革命是不可阻挡的。毛泽东《人民解放军占领南京》

【无以人灭天，无以故灭命，无以得殉名】 人：人为。天：天然，自然。故：故意，有心而为。命：天命，非人为的自然禀赋。得：指有所得。殉名：为了名声而奉献本真。意思是，不要人为地去毁灭自然，不要有意地去毁灭自然的秉性，不要不遗余力地为获取一时的虚名而不惜破坏自然。《庄子·秋水》

【劝君莫打三春鸟，儿在窝中待母归】 三春：指春季的三个月，也指晚春。意思是，在晚春季节，正是各种鸟类孵育雏鸟的繁殖季节，打死了成年鸟，就饿死了窝中嗷嗷待食的雏鸟。劝人们爱护、保护人类的朋友鸟类，不要伤害它们。此语以拟人法，情真意切，足以动人爱鸟之心扉。

【水火不敢欺】 意思是，水、火一旦成为灾害，那是无情的，能够吞噬一切，不可麻痹大意，不可轻慢侥幸。重在防范。

【水多不是患，疏积在人办】 患：灾祸。疏积：疏通河道，使水排流通畅；修筑水库，把水积蓄起来，加以利用。

【冷不过三九，热不过三伏】 三九：指三九天。从冬至起，每九天为一九，至九个九为止。冬至后第十九天至第二十七天为三九天，是一年中最冷的时候。三伏：指初伏、中伏、末伏。从夏至第三天后开始进入伏天，到立秋后的第十天止总共是三十天到四十天。是一年中最炎热的时候。

【冷天冷在风上，热天热在云上】 意思是冬天刮风最冷，夏天天上布满云层而又不下雨最闷热。

【冷要动，热要静】 动：活动。静：与动相对安静，心静，少活动。意思是，天气太冷，就要多运动，天气太热，就要少活动，尽量保持安静。

【应之以治则吉，应之以乱则凶】意思是，根据大自然的规律去治理自然，就能收到好的结果；违反自然规律，破坏了自然形态，就要遭受到自然灾祸。战国时期荀况《天论》

【鱼身上有火】意思是，为了抓鱼，冬天多冷，人们也敢下到水里抓鱼，不觉得冷，似乎鱼身上有火似的。

【知天之所为，知人之所为，至矣】天：大自然。至：极点。意思是，知道大自然的存在、变化、发展，并且了解人类的作为，这就达到了认识事物的极点。《庄子·大宗师》

【春雨贵如油，夏雨遍地流】北方民谣，意思是春季雨水极少，夏季雨水较多较大。全谣：春雨贵如油，夏雨遍地流；春雨少，用水浇，夏雨多，开渠道。

【皇天不负有心人】皇天：大自然。意思是，大自然是慷慨无私的，只要人类与大自然相适应，根据大自然的规律，不断地改造大自然，就会得到大自然的回报。

【梅雨不出门】意思是，梅雨季节雨水多，不要出远门。也说"梅雨天不开"。

【排朝顺水走，鱼往逆水游】排：指木排、竹排、竹筏。意思是，木排、竹排、竹筏自身没有动力，都是借水的浮力和流动的力量，顺着水走；而鱼却相反，偏偏爱逆水游。因为鱼的鳞片是从头往尾的顺序生长的，如果顺水游，水就会冲开鳞片。

【黄河之水天上来】黄河：我国第二大河流，中原文化的摇篮。它从黄土高原流过，把大量泥土带入河水中，使水变成黄色，故名黄河。黄河水中部分泥沙沉积河床之中，使河床年复一年增高。这样，黄河的河床大大高出两岸地平，成了一条悬在空中的大河，故有此说。唐朝李白《将进酒》："君不见黄河之水天上来，奔流到海不复回。"

【船走八面风】船：指帆船。意思是，船挂上帆航行，什么方向的风力都可以利用。

【雷打满天转，雹打一条线】 意思是，雷声是满天响彻，冰雹集中在一个狭长地带下。人类据此规律防雹灾。

【雷随闪电雨随风】 意思是，雷声是闪电形成的，而光速快于声速，所以先看见闪电后听到雷声；雨是随着风向飘下的。

【治山治水，子孙受惠】 意思是，整治荒山、皇滩、河流、湖泊，是惠及子孙后代的善事。

【顺天者逸，逆天者劳】 天：指自然规律。逸：不费心力，休养生息。逆：违反。劳：忙碌而辛苦，费力而无功。意思是，顺应自然规律办事，就不费心力而得到休养生息；违反自然规律蛮干，就劳而无功，还要遭到大自然的惩罚，更加辛苦忙碌。《三国演义》第三十七回

【顺天者昌，逆天者亡】 天：指自然规律。意思是，顺应自然规律就能生存下去，违反自然规律就要消亡。《孟子·离娄上》

二、人生

1. 生离死别

【一佛出世,二佛涅槃】出世:出生。涅槃:佛教用语,指所幻想的超脱生死的境界,也用作死的代称。比喻死去活来;也用以比喻很长一段时间。《水浒传》第三十九回

【一佛出世,二佛升天】升天:死亡的代称。佛教认为,做好事,行善修心的人,死后升入天堂;反之,死后打入地狱。比喻死去活来,或比喻等待了很长一段时间。

【人生不满百,常怀千岁忧】人生:指人的本性。意思是,人虽然活不到一百岁,生命很短,可是常忧虑千年长远的事情。《古诗十九首》

【人生不失意,焉能暴己知】失意:指挫折,知:知识。或了解自己。意思是,人生只有经过艰难曲折的锻炼,才能增长知识,认识自己。唐朝刘锡禹《学阮公体三首》其一

【人生天地之间,若白驹之过隙】白驹:骏马。有说指阳光。隙:空隙。意思是,人生在天地之间,就像骏马穿过一个空隙一样狭窄的通道。《庄子・知北游》

【人世光阴花上露】意思是,人生就像花儿上的露水一样短暂。宋朝马浩澜《青玉案》

【人能百岁自古稀,松得千岁未为老】通常用以表明人生太

短。宋朝王安石《松》

【人到中年苦难多】 意思是，人到中年，上有老下有小，家庭负担重；在工作上又正是处年富力强挑重担之时，工作负担压力很重，往往劳累过度，直接影响身体健康，所以说苦难多。

【人到中年万事休】 元朝关汉卿《一枝花 · 不伏老》："恰不道人到中年万事休，我怎肯虚度了春秋。"意思是，人到了中年干什么都不行了。可是，我怎么甘心就这样虚度时间呢。实际不然，中年正是年富力强之时，经验丰富，最成熟最稳定。孔子说过："三十而立，四十而不惑，五十而知天命。"很有道理，历史上，大器晚成者也不乏其人。但说明人生苦短，到了中年更要珍惜时间，只争朝夕，为之奋斗！

【人往高处走，水往低处流】 意思是好中还想好，是人的特性，如同水从高处往低处流动的特性一样。

【人生一世，草生一秋】 意思是人生像草一样一枯荣一样的短暂。《水浒传》第十五回

【人生之水浊如泥】 比喻人活着像水一样干净不了，但要修身养性，也能做到出淤泥而不染的。

【人生如梦，转眼就是百年】 意思是，人生很短，很快就过去，一辈子如同做了一场梦一样。以此激励人们抓住时机，掌握自己的命运。

【人生一场戏】 意思是，人活在世上，就跟演戏似的。说此话时，往往带有消极情绪。

【人活七十古来稀】 稀：少。意思是，人活到七十岁，自古稀少，不简单。现代的寿命随着科学技术的发展和生活水平的提高，活到七十岁已经是很普遍了。

【人活一口气】 意思是，人是很容易死去的，活着就那么一口气，这口气完了也就完了。

【人要脸，树要皮】 树依靠皮下筛管吸收水分和养料，树皮没

了就会死亡，比喻人的自尊心和荣誉感不能损害。

【人老闲话多】意思是，人老了，爱在儿女面前唠叨，回忆过去，希望得到尊重。这是人老的一个特征，年轻人应该理解，听听有好处。

【人过三十天过午】比喻人到了三十岁，就好像太阳过了中午进入下午一样。

【人过四十日偏西】意思是，人到了四十岁，如同日头偏西。

【人生若波澜，世路有屈曲】意思是，人一生像波澜一样不平静，所经过的历程像道路一样弯弯曲曲。唐朝李白《古风》

【人死万事空】意思是，人死了，一切都完了，一切都无用。宋朝陆游《示儿》："死去原知万事空，但悲不见九州通。王师北定中原日，家祭无忘告乃翁。"

【人死如灯灭】比喻人死了好像灯熄灭了一样。

【人人有面，树树有皮】意思是，不管男女老少、穷人富人，还是达官贵族，都一样有面子，不能损害自尊心和荣誉感。清朝王有光《吴下谚联》卷二

【人总是要死的，但死的意义不同】毛泽东《为人民服务》："人总是要死的，但死的意义有不同。中国古时候有个文学家叫做司马迁的说过，'人固有一死，或重于泰山，或轻于鸿毛'。为人民利益而死，就比泰山还重；替法西斯卖力，替剥削人民和压迫人民的人去死，就比鸿毛还轻。"

【人之在道，若鱼之在水】意思是，人顺乎天道，就好像鱼在水中一样，得水便生，离水便死。《黄石公三略·下略》

【七岁八岁狗也嫌】意思是，七、八岁的儿童刚懂事又不懂事，幼稚天真顽皮，连狗都嫌他。说明儿童时期最需要爱护和教育。

【七十三八十四，阎王不叫自己去】七十三八十四：指七十三岁，八十四岁。意思是，人活到七十三岁就要死去，过了七十三岁

活不过八十四岁。据说，孔子是七十三岁死的，孟子是八十四岁死的。因为他们是圣人，所以人们把这两个年龄段作为人的寿命极限的经验之谈。这是不科学不符合实际的说法，现代人活过八十四岁的多得很。据科学家研究，人的各种器官都能活一百岁以上，其所以享受不到这个寿命，是因为人类的脑、体消耗太大，加上疾病和各方面的因素影响，使人的寿命大大缩短。

【大夫只能治病，不能治命】 意思是，病是可以治好的，但再高明的医生，对生命即将结束的人，是无法救治的。

【久病床前无孝子】 意思是，人久病卧床不起，就连亲生儿子也难以照顾了。

【不以生生死，不以死死生】 意思是，不会为了生而使死者复生，不会为了死而使生者死去。《庄子·知北游》

【无为空自老，含叹负平生】 意思是，不要无所作为，空度年华，免得老了叹息辜负了一生。唐朝陈子昂《题居延古城增乔十二知之》

【正则静，静则明，明则虚，虚则无为】 正：泛指弃除各种私心杂念、七情六欲、名利富贵等一切私欲的贪念。意思是，人要把心放正，内心就会平正，内心平正就会宁静，宁静就会身心明澈，明澈就会虚空，把一切都想得很开，虚空就能恬淡看待生活，顺应自然和社会，做到无所作为而又无所不为。《庄子·更桑楚》

【气聚则为生，气散则为死】 气：古人认为，自然界和宇宙都是由气构成的，而天人合一，因此，人的生命体也是由气构成的。意思是，人的生命是气的聚合而成的，那么气的离散便是死亡。《庄子·知北游》："人之生，气之聚也，聚则为生，散则为死。"

【气功治病不治命】 意思是，气功可以治一些疾病，但不能救命。它只不过是锻炼身体，调节心神的一种体育活动，不要神化它，夸大它。

【去者如弊帏，来者如新衣】 来者、去者：这里泛指时间。弊：

坏。意思是，时间逝去如同破了的帷幕，未来的日子好像新衣一样美好。

【四十而不惑】 惑：困惑。意思是，人到了四十岁，年富力强，干什么都顺手，不感到困惑。《论语·为政》载孔子语：“吾十有五而志于学，三十而立，四十而不惑，五十而知天命，六十而耳顺，七十而从心所欲，不逾矩。”

【世事洞明皆学问，人情练达即文章】 洞明：看得深入透彻清楚。练达：熟练通达。意思是，把世界上的事物事情都看得很清楚，这就是学问；对人情世故都熟练通达了，并懂得它的道理，这就很善很美了。《红楼梦》第五回

【生死由天定，善恶自己造】 意思是，生和死是人自身决定不了的，但一个人的善恶却完全是自己造成的事。

【生时自己啼，死时他人哭】 也有说“来时自己啼，走时他人哭”。意思是，人来到人世间，第一声是自己啼哭，离开人世间时，是别人为自己悲哭。《小仓山房诗文集·喜老》

【生人房里一房鬼，死人房里一房人】 生：生产。意思是，生产孩子的房里全是要命的鬼，意喻生产孩子非常危险，产妇有生命的危险。人死了，人们进房里去悼念瞻望，挤满了人。意喻人死了，事情也就完了。生与死对比，生比死更危险更可怕。

【生轻一发，自重千钧】 一发：比喻细微，轻微。意思是，生来轻微，但是，却非常自重自尊，把自己看得千钧一般重。《陈书·徐陵传》

【生也有涯，无涯惟智】 意思是，人的生命是很有限的，而知识却是无穷的。南朝梁代刘勰《文心雕龙·序志》

【生也死之徒，死也生之始】 也：语助词。徒：属，同类。意思是，生和死是相反相陈的，有生就有死，所以，生是死的开始，死是生的开始。《庄子·知北游》

【牙痛不算病，痛起来要了命】 意思是，牙齿痛算不了什么

病，可牙痛起来却厉害得很。过去人们对牙齿缺乏认识，不爱护牙齿，得牙病很普遍，牙齿好的人很少，三四十岁就开始掉牙，到五六十岁许多人满嘴牙齿掉光。实际上，牙齿是消化的第一关，牙齿是人体外露的骨头，直接与牙槽骨髓相连。牙齿不注意卫生，不注意保护，会得很多病，直接影响人的身体健康。科学证明，牙齿保护好了，它可以跟随人的一生。

【在山泉水清，出山泉水浊】 意思是，泉水在山里是清净的，出山后就变得浑浊了。比喻人本来是纯洁高尚的，但人不能孤立存在，总是要“出山”生活在社会中，不可能不受社会影响，因此，必然“浊”。杜甫《佳人》

【死去原知万事空】 意思是，本来知道人死去后一切都是空的。陆游《示儿》：“死去原知万事空，但悲不见九州同。王师北定中原日，家祭无忘告乃翁。”

【死生由命，富贵在天】 宿命论。意思是，人生死、荣华富贵是由命决定的，是上天意志，人自己无能为力。言下之意，受苦受穷是命定的，你得认了，不要去奋斗了。使人安于现状，丧失意志。《论语 · 颜渊》引古语

【死而不亡者寿】 意思是，人虽然死了，但他的形象他的精神不死，仍然活在人们的心里，才是真正的长寿。先秦时代老子《道德经》

【合则离，成则毁】 意思是，人类的传习，是有聚合也就有离散，有成功也就会有毁败。《庄子 · 山木》

【若要死得快，买个脚下踹】 脚下踹：指摩托车。意思是，骑摩托车很不安全，非常危险。

【雨过第三坵】 比喻事情已经过去了，挽回不了了。有埋怨责难之意。

【轻生不惜命】 意思是，自杀的人不知道生命的可贵，不看重自己的生命。

【青山是处可埋骨,白发向人羞折腰】 意思是,人总是要死的,哪里都能埋葬。人到老了,什么都不行了,不得不羞惭地屈膝求人。宋朝陆游《醉中出西门偶书》

【两腿一蹬,万事皆清】 蹬:伸。人死后两腿伸直的样子。皆:都。清:完结了。意思是,人活着争这斗那,死了一切都完结了。

【两眼一闭,万事大吉】 意思是,人死了,一切事情都了结了,什么急都不着了。

【老有所养,少有所教】 意思是,老人应该得到赡养,少年儿童应该得到教育,这是社会应有的责任和秩序。

【老不足叹,死不足悲】 意思是,人总是要老的,要死的,这是自然规律,没有什么可叹息可悲伤的;明朝吕坤《呻吟语·力行》:"老不足叹,可叹是老而虚生;死不足悲,可悲是死而无补。"

【老来疾痛都是壮时落】 意思是,人到了老年,有许多疾病都是年轻力壮时不注意,好逞强落下的病根。教育青壮年要注意爱护身体。明朝吕坤《续小儿语》

【有病三分治七分养】 意思是,人有了病,医治是次要的,主要靠自己平时调养得当。

【穷于为薪,不知其尽】 穷:不断。薪:柴火。意思是,不断地添续柴火,火种就会永无穷尽地传续下去。比喻作为个体的人,生命是有限的;但是,一代一代地延续下去,人的生命又是无限的,永无穷尽。《庄子·养生主》:"指穷于为薪,火传也,不知其尽也。"

【药补不如食补】 意思是,中医认为,人身体虚弱,是因为气血亏损,就会百病发。应该根据身体状况增加营养,所以,用吃补药的办法来增强体质,不如用食物增强营养更好。

【贵珠出于贱蚌】 贵珠:珍贵的珍珠。贱蚌:不值钱的蚌壳。比喻高贵是依赖贫贱而存在的。

【贵以贱为本，高以下为基】 贵：高贵。贱：下贱，贫贱。本：依靠。基：基础。意思是，高贵是从别人的下贱或者贫贱得来的，没有贫贱高贵就不会存在；这就跟高是以下为基础一样的，没有下也就没有高。《老子》三十九章

【嘉树下成蹊，东园桃与李】 蹊：路。比喻人生在最旺盛时，好像桃、李树最兴旺时下自成蹊的景象一样，趋赴的人很多。晋代阮籍《咏怀》

【没什么不能没钱，有什么不能有病】 意思是，钱是最重要的，必须有；病是最可怕的，不能有。

【良医治病不治命】 意思是，医术高明的医生，也只能治病，而命定要死却治不活。

【良医不能救无命】 意思是人已经死了，不可能再活了，好医生也救不活。通常借喻事情无可挽回，无法扭转，也泛指人的才能是有限的，做不了超限度的事。《后汉书·苏竟传》："良医不能救无命，强梁不能与天争。"

【病人不拘礼】 意思是，人有病，不讲究礼节。《儒林外史》第十二回："老不拘礼，病不拘礼。"

【病笃乱投医】 病笃：病重。意思是，病重了到处乱找医生治病，只要听说就去，不顾行不行就去看。《红楼梦》第五十七回

【养儿防老，积粮防荒】 意思是，养儿是为了老了有人赡养照料，积存粮食是为了防备荒年。

【是药三分毒】 意思是，只要是治病的药，无论是多么好多么高级的药品，都有毒副作用。

【道路有高低，人生有深浅】 意思是，人生就跟道路有高低弯曲一样，都各有不同的经历。

【望子成龙，望女成凤】 意思是，做父母的总是希望自己的子女长大成材，成为有才能有作为的人。

【哪儿的黄土不埋人】 意思是，到什么地方安居乐业都一样，

到了那里,就在那里敬业一辈子。

【你走你的阳关道,我走我的独木桥】 阳关道:宽广的大道。比喻各走各选择的前程,谁也不干预谁。

【但得夕阳无限好,何须惆怅近黄昏】 意思是,既然夕阳无限美好,那又何必为夕阳接进黄昏而伤感呢?比喻人到老年,生活美好,不必伤感。

【剑老无芒,人老无刚】 芒:锋芒。刚:刚强之性。意思是,剑老旧了,就失去了锐利的锋芒;人老了,就没有年轻时那种刚强劲了。明朝冯梦龙《东周列国志》第三十二回

【看破红尘识破天】 红尘:旧时指繁华的社会,泛指人世间。天:泛指天机人世间的一切伦理道德等。意思是,人生活在世界上没意思,厌世。

【既来之,则安之】 安:安心。意思是既然来了,就安下心来。暗含来的不痛快,不合意。《论语·季氏》

【屎难吃,人难做】 意思是做人太难了。

【管天管地,管不了生儿生女】 意思是,什么都管得了,但人家生什么性别的孩子的事却无法管得了。说明计划生育工作的艰难。

【缓急相摩,聚散以成】 缓急:指寿诞与夭折。相摩:相互交接。聚散:指生与死。生为气的聚合,死是气的离散。意思是,寿诞与夭折相互交接,生还与死亡因此而形成。《庄子·则阳》

2. 七情六欲

【人生各有所乐】 意思是,人各有各的乐趣。战国时期楚国屈原《离骚》:"人生各有所乐兮,予(我)独好修(喜爱自我修养)以为恒(常)。"

【人无远虑,必有近忧】 意思是,人总是要想事的,不是有忧虑长远的事,就是为眼前的事而忧愁。《论语·卫灵公》载孔子语。

【人逢喜事精神爽】《儒林外史》第三回:“……自古道:‘人逢喜事精神爽’,那七篇文字,做的花团锦簇一般。……众人各各欢喜,一齐回到汶上县。”意思是,人都这样,遇到喜事,就高兴,精神爽朗。

【三分人七分打扮】 意思是,人美不美,在于打扮。长得不美,会打扮自己也可变得很美;不会打扮,长得虽美,也不会很美。

【凡人皆有七情六欲】 凡:是。七情:通常指喜,怒,哀,惧,爱,恶,欲。六欲:泛指各种情欲。意思是,正常的人,人人都有各种共同的情欲。

【凡人皆有爱心】 凡:是。意思是,人心都是一样的,人人都有爱心。

【万事难并欢,达生幸可托】 意思是,人生不可能什么事都称心如意,应该通达乐观,有个好的心情,这样就有了寄托。南朝·宋谢灵运《斋中读书》

【女人四十困惑多】 意思是,女人到了四十岁,感觉疑难的事多了。

【心察损神,语多伤气】 心察:思虑过度。气:指身体的元气。意思是,思虑过度了就损伤精神,说话太多就伤身体的元气,即损害健康。清朝申居郧《西岩赘语》

【心乐而声泰】 泰:泰然自得。意思是,心情快乐,说话的声音就自然泰然自得。南朝梁刘勰《文心雕龙·时序》

【心静天自凉】 意思是,因为心情烦躁,所以觉得天气热。因此,只要心情平静下来,就自然感到天气不热了。

【天意怜幽草,人间重晚晴】 晚晴:晚年。意思是,老天也知道可怜生长在幽暗处的小草,人世间很珍重夕阳。比喻人应当珍

惜晚节。唐朝李商隐《晚晴》

【不恤年之将衰,而忧志之有倦】 恤:顾虑,忧虑。意思是,不忧虑快年老了,而忧虑意志有衰退。三国魏徐干《中论》

【不痴不聋,不成姑公】 姑公:指婆婆、公公。意思是,对儿子和儿媳之间的日常小矛盾,做婆婆和公公的,要装做没听见,不要过问,否则,当不好婆婆、公公。

【气大伤身,火大伤心】 意思是,发火生气伤害身体。

【生气是对自己过不去】 意思是,生气既无助于解决问题又伤害身体,对别人毫无用,甚至使对方高兴,所以说是对自己过不去。

【乐不可极,欲不可纵】 意思是,不要太高兴太纵欲了,那会适得其反,伤害身体。《劝戒全书》:"乐不可极,乐极生衰;欲不可纵,纵欲成灾。"

【乐易者常寿长,忧险者常夭折】 乐易:欢乐,平易。忧险:忧愁,担惊受怕。意思是,心情总是乐观,愉快地生活,待人处事平易的人,往往长寿;而总是心情充满忧愁,担惊受怕的人,往往短命。《荀子·荣辱》

【乐太盛则阳溢,哀太盛则阴损】 意思是,乐极了,人的身体阳的方面就会满溢出来,容易上火;悲哀太盛了,人的身体阴的方面就要受损害,畏寒惊愕。说明人的情绪要始终保持稳定适度,哀乐有节制,否则就会损害身体健康。《汉书·东方朔传》

【对酒当歌,人生几何】 意思是,饮着酒吟着歌,人活着为了什么呢?人生太短促了,干得了什么呢?感叹人生。三国魏曹操《短歌行》

【饥寒思温饱,饱暖思淫乐】 意思是,人在饥寒交迫的困境时,想着吃饱穿暖了就满足了;一旦过着吃饱穿暖的日子,就想着过淫乐的生活。

【壮志因愁减,衰容与病俱】 意思是,忧愁能消磨人的壮志,

久病使人容易衰老。唐朝白居易《东南行一百韵》

【有理言自壮,负屈声必高】 意思是,有理,说话必然气壮;受了委屈,说话声音必然就高。明朝冯梦龙《醒世通言》卷十五

【有人者累,有于人者忧】 有人者:原指拥有国土和人民的人,即统治他人的人。有于人者:指被统治被役用的人。意思是,役使他人的人必定劳心受累,被役使的人必定会疲惫忧心。《庄子·山木》:“故有人者累,见有于人者忧。”

【多忿害物,多欲害己,多逸害性,多忧害志】 忿:同愤。不服气,不平。物:别人,公众。欲:欲望。逸:安乐,安闲。性:品德。意思是,遇事气愤就会伤害别人,欲望太多会伤害自己,过于享乐安逸就会伤害品德,忧愁多了会伤害志向。宋朝催敦礼《刍言》卷下。

【多欲亏义,多忧害智,多惧妨勇】 欲:私欲。义:仁义。忧:忧虑。意思是,私欲太多就缺乏仁义,忧虑太多了,就伤害智慧,什么都怕就妨碍勇气。《意林·淮南子》

【多疑必多愁】 意思是,疑心重的人,必然愁苦也多。

【伤多人自老】 伤:忧伤。意思是,人忧伤多了,就会衰老。唐朝刘义《月夜》

【伤弓之鸟惊曲木】 意思是,被弓箭射伤的鸟,见到弯曲的树枝就惊恐害怕。比喻受过伤害的人,情绪特别敏感。《唐书·付亦传》

【忍泣日易衰,忍忧形易老】 意思是,强忍住悲痛不哭泣,就容易衰老;强忍住忧愁悲伤,就容易损坏身体健康。唐朝孟郊《赠别崔纯量》

【酒能成事,酒能败事】 意思是,喝酒能把难办的事办成,也能把事办坏。《水浒传》第四回

【酒是烧身硝焰,色为割肉钢刀】 硝焰:火苗。意思是,过分的酒色都是对身体极为有害的。明朝冯梦龙《警世通言·苏知县

罗衫再合》

【酒乱性，色迷人】性：性欲。色：女色。意思是，酒使性欲混乱，女色使人着迷，失去理性。即混乱的酒色都是害人的。

【酒极则乱，乐极生悲】意思是，酒喝过量了就胡乱来了，胡说八道了；高兴得太过度了，反而会生出悲伤来。《史记·滑稽列传》

【酒以成礼，过则败德】以：用。礼：礼仪，礼节。过：过分，过量。意思是，酒本来是用作表示礼义或礼节的，但是，饮过量了，就败坏了道德。《三国志·吴书·陆凯传》

【谁知一寸心，乃有万斛愁】斛：旧时以十升为一斗，十斗为一斛。意思是忧愁无限多。宋朝叶廷珪《海录碎事·圣贤人事部》

【悟从疑得，乐自苦生】悟：了解，领会。意思是，了解是从疑惑中得到的，快乐是从痛苦中产生的。清朝申居郧《西岩赘语》

【忧喜更相接，乐极还生悲】意思是，忧愁和欢乐是互相联系的，所以，高兴得太过分了，反而要生悲的。晋朝付玄《明月篇》

【放情者危，节欲者安】意思是，放任情欲是危险的，节制私心欲望就能平安。三国魏桓范《政要论·节欲》

【知足者常乐】知足：满足现有。意思是，对现有的东西很满足，与世无争，具备这种思想境界，就会经常得到快乐。

【树要皮，人要脸】通常用以比喻人有自尊心。但用时，往往是反其意说，意思是不要脸。或者劝人要尊重别人的自尊心，不要破了人家的脸面。

【愁人莫向愁人说，说向愁人愁更愁】意思是，愁苦时莫跟有愁苦的人诉说愁苦，那样不但解不了愁苦，相反会更增加愁苦。宋朝释普济《五灯会元》

【喜时之言多失律，怒时之言多失体】失律：没有约束。意思是，人在欢喜时说话，多半不实，发怒时说话，容易无控制。明朝

陈继儒《安得长者言》

【喜不应喜无喜之事，怒不应怒无怒之物】 意思是，不值得高兴的事就不应该高兴，不值得发怒的事，就不应该发怒。《诸葛亮集·喜怒》

【借酒消愁愁更愁，举刀断水水更流】 意思是用饮酒的办法消愁，只会增加愁苦，举刀断水，水流的更快。借酒消愁就像举刀断水一样，正好起反作用。

【物盛则衰，乐极则悲】《淮南子·道应训》盛：旺盛。衰：衰败。意思是，事物到了旺盛时期就要走向衰败，人过于高兴反而会引起悲伤。即物极必反。

【身安不如心安，心宽强于屋宽】 意思是，心灵的安宁比肌体的安适和充裕的物质条件更重要。清朝石成全《传家宝》

【怒如烈冬，喜如温春】 意思是，发怒像寒冬一样令人可畏，喜兴像温暖的春天一样使人舒服。《意林》卷五

【怒是猛虎，欲是深渊】 意思是，发怒像猛虎一样令人生畏，私欲像深渊一样危险。《格言联璧·存养》

【怒不变容，喜不失节】 意思是，在发怒时，面不改色不变态；在高兴时，不要失去节制，傻乐。实际这是不可能的，只是尽量控制表情，否则就不是真怒真喜，而是表演。《三国志·魏书》

【怒于室者色于市】 室：家室。市：指外面。意思是，在家里发怒，发脾气，到了外面还会挂在脸色上表现出来。应该尽量不发怒。《战国策·韩策》

【怒可慑敌而不可胜敌】 慑：威慑，震慑。意思是，发怒可以起到震慑对方的作用，但却起不到战胜对方的作用。因为有理不在声高。

【善极至无言，笑余翻不悦】 意思是，两人关系好到了极点，见面反倒没话说；高兴得太过分了，反而引起不愉快。唐朝杜牧《池州送孟迟先辈》

3. 婚丧嫁娶

【大丈夫难免妻不贤子不孝】 意思是,妻子不贤惠,子女不孝敬,并不奇怪,就连大丈夫也难免,何况普通人呢?

【女大三,抱金砖】 意思是,媳妇比丈夫大三岁,以后的生活就像抱到金砖一样富有。

【女大不由娘,儿大不由爹】 意思是,儿女长大了,由不得爹娘说什么就是什么了,有主见了。

【女大十八变,越变越好看】 意思是女子长到成人时,变化很大,越长越美。《红楼梦》第七十八回:俗语又说:女大十八变。

【夫妻本是同林鸟,富贵来临各自飞】 意思是,夫妻就像一个树林的鸟儿一样聚到一起,并无真正共同的命运。一旦来了富贵(一方),就谁也不顾谁,追求自己的富贵去了。

【夫妻无隔宿之仇】 意思是,夫妻之间没有根本的利害矛盾,有点争吵一个晚上就和好了。《儒林外史》第二十九回

【早下种子早得瓜,早生儿子早享福】 中国旧的传统观念。前句比后句,证明后句。意思是生儿育女是为了享儿女的福气,所以早生就早享福。反映了小生产的社会特点和观念,现代社会则完全相反。

【光棍门前闲话多】 光棍:无配偶的独身成年男子。意思是,没有配偶的独身成年男子,在社会中容易引起人的怀疑,惹人说闲话。

【好汉无好妻,赖汉娶花枝】 意思是,好汉没有好妻子,赖汉倒是能娶上花枝招展的美人。

【好女不嫁二夫】 封建社会残酷地摧残妇女,丈夫死了,女的要守寡,不许改嫁,叫做所谓的"守节",这就叫"好女"。而男子

却不受这个约束限制,只要有钱有地位,娶几个老婆都可以。

【初嫁从亲,再嫁由身】 亲:父母。身:自身。意思是,女人初次嫁人是由父母定的,女儿只能听从。再嫁就由女人自己决定了。《水浒传》第二十五回

【两口子打架不记仇】 意思是,夫妻之间没有根本的利害冲突,发生点矛盾很快就和好了。实际不然,两口子打架还是记仇的,因为人都有自己的一块天地、人格、尊严和利益,两口子也不例外,应该互相尊重、谅解,不打架。

【花开花落不由人】 意思是,大自然的规律不依人的意志为转移。通常比喻人的青春逝去不以人的主观意志为转移。

【花无百日好,人无百日红】 百日:长期。红:红火,得意,名声显赫。意思是人不可能永远红火得意。

【抢来的瓜儿不甜】 比喻别人不愿意而强行逼迫成的事,终是不甜美。

【男的好吃女的藏,女的好吃穷打光】 好吃:贪嘴。意思是,家里过日子,男人贪嘴,女人藏着点,日子就会过得好;如果女人贪嘴,男人想藏也藏不住,这个家就会被吃穷。

【男大当婚,女大当嫁】 意思是,男女成年了,就应该成家立业,这是规律,也是人之常理。

【男人不是太阳,女人不是月亮】 意思是,男人女人都是人,不要分得那么清,应该平等相待,互敬互爱,共同创造幸福。

【男人爱后妇,女子重前夫】 意思是,男人在婚姻上喜新厌旧,而女人比较专一。汉朝辛延年《羽林郎诗》

【但愿人长久,千里共婵娟】 但愿:只愿。婵娟:指美好的姿色,这里指月亮。意思是,只愿我们之间的情谊永存,虽然相隔千里之遥,也能共享这美好的月色。现通常借喻寄托情谊永存之意。宋朝苏轼《水调歌头》

【新媳妇过门三天乖】 意思是,新媳妇嫁进家的头三天,对人

很乖巧。言外之意，过了三天就不乖了。

【措款修坟，累及子孙】 意思是，没有钱而借钱为自己修造坟墓，把债务的负担留给了子孙后代。比喻是不应该做的有损子孙后代益处的事不要做。

【虽有回春神药，不如青春少年】 意思是，到了老年，人的机能衰老了，是必然规律，靠用什么补药强身健体也是挽不回青春的。人是不能违抗自然规律的。梁代任昉《述异记》

【鲜花插在了牛粪上】 比喻漂亮貌美的媳妇找了个丑陋的丈夫。通常是玩笑话。

【积爱成福，积怨成祸】 意思是，夫妻、父母子女和人与人之间，应该不断地积累爱，这是一种福。相反积累怨恨，就可能成为祸灾。《淮南子·人间训》

【积德成福，积恶成祸】 积德：做好事，善事。积恶：做缺德的事。意思是做好事多了是福；做缺德的坏事多了，积累起来就是祸灾。

【贫贱之知不可忘，糟糠之妻不下堂】 知：知己，朋友。意思是，对贫贱的朋友不能忘，共同患难的妻子不能抛弃。即人应该重真情，不要爱富嫌贫，喜新厌旧。《后汉书·宋弘传》

【鸡猴不到头】 拆字、算命、卜卦等迷信活动人的专用语。意思是男女之间婚配，生相属鸡和属猴的，婚姻不能终身，中间要离异。他们迷惑人的根据可能是"杀鸡给猴看"。

【嫁出去的姑娘泼出去的水】 意思是姑娘出嫁了，就有了自己的家，再也不是娘家的人了。

【嫁出去的女孩儿，泼出去的水】 意思与"嫁出去的姑娘泼出去的水"相同。《红楼梦》第八十一回

【嫁女择佳婿，娶媳求淑女】 淑女：品质好的女子。意思是，给女儿说婆家，要选择一个好女婿，不要为金钱耽误女儿的终身幸福；娶媳妇要求女子的品质好就行，不要看重嫁妆，不要攀高。

明朝朱柏庐《治价格言》:“嫁女择佳婿,毋锁重聘;娶媳求淑女,勿计厚奁。”

【糟糠之妻不下堂】 糟糠:酒渣糠皮等粗劣的废弃物。糟糠之妻:指曾经共过患难被人瞧不起的妻子。下堂:旧时妻子被丈夫休退。意思是,患难之中结成的夫妻感情深厚,永不分离,糟糠是谦卑之称。《后汉书·宋弘传》引古语

4. 甜酸苦辣

【一滴汗摔成八瓣】 说明劳动者或者财富来得艰辛,要尊重劳动者,珍惜社会财富,可用而不可浪费。

【人间何处不巉岩】 巉岩:高峻的山石。这里比喻困难。意思是,在人生的道路上,到处都会碰到困难。宋朝苏轼《慈湖夹阻风》

【人有贫富,但无贵贱】 意思是,人无论贫富怎么不同,但没有贵贱之分,人格是一样的。

【人有顺气之时,也有顺天之季】 意思是,人生总是有顺利和逆境的时候,要正确对待。

【人有困顿之时,更有阴云之日】 意思是,人生像天气一样,有时会遇到困顿,只要正确应对,就会过去的。

【人掉到井里靠耳朵是挂不住的】 比喻事情大势已去,靠某个细节也是挽不回的。通常表现一种悲观失望的心态。

【口含黄柏味,有苦自家知】 黄柏:落叶乔木,树皮入中药,味苦,有清热解毒作用。意思是,自己的苦只有自己知道,别人是体会不到那种痛苦的。

【三个娘们一台戏】 意思是,三个中年妇人在一起,就会有说有笑,谈笑风生,热闹非凡,就像演戏似的。

【心比天高，命比纸薄】意思是有宏大的愿望和志向，但命中注定实现不了。含有好高骛远，脱离实际之意。

【天生一娩，勤奋一生】意思是，人生下来到世间，就是辛苦的命。

【天生我才必有用】意思是，人活在世界上总有用得着的地方。李白《将进酒》："天生我才必有用，千金散尽还复来。"

【天无绝人之路，人有逆天之时】意思是总有办法生活下去。通常是对走投无路，失去生活信心的人的规劝鼓励语。

【天堂地狱由人造，古人不肯分明道】意思是，所谓天堂地狱，都是由人臆造的，只是古人不肯明确说出来。意即哪里有什么天堂地狱！元朝邓玉宾《正宫叨叨令·道情四首之三》

【不孝有三，无后为大】不孝有三：《孟子·离娄上》赵岐注："于礼有不孝者三者：谓阿意曲从，陷亲不义，一不孝也；家贫亲老，不为禄士，二不孝也；不娶无子，绝先祖祀，三不孝也。"即一是对父母的过错曲意顺从，使父母陷于不义；二是家中贫穷，父母年老，又不去做官取得俸禄来供养父母；三是不娶妻子，没有儿子，断绝后代。其中没儿子是最大不孝。

【不遇阴雨后，岂知明月好】意思是，没遇到过绵绵阴雨的愁苦，就不知道风清月朗的天气好。比喻人只有经历过艰难的处境，才知道顺心如意的不易和惬意。

【不信鬼不信神，就信命运不如人】宿命论。认为人的祸福等一切都是命运安排的，受穷是命苦，发财是命好。宿命论观念给人带来消极被动的思想，使人意志消沉，无所作为，害处极大。它是统治阶级麻醉人民的麻醉剂，使人安分守己，不越轨。所以，统治阶级极力推崇宿命论。

【日出而作，日入而息】作：耕作，劳作。意思是，农民总是太阳出来了下地干活，太阳落下地平线了，收工回家休息。天天如此，月月如此，年年如此，一代一代都这样。《庄子·让王》

【日出而作,日落而息】 同“日出而作,日入而息”。

【习闲成懒,习懒成病】 意思是,习惯了休闲就会养成懒惰,一旦懒惰下来,就会养成改不了的毛病。《颜氏家训》

【宁要败子,不养傻儿】 败子:胡折腾的败家子。傻儿:缺心眼儿,尽吃亏的人。意思是,所谓败家子还是有能力的人,教育好了还是有希望前途的。而傻子是无法教育的,没有希望前途。通常是儿女做错了,父母气愤之语。

【田家衣食无厚薄】 田家:庄稼人,农民。意思是,庄稼人一年四季从事田间重体力劳动,穿的衣服没有四季之分,吃的饭菜无好坏之分。只要遮体、饱肚子就不错了。说明农民的穷苦。唐朝王建《田家行》

【比上不足,比下有余】 意思是不富也不穷,处在中间水平或中间阶层状态。通常是自况客气话,表示满足。

【衣靠人衬,人靠衣衬】 意思是,衣服要靠与其相称的人穿才显得出它好,人要靠衣着得体才显得精神体面。

【衣着穿戴,各有所爱】 意思是,穿戴各人有各人的爱好。通常比喻对人不要千篇一律地要求,要尊重个人有追求自己的自由和爱好的权力。

【此庙不养爷,自有养爷处】 牢骚话。比喻这里不要我,自然有需要我的地方。

【此处不留人,自有留人处】 意思与“此庙不养爷,自有养爷处”同。南朝陈·陈叔宝《戏赠沈后》

【圣人都是凡胎做】 意思是,圣人也是有血有肉食人间烟火的人,不是神。

【忙者忙一生,闲者闲一生】 意思是,人就是个命,忙的总是忙,闲的总是闲,这变不了。

【在家人贵,出门人贱】 意思是,人在家里总是那么娇贵,而出门在外,就卑贱了,不像在家那么娇贵了。原说法是:“在家人贵,出门人贱,袜子枕头,裤子垫。”外出打工的人都有此体会。

【两眼一睁,忙到熄灯】意思是,从早晨起床一直忙到晚上熄灯睡觉。通常指农民。

【忙里偷闲,劳逸结合】意思是,在繁忙时巧安排,抽点空隙干点别的轻松一点的事,放松放松,算是休息。

【忙不到点上则乱,忙到是处则益】意思是,忙要有明确的目标计划,有效益,不可盲目地瞎忙。

【求人不如求己】意思是,求人靠不住,还是靠自己。实际万事不求人是不可能的,问题是要互帮互助。宋朝张瑞义《贵耳集》

【有钱难买子孙贤】贤:贤惠。意思是,子孙贤惠非常珍贵。元朝无名氏《冤家债主·楔子》杂剧

【有钱常记无钱日,莫到无钱空自愁】意思是,要勤俭过日子,生活富裕时不能大手大脚乱花钱,要想到生活困难时,不要到困难时发愁着急。清朝王有光《吴下谚联》

【年好过,日难挨】年:指过年。日:指每一天。意思是,过年一年只有一次,好歹就过去了。可是每天过日子,这是天天如此,每天吃了上顿没有下顿,这个日子太难挨了。

【好人不长寿】人们的心情和愿望总是希望好人长寿。但有时却相反,好人寿命较短。此话有理,因为好人要比一般人付出的心血和劳动要多,经历的危险,超负荷的劳作等,都要支出大量的心力和体力。这如同一台机器,利用率很高,甚至超负荷运转,得不到应有的保养,损坏、报废的就快。人是一台有机的有生命的机器,更是一样。

【初一饺子初二面,初三春饼卷鸡蛋】北方春节期间生活习俗。反映和平丰收年景农家的生活水平。

【没儿女儿也是好的,没菜水儿也是好的】菜:指饭桌上就餐的菜。水儿:指菜汤。意思是,人的希望、要求是最基本最美好的,但不能实现时,能凑合过去也满足。本语有重男轻女之意。

【鸡飞蛋打一场空】 比喻原来很有把握的预想,结果是全部告吹,老本也没了,什么也得不到。

【官无常贵,民无终贱】 常:永久。贵:高贵。终:终身。意思是,做官不会永久是高贵的,百姓不会终身是卑贱的。《墨子·尚贤上》:"官无常贵而民无终贱,有能则举之,无能则下之。"

【宠子未有不骄,骄子未有不败】 意思是,过于宠爱子女,子女没有不骄横的,被宠出来的骄横的人没有不失败的。清朝吴楚才、吴调侯《古文观止》

【宰猪杀羊,主人先尝】 比喻劳动者首先应当享受劳动成果。

【坐的菩萨坐一生,站的菩萨站一生】 比喻社会不公平。意思是,社会上有的人轻闲一辈子,有的人劳碌一辈子。

【但知勤作福,衣食自然丰】 意思是,只要知道勤劳创造幸福,那么,只要勤劳,自然会丰衣足食。《全唐讨补遗》卷二

【拣来的瓜儿不甜】 比喻不是通过自己的努力奋斗或辛勤劳动而偶尔得到的意外的东西,不会带来幸福。

【兔子还有个窝哩】 比喻人应该有个安身的房子可住。

【食不厌精,脍不厌细】 脍:生鱼肉片。意思是吃得越讲究越好。其实大可不必过于讲究吃穿,那对健康未必是好事。《论语·乡党》

【张公喝酒李公醉】 比喻由于误会而代替别人受过。也用以瞎替别人着急。《五灯会元》卷十五

【泥巴菩萨过河,自身难保】 通常是表示自己处境不好,帮不了忙。

【事事如意,事事不如意】 意思是,事情如意与不如意是相对而言,绝对的是不可能的。

【势尽冤相逢】 势:权势。意思是,权势丧失了,就和过去被欺压过的冤家对头在一起了。《金瓶梅词话》第九十五回:"有势莫倚尽,势尽冤相逢。"

【烟提神，酒壮胆】 意思是抽烟能提精神，喝酒能壮胆量。是抽烟喝酒人的说法。烟有尼古丁，能致很多疾病；酒含酒精，刺激神经。都没有什么好处。

【流不尽的泪，走不完的路】 意思是人生是在痛苦和艰难跋涉中度过的。

【酒壮熊人胆】 熊人：软弱窝囊的人。意思是胆小怕事、软弱窝囊的人，喝了酒，胆子就壮了什么都不怕了。

【酒醉英雄汉】 意思是，喝醉酒的人都是英雄汉。其实，人喝醉了，丑都丢尽了，活受罪，都耽误大事，有的甚至丢了小命。

【酒肉穿肠过，佛祖心中留】 少林寺武僧语。意思是喝酒吃肉仍旧是忠于佛祖的。根据佛教教义，不杀生，当然就要禁吃荤了，不许喝酒，否则就是对佛祖的亵渎和背叛。但是，武僧终日练武功守庙，体能消耗大，光吃素不足以弥补身体对能量损失的需要，这与武僧担负护庙的任务相矛盾，所以允许武僧们吃荤，武僧们就用这句话表示对佛祖的忠心。说明中国佛教不死守教义，还是比较讲客观实际的。

【养猪吃肉，养人生非】 意思是不能养闲人，人闲着没事干就无事生非，闹事。

【越冷越刮风】 比喻本来就有困难，形势不好，偏又出了新的困难和不利的形势。

【越渴越吃盐】 意思是雪上加霜。

【家贫不是贫，路贫贫杀人】 路贫：在旅途中缺乏盘费。意思是，在家里贫困关系不大，可以想办法，出外路途上没有盘缠，无熟人，借都无处借，就贫杀人了。“是”也说“算”。《儒林外史》第二十四回

【埋了没死，死了没埋】 旧时矿工的悲惨景况。矿工在矿井里劳作，资本家只顾赚钱，全不顾工人的死活，既无安全设备保障，随时都有矿难的发生，这就是埋了没死。工人又超负荷劳动，

且吃不饱,工人累得骨瘦如柴,累死了,或者发生矿难而死,就扔在矿井里,这就是死了没埋。

【黄连树上吊猪胆】 黄连树:指黄连。其根茎味苦,入中药,具有健胃、杀菌、消炎的作用。猪胆也是很苦的东西。比喻苦中加苦。日子过得异常悲惨艰苦。

【嘴大吃遍天】 意思是嘴大的人有福气。也用以讥讽蹭吃蹭喝的人。

【柴米油盐酱醋茶,七件大事不可差】 差:少。意思是,过日子,柴米油盐酱醋茶是最基本的东西,一样也少不得。

【晚达者未必不达】 达:达到。意思是,人到了晚年企图成就某一事业,未必就不能达到。明朝冯梦龙《警世通言·老门生三世报恩》:"早成者未必有成,晚达者未必不达,不可以年少而自恃,不可以年老而自弃。"

【路上的草儿总有露水养着】 比喻人来到这个世界,就有他生存的权利,绝不会饿死。

【秋到农家尽是歌】 意思是,到了秋收季节,一年的辛苦劳动有了丰收的成果,农民心里充满了丰收的喜悦。

【骑马坐轿,不如睡觉】 意思是,什么享受也不如睡觉休息舒服。劳累疲劳后睡一觉会解除身体的疲劳感,恢复精神和体力,自然是一种很好的享受。

5. 福祸康宁

【一时疏忽成千古恨】 意思是,一时的疏忽酿成大错,一辈子都后悔。

【一动不如一静】 意思是,活动不如静处。也比喻不必多此一举。《红楼梦》第五十七回

【人有旦夕祸福，天有昼夜阴晴】元朝郑庭玉《后庭花》第二折："他他他天也有昼夜阴晴，是是是人也有吉凶祸福。"《三国演义》第四十九回："人有旦夕祸福，岂能自保？"意思是，祸福就跟天有阴晴一样不可避免。

【人生在世，名利二字】名利：荣誉名声和权力利益。意思是，人活着就是为了名和利，除此以外没有别的东西。

【人不求福斯无祸，人不求利斯无害】斯：就。福与祸，利与害，都是相对的。求福、利过了社会公允的程度，就是祸与害。所以，要得到福与利，避免祸与害，必须把福、利建立在不损害他人的福、利的基础上。《钱公良测语·鉴远》

【人之所尊，富贵寿善】意思是，世上的人们所尊崇看重的，是富有、高贵、长寿、好名声。《庄子·至乐》："夫天下之所尊者，富贵寿善也。"

【义胜欲则从，欲胜义则凶】意思是，道义胜过私欲就吉利，私欲胜过道义就凶险。南朝梁代刘勰《文心雕龙·封禅》引《丹书》

【大不幸中有大幸】大不幸：偶然的重大祸患、灾难。意思是，在重大祸患灾难中有幸免于难的福气。《红楼梦》第二十六回

【大难不死，必有后福】意思是，在大灾大难中没有死，以后必有福气。通常是安慰鼓励话，使其勇敢进取地活下去。冯梦龙《古今小说·临安里钱婆留发迹》："大难不死，必有后禄。"

【口是祸之门，舌是斩身刀】意思是嘴没有把门的，随便乱说，就会惹祸。冯梦龙《古今小说·沈小官一鸟害七命》

【山大招风，树大招阴】比喻人的名声大了，容易招来诽谤。

【久视伤血，久卧伤气，久坐伤肉，久立伤骨，久行伤筋】这些中医叫五劳所伤。意思是，不管哪种运动方式不能太长久，时间太长久了，都对身体有损伤。《素问·宣明五气篇》

【小疾不在乎，大病就呜呼】意思是，对小病不重视，成了大

病就要命了。

【小不忍，致大灾】 意思是，小恩小怨不忍耐，就要招致大灾祸。随朝王通《中说·问易》

【马悬梁，人卧床】 意思是，马晚间休息要用绳套挂在梁柱上，不能躺着；人晚上休息要躺卧在床上。即人与动物不同。

【心宽体胖】 意思是，心胸宽阔，与世无争，吃得香睡得甜，身体自然好。

【心宽出少年】 意思是，心胸宽阔使人年轻。清朝王静庄《冷眼观》第二十五回

【心为身之主，身乃心之友】 意思是，心是身体的主宰，身体是心的朋友。《小仓山房诗文集·随园杂兴》

【太岁头上动土】 太岁：木星的别称。古代用它围绕太阳公转的周期纪年，十二年是一周。古人认为，太岁（木星）与地球相应而行时，不能掘土（兴建工程）。因为古人认为太岁之神在地，对着太岁的运行方位掘土，就是在太岁头上动土，惹怒了太岁，要遭祸患。意即不知利害，自惹灾殃。元朝无名氏《赵匡胤打董达》第一折

【太平之世长寿多】 意思是，和平年代人长寿。汉朝王充《论衡·气寿篇》："太平之世多长寿人。"

【不幸中之有幸】 意思是，在不幸的事件，如车祸中，却安然无恙，幸免于难。也说"不幸中之大幸"或"不幸中之万幸"。

【不为福先，不为祸始】 意思是，不做追求福的先导，祸患就不会首先降到头上。《庄子·刻意》

【无故之利，害之所伏】 意思是，没有付出劳动，无缘无故飞来的所得，里面隐伏着祸患。清朝冯班《钝吟杂录·家戒上》

【天有阴晴雨雪，人有旦夕祸福】 意思是祸福难以料定。

【天非人不因，人非天不成】 天：指天命，事物客观规律。意思是，所谓天命，没有不是人为的原因；人为离开事物的客观规律

是不行的。北宋陈规《守城录》引西汉杨雄语

【天有不测风云,人有旦夕祸福】比喻人有福也难免有祸,如同风云变幻一样,难以料定。元朝无名氏《合同文字》第四折

【天黄有雪,人黄有病】意思是,冬天天空呈黄色,预示天要下雪了;人的面色呈黄色,表明人有病。

【内练一口气,外练筋骨皮】气功语。意思是,气功既要练体内硬功又要练体外硬功,而体内主要是练气,体外主要是练筋络、骨络,皮肉。

【凤凰不落无宝之地,珍珠不长在蜗牛里】凤凰:古代传说中的百鸟之王,羽毛美丽;雄的叫凤,雌的叫凰。传说凤凰栖息的地方有宝。常用来象征祥瑞。意思是,高尚的人只有在圣洁之地才能成长出来。世界上并无凤凰,只不过是人们期求祥瑞愿望的象征。珍珠生长在湖海蚌的壳里,古人把它当宝贝,现代也很珍贵。

【节食以去病,寡欲以延年】欲:性欲。意思是,节制食和性生活,可以少得病,延年益寿。《尊生格言》

【节食则无疾,择言则无祸】意思是,节制食欲就不会生病,说话谨慎就不会惹祸。宋朝何坦《西畴老人格言》

【功者自功,祸者自祸】意思是,功劳是靠自己建立,祸患也是自己造成的。强调好和坏的内因。唐朝柳宗元《天说》

【平不肆险,安不忘亏】平:平安之时。肆险:不受拘束,放纵,惹祸。安:安乐。亏:丢失。意思是,平时不要放纵,不要惹祸,安乐的时候不要忘了这种日子有丢失的一天。即要谦虚谨慎。汉朝杨雄《长杨赋》

【平为福,余为害】平:均平。余:富余。害:祸害。意思是,财富均平就是幸福,分配不均,有的不足,有的有余便是祸害。《庄子·盗跖》:"平为福,有余为害者,物莫不然,而财其甚者也。"

【吃饭带点糠,一家老少都安康】意思是,吃糙米对身体有好处。这符合科学,因为维生素都在米皮上,精米把米皮全部剥掉

了,缺乏维生素。

【吃饭少几口,活到九十九】 意思是,人不能吃得太饱。每餐少吃点,有益于身体健康,能延年益寿。

【吃饭为止饿,何必要筑墙?喝水为止渴,何必要灌肠?】 讥讽语。意思是,不要暴食暴饮。

【吃饭防噎,走路防跌】 比喻无论干什么事都有危险,不能马马虎虎,粗心大意,得意忘形。不然,就要出祸惹灾。《水浒传》第三十三回

【吉事尚左,凶事尚右】 尚左、尚右:古人以左为阳,以右为阴,阳生而阴杀。尚左、尚右,居左、居右,都是古人的礼仪。意思是,吉庆的事情以左边为最好,凶丧的事情以右方为最好。比喻人居左做吉庆的好事就得福,而居右做凶丧的事就是祸。先秦时代老子《道德经》

【让得祥,争得殃】 祥:吉祥。殃:灾祸。意思是,遇事能谦让,就会得到吉祥;如果寸利必争,遇事不让人,就要自取祸殃了。清朝金埴《不下带篇》卷一

【宁于祸福,谨于去就】 宁:安。祸:灾害。福:相对祸而言,幸福。意思是,明于安危,安于祸福,就能谨慎处理离弃与追求。《庄子·秋水》:人只要能善于应变,什么都伤害不了你。"非谓其薄也,言察乎安危。宁于祸福,谨于去就,莫之能害也。"

【失宠常因得宠过】 意思是失去宠爱,是因为受宠太过分了。

【冬练三九,夏练三伏】 三九、三伏见"冷不过三九,热不过三伏"。意思是,军事训练,专捡最寒冷、最酷热的恶劣天气苦练,才练得出过硬的军事本领。

【安危相易,祸福相生】 意思是,安与危,祸与福,都是相克相生,互相转化的。《庄子·则阳》

【庆幸之事不常来,不幸之事经常有】 庆幸之事:意外地得到好的结局而感到高兴的事;或者因祸得福的事。不幸之事:意外

灾祸或祸难。意思是意外的好事不会常有，而意外不幸之事经常有。

【有钱难买老来瘦】 意思是，人到老年身体瘦点很宝贵。因为人老了，活动少，体力消耗少，容易发胖，这对身体不利；而人老了，各个器官功能减退，瘦能减少器官的负担，增加寿命。

【有得须有失，无福亦无祸】 意思是，有得有失是正常的，光得不失就不正常。所以，有得有失不会有祸。元朝朱廷玉《道情》

【有什么不能有病，没什么不能没钱】 意思是人最害怕的是有病和没有钱。在市场经济社会中，是现实问题。

【有福之人不用忙，无福之人累断肠】 士大夫哲学。把轻闲说成是福气，把劳累说成是没有福气，显然是一种好逸恶劳的思想意识。

【百练不如一走】 意思是，锻炼身体的方式方法很多，但哪种方法也不如走路好。

【早起身体好】 早晨早起可以呼吸新鲜空气，特别是树木浓密的地方，氧离子密度大。活动一下，吃饭也香，对身体有好处。

【先下手为强，后下手遭殃】 意思是先发制人有利，后发制人被动受害。元朝纪君祥《赵氏孤儿》第四折。原文是"为殃"。

【自作自受自作孽】 叹怨语。意思是完全是自己的过错造的罪，不值得可怜。

【自己种的苦果自己吃】 比喻不听别人劝告，坚持错误，酿出了苦果，最后还是自己承受，别人并无责任和影响，害的是自己。

【多欲则伤身】 意思是，欲求多了，太贪了，身体会受到伤害。宋朝林逋《省心录》

【多病无完身，久病无完气】 气：中医学指人体的气脉，认为人体气不足则百病发。意思是，多病的身体就没有舒服的地方，病久了，身体气脉就不足。

【红汞碘酒，抹了就走】 意谓小伤小病抹上红汞碘酒消毒杀菌使其不至于感染就行了,不用检查打针吃药。也用以讥笑医生技术低,责任心差。

【好胜者必败,恃壮者易疾】意思是,争强好胜的人必然要失败。自恃身体强壮的人,容易得病。清朝申涵光《荆元进语》

【好汉怕拉三泡稀】好汉:指身体强壮健康的人。意思是,即便是一个身体很健壮的人,接连拉了三次稀,身体也顶不住了。说明拉肚子对身体健康影响很大。

【冷水洗脸,热水洗脚】意思是,坚持用冷水洗脸,热水洗脚,有利身体健康。

【花赃钱,睡凉炕,早晚也是病】早晚:迟早。比喻拿不义之财,迟早要败露出来被治罪。

【形劳而不休则弊,精用而不已则劳】形:指人的肉体。已:止,休息。劳:前一个劳是动词,指劳动。后一个劳做名词,指劳损,指元气大伤。意思是,人的身体过于劳累而又不休息,那么,就会疲乏不堪;精力使用过度而不止息,那么,就会元气损伤。《庄子·刻意》:"故曰,形劳而不休则弊,精用而不已则劳,劳则竭。"

【男人看背,女人看胸】男女相亲观察对方身体的经验语。意思是,男的背部厚实宽阔且挺直,说明体格健壮;女的胸脯丰满厚实说明体格健壮。否则,身体就不好。

【饭后百步走,活到九十九】意思是,饭后散一会儿步,可以健身长寿。

【身在福中不知福】意思是,生活在幸福之中,认识不到幸福。意即不知好歹,不知痛苦。

【身在囹圄不由己】囹圄:监狱。意思是,人在监狱里就没有人身自由了,一切都得听从监管了。

【体大力不亏】体大:身材高大健壮。意思是,身材高大健壮力气大,干事不吃亏。

【坐得稳,站得直】意思是没干坏事,心中坦然。

【低头见财,抬头见喜】意谓恭喜发财,恭贺走好运。农村春节时见面语。

【盲人骑瞎马,夜半临深池】比喻危险加危险,太危险了。《世说新语·排调》

【放荡功不遂,满盈身必灾】意思是,放荡不羁就不能成功立业,骄傲自满就会给自身招来灾祸。宋朝张咏《劝学篇》

【若要小儿安,常带三分饥与寒】意思是,婴幼儿不能暴食暴饮,不能穿得太多捂着,不饥不渴不冻着就行。这样可以增强对气候的适应性和抵抗力,少得病,对孩子的身体健康发育有好处。

【要做好梦,须想好事】意思是,不能怀有坏主意坏想法,否则,就会做噩梦,睡着了都不得安宁。

【要享福,先吃苦】一切供人享受的物质和精神财富,都是经过艰苦的劳动创造出来的。因此,只有先付出辛勤的劳动,才有福可享。

【要长寿,多走路】意思是,每天坚持步行活动锻炼,可以强健身体,延年益寿。

【势不可使尽,福不可享尽】势:权势。意思是,不能倚仗权势胡作非为坐享清福,过糜烂生活。明朝冯梦龙《警世通言王安石三难苏学士》

【居处齐则色姝,饮食齐则气珍】居处:指起居生活。齐:正常有规律。色姝:姝同朱,指面色红润。气珍:气色好,或精神面貌好。意思是,起居生活正常有规律,身体就好,饮食正常有规律,身体就健康。《韩诗外传》

【恼一恼,老一老;笑一笑,少一少】意思是,恼火,烦恼使人衰老得快;心情愉快,笑口常开,使人年轻。清朝钱大昕《恒言录》卷六

【笑一笑,十年少;愁一愁,白了头】意思是,保持幸福愉快的

心情,会使人衰老得慢,变得年轻;发愁会加速人变老。应该克服忧愁,经常保持乐观的精神状态,这是健康长寿的重要因素。

【树大招风,名大招谤】 意思是,人的名声大了,就如同树大了容易招风摇撼一样,容易招来诽谤。

【城门失火,殃及池鱼】 意思是,城门着了火,都用护城河的水灭火,把护城河的水用枯了,搅混搞脏了,鱼也就活不成了。比喻无端受牵连而遭祸或损失。杜弼《檄梁文》

【食不重味,衣不杂采】 意思是,吃的穿的不求奢侈豪华,有吃有穿就满足了。指生活要节俭。唐朝魏征《群书治要·贾子》

【食可饱而不必珍,衣可暖而不必华】 珍:山珍海味。华:华丽。意思是,吃穿满足了需要就可以,不要奢侈豪华,铺张浪费。《史典·愿体集》

【柔软是立身之本,刚强是惹祸之胎】 意思是,性格柔软,是社会活动中能站住脚的基础,性格过于刚强,在社会活动中,孕育着祸患。《水浒传》第二十四回

【病从口入,祸从口出】 意思是,由于吃东西不讲卫生而得病,由于嘴不严而惹出祸来。《意林》引《物理论》:“病从口入,患从口出。”现通常说“祸”。

【猪来穷,狗来富】 迷信说法。意思是,意外地不知谁家的猪跑到家里来了,这猪不能要,要了就要败家;意外地跑来了一只狗,就预兆要发财,把狗留下来,是大吉大利。

【福如东海,寿比南山】 南山:一说指秦岭终南山,一说指昆仑山、祁连山。意思是,福气像东海一样广大浩荡,寿命像南山一样长久。

【福由己发,祸由己生】 意思是,福和祸都是由自己造成的。《淮南子·缪称训》

【福生于隐约,祸生于得意】 隐约:穷困忧愁。意思是,福是由穷困忧愁产生的,祸是因为得意忘形而产生的。汉朝刘向《说

苑·警慎》

【福者祸之先，利者害之始】意思是，福与祸，利与害，都是相互依存，相互转化的。宋朝催敦礼《刍言》卷中

【福无双至，祸不单行】意思是，有福气的好事没有同时接连来的，而灾祸总是发生了一个接着又来一个。《水浒传》第三十六回

【福以善取，祸由恶招】以：用。善取：用行善事取得。恶招：由作恶而招致。意思是，善恶都是自己的行为造成的。唐朝刘禹锡《天论上》："福兮可以善取，祸兮可以恶招。"

【福可诈取，祸可苟免】诈取：骗得。苟免：侥幸免除。意思是，福可以一时骗得，祸可以侥幸免除，但这终不是得福免祸的办法。唐朝刘禹锡《天论上》："福或可以诈取，而祸亦可以苟免。"

【福不择家，祸不索人】索：寻找。意思是，福不会自己选择人家，或者不择人家；祸也不会自己寻人降临。《管子·禁藏》

【福不可享尽】福：福气，幸福。跟"祸"相对。意思是，人不能太享福了，享福过了头，就会招至祸。明朝冯梦龙《警世通言·王安石三难苏学士》："势不可使尽，福不可享尽，便宜不可占尽，聪明不可用尽。"

【福不可请，祸不可违】请：求。违：违背，避。意思是，福是求不来的，灾祸是避不了的。福祸是在一定条件下形成的，人们要创造福的条件，消除祸的条件。《墨子·非命上》，"违"原作"讳"。

【福生有基，祸生有胎】意思是，福与祸都不是无缘无故的东西，而是有根基的，早就孕育着的。《汉书·枚乘传》

【福来有由，祸来有渐】由：缘由。渐：事物发展的开始，过程。意思是，福气来的有缘由，祸来的有过程。《三国志·吴书·孙奋传》

【福近易知，祸远难见】意思是，因为福是人人想得到的，离

人很近，所以容易知道；祸是人人害怕的，妄图避免的，所以离人较远，就很难看见。清朝李汝珍《镜花缘》第六十一回

【福求之故易知，祸避之故难见】 意思是，因为人们都祈求得福，所以福容易知道；而人们都企图远避祸患，对祸就有侥幸苟免的心理，所以祸就难以看到。

【祸福无门，唯人所招】 无门：没有一定的来路。召：招，引来。意思是，福祸这两个东西，自身没有一定的来路，全是人们自己招引来的。《左传·襄公二十三年》载闵子马语。

【祸与福同行，利与害为邻】 意思是，祸与福，利与害，都紧连着，在一定条件下能互相转化。《淮南子·人间训》

【祸与福相贯，生与死相邻】 相贯：相连。为邻：紧挨着。意思是，祸与福相隔不远，能互相转化；生与死紧挨着，有生必有死，有死必有生。《战国策·楚策四》，原文"死"为"亡"。

【祸莫大于无信】 信：信誉，信用。意思是，最大的祸，莫过于不讲信用。《付子·义信篇》

【祸生于懈惰】 意思是，松懈懒惰产生祸。《韩诗外传》

【祸在于好利，害在于亲小人】 意思是，祸害在于贪利和与品质低下的人的关系太亲近了。《尉缭子十二陵》

【祸有兆，福有根】 兆：先兆，兆头。根：根源。意思是，祸是有根源的，在事前有兆头；福来的都有根源。

【祸不入慎家之门】 慎家：谦虚谨慎的人家。意思是，谦虚谨慎的人家不会有祸患的。

【祸莫大于不知足，咎莫大于欲得】 意思是，最大的祸害是不知足；最大的过失是贪得无厌的欲望。先秦时代老子《道德经》

【祸生于得意忘形】 意思是，人一旦得意忘形，就很容易失控，失去理智，以招至祸来。

【痛则不通，通则不痛】 中医认为人的身体贯穿着经络和经脉及气、血的运行，它们互相贯通，互相调节，不停地运动维系着

生命。这些运动正常就叫“通”,人身体就健康无病邪。某一处受阻,影响肌体局部或全身疼痛或不适,就叫“滞”,称“不通”。

【高位多灾患】 意思是,地位太高,或者官职太大,灾难祸患就多。三国魏嵇康《与阮德如》

【禄无常家,福无定门】 禄:旧指俸禄,即官吏的薪金。常:恒久不变。定:固定。意思是,福禄不是永久不变地在一家的东西。晋代挚虞《门铭》

【樱桃好吃树难栽,山歌好唱口难开】 比喻幸福要靠自己的辛勤劳动才能创造出来。

【聪明得福人间少,侥幸成名史上多】 意思是,靠聪明专门去追求幸福,这样得到幸福的很少;由于偶然原因而成了名得到福的历史上倒还很多。偶然是在必然之中,没有必然的偶然是不存在的。清朝袁牧《遣怀》

【静以养身,俭以养性】 性:性情,性格。意思是,安静居处生活,能够保养身体,使其延年益寿;勤俭过日子,以其修养性情。《南史·陆慧晓传》

【静则人不扰,俭则人不烦】 意思是,人做到安静居处,少惹麻烦,勤俭过日子,就少了忧愁和烦恼。《南史·陆慧晓传》

【越痴呆越享了痴呆福】 意思是,因为痴呆而不会与世争雄,惹不了灾祸,没有人找麻烦,吃饱混天黑,什么事都不考虑,什么急都不着,这就是一种福。

【越糊涂越有糊涂福】 意思是稀里糊涂过日子,于事不闻不问,与世无争。这样什么麻烦事、坏事都找不到头上,因而得福。实际上,这是在借别人的富而为代价的福。

【雷劈不孝子,风卷破茅房】 意思是,被雷打死的人,是因为他不孝敬父母,雷公菩萨要这样惩处他。这自然是迷信说法,也是对忤逆不孝、道德品质恶劣者的一种憎恨和警告。茅草房本来是不经风雨的,破茅草房遇上大风,更不待言。极言越穷越遭殃。

【雷劈亏心人，水淹懒人田】 意思是，做亏心事遭雷打，懒惰田遭水淹。劝人不要做对不起人的事，要勤奋。雷、水岂知人怎么样？这里把雷、水人格化了，表示人们对亏心人、懒人的一种愤懑之心。

【精神不运则愚，气血不运则病】 不运：不能正常运行。意思是，人的精神不好就会愚钝，气血运行不好就有病。《琼琚佩语·摄生》

【盛满易为灾，谦冲恒受福】 意思是，骄傲自满的人，容易招来灾祸，谦让的人永远会得到幸福。清朝张廷玉《杂兴》

【蝎盛则木朽，欲盛则身枯】 蝎：树木里面的蛀虫。盛：多。欲：性欲。意思是，树木里面的蛀虫多了，树木就会枯朽；人性欲过盛，身体就要枯竭。晋代嵇康《答向子期难养生论》

【晚饭少吃口，活到九十九】 晚上人处在休息状态，身体机能也处在休息状态。少吃就减轻了人体器官的负担，所以对健康有好处，可以延年益寿。清朝钱大昕《恒言录》卷六

【哪个庙里都有屈死的鬼】 比喻在社会上受冤屈的事是很多的，一点都不奇怪。

【黎明即起，洒扫庭除】 庭除：庭院和台阶。意思是，早晨早早起床，打扫庭院和台阶卫生。既清洁了环境卫生，保持好的居住生活环境，又锻炼了身体，一举多得，是个好习惯。明朝朱柏庐《治家格言》

【健身须坚持，一暴十年废】 暴：糟蹋，放弃。意思是，健身活动要坚持不懈，一旦放弃不练，就前功尽弃。

【稀粥烂饭不伤人，烈酒肥肉伤肝脾】 意思是，粥煮得稀一点，饭煮得烂点，对身体没有坏处。酒肉吃多了伤害肝脏脾脏，就落下了富贵病的祸根。

三、人民和国家

1. 热爱人民

【一个人要有志气，一个军队要有士气，一个国家要有民气】 意思是，每个人，都要有志气。士气，民气，即民族精神，民族骨气。大庆人语。

【一切都要人去做】 意思是，人是一切事业成功不可替代的，即便是现代化的机器人，也要人去制造。

【一切都靠人去做】 意思是，干任何事，人是第一位的，离开人才，什么也办不好。

【一方水土养一方人】 意思是，一个地方有一个地方的风俗习惯，一个地方的人有一个地方的特点，一个地方有一个地方的经济特色。

【人心大快，大快人心】 快：痛快。多指人民群众深恶痛绝的坏人坏事或社会弊端，受到应有的惩办或纠正，人民群众痛快和支持的心情。《万历野获编·立枷》："当时人心大快，佐以此得缙绅闻声，然亦不云立枷。"

【人民是国家的主人】 意思是要尊重人民当家作主的权力。

【人民的眼睛是雪亮的】 意思是人民群众是最公正、最知情的，什么都隐瞒不过。

【人民群众有无限的创造力】 意思是，人民群众是最大的实践者和创造者,有无穷的智慧和力量,有无限的创造力。因此,办任何事要相信依靠组织发动人民群众,事情就会办得更好。毛泽东《多余劳动力找到了出路》一文的按语。

【人多无好饭,猪多无好食】 比喻人多了伙食不易搞好。

【人多好种田,人少好过年】 意思是,做事人多好,过日子人少好。这是一对矛盾,本身解决不了。现代化社会通过高度机械化生产方式提供生产力,就不存在这个矛盾了,但在一定意义上仍然适用,因为生产和消费是相辅相成的。人从母体怀胎起就要开始消费,未成年前,老了后,再加上病休,约占人生一半的时间只能消费,不能创造财富。所以要计划生育,人口不能无控制的发展。

【人命大于天】 意思是,做任何事,对待任何人,要以人为本。关系到人的生命的问题,比任何大的事情都要大,即人命大于一切。《水浒传》第二十二回

【人心所向,圣贤所为】 圣贤:圣人和贤人。意思是,人民群众所希望向往的,是完全合理正义的。

【人心不可欺】 意思是,人民群众的意志和愿望不可逆反违背。

【人是最宝贵的财富】 意思是,在任何财富中,人是第一位的,因为归根结底,一切要靠人去做。毛泽东《唯心历史观的破产》:"世间一切事物中,人是第一个可宝贵的。"

【人民是创造世界历史的动力】 意思是,创造世界辉煌历史的动力,是劳动人民。毛泽东《论联合政府》:"人民,只有人民,才是创造世界历史的动力。"

【人民是衣食父母】 意思是,人民用他们的劳动,创造了物质财富和精神财富,供我们吃穿住行和精神享受,养育着我们,我们要热爱人民,为人民服务。

【下贫则上贫,下富则上富】 下:指人民群众。上:指国家。

意思是，人民群众贫穷，国家就穷，人民群众富裕，国家就富强。《荀子·富国》

【千金可失，贵在人心】 意思是，失去千金财富不算什么，最贵重的是不要失去人心。《齐书·到撝刘悛虞悰胡谐之传说》

【太上，不知有之；其次，亲而誉之；其次，畏之；其次，侮之】 太上：至上，最好，指最好的统治者。意思是，最好的统治者，他们虽然不在人民中显示自己的伟大，但人民的心中却有他；其次的统治者，人民亲近他并且称赞他；再次的统治者，人民畏惧他；更次的统治者，人民轻蔑他，咒骂他。先秦时代老子《道德经》

【上之所为，民之所归】 意思是，居上位的官员的所作所为，应该都是为了民众所想所需要的。《左传·襄公二十年》

【上好礼则民易使】 礼：礼仪，道德。意思是，领导者重视礼仪，道德高尚，尊重人民群众，那么，人民群众就能服从领导。《论语·宪问》

【上施厚，则下报之亦厚】 意思是，上面君主给予下面百姓的丰厚，那么，下面的百姓报答上面君主的恩惠也会丰厚。唐朝李筌《太白阴经·人谋》

【不涸泽而渔，不焚林而猎】 意思是，不要把池塘水搞干了捕鱼，不要把树林烧了捕猎。比喻办事不能只顾眼前利益，只顾一时痛快而不顾后果，忘了长远利益。《淮南子·主术训》

【不厚费者不多营，不妄用者不过取】 厚费：过度浪费。营：谋求。妄用：随便乱用。意思是，不挥霍浪费的人，不会贪钱，不随便乱花钱的人，不会取得不义之财。《琼琚佩语·勤俭》

【不富无以为仁，不施无以合亲】 意思是，国家不富足，就无法讲什么仁义仁爱，不富足，就不能对人民施于恩惠，就无法团结人民。抛开实际讲所谓仁义，是虚伪的说教。《六韬·守土》

【无取民者民利之，无取国者国利之，无取天下者天下利之】 意思是，不向人民索取，人民都为国家出力，不向国家索取，全国

都齐心出力,不向天下索取,天下都为国家出力。《六韬·武韬》

【无狎其所居,无厌其所生】 无狎:狎通狭,意为压迫、逼迫,即不要逼迫之意。厌:指统治者对人民的压迫、阻塞之意。意思是,不要逼迫得人民不得安居,不要阻塞人民谋生的道路。先秦时代老子《道德经》

【天地之间人为贵】 意思是,人是这宇宙上最为宝贵的。《华子·执中》

【天有常形,民有常生】 意思是,天有稳定不变的形体,民有正常的生活。《六韬·文启》

【天下大务,莫过民生】 天下:国家。民生:人民的生计,及休养生息。意思是,国家的大事,没有比人民的生计更大的了。

【水能载舟,亦能覆舟】 载:承载。覆:颠覆,倾翻。舟:船。通常比喻人民群众像水,统治者好像水面上的船。人民群众既能拥护支持统治者,也能推翻统治者。《荀子·王制》:“传曰:君者,舟也;庶人者,水也。水则载舟,水则覆舟。”“则”同“能”。

【中间大,两头小】 可以指在人民群众中,通常是先进和后进的人属少数,中间状态的人占大多数。

【历史是人民创造的】 历史:指人类社会发展史。人民:泛指劳动人民及其人民的英雄。辩证唯物史观与英雄创造历史及其唯心史观相对立。辩证唯物史观认为,劳动人民是社会的主体,是历史发展的主体,是创造社会物质财富和精神文明财富的主体,阶级斗争是社会前进的动力。因而认为历史是人民创造的,英雄是人民中的杰出代表。

【勿以独见而违众】 意思是,不要把个人的意见和见解强加于多数人。《心书》

【为官一任,造福一方】 为:做。一任:一届。意思是,在一个地方做一任官,就要为当地老百姓造福。即,既然在这里做官,就要恪尽职守,全心全意为人民服务好。

【为人民服务】 一九四四年九月八日,毛泽东在中共中央直属机关为追悼张思德同志而召集的会议上所做的演讲。以后,毛泽东曾多次使用这一语句。如在《两个中国之命运》一文中说:"我们应该谦虚,谨慎,戒骄,戒躁,全心全意地为中国人民服务。"在《论联合政府》中说:"全心全意地为人民服务。"在《关于正确处理人民内部矛盾的问题》一文中说:"国家机关工作人员必须为人民服务。""为人民服务"是中国共产党的宗旨,党章规定,共产党员除了人民的利益,没有个人的特殊利益,共产党的干部必须是人民的公仆。国务院大门的屏风上有毛泽东亲自题写的"为人民服务",中央,各省市及其地方政府的大门口上,都有毛泽东的手迹"为人民服务"。许多地方把"为人民服务"制成胸章,别在工作人员的胸口上。

【心为民所想,情为民所系】 意思是,政府领导人,要一切为人民着想,要和人民心连心,和人民同呼吸共命运。

【以人为本,本固邦安】 本:前一个本是指根本,依据,后一个本指人民。意思是,国家办任何事,其出发点和落脚点,要把人作为根本,做依据。这样,人民对国家就热爱,国家就强固了,就安定和谐了。

【以人为本,权为民用】 意思是,国家领导人要在思想和行为上树立一切为了人民的根本,手中的权力是为人民谋福祉的观念。

【用有节,取有制】 节:分寸,节省。制:限度。意思是,国家使用财务开支上,要有分寸,要节俭;从百姓中收取财物要有节制,不能掘泽而渔。苏轼《叶嘉传》:"用于国有节,取于民有制。"

【皮之不存,毛将安附】 安:哪里。意思是,皮肤都不存在了,毛将附着在哪里呢?比喻社会上为某一阶级服务的阶层依附该阶级而生存,该阶级不存在了,该阶层就失去了生存的基础。《左传·僖公十四年》载虢射语:"皮之不存,毛将安付。""付"同

“附”。

【民为邦本，本固邦宁】 邦：国家。意思是，人民是国家的根本，人民安居乐业了，国家就安宁了。《尚书·五子之歌》

【民意可引不开逆】 民意：人民群众的意愿。引：引导。逆：逆反，相反。意思是，人民群众的意愿有他的合理性，应该加以引导去做，而不应该与人民群众的意愿反着来。

【民以食为天，君以民为本】 天：指所依靠，最大最根本的利益。君：君王，最高统治者。意思是，老百姓以吃的为最大最根本的利益和依靠，君王以老百姓为统治的根本。《汉书·郦食其传》：“民以食为天。”

【民不畏死，奈何以死惧之？】 意思是，人民不怕死，为什么拿死来威吓人民？即对群众中的问题、矛盾，用强硬威吓的办法是不能解决的。《老子》七十四章

【民心不可欺】 意思是，人民群众不能欺骗受压。

【民意不可逆】 逆：违反。意思是，人民群众的意志不能违反。

【民以食为天，食以土为本】 意思是，人民依靠食物生存，庄稼依靠土壤生存。

【民无信不立】 意思是，得不到人民的信任，事情就建立不起来，就做不好。《论语·颜渊》

【只有代表群众，才能教育群众】 意思是，领导者必须代表群众的利益，在群众中有威信，说话群众才听。

【冬日之阳，夏日之阴，不招而民自来】 意思是，你如果像冬天的太阳，给人以温暖，像夏天的阴凉，给人以凉爽，那么，不用招呼，人民就会自动团结在你的周围。《逸周书·大聚》

【宁为宇宙闲吟客，怕做乾坤窃禄人】 意思是宁可成为世界上吟诗作赋的闲客，也不敢做不为人民办事，白拿俸禄的庸官。唐朝杜荀鹤《自叙》

【生天下者天下德之,杀天下者天下贼之】德:感激。贼:作乱叛国。意思是,使天下人休养生息,能过上幸福安定的生活,天下人就会感激你;乱杀无辜百姓,天下人就会作乱叛国。《六韬·顺启》

【安天下者天下恃之,危天下者天下灾之】意思是,使天下安定,天下就依恃,就支持你;给天下带来危害,天下就降给你灭顶之灾祸。《六韬·顺启》

【关心群众生活,注意工作方法】毛泽东《关心群众生活,注意工作方法》:"我们应该深刻地注意群众的生活问题,从土地、劳动问题,到柴米油盐问题……一切这些群众生活上的问题,都应该把它提到自己的议事日程上。"

【羊羹虽美,众口难调】意思是,人多了,胃口都不一样,难以调理得都满意。比喻给群众办事难以使每个人都满意。元朝邓玉宾《中吕粉蝶儿》

【曲突无燎灾,预备无荒年】曲突:弯曲的烟囱。意思是,弯曲的烟囱不会引发火灾,丰年做好粮食储备,就不会发生饥荒。明朝徐祯稷《耻言》

【当路莫栽荆棘草,他年免挂子孙衣】比喻要给子孙后代做好事,不要做给子孙后代留后患的事。清朝张讪《题所居》

【防民之口,甚于防川】防:阻碍,堵塞。川:河流。意思是,堵塞民众的嘴,不让民众说话,比堵塞河流还要危险。《国语·周语上》

【众怒不可蓄】蓄:积累。意思是,群众的愤怒情绪不可积蓄,要及时疏导消除。《左传·昭公二十五年》

【众怒难犯,专欲难成】众怒:众人、群众的愤怒。犯:触犯。专欲:专权的欲望。意思是,群众的愤怒不能触犯,专权的欲望难以成功。即独断专权,压制民主,是不会有好下场的。《左传·襄公十年》

【众怒难任,蓄怨终泄】意思是,群众的愤怒不可冒犯,群众的愤怒解决不了,积蓄多了,终有一天要爆发出来。唐朝陆贽《奉天请罢琼林·大盈二库状》

【乱者思理,危者求安】意思是,人处在混乱时就盼着社会有秩序,在危困的时候,就想着把混乱理顺,求得安宁。唐朝柳宗元《礼部为文武百僚请听政表》

【利天下者,天下启之;害天下者,天下闭之】意思是,给天下人的利益,天下人就自然拥护他;使天下人受害,天下人自然就对他封闭抗拒。《六韬·武韬》

【利天下之民者,莫大于治】意思是,对天下人民有利的事情,没有比把天下治理得好更重要的了。商鞅《开塞》

【利为民所谋,权为民所用】意思是,政府工作人员所做的一切,都必须是为人民谋利益。手中的权力用来为人民服务。

【济则同利,败则同害】意思是,在和平胜利时与人民同享利益,遇到困难时人民则能共患难。《六韬·武韬》

【但得官清吏不横,即是村中歌舞时】意思是,只要官吏清正廉洁不蛮横,老百姓就能安居乐业了。宋朝陆游《春日杂兴》

【但愿苍生俱饱暖,不辞辛苦出山林】俱:都,全部。意思是,只希望给人民都带来饱暖,才不辞辛苦走出山林。比喻像煤炭一样献身于国家和人民。民朝于谦《咏煤炭》

【彻天下者天下通之,穷天下者天下仇之】意思是,给天下带来光明,天下就与他相融,给天下带来穷困,天下就仇恨他。《六韬·顺启》

【念一食之艰难,思一衣之辛苦】意思是,要懂得,每一食一衣都是劳动人民用辛苦劳动创造出来的。唐朝吴兢《贞观政要·教戒太子诸王》:"每一食,便念稼穑之艰难;每一衣,则思纺绩之辛苦。"

【英雄者国之干,庶民者国之本】意思是,英雄是国家的骨

干,要尊重他们,重视他们,选任他们;民众是国家的根本,要关心他们,爱护他们。《黄石公三略·上略》

【国之大务,爱民而已】 意思是,管理国家的最大的事情,只要爱民就行了。《六韬·国务》

【国以民为本,民以食为天】 意思是,国家依靠人民为根本,人民依靠食物而生存。宋朝朱熹《四书集注·孟子·尽心下》注语:"国以民为本,社稷亦为民而立。"《汉书郦食其传》:"民以食为天。"

【国平人自安,心平天自凉】 意思是,国家太平安定,人民就自然安居乐业了;人的心情平静了,不浮躁,就自然感到天气凉爽了。

【国无大小,人无贵贱】 意思是,国家无大小之分,人无高贵卑贱之分,应该平等对待。

【国以民为根,民以谷为命】 意思是,国家以人民为根本,人民以粮食为生命。唐朝魏征《群书治要》

【饱而知人之饥,温而知人之寒,逸而知人之劳】 温:温暖。逸:安逸。劳:劳累。意思是,自己好了,要想到别人的困难。《晏子春秋·内篇谏上》

【官清民自安】 官清:做官的清正廉洁。意思是,做官的都清正廉洁,人民自然就会安定。冯梦龙《警世通言·金令史美婢酬秀童》:"国正天心顺,官清民自安。"

【屋漏在上,知者在下】 比喻问题出在上面,知道的是下面。汉朝王充《论衡·答佞篇》

【信以接物,宽以待下】 意识是,待人接物要讲真诚信用,对待下级和群众,要宽宏大量。《薛文清公从政录》

【信不足焉,有不信焉】 意思是,统治者诚信不足,人民就不相信他。先秦时代老子《道德经》

【顺民者昌,逆民者亡】 意思是,顺应人民的意志愿望就昌盛，违反人民的意志愿望就灭亡。

【说主人话，做主人事】意思是，企业的职工要以主人翁的态度对待企业，做好自己的工作。

【谁得罪了群众谁就没有好下场】意思是，群众的利益，群众的意志是不能损害的，要走群众路线，否则就要受到群众的反对。

【胳膊拧不过大腿】比喻个人或下级没有组织或上级的力量大，不服从不行。

【高以下为基，民以食为天】高：上。下：相对于上。比喻国家管理部门都是以人民群众为基础的，而人民群众的吃饭问题是最大的依靠。晋代潘岳《籍田赋》

【流水不返，忠烈无悔】忠烈：为国家和民族利益而不惜献出生命的英雄豪杰和仁人志士。意思是，那些为国家和民族利益牺牲的烈士，他们忠于国家和人民的壮举，像流水一样义无反顾，永不后悔。

【得人者兴，失人者崩】意思是，得人心，得到人才，就兴旺发达；失去人心，没有人才，就衰落崩溃。《史记·伤君列传》引古逸诗。

【得民之劳者昌，得民之忧者康】意思是，人民乐于为国家出力，国家就会昌盛；人民乐于为国家分忧，国家就会太平。宋朝催敦礼《刍言》卷上

【得众则得国，失众则失国】意思是，得到群众的支持拥护，就能得到国家，失去群众的支持拥护，就要失去国家。《礼记·大学》

【得人心者得天下，失人心者失天下】天下：国家。意思是，得到人民的拥护支持就能得到全中国，失去人民的信任和拥护就失去了全中国。

【谋度于义者必得，事因于民者必成】谋：谋划。义：正义。因：为了。意思是，为正义的事业而谋划，为人民群众办有益的

事,必然成功。《晏子春秋·内篇问上》

【群众的眼睛是雪亮的】 意思是,群众是最了解情况最公正的,谁怎么样,都看得一清二楚。

【群众的智慧是无穷的】 意思是,群众是实践的主体,实践出真知,实践是无穷尽的,因此,群众的智慧是无穷的。

【群众是真正的英雄】 毛泽东《农村调查的序言和跋》:"群众是真正的英雄,而我们自己则往往是幼稚可笑的,不了解这一点,就不能得到起码的知识。"

【撼泰山易,撼人心难】 撼:搬动,摧毁。比喻征服人心比搬动摧毁泰山还要难。

【疏其亲则害,失其众则败】 意思是,疏远了亲族,就有祸害,失去了人民,就要失败。《六韬·守土》

2. 爱国

【一寸山河一寸金,寸寸山河寸寸金】 意思是,国土的宝贵,一寸土地都不能丢失。《金史·左企弓传》:"太祖既定,一寸山河一寸金。太祖不听。"清朝人黄遵宪所著《赠梁任父同年》有"寸寸山河寸寸金"句。通常两句合用,更显国家领土之珍贵,更显爱国精神。

【一颗红心两个准备】 部队战士语,老兵到复员时表示对国家的忠诚无私,服从国家的安排。需要继续留在部队就在部队继续服役,让复员就复员。

【大河有水小河满,大河无水小河干】 比喻国家富强了,人民自然也就富裕了。反之,国家贫穷,人民也自然贫穷。也有反过来说的"小河有水大河满,小河无水大河干"。因为大河之水来自小河,国家是由人民组成的,人民富强则国家富强,人民贫穷则国家贫穷。未有人民贫穷而国家富强的。

【千条大河归大海,全国人民跟党走】 党:中国共产党。意思是,人心所向,朝着中国共产党指引的方向义无反顾地奋勇前进。

【千红万紫安排著,只待春雷第一声】 安排著:著同着,布置、安排好了。意思是,一切都安排好了,只待一声命令。清朝张维屏《新雷》

【文不爱钱,武不惜死,世界无敌】 意思是,文官不贪钱财,办事公正廉洁;武官不怕牺牲,忠心卫国,国家就会太平兴旺,无敌于天下。《宋史·岳飞传》

【心装祖国一钱土,莫恋他国万两金】 意思是,无论走到哪里,心中都装着祖国,不受外国的收买利诱而背叛祖国。《西游记》

【平生铁石心,忘家思报国】 意思是,平生意志像铁石心肠一样,忘记了家,就是一心想着立功报效国家。宋朝陆游《太息·宿青山铺作》

【宁可饿死,也不吃嗟来之食】 嗟:不礼貌,有侮辱之意。嗟来之食:带侮辱性的施舍。《礼记·檀弓下》:春秋时,齐国发生饥荒,有人在路上施舍饭食,对饥饿的人说:"嗟,来食!"饥饿的谢焉说,我就是不吃嗟来之食,才到这个地步的。终于不食而死。1948年6月,文学家朱自清签名抗议美国扶植日本和拒绝领取"美援"面粉的宣言。当时,他的生活非常困苦,这年8月12日终因贫病交加,在北平逝世。临死前,他嘱咐家人不要买国民党政府配售的美国"救济面粉"。毛泽东在《别了,司徒雷登》一文中说:"朱自清一身重病,宁可饿死,不领美国的'救济粮'。因为这是嗟来之食,吃下去肚子是要痛的。朱自清表现了我们民族的尊严和英雄气概。"

【专利国家,不为身谋】 身:自己。谋:谋私。意思是,应该一心为国家着想,做有利于国家的事,而不为自己谋私利。宋朝司

马光《谏院题名记》

【百川归海，万众归心】 川：河流。意思是，世界上的河流都流向大海，亿万人民群众的心都向着国家。比喻人心所向国家统一。

【有心杀贼，无力回天】 意思是，我有心要杀绝那些卖国贼，却无回天之力。清朝晚期维新派“戊戌六君子”之一的谭嗣同就义语：“有心杀贼，无力回天，死得其所，快哉！快哉！”

【忧喜塞翁马，得失楚人弓】 塞翁马：即塞翁失马。《淮南子·人间训》：边塞上有个人丢了一匹马，他父亲说，怎么知道这不是好事呢？不久，这马还带着另一匹马回来了。后比喻因失而得的哲理。楚人弓：《孔子家语·好生》：止，楚人失弓，楚人得之，又何求焉？比喻自己的东西虽然丢失了，但得到的仍是自家人。全句的意思是，辩证地对待失与得，有失必有得。清朝唐孙华《闲居写怀》

【杞国无事忧天倾】 杞国：周朝时国名，在今河南杞县。传说杞国有个人怕天塌下来，吃饭睡觉都忧虑不安。比喻不必要的、没有根据的忧虑。《列子·天瑞》：“杞国有人忧天地崩坠，身亡（无）所寄，废寝食者。”现代天文学证明，历史上“天顷”是存在的，宇宙小行星有可能改变运行轨道与地球碰撞，那将是不可想象的大天灾。

【克勤于邦，克俭于家】 意思是，每个人，特别是政府官员，要勤俭建国，勤俭持家。《尚书·大禹谟》

【利于国者爱之，害于国者恶之】 意思是，凡是做有利于国家之事的人，就要喜欢爱护他，凡是做有害于国家的事的人，就要憎恶他。《晏子春秋·内篇谏上》

【良马不念秣，烈士不苟营】 秣：饲料。苟营：苟且营私。意思是，好马不专注槽里的饲料，有志之士不谋求个人私利。意思是，一心为国的人是不会贪图个人利益的。唐朝张籍《西州》

【位卑未敢忘忧国,事定犹须待阖棺】 位卑:社会地位卑微。未:不。阖棺:盖上棺材盖。意思是,虽然社会地位卑微,但是,岂敢忘了忧国忧民的大事?言者践行,待事后就能盖棺定论。宋朝陆游《病起书怀》

【鱼儿离不开水,瓜儿离不开秧】 比喻相互之间有着生与死的不可分割的紧密关系。

【国家国家,有国才有家】 意思是,应该把国家的利益放在第一位,建设好国家,保卫好国家,个人的小家才有保证。

【善为国者,天下之下我高,天下之轻我重】 意思是,善于料理国事的人,天下认为卑贱的他认为比自己高贵,天下轻视的他却很重视,即尊重劳动人民。汉朝恒宽《盐铁论·力耕》

【翻身不忘共产党,吃水不忘挖井人】 意思是,中国求得了解放,人民翻身当了国家的主人,过上了幸福的生活,是中国共产党领导的结果,不能忘恩负义,要永远记住共产党的恩情。

【覆巢之下,岂有完卵】 覆:颠覆,倾翻。巢:鸟巢。完卵:完好的蛋。意思是,鸟窝都倾翻了,岂能还有完好的鸟蛋存在?比喻家被毁掉了,家里就不会有什么完好的东西了。比喻灭门之祸,无一幸免。也可以比喻国家灭亡了,山河破碎,人民涂炭,男女老幼都要遭殃。《世说新语·言语》

【外争国权,内惩国贼】 国权:国家的主权。国贼:卖国贼。指章宗祥、陆宗舆、曹汝霖。五四运动时,爱国学生的口号。第一次世界大战结束,中国是战胜国。巴黎和会被英美等帝国主义列强把持控制,成了列强的分赃会议。中国代表在巴黎和会上提出收回德国等战败国在中国强占的辽东半岛等地及其他七条合理要求,被列强蛮横无理拒绝,不予讨论。在这种情况下,段祺瑞政府公然置国家主权于不顾,准备在和约上签字。消息传回国内后,举国愤慨,北平爆发了"五四"爱国运动,喊出了这一爱国口号。在全国人民和爱国学生的声讨压力下,三贼被撤职,中国代表拒绝在巴黎和约上签字。

【弱国无外交】意思是，国家科学技术落后，经济不发达，民穷国弱，在国际外交中得不到平等对待，处处受强国的欺侮和压迫。

3. 团结

【一滴水只有汇入江河才不会干枯】比喻人不要脱离群众，不要脱离集体。任何一个人，只有加入群众的行列，不脱离集体组织，才能永葆青春，事业有成；否则，就要像一滴水一样，必然干枯消失。

【一只手逮不了两条鱼】比喻一个人同时干不了两件相同的事。

【一只手抓不了两个跳蚤】意思与“一只手逮不了两条鱼”同。

【一人不顶二人帮】顶：不及。帮：帮助。意思是，一个人做事力量很有限，有人帮助一下，力量就大得多。

【一人不敌两人智】敌：不及，战胜不了。智：智慧。意思是，一个人的智慧有限，有两个人商量，办法就多了。

【一个人全身都是铁也打不了几根钉】意思是，一个人的能力再大也是极为有限的，要靠集体的智慧，群众的力量。

【一只筷子容易折，十只筷子折不断】比喻团结力量大。

【人多主意多】此语有双重含义：一是说人多好，各抒己见，集中起来，能得出好的主意办法；二是说人多众说纷纭，各执一词，拿不定主意。因场合不同，说话人的观点不同，含义是不同的。

【人多力量大】意思是人越多越好。

【人心齐泰山移】意思是,人民齐心协力,力量无比,什么困难都能战胜,什么大事都可以做到。

【人人为我,我为人人】意思是人是社会的人,不是孤立存在的,相互依存,谁也离不开谁,在我为别人的时候,别人同时也在为我。反之也一样。

【人聚则强,人散则尪】尪:弱。意思是,人民团结,国家就强大,人心离散,国家就贫弱。清朝魏源《默觚·治篇》

【九河盈溢,非一凷所防】九河:指黄河。《尚书·禹贡》:黄河流至河北平原中部后入北播为九河。凷:土块。意思是,黄河如果泛滥成灾,就不是一块土可以堵住的。比喻从事伟大的事业,只靠一个人是不行的,要靠人民的力量,齐心协力共同奋斗才能成功。汉朝蔡邕《释海》

【二人同心,其利断金;万人异心,不断一针】利:锋利。金:金属。针:缝衣服的针。意思是,两个人同心同德,其力量就像锋利的刀剑,可以切断金属;一万个人同床异梦,勾心斗角,连一根针都折不断。比喻真诚团结就有无坚不摧的力量;四分五裂,一盘散沙,什么力量都没有。《周易·系辞上》

【大石头要靠小石头塞】比喻大人物要靠普通平民百姓的拥护和支持帮助,才能站稳,成就大业。

【大树将倾,非一绳所维】意思是,大树要倾倒了,靠一根绳子是支不住的。比喻国家政权单靠某一方面的力量是难以稳固的,要靠全国各民族各阶层的力量集合才能维系。《后汉书·徐穉列传》

【大厦将颠,非一木所支】意思与"大树将倾,非一绳所维"同。隋朝王通《文中子·事君》

【三个臭皮匠,赛过诸葛亮】诸葛亮:三国时蜀国军师。比喻人多智慧多,群策群力,大家献计献策,就能想出好办法,比诸葛亮智慧还大。

【乡里乡亲，何必相倾】 相倾：互相倾轧排挤。意思是，都是熟人，无冤无仇，为什么要互相倾轧排挤，勾心斗角呢？意即要团结友爱，互相帮助。

【上下一股劲，无事办不成】 上：指领导，上级。下：指群众，下级。意思是，上级和下级及广大群众都同心同德，使的劲一样，就力量无比，什么事都办得到。

【上下一心，三军同力】 三军：古时军队组编，战斗时，分上军、中军、下军或左军、中军、右军。意思是，全军团结一条心。万众一心，同仇敌忾，消灭敌人。《韩诗外传》卷六

【千人同心则得千人力，万人异心则无一人之用】 意思是，人民团结，就有伟大的力量，人心离散，连一个人的作用也发挥不出来。《淮南子·兵略训》

【万众一心，黄土变成金】 意思是，人多团结起来，力量智慧无穷。

【万夫一力，天下无敌】 意思是，亿万人团结齐心协力，天下就没有不可战胜的敌人。明朝刘基《郁离子下·多疑不如独决》

【万马奔腾才是威，万炮齐发才摧城】 意思是，单打独斗，零星战斗，不足以威慑战胜敌人；只有群策群力，集中力量猛攻，才能战胜敌人。

【六亲不和有孝慈，国家混乱有忠臣】 六亲：父子、兄弟、夫妇。孝慈：孝子，慈父。意思是，家庭不和睦，才能显示出孝子慈父来；国家陷于混乱，才能见出忠臣来。先秦时代老子《道德经》

【心往一处想，劲往一处使】 意思是，不能分心分散力量，要同心同德，团结一致，共同把事做好。

【牛蹄子两瓣】 比喻团结不到一块，各强调各的，各干各的。

【为渊驱鱼，为丛驱雀】 渊：深水潭。驱：驱赶。丛：草丛。意思是，为了吃鱼，却把鱼赶进深渊，为了吃鸟，却把鸟驱赶到草丛。比喻政治暴虐，就会把人们推向敌对方面。现比喻不能团结人，

把可以依靠的力量推向对方。《孟子·离娄上》:“为渊驱鱼者,獭也;为丛驱爵者,鹯也;为汤、武驱民者,桀与纣也。”

【四马不和,取道不远】 意思是,拉车的四匹马不和谐,这辆车就走不远。比喻各怀鬼胎,不团结,不齐心协力,办不了大事业。汉朝刘向《说苑·敬慎》

【四海变秋气,一室难为春】 比喻一个人的力量扭转不了整个国家衰败局面。清朝龚自珍《自春徂秋,偶有所触,拉杂书之,漫不诠次,得十五首》之二

【龙生九子,兄弟各异】 龙生九子:徐应秋《玉芝堂谈荟·龙生九子》引李东阳《怀麓堂集》:“龙生九子不成龙,各有所好。”九子是:囚牛,平生好音乐,今二胡头上刻兽是其遗像;嘲风,平生好险,今殿角走兽是其遗像;睚眦,平生好杀,今刀柄上龙吞口是其遗像;蒲牢,平生好鸣,今钟上兽钮是其遗像;狻猊,平生好坐,今佛座狮子是其遗像;霸下,平生好负重,今碑座兽是其遗像;狴犴平生好讼,今狱门上狮子头是其遗像;负屃平生好文,今碑两旁文龙是其遗像;鳌吻,平生好吞,今殿脊上兽头是其遗像。比喻同胞兄弟性格志趣各不相同。

【瓜儿连着藤,藤儿连着瓜】 比喻两者关系像骨肉一样紧紧联系在一起,不可分离。

【外侮必有内争】 意思是,外国其所以敢于侵略,一个重要原因,肯定是国内不团结,有纷争,如内战。

【本自同根生,相煎何太急】 比喻同胞兄弟,何必要如此急于倾轧打击排斥呢?三国魏曹植《七步诗》:“煮豆滤豆笄,豆在釜中泣,本是同根生,相煎何太急。”

【圣人务静,贤人务正】 意思是,圣人务求国家安定,贤人务求民风正直。《六韬·文启》

【齐走半步也不容】 容:许可。意思是,整个队伍齐步前进,错走半步也不容许。因为齐步走错半步正好同整个队伍的步伐

错一步，就会有后面的人踩前面人的脚跟和自己的脚跟被后面的人踩踏，使整个队伍混乱起来。比喻办事要大家一个步调，齐心协力，不容许个别人破坏纪律规定。

【齐心万事成，别扭一事难】 意思是，大家心往一处想，劲往一处使，一切事情都可以办成；互相闹意见，思想统一不起来，什么事都难办。

【求大同，存小异】 求：寻求。存：保留。意思是，在原则问题上谋求一致，在非原则问题上可以保留各自的意见。这是谈判中的一个方法，也是一个原则，效果较好。

【有德之君以乐乐人，无德之君以乐乐身】 乐：前一个乐指音乐，后一个乐指快乐。意思是，有德的君主，是用音乐来使民众享受快乐；无德的君主，只知道用音乐来使自己得到快乐。《黄石公三略·下略》

【团结——批评——团结】 毛泽东《论联合政府》："我们曾经把解决人民内部矛盾的这种民主的方法，具体化为一个公式，叫做'团结——批评——团结'。讲详细一点，就是从团结的愿望出发，经过批评或者斗争使矛盾得到解决，从而在新的基础上达到新的团结。"

【众人拾柴火焰高】 比喻人多智慧多办法多，力量大。

【众庶成强，增积成山】 意思是，弱者团结起来力量就大，就同沙土积起来可以成为一座山一样坚不可摧。《战国策·东周策》

【众志成城，众口铄金】 铄金：熔化金属。比喻万众一心，团结一致，力量就坚固如长城。众人异口同声，如同火能熔化金属一样成为真理。比喻舆论力量的强大。全句的意思是群众的力量大。《国语·周语下》

【竹无大小，根根相连】 比喻人应该像竹子那样，不分大小老少加强团结。

【秀才造反，十年不成】秀才：泛指知识分子。意思是，知识分子不是一个阶级，往往是为社会上层建筑服务的阶层，由于他的社会特殊地位，生活工作的特殊环境和条件，既是劳动者，又脱离占社会绝大多数的劳动者。所以，秀才如果不同工农群众结合，自身是干不成大事的。

【秀才遇到兵，有理说不清】秀才：指温文尔雅讲道理的人。兵：指蛮横不讲理的人。意思是，文明讲理的人跟蛮横野蛮的人讲不了理。

【屈死好人笑死贼】意思是，冤枉了无辜的好人，使坏人、敌人高兴。

【单干好比独木桥，走一步来摇三摇】意思是，农业单家独户的生产方式，力量小，困难多，每走一步都非常艰难。

【独木不成林，单丝不成线】比喻个人行不成力量，做不成大事业。

【单丝不线，孤掌难鸣】比喻势单力薄，难以成事。《韩非子·功名》："一手独拍，虽疾（击）无声。"《水浒传》第四十九回："只是单丝不线，孤掌难鸣，只报得他一个信。"

【单则易折，众则难摧】原指一支箭很容易折断，一大把箭合起来就很难折断。比喻势单力孤易受欺侮，人多势众力量就强大。通常比喻团结力量大。《北史·吐谷浑传》

【拔河全凭众心齐】拔河：一种体育活动。主要工具是一根粗大的麻绳。比赛时，双方人数相等，一方把另一方拉过界线为赢。拔河因为人多，只有大家心齐，劲往一处使，才能取得胜利。比喻齐心协力才能取得胜利。

【孤则易折，众则难摧】意思是，势力孤单就容易被折毁，势力众大就难以摧毁。《资治通鉴·宋纪》

【贤人之政降人以体，圣人之政降人以心】意思是，贤良的人的政治，是使人行动服从；圣明的人的政治，是使人心中悦服。

《黄石公三略·下略》

【说话要有证据,批评要注意政治】 毛泽东《关于纠正党内的错误思想》:"批评要防止主观武断和把批评庸俗化,说话要有证据,批评要注意政治。"

【独柯不成树,独树不成林】 柯:树枝。比喻单凭个人的力量形不成一个有机的整体,没有力量。只有团结广大群众才能成就大事业。宋朝郭茂倩《乐府诗集·紫骝马歌》

【独木桥过不得千军万马】 比喻单干不适应现代化的经济大潮,容纳不了现代化的经济发展。

【虽有拱璧以先驷马,不如坐进以道】 拱璧:指双手捧着贵重的玉器。驷马:四匹马架的车。古代的献礼,轻物在先,重物在后。意思是,在天子即位、设置三公的时候,虽然有拱璧在先,四马在后的献礼仪式,还不如把道这个真理进献给他们。比喻送给别人贵重礼品,不如赠送给人家道德和真理。先秦时代老子《道德经》

【熊狼安敌众犬,好汉难打人多】 熊狼:凶猛巨大的狼。意思是,即使是凶猛的大狼,也敌不过一群狗,武艺高强的江湖好汉也打不过一群人。比喻寡不敌众。元朝尚仲贤《单鞭夺槊·楔子》

【家有一心,有钱买金,家有二心,无钱买针】 意思是,一家人和睦团结,办事齐心协力,什么事都能办成,否则,什么事情都办不成。明朝徐田臣《杀狗记》第十九折

【群策群力,万事莫急】 意思是,大家献计献策,出主意想办法,贡献力量,任何困难都能克服。

【工农联盟,国家太平】 意思是,工农联盟巩固,国家就安定祥和。

【五十六个民族五十六枝花,五十六个民族是一家】 意思是,全国五十六个兄弟民族就像五十六枝花,团结得像一家人一样。

4. 治国建国

【一天省一口,一年省一斗】省:节省。斗:我国旧时量器,一斗合十升,一升大米约二斤。意思是,节省意义重大,从小处着手,积少成多是普遍道理。中国人多,节俭过日子意义尤其重大。

【一面决不滥用浪费,一面努力发展生产】毛泽东《必须学会做经济工作》:“任何地方必须十分爱惜人力物力,决不可只顾一时,滥用浪费……一面决不滥用浪费,一面努力发展生产。”

【一公则万事通,一私则万事闭】意思是,只要出于公心办事,什么都好办。如果从私心出发,不管打着什么旗号,都行不通。《袁子正论·论兵》

【人无压力轻飘飘,井无压力不出油】意思是,人必须像油井有压力才能出油一样,有压力才能努力奋斗向上,干出成绩。大庆人语。

【大邦者下流,天下之牝】牝:雌性,母性。意思是,大国要像居于江河下游那样,处在慈母的位置,使天下小国像百川河流都交汇在这里一样。先秦时代老子《道德经》

【门不上锁,路不拾遗】意思是国家太平,社会安定,人的品质和法制观念强,没有偷盗和抢劫犯法的现象发生。

【门贫巷自荒,家贫人自贱】意思是,贫穷被人瞧不起,没有交往。

【上廉下勤,无事不成】上:上级,领导干部。下:下级,干部。意思是,上级下级都廉政勤政,号召力就大,威信就高,人民群众就拥护,任何事情都可以办成。

【上好义,则民莫敢不服】上:指政府,统治者。义:正义。意思是,上面施政合乎事宜,处事正义,人民群众就不敢不服从。

《论语·子路》:“上好礼,则民莫敢不敬;上好义,则民莫敢不服;上好信,则民莫敢不用情。”

【六守长则君昌,三宝全则国安】六守:指仁、义、忠、信、勇、谋。仁:指使他富有而不越礼法。义:指尊贵而不骄横。忠:指委负重任而不变心。信:指使用他而不虚伪隐瞒。勇:使他处于危险而不惧怕。谋:指让他处理事变而善于应变。三宝:指大农,大工,大商。大农:让农民聚居于一乡,发展农业生产,使粮食等丰足。大工:让做工的聚于一乡做工,发展工业,使器用充足。大商:让经商的聚居一乡,做买卖,使货业(商品)充足。意思是,大力培养严格考核德才兼备的人才;大力革新农业、工业、商业,使农工商得到大发展,满足人民生活的需要。就能使国家得到长治久安,不会丧失政权。《六韬·六守》

【心以启智,智以启财;财以启众,众以启贤】意思是,用心就可以开启智慧,开启了智慧就能开启财富,有了财富就能开启百姓,有百姓的基础,就能开启贤才。《六韬·三疑》

【不治天下,安臧人心】臧:善。意思是,不治理天下,怎么能使人心向善?《庄子·在宥》

【仁政不施于暴力】仁政:仁慈的政治。暴力:武力。意思是,对于使用暴力的反动派和反动分子,不实行仁政。

【仁德义道所在,天下归之】意思是,能与人民共同分享天时地利,就是仁德所在;救人济人就是德的所在;与人民同欢乐忧患同好恶,就是义的所在;能给人民带来利益,就是道的所在。做到了仁德义道,天下人就会归向。《六韬·文师》

【斗水泻大海,不如泻枯池】意思是,把一斗水泻入大海,不如把它泻到一个枯池里起作用。比喻应该把有限的物力、财力用在最需要的地方。唐朝《孟东野诗集·赠主人》

【天下大乱达到天下大治】天下:指国家。意思是,物极必反,乱透了就好治理。毛泽东语。

【天下非一人之天下,乃天下人之天下】 天下:指国家。意思是,天下不是哪一个人的天下,而是天下人所共有的天下。《六韬·文师》

【天下有道,却走马以粪;天下无道,戎马生于郊】 天下:指国家。道:真理,规律。却:屏去,退回。走马以粪:粪,耕种,播种。意为用战马耕种田地,即没有战争了。戎马:战马。意思是,国家讲真理,都遵守社会规则,就可以做到太平安定;国家没有真理,就会频频战乱,就连怀胎的母马也要到战场上去作战。先秦时代老子《道德经》

【天下人管天下事】 天下:指国家。意思是,国家实行民主政治,让人民参与管理国家。《三侠五义》第四十四回

【天下人做天下事】 意思是,国家的事应该是全国人民的事,由全国人民来做。

【天下多忌讳,则民弥贫】 意思是,治理建设国家要放开手脚让人民去干,不要那么多忌讳。禁忌越多,老百姓就越容易陷于贫困。先秦时代老子《道德经》

【不革其旧,安能从新】 意思是,改革必须革除旧的阻碍社会发展的东西,不这样,新的东西就不能产生,树立不起来。宋朝朱熹《上蔡先生语录》卷中:"须是有道理革之,不革其旧,安能从新?"

【不要捡了芝麻丢了西瓜】 意思是不要贪小利而失大。也比喻不要只抓小事而丢了大事,忘了抓主要工作。

【无农不稳,无工不强,无商不富】 意思是,国家不发展农业,把农业抓好,国家就不稳定;不把工业抓好,国家就不强大;不把商业抓好,就富裕不起来。

【无益于天下者,明之不如已也】 已:停止。意思是,对天下无益的事,与其竭力申辩,倒不如停止不干的好。《庄子·天下》

【无为而治】 无为:不妄为。治:治理。古代道家主张顺应自

然,不妄为而使国家得到治理。后多指寓治于教化之中。现也指不加约束的治理方法。《论语·卫灵公》:“子曰:无为而治者,其舜也与。夫何为哉?恭己正南面而已矣。”

【无为而无不为,取天下常以无事】意思是,治理国家如果能够做到无为而治,即不妄为,而应该做的事情没有不做的,那么,任何事情都可以有所作为,应该做的事情就可以做好,中心含义是不妄为,要尽职尽责,恪尽职守,干实事,干好事,把该做的事、人民群众关注的事做好。先秦时代老子《道德经》

【反天下之心,天下不堪】不堪:不能忍受。意思是,违反了天下人的心愿,天下的人就不能忍受。《庄子·天下》

【仓充鼠雀喜,草尽狐兔愁】充:充实。尽:无。意思是,仓库里装满了粮食,老鼠、雀鸟都有吃的,很高兴;山上的野草都砍尽烧光了,狐狸,野兔无处藏身,都发愁。比喻治理国家要精心治本,不为坏人和犯罪分子提供犯罪的条件。《包拯集·明刻本附录》

【以正治国,以奇用兵】正:指无为而为,正大光明。奇:与正相对,奇巧,诡秘。意思是,治理国家要无为而为,要光明正大,不要妄为;而用兵则完全相反,要以奇巧诡秘的办法对付敌人,不能仁慈。先秦时代老子《道德经》

【以无事理天下,则万物不能扰】意思是,用无为政治治理天下,万物就不会被扰乱。唐朝李筌《太白阴经·人谋》

【以国取天下,天下可毕】意思是,以国(相对不是以家)为基础而取天下,天下就可以得到。《六韬·文师》

【以正辅人谓之忠,以邪导人谓之佞】正:正道、正直,与邪相对。辅:辅助,帮助。邪:邪恶、歪门邪道。导:诱导,指导。佞:伪善。意思是,用光明正直的公理公则帮助人,就叫忠诚;用歪门邪道来诱导人,就是伪善。汉朝恒宽《盐铁论·刺议》

【文武并用,长久之术】意思是,治理国家要民主和专政同时

并用,这是国家长治久安的统治艺术。《史记 · 郦生陆贾列传》

【文武并用,古今之道】 意思是,治理国家要把民主和专政一起并用,这是古往今来的规律。

【为国者当务实】 为国者:国家领导者。意思是,国家领导者,治理国家最忌夸夸其谈,华而不实。要务实,实抓实干见实效。宋朝苏辙《民赋叙》

【为己者不待人,制今者不法古】 为己:有主见。不待人:不随声附和别人。制今:创新。法古:效法古人。意思是,有主见的人,不随声附和别人;有创新能力的人,不因循守旧,一味地效法古人。《战国策 · 赵策》

【从一点一滴做起】 意思是,做事要具体扎实,从点滴做起,不说空话大话,不好高骛远。

【议事以制,政乃弗迷】 意思是,按照制度来议事,政事才不会迷误。南朝梁代刘勰《文心雕龙 · 议对》引《周书》

【圣人以天下治天下】 意思是,圣明的君主不是个人搞专权独裁,而是用天下的人治理天下。《关尹子 · 三级》:"圣人不以一己治天下,而以天下治天下。"

【圣人则天,贤者法地】 意思是,圣人能够遵循上天的规律(自然规律)行事,贤者能够效法人间的规律(社会规律)行事。《诸葛亮兵法 · 将苑》

【圣人不仁,以百姓为刍狗】 刍狗:古时祭祀时用草扎成的狗,使用后即被抛弃掉。意思是,所谓圣人是没有仁爱之心的,他们对老百姓像对待刍狗一样,任凭人们自作自息,需要时用你,不需要时抛弃不管。先秦时代老子《道德经》

【民主是对集中而言,自由是对纪律而言】 毛泽东《关于正确处理人民内部矛盾的问题》:"在人民内部,民主是对集中而言,自由是对纪律而言。这些都是一个统一体的两个侧面,它们是矛盾的,又是统一的,我们不应当片面地强调某一个侧面而否定另一个侧面。”

【去弊当治其本】弊:弊端。本:根本,基础。意思是,消除弊端要从根本治理,消除弊根。《从政遗规·薛文清公要语》

【长痛不如短痛】长痛:长时间的慢性痛苦。短痛:短时间的剧痛。意思是,长时间的保守治疗病痛,不如动手术根除病根,好得快,好得彻底。通常比喻社会变革。

【厉行节约,反对浪费】毛泽东《关于正确处理人民内部矛盾的问题:“我国是一个社会主义大国,但又是一个经济落后的穷国,这是一个很大的矛盾。要使我国富强起来,需要几十年的艰苦奋斗的时间,其中包括执行厉行节约,反对浪费这样一个勤俭建国的方针。”

【可则因,否则革】可:合宜。因:因袭继承。否:否定,不合宜。革:革除,改革。意思是,适合时宜和社会形势发展的东西,就继承下来,不符合形势发展和社会进步的东西,就进行改革。汉朝杨雄《法言·问道》

【世异则事异,事异则备变】世异:社会不同。事异:社会问题变化。变:变革。意思是,时代不同了,社会发展变化了,社会问题、情况就不一样了,社会情况变了,国家施政也要因时变化,实行变革。《韩非子·五蠹》

【打铁还须自身硬】打铁:中国古老手工金属农具加工方法,主要是把金属放在火炉上用手拉风箱燃烧加温,放在铁铮上用铁锤锻打,反复几次成型。因金属硬度很大,所以锻制的工具自然要更硬。通常比喻要教育帮助别人,首先自己要比别人更强更过硬。

【失今不治,必为锢疾】失今:失去当前的机会。锢疾:锢同痼,经久难治愈的顽疾。意思是,对社会出现的弊端如果不抓住时机果断整治,发展下去,就会成为难以治愈的社会顽症。《汉书·贾谊传》

【失今不营,后费益大】营:经营。益:更。意思是,眼前近处的事不做,以后就要花费更大的人力物力,更不好办。宋朝陆游《铜壶阁记》

【对工作极端负责,对同志极端热忱】毛泽东《纪念白求恩》:“白求恩同志毫不利己专门利人的精神,表现在他对工作的极端负责任,对同志对人民的极端热忱。”

【决策误一分,实行偏一丈】意思是,决策不科学正确,执行起来错误更大更多。

【安国之道,先戒为宝】意思是,要想国家长治久安,事先提高警觉是最重要的法宝。《吴子兵法·料敌》

【兴利除害,天下归心】归心:诚心归附,顺从。意思是,国家兴利除害,得到全国人民的拥护欢迎,都来归附。《荀子·王霸》:“兴天下同利,除天下同害,天下归之。”

【军权就是政权】意思是,军队是国家政权的柱石,所以,谁掌握了军权,谁就掌握了国家的政权。但是,军队是国家机器,属于国家,任何个人和组织不得拥有军队,否则,就是军阀。

【刑罚不足以移风,杀戮不足以禁奸】意思是,光靠刑罚是不足以移风易俗的,单靠杀人也是不能除尽坏人的。《文子·精诚》

【刑罚者,治乱之药石;德教者,兴平之粱肉】药石:良药。兴平:兴盛安定。粱肉:美食。意思是,运用刑罚,是治理混乱的良药;运用教育,是实现兴盛安定的美食。刑罚和教育同时并用的方法,是治理混乱实现国家兴盛安定的良法。《后汉书·崔寔列传》

【有文事者必有武备,有武事者必有文备】意思是,搞政治的人必须有武装力量做后盾,搞军事的人必须有政治做基础。现代可以理解为军事上要善于使用政治,政治要靠军事做后盾。

【有德不可敌】意思是,一个国家,政治仁义清明,上下团结,是不可战胜的。《左传·僖公二十八年》

【执斧不伐,贼人将来】 意思是,手执利斧而不砍伐,贼人就会来。比喻边防部队不能打击消灭来犯之敌,敌人就会来侵略。《六韬·守土》

【求木之长者,必固其根本;欲流之远者,必浚其泉源】 意思是,要想树木长得高大,就必须使它的根稳固;要想泉水永远流畅,就必须疏浚它的源头。比喻要想国家强大富裕,就要稳固根本,广开财源。唐朝魏征《谏太宗十思疏》

【同天下之利者得天下,擅天下之利者失天下】 擅:专,独揽。意思是,与天下人有共同利益的,就能得到天下;专擅天下之利的,就会失去天下。《六韬·文师》

【岂见覆巢之下,安有完卵乎?】 覆:颠翻,倾倒。复:还,再。意思是,岂能见到鸟窝都被打翻了,还有不破的鸟蛋呢?比喻整个国家都遭祸殃,任何无辜的个人也会受到牵连,不可能得到幸免。南朝宋刘义庆《世说新语·言语》

【自己动手,丰衣足食】 意思是,部队自己一面打仗一面生产,解决部队的衣食给养,减轻人民的负担。现在泛指自力更生。毛泽东在延安大生产运动时期给一五九旅的题词。

【自力更生,艰苦奋斗】 新中国成立后的建国方针。中心意思是,国家刚建立,一穷二白,人口众多,帝国主义又对中国实行经济封锁,不可能有外援。只有依靠自己的力量,省吃俭用,甚至勒紧裤腰带,进行积累,求得生存发展,建设国家。

【全心全意地为人民服务,一刻也不脱离群众】 毛泽东《论联合政府》:"全心全意地为人民服务,一刻也不脱离群众,一切从人民的利益出发,而不是从个人或小集团的利益出发;向人民负责和向党的领导机关负责的一致性,这些就是我们的出发点。"

【地诚任,不患无财】 意思是,如果充分使用土地,就不担心国家没有财富。唐朝李筌《太白阴经·人谋》

【取之于民,用之于民】 意思是,国家从人民那里取得财政收人,然后又都用于有益于人民的事业上。

【鱼不可脱于渊,国之利器不可以示人】 利器:指国家的武装力量和刑法等专政工具。示人:给人看,向人炫耀,威吓人。意思是,鱼的生存不可以脱离水,国家的专政工具不可以向人民炫耀,不能轻易用来吓唬人民。这里用的是反比法。先秦时代老子《道德经》

【常善救人,故无弃人;常善救物,故无弃物】 意思是,经常善于挽救人,就不会有被抛弃的人;经常善于物尽其用,就没有被废弃的物品,不会造成人和物的浪费。先秦时代老子《道德经》

【离于天下,去王也远】 王:指百姓的思想境界。意思是,背离了天下人的心愿,距离天下百姓一心归往的境界也就很远很远了。《庄子·天下》

【量腹而受,量身而衣】 比喻办事应根据实际,量力而行。隋朝王通《文中子》

【智者则古,骄者招毁】 意思是,有智慧的人能向古人学习,从历史中借鉴经验教训,骄傲的人往往自恃,招致自我毁灭。《诸葛亮兵法·将苑》

【道常无为而无不为,无为而为】 不为、无为:指顺其自然,不妄为。无不为:是说没有一件事是它所不能为的。道:事物规律、真理。意思是,事物规律是顺应自然而无所作为的,却又没有什么事情不是它所不能作为的。先秦时代老子《道德经》

【乱极则治,暗极则光】 意思是,国家混乱到了极点,就好治理,黑暗到了极度,光明就会到来。太平天国洪秀全《原道醒世训》

【来之于民,用之于民】 意思是,国家的财富都是从人民那里来的,最后都用在人民的事业上。"来"也作"取"。

【穷则思变】 意思是,因为穷,就想着变革社会,逼着人们去奋斗努力,推动社会前进。毛泽东在《介绍一个合作社》中说:"除了别的特点外，中国六亿人口的显著特点是一穷二白。这些看起来是坏事，其实是好事。穷则思变，要干，要革命。”

【穷则变，变则通，通则久】意思是，事情发展到穷尽的地步，就要发生变革，发生变革后才能顺利发展，顺利发展了，才能长治久安。

【坏到尽头好便来】意思是，物极必反，坏事坏到彻底的程度，人们就能认识它的本质，也便于治理。这样，坏事也就变成了好事。

【君原于德而成于天】君：指君王。原：本原。德：自得，即从真理和实物的规律的观念出发对待自我和对待外物的顺任态度，可引申为道德至高无上。意思是，国君是道德至高无上的人，管理天下要遵循真理和事物的规律，这样才管理得好。《庄子·天地》

【局外之言往往多中】中：中肯，正确。意思是，旁观者清，看问题客观性强，比较准确。清朝申涵光《荆园小语》

【住山未必知山好，却是行人得细看】比喻当局者不如旁观者清。宋朝陆游《绝句》

【劳而无功，身必有殃】意思是，违背社会发展规律就会徒劳而无功，自身也难免遭受祸殃。《庄子·天运》：“今矜行周(王室)于鲁(国)，是犹推舟于陆也，劳而无功，身必有殃。”

【事有一利，则有一弊】意思是，世界上十全十美的事是没有的，只有利而无弊的事也是不存在的，既不能苛求完美无缺，也要权衡利弊，尽量化弊为利，减少弊端，利大于弊就是好的。

【事在四方，要在中央】意思是，国家的大小事务都分散在全国各地，但权利都集中在中央。也可以理解为，任何事要靠全国各地去落实，扎扎实实地工作，但是，关键还是在国家最高权力机关。战国末期韩非子《扬权》：“事在四方，要在中央。圣人执要，四方来效。”

【舍本逐木,圣贤所非】 意思是,舍弃根本的东西,追求枝节的东西,是圣贤所否定的。即干任何事,要抓住本质的根本性的东西。后魏贾思勰《齐民要术序》

【苟可以彊国,不法其故;苟可以利民,不循其礼】 苟:如果。彊:同强。故、礼:这里都是指儒家颂扬的旧法规、旧制度。意思是,如果要把国家建设得强盛,就不能效法老规矩;如果要有利于人民,就不能遵循旧法制。商鞅《更法》

【国不兴不事之功,家不藏不用之器】 功:工。器:器物,用具。意思是,国家不做没有成效的事,家里不储藏没有用的器物,即做事要讲究实际效益。唐朝魏征《群书治要·新语》

【国愚则智,可以强国】 国愚:指统治者愚蠢落后。意思是,如果国家的统治者愚蠢落后,只要发挥人民的才智就可以使国家变强。能发挥人民的才智,那就不会"国愚"了。唐朝李荃《太白阴经·人谋》

【国智则力,可以强人】 国智:指统治者有智慧。意思是,国家统治者有智慧,有雄厚的才智力量,那么,就可以有力量强加于外人。唐朝李筌《太白阴经·人谋》

【清静为,天下正】 为:作为。意思是,不妄为,天下就正统无乱了。先秦时代老子《道德经》

【表曲影必斜,源清流必洁】 表:标杆。比喻要纠正社会歪风邪气,必须正本清源。《资治通鉴·汉纪》:"夫表曲者景必邪,源清者流必清。"

【拨乱反正,承平百年】 拨乱:澄清混乱。反正:回复正常。承平:太平无事。意思是,澄清混乱,回复到正常的状态,能使一百年太平无事。宋朝苏轼《参定叶祖洽廷试策状二首》

【明者因时而变,知者随世而制】 明者:精明的人。知者:"知"同"智",有智慧的人。制:治理。意思是,治理国家,精明有智慧的人,不拘泥祖训古制,总是随着时世的变化而变化,随着时

代的不同而治理国家。汉朝恒宽《盐铁论·忧边》

【治国无难如治兵】 兵:军。意思是,治理国家并不难,就如同治理军队那样就好治理。《无名氏》:治国无难如治兵,兵家将令贵遵行;行刑不避君王宠,一笑随刀八阵成。

【治国有常,利民为本】 常:准则。意思是,治理好国家,有个准则,就是办一切事从有利于人民这个根本出发。《文子·上义》

【治乱绳不可急】 意思是,把一堆混乱不堪的绳子理顺,不能急性子,要耐心慢慢地理。比喻解决错综复杂的社会矛盾应循序渐进,不可求快。《汉书·龚遂传》

【治国常富,乱国必贫】 意思是,国家治理得好就必然富足,国家战难不停,就必然贫穷。《管子·治国》:“治国常富,而乱国必贫。”

【若欲不忙,浅水深防;若欲无伤,小怪大禳】 禳:古代祈祷消除灾祸的一种迷信活动。意思是,遇事要从浅小抓起,看得深远一些,把矛盾和不利的因素排除在萌芽之中,事情就办得顺利,既省时间又不会出大的隐患。明朝徐祯稷《耻言》

【苟正其身,于政何有,不正其身,如正人何】 意思是,如果端正了自身的行为,管理政事就没有什么困难;如果自身行为不端正,怎么能使别人端正呢?《论语·子路》

【舍车保帅】 象棋战术语。意思是,用牺牲车的代价而保住帅不被将死,使整盘棋不输掉。比喻牺牲局部利益保住全局利益。常用以比喻计谋策略。

【实事求是,不尚空谈】 实事:客观存在的事物。求:解决问题。是:客观事物的规律。意思是,按照客观存在的事物的规律办事,就不至于说不着边际的空话。《汉书·河间献王传》:“修学好古,实事求是。”

【其计可用,不羞其位;其言可行,而不责其辩】 意思是,只要他的计谋可以用,就不要羞于他的地位低下而不用,只要他说的

话是可行的,就不要苛求他言辞会辩不会辩。《淮南子·主术训》

【贵以身为天下,若可寄天下;爱以身为天下,若可托天下】意思是,不要把荣辱看得比身体生命更重要。珍贵自己的身体是为了治理天下,天下就可以托付给他;爱惜自己的身体是为了治理天下,天下就可以依靠他了。先秦时代老子《道德经》

【贪污和浪费是极大的犯罪】毛泽东《我们的经济政策》:“财政支出,应该根据节省的方针。应该使一切政府工作人员明白,贪污和浪费是极大的犯罪。”

【挖了穷根栽富根】比喻彻底消灭贫穷的剥削制度,建立新的共同富裕的社会制度。

【要莫大于节欲】欲:私欲,贪欲。意思是,对从政人员来说,最要紧的莫过于节制自己的私欲,不贪污受贿。三国魏桓范《政要论·节欲》

【前途是光明的,道路是曲折的】毛泽东《关于重庆谈判》:“世界上没有直路,要准备走曲折的路,比喻贪便宜。不能设想,那一天早上,一切反动派会统统会自己跪在地上。总之,前途是光明的,道路是曲折的。”

【政通人和,百废俱兴】政通人和:国家的政事上通下达,贯彻执行顺利,人民幸福,拥护政府。百废俱兴:一切原来没有办的事统统都兴办起来。宋朝范仲淹《岳阳楼记》

【真理面前人人平等】意思是,真理是客观的,是不以人的主观意志为转移的,对谁都一样。在自然科学方面是这样,人们基本能遵守真理面前人人平等的原则,但在社会科学方面,因为利益不同,却很难做到真理面前人人平等。

【消患于未形,保治于未然】意思是,要保持社会的稳定久安,必须把祸患消灭在未形成之前,万一发生动乱,也要把动乱消灭在未发生之前。明朝方孝孺《豫让论》,“消”原文为“销”。

【顺之则治,逆之则凶】意思是,顺应自然,按照自然规律办事,国家就会得到治理,违反自然规律,就会招来灾祸。《庄子·天运》:“天有六极五常,帝王顺之则治,逆之则凶。”

【积是为治,积非为虐】积:积累。是:国是,治理国家的政治措施。非:错误的政治措施。治:治理,太平之世。虐:乱世。意思是,积累正确的政治措施,国家就会得到治理,出现太平盛世;积累施行错误的政治措施,就会出现乱世。唐朝刘禹锡《山阳城赋》

【既要看到顺利,又要看到困难】意思是,要把正反两个方面都估计到,这样,就可以树立信心,又能克服困难,坚定信心。

【道不欲杂,忧而不救】道:真理。欲:不宜,不能。忧:忧患。意思是,真理是不能掺杂的,忧患多了积重难返,无可救药。《庄子·人间世》:“夫道不欲杂,杂则多,多则扰,扰则忧,忧而不救。”

【释近谋远者劳而无功,释远谋近者佚而有终】意思是,不治理好内部而专事好出远征伐,就劳而无功;不随意从事出远征伐而注重图治内部,就会逸而有成。《黄石公三略·下略》

【强兵足食,天下俱治】意思是,国家有强大的国防,人民丰衣足食,一切都会治理好。

【基础不牢,地动山摇】比喻国家建设治理要把基础打牢固,这是国家长治久安的根本。基础打不好,就很危险。

【善为国者,顺民之意】意思是,善于料理国事的人,做事总是顺应人民的意愿。《战国策·齐策》

【善治国者必先治其身,治其身者,慎其所习】意思是,善于治理国家的人,必须首先改造好自己,改造自己必须慎重自己的言行,注意对周围的影响。《三国志·魏书》

【善人为邦百年,可以胜残去杀】善人:指德治,仁政。邦:国家。胜残去杀:战胜残暴,免除杀戮。意思是,实行德治仁政,治理国家百年,就可以战胜残暴,免除杀戮了。《论语·子路》:“善人为邦百年,亦可以胜残去杀矣。”

【路线是个纲,纲举目张】 纲:网绳。目:网眼。意思是,路线好像网的网绳一样,是总管;网绳举起撒开,所有的网眼都张开了。路线贯彻落实好了,其他所有各项工作也就展开了。

【理世不必一其道,便国不必法古】 理:治理。法古:效法古人。意思是,治理国家,不必用一种不变的办法,使国家富强,不必效法古人的方法。《战国策·赵策》

【源清则流清,心正则事正】 意思是,水的源头清,水流就会清。道理一样,思想端正无邪,做事也就公正了。《薛文清公读书录·体验》

【尊五美屏四恶,可以从政】 意思是,能够做到尊崇五种美德,屏除四种恶政,就可以管理政事了。《论语·尧曰》:"子曰:尊五美屏四恶,斯可以从政矣。子张曰:何为五美?子曰:君子惠而不费,劳而不怨,欲而不贪,泰而不骄,威而不猛。……子张曰:何为四恶?子曰:不教而杀谓之虐;不戒视成谓之暴;慢令致期谓之贼;犹之与人也,出纳之吝谓之有司。"

【操刀不割,失利之期】 意思是,手里操着刀却不割草,就失掉了有利的日期、机会。比喻保护国土,要抓住有利时机不放。《六韬·守土》

5. 思想路线

【一德立而百善从之】 意思是,社会上树立起一种高尚的道德风尚,人民群众就跟随着做好事。宋朝杨时《二程粹言·论道篇》

【一引其纲,万目皆张】 纲:网绳。目:网眼。比喻抓住主要矛盾,其他矛盾就迎刃而解。《吕氏春秋·用民》

【一言可以兴邦,一言可以丧帮】 兴邦:振兴国家,丧邦:亡

国。意思是,一句好的意见或好的建议,能振兴国家;一句违反国情和客观实际的话可以丧国。《论语·子路》载鲁定公语

【一目之察,不如众目之明】 意思是,一个人看问题有局限性,大家的看法比较全面,真实。《意林·任子》

【一朝天子一朝臣】 朝:朝代。天子:皇帝。原意是一个新的皇帝即位登基,原来的朝廷大臣也都换了。现泛指一个人上台,就另换一班人马。

【一碗水往平处端】 比喻办事待人要公平合理,不要搞亲疏远近之分,更不要搞宗派。清朝文康《儿女英雄传》第二十六回

【人多嘴杂,事多乱杂】 意思是,人多了意见难统一,一时要做的事太多,非常混乱。

【人之难说也,道之难明耶】 道:道理、真理。意思是,我的主张一个国君都不取用,是人难以说服呢,还是道理难以彰明呢?《庄子·天运》:孔子对老冉说,六经"自以为久矣,孰知其故矣,以奸(干)者七十二君,论先王之道而明周、召(周公、召公)之迹,一君无所钩用。甚矣夫!人之难说也,道之难明耶"?

【人们的社会存在,决定人们的思想】 意思是,人的思想不是头脑里固有的,不是天上掉下来的,不是地上冒出来的,而是社会和自然界的客观存在决定的。毛泽东《人的正确思想是从哪里来的?》

【山高遮不住太阳,树大挡不住风雨】 比喻真理或人们崇拜的偶像,是任何势力也否定不了的;一种潮流的到来,是势不可挡的。

【大事皆起于小事】 意思是,大事都是由小事演变发展起来的。即要从小事抓起,防患于未然。唐朝吴兢《贞观政要·政体》引唐太宗语:"凡大事皆起于小事,小事不论,大事又将不可救。"

【文能附众,武能威敌】 文:指政治,文明。武:指国家的武装力量。意思是,用文明政治,可以使众人归附国家,有强大的武装

力量,能使敌人威服。《唐太公李卫公问对·卷中》

【不饱食以终日,不弃功于寸阴】意思是,不能成天吃饱了无所事事,一寸光阴都不能放弃浪费。《抱朴子·勖学》

【不谄上而慢下,不厌故而敬新】谄:谄媚。慢:怠慢。意思是,不谄媚上级不怠慢下极和普通民众,不厌弃老朋友老相识,不喜新厌旧。汉朝王符《潜夫论·交际》

【不期修古,不法常可】意思是,会治国的人,不遵循古训之道,不墨守成规旧习。战国末期韩非子《五蠹》:"是以圣人不其修古,不法常可;论世之事,因为之备。"

【日出多伪,士民安取不伪】意思是,政府天天出现那么多虚假的事情,百姓怎么会不弄虚作假!《庄子·则阳》

【公道达而私门塞,公义立而私事息】意思是,做到了秉公办事,私下后门自然就堵住了;公平正义树立起来了,贪图私利,以公徇私的事就会没有了。《韩诗外传》

【公生明,廉生威】意思是,公正产生英明,廉洁产生威信。清朝李煜《西沤外集·冰言》

【公事公办】公事:相对于私事而言。公办:按照规定办理。意思是,公事都应该按照规定办理,不能违反规定,公事私办。

【公事不私议】公事:朝政的事,国家的事,群众的事。私议:私下个别商议。现泛指国家、集体规定的和关系到国家、集体、群众的事情,不搞私人情面,要按照规定办理,要公开。不能少数人私下叽咕而定。《礼记·曲礼下》

【天变不足畏,祖宗不足法,人言不足恤】意思是,自然界的变化不必畏惧,祖宗的清规戒律不一定死守不变,人们的街谈巷议不要害怕忧虑。《宋史·王安石传》

【天下难事必做于易,天下大事必做于细】意思是,凡是难做的事,必须从容易做的入手;凡是大事,必须先从细小的事做起。先秦时代老子《道德经》

【为无为,事无事,味无味】 意思是,以无为的态度去有所作为,以不滋事的方法去处理事务,以恬淡无味的心态当做有意义去对待。这样,国家就治理好了。先秦时代老子《道德经》

【见素抱朴,少私寡欲;绝学无忧】 见素抱朴:保持原有的自然本色。意思是,要使人们的思想有所归属,保持纯洁朴实的本性,减少私欲杂念,只有抛弃所谓圣智礼法的浮文,才能免于忧患。符合人类的先进思想理论和礼法,是不能绝学的。先秦时代老子《道德经》

【由俭入奢易,由奢入俭难】 意思是,由勤俭俭朴腐化成奢侈容易,而要从奢侈转化到勤俭俭朴就很难了。宋朝司马光《训俭示康》

【片面性就是思想上的绝对化,就是形而上学地看问题】 形而上学:把自然现象看做单独的、彼此孤立的和不变的现象的一种不科学的方法。毛泽东《在中国共产党全国宣传工作会议上的讲话》

【从一滴水看大海】 比喻从部分看整体,以小见大。

【从群众中来,到群众中去】 意思是,办事要有群众观点、群众基础,从群众中听取意见,集中归纳起来,变成政策或纲领,再贯彻落实到群众中去,循环往复。毛泽东《关于领导方法的若干问题》:"在我党的一切实际工作中,凡属正确的领导,必须是从群众中来,到群众中去。"

【以书为御者,不尽马之情;以古制今者,不达事之变】 意思是,用书本上说的来驾车,就不能完全合乎马的性情;用古人的清规戒律来约束今天的人,就不能通达事物的变化。即不能搞本本主义,不能搞教条主义。《战国策·赵策》

【以仁心说,以学心听,以公心辨】 仁心:仁慈仁爱。学心:求知之心。公心:公正公平之心。意思是,用仁爱的心来说话,用求知的心来听取别人的意见,用公正公平的心来辨别是非曲直。

《荀子·正名》

【以仁安人,以义正己】 安:安慰。正己:要求自己。意思是,要以仁爱之心安慰别人,用高尚的道义要求自己。《春秋繁露·仁义法》

【以德报德,以怨报怨】 意思是,在人类社会里,用恩德来回报恩德,用怨恨来回报怨恨,可以取到劝善惩恶的作用。但现今的文明社会,要求人们有更宽广的胸怀。《礼记·表记》:"以德报德,则民有所劝;以怨报怨,则民有所惩。"这里的所谓德报、怨报是指国家治理的两种方式及其结果,不是指个人行为。

【以得为在民,以失为在己】 意思是,把生活清平归于百姓,把管理不善归于自己。《庄子·则阳》:"古之君人者,以得为在民,以失为在己。"

【以正为在民,以枉为在己】 枉:屈,这里指过错。意思是,把正确的做法归于百姓,把各种过错归于自己。《庄子·则阳》

【矢在弦上,不可不发】 比喻事已至此,不得不这样。《三国志·魏书·陈琳传》

【正以处心,廉以律己】 意思是,做人思想要端正,做官要把廉洁作为自律的修身大事。《薛文清公从政录》

【主意靠人出,事情在人为】 意思是,一切要靠人,人是决定一切的。做任何事要调动、发挥人的积极性。

【民知力竭,则以伪继】 知:智。意思是,人民耗尽了智慧和力量,就用虚假来继续应付。即统治者腐败反动的一种表现。《庄子·则阳》

【圣人千虑必有一失,愚人千虑必有一得】 意思是,伟人再周密思考也有失误的时候,普通人经过周密思考也会有独到的见解。极言不要迷信伟人,不要轻视劳动人民。《晏子春秋·杂下》

【圣人不以独见为明】 意思是,圣人不会认为一个人的见解就很高明。言外之意,更何况我们芸芸众生呢?《后汉书·中屠

刚传》

【圣人常无心，以百姓之心为心】意思是，圣人常常是没有私心的，他们总是以天下老百姓的心为自己的心。先秦时代老子《道德经》

【在一定条件下，坏的东西可以引出好的结果，好的东西也可以引出坏的结果】意思是，事物在一定条件下，可以互相转化。毛泽东《关于正确处理人民内部矛盾的问题》："我们必须学会全面地看问题，不但要看到事物的正面，也要看到事物的反面。在一定的条件下，坏的东西可以引出好的结果，好的东西也可以引出坏的结果。"

【未有不能自足而能足人，未有不能自治而治人】意思是，只有自己感到自足满意，才能教育别人自足满意；只有管理好自己，才能管理别人。汉朝桓宽《盐铁轮·贫富》

【号召是动员，实施是关键】毛泽东《关于领导方法的若干问题》："如果只限于一般号召，而领导人员没有具体地直接地从若干组织将所号召的工作深入实施，突破一点，取得经验，然后利用这种经验去指导其他单位，就无法考验自己提出的一般号召是否正确，也无法充实一般号召的内容，就有使一般号召归于落空的危险。"

【老不看《三国》，少不看《水浒》】意思是，《三国志》中的人物都是阴谋家，策略家，充满韬晦，阴险、狡诈，人老了本来就惯于沉稳思索，看《三国志》就更危险；《水浒》中的人物都是强盗，充满打家劫舍，劫道打杀，无法无天。青少年本来就好强斗狠，看《水浒》就更不守规矩。其实，这只是一种消极无谓之谈。禁锢封闭人的思想是徒劳的，最好的办法，就是以人为本，把国家建设好。

【没有正确的政治观点，就等于没有灵魂】毛泽东《关于正确处理人民内部矛盾的问题》："在知识分子和青年学生中间，最近一个时期,思想政治工作减弱了,出现了一些偏向。在一些人的眼中,好像什么政治,什么祖国的前途,人类的理想,都没有关心的必要。好像马克思主义行时了一阵,现在就不那么行时了。……没有正确的政治观点,就等于没有灵魂。”

【有公心必有公道】 意思是,办事只要出于公心,就必然公平合理。晋代杨泉《物理论》卷一

【各尽所能,按劳分配】 社会主义制度分配原则。即劳动者尽其能力,国家按照劳动者的劳动所创造的实际价值按照一定的分配比例,分配给劳动者的劳动报酬。与剥削社会制度劳而不获,获而不劳的分配制度相对立。

【各尽所能,按需分配】 理想的共产主义社会制度分配原则。即劳动者尽其所能,社会根据每个社会成员的实际需要进行分配。其前提条件是社会物质极大丰富,人们的思想觉悟极大提高,劳动成了人们第一需要。

【多想出智慧】 毛泽东《学习和时局》:“凡事应该用脑筋好好想一想,俗话说‘眉头一皱,计上心来’,就是说多想出智慧。”

【多言数穷,不如守中】 多言数穷:言指政令,数与速相通。守中:中通冲,即持守虚静的意思。意思是政令繁苛,使人困惑,更行不通,只会加速败亡,不如保持虚静无为状态。先秦时代老子《道德经》

【压服的结果总是压而不服】 毛泽东《在中国共产党全国宣传工作会议上的讲话》:“要人家服,只能说服,不能压服。压服的结果总是压而不富。以力服人是不行的。”

【当局者迷,旁观者醒】 当局者:指身在其位的当事人。旁观者:指了解情况的知情人。意思是,身在其位,对自己负责管辖范围的事,往往由于利害关系而不清醒,看不准;不在其位的旁观者由于没有利害关系,因而无压力无负担,往往比较客观,所以对事情倒看得比较清。明朝吕坤《续小儿语》:“自家有过,人说要听,

当局者迷，旁观者醒。"

【任务是过河，没有船不能过】 比喻做任何事必须首先创造必要的条件。毛泽东《关心群众生活，注意工作方法》："我们的任务是过河，但是没有桥或没有船就不能过。不解决桥或船的问题，过河就是一句空话。"

【坚定正确的政治方向，艰苦朴素的工作作风，灵活机动的战略战术】 毛泽东《被敌人反对的是好事而不是坏事》："抗大的教育方针是：坚定正确的政治方向，艰苦朴素的工作作风，灵活机动的战略战术。这三者是造成一个抗日的革命的军人所不可缺的。"

【近者悦，远者来】 意思是，要把国家建设得国内的人民都喜悦高兴，那么，外国的人都愿意投奔而来。《论语·子路》："叶公问政。子曰：'近者说，远者来。'"

【我无为，则民自化】 我：指"大我"，统治者。无为：不妄为，无为而治。自化：自我化育，自己教育自己。意思是，统治者对国家要无为而治，不要妄为；这样，老百姓就会自己教育自己。先秦时代老子《道德经》："故圣人云：我无为，而民自化；我好静，而民自正；我无事，而民自富；我无欲，而民自朴。"

【旁观者清，当局者昏】 同"当局者迷，旁观者醒。"

【论学则观其身世，论政则考其时势】 意思是，评论古人的学问，应联系他的身世；评论政绩，要考虑当时的时代背景。《逊志斋集·书竿》

【在有阶级存在的社会内，阶级斗争不会完结；在无阶级存在的社会内，新与旧、正确与错误之间的斗争永远不会完结】《周恩来总理在第三届全国人民代表大会第一次会议上的政府工作报告》

【自然科学是人类争取自由的一种武装】 毛泽东《在边区自然科学研究会成立大会上的讲话》："自然科学是人们争取自由的

一种武装……人们为着要在自然界里得到自由,就要用自然科学来了解自然,克服自然和改造自然,从自然里得到自由。”

【两袖清风,吃睡轻松】 意思是,为政廉洁,心中坦然轻松,不担惊害怕。

【坏事可以变成好事,好事也可能变成坏事】 意思是,在一定条件下,人们从坏事中吸取教训,总结经验,从而引出好的结果。毛泽东《关于正确处理人民内部矛盾的问题》:“在一定的条件下,坏的东西可以引出好的结果,好的东西也可以引出坏的结果。”这里强调条件,否则是唯心主义。

【位居千万人之上,必须居千万人之下】 意思是,职位地位在千万人之上,但思想作风和工作态度,要谦虚谨慎,做小学生,把自己放在千万人之下,甘当人民公仆。切不能居官高傲,高高在上。《左传》

【没有调查就没有发言权】 毛泽东《农村调查的序言和跋》:“一切实际工作者必须向下作调查。对于董得理论不懂得实际情况的人,这种调查工作尤有必要,否则他们就不能将理论和实际相联系。‘没有调查就没有发言权’这句话,虽然曾经被人讥为‘狭隘经验论’的,我却至今不悔,不但不悔,我仍然坚持没有调查是不可能有发言权的。”

【放之四海而皆准】 四海:指全世界。意思是,真理放在全世界都是准确的。毛泽东《同意乐工作者的谈话》:“马克思主义是放之四海而皆准的普遍真理,我们必须接受。但是,这个普遍真理还必须同各国革命的具体实践相结合。”

【拒谏者塞,专己者孤】 意思是,拒绝下级直言劝告,就会堵塞言路;一己专横的人,就会陷入孤立。“拒”原文为“距 ”。汉朝桓宽《盐铁论·刺议》

【开天下之口则智,广箴谏之路则明】 箴谏:规戒,劝告,奏谏。意思是,广开言路,让天下人都敢于开口说话提意见,都能规

戒朝廷，就会事明智高。《汉书·路温舒传》

【英雄造时势】 英雄史观，与“时势造英雄”相对。认为历史是英雄创造的。“时势造英雄”认为历史是群众创造的，主要是劳动人民创造，英雄只不过是群众中的杰出代表。实际，这是相辅相成的，群众离开了英雄，就成了无组织无领导的乌合之众，是干不成事的；英雄离开了群众，就成了孤立的无本之木，也是干不成事的。实际上，群众是基础，英雄在群众之中。因此，不能把群众与英雄对立起来，用简单的形式逻辑来看待。这是客观事实，非要争论个孰是孰非，就会陷入是先有鸡还是先有蛋的怪圈。

【其身正，不令而行，其身不正，虽令不行】 意思是，领导者本身的言行作风正派，是无声的命令；自己言行作风不正派，说一样做又是一样，虽然发布了命令，下面也不服从。《论语·子路》

【其政闷闷，其民淳淳；其政察察，其民缺缺】 闷闷：沉稳不喧挠，宽厚宁静之意。淳淳：淳朴厚道的意思。察察：严厉、苛刻。缺缺：抱怨不满的意思。意思是，国家政治宽厚清明，人民就淳朴诚实，政治严厉苛刻，人民就抱怨不满。先秦时代老子《道德经》

【君不肖，则国危民乱；君贤圣，则国安民治】 意思是，君主不贤，国家就危险，老百姓就会作乱；君主贤明，国家就安宁，老百姓就安定。《六韬·盈虚》

【匿为物而愚不识，大为难而罪不敢；重为任而罚不胜，远其途而诛不至】 愚：亦作“遇”，责备的意思。大为难：扩大办事的困难。罪：归罪。重为任：加重承受的负担。途：通作“途”。诛：谴责，杀害。意思是，隐匿事情的真情实况，却责备人们不能了解；扩大办事的困难，却归罪于不敢克服困难；加重承受的负担，却处罚别人不能胜任；把路途安排得十分遥远，却谴责人们不能达到。这样用人，实则是苛刁，玩人，谁也干不了。《庄子·则阳》

【威克厥爱，允济；爱克厥威，允罔】 威：威风，威力，威慑。厥：其。意思是，威慑胜于爱，事情可以有成；爱胜于威慑，事情不

会有成。《唐太公李卫公问对·卷中》引《尚书》

【政治政治,正确的统治】 意思是,正确的统治就叫政治。《论语·颜渊载孔子语:“政者正也。子帅以正,孰敢不正。”《礼记·哀公问》:“政者正也,君为正,则百姓从政矣。”

【政治工作是一切经济工作的生命线】 毛泽东《严重的教训》:“政治工作是一切经济工作的生命线。在社会经济制度发生根本变革的时期,尤其是这样。”经济是基础,政治是上层建筑,为经济基础服务的。

【洋为中用,古为今用】 洋:外国的。中:中国。古:古代。今:现代,今天。意思是,吸收外国优秀的东西为中国服务,吸收古代的优秀东西为今天所用。

【亲履艰难者知下情,备经险易者达物伪】 意思是,亲身经历过艰难的人,最知下情;备尝忧患的人,最能识别真伪。《后汉书·张衡列传》

【济大事必以人为本】 济:成,做。本:根本,依靠。意思是,成就大事业必须以人为依靠。《三国志·蜀书·先主传》

【得道多助,失道寡助】 道:正义。意思是,正义的事业会得到多数人的帮助,非正义的行径很少人帮助。《孟子·公孙丑下》:“得道者多助,失道者寡助。寡助之至,亲戚畔(叛)之,多助之至,天下顺之。”

【推古验今,所以不惑】 意思是,推借历史史实检验现时实践,就能使人不迷惑。宋朝张商英《素书》一

【要做群众的先导,不做落后分子的尾巴】 意思是,领导干部要宣传组织好群众大胆革新进取,不要保守落后。

【源深而水流,水流而鱼生】 意思是,源流深水就流畅,水流畅就有鱼生长。比喻国家大而富强,人民就热爱国家。《六韬·文师》

【根深而木长,木长而实生】 实:果实。意思是,树根深枝叶

就茂盛,枝叶茂盛就长果实。比喻国家深深扎根于人民,人民就会为国家做奉献。《六韬·文师》

【既要看到光明一面,又要看到黑暗一面】 意思是,在国际国内强大反动势力的包围中,要树立坚定信念,看到光明的前途,同时,要看到敌对势力的强大和嚣张,充分做好斗争的准备。

【证实困难,困难可解;回避困难,困难吓人】 意思是,证实困难,承认困难,困难就可以解决;回避困难,害怕困难,困难就可以把人吓到。

【物质决定精神,存在决定意识】 毛泽东《矛盾论》:“我们承认总的历史发展中是物质的东西决定精神的东西,是社会的存在决定社会的意识;但是同时又承认而且必须承认精神的东西的反作用,社会意识对于社会存在的反作用,上层建筑对于经济基础的反作用。”

【宽则得众,信则人任】 意思是,宽厚就能得到群众的拥护,守信用就能得到别人的任用。《论语·尧曰》

【兼听则明,偏信则暗】 兼听:听取各方面各种人的意见,包括反对者的意见。偏信:片面不公正,执偏见。明:与“暗”相对,明达事理。暗:与“明”相对,愚昧糊涂。意思是,办事应听起各方面各种人的各种意见,包括反面反对的意见,这样就明达事理,处理问题正确;只听信爱听的或事先设计好的,先入为主,偏听偏信,就会片面,犯错误。

【理论的基础是实践,又转过来为实践服务】 毛泽东《实践论》:“……强调理论对于实践的依赖关系,理论的基础是实践,又转过来为实践服务。”

【敏则有功,公则民说】 敏:勤快。公:公平。说:悦。意思是,勤快就能取得成功,公平就能使民众高兴。《论语·尧曰》

【谔谔能昌,唯唯能亡】 谔谔:直言不讳,据理力争的样子。唯唯:唯唯诺诺,唯恐怕得罪人的小心样子。意思是,人们敢于直

言利弊或时弊,这样的氛围,国家就会昌盛;人们不敢说话,唯唯诺诺,国家就要衰亡。唐朝周昙《再吟》

【播穅眯目则天地四方易位,蚊虻噆肤则通昔不寐】 穅:糠字的异体。噆:叮咬。意思是,扬起的糠屑进入眼睛,眯得人也会把天地四方颠倒,蚊虻叮咬皮肤,也会使人痛痒得通宵不能入睡。比喻歪理谬论能把人扰乱得颠倒方向,日夜不安。《庄子·天运》

6. 组织路线

【十室之邑,必有忠信】 邑:泛指一般小城市。意思是,凡是有人群的地方,哪怕是一个只有十室之小的城市里,也一定有忠厚诚信的人有能力的。《论语·公冶长》

【士贵成功,不必文辞】 文辞:能说会道。意思是,普通士民最可贵的地方,是能成功事业,启用他们不必要求他们有多高的理论水平。汉朝桓宽《盐铁论·论儒》

【上失肤寸,下失寻常】 肤寸:古代长度单位,一指为一寸。一肤等于四寸。寻常:古代长度单位。八尺为寻,倍寻为常。意思是,上面有微小的失误,下面就会造成严重的错误。《意林·韩子》

【上勤下俭,威望如天】 意思是,上面和下面的官员都勤政节俭,在群众中的威望就会很高。

【上廉下俭,威望如天】 意思是,上面和下面的官员都廉洁勤俭,在群众中的威望就会很高。

【干部带个头,群众争上游】 意思是,干部只要起个带头作用,社员就会更加努力大干,争当劳模先进。

【干部干部,先干一步】 群众对干部的要求。意思是干部应该是群众的实际行动的模范带头人,而不是只动动嘴,光说不干。

【干部做模范，群众流大汗】意思是，干部起模范示范作用，社员就会拼出命来干。

【山高不挡风】意思是，山不挡风。也用以比喻靠有权势或名气人物解决事情，是不大可能管用的。

【火车跑得快，全靠车头带】比喻群众的积极性全靠领导干部以身作则的模范作用。

【公而不党，易而无私】易：平易。意思是，办事公正，不营结私党搞帮派，待人平易而不偏私。《庄子·天下》

【主无德则臣叛，主无威则失权】意思是，君主不可以没有德行，没有德行臣子就会叛离；也不可以没有威严，没有威严就会失掉权力。《黄石公三略·中略》

【马不打不奔，人不激不发】意思是，马不鞭打，就不会奔腾；人不激励，就不会奋发图强。元朝无名氏《渔樵记·楔子》

【不在其位，不谋其政】位：职位。谋：考虑，谋划。政：职责，谋事。意思是，不在职位了，就不参与谋划政事，没有那个职责了。《论语·泰伯》载孔子语。

【文王赖多士，汉帝资群才】意思是，周文王依赖许多贤士辅助治理国家，所以周朝兴旺久治；汉高祖刘邦重用一大批英杰，才完成了统一中国的大业。意即人才重要。唐朝薛据

【为上唯临，为下为沉；临而无远，沉而无隐】意思是，做君主的，只是临朝办公，做臣子的，只是在下沉伏办事；但是，君主在上不可疏远臣子，臣子沉伏在下面对上不可隐瞒。《六韬·大礼》

【为上唯周，为下唯定；周则天也，定则地也】意思是，做君主的要普施恩德，做臣子的要安定岗位，恪尽职守；普施恩德，是效法于天理，安定职守，是效法于地义。《六韬·大礼》

【为天下得人难】为：治理，管理。天下：指国家。得人：得到出色的人才。意思是，管理国家，最难的是得到出色的人才。《孟子·滕文公上》："以天下与人易，为天下得人难。"

【日中不慧，是谓失时】 意思是，太阳正中不还不去暴晒东西，就是失掉了时机。比喻保卫国土要抓住时机。《六韬 · 守土》

【内举不避亲，外举不避仇】 同"外举不避仇，内举不避亲"。唐朝《贞观政要 · 公平》

【内称不避亲，外举不避怨】 称：荐举。怨：恩怨。意思是，荐举人才，对内不要因为是自己的亲人，怕人嫌疑而避而不举，对外不要因为有私仇就避而不举。要出以公心，不要埋没人才。《礼记 · 儒行》

【勿妄而许，勿逆而拒；许之则失守，拒之则闭】 塞意思是，君主不可轻率许愿，也不可轻率当面就拒绝。轻率许愿，就失去了自己君主自己的主宰威望，当面拒绝，就闭塞了言路。《六韬 · 大礼》

【以天下之目视，则无不见】 意思是，用天下人的眼睛来看事，就没有看不见的东西。《六韬 · 大礼》

【以天下之耳听，则无不闻】 意思是，用天下人的耳朵来听，就没有听不见的声音。《六韬 · 大礼》

【以天下之心虑，则无不知】 意思是，用天下人的脑子来为国家思虑，就没有不知道的事情。《六韬 · 大礼》

【世乱唤贤才】 世乱：国家混乱。唤：召唤。贤才：德才兼备人才。意思是，国家秩序在混乱时，人民期盼国家出能治理国家的贤能人才。《怀哉行》

【世乱唤忠良】 与"世乱唤贤才"同。暗含国家缺乏忠良之才。

【世质则官少，世文则吏多】 世质：社会风气质朴。世文：社会风气浮华不实。吏：官吏。意思是国家社会风气质朴实在，官吏设置就少；国家社会风气浮华不实，官吏设置就多。《付子 · 授职篇》

【世乱识忠良】 意思是，和平安定时期，因为夹杂着个人的利害关系，对忠臣良士不易发现，也体会不到他们的用心和作用，甚至遭无情打击；而时局混乱或战乱时期，因为利害就在眼前，搞不好就要掉脑袋，就容易识别体会忠臣良士的可贵了。南朝宋鲍照《代出自蓟北门行》："时危见臣节，乱世识忠良。"

【世乱出忠良】 也说"乱世出忠良"。意思是，社会混乱时，必有忠良之士出来力挽狂澜，拯救国家和民族。

【只有落后的领导，没有落后的群众】 意思是，群众在于领导的带领引导，群众觉悟的高低，取决于领导的觉悟和水平的高低。

【只有代表群众，才能领导群众】 意思是，只有代表群众的意志和利益，群众才服从领导。

【圣明御世，唯贤是宝】 圣明：指神圣贤明的君主。意思是，圣明的君主，把贤才看作是最好的宝贝。《抱朴子·释滞》

【佚政多忠臣，劳政多怨民】 佚政："佚"同"逸"。对人民较宽松，使人民比较自由幸福的统治。劳政：与佚政相对，对人民比较苛刻严厉，使人民紧张忧惧，无自由幸福感的统治。意思是，实行"佚政"，国家忠臣就会多，实行"劳政"，国家怨愤的民众就会多。《黄石公三略·下略》

【外行不能领导内行】 外行：不懂技术业务。意思是，不懂技术业务，就无法领导。

【外举不避仇，内举不避子】 意思是，在选拔人才时，要出以公心，唯才是举。只要是人才，无论是对有仇的还是对自己的孩子，都要荐举。《吕氏春秋·去私》

【百世一人，千载一时】 意思是，一百年才出现这么一个贤才人物，一千年才有这么一次时机。极言难得其才，难逢其时，要特别珍重。苏轼《祭司马君实文》

【羊群里出了个骆驼】 比喻平时不起眼，突然冒出这么个出众的人才来。带有讥讽瞧不起之意，但又不得不承认。

【羊无头不走，雁无头不飞】 头：带头的，领队的。比喻群众是有组织的，只有在领导的带领下才能前进。

【论大功者不录小过，举大美者不疵细瑕】 举：推举。大美：能担当大任的贤才。疵：挑剔。细瑕：小毛病。意思是，论人的大功劳，就不要计较他的小过失；推举高级贤才，就不要挑剔小毛病。清朝申涵煜《省心短语》

【在上不骄，在下不谄】 骄：骄横。谄：奉承，拍马。意思是，登上了高官要位，不骄横跋扈；身居下层职位，官小位卑，不在上司面前奉承拍马，躬要谄媚。王安石《上龚舍人书》

【各守其位，各司其职】 意思是，个人坚守个人的岗位，个人尽个人的职责。

【争天下者必先争人】 意思是，要争夺天下，必须先争得人心，争得人才。《管子·霸言》

【任官唯贤才】 意思是，委任官员只能选择有德有才干的人。《尚书·咸有一德》

【任贤必治，任不肖必乱】 不肖：不贤。意思是，任用贤能的人，国家就会治理得好；任用不贤德的乱臣贼子，国家必然会大乱。《资治通鉴·汉纪》

【任独者暗，任众者明】 任：信任。独：个人。暗：与明相对，愚昧不明。意思是，只信任某个人就会愚昧不明，信任绝大多数人，就会聪慧明白。冯梦龙《东周列国志》第二十二回

【地球离开谁都转】 比喻社会、一个国家、一个地区、一个单位，少了或没有了什么人，照样发展前进。意思是不要迷信个人，把个人的作用夸大到不应有的程度。

【没了郑屠夫就不吃猪肉了?】 意思是，离开谁都行，不要拿人一把，总有人会干。“没了”也说“死了”。

【迁官袭级，则官职大而愈治】 迁官袭级：升官提级。治：按法律管理好职务，使其廉洁奉公，恪尽职守。意思是，按功升官提级，官职大了就更能廉洁奉公，恪尽职守。先秦韩非《显学》

【君臣不合,国是无定】 国是:国家大计。意思是,君王与大臣之间的关系合不来,国家大计方针无法定下来。《新序·杂事三》:“君臣不和,国是无由定矣。”

【劳民者其国必无力,无力者其国必削】 劳民:奸诈之民。商鞅:“今民求官爵,皆不以农战,而以巧言虚道,此谓劳民。”意思是,国家政府机构信任使用这种奸诈的人做官,国家就一定建设不好,没有实力;没有实力的国家就一定要衰弱。商鞅《农战》

【理国要道在于公平正直】 理国:治理国家。要道:最重要的规律。意思是,治理好国家的一个最重要的规律,就是处事要公平正直。唐朝吴兢《贞观政要·公平》

【理世不得真贤,犹治病无真药】 理世:治理国家。真贤:与假贤才相对,德才兼备的贤才。意思是,治理国家必须是有真才实学,德才兼备的贤良之才,这如同治病只有真药才有效一样。汉朝崔寔《政论》

【道不同,不相为谋】 道:思想立场观点。谋:谋划。意思是,政治主张不同,思想立场观点不同,不能在一起商量谋划事情。《论语·卫灵公》

【道远知骥,世伪知贤】 骥:良马。世伪:社会虚伪欺诈。贤:贤良的人。意思是,走远路就知道是不是良马,在社会虚伪欺诈的环境中,就能识别是不是贤良的人。三国魏曹植《矫志诗》

【知者谋之,武者遂之,仁者居之】 知:智。遂:成就,成功。意思是,智慧的人谋划夺取天下,勇武善战的人成就大业,仁德的人居于统治地位。《庄子·让王》

【残灭之政累世受患,造作过制虽成必败】 残:指扩张领土,荒废内政,贪图别人所有的残暴政治。意思是,残暴的政治,使世代遭受祸患;所作所为超过国家的实际限度,虽然成功,也会终必失败。《黄石公三略·下略》

【政治路线确定之后,干部就是决定的因素】 强调干部的重要性。毛泽东《中国共产党在民族战争中的地位》:“政治路线确定之后,干部就是决定的因素。因此,有计划地培养大批的新干部,就是我们的战斗任务。”

【政以得贤为本,治以去秽为务】 意思是,为政者要以纳贤为根本,治理国家要以除去污秽邪恶为要务。《资治通鉴》卷四十九

【强而骄者损其强,弱而骄者亟死亡】 意思是,强大而骄傲的就会损害自己的强大,弱小而骄傲的就会急速灭亡。《管子·白心》

【街谈巷说,必有可采】 意思是,群众中的自由散漫的传闻,其中一定有可以采取的东西。三国魏曹植《与杨德组书》

【君有妒臣,贤人不至】 意思是,国君身边有嫉妒贤能的大臣,贤才就不会来。《荀子·大略》

【官差不自由】 官差:在官府当差的人。意思是,在官府里当差,不能自作主张。《水浒传》第九十一回

【朝无争臣则不知过,国无达士则不闻善】 争臣:敢于直谏的大臣。达士:通达士理的人。意思是,朝廷里如果没有敢于直谏的大臣,皇帝就不知道自己的过错;国家如果没有痛达事理的人,就听不到治国的善言。《汉书·肖望之传》

【柔筋脆骨落人缘,担当大任万事惨】 惨:败。柔筋脆骨:没有骨气,意志薄弱。意思是,柔筋脆骨的人,充其量只能落个好人缘,如果让这种人担当大任主持工作,那就干多少工作失败多少。《消寒诗话》:“其柔筋脆骨,决不能任天下事。”

【忠臣穷究底,奸臣顺竿爬】 意思是,忠臣对问题总爱刨根究底,把事情的来龙去脉,利害得失,黑白曲直,搞得水落石出;奸臣则不然,听口气,看脸色,猜心态,顺竿爬,以博得宠信。

【庙小和尚多,一羊三人牧】 比喻单位虽然很小,可是官员却很多,一个人的事三个人干,都无所事事。

【庙小和尚多,僧多粥自少】 意思是,人员编制超过了实际需

要和承受能力,必然入不敷出。

【使功者不如使过】功者:有功劳的人。过:有过错的人。意思是,任用居功自傲的人,还不如任用将功补过的人。《后汉书·索卢放传》

【料事先料人,料人先料行】行:行动,作为。意思是,要预料一件事情的结果,只要先估计一下做事的人就行了;要预料一个人到底怎么样,只要看他的行动,怎么干事就清楚了。清朝魏禧《日录里言》

【济济多士,文王以宁】济济:形容人才众多的样子。宁:兴旺安宁。意思是,因为周文王有众多的贤才之士,所以国家才兴旺安定。说明治理、建设国家,人才是根本。《诗经·文王》

【济剧人才易,扶颠力量难】济剧:火上加油。扶颠:挽救危局。意思是,喜欢火上加油这样的人才容易得到,而真正有挽救危局力量才能的人很难找到。宋朝陆游《寓言》

【沧海滉漾无涯,不以含垢累其广】滉漾无涯:波涛汹涌,无边无际。意思是,波涛汹涌,茫茫无际的大海,并不因为它含有污垢,而影响它的广大。比喻对人不应求全责备,即便是伟大的人物,也有缺点错误,但这并不影响他的伟大。《抱朴子·博喻》:"沧海滉漾,不以含垢累其无涯之广。"

【能上能下,能官能民】意思是,干部要能往上提升不骄狂,往下降职不埋怨;当了官不趾高气扬,当老百姓也没有怨言。即用平常心看待升迁降职。

【能者进而由之,不能者退而休之】意思是,把有才能的人提拔上来,充分发挥其才干;把没有才能的人辞退下来,让他们去休息。唐朝柳宗元《梓人传》:"能者进而由之,使无所德;不能者退而休之,亦莫敢愠。"

【泰山不让砾石,江海不辞小流】砾石:小石子。比喻要成就大事业,必须兼容一切能为之出力的普通小人物,不能排斥民众。

《韩诗外传》卷三

【泰山之高，非一石之积】 比喻治理国家不是个别人就行的，必须依靠人民群众和贤良之才。《子华子卷下·晏子问党》

【泰山不让土壤，河海不择细流】 比喻治理国家，要像泰山不让土壤，河海不择细流一样，广纳人才。秦朝李斯《请逐客书》

【家贫思良妻，国难思良相】 意思是，家境贫穷了，就想有一个会持家的好妻子，国家在危难之时，就想有一个能治理国家的好宰相。《资治通鉴·周纪》

【推贤让能，庶官乃和】 庶：众多。意思是，官员形成一种推贤让能的良好风气，那么，众官员就能团结和谐。《尚书·周官》

【得人则安，失人则危】 意思是，得到人才国家就安全可靠，失去人才就会危险。三国魏曹丕《秋胡行二首》

【蛇无头不行，鸟无翅不飞】 意思是，蛇没有脑袋不能行走，鸟没有翅膀不能飞行。比喻人要有头脑善于思考，要有左膀右臂辅助，才能成就大事业。《水浒传》第六十回

【领袖是人不是神】 意思是，对领袖，特别是对掌舵的领袖，应该尊重他们的威信和天才，但不能崇拜到迷信的程度。

【领导领导，群众的向导】 意思是，领导干部就是群众的带路人。

【领导敢上山，群众敢打虎】 比喻领导干部敢于带头冲锋在前，群众就会拼命干。

【欲知宰相能否，但视天下安危】 意思是，要想知道宰相理国的能力怎么样，只要看国家是安定还是危难就知道了。即用事实来检验宰相。清朝申涵煜《省心短语》

【喊破嗓子，不如做个样子】 意思是，领导干部光发号召或者一味催促是不行的，最有力的是模范行动，它比空头号召要强得多。

【嵩岱之峻，非一篑之积】 嵩岱：嵩指嵩山，岱指泰山。篑：竹

筐。积:堆积。意思是,嵩山,泰山那样高峻巍峨,不是用一筐土堆积起来的。比喻伟大人物不是一举成就的,也不是什么人树立起来的,而是在长期的实践中积累的结果。《抱朴子·博喻》

【新官上任三把火】 意思是,刚上任的新官工作劲头很大,积极性很高。

【雀无翅不飞,蛇无头不行】 与“蛇无头不行,鸟无翅不飞”同。《金史·斜卯爱实传》

【腐木不可以为柱】 意思是,腐烂的木头不能用来做支柱。比喻腐化堕落或者腐朽没落的人不能用来担任领导职务。《汉书·刘辅传》引谚语。

7. 政治斗争

【不忘阶级苦,牢记血泪仇】 意思是,不忘旧社会剥削阶级剥削压迫劳动人民的苦难和仇恨。

【不动枪不动炮,城门头上换旗号】 意思是,不用武力而用和平演变的方式改变政权的性质。

【不怕现在闹得欢,就怕将来拉清单】 拉清单:运动后落实政策算总账。意思是,现在正是运动火口上,你闹吧,运动过后算总账,你好受不了,会收拾你的。

【不是东风压倒西风,就是西风压倒东风】 东风:指社会主义阵营势力。西风:指帝国主义阵营势力。比喻两方势力没有调和的余地,不是这一方战胜那一方,就是那一方战胜这一方。《红楼梦》第八十二回:“不是东风压了西风,就是西风压了东风。”毛泽东一九五七年《在各国共产党和工人党莫斯科会议上的讲话》:“我认为现在国际形势到了一个新的转折点。世界上现在有两股风:东风,西风。中国有句成语:‘不是东风压倒西风,就是西风压倒东风。'我认为目前的形势特点是东风压倒西风。也就是说,社会主义的力量对于帝国主义的力量占了压倒的优势。"

【天道无亲,常与善人】 天道:指自然规律。意思是,自然规律对任何人都没有偏爱,永远帮助有德的善人。比喻不做坏事的善者必然得到帮助。先秦时代老子《道德经》

【夫唯不厌,是以不厌】 夫:语气助词。厌:前一个厌指统治者对人民的压迫;后一个厌指人民对统治者的反抗斗争和厌恶。意思是,只有统治者不压迫人民,人民才不厌恶统治者,才没有反抗统治者的斗争。先秦时代老子《道德经》:"无狎其所居,无厌其所生;夫唯不厌,是以不厌。"

【火烧平原无遗燎】 意思是,火在平原上燎烧起来,没有烧遗漏的地方。比喻势不可挡或干净彻底。《世说新语·排调》

【为之于未有,治之于未乱】 意思是,治理国家,要在祸乱没有产生以前就早有准备,把祸乱消除在未乱之前。先秦时代老子《道德经》

【慎终如始,则无败事】 意思是,管理国家,在任何时候做任何事情,要谨慎而为,把取得政权后看得像夺取政权时那样谨慎认真而努力不懈。这样,就不会办错事,就不会遭到失败的命运。先秦时代老子《道德经》

【水火不相容】 比喻敌对双方不能相容,或者敌对矛盾不可调和。

【世间祸故不可忽,箦中死尸能报仇】 箦:竹席。意思是,对灾祸事故要重视,掉以轻心,连死去的人都不干。宋朝王安石《范雎》

【龙虎相斗,生灵遭殃】 龙虎:指统治者之间、军阀等。生灵:平民百姓。意思是,统治者为了争权夺利,互相争斗,战难不断,平民百姓遭受灾难。

【圣人执左契,而不责于人】 契:契约。意思是,有道德的人虽然保存着债权的契约,但并不以此强迫债务人偿还旧债。比喻心胸宽广的人不计前仇 ,而是向前看,着眼未来,不报旧仇。先秦时代老子《道德经》

【民之饥,以其上食税之多】意思是,人民之所以遭受饥荒,就是因为统治者吞吃赋税太多,所以人民才陷于饥饿。先秦时代老子《道德经》

【民之难治,以其上之有为,是以难治】有为:妄为,管得太死太严苛。意思是,人民之所以难于统治,是由于统治者肆意妄为,政令苛刻繁死,人民没有自由,无所适从,所以就难于统治。先秦时代老子《道德经》

【民之轻死,以其上求生之厚】上:指统治者。厚:指统治者过于奢侈,贪求利禄,过着糜烂奢侈豪华醉生梦死的腐朽生活,使人民无法承受,难以生存。意思是,人民之所以轻生冒死,是由于统治者为了自己的腐朽奢侈糜烂生活,把民脂民膏都搜刮尽了,活不下去了,所以人民觉得死了不算什么。况且反压迫,与腐朽没落、倒行逆施的反动统治者做斗争,还可以求得生存发展。先秦时代老子《道德经》

【有风方起浪,无潮水自平】比喻任何社会传闻都是有来头的,不会无风起浪的。《西游记》第七十五回

【有国之母,可以长久】有国:含有保国安宁的意思。母:根本,原则。意思是,有了安宁的国家作为根基,国家就可以长久维持。先秦时代老子《道德经》

【有德司契,无德司彻】意思是,有德之人就像持有旧债契约的圣人那样宽容,不究旧债;没有德的人就像掌管税收的人那样苛刻刁诈。先秦时代老子《道德经》

【血债要用血来还】血债:指残杀人民的罪行。意思是,反动派残酷屠杀人民,人民要拿起武器反抗,同反动派做斗争,讨还血债。

【邦有道则仕,邦无道则怀】 意思是,国家有道义,讲道德,就出来做官,效忠国家;国家没有道义,不讲道德,就把自己的才智和主张保留在心里。《论语·卫灵公》:“邦有道则仕,邦无道则可卷而怀之。”

【庆父不死,鲁难未已】 庆父:春秋时鲁庄公的弟弟。庄公死后,庆父为夺权,先后杀害两个继嗣的国君,造成鲁国动乱不安。比喻罪魁祸首不除,国家就得不到安定。也说“庆父不死,国无宁日。”《东周列国》

【卧榻之侧,岂容他人鼾睡】 卧榻:睡觉的矮床,这里指睡觉。侧:旁边。比喻自己的势力范围之内,决不容许其他势力存在。宋朝岳琦《程史·徐铉入聘》

【忘记过去就等于背叛】 意思是,忘记了过去的阶级仇民族恨和革命的艰难困苦、流血牺牲,就是对革命的背叛。

【理直防毁,鉴微在悟】 毁:诽谤,诋毁。鉴:戒心。悟:知觉。意思是,道理讲得太直了,笔锋太露了,要防备诽谤诋毁;鉴区深微的道理在于深刻的领悟。或者提防某种坏的东西,在它萌芽时就要有所认识。唐朝陈子昂《素盤盂铭并序》

【牢记阶级仇,不忘民族恨】 阶级仇:指国内阶级压迫剥削之仇。民族恨:指帝国主义侵略中国的仇恨。意思是要坚定革命信念,要警惕帝国主义的侵略,不信敌人的鬼话,做好斗争准备。

【我中有你,你中有我】 可比喻为两个不同的社会团体,甚至是两个利益互相冲突的社会集团,都不是铁板一块,而是互相渗透,在对方都有自己的同情者和代言人。也说“我中有敌,敌中有我”。

【鱼目混珠,泥沙俱下】 比喻在社会大变革之时,好坏不易区分,一切沉积腐朽的东西也会翻涌出来。

【虎狼之侧,岂容安睡】 比喻在强盗或敌人面前,得不到安宁。

【青山遮不住，毕竟东流去】意思是，青山挡不住江水向东流去。后借喻历史潮流不可阻挡。宋朝辛弃疾《菩萨蛮·书江西造口壁》

【国不和则人心离】意思是，国家不和，内斗不停，人心就会离散。北宋许洞《虎铃经》卷三

【拘礼之人不足与言事，制法之人不足与论变】制：墨守成规。意思是，束缚于旧礼教的人，是不值得跟他们讨论国家大事的；受旧法制限制的人，是不配跟他们讨论变革的。商鞅《更法》

【政不及雅，宪章散紊，彝伦攸斁】雅：正。宪章：指法制，法律。彝伦：永久不变的伦理。攸斁：所以败坏。意思是，国家政治不正，以致法制散乱，所以造成社会伦理败坏。南朝梁代刘勰《文心雕龙·史传》

【和大怨，必有余怨】意思是，和解深重的怨恨，必然还会残留下残余的怨恨。先秦时代老子《道德经》

【黑云压城城欲摧】欲：将要。意思是，浓云笼罩在城墙上，城墙好像要压垮了。形容战争或某种政治气氛十分严厉紧张。唐朝李贺《雁门太行守》

【重积德则无不克，无不克则莫知其极】意思是，早作准备，就是不断地积德，不断地积德，就没有什么不能攻克的；没有什么不能攻克的，那就有无法估量的力量。先秦时代老子《道德经》

【举得失以表黜陟，徵存亡以标劝诫】黜陟：黜，贬斥，废除。陟：升，登，晋用。意思是，举出事实的得失来加以贬斥废除或赞美晋用，引证国家的存亡要害，以示取舍或警戒。南朝梁代刘勰《文心雕龙·史传》

【哪里有压迫，哪里就有反抗】意思是，有阶级压迫就有反抗阶级压迫的斗争。这是不以人的主观意志为转移的。

【哪里有剥削，哪里就有斗争】意思是，有剥削就有反抗剥削的斗争。这是不以人的主观意志为转移的。

【山雨欲来风满楼】原是描写天地景色，大雨到来之前的景象。现代多用来比喻某种政治冲突爆发之前的紧张气氛。唐朝许浑《咸阳城东楼》："溪云初起日沉阁，风雨欲来风满楼。"

【蚍蜉撼大树，可笑不自量】蚍蜉：大蚂蚁。撼：抬动，搬走。比喻不自量力，通常用以藐视对方。

【党是阶级斗争的工具】通常政党是代表阶级的组织形式，阶级之间的斗争是通过政党来进行的。没有政党的阶级是一盘散沙，没有社会地位，没有力量，完全处于被统治地位。因此，党是阶级斗争的工具。

【党外有党，党内有派】毛泽东《在八届十一中全会闭幕式上的讲话》："我们这个党不是党外无党，我看是党外有党，党内也有派，从来都是如此，这是正常现象。"

【谁种下仇恨谁遭殃】仇恨：指阶级仇民族恨。意思是，谁制造仇恨必然遭到报复。

【算盘一响，还不清阎王账】意思是，地主残酷地剥削农民，驴打滚的高利贷，农民永远还不清。

【道破天机惊破胆】天机：自然界的秘密，也比喻重大而不可泄露的秘密。意思是，说破了其中的奥妙和秘密，叫你大吃一惊，胆子都吓破了。

【堡垒最容易从内部攻破】比喻从其内部进行分化瓦解等手段破坏，是最有效的办法。说明团结的重要性。

【树欲静而风不止】意思是，树要静，而风仍在不停地刮。多比喻阶级斗争是客观存在，不以人的主观意志为转移。《韩诗外传》九。《孔子家语·致思》："树欲静而风不停"。

8. 赏罚奖惩

【又要马儿好，又要马儿不吃草】比喻既要人们多付出，又不付给相应的报酬。这是不能调动劳动者的劳动积极性的。也说“又要马儿跑得快,又要马儿不歇脚”,“又要马儿跳得高,又要马儿驮重包”。

【小功不赏,则大功不立】意思是,对小功劳不奖赏,就没有人去为事业出大力立大功了,事业就办不好。宋朝张商英《素书》

【为善勿怠,去恶勿疑】善:做好事。勿:不。恶:坏。疑:疑惑,顾虑。意思是,对做好事的人,不要怠慢,应该及时奖赏予以鼓励;对邪恶要坚决果断灭除,不要有什么顾虑。《薛文清公从政录》

【天下大务,莫过赏罚】天下:国家。大务:大事,要务。意思是,治理国家,最大的要务,没有比赏功罚罪更重要的了。《资治通鉴·梁纪》

【不为近重施,不为远遗恩】意思是,不因为是亲近就给予重赏,不因为疏远而遗漏应给予恩惠。汉朝桓宽《盐铁论·地方》

【无德不贵,无能不官,无功不赏,无罪不罚】意思是,德行不好就不能享受高贵,没有才能就不能做官,没有功劳就不能受赏,没有犯罪就不能处罚。能做到这样的就是公平公正的社会。《荀子·王制》

【以诛大为威,以赏小为明】意思是,能诛杀地位高的人,就能有威望;能奖赏地位卑微的人,就说明对情况明了而使人尊敬。《六韬·将威》

【杀一人而三军震者杀之,赏一人而万人悦之赏之】意思是,如果杀掉一个人,使三军震惧,使士气得到振奋,就杀掉;如果奖赏一个人,能使三军欢悦,就给予奖赏。《六韬·将威》

【杀贵大,赏贵小】意思是,刑罚贵在行于上层,奖赏贵在行于下层。《六韬·将威》

【刑上极赏下通,是将威之所在】意思是,刑罚用于最上层,赏能通于最下层,就是将威树立起来的体现。《六韬·将威》

【功过不同兼】意思是,同一件事情同一个人,不能同时又是功劳又是过错,应该功劳就是功劳,过错就是过错。

【功是功,过是过】意思是,功劳归功劳,不因过错而抹杀功劳;过错归过错,不因为功劳掩盖过错,即功劳、过错要分明,不能代替,不能混淆。

【功莫大于去恶为善,罪莫大于去善而为恶】意思是,去恶为善是最大的功,去善为恶是最大的罪。汉朝贾谊《新书·修正》

【去恶犹农夫,稂莠须耘耨】犹:同,像。稂莠:杂草。耘耨:耕耘,锄。意思是,除恶要像农民除杂草一样,常除不懈。《唐诗纪事》卷四十三

【去一利百,民乃幕泽;去一利万,政乃不乱】民:人民。慕泽:仰慕恩泽。意思是,除掉一个恶人,使上百的人受益,人民就会感谢上面的恩泽;除掉一个坏人,使上万的人的利益受到保护,就会使政治有声望,社会就不会乱了。汉朝黄石公《三略》

【用赏贵信,用罚贵必】意思是,用奖赏贵在诚信,惩罚贵在必行。《六韬·赏罚》

【出一令可以止横议,杀一犯可以儆百众】横议:肆无忌惮的胡议论。意思是,发出一道指令,可以制止肆意的胡议论;杀掉一个犯罪分子,可以警戒许多人从而不敢犯罪。《商君书·赏刑》

【好善嫉恶,赏罚严明】意思是,喜欢美好的东西,嫉恶如仇,爱憎分明,就会赏罚严明。汉朝王符《潜夫论》卷三

【邪正者治乱之本,赏罚者治乱之具】意思是,除邪扶正,是治乱的根本,赏罚是治乱的工具。宋朝林逋《省心录》“邪正”原文如此,根据语法和后句结构,改为“正邪”较合适。

【刑一而正百,杀一而慎万】意思是,惩处一个坏人,教育大多数,使更多的人谨慎起来。汉朝桓宽《盐铁论·疾贪》

【杀一以惩万,赏一而劝众】意思是,杀一个坏人,是为了惩戒更多的人,奖赏一个人,是为了劝勉鼓励群众。唐朝魏征《群书

治要·阴谋》

【自奉者少恩,赏无功者离】意思是,自以为了不起,只顾自己的人,对别人很少恩情,对这种人不能奖赏;奖赏无功人员就会使人离心离德。《诸葛亮兵法·将苑》

【有功不赏,为善失其望;奸回不诘,为恶肆其凶】望:希望。奸回:奸恶邪僻。《左传·襄公二十三年》:"奸回不轨。"意思是,对有功的人不奖赏,做好事的人就会失去希望;对做坏事的人不问罪惩治,坏人就会更加肆虐凶狂。《资治通鉴·汉记》

【有功者不得不赏,有能者不得不官】意思是,有功劳的人必须让他得到奖赏;有能力的人必须让他做官。《战国策·秦策》

【有功者必赏,则爵禄厚而愈劝】劝:勉励。意思是,对有功的人一定要给予奖赏,这样,爵位俸禄优厚就能发挥鼓励作用。先秦韩非《显学》

【有功必赏,有错必纠,有罪必惩】意思是,要奖惩严明。

【国家必有文武,官治必有赏罚】官治:治理政治。意思是,一个国家必须有文有武,治理政治必须有赏有罚,这样国家才会安定。《韩非子·解老》

【若将除害马,慎勿信苍蝇】害马:害群之马,坏人。苍蝇:小人。意思是,假如要除掉害群之马,就千万不要听信像苍蝇一样嗡嗡叫的小人的话,以免受其左右。

【罚不讳强大,赏不私亲近】意思是,惩罚罪恶,不避讳权势大的人;奖赏功劳,不对亲近的偏私。《战国策·秦策》

【罚加无罪者怨,喜怒不当者灭】意思是,惩罚无罪的人,众人就会怨恨;奖赏不能凭个人的喜恶兴致,喜怒无常会招致灭亡。《诸葛亮兵法·将苑》

【重赏之下,必有勇夫】意思是,出重赏,肯定就会有勇敢不怕死的人去干。《三略·上略》

【食李去核,治国去贼】意思是,治理国家,要像吃李子去掉

核一样除掉国贼。清朝费锡璜《儿语》

【香饵之下,必有死鱼】 意思是,用利诱的办法,肯定有自愿上钩的。汉朝黄石公《三略·上略》

【举不失德,赏不失劳】 意思是,推举人才不要忘了道德高尚的人;奖赏时不要忘了有功劳的人。《左传·宣公十三年》

【赏厚可令廉士动心,罚重可令凶人丧魄】 廉士:奉公守法,廉洁自律的人。凶人:泛指无法无天的坏人。意思是,重赏可以使奉公守法、廉洁自律的人发挥积极性;重罚足以使无法无天的坏人丧魂落魄,即重赏重罚作用大。唐朝韩愈《论淮西事宜状》

【赏以勉能,罚以惩恶】 勉:勉励。意思是,奖赏的目的是为了勉励、鼓励有功劳的人;惩罚是为了惩除有恶劣行径的人。唐朝张九龄《赦处分十道朝集使》:"信赏以劝能,刑罚以惩恶。"

【赏要赏得眼馋,罚要罚得心颤】 意思是,对有特殊贡献和功劳的人,要用重赏,使人看了眼馋;对工作造成重大失误和损失者,要用重罚,使人知道后浑身颤抖。

【赏当其劳,罚当其罪】 意思是,奖赏应当与其功劳相适应,不要过头;罚应当与其罪行相当,不要过度。唐朝吴兢《贞观政要·封建》唐太宗语:"赏当其劳,无功者自退;罚当其罪,为恶者咸(皆)惧。"

【赏必加于有功,罚必断于有罪】 加于:给予。断于:加给。意思是,奖赏必须给予有劳的人;惩罚必须加给有罪的人。《战国策·秦策》

【赏不遗疏远,罚不阿亲贵】 遗:漏掉。阿:偏袒奉承。亲贵:皇亲国戚。意思是,奖赏不要把关系疏远的人给漏掉了,惩罚不要偏袒皇亲国戚,即赏、罚不分亲疏。唐朝吴兢《贞观政要·择官》

【赏不加于无功,罚不加于无罪】 意思是,不奖赏无功劳的人,不罚无罪的人,即赏罚要分明恰当,不能乱用。《韩非子·难

一》

【赏不避疏贱，罚不避亲贵】 意思是，论功奖赏不要抛开疏远、低贱的人；惩罚过失不要回避亲人显贵，即不论什么人，该赏则赏，该罚则罚，一视同仁。晋代杨泉《物理论》卷一

【赏罚不明，百事不成】 意思是，奖赏和惩罚不明朗，混乱不清，什么目的都达不到。明朝冯梦龙《东周列国志》第四十二回

【赏而不诚不劝，刑而不诚不戒】 意思是，奖赏不正确，就不起鼓励作用；施刑不正确，就起不到惩戒作用。宋朝倠敦礼《刍言》卷上

【赏罚不可轻行】 意思是，赏罚是很严肃重大的事，不能轻易采取轻易给予，要慎重。唐朝吴兢《贞观政要·封建》

【赏罚不信，则禁令不行】 信：信用，信誉。意思是，赏罚是很严肃的事，不能说了不执行，那样就没有信用了，以后就会禁不止令不行了。《韩非子·外储说左上》

【赏一以劝百，罚一以惩众】 劝：勉励。意思是，奖赏一个人，一件事，为的是勉励多数人；惩罚一个人或某件事，是为了惩戒那些有劣迹的人，使更多的人不再犯罪。隋朝王通《中说·立命篇》

【赏一人而天下知所从，罚一人而天下知所避】 从：遵从照着去做。避：避免，不敢去做。

【赏所以存劝，罚所以示惩】 意思是，奖赏是用来劝善的，惩罚是用来惩恶的。《六韬·赏罚》

【赏，文也；刑，武也】 意思是，奖赏是文治，刑罚是武治。唐朝李筌《太白阴经·人谋》

【赏一功而千万人悦，刑一罪而千万人惧】 意思是，奖赏一个有功的人，就会使千万人高兴喜悦；惩治一罪犯，就会使千万人恐惧。唐朝李筌《太白阴经·人谋》

【赏无私功，刑无私罪】 意思是，奖赏是为公，而不是为私；刑

罪也是为公，而不是为私。赏罚都是为了公，而不是为私。唐朝李筌《太白阴经·人谋》

【赏莫如厚而信，使民利之；罚莫如重而必，使民畏之】 意思是，奖赏最好要丰厚，而且要兑现讲信用，使人民感到有利可得，都争着为国家做贡献；惩罚最好是要罚得重，使人民心里害怕，都不敢做坏事。先秦韩非《五蠹》

【善不进不休，恶不去不止】 意思是，扬善去恶必须尽心尽力，持之以恒地做下去。《三国志·魏书·荀彧传》

【善恶同，则功臣倦】 同：混同不分。意思是，好坏不分，功不赏，罪不罚，有功的人就倦怠了。汉朝黄石公《三略》

【微邪不禁，大邪伤国】 意思是，小的邪恶不禁止，就会发展成大的邪恶，那时国家就要受到伤害，即要防微杜渐。《管子·权修》

【禁必以武而成，赏必以文而成】 意思是，要使禁令行得通，必须以武力做后盾；要使奖赏能起到激励人的作用，必须从思想政治上做好宣传教育工作。《尉缭子·治本》

【彰善瘅恶，树之风声】 瘅：病，厌恶。树：建立，树立。意思是，表彰好的，贬斥坏的，建立一种好的社会风气。南朝梁代刘勰《文心雕龙·史传》

【爵禄不足以为劝，戮耻不足以为辱】 劝：劝勉，勉励。意思是，所谓高官厚禄不足以作为劝勉，刑戮也不足以看做是一种侮辱。《庄子·秋水》："为在从众，不贱佞谄，世之爵禄不足以为劝，戮耻不足以为辱。"

【褒见一字贵逾轩冕，贬在片言诛深斧钺】 轩冕：车子和冠服。片言：一句话。斧钺：古代兵器，刑具。钺：大斧。意思是，一个字的赞美表扬，比做官还荣耀；一句话的斥责批评，比受斩杀还耻辱。南朝梁代刘勰《文心雕龙·史传》

9. 安危兴衰

【一日之苟安，数百年之大患】 意思是，为了求得一时的苟且偷安，而与敌人媾和，会给国家造成长久的祸患。宋朝陈亮《上孝宗皇帝第一书》

【一令逆则百令失，一恶施则百恶结】 意思是，一项法令违背民意，其他法令就会失去效用；实行一项坏的政令，就会结下许多恶果。《黄石公三略·下略》

【人人好公，则天下太平；人人营私，则天下大乱】 意思是，社会上人人都一心为公，国家就和谐太平；如果人人都营私舞弊，国家就会大乱。清朝刘鹗《老残游记》第九回

【人有礼则安，无礼则危】 礼：泛指社会规范和道德规范。危：混乱。意思是，人人都遵守社会规范和道德规范，社会就安定；如果都不遵守社会道德规范，社会就混乱不安定。《礼记·曲礼上》

【人将病不嗜食，国将亡不嗜贤】 嗜：嗜好。意思是，一个人要得病时，总是表现为不想吃东西；一个国家快要灭亡时，总是不纳用贤才。《意林·潜夫论》："欲知人将病，不嗜食；欲知国将亡，不嗜贤也。"

【人事有代谢，往来成古今】 意思是，古往今来，人事代谢是不可改变的。唐朝孟浩然《与诸子登岘山》

【人不患寡而患不均】 患：忧虑。寡：贫穷。均：均等，公平。意思是，人不忧虑贫穷，而忧虑社会财富分配不公平。《论语·季氏》："载孔子语：人'不患贫而患不均，不患寡而患不安。'"

【力不足则伪，知不足则欺，财不足则盗】 意思是，力量不够便作假，智巧不足就欺诈，财力不济便行盗。《庄子·则阳》

【义者无敌,骄者先灭】意思是,坚持正义的人,天下无敌,不可战胜;骄横跋扈的人,别看他不可一世,但是,他首先灭亡。《资治通鉴·汉纪》

【大道废,有仁义;智慧出,有大伪】大道:指社会政治制度和秩序。意思是,社会政治制度被废弃了,才有提倡仁义的需要;聪明智巧的现象出现了,巧伪讹诈才盛行出来。先秦时代老子《道德经》

【万马齐喑究可哀】喑:哑,无声。究可哀:到底是令人痛心的。意思是,万马齐喑的政治局面是令人痛心的。现通常用以比喻不民主是可悲的。清朝龚自珍《己亥杂诗》:"九州生气恃风雷,万马齐喑究可哀。我劝天公重抖擞,不拘一格降人才。"

【与死人同病者不可生,与亡国同事者不可存】同事:国家的政事相同。意思是,得了跟病死的人一样的病的人,也会很快死去,不可能生存;一个国家实行跟已经被灭亡的国家相同的政事,这个国家也会灭亡,不可能存在。这个观点比较片面绝对,只看到"同病"、"同事"的严重危险性,忽视了人、国的不同。战国末期韩非《孤愤》

【山花总烂漫】借"山花烂漫"成语本意,比作大好形势不因某些人的诋毁而不好,仍旧像山花按照自己的本来面貌一样怒放。

【上下折腾,举国不宁】意思是,上面和下面总是搞运动或什么活动,政策朝令夕改,今天这样干,明天要那样干,人民无所适从,就会搞得全国不得安宁。

【上贪下懒,江山危险】意思是,上面官员贪婪,下面基层官员懒散,就有丢掉江山的危险。

【上下一心,富国强兵】意思是,国家领导人和人民群众团结一心,国家就会富强。

【以欲从人者昌,以人乐己者亡】意思是,把自己的欲望建立

在服从人民利益之基础之上，他的事业就昌盛；把自己的快乐建立在别人的痛苦上，他就要灭亡。唐朝吴兢《贞观政要·俭约》

【无手足则肢体废，无边境则内国害】意思是，人没有手脚了，身体就残废了；同样道理，国家失去了边境，国家就要受侵害。汉朝桓宽《盐铁轮·诛秦篇》

【天下分久必合，合久必分】天下：国家。意思是，国家分裂时间久了，必然趋于统一；统一时间久了，又要分裂。《三国演义》第一回

【天下兴亡，匹夫有责】天下：国家。匹夫：一个人，泛指普通老百姓。意思是，国家的兴盛衰亡，每个人都有责任。《痛史》第十回："天下兴亡，匹夫有责，尔军士尚其勉哉！"

【工人当家，干部做主】意思是，某些领导干部民主观念差，总以为自己高明，总是个人说了算，工人不能真正当家作主。讥讽话。

【文武之道未坠于地，贤者识其大者，不贤者识其小者】文武：指周文王、周武王。道：指周文王、周武王的思想。坠于地：坠落在地，这里指失传。贤者：指贤能的人。意思是，周文王周武王的思想没有失传，还在人间流传。只是贤能的人能够认识他的根本，不贤德人只能了解他的末节。《论语·子张》

【文武者，军之法，国之柄】意思是，文治和武治，都是治军的法规，治国的权柄。唐朝李筌《太白阴经·人谋》

【为者败之，执者失之】为：相对无为而为，妄为，靠强力去做。执：掌握，执掌。意思是，强力妄为去做，就要失败，这样执掌天下，就要失去天下。先秦时代老子《道德经》

【用智者，可以强于内而富于外】内：指朝廷。外：指诸侯。意思是，用智慧治理国家，就可以内富外强。即国家富人民强。唐朝李筌《太白阴经·人谋》

【用力者，可以富于内而强于外】内：指朝廷。外：指诸侯。

意思是,用武力治理国家,可以内强外富。即国家强人民富。唐朝李筌《太白阴经·人谋》

【民不畏威,则大威至】 威:前一个卫指统治者的镇压和威慑,后一个威指人民的反抗斗争。意思是,当人民不畏惧统治者的镇压高压政策时,那么,可怕的反抗斗争的祸乱就要到来了。先秦时代老子《道德经》

【专欲无成,犯众兴祸】 意思是,单凭个人的权力欲,独断专行,就会一事无成;触犯了众怒,就要惹出大祸患来。清朝申涵煜《省心短语》

【义胜欲则昌,欲胜义则亡】 意思是,正义胜于私欲国家就昌盛,私欲胜于正义国家就要灭亡。《六韬·明传》

【存者非存,在于虑亡;乐者非乐,在于虑殃】 意思是,须知政权存在的不一定能长存,重要的是要时常思虑到灭亡;快乐的不一定能长久,重要的是要时常想到祸殃。《六韬·兵道》

【世道如弈棋,变化不容复】 容:会。复:重复。意思是,社会变化快而且复杂,已经过去了的事不会重复。宋朝苏轼《和李太白并序》

【外强易抗,内奸难防】 外强:帝国主义列强及侵略者。内奸:出卖国家利益的内贼和汉奸。意思是,帝国主义列强及其侵略者的侵略还比较容易抵抗,国内的汉奸卖国贼就不好防范。

【外侮在于内弱】 意思是,外国的侵略,原因在于自己(国家)不强大,国力太贫弱了。

【灭六国者,六国也,非秦也;族秦者,秦也,非天下也】 族:灭族。意思是,战国时期,灭亡六国的,是六国自己,而不是秦国;而秦灭亡的原因不是天下的人,是秦国自己。强调内因是根本。唐朝杜牧《阿房宫赋》

【农夫无草莱之事则不比,商贾无市井之事则不比】 莱:草名。草莱:在这里均用于动词,指除草耕耘。比:和乐。意思是,农夫没有除草耕耘的事做,便内心虚空不安,感觉无所事事;商人没有贸易买卖可做,就会心神不安,感觉无所事事。《庄子·徐无鬼》

【廷无忠臣,社稷必危】 廷:朝廷。社稷:国家。意思是,朝廷没有忠臣,国家必然有灭亡的危险。《六韬·文伐》

【汤武以谔谔而昌,桀纣以唯唯而亡】 汤武:指商汤王和周武王。谔谔:以理抗争,直谏,说真话实话的样子。桀纣:指夏桀和商纣王。唯唯:唯唯诺诺,胆小谨慎的样子。意思是,政治民主,大家都敢说真话实话,坚持真理,国家就昌盛;专横独断,听不得不同意见,大家都不敢说话,就会灭亡。《孔子家语·六本》

【闭眼看世界,塞耳听歌声】 意思是不愿看不愿听,表示对现实不满的消极态度。

【成由勤俭败由奢】 意思是,勤俭使事业成功,奢侈使事业失败。唐朝李商隐《咏史》:“历览前贤国与家,成由勤俭败由奢。”

【共利之谓悦,共给之谓安】 共利:利益大家共同分享,人人都共有好处。共给:共同分配社会财富。意思是,取得的社会财富大家共同分享,发展社会经济大家都有好处,大家共同分配社会财富,群众自然心里喜悦,这样,社会就安定。《庄子·天地》:“四海之内共利之之谓悦,共给之之谓安。”

【有德者昌,恃力者亡】 意思是,办事讲道德就兴旺发达;凭借权力或武力办事,就要灭亡。《史记·商君列传》

【有兴必有废,有盛必有衰】 兴:立,创办。意思是,在任何一个社会,任何一个时代,要兴立创办一件事,必然就要破除废掉另一件与此有障碍关联的事;社会发展过程中,有兴盛繁荣的阶段,就必然有衰落的时候。这是事物的发展规律。《三国演义》第八十回

【动而无节则乱】 无节:没有节制。意思是,社会政治活动没有节制,人心就会混乱。唐朝吴兢《贞观政要·规谏太子》张玄素

上书:“心为万事之主,动而无节即乱。”

【杀人越多,灭亡越快】 意思是,反动派对人民镇压越残酷,反动本质就暴露得越彻底,反对它的人就越多,因而灭亡得就越快。

【安无忘危,存无忘亡】 无:不。意思是,在国家安定时,不能忘了危难,在生存发展的时候,不要忘记了灭亡的危险。《大戴礼记·武王几铭》

【安危在是非,不在于强弱】 是非:泛指实行的国家大政方针政策是对还是错。意思是,国家的安危在于大政方针政策是否正确,而不于强弱。《韩非子·安危》

【安危在出令,存亡在所任】 出令:泛指法律法令、方针政策、规定等。所任:泛指任用人及任用人的标准、方法等。意思是,国家是安定还是危难,在于国家实行的是什么样的法令政策;国家的生存、灭亡在于任用什么样的人及其用人制度。《史记·楚元王世家》

【安而不忘危,存而不忘亡,治而不忘乱】 安:国家太平安定。存:指国家建立了政权的生存统治时期,治:指国家安定时。亡:灭亡。意思是国家太平安定时,不能忘了危难;国家政权存在时,不能忘了丢掉的危险;国家安定时,不能忘了混乱。《易经·系辞下》

【安危须仗出群才】 仗:依靠。意思是,国家安危与否,主要取决于国家是否出大批的贤良人才。杜甫《诸将》

【安宁勿懈堕,有事不迫遽】 懈堕:松懈懒散。迫遽:仓促慌乱。意思是,国家安定宁静时,不要放松警惕,松懈懒散,发生意外事情时,就不会惊慌失措。

【安在人治,危在人烂】 人:指国家领导层。意思是,国家的安危决定于国家领导层。

【众疑无定国,众惑无治民】 意思是,众人都对国家有怀疑,

国家就不会真正安定；众人惶惑不安，国家就不会有守秩序的民众。《黄石公三略·下略》

【奸臣当道，国无宁日】 意思是，奸臣掌握了实权，国家就混乱不太平。

【奸雄相称，障蔽主明；毁誉并兴，壅塞主聪】 意思是，奸雄互相标榜，蒙蔽君主的眼睛；毁谤吹捧同时盛行，堵塞君主的耳朵。《黄石公三略·上略》

【足寒伤心，民寒伤国】 寒：前一个“寒”是指寒冷，后一个“寒”是指贫寒。意思是，脚受寒伤害心脏，人民贫寒伤害国家。汉朝荀悦《申鉴·政体》

【好人之所恶，恶人之所好，拂人之性，菑必逮夫身】 好：喜欢。恶：厌恶。拂：违反。人：人民。菑：再难。逮：及，降临。意思是，喜欢人民所厌恶的东西，厌恶人民所喜欢的东西，违反人的本性，灾难必然就要降临到身上。《礼记·大学》

【乱世无好官】 意思是，在国家混乱不安定时，国家没有好官。反过来说，如果好官多，国家就不会出现混乱。

【乱世思贤才】 贤才：贤能的人才。意思是，在国家混乱不安定的时代，人们渴望有贤能的人出世，治理国家。杜甫《昔游》

【乱世出英雄】 乱世：混乱不安定的时代。意思是，英雄人物出在混乱不安定的时代。

【忧劳可以兴国，逸豫可以亡身】 忧劳：忧虑，操劳。逸豫：安逸享乐。意思是，人们多为国家忧虑，不怕吃苦，勤奋操劳，可以使国家兴盛；人们如果贪图安逸享乐，那就可以使人堕落身败。宋朝欧阳修《五代史记伶官传序》

【忧患生于所忽】 忽：忽视，忽略。意思是，忧患往往产生于疏忽，丧失警惕。唐朝武则天《臣轨下·慎密章》

【芳林新叶催陈叶，流水前波让后波】 比喻一：一派蓬勃生机，你追我赶的大好形势；比喻二：新陈代谢，一代胜一代是自然

规律。唐朝刘禹锡《乐天见示伤微之,敦诗,晦叔三君子,皆有深分,因成是诗以寄》

【君用佞人,必受祸殃】 佞人:指奸臣。意思是,如果君主重用奸臣,国家一定会受到祸害。《黄石公三略·上略》

【治国安家得人,亡国破家失人】 意思是,治国安家在于得人心,亡国破家,由于失人心。《黄石公三略·上略》

【治乱之道在于刑赏,不在于仁君】 意思是,国家大治或大乱的道理,就在于刑罚和奖赏,而不在于君主。唐朝李筌《太白阴经·人谋》

【贫而无怨难,富而无骄易】 意思是,贫穷而能够满意无怨恨是困难的,富裕而不骄横是容易的。《论语·宪问》

【贫穷不是社会主义】 意思是,社会主义就是为了解放生产力,发展经济,有比资本主义更多的优越性。社会主义生产的目的就是为了最大限度满足人民日益增长的物质生活和精神生活的需要。所以,人民和国家贫穷,就不能说是搞社会主义。

【居安思危,慎终如始】 居安:处于安全的境况。思危:想到危难境况。慎终如始:谨慎到事情的终结同事情的开始一样。意思是,在顺利安全的好境况下,要想到危难不利的境况,自始至终都要一样的谨慎。《左传·襄公十一年》:"居安思危,思则有备,有备无患。"《老子》六十四章:"慎终如始,则无败事。"

【始制有名,名亦既有,夫亦将知止,知止可以不殆】 意思是,治理国家要建立一种管理体制,制订各种制度确定各种名分,任命各种官长管事。名分既然有了,就要有所制约,适可而止。知道制约、适可而止,就没有什么危险了。先秦时代老子《道德经》

【国家兴亡,匹夫有责】 同"天下兴亡,匹夫有责"。

【国家大事,匹夫有责】 意思是,关系到国家的大事,每个人都有责任,都应该关心。

【国正天心顺,官清民自安】 国正:国家的政体和社会风气等各个方面正常。天心：天下（全国）的人心。顺：顺从统治。官清：官员清廉。民：人民。意思是，国家的政体和社会风气各方面都正常，全国人民的心就顺；政府官员清正廉洁，人民群众就自然安分守纪。明朝冯梦龙《警世通言·金令史美婢酬秀童》

【损民以益仇，内自虚而外树怨】意思是，用损害自己人民的利益去帮助敌人，就会使自己的国家财政空虚，同时对其他的国家树起了怨恨。战国时期李斯《谏逐客书》

【俭开福源，奢起贫兆】意思是，勤俭是打开幸福的源头，永远享不完福；奢侈是贫穷开始的兆头，不纠正就要受穷。《魏书·李彪传》

【能赏而能杀，国必强；能赏而不能杀，国必亡】意思是，能使有功者得到奖赏，同时又使犯罪受到刑罚，国家就会强盛；如果只有奖赏，而没有刑罚，国家就会灭亡。唐朝李筌《太白阴经·人谋》

【能柔能刚，其国弥光；能弱能强，其国弥彰】意思是，国家对内对外的政策，能柔和就柔和，能强硬就强硬，刚柔并济，国家就更加光明有前途；能够软弱就软弱，能强硬就强硬，软硬兼施，国家就更加强盛。《黄石攻略·上略》

【虽星星之火，能烧万顷之田】比喻小事可以酿成大灾祸。《西游记》第五十一回

【恃德者昌，恃力者亡】恃：依靠。德：指仁政，德政。昌：昌盛。力：武力，指暴政。意思是，对人民实行德政，国家就昌盛，依靠暴力维持统治就要灭亡。《史记·商君列传》引古语

【亲贤臣远小人兴隆，亲小人远贤臣倾颓】亲：亲近。远：疏远。倾颓：衰败。意思是，亲近贤臣疏远小人，国家就发展兴隆，相反，如果亲近小人而疏远贤蔬，国家就要衰败。诸葛亮《出师表》："亲贤臣远小人，此先汉所以兴隆也；亲小人远贤臣，此后汉所以倾颓也。"

【冤案多,国将亡】意思是,一个国家如果接连发生许多冤假错案,那就是亡国的信号。

【纯柔纯弱,其国必削;纯刚纯强,其国必亡】意思是,如果国家一味地用柔和政策,表现软弱,国家必会被削弱;如果纯粹用刚或强硬,国家必定会灭亡。《黄石攻略·上略》

【病树前头万木春】唐朝刘禹锡《酬乐天扬州初缝席上见赠》:"沉舟侧畔千帆过,病树前头万木春。"沉舟、病树是诗人自比,万木春,形容一派生机勃勃的大好形势。现通常用以比喻社会主义伟大事业的大好形势,在一切腐朽没落的反动势力面前向前飞速发展。

【积水无干土,疾风无静林】意思是,雨水下的时间长了,就没有不湿的土;大风刮起来,没有安静的树林。通常比喻社会长期动难不定,人们都受影响,都不安定。《陈确集·诗集·东里谣》

【积羽沉舟,群轻折轴】意思是,羽毛虽然很轻,可是多了就可以把船压沉;很多很轻的东西堆积在车上,可以把车轴压断。比喻不能轻视小问题,小问题积累多了也能造成大祸。《战国策·魏策》

【积乱之后,当生大贤】意思是,国家政治动乱时间长了,必然会产生出伟大的人物。隋朝王通《中说·关朗篇》

【惟俭可以助廉】意思是,只有节俭才可以促进廉洁。《宋史·范纯仁传》:"惟俭可以助廉,惟恕可以成德。"

【谋及负薪功乃可述,不失人心德乃洋溢】负薪:指劳动人民。意思是,谋划国家大事能征求劳动人民的意见,事业就可以获得成功;不失掉人心,德政就洋溢于天下。《黄石公三略·上略》

【清正廉明,福泰安宁】意思是,为官的清正廉洁,人民就幸福安宁,社会太平。

【野火烧不尽,春风吹又生】 意思是,大地上的野草有很顽强的生命力。冬天野火都把它们烧光了,待到了春天,又蓬勃茂盛地生长起来了。比喻新生事物或革命势力是摧残不了的。唐朝白居易《赋得古原草送别》

【理胜力为常,力胜理为变】 理:公理,真理。力:强权,武力。常:正常。变:变异,政变。意思是,公理或真理战胜强权或武力,这是正常的,而强权或武力战胜公理或真理,这是一种变异,或者是一种政变。明朝冯梦龙《东周列国志》第十三回

【得中原者得天下,失中原者失天下】 中原:指黄河中下游地区,包括河南省的大部分地区,山东省的西部和河北省、山西省的南部地区,是历代兵家之争的战略要地。天下:指全中国。意思是,得到了中原地区,就能得到全中国,失去了中原地区,就失去了全中国。

【道存则国存,道亡则国亡】 道:泛指道德,客观事物规律等。意思是,遵守社会道德准则,按照客观事物规律办事,国家就能存在,社会道德沦丧,违背规律办事,国家就要灭亡。《韩诗外传》

【庶人有旦暮之业则劝,百工有器械之巧则壮】 旦暮:指时间短暂。劝:勤勉。壮:盛,指工效高,成效好。意思是,老百姓只要有短暂的工作可做,就会勤勉不闲;工匠只要有精巧的工具机械,工效就高,成效就好。《庄子·徐无鬼》

【敬胜怠则吉,怠胜敬则灭】 意思是,对人恭敬有礼,胜过懈怠傲慢,就吉利,懈怠傲慢胜过恭敬有礼,就要灭亡。《六韬·明传》

【新旧交替,必乱一气】 意思是,社会变革在新旧交替之际,新旧制度、观念的碰撞,旧势力的对抗,需要时间解决适应,因此,必然要混乱一段时间。

【跳蚤跳得再高也顶不起被窝】 藐视语。比喻坏人或敌人没什么了不起,没有多大力量,人民的天下它顶不翻。

【盛世修书,衰世修人】意思是,国家处于盛世时就修书传世,国家衰败时,就整人。是修书还是修人,是国家盛衰的标识。

10. 反腐败

【一朝权在手,便把令来行】意思是,小人得志,得意忘形,上台就发号施令,耍淫威。封建专制制度的特点和弊病。唐朝朱湾《奉使设宴戏掷笼筹》:"一朝权入手,看取令行时。"

【一问三不知,一天混到黑】意思是,官僚政客既不知道实际情况又不深入实际,什么都不懂不知道,只知道占位子混日子,捞好处。

【一叶蔽目不见泰山,两豆塞耳不闻雷霆】比喻不学习不了解实际情况,因此思想片面,被细小表面的东西所蒙蔽,看不见主流或全局。《鹖冠子·天则》

【一粒老鼠屎打坏一锅粥】比喻一个团体或一件事,本来都很好,却因其中个别人坏了或做了坏事,而影响到整体的名誉。

【一人得道,鸡犬升天】天:天堂。晋代葛洪《神仙传·刘安》:汉朝淮南王刘安好道,修炼成仙,临行时,把剩下的仙丹撒在院子里,鸡狗吃后也一同升入仙界(毒死)。后以此比喻一人得势,与他亲近有关系的人也跟着发迹。现比喻官场中的裙带风。

【一人飞升,仙及鸡犬】意思与"一人得道,鸡犬升天"同。

【一夫得道,九族升天】与"一人得道,鸡犬升天"同。

【一人之下,万人之上】一人:指皇帝。万人:指朝廷文武百官。意思是,宰相地位高贵显赫。《醒世姻缘传》第七十回

【刀尖上的日子能过几时】刀尖:比喻危险至极。比喻在极其危险的岗位同极其恶毒的上司下面任职,随时都有解雇甚至生命的危险。《白雪遗音》卷二

【亡国之主一贯】意思是，凡是亡国的君主，其灭亡的根本原因是一样的昏庸腐败。《吕氏春秋·过理》

【门难进，脸难看，话难听，事难办】意思是机关作风、官僚主义作风严重。大门警卫森严，设障不让进门；见到了脸色冷淡无表情，说话官腔连篇，推三挡四，不给办事。

【三年清知府，十万雪花银】清：清廉。知府：旧时县级官员。意思是，一个清廉的县官三年贪污、搜刮民财达十万两雪花银。意谓，这还是所谓的清官，那些贪官，比知府大的官，其贪污行径就更不待言了。《儒林外史》第八回

【下有不义，上有不仁】义：道义，正义。仁：道德，仁义。意思是，下面不讲道义，没有正义感，是因为上有不仁道造成的。

【山林不能给野火，江海不能实漏卮】漏卮：漏酒的破酒杯。意思是，山林再大，也经不起一把野火焚烧；江海再大，也不能装满有漏洞的酒杯。比喻贪污浪费给国家带来的损失是无底洞一般的大。汉朝王符《潜夫论·浮侈》

【大尾小头重不可摇】比喻如果上级不能支配下级，便一切政令都无法贯彻落实。《易林·咸》

【上贪下懒，民心涣散】意思是，上面贪得无厌，下面懒惰，民心就涣散不团结。

【上有政策，下有对策】意思是，对上面的政策阳奉阴违，想着法进行对抗不执行，另搞一套。

【上有好者，下必有甚者】好：喜好，所好。意思是，上面喜好什么，下面就会照着做，并且更厉害。《孟子·滕文公上》："上有好者，下必有甚焉者矣。"

【上有多变，下有多乱】意思是，上面政权不稳，人事变化不定，政策朝令夕改，下面就混乱不堪。

【上好利则下多盗】意思是，居上层的官员贪图私利，下面的盗窃行为就多。宋朝崔敦礼《刍言》卷上

【上邪下难正,众枉不可矫】 意思是,上面搞歪门邪道,下面的坏风气就难以矫正。南朝宋何承天《上邪篇》

【上行之下效之】 意思是,上面的官员怎么做,下面的官员就仿效着做。《周礼·天官太宰》

【上有毫发之意,下有丘山之取】 意思是,居上位的官员有索取毫发小利的意图,下面的官员就会有向老百姓搜刮山丘一样大的私利。宋朝苏辙《栾城集·久旱乞放民间债欠·贴黄》

【上无骄行,下无谄德】 骄行:骄横跋扈的恶劣行为。谄德:谄媚奉承的坏德行。意思是,上面的官员没有骄横跋扈的恶劣行径,下面的官员就没有谄媚奉承的坏德行。《晏子春秋·内篇问上》

【上好色则下多娼】 意思是,上面官员好色,社会上卖淫嫖娼的就多。

【上好德则下无隐,上恶贪则下耻争】 好德:崇尚美德。隐:隐瞒。恶贪:憎恶贪婪。耻争:把争夺私利看座耻辱。意思是,上面的官员崇尚美德,下面的官员就不会干出见不得人的勾当;上面的官员憎恶贪婪,下面的官员就会把争名夺利看作耻辱。《孔子家语·王言》

【上不正则下参差】 意思是,上面不正派,下面就会错误百出。晋代杨泉《物理论》

【上多故则下多诈】 故:巧诈虚伪。诈:欺诈。意思是,上面巧诈虚伪,下面就欺诈多弊。《淮南子·主术训》

【上梁不正下梁歪,中梁不正倒下来】 比喻上面思想作风不正,必然影响到全局都不好。

【上有所好,下有所投】 好:喜好,谋私。投:使满足。意思是,上面喜好什么,下面为了某种目的,就会投其所好,送什么。

【天上神仙府,人间宰相家】 意思是,宰相的家宅跟天上的神仙府一样壮观豪华。《儒林外史》第十回

【不论天有眼，但管地无皮】天有眼：老天如果有眼也看着不顺眼，即天理良心过不去。地无皮：即所谓刮地皮，搜刮民财。意思是，我管他什么天理良心，只管刮地皮，即贪官污吏搜刮百姓，到了没有天理良心的地步。宋朝洪咨夔《孤鼠》

【不以小私而损大，不以大公济小私】小私：个人利益。大公：国家利益。意思是，不能假公济私、损害国家利益。

【公土打在公墙上】意思是，这些事都是公家的，花的钱财也是公家的，都是公家的，一回事。实际是损害国家或集体利益的一种狡辩，它是计划经济的一种弊端。

【以其昏昏，使其昭昭】昏昏：模模糊糊。昭昭：明明白白。意思是，自己模模糊糊不清楚，却要让别人明明白白，这是不可能的。《孟子·尽心下》："贤者以其昭昭，使人昭昭；今以其昏昏，使人昭昭。"

【风俗不淳俭，则财用无丰足】淳俭：淳朴节俭。意思是，社会风气铺张浪费，不朴素不节俭，那么，国家财政就不丰足了。宋朝林逋《省心诠要》

【主明僚不昏，主昏僚不明】主：首要官员。僚：幕僚，首要官员助手。昏：昏庸不清。明：清明廉洁。意思是，头头儿精明正派，手下的人就不昏庸，头头儿昏庸无能，手下的人就跟着昏聩无能。即有什么样的头头儿就有什么样的幕僚。

【去一分奢华便少一分罪过，省一分经营便多一分道义】经营：筹划阴谋。这里指阴谋诡计，不正当的手段、手腕。意思是，还是朴朴实实、老老实实地做人做官为好，不要以为自己手腕高，搞排场讲奢华，那会失去道义，给自己增加罪过。清朝申涵煜《省心短语》

【只此一次，下不为例】意思是，这次就这么干了，不作处理，下一次不行。实际，这是袒护过错。这个口子一开，就如同打开一个缺口，千千万万个"只此一次"在等着，为以后创下了堵不胜

堵的范例。祸根种上了,政权就会从此腐败下去。清朝张春帆《宦海》第十八回

【龙争虎斗,苦了小獐】 比喻强者互相争斗,使弱者受害。《金瓶梅》第五十八回

【龙多不下雨,狗多不看家】 比喻人多了,人浮于事,互相依靠,互相推诿,不负责任不干事。

【犯上者诛,贪鄙者拘,则化行而众恶消】 意思是,触犯君主的受到诛戮,贪婪吝鄙的受到惩办,这样才能树立良好的社会风气,使坏人坏事得到消除。《黄石公三略·下略》

【民可使由之,不可使知之】 意思是,老百姓只能让他们干,不能让他们知道为什么要干,怎么干。这是不能调动积极性和主动性的,也是不能激发人的聪明智慧的。实行愚民理论,国家只会落后挨打。当然,保密之事除外。《论语·秦伯》载孔子语

【百姓不亲,五品不逊】 五品:指官员。不逊:太差。意思是,老百姓对政府不热爱,是因为政府官员太差。

【豺狼当道,安问狐狸】 豺狼:比喻腐败的专国政的大官要人。狐狸:指奸猾的小人。安问:哪里还要问。比喻掌管国家大权的大官要人都横行霸道,就不要问那些奸猾的小人什么了。《东观汉纪·张纲》

【闭着眼睛吃毛虫】 比喻不看对象,胡干蛮干。

【闭塞眼睛捉麻雀】 比喻办事不认真,瞎糊来。毛泽东《改造我们的学习》"闭塞眼睛捉麻雀,瞎子摸鱼,粗枝大业,夸夸其谈,满足于一知半解,这种极坏的作风"必须克服,要"认真地研究情况,从客观的真实情况出发",有的放矢地工作。

【吃人的嘴短,拿人的手软】 意思是,接受了当事人的请吃,收受了当事人的钱物,就不能坚持原则,执行政策,说话、处理问题就会讲情面,放宽走样。

【任情失正，文其殆哉】情：私情。文：指历史文献。意思是，要是凭任私情，写出来的东西失去公正，那样给后世留下来的历史该是多么危险呀！南朝梁代刘勰《文心雕龙·史传》："（司马）迁（班）固通（才）矣，而历诋后世。若任情失正，文其殆哉！"

【关门养虎，虎大伤人】比喻庇护坏人，留下隐患，最终要酿成大灾祸。清朝钱彩《说岳全传》第四十回

【邪气上升，正气不张】意思是歪风邪气盛行，社会正气就被压制伸张不起来。

【遇到问题绕道走，见到便宜抢先头】意思是怕负责任，怕得罪人，见到问题就有意避开，见有利可图，就去争去抢。

【杀鸡取卵，竭泽而渔】意思是，为了得到鸡蛋，把鸡杀了；为了得到鱼，把池塘的水放干了。比喻过度地收取民税费，也比喻只顾眼前的一点利益，而不惜损害长远的利益。

【光打雷不下雨，办不到不空许】比喻只说大话空话好听的话，喊口号，却不见实际行动。

【当官不为民做主，不如回家卖白薯】比喻当官应该主持公道正义，维护人民群众的合法权益。做不到这一点，就不要当官了。《七品芝麻官》

【宁可背靴走，不做糊涂官】意思是，当官就要不畏强权，不畏恶势力。宁可不要乌纱帽，也不为保全自己在压力面前装糊涂。

【私心胜者，可以灭公】意思是，私心占上风的人，可以置国家利益而不顾，毁掉公共的事业。宋朝林逋《省心录》

【近水楼台先得月】比喻接近某些或者自己掌管的事，条件优越，能比别人先得到好处。宋朝苏麟《断句》："近水楼台先得月，向阳花木易为春。"

【走拿一路，坐吃八方】意思是，走到哪里吃到哪里，有什么拿什么；住在一个地方，吃遍四面八方。

【乱世不当官,当官也不是好官】 意思是,在混乱不安定的时代,不能当官,当上了官的也都不是好官。这是很合乎逻辑的,如果都是好官,社会就不会混乱不安定。

【雨过地皮湿】 比喻事情并没有真正地办,而是搞形式,走过场,敷衍过去完事。

【事出有因,查无实据】 意思是,事情的发生是有原因的,但调查不到真凭实据。有因必有据。这是一句典型的官僚用语。得出这样的结论,他既不担风险,又可以达到某种见不得人的肮脏目的,还可以堂而皇之地把问题搪塞过去。

【始于忧勤,终于逸乐】 意思是,历史上,哪个朝代都是开国之君忧患意识很强,也很勤政,最终都是因为贪图闲逸安乐而灭亡。《史记 · 司马相如列传》

【贪赃的做官,揭贪的坐监】 意思是,社会腐败,官官相护,法制虚设,贪官打击报复坚持正义,敢于同贪官污吏做斗争的人。反映社会黑暗。

【苛政猛于虎】 政:同征。《礼记 · 檀弓下》:孔子经过泰山旁边,见一个妇人在坟前哭得很悲伤。孔子叫子路去问问原因,那妇人说,她的公公、丈夫和儿子都先后被老虎吃了。孔子问她,为什么不早些离开这里呢?妇人回答说,因为这里没有苛政。孔子对门人说,"小子识之,苛政猛于虎也。"意谓繁重的徭役和苛捐杂税比吃人的猛虎还要凶暴可怕,后也用以比喻政令的繁酷。

【官逼民反,不得不反】 意思是,统治阶级压迫得老百姓不能忍受,老百姓没有办法,只得起来造反。即人民造反是统治者逼出来的。

【枉木恶直绳,恶人畏正法】 枉木:弯曲的木头。恶:厌恶,害怕。绳:墨斗绳。比喻邪恶的东西憎恶害怕正直的人。汉朝桓宽《盐铁论 · 箴石》

【国家将败,必用奸人】 意思是,国家在要衰败之时,必然是

启用奸猾之人。反过来说,因为国家弃贤用奸,所以它将要衰败。《国语·楚语下》引古语

【取诚信,去诈伪】意思是,国家要取用忠诚守信用的人,除去奸诈虚伪的人。《六韬·上贤》

【财货有余,是谓盗竽】盗竽:竽又作夸,即大盗,盗魁。意思是,人民衣不遮体,食不饱肚,而腐败的统治者利用各种手段搜刮占有大量用不完的财货,这就是叫做强盗头子。先秦时代老子《道德经》

【舍己而教人者逆,正己而化人者顺】意思是,领导者不正自己而教育别人,是违背常理的;先正自己而后感化别人,是合乎常理的。《黄石公略·下略》

【逆者乱之招,顺者治之要】意思是,违背常理是祸乱的根源,合乎常理是安定的关键。《黄石公三略·下略》

【狡吏不畏刑,贪官不避赃】意思是,狡诈的官吏不畏惧刑罚,贪官不隐避赃物,他们都是肆无忌惮地贪赃枉法。唐朝皮日休《橡媪叹》

【骄奢生于富贵】骄奢:骄横奢侈。意思是,骄横奢侈的根源,是腐败的富贵思想意识产生的。或者说,骄横奢侈出于富贵之家。《资治通鉴·太宗贞观十二年》:"骄奢生于富贵,祸乱生于疏忽。"

【养虎自遗患】自遗:自己造成的。意思是,养虎自己给自己造成祸患。比喻恶果是自己造成的。《史记·项羽本纪》

【神仙打架,凡人遭殃】凡人:相对"神仙"而言的现实中的人,这里指老百姓。比喻统治阶级内部争权夺利,互相争斗,使老百姓遭受苦难。

【骄溢之君无忠臣】骄溢:骄傲自满,盛气凌人。君:国君。意思是,骄横的国君,其身边没有忠臣。《淮南子·缪称训》

【铁打的衙门流水的官】衙门:旧时官员办公的机关。意思

是，衙门是固定不变的，衙门里的官员像流水一样不断调换变动。含有官不值钱之贬义。

【酒盅里淹死人】 酒盅：饮酒用的酒杯。意思是，有的酒宴有其特殊目的，往往主人把对方灌醉，趁醉酒之机引诱对方把不该说的秘密吐露出来，把不该办的事无原则地办了，强人就范。

【酒盅一端，废话无边】 意思是吃请商谈研究工作、办事，说话就没有把关的，没有原则性了。

【酒盅一端，政策放宽】 意思是，只要你吃请，办事就没有政策了，胡来了。

【高马达官厌酒肉】 意思是，职位高的官僚，酒肉吃腻了，不爱吃了。唐朝杜甫《岁晏行》

【烛火不剪烛不燃，蠹虫不除书不全】 烛火：蜡烛燃烧的光。剪：蜡烛燃烧时蜡烛头部有蜡烛灰，要随时剪掉蜡烛才烧得亮。蠹虫：蛀虫。比喻要使国家进步，必须革掉有碍光明的东西，除掉侵害国家利益的贪官污吏。清朝魏源《行路难》："烛火不剪烛不燃，蟫蠹不除书不全。"

【黄瓜不大，架子不小】 比喻官不大，却爱摆官架子。讥讽话。

【离开责之权，是不当之权】 意思是，超越职责范围乱用权力，是不应当有的权力。

【离开责之利，是不当之利】 意思是，官员所得超越了职责范围的规定，是不应当有的利益。

【做公的哪个猫儿不吃腥】 比喻做官的都贪钱财。《水浒传》第二十一回

【距谏者塞，专己者孤】 距：同拒。意思是，拒绝谏言的人，言路就被堵塞；专横独断的人，必然孤立。汉朝桓宽《盐铁论·刺议》

【欲加之罪，何患无辞】 欲：要，需要。意思是，要给人强加一

个罪名，不着急没说词。《左传·僖公十年》："欲加之罪，其无辞乎？"

【胆欲大而心欲小】 意思是，贪欲的胆量很大，但是，心内还是很害怕的。《旧唐书·孙思邈传》

【欲速小利则大事不成】 欲速：一味地贪图快。意思是，一味地贪图追求个人小利，那么就办不成大事。《论语·子路》："无欲速无见小利，欲速则不达，见小利则大事不成。"

【奢不可纵，俭不可贬】 奢：奢侈。纵：纵容，放纵。俭：节俭。贬：贬低，贬斥。意思是，奢侈的现象不能放纵，放纵了就害人害国；对节俭的风气，不能贬低，更不能贬斥，贬低节俭就会助长奢侈浪费。

【奢侈自古不受誉，勤俭中外皆敬誉】 誉：好的正面评价。意思是，自古以来，人们对奢侈就没有好的看法，却一直褒扬勤俭的美德。

【奢侈伴腐败，俭朴随政兴】 意思是，奢侈往往是腐败的表现，而俭朴是国家兴旺发达，健康发展的象征。

【奢侈之风不可长，俭朴之风不可灭】 长：助长。灭：扑灭，毁灭。意思是，奢侈的坏风气不可以任何借口助长，节俭的优良风气，不能没有，不可毁灭。

【奢侈可葬天下，俭朴可兴天下】 葬：葬送，断送。兴：复兴，振兴。意思是，奢侈可以葬送政权，俭朴可以振兴国家。

【奢侈衰亡一贯】 意思是，历代朝代的衰亡都有一个共同原因，就是奢侈腐败。奢侈和衰亡是连在一起的。

【帽子工厂不纳税】 讥讽话。意思是，政治帽子不值钱，国家不承认，你尽管制造。

【帽子满天飞，人人都自危】 帽子：指政治帽子，比喻你想发展经济，就说你这是搞资本主义。你想养鸡，就说你这是资本主义的尾巴。意思是，到处都是政治帽子，随便给人扣帽子，搞得人人自危,都不敢说话。

【帽子多了不值钱】 帽子:政治帽子。意思是,动不动就给人扣帽子,也就没有人害怕了,没人把它当回事。

【帽子不是真理】 意思是,政治帽子只是压人的东西,并不是事实。

【靠山吃山,靠水吃水】 意思是,有什么就依靠就以什么为生。有时也指官员主管什么就贪什么。

【廉贪之实,非以迫外】 以:因为,由于。迫外:迫于外力逼迫。意思是,廉洁与贪婪的实情,并不是因为迫于外力的逼迫,而是自己的禀赋决定的。《庄子·盗治》:"廉贪之实,非以迫外也,反监之度。"

【禁暴乱,止奢侈】 意思是,国家要严禁暴乱的事情发生,要严格禁止奢侈现象的存在。奢侈跟暴乱一样危险。《六韬·上贤》

【懒馋占贪变】 懒:不干事不劳动。馋:嘴馋,尽想吃好的。占:以权谋私,多吃多占集体或国家的财富。变:变坏,变质,变修。意思是,人变质的过程,开始是懒惰,接着发展到嘴馋,贪图享受。又懒惰又贪图享受,钱哪里来?就发展到以权谋私,侵占集体或国家财产。这样还不能满足日一膨胀的欲望,胃口越来越大,就发展到贪污受贿。最后彻底变质,成为犯罪分子,走上背叛人民的道路。

四、法制

1. 论法

【一民之轨莫如法】 一民:统一人民的行为规范。轨:规则,规范。意思是,统一人民的行为规范,没有比法律更好的规则了。《韩非子·有度》

【不以规矩,不成方圆】 规矩:规即圆规,画圆的工具;矩即曲尺,画方形的工具。比喻办事要按照国家有关统一规定或法则、规范去做,才能做好,公平公正,否则社会就乱了。《孟子·离娄上》

【曲木恶直绳,奸邪恶正法】 曲木:弯曲的木头。直绳:木工用的墨斗绳。恶:厌恶,害怕。意思是,弯曲的木头憎恶墨斗绳,因为墨斗绳容不得弯曲;奸邪的坏人憎恶公正的法律,因为法律专治奸邪不法分子。汉朝桓宽《盐铁论·申韩》

【私道行则法度侵】 意思是,政府官员或执法人员,私心严重,在执法中徇私舞弊,办事不公道,国家的法制就受到侵害。《管子·七臣七主》

【法之功莫大使私不行】 功:功能。私:利己。意思是,法律的最大功能,莫过于使私心私欲私利的利己行为不能起作用。《慎子·佚文》

【法不责众】 责:责罚,处罚。意思是,众人都这样,法律就无法责罚了。说明法律必须符合绝大多数人的利益和意志。

【法不是万能的,没法是万万不行的】意思是,法律是社会最低最起码的行为规范,不是什么都可以管得着的。许多东西要靠道德准则去规范。但是,没有法律是一定不行的。

【法网恢恢,疏而不漏】法网:比喻严密的法律制度。恢恢:形容非常广大的样子。疏:清除阻塞使其畅通。意思是,有像网一样严密的法律制度,清除一切违法犯罪行为,不使一个犯罪分子漏网。

【法律面前人人平等】意思是,法律对任何人都是一样的,没有高低贵贱、普通特殊之分,一律依法论处。

【法不阿贵,绳不挠曲】阿:迎合,偏袒。绳:木匠用作取直的墨斗绳。挠:迁就。意思是,法律不迎合、偏袒权贵之人,就像木匠用墨斗线取直不迁就弯曲的木头一样。先秦韩非子《有度》

【法令行则国治,法令弛则国乱】法令:指法律。行:畅行。弛:松涣,有法不依,执法不严。意思是,法律畅行,那么国家就得到治理;法律松弛,有法不依,执法不严,甚至营私舞弊,那么国家就混乱不安。汉朝王符《潜夫论·述赦》

【法出于仁,成于义】仁:仁爱之心。义:合乎正义的义举。意思是,法律的目的或出发点,是出于对人的一种仁爱,但违法犯罪了,就得依法办事,这是合乎正义的义举。宋朝苏轼《王振大理少卿》

【法相因则事易成,事有渐则民不惊】相因:相宜,适度。事:指法律通过实行。渐:循序渐进。惊:惊恐。意思是,法律与社会实际相宜、适度,那么法律就行得通,容易实行;实行法律循序渐进,那么,人民就不感到突然而惊恐害怕。宋朝苏轼《辩试馆职策问札子二首》

【法立于上则俗成于下】立:制订。俗成:约俗合成。意思是法是由上层建筑上层人物制订的,但却是来自于广大人民的意愿,符合广大人民意志的。即法律虽然是代表统治阶级的利益和意志,为统治阶级服务的,但也必须照顾到绝大多数人的利益和愿望。宋朝苏辙《河南府进士策问三首之三》

【国不法地不足以成其富,兵不法谋不足以成其强】意思是,国家如果不立于土地立法,就不足以成为富裕的国家;军队如果不立足于立法,缺乏谋略,就不足以成为强大的军队。唐朝李筌《太白阴经·人谋》

2. 立法

【家有常业,国有常法】常业:传统产业。常法:常规性法规。意思是,国家必须像一家一户过日子有常业一样,建立必需的常规性法律规范。《韩非子·饰邪》:"家有常业,虽饥不饿,国有常法,虽危不亡。"

【家有家规,国有国法】意思是,家庭都有家规,国家更应该有国法,这是必须要有的,不可随意妄为。

【知者作法,而愚者制焉】知:同智。意思是,有智慧的人根据时势适时制订法律,而愚笨的人则被旧礼法所拘束,不知适时更变。商鞅《更法》

【若要天不塌,敢让人讲话】意思是,只有实行民主制度,广开言路,什么话都可以让人讲,政权才会巩固。

【选而不遍,教则不至,道则无遗】道:指对待外物齐同划一的规范。意思是,对待外物有所挑选就必然不会周全,有教育就会出现教育不到的方面,有了一视同仁的规范与齐同划一的尺度,才能没有遗漏偏见。《庄子·天下》

【先做小人后做君子】小人:指小气,较真。君子:指坦荡,明朗。意思是,先把问题、条件、要求说清楚,免得以后争执、后悔、不痛快、闹矛盾。也说“先小人后君子”。

【上无道揆,下无法守】 道揆:道,指道术;揆指法度。上:指国家。下:泛指各级官员和老百姓。法守:按照法度奉行职守。意思是,国家没有法律规范,官员和老百姓就没有奉行职守的法度,即没有可遵守的规范。《孟子·离娄上》:“上无道揆也,下无法守也。”

【法制数变,国之大患】 法制:泛指法律和与法律相关的一切制度、规定。意思是,法律朝令夕改,不相对稳定,变动太快,就会失信于民,无所遵从,造成混乱。因此,这是国家的一大祸患。清朝申涵煜《省心短语》

【法简人重,法繁人轻】 法简:法律少而简单。人重:人指执法者,即人高于法,所谓的人治。法繁:法律繁多而且具体细微。人轻:法比人重要,即法高于人,所谓的法治。意思是,法律少而简单,就会成为人治;法律多而具体,就可成为法治。宋朝苏轼《私策问》:“任人而不任法,则法简而人重;任法而不任人,则法繁而人轻。”

【法王御世,天人论道】 法王:佛家称释迦牟尼为法王。御世:治理天下。意思是,释迦穆尼治理天下,遵从天人合一的法则来教化人。庾信《陕州宏农郡五张寺藏经碑》:“是以法王御世,天人论道。”

【法莫如一而固,使民知之如一】 而固:全国统一而相对固定。意思是,法律最好是全国统一,并且相对固定,不要随意更改,使人民都知法、懂法。先秦韩非《五蠹》

【爱多者则法不立,威寡者则下欺上】 爱多:太仁慈。威寡:没有威信,权威太小。意思是,心太仁慈了,那么,法就立不起来;权威小了,下面的就欺负上面的。《韩非子·内储说上七术》

【文章不成者不可以诛罚】 文章:指法令。意思是,法令没有规定的,不能处罚,因为没有法律依据。《战国策·秦策一》

【治国无法则乱，守法弗变则悖】守：守旧。弗：不。悖：违背，违反。意思是，治国没有法律就乱了，有了法而守旧不因时而变，就与法律本身相违背。即法律不仅要有，还要因时修订补充，以臻更完善更合时宜。《吕氏春秋·慎大览·察令》："治国无法则乱，守法而弗变则悖，悖乱不可以持国。"

【贤者更礼，不肖者拘】意思是，贤能的人根据时代变迁更改礼法，不贤的人则被旧礼法所拘束。商鞅《更法》

【立法于上，教弘于下】上：上层建筑，上层人物。弘：宏大。下：民众。意思是，法律是建立于上层建筑、上层统治阶级的，但它的功能是管教广大普通民众的。《三国志·魏书·钟会传》

【立法贵严，责人贵宽】贵：在于，重要。严：严厉、严格、严密。责人：处罚人。宽：与"严"相对，宽松。意思是，立法最重要的一条原则，是要严厉、严格、严密；而处罚人时则要宽松。宋朝苏轼《刑赏忠厚之至论》

【视时而立仪】视：审视。时：时势。仪：法律。意思是，要审时度势，适时立法。《管子·国准》

【立善法于天下，则天下治；立善法于一国，则一国治】善法：完善的好法律。天下：整个国家。一国：一个分封的诸侯国，一个地区。意思是，建立完善的法律，整个国家就会得到治理。宋朝王安石《周公》

【法与时转则治，治与世宜则有功】时：时代，时势。转：跟随变化。世：当代，当时。宜：适宜。意思是，法律要随着时代变化而变化，国家才能得到治理，治理国家与当时实际相适宜，就会有成效。《韩非子·心度》

【有法度之制者，不可巧以诈伪】意思是，有法律做准绳的制度，就不可能使投机取巧、欺诈假伪的人蒙混过去。《管子·明法》："有法度之制者，不可巧以诈伪；有权衡之称（秤）者，不可欺以轻重；有寻文（度量）之数者，不可差以长短。"

3. 执法

【一身做事一身当】 一身:一个人,自己。当:承担责任。意思是,一个人做的事情一个人承担责任,不累及别人。

【一人做事一人当】 同“一身做事一身当”。

【一人犯罪,株连九族】 诛:杀戮,处罚。九族:旧时指本身以上的父、祖、曾祖、高祖和本身以下的子、孙、曾孙、玄孙。也有包括异姓亲属而言的。旧时的一种苛酷刑律,一个人犯了罪,不仅要惩罚这个当事人本人,连他的家族甚至他的异姓亲戚也要遭到惩罚。

【又当裁判又当运动员】 意思是,执法执规者同样经商,这样就会造成执法执规的偏颇不公正,竞争不公平。

【十目所视,十指所指】 十目、十手:很多人,群众。意思是,监督的人很多,不允许做坏事,做了也隐瞒不住。也表示引起众怒。《礼记·大学》:“十目所视,十手所指,其严乎?”

【人无害虎心,虎有伤人意】 意思是,老虎总是要吃人的,不以人的主观意志为转移。现多比喻敌人总是与人民为敌的。《赵氏孤儿》楔子语

【人随王法草随风】 王法:指法制观念。意思是,人习惯于用法律规范自己的行为,如同风怎么吹草就怎么摆动一样。

【小怨不赦,则大怨必生】 赦:宽容。意思是,小的怨恨不能宽容,大的怨恨必然会产生。即对群众的情绪、言论应该让其发泄,不应该压制堵塞。宋朝张商英《素书》卷五。

【不威小不惩大】 威:震慑,威慑。意思是,对小的罪行不足以震慑,不能惩处大的罪恶。汉朝刘向《说苑·指武》

【下不为例,事事为例】 意思是,这次错了不处罚,以后可不

行，要处罚的；这样做，就会为坏人坏事坏风气打开缺口，法规就遭到破坏，难以执行。都照此仿效下去，就事事得不到应有的惩罚了，社会就要混乱。

【王子犯法，庶民同罪】 王子：皇帝的儿子。庶民：普通平民百姓。意思是，皇帝的儿子犯了法，同平民百姓犯法一样治罪。

【不以私害公，不以公谋私】 意思是，在执法中，不徇私舞弊，不徇私枉法，要秉公执法，维护法律的尊严，维护当事人的合法权益，维护国家的利益。《新序·义勇》

【不以私害法则治】 意思是，执法人员秉公执法，不徇私舞弊，不徇私枉法，不以私利损害国家的法制，国家就会治理得好。《商君书·修权》

【不怕官，只怕管】 意思是，官再大，管不到头上，也没什么可怕的；可是，官再小，管到头上，就没有办法，不服从就过不去。《水浒传》第二回

【不怕县官，就怕现管】 同"不怕官，只怕管"。

【不知者不为过】 过：过错。意思是，因为不知道情况或不知道怎么做，无意中做错了，不能作为过错受处罚。

【不知者不作罪】 同"不知者不为过"。《红楼梦》第二十八回

【不明察，不能烛私】 烛私：洞察隐私、情况。意思是，办案不明察，就不能搞清案情。《韩非子·孤愤》

【不劲直，不能矫奸】 劲直：刚劲正直。矫奸：矫正奸行。意思是，执法者只有刚正不阿，才能纠正奸行。《韩非子·孤愤》

【以事实为依据，以法律为准绳】 事实：客观的有根有据的法律意义的事实。准绳：测定平直的器具，比喻言论、行动等所依据的原则或标准。通常是法律用语。意思是，根据法律事实对照有关法律规范公正办案。

【刑不上大夫，礼不下庶人】 刑：刑罚。上：处罚，惩罚。大

夫:古代官制,位于卿、士之间,这里泛指统治阶级。礼:泛指奴隶社会贵族等级制的社会规范和道德规范。敬意或礼仪。庶人:泛指劳动百姓。西周时期是对奴隶的称谓。意谓刑罚不能用来惩罚统治阶级,敬意和礼仪不能给予劳动百姓。《礼记·曲礼上》

【刑在禁恶,法本原情】 刑:刑罚。法:法制。本:根本。原情:依据情节缘由。意思是,刑罚的目的,在于禁制罪恶奸邪,法制的根本是依据案件的情节缘由,规范如何处理。宋朝欧阳修《论大理寺断冤狱不当札子》

【刑赏之本,在乎劝善】 意思是,刑罚和奖赏的根本目的,是为了劝告人们做好事,惩罚罪恶。唐朝吴兢《贞观政要·刑罚》

【刑过不避大臣,赏善不遗匹夫】 匹夫:这里指平民百姓。意思是,惩罚罪过,大臣有罪同样不能逃避;奖赏做好事,平民百姓做好事同样不能遗漏掉。即刑罚、奖赏官民一样。先秦韩非《有度》

【刑罚繁而意不恐,则令不行;杀戮众心不服,则上位危】 繁:频繁,太多。意:民意。不恐:不害怕。令:法令。上位:统治者的地位。意思是,刑罚频繁而民意不害怕,那么,法令就行不通;杀人而民众心不服,那么,统治者的地位就危险了。《管子·牧民》

【刑罚不中,则民无所措手足】 中:适当。意思是,刑罚不适当,人民就不知怎么做才行。《论语·子路》

【罢马不畏鞭箠,罢民不畏刑法】 罢:疲。箠:棰。前句喻后句。意思是,困苦不堪的老百姓连命都活不下去了,所以,再严酷的刑法也不惧怕了。《盐铁论·诏圣》

【地远官无法】 意思是,偏远地区的地方官办事随心所欲,无法制观念,即土皇上。唐朝刘长卿《送侯侍卿赴黔中充判官》

【有法不行与无法同】 行:执行。意思是,虽然有成文的法律规范,但是得不到执行,这与无法一样糟。苏轼《放榜后论贡举合作事状》

【有法必依，执法必严，违法必究】法制语，主要是针对执法人员要求的。意思是，国家实行法治，执法机关和执法人员对制订出的法律必须依照执行；执行要严格，不能走样；对于违犯法律的行为，必须依法追究，不可放任。

【有心之过大，无心之过小】意思是，故意犯法，罪过就大；无意之中过失犯法，没有犯法意图，罪过就小。清朝唐彪《人生必读书》

【只有死罪，没有饿罪】意思是，人活着就要吃饭，生存权是人的基本权，谁也剥夺不了。另一意思是，不能虐待犯人。

【私仇不及公】意思是，不能把私人之间的仇怨带到执法中去，影响执法的公正。《左传哀公五年》

【私情行则公法毁】意思是，执法官员在执法中行私情，国家的法律就要被破坏毁掉。《管子·八观》："私情行而公法毁。"

【私道行则刑罚繁而邪不禁】意思是，执法徇私舞弊，不公正，虽然刑罚多，邪恶的事也禁止不住。唐朝武则天《臣轨上》

【南山可移，量不可摇】南山：终南山。量：指量刑裁定，判决。前句喻指后句。意思是，这个案子是铁案，即使终南山可以移动，本案判定的刑罚也决不可动摇。表示态度坚决，执法如山。案件量刑判决不可更改。

【奉法者强则国强，奉法者弱则国弱】奉法：执法。强：前一个"强"指执法能力强；后一个"强"指执政能力强。意思是，执法官员的执法能力强，那么，国家的执政能力就强；执法官员的执法能力弱，那么，国家的执政能力就弱。《韩非子·有度》

【官不私亲，法不遗爱】私亲：用私心任用亲人。遗爱：漏掉喜爱的人。意思是，任用官员不以私心任用亲人；喜爱的人犯了法，同样依法处罚。《慎子·君臣》

【法施于人，虽小必慎】小：指案情细微之处。慎：慎重。意思是，在审判案件和执法中，虽然情节细微也必须慎重，不可草

率。宋朝欧阳修《春秋论下》

【法败则国乱】法败:执法腐败,使法制受到破坏。意思是,法制被破坏了,国家就要混乱。《韩非子·难一》

【法不避权贵】权贵:有权有势有地位有名气的人。意思是,法律对有权有势有地位有名气的人,犯了法,同样依法处罚。

【法之所加,智者弗能辞,勇者弗敢争】智者:善辩的人。辞:狡辩抵赖。勇者:凶悍的人。争:抗法。意思是,如果做到法不阿贵,在执行法律时,会狡辩的人就不能抵赖了,凶悍的人也不敢抗法了。先秦韩非《有度》

【法小弛则是非驳】小弛:轻微松弛,懈怠。驳:混杂不明。意思是,在执法中有很小的松弛和懈怠,也会造成是非不明。唐朝刘禹锡《天论上》

【法之不行,自于贵戚】不行:施行不了。自:从,来自。贵戚:指皇亲国戚、权贵人物。意思是,法制其所以施行不了,出现有法不依,执法不严,违法不究的问题,原因就来自那些皇亲国戚和权贵人物破坏了法制。《史记·秦本纪》

【犯法治法,犯罪治罪】意思是,是什么性质的过失,就依法定什么性质。是犯法就是犯法,是犯罪就是犯罪,不能混淆。

【狐狸再狡猾也斗不过好猎手】比喻敌人、坏分子再狡猾,也斗不过经验丰富、责任心强、执法如山的优秀执法人员,最终逃不脱法网。

【韭菜割了新一茬,脑袋掉了长不上】反比语。意思是,判案子是人命关天的大事,错杀了人就无法挽回。

【种肥田不如告瘦状】意思是,给地主种田,收租太高,辛苦一年没有什么收入。找官府告状,要求地主减租,收益比种田收获得多。

【是非终久自分明】意思是,是与非,对与错,最终自然会搞清楚的。明朝冯梦龙《警世通言·坳相公饮恨半山堂》:"毁誉从来不可听，是非终久自分明。”

【捉贼须捉赃，捉奸须捉双】 意思是，有物证人证做法律依据才能定罪。宋朝胡太初《昼篇结论·治狱》

【捉贼见赃，捉奸拿双】 同“捉贼须捉赃，捉奸须捉双”。

【捉贼容易放贼难】 旧时，盗贼有严密庞大的组织，通常捉到贼要活埋或放了，活埋了，怕遭到贼报复，放了怕遭到指责。所以，捉到贼后，处理很难。

【虚言难以夺实，事在神鬼无否】 意思是，空洞无事实根据或者胡编乱造的谎言，是改变不了客观事实的。汉朝桓谭《新论》

【罪止一身，家属莫问】 意思是，一个人犯罪，只惩处一个人，不要株连无辜的家属。《资治通鉴·陈记》

【罪疑惟轻，功疑惟重】 疑：不分明，难以确定。意思是，定罪，对案情不分明，难以确定的，就从轻处理；如果情节不分明，难以确定，就从重奖赏。《尚书·大禹谟》

【撒大网捕大鱼】 公安部门破案的一种策略。比喻公安部门把破案的部署范围扩大，以便抓住主案犯。

【放长线钓大鱼】 公安部门破案的一种策略。比喻公安部门破案，把线索和时间故意拉长，等待战机，以便抓住主案犯。

【宥过无大，刑过无小】 宥：宽恕，赦罪。过：过失。无：不论。故：故意，明知故犯。意思是，一时过失，不是故意，虽过失大也可宽恕；明知故犯，过失虽小，也要惩罚。《尚书·大禹谟》

【刑期于无刑】 期：期望，目的。意思是，使用刑罚的目的，是为了以后不再用刑罚，即是为了阻止犯罪。《尚书·大禹谟》

【不游意于法之外，不为惠于法之内】 游意：打主意的意思。为惠：恩惠，法外开恩，假用惠爱。意思是，使那些违法犯罪分子不敢在法律之外打主意，也不让执法人员搞法外开恩，在执法时假借施仁爱而舞弊。一切行动都不离开法律规定。先秦韩非《有度》：“明主使其群臣不游意于法之外，不为惠于法之内，动无非法。”

【以名法理国,则万物不能乱】 意思是,用崇高的名望和严明的法律治理国家,那么,万事不会混乱。唐朝李筌《太白阴经 · 人谋》

【权势用,不得不亲;道德废,不得不疏】 权势:这里指的是法权和执法的严肃性。亲:崇拜。道德:这里指法制观念。意思是,权势这东西一旦使用了,就不能不崇拜法律;道德废弛了,就不得不疏远法律。唐朝李筌《太白阴经 · 人谋》

【执法犯法,罪加一等】 意思是,执法官员在执法中犯法,要加倍惩罚。

【诬人死罪得死罪】 意思是,诬告别人死罪,致人死命,就要给诬告者反致以死罪。即诬告别人招至被害人错定成什么罪,就给诬告者定什么罪。《西游记》第八十三回

【儒以文乱法,侠以武犯禁】 儒:旧时指读书人,文人,儒生。文:指诗书礼乐之类的文章书籍。侠:游侠,侠客。禁:禁令。意思是,那些儒生用诗、书、礼、乐之类的文章扰乱法制,到处流动的侠客仗恃武功,违犯禁令。《韩非子 · 五蠹》

【世有乱人而无乱法】 意思是,世界上只有扰乱社会秩序的人,而没有扰乱社会秩序的法律。《三国志 · 魏书 · 杜畿传》

【法律之士广治,礼教之士敬容】 广治:推广法治。敬容:注重仪态。意思是,研修法制律令的人,一心推行法治,崇尚礼教的人注重仪态。《庄子 · 徐无鬼》

【法有明文,情无可恕】 明文:明白的条文。情:情理。恕:饶恕。意思是,法律有明确的条文规定,必须依法处罚,不能用情感代法。宋朝欧阳修《论韩纲弃城乞依法札子》

【令在必信,法在必行】 意思是,法令一经颁发施行,就必须坚决执行,依法行事。宋朝欧阳修《司门员外郎李公谨等磨勘改官制》

【令不行则政不正，政不正则道不通】 道：国家方针政策，治理国家的目标。意思是，国家不能令行禁止，政治就不能正确；政治不能正确，国家方针政策就行不通，治理国家的目标就不能实现。《黄石公三略·下略》

【人胜法，则法为虚器；法胜人，则人为备位；人与法并行而不相胜，则天下安】 意思是，以人代法，权大于法，法律就成为没有用处的虚设器物；以法代人，法大于人，法官就成为不重要的位置；人与法并行不悖，天下就安定了。宋朝苏轼《应制举上两制书》

【夜不闭户，路不拾遗】 意思是，天下太平，晚上不关门，路上丢失的东西没人拾走。社会上没有盗贼，人们都公而无私。

【冤有头，债有主】 意思是，冤案总会水落石出，还以清白；债务总是有借债人的，迟早是要还债的。

【谄言顺心，直言逆耳】 谄言：奉承巴结讨好上司欢心或在上司面前说别人坏话的言辞。直言：不受人爱听的真心实话。

【有事不避难，有罪不避刑】 意思是，遇到事时，不回避危难；有罪过，不回避刑罚。《国语·晋语七》

【制法而自犯之，何以率下？】 意思是，自己制订的法自己违犯，就带领不好部下。《三国志·魏书·武帝纪》

【谄谀在侧，善议障塞】 谄谀：巴结奉承的人。侧：围绕在身边。善议：善意进取的议论、提议。意思是，巴结奉承的人围绕在身边，就会堵塞言路，就不敢提建议或意见。《墨子·亲士》

【借债还钱，杀人偿命】 意思是，"借债还钱，杀人偿命"是无可辩驳，天经地义的事情。

【言多变则不信，令频改则难从】 频改：频繁更改变动。意思是，说话没有准，就没有人相信；法令频繁更改变动，就难以适从。宋朝欧阳修《准诏言事上书》

【法大于权，国治民安；权大于法，国乱民反】 意思是，实行法治,国家就治理得好,人民就安定;搞权治即人治,国家就混乱,人民就反对。

【善心之民,畏法自重;恶性之人,视法如虫】恶性:道德品质恶劣。意思是,纯厚质朴,心地善良的人,都能守法,自己尊重自己。道德品质恶劣的人,藐视法律,不守法。宋朝苏洵《兵制》

4. 除恶

【天网恢恢,疏而不漏】天网:原指自然界的范围,现借指法律。恢恢:形容非常广大的样子。疏:指网眼稀疏。原意是,自然的范围宽广无边,虽然宽疏但并不漏失。现指法律像一张天网,非常广大,虽然它网眼稀疏,但却不会漏掉一个犯罪分子。先秦时代老子《道德经》。原“漏”为“失”,现惯用“漏”。

【可怒而不怒,奸臣乃作】意思是,应该发怒的而不发怒,对坏人没有痛恨之感,奸臣就会作奸犯科。《六韬·上贤》

【可杀而不杀,大贼乃发】意思是,应该诛杀的而不诛杀,贼臣贼子就会跃跃欲试。《六韬·上贤》

【农夫去草,嘉谷必茂】意思是,农民不断地锄除害草,庄稼才长得那样茂盛。比喻只有剪除邪恶扶持善正,社会才会昌盛。《资治通鉴·汉纪》

【农夫锄莠,奸慝惩戒】莠:狗尾草,泛指毒草、野草。奸慝:奸佞邪恶。意思是,像农夫锄去毒草那样,对奸佞邪恶要加以惩戒,不能让它存在。南朝梁代刘勰《文心雕龙·史传》

【为虺弗摧,为蛇若何?】虺:毒蛇、毒虫。这里指小蛇。弗:不。为蛇:成蛇。意思是,小蛇不打死,长成了大蛇怎么办?比喻除恶应及时,在萌芽中就除掉,等到形成大患了,就不好办了。《国语·吴语》:“吴王将许越成,申胥谏曰:‘为虺弗摧,为蛇若何？’”

【去草绝根，在于未蔓】蔓：蔓延。意思是，根除杂草，要想绝根，要在它尚未蔓延的时候进行。比喻根除社会祸患，必须消灭在萌芽状态。《陈书·周迪传》

【打蛇勿死终有害】比喻对坏人不能留情，必须坚决除掉，不然，他仍要为害。清朝王有光《吴下谚联》

【废一善则众善衰，赏一恶则众恶归】意思是，废除一个好人，许多好人都会丧气，好人就会越来越少；奖励一个坏人，许多坏人就会复原，坏人就会越来越多。《黄石公三略·下略》

【刑一恶而万民悦】刑：惩罚。意思是，惩罚一个恶人，千万人就会拍手称快。汉朝桓宽《盐铁论·后刑》：“锄一害而众苗成，刑一恶而万民悦。”

【杀鸡给猴儿看】比喻惩罚一个坏人来吓唬其他的人。

【杀一儆百，贪官瑟瑟】意思是，杀一个贪官，以儆效尤，其他贪官就吓得发抖，取得震慑教育作用。

【惩一儆百，坏人瑟瑟】同“惩一儆百，贪官瑟瑟”。

【苍鹰独立时，恶鸟不敢飞】比喻有了浩气凛然、英勇正义的卫士保卫人民的利益，坏人就不敢逞疯狂。唐朝孟郊《上河阳李大夫》

【以其人之道，还治其人之身】以：用。治：惩办。意思是，用你作恶的办法来惩办你。宋朝朱熹《四书集注·中庸第十三章》注语

【狐埋之而狐搰之】埋：藏。搰：发掘，挖出。意思是，狐狸把猎物自己埋藏自己挖出来。比喻自己干的坏事自己暴露出来。《国语·吴语》引谚语

【狡刁终被狡刁治】意思是，狡猾刁钻的人，最终被更狡猾更刁钻的给治了。

【胜法之务莫急于去奸，去奸之本莫深于严刑】意思是，加强

法治建设的要务，没有比清除奸邪再急切的了；清除奸邪的根本办法，没有比实行严刑峻法再深刻的了。商鞅《开塞》

【诛禁不当，反受其殃】 诛：惩罚。意思是，惩罚的不恰当，不但起不到惩罚的震慑作用，反而受其祸害。《马王堆汉墓帛书·国次》

【诛不避贵，赏不遗贱】 意思是，只要有罪，就是亲贵也必须惩罚；只要有功，即使地位低贱的人，也必须奖赏不漏。《晏子春秋·内篇问上》

【鹄不日浴而白，乌不日黔而黑】 鹄：白鹤。乌：乌鸦。黔：黑。这里用做动词，染黑的意思。意思是，白鹤不用天天沐浴，毛色也是洁白的，乌鸦不需要用黑色渍染，毛色也是黑的。比喻事物本源是什么样，就是什么样，用不着去人为地改变他。《庄子·天运》

【斩草除根，除恶务尽】 意思是，除灭恶势力要像斩草除根一样彻底，不留根，以免后患。

【抽薪止沸，翦草除根】 薪：柴禾。沸：水烧，沸腾。翦：同"剪"，斩除。意思是，把灶唐里的柴禾抽出来，止住水的沸腾，斩草除根，不留后患。比喻除害要从根本上彻底解决，才能不留后患。北齐魏牧《为侯景叛移梁朝文》

【草茅弗去，则害禾谷】 弗：不。禾谷：庄稼。意思是，毒草不除掉，庄稼就长不好。比喻不除掉恶势力广大人民群众就要受害。《管子·明法》

【除患于未然】 患：祸患。未然：还没有形成事实。意思是，消除祸患，要在祸患还没有形成之前，就把它消除掉。

【除害在于敢断】 敢：果敢，果断。意思是，消除祸害，不能优柔寡断，要果敢决断。《尉缭子·十二陵》："除害在于敢断，得众在于下人。"

【除六贼禁七害，可保长治久安】 六贼：一是大肆营造宫室亭池台榭，以游玩优乐，损害品德；二是百姓不务正业，任凭游荡玩侠，违法犯罪，损害教化；三是臣子交接朋党，遮蔽压制贤才，障塞视听，损害国家权威；四是士人自以为志大节高，自负气势，对外私自结交诸侯，不尊重主君，损害君王威望；五是臣子轻视爵位，藐视职责，冒险犯难阻谏损害功臣荣誉；六是强逞宗族，互相侵夺，欺凌侮辱贫弱小，损害百姓利益。七害：一是无智谋权略，狂勇轻战，侥幸于外，不能用这种人做将领；二是有名无实，内外言语不同，掩善扬坏，投机取巧，不要与这种人谋划；三是装作外表朴素，实则求名求利，极其虚伪，不能接近这种人；四是奇装异服，似广见善辩，虚论高议，自以为矜持，穷居静处时，诽谤时俗，这是奸诈之人，不要宠信；五是谄媚奸佞，高谈阔论，取悦君王，苟且获利，贪利妄动，以求高官厚爵，鲁莽躁急，轻率冒死，以贪禄位等级，实则干不了大事，切不可用这种人；六是为营造工程雕文刻镂，巧掩华饰，妨碍耕种，这种人一定要禁止；七是用伪方邪术和符咒蛊惑人心，用不正之道和妖惑之言，欺骗善良的人，这种人必须禁止。除掉这六种贼人，严禁这七种祸害，国家就可以长治久安，《六韬·上贤》

【恶不废则善不兴】 恶：指缺点错误。废：废除，克服掉。善：优点，长处。兴：树立。意思是，缺点错误不克服掉，优点长处就树立不起来。《意林·中论》

【恶有恶报，善有善报；不是不报，时候没到】 意思是，做坏事就会得到坏事的报复，做好事，就会得到好的回报。这是肯定的，只是时间问题。

【恶不可积，过不可长】 恶：罪恶，坏事。过：过失，过错。意思是罪恶不能让它重复积累，过错不能让它滋长发展。《三国志·吴书·陆凯传》裴松之注引《江表传》

【痛打落水狗】 落水狗：指失去后台的为非作歹的坏人。意思是，对依仗主子势力为非作歹的坏人，虽然失去了势力，被打落了水,也不能可怜他。还要痛打,不然他爬上岸来还会咬人。

【惩恶扬善,长治久安】惩恶:惩治丑恶的东西。扬善:发扬、提倡好的东西。意思是,惩治丑恶的东西,发扬并提倡好的东西,社会就会得到长久的治理和安定。

【惩治官倒,廉政有保】官倒:指利用所任官职的手中权力,进行紧俏物资的倒买倒卖的非法活动,从中赚取超额利润,坑害国家,扰乱市场,损害政府形象,引起群众不满。廉政:清正廉洁的法治政府。意思是,惩治以权谋私,损公肥私的官员廉洁就有保证。

【赏不逾时,刑不择贵】意思是,奖赏要及时,惩罚不要看官职大小,地位高低,即使地位很高的也不能放过。《诸葛亮集·将材》

【赏一勉百,罚一惩众】劝:勉励,鼓励。惩:在这里是从反面受到触动教育的意思。意思是,奖赏一个人,能勉励很多人,处罚一个人,能使很多人受到教育。隋朝王通《文中子·立命》:"赏一以劝百,罚一以惩众。"

【敬一贤则众贤悦,诛一恶则众恶惧】贤:贤能的人。恶:恶人,坏人。意思是,敬重一个贤能的人,所有的贤人都愉悦;惩处一个坏人,所有的坏人都惧怕。唐朝魏征《群书治要·体论》

【锄一害而众苗成,刑一恶而万民悦】锄:锄除。刑:惩处。恶:坏人,恶人。意思是,消除邪恶和有害的东西,社会正气就得到增长,人民就会高兴。汉朝桓宽《盐铁论·后刑》

【潜之万物,终身不反】潜:潜身,沉溺。反:返。悔改。意思是,一心沉溺于贪图财物,被钱财包围之中的人,一辈子也不会醒悟。《庄子·徐无鬼》:"潜之万物,终身不反,悲夫!"

五、智慧

1. 聪明与愚蠢

【一犬吠形,百犬吠声】 吠:狗叫声。意思是,一只狗看见了什么才叫唤,一群狗只要听到一只狗叫唤,也都跟着盲目地一起叫唤。比喻没有主见,盲目随声附和的坏习惯。汉朝王符《潜夫论·贤难》

【一人之辩,重于九鼎之宝】 意思是,一个巧舌如簧的辩士的话,比九鼎宝器还要贵重。南朝梁代刘勰《文心雕龙·论说》

【人间巧艺夺天工】 天工:亦作天功。天然形成的艺术。意思是,人间的技巧艺术超过了自然造化的艺术。元朝赵孟頫《赠放烟火者》

【人皆知有用之用,而莫知无用之用】 意思是,人们都知道有用处的东西都可使用,却不懂得无用的有更大用处。《庄子·人间世》

【三寸之舌,强于百万之师】 意思是,雄辩的口才,强过百万雄师的力量。典出战国时代“毛遂自荐”:毛遂自荐跟平原君赵胜去和楚国谈判结盟,楚王狐疑不决,毛遂上去一说不结盟和解盟的利害关系,楚王认为有道理,消除了疑虑,终于同意结盟,盟约就签订了。赵胜因此称赞毛遂“使赵重于九鼎大吕”,说“毛先生以三寸之舌,强于百万之师。”《史记·平原君列传》

【小惑易方,大惑易性】易:改变。方:方向。意思是,小的迷惑会使人迷失方向,大的迷惑会使人改变本性。《庄子·骈拇》

【大勇若怯,大智若愚】大勇:为国为民的勇敢行动,勇敢过人的人。大智:智慧过人、有远大志向的人。意思是,真正为国为民而勇敢的人,并不炫耀自己的勇敢,表面上好像很胆怯;真正有智慧有远大志向的人,不炫耀自己的智慧才能,表面上似乎很愚笨。苏轼《贺欧阳修致仕启》

【大智不智,大谋不谋】意思是,有大智慧的人,人们往往不见他正月现他的智慧。有超凡谋略的人不轻易显露智谋。《六韬·武韬》

【大道甚夷,而人好径】夷:平坦。意思是,大道虽然很平坦,但是,人君却喜欢走邪径。比喻统治者腐败,不按照正常的规则行事,喜欢搞歪门邪道。先秦时代老子《道德经》

【凡外重者内拙】外:指外物,身外之物。意思是,大凡对外物看得过重的人,其内心世界一定笨拙。《庄子·达生》

【不顾于虑,不谋于知】知:智巧。意思是,对事物不瞻前顾后,瞎猜乎;不谋求小聪明,玩弄残害生物。《庄子·天下》

【不自见故明;不自是故彰;不自伐故有功;不自矜故长】见:同现。明:彰明。伐:夸。意思是,不自我表扬,反能显明;不自以为是,反能是非彰明;不自我夸耀。反能得到功劳;不自我矜持,所以才能持久。先秦时代老子《道德经》

【见小曰明,守柔曰强】意思是,能够察见到细微的,就叫做明;能够持守柔弱的,就叫做强。先秦时代老子《道德经》

【目瞭则形无不分,心敏则理无不达】瞭:眼睛明亮。达:通晓。意思是,眼睛明亮,那么,没有什么形貌不能分别的;心思敏慧,那么,就没有什么不能理解的。南朝梁代刘勰《文心雕龙·知音》

【目贵明,耳贵聪,心贵智】意思是,人的眼睛贵在明亮,有识

别能力；人的耳朵贵在灵敏，能听懂各种声音；人的心灵（大脑）贵在有智慧，善于思考问题。《六韬·大礼》

【生公说法，顽石点头】生公：指晋末高僧竺道生的尊称。相传竺道生讲解佛法，讲到微妙之处，就连石头也点头。后用以比喻说理透彻，感人肺腑。

【妄者稔祸，多语者寡信】稔：酝酿成熟。意思是，狂妄的人会酿成灾祸，夸夸其谈的人很少讲信用，十句话没有一句是真的。《诸葛亮兵法·将苑》

【企者不立，跨者不行】企：踮起脚跟，脚尖着地。跨：跃，越过，阔步而行。意思是，踮起脚跟想要站得高，反而战立不住；迈起大步想要前进得快，反而不能远行。比喻能力不行，还要比别人高一头，比别人做得快，反而比别人更差。先秦时代老子《道德经》

【自见者不明，自是者不彰；自伐者无功，自矜者不长】意思是，自逞己见的反而得不到彰明；自以为是的反而得不到显昭；自我夸耀的建立不起功勋；自高自大的不能成为众人之长。先秦时代老子《道德经》

【穷响以声，形影竞走】穷响：遏止回声。形影：自己的身体和影子。意思是，企图用声音来遏止回声，使自己的身体摆脱自己的身影儿拼命地奔跑。比喻徒劳无益。《庄子·天下》

【忠谏不听，蹲循勿争】蹲循：却让。意思是，忠诚的劝谏不被接纳，那就退让一旁不再去争谏。《庄子·至乐》引民谚

【枉辔学步，力止寿陵】枉辔：走冤枉路。枉，歪曲；辔：驾驭牲口的缰绳。学步：即邯郸学步。意思是，因为学习方法或指导思想不对头，学习别人结果走了弯路，白费力气，落得像寿陵到邯郸学步的孩子一样失败。南朝梁代刘勰《文心雕龙·定势》

【知足者富，强行者志】强行：坚持不懈，持之以恒。意思是，知道满足的人才是富有的人；坚持力行，能持之以恒的人，就是有

志气的人。先秦时代老子《道德经》

【知不知尚矣,不知知病也】 尚:同上。意思是,知道自己还有所不知,这是很高明很了不起的;不知道却自以为知道,就是一种毛病,是很糟糕的。先秦时代老子《道德经》

【饰羽尚画,文绣鞶帨】 鞶:皮带。帨:佩戴的头巾。意思是,在彩色光亮的羽毛上涂上颜色,在不用刺绣的皮带上刺绣,比喻胡来。南朝梁代刘秀《文心雕龙·序志》:"辞人爱奇,言贵浮诡,饰羽尚画,文绣鞶帨,离本弥其,将遂讹滥。"

【骀荡而不得,逐万物而不反】 骀荡:放荡,没有一点节制。反:返。意思是,放荡不羁而又无所获,还追逐万物不舍,不知返归。《庄子·天下》

【洽闻之士,宜撮纲要,览华食实,弃邪采正】 洽闻:广博的见闻。意思是,知识广博的人对于别人的经验和理论,不是全盘揽要,而是根据实际抓住它的纲要,去其糟粕,择其善者而从之。南朝梁代刘勰《文心雕龙·诸子》

【眉头一皱,计上心来】 计:计谋,计策。意思是,认真深刻思考,解决的办法就能想出来。毛泽东《学习和时局》:"凡事应该用脑筋好好想一想,俗话说,'眉头一皱,计上心来',就是说,多想出智慧。"

【过目成诵,出口成章】 过目:看一遍。成诵:能背诵。成章:成了文章。意思是,记性好,看一眼就能背诵下来;口才好,讲出话来就成了文章。明朝冯梦龙《警世通言·王安石三难苏学士》

【眼观六路,耳听八方】 意思是,机灵,警惕,四面八方都要看到,听到。

【复命曰常,知常曰明】 复:循环往复。常:指万物运动变化的永恒规律,即守常不变的规则。意思是,生命是循环往复的,这就叫做自然规律,认识了自然规律就叫做聪明。先秦时代老子《道德经》

【惭凫企鹤，沥辞镌思】 惭凫企鹤：典出《庄子·骈拇》："是故凫胫虽短，续之则忧；鹤胫虽长，断之则悲。"鸭的腿虽然短，接一节就令人忧虑；鹤的腿虽然很长，截一节就令人悲哀。它们腿的长短，是天生的，各有所用，是改变不得的。意思是，有的人因鸭的腿短而羞愧，羡慕鹤的腿长。比喻人各有所长、短，各有所事，不必拿自己不会的去跟别人擅长的方面比，各人的天赋不同，所从事的行当不能寻求一律。南朝梁代刘勰《文心雕龙·养气》

【黑白之朴不足以为辩，名誉之观不足以为广】 辩：辨。观：外观，外在的东西。广：播散张扬。意思是，黑和白都是出于本源，不足以分辨出谁优谁劣；名声和荣誉都是外在的东西，不足以播散张扬。《庄子·天运》

【糊涂进不糊涂出】 意思是假糊涂，装糊涂，为的是暗中占便宜，一点亏都不吃。倘若让人发觉，就装糊涂体面应付过去，倘若别人被忽悠住，就"糊涂"占便宜。

【鸬鹚不打脚下塘】 鸬鹚：一种体形较高大的水鸟，通称鱼鹰，善捕鱼。意思是，鸬鹚不在它栖息的地方捕食鱼虾。比喻有理智的聪明人，不占身边人的便宜，不欺负邻近或一起共事的人。清朝翟灏《通俗篇》卷二十九

【兔子不吃窝边草】 意思与"鸬鹚不打脚下塘"同。

【老鹰不打窝边食】 意思与"鸬鹚不打脚下塘"同。

【巧者善度，知者善豫】 度：计划。知：同"智"。豫：事先准备。意思是，心灵手巧的人做事善于计划；有智慧的人做事总是事先有准备。《淮南子·说山训》

【神清者智之源，智平者心之府】 意思是，神志清醒是智慧的源泉，智慧能够平正发挥，是心灵的仓库。唐朝李筌《太白阴经·人谋》

【智者不用其所短，愚者不用其所长】 意思是，聪明的人，用人总是用其所长，而避开他的短处；愚蠢的人不懂得用人家的长

处。《鬼谷子·权篇》

【知者不言,言者不知】知:智。意思是,聪明的人不随便说话,随便说话的人不聪明。先秦时代老子《道德经》

【唯上知与下愚不移】上知:“知”同“智”,天才。下愚:先天愚蠢。意思是,天才和先天愚蠢的人,是不可改变的。《论语·阳货》

【石板栽花,房顶种树】比喻做事愚蠢。

【轻则失本,躁则失君】意思是,轻率轻浮就会失去根本;急躁浮躁,头脑就会丧失主导。先秦时代老子《道德经》

【冒天下之大不韪】冒:冒犯,不顾。不韪:过错,不是。意思是,公然做天下人都认为不对的大坏事。也作“犯天下之大不韪”。

【贪者邀趋其利,愚者不顾其死】意思是,贪心的人总是好追求利禄,愚笨的人不顾死亡。《黄石公三略·中略》

【跂而望远,不如登高博见】意思是,踮起脚尖来远望,不如登在高处看见的多。比喻要有知识,有远见,仅凭自己的那点知识是不行的,要博学广积,使自己站在更高的角度,才能看得更清楚。战国时期荀况《劝学》

【棉絮上晒大麦,竹帘上晒豌豆】大麦:也叫青稞,有芒,麦粒有毛皮,两头成尖刺状。晒在棉絮上粘在上面很难收起来;同时,棉絮上粘有麦芒扎人,也无法再用了。竹帘:用竹片编的帘席,很光滑且无护边,豌豆很圆,晒在竹帘上很容易滚掉。此语是南方姑娘哭嫁语:“棉絮上晒大麦是骂呃娘,竹帘上晒豌豆也是骂呃娘。”意思是自己不懂事,全是父母一手一脚把自己抚养教育长大,以表对父母教养之恩,幽默感人。

【神靠人信,人靠神灵】信:信仰,笃诚。灵:灵验。意思是,神要靠人信仰它才能存在,人要靠神灵验才相信它。

【神仙都是人臆造】意思是,世界上根本不存在什么神仙,完全是人臆造出来的。

【神信则有,不信则无】意思是,神这种东西,有或没有,取决于信或不信。因为它是一种信仰,精神范畴的东西。

【逆风点火自烧身】比喻倒行逆施,违背历史潮流,是自取灭亡。元朝无名氏《神奴儿·四》

【拿着鸡蛋碰石头】比喻不自量力,只能失败。

【深则厉,浅则揭】厉:穿着衣服涉水过去。揭:提起衣服涉水过去。意思是,水深就穿着衣服涉水过去,水浅就提起衣服涉水过去。比喻毫不犹豫地勇敢克服困难。《论语·宪问》

【能胜人之口,不能服人之心】意思是,能够堵住别人的嘴,却不能折服人心。《庄子·天下》

【笨人不过脑,过脑人不笨】意思是,笨人就笨在不动脑子,做事不思考,不想想。只要学会动脑子想想,也不笨。

【偷鸡不成反蚀一把米】偷鸡:谐音"投机",比喻投机。意思是,不但投机没有成功,反而丢了人品,招来不好的影响。

【智者乐立其功,勇者好行其志】意思是,有智慧的人乐于建立功业,勇敢的人偏好实现他的志向。《黄石公三略·中略》

【缀金翠于足胫,靓粉黛于胸臆】意思是,靓:犹搽抹。黛:画眉的青色颜料。意思是,把金宝翡翠戴在脚脖子上,把花粉翠黛抹在胸口上。比喻把精妙绝好的东西没有放在应该用的地方,而是放在不该用的地方。南朝梁代刘勰《文心雕龙·事类》

【强梁自有强梁赛,聪明反被聪明害】强梁:强横,强暴。赛:更。意思是,你强横,还有比你更强横的;自要聪明,反而被聪明害了。劝人还是老实一点好。明朝冯惟敏《海浮山堂词稿·醉太平》

【聪明反被聪明误】意思是,因为聪明而犯了错误。讥讽聪明过了头,即愚蠢。《红楼梦》

【聪明一世,糊涂一时】意思是,一向很聪明,做事认真谨慎,偶然糊涂犯了一次错误。

【萝卜三碗，三碗萝卜】 比喻说话啰唆，反复转圈，没有新东西。

【翠纶桂饵，反以失鱼】 翠纶：用翡翠鸟羽毛做的钓丝。桂饵：用肉桂做的钓饵。意思是，用翡翠鸟的羽毛做钓丝，用肉桂做钓饵，反而钓不到鱼。比喻愚蠢。南朝梁代刘勰《文心雕龙·情采》

【糊涂官打糊涂百姓】 比喻都糊涂。

【越聪明越受聪明苦】 意思是因为聪明才多思多虑，才负担重，对立面也多，因而劳苦。

【赔了夫人又折兵】 三国典故：东吴周瑜为逼刘备还荆州，便设一记。假意把吴主孙权的妹妹许配给刘备，使刘备成为孙权的女婿，以便把刘备扣在东吴做人质，以达到逼还荆州的目的。这一计谋被军师诸葛亮识破，将计就计。刘备按诸葛亮的计谋到了东吴，不仅成了婚，还带了夫人一同回了魏。周瑜派兵追赶，诸葛亮早有部署，追兵遭伏击。后人以此典故比喻想占便宜，反受双重损失。《三国演义》第五十五回："周郎妙计安天下，赔了夫人又折兵。"

【愚者暗于成事，智者见于未萌】 暗于：不清楚，不明白。成事：事情已经发生。未萌：尚未萌发。意思是，愚笨的人，事情已经发生了还不明白是怎么回事；有智慧的人，对事情有预见，在事情尚未萌发时，就已经察觉到了。《战国策·赵策》

【愚者侥幸，智者谨慎】 意思是，愚蠢的人做事总是凭着一种侥幸心理，智慧的人做事总是认真谨慎。

【搬起石头打自己的脚】 意思是自己做坏事把自己害了。比喻愚蠢。毛泽东《在苏联最高苏维埃庆祝伟大的十月社会主义革命四十周年会议上的讲话》中有此语，"打"也说"砸"。

【犟人推死磨】 比喻个性倔强的人爱计较死理，脑子转不开。

【癞蛤蟆想吃天鹅肉】 比喻是痴心妄想。把别人比作癞蛤蟆,把自己比作天鹅,极言瞧不起。《红楼梦》第十一回

【螳螂当车,可笑不自量】 螳:螳螂。当,挡。意思是不自量力,可悲可笑。

【鹬蚌相争,渔翁得利】《战国策·燕策二》的一则寓言:蚌张开了壳晒太阳,一只鹬鸟想吃蚌肉,伸脖子去啄它,被蚌壳夹住了嘴。蚌想逃下水,逃不了;鹬鸟想飞走,被蚌夹住飞不动,两相争持不下。这时,一个渔翁看见了,过来把鹬蚌都捉走了。比喻双方争斗,相持不下,谁也没有占到便宜,并且都付出了代价,让第三者得了利。

【犟牛拉横耙,蛮人说横话】 耙:农民用来碎田地里土块的农具,横着使,所以说拉横耙。横话:蛮横不讲理的话。意思是,野蛮人说话蛮横不讲理而且不听劝告。

2. 理智与自明

【一人之智,不如众人之愚】 意思是一个人的智慧是有限的,要依靠众人的智慧。《意林·任子》

【一棋不足以见智,一弦不足以见悲】 一棋:一着棋或一盘棋。一弦:一根琴弦或一把乐器。比喻数量不足不能反映实质,表现不出实质来。《意林·淮南子》

【人强不如业强】 业:泛指工具、机器。意思是,人能制造出任何工具机器,但是,使用工具、机器生产,人的手工就不如工具机器了。

【见多识广点子多】 点子:办事、解决问题的招数、主意、办法。意思是,见的世面多,知识广泛,解决问题的点子就多。

【上智者必不自智,下愚者必不自愚】 意思是,智慧高的人,

必定谦虚谨慎,不自夸有智慧;最愚蠢的人,总爱自以为是,一定不承认自己愚蠢。《陈确集 · 瞽言》

【干得好不如干得巧】 好不一定巧,而巧必定好,所以如此说。

【不患人不知己,而患己不知人】 意思是,别人不了解自己这没有什么可怕的,而自己不了解别人才是可忧虑的。《左传 · 襄公二年》:“不患人之不己知,患不知人也。”

【见博则不迷,听聪则不惑】 意思是,见识多经验丰富,脑子反应灵敏,就不会迷惑,不会受骗上当。《牟子》

【反听之谓聪,内视之谓明,自胜之谓强】 意思是,能听进反面的意见,这叫做聪明;能看到自身的问题,这叫做明智;能战胜自己,这叫做强者。《史记 · 商君列传》

【手巧不如心巧】 通常说心灵手巧,即此意。意思是只有多动脑子,才能技艺高超;不动脑,只能是从别人那里学来一点死技术,没有创新能力,生产不出超人的产品。

【艺多不压身】 艺:手艺,技能、技术。意思是,掌握的技能技术多,多学几门手艺,没有坏处,只有好处。

【务小巧者多大拙,好小利者多大害】 意思是,好耍小聪明的人,大多数是笨拙的,好贪小便宜的人,大多给自己带来祸害。清朝申涵光《荆园小语》

【目之见借于照,心之智借于理】 照:光亮。理:道理,真理。意思是,眼睛能看见东西,必须借助光亮;心(脑)有智慧,必须靠真理才能发挥作用。《意林 · 吕氏春秋》

【去小智而大智明】 意思是,去掉小聪明就会有大的聪明才智。《庄子 · 外物》

【宁可懵懂而聪明,不可聪明而懵懂】 懵懂:糊涂不明,稀里糊涂。意思是,本来懵懂而变得聪明,那当然好;而本来就聪明却变得懵懂,岂不麻烦了!言下之意,别把聪明用过了头陷入懵懂,

这比本来就懵懂更糟。冯梦龙《警世通言·王安石三难苏学士》

【齐不齐,一把泥】对建筑瓦匠技术轻蔑语。意思是,瓦工没有多高技术,墙砌得齐整也好,不齐整也罢,最后用泥浆(沙浆)一抹都齐整了,谁也看不见。其实,瓦匠完全是手工,一栋五六层高的砖结构楼房,完全用小砖一块一块砌起来,稍有偏差就会倾倒,可见其技术要求之高之精了。

【同焉者和,得焉者失】同焉:于万物为一。得焉:追逐万物而有所得。意思是,人要做到于万物同一,人和自然界就能和谐相处;如果追逐万物而有所得,他内心也就有所失。《庄子·天下》

【外行看热闹,内行看门道】外行:不懂技艺。内行:相对外行,懂得技艺。门道:内功,艺术、技巧等的工夫。意思是,外行人看表演看个热闹劲,内行人看表演要看他的内功。

【外行领导不了内行】外行:不懂技术业务。内行:相对外行而言,指熟练技术业务。意思是,不懂技术业务的人,领导不了熟练技术业务的人。

【好学近乎智】意思是,喜好学习就是智慧,离聪明不远了。《礼记·中庸》

【好汉不吃眼前亏】好汉:指有修养明智的人。意思是,有修养明智的人,在对自己极为不利的情况下,暂时退让,免得吃亏。

【君子不跟牛斗力】君子:高尚有修养的人。牛:指蛮横爱动武的人。意思是,高尚有修养的人讲道理,不跟蛮横的人斗力气。

【君子动口不动手】意思是,有道得有修养的人对人有礼貌,尊重别人,只用语言解决问题,而不动手动脚。

【君子千言有一失,小人千言有一得】君子:有学问有修养高尚的人。小人:无知无修养低级趣味的人。千言:很多话。失:失误,不当,错误。当:恰当,正确。意思是,品质高尚有学问的人说的话多了会有失言的,修养差的人话多了也有说得对的。元朝无

名氏杂剧《鲁齐郎》

【君子慕贤容众以为道，小人缴讦怀诈以为智】道：道德准则。缴讦怀诈：专门揭发别人的隐私或短处，达到欺诈攻击别人的目的。意思是，高尚的人，总是以宽容的态度对待别人为道德准则，而小人总是以缴讦怀诈的态度对待别人为得意。唐朝魏征《群书治要·体论》

【会者众，精者寡】会：能够干。精：精练，精熟，精巧，高超。众：多。寡：少。意思是，干任何事情，都是一般能够干的人多，而干得精巧高超的人却很少。

【有智不在年高，无谋空言百岁】意思是，英雄出少年，有智谋不在年纪大，没有谋略活一百岁也没有用。明朝许仲琳《封神演义》第二十三回

【羊肉吃不得，空惹一身膻】比喻便宜没占着，反而落个不好听的名声。明朝冯梦龙《醒世恒言》卷二百三十回

【求道者不以目而以心】求道：探求事物规律。意思是，探求事物的发展规律，不能光用眼睛观察，而要用脑子去认真研究。《新书·修政语》

【近贤则聪，近愚则聩】聩：昏聩。意思是，接进贤能的人就会长知识智慧，变得聪明；接近愚笨的人，就会什么都学不到，反而变得昏聩。《皮日休文集·耳箴》

【足恭者无礼，贪名者无智】足：过分。意思是，过分对人恭敬的人，不是有礼节，而是为了讨好人，谄媚的表现；贪图虚名的人，不是有智慧，而是虚荣心严重。宋朝林逋《省心录》

【明者见危于无形，智者视祸于未萌】意思是，精明的人，在危险还没有出现之前就能看到；有智慧的人，在灾祸还没有萌生时就能发现。三国魏钟会《檄蜀文一首》

【卑贱者最聪明，高贵者最愚蠢】卑贱者：泛指劳动人民。高贵者：泛指作威作福的官僚。毛泽东《在八大二次会议代表团长

会议上的讲话》:“总而言之,我这些材料(注:当时印了一批古今中外发明家的材料)要证明这一条:是不是卑贱者最聪明,高贵者最愚蠢……”

【拙者能勉,与巧者同功】意思是,笨拙的人如果能勤勉,虚心好学,也能与心灵手巧的人一样取得同样的成就。宋朝崔敦礼《刍言》卷中

【物有所不足,智有所不明】意思是,事物都有所不足的地方,聪明人也会有不明智的时候。战国·楚国屈原《卜居》

【盲者处平而不陷深溪,愚者守静而不陷危险】意思是,盲人处在平坦的地方,就不会陷进深水里,愚笨的人在安静的地方就不会陷入危险。比喻人应该知其短而避其短,这样才能不吃短处的亏。清朝冯班《钝吟杂录·家戒》

【贤人之言未必尽可信,愚人之言未必尽可弃】贤人:圣贤之人。愚人:与圣人相对,泛指一般劳动群众。意思是,不要迷信圣贤,也不要藐视一般普通劳动群众。《钱公良测语·导儒》

【视远惟明,听德惟聪】意思是,对事情看得远,才是眼光高明;能听得进好话,才称得上敏锐聪明。《尚书·太甲中》

【知人者智,自知者明】意思是,善于认识别人的人,就叫做有智慧;有自知之明的人,就叫做聪明人。先秦时代老子《道德经》

【知古不知今,谓之陆沉;知今不知古,谓之盲瞽】陆沉:泥古而不合时宜。盲瞽:瞎、聋。意思是,只知道古代而不知道现今,这叫做泥古不合时宜;只知道现今而不知道古代,这叫做瞎子聋子。说明只有知今又知古才能有科学的思想。汉朝王充《论衡·谢短篇》

【胜人者力,自胜者强】意思是,能战胜别人,是有能力的;能自己战胜自己的,就是强者。先秦时代老子《道德经》

【割鸡焉用牛刀】通常是藐视语。意思是用不着费大力气,

大的举动。“割”通常用“宰”、“杀”。

【聪明过头是愚蠢】 意思是过于计较个人得失,一点亏都不愿吃,便宜都想占尽,实际是适得其反,是愚蠢的表现。

【糊涂难得,难得糊涂】 意思是对个人的利益和小是小非不计较,稀里糊涂地对待,而对大事,大是大非,却不糊涂,这种人难能可贵;要做到这样确实难得。郑板桥语:难得糊涂。

【岩穴从来出帝师】 岩穴:指乡村、民间。帝师:皇帝的老师。意思是,皇帝的老师从来就出在乡村民间。比喻卑贱者聪明有智慧。唐朝李咸用《题陈处士出居》:“樵童牧竖劳相问,岩穴从来出帝师。”

【思索生知,慢易生忧】 意思是,多思索就增长智慧,少出差错,漫不经心,粗心大意,就容易出差错,招来忧患。《管子·内业》

【高者未必贤,下者未必愚】 贤:指才能,智慧。意思是,高贵的人未必有才能,低贱的人未必不聪明。唐朝白居易《涧底松》

【跳得越高,摔得越重】 比喻坏人无理取闹,无事生非,闹得越厉害,结局越惨。

【爬得越高越危险】 比喻用不正当手段猎取政治地位或社会地位越高,就越会遭到打击。

【智有高低,愚有深浅】 意思是,人的智慧有高有低,愚笨也有深浅不同。

【智不重恶,勇不逃死】 重恶:重犯过错。意思是,有智慧的人不重犯过去的错误,勇敢的人在为正义的事业时,不苟且偷生,逃避死亡。汉朝刘向《说苑·立节》

【智者顺时而谋,愚者逆理而动】 意思是,聪明的人总是根据时势的发展方向而思考事情;愚蠢的人总是倒行逆施。汉朝朱浮《为幽州牧与彭宠书一首》

【智者之所短,不如愚者之所长】 意思是,聪明人的短处不如

愚笨人的长处,即聪明人有不如愚笨人的地方。汉朝陆贾《新语·辅政》

【智者千虑必有一失,愚者千虑必有一得】 千虑:千思万虑。失:失误,过失。得:正确,成功。意思是,聪明人也有失败的时候,愚笨的人也有成功的时候。《史记·淮阴侯列传》

【智大心劳者狂,力小任重者踣】 踣:扑倒。意思是,怀有野心的人狂妄,能力小肩负重任的人必然跌倒失败。宋朝林逋《省心录》

【智者不愁,多为少忧】 意思是,聪明人不发愁,因为他知道,愁是没有用处的;因此,他总是多做事,麻烦就少了。所以,他忧愁就少。《乐府古辞·满歌行》

【智而好谋必成,愚而莽撞必败】 意思是,既又智慧又好谋划的人,办事必然会成功。愚蠢的人加上又莽撞行事,结局只能是失败。《太平御览·人事部》

【将欲踣之,必高举之】 踣:扑倒。意思是,要把对方扑倒,必须把对方举得高高的。也比喻一种斗争的策略,要把一个人整倒,先把他捧得高高的,使他败得更惨。《吕氏春秋·行论》

【聪明不可用尽,便宜不可占尽】 意思是,不要什么小小的利益都盘算得那么精细,一点好处都不让给别人。这样适得其反。

3. 学习与教育

【一招鲜,吃遍天】 一招:一手,一门。鲜:绝技。意思是,掌握了一手绝技,不管走到哪里都吃香,能找到事做,挣到钱。极言绝技的价值。

【一手技艺吃遍天】 意思是,精通一门技术或手艺,走到哪里都吃得香,可以找到工作干,挣到钱。

【一字值千金,一言诺万金】 意思是,一个字在关键地方,用得正确与否,利害关系重大,一句承诺就要兑现,像万两黄金一样重要。

【一心不能二用】 意思是,一个人不能同时思考两个问题。通常用以批评学生思想走岔,不专心听讲。

【一口吃不成个胖子】 比喻知识要靠日积月累,持之以恒,永无止境地学习才能丰富。

【刀不磨就生锈,人不学就落后】 前句比喻后句,强调学习不间断的重要性。

【十分学力要抛三,各有灵苗各有探】 探:探索。意思是,学习十分的知识有三分用不上,要抛弃,所以,不能读死书。对所学知识要用心灵去探索,掌握精神实质,指导实践。清朝郑板桥《兰》

【入门既不难,深造也是办得到的】 入门:初步学习。深造:深入、提高。意思是,学习知识并不难。只要有信心有决心,善于学习,原来不懂不知不会的事,也是很快学会掌握的;在这个基础上,还可以进一步提高。毛泽东《中国革命战争的战略问题》:“……把二者总合起来,用得着中国一句老话:‘世上无难事,只怕有心人’。入门既不难,深造也是办得到的,只要有心,只要善于学习罢了。”

【人不厌学,方成其圣】 圣:有作为的高尚的。意思是,任何人,只要爱学习,都能成为有作为的高尚的人。《管子·形势解》:“士不厌学,故能成其圣。”

【人一日无米则饥,一日无字则瞽】 米:指饭。无字:没看到字,即没读书。瞽:眼睛瞎。意思是,一天不吃饭就饥饿,一天不读书,就要变成瞎子。清朝王有光《吴下谚联》

【人生识字忧患始】 忧患:思虑人生的忧愁困苦。意思是,人从读书识字开始就懂得了人生的忧愁困苦。也说,人开始读书识字，有了学识后，就会关注社会人生，就开始有了社会忧患意识。宋朝苏轼《石苍舒醉墨堂》：“人生识字忧患始，姓名粗记可以休。”

【下以言语为学，上以言语为治】 下：指下等，很差的学习方法。上：指上等，好的学习方法。意思是，听老师怎么说就是什么，不联系实际，不思考，是最不好的学习方法；最好的学习方法，是联系实际，多加思考，用以治身治国。

【士欲宣其义，必先读其书】 意思是，一个人要明白某个真理，就必须先读这种书，全面深入理解。汉朝王符《潜夫论·赞学》

【士当求进于己，不可求进于人】 意思是，要靠自己的主观努力求得进步，而不能依赖别人求得进步。元朝张养浩《牧民忠告》卷下

【习勤则忘劳，习逸则成惰】 意思是，养成勤劳的习惯，就会忘掉劳累；养成好逸恶劳的习惯，就会变得懒惰。清朝李惺《西沤外集·药言剩稿》

【习惯成自然，良习常磨炼】 意思是，人的言行举动，一旦养成了习惯，就成了一种自然的行为。一种良好的习惯受益终身，坏的习惯受害终身。要养成一种良好的习惯必须从幼年就开始养成。

【三年不目日视必盲，三年不目月睛必蒙】 目日、目月：目即看。视、睛：指眼睛。意思是，长久在黑暗中生活，不见光线，视力就会失去或减退。比喻人应该不脱离大自然和社会，不断加强修养。汉朝杨雄《法言·修身》

【三人行，必有我师】 意思是，如果有三个人在一起，肯定有一人可成为其老师。现通常用以表示要虚心自谦。《论语·述而》载孔子语：“三人行，必有我师焉，择其善者而从之，其不善者而改之。”

【三天打鱼，两天晒网】 比喻学习或做事缺乏恒心和毅力时

常中断,不能坚持。

【三岁学,不如一岁从师】 意思是,自学三年,不如有老师指引辅导学习一年。说明老师指导学习成效大,即老师的重要。《太平御览·人事部》

【才自内发,学以外成】 意思是,人的才能是从内部激发出来的,而学问要靠向外部学习吸取。南朝梁代刘勰《文心雕龙·事类》

【马字缺画,石建惧死】 石建惧死:石建,汉朝初年立有文字法令,其中规定,吏民上奏章,字写错了,就要被弹劾。有一次,石建写的奏章批复下来后,他看到其中的一个马字的四点少写了一笔,害怕得要死,说要"获谴死矣!"比喻写字要认真,不能写错字。南朝梁代刘勰《文心雕龙·练字》也比喻制法者自己首先要模范地守法。

【习亦凝真,功沿渐靡】 靡:指倒向正确的一面。意思是,经过学习也可以形成正确的才气,它的收效要靠逐渐转化而来。南朝梁代刘勰《文心雕龙·体性》

【日知其所亡,月无忘其所能】 亡:无。这里指不知道的东西。意思是,每天学到一些过去不知道的东西,每月不忘记自己已经学会的东西,就是好学习了。《论语·子张》:"子夏曰:日知其所亡,月无忘其所能,可谓好学也已矣。"

【艺高人胆大】 意思是,技术高胆量就大。也说"胆大人艺高"的。

【己所不欲,勿施于人】 欲:希望,欲望。施:加,施给。意思是,连自己都不喜欢的东西,就不要施于别人。《论语·颜渊》载孔子语。

【书中自有黄金屋】 黄金屋:金钱。意思是,读好书长大后自然有金钱。赵恒《劝学文》

【书中自有颜如玉】 颜如玉:面容美如玉的美好女子做妻子。

赵恒《劝学文》

【书到用时方嫌少】 书:知识、学问。用时:需要、使用、实践时。方嫌:才知道,含悔叹之意。意思是,学习时总觉得学得不错,学的东西不少。可是,到了实践使用时,才感到学的知识太少了,不够用了。

【书到用时方恨少,事非经过不知难】 意思是,知识到了应用时,就知道不够用,恨自己读的书太少了;因为没有亲身经历,就不知道它的难处。《古谚》

【宰相必用读书人】 意思是,宰相必须用有学问的人。言下之意,要想当大官,就得好好读书。清朝程允升《幼学琼林·文臣》注引宋史载宋太祖语

【心不专一,不能专诚】 意思是,心(思想)不专一,干这想那,就不能集中精力做好事。《淮南子·主术训》

【为政不学做官浑,既扮爷爷又当孙】 为政:执掌权力。浑:浑浊不清。意思是,当官执掌政权不学习,就会成为浑浊不清的昏官,在下级和群众面前摆官架子,做官老爷;在上司面前唯唯诺诺,跟孙子似的。

【为官不学半个盗】 盗:强盗、盗贼。意思是,做官要不断地刻苦学习,不学习就会变得蛮横贪婪,为所欲为,像个强盗或者盗贼。

【为学之道,必本于思】 意思是,学习的根本方法,就是必须善于思考,学习才会好。宋朝晁说之《晁氏客语》

【为学莫重于尊师】 意思是,要学得知识,最重要的问题莫过于尊重老师了。清朝谭嗣同《浏阳算学馆增订章程》

【为学患无疑,疑则有进】 意思是,学习最怕的是提不出疑问,有疑问就有了进步。《陆象山集·语录》

【公修公得,婆修婆得,不修不得】 修:指修心。得:得到正果。意思是,谁修心,谁就可以得到正果。《西游记》第九十六回

【天才来自先天的硬件后天的软件】 硬件:指身体和大脑。软件:指知识,经验。意思是,天才既有先天生就的基础条件,也有后天学习实践的原因,二者不可分割,不可或缺,是紧密联系的统一体。

【天才来自积累】 意思是,天才是靠日常知识、经验的积累才有的。强调天才的后天性,并不否定天才的先天性,因为"同样的积累"结果不会相同,其原因就在大脑和体质的差别上。

【天才来自勤奋】 意思是,靠勤奋的学习实践,积累知识经验,才有天才。

【天才就是聪明一点】 意思是,天才是存在的,并且存在于先天之中。但并不是否认后天的学习实践;也不是唯心,因为大脑和肉体也是物质。

【不知则问,不能则学】 意思是,学问就是学习来的,从别人那里"问"来的。不懂不知就诚恳地问别人,不会就刻苦地学。汉朝董仲舒《春秋繁露·执贽》

【不学便老而衰】 意思是,不学习,思想就会陈旧衰退,跟不上社会的发展。《近思录集注》卷二

【不学不成,不专不精】 意思是,不学习就不会,干不成事;学习不专,就不精熟,什么都不会。

【不学不成,不问不知】 意思是,不学习就不会,不懂的东西,不请教,就不知道。汉朝王充《论衡·实知篇》

【不懂就是不懂,不要装懂】 意思是,不耻下问,虚心学习,真正学通学懂,不要自己欺骗自己。毛泽东《论人民民主专政》

【不患人不知,唯患学不至】 不知:没有知识。至:至善,到家。意思是,不怕人没有知识,唯一怕的是知识没有学好,似懂非懂,没有学到家。唐朝范质《诫儿侄八百字》

【不患不会,唯患不学】 意思是,不怕不会干,最怕的是不学习。

【不听老人言，吃亏在眼前】意思是，年轻人经历短，经验少，不知后果；老人是过来人，有亲身体验，要听老人的教诲，不听就要吃亏。

【不食佳肴不知其旨，不学至道不知其善】旨：美味。至道：真理，高论，最精辟的理论。善：好。意思是，没有吃过佳肴，就不知道什么叫美味；不学习科学的理论，就不知道它的真理在哪里。《礼记·学记》："虽有嘉肴。弗食不知其旨也，虽有至道，弗学不知其善也。"

【以身教者从，以言教者讼】身教：用实际行动教育别人。从：听从，服从。言教：用言语教育别人。讼：争吵。意思是，用实际行动教育别人，容易接受；就靠一张嘴教育别人，很不容易接受。《后汉书·钟离宋蹇列传》

【少不勤苦，老必艰辛】意思是，少年时不勤俭，不刻苦学习，老了就要备受艰辛。宋朝林逋《省心录》

【少而好学，如日出之阳】意思是，少年好学习，好像是刚喷薄而出的太阳一样光明鲜亮。汉朝刘向《说苑·建本》："少而好学，如日出之阳；壮而好学，如日中之光；老而好学，如炳烛之光。"

【少壮不努力，老大徒伤悲】徒：空，无用。意思是，在青少年时代不努力学习，到了成年时期，什么都不会不懂，只有空伤悲了。汉朝乐府古辞《西门行》

【无财之谓贫，学不行之谓病】行：行动，实践。意思是，家里没有财产就叫贫困，学习到的知识不用在实践上，就叫做弊病。汉朝刘向《新序·节士》

【知之为知之，不知为不知，是知也】意思是，不要自欺欺人，学习应该抱着老实的态度，知道就知道，不知道就说不知道，目的是为了知道。《论语·为政》载孔子语

【日进分文，不如一艺随身】意思是，每天做买卖赚分文小钱，不如学好一门手艺到哪都吃得开。清朝钱大昕，《恒言录》

卷六

【日习则学不忘】意思是,每天坚持复习,学得的知识就不会忘记。三国魏徐幹《中论·治学》

【平时不努力,考时干着急】意思是,平时学习不努力,考试时就不会做,只好看着试卷干着急。

【平时不烧香,急时抱佛脚】比喻平时学习不努力,急需用时(如考试)都不会,再去突击已经来不及了。

【平时囫囵吞,考时两眼瞪】囫囵吞:不咀嚼不品味,不消化。意思是,平时听讲学习囫囵吞枣,不消化,没把书本和老师讲的知识变成自己的东西,稍加变化就不会了,急得大眼瞪小眼。

【业精于勤而荒于嬉】业:事业,学业。嬉:同嬉,嬉闹懒散,不经心。意思是,学业精良来自于自己的刻苦勤奋;懒散嬉玩不经心,就把学习荒废掉。唐朝韩愈《进学解》:"业精于勤,荒于嬉。"

【长相爹娘给,本事自己练】意思是,人的长相是先天生就的,与本人无关,但工作能力是靠自己努力学习和锻炼得来的,没本事怪不得别人。

【玉不琢不成器,人不学不知道】器:器皿用具。道:知识,道理。前一句比喻后一句,意思是,人不学习就如同玉不经过雕琢不能成为有用的器具,还是一块石头一样,什么都不知道,成不了才。《礼记·学记》

【旧书不厌百回读,熟读深思子自知】旧书:已经读过的书。百回读:反复读,多读。子:古时对人的尊称,此处指安惇秀才。意思是,已经读过的书,再回过头来反复地读,这样熟读深思,你就自然领悟到书中的意思了。宋朝苏轼《送安惇秀才失解西归》

【早岁读书无甚解,晚年省事有奇功】意思是,青少年读书时,涉世很浅,对书中所说的道理还不很理解,到了晚年,涉世深了,审察事物有了神奇般的能力。说明实践经验知识对认识的作

用。苏辙《省事诗》

【杂则神荡不收，劳则神疲不入】杂：杂乱。神荡：精神晃荡。不收：思想不集中。神疲：精神疲惫。不入：深入不进去。意思是，学习内容要相对专一，不能太杂乱，杂乱就精神晃荡，思想集中不起来；也不能太劳累了，太劳累了就精神疲惫，思想就深入不进去。《格言联璧·学问类》

【问渠哪得清如许，为有源头活水来】渠：它，指池塘之水。如许：如此。意思是，池塘之水其所以如此清亮，是因为有源源不断的活水流进来。比喻人只有不断学习，吸收新知识，才能进步不止，心明眼亮。宋朝朱熹《观书有感》

【师友贵隆亲，古学当自反】隆亲：尊敬和亲热。自反：反躬自问。意思是，师友之间，贵在相互尊敬和亲热；研究古代学问，要像师友之间有感情一样，首先要尊重它，亲热它，反躬自问。宋朝刘过《湖学别苏召叟》

【师傅引进门，修行在个人】修行：佛教把学佛、修心养性、做善事叫修行；道教把学道、修炼叫修行。此句泛指修炼真功夫真本事。比喻学习主要靠自身主观努力，老师只不过起指导引路作用。

【师逸功倍，师勤功半】逸：安闲、轻松，指启发、诱导，少亲自动手。功倍：得到双倍效果。勤：勤劳，劳苦，指灌输注入，唯恐学生不懂不会，讲得唇干舌燥，满堂灌。功半：收效只有所花功夫的一半。意思是，老师安闲轻松，用启发式教学，能得到双倍的教学效果；老师勤奋劳苦，用灌输式教学方法，只能取得一半的教学效果。中心意思是，老师应该调动学生的学习主动性和积极性，用启发式教学方法，而不能代劳。《礼记·学记》："善学者，师逸而功倍，又从而庸之；不善学者，师勤而功半，又而怨之。"

【年少教他爱梨栗，长成须读五车书】从：引导。梨栗：书籍的别称。五车书：很多书。意思是，年幼时要引导他爱书籍，长大

后必须让他读很多书。前一句的意思是培养他对书的兴趣,爱读书。宋朝王安石《赠外孙》

【舌耕状元郎,饿死教书匠】 意思是,老师辛苦教出来的学生考上了状元,老师自己却穷困潦倒,连饭都吃不上。反映教师社会地位低下,待遇寒微,生活无保证。

【多见者博,多闻者知】 知:同智。意思是,见多识广,知识就渊博,有智慧。汉朝桓宽《盐铁论·刺议》

【耳濡目染,不学以能】 意思是,经常在那种环境里,经常看到听到,自然而然地受到影响,不学就会了。说明学习环境对人的影响很大。唐朝韩愈《清河郡公房公墓揭铭》

【名到没世称才好,书到今生读已迟】 名:名声、名誉。没世:去世,死后。称:称颂。意思是,人的声誉到死后再去称颂才好,而学习书本知识就不能这样,要抓紧时间才行。清朝袁牧《随园诗话》卷四

【如切如磋,如琢如磨】 原意是加工骨头、象牙、石头等的情形,后多比喻学问上的探讨研究的认真情形。《诗经·卫风·淇奥》

【严师出高徒】 意思是,师傅作风严厉,要求严格,带出来的徒弟就会是高手。

【怀之专一,鬼神可通】 意思是,如果到了专心致志的程度,就连鬼神也来帮助。《聊斋志异·葛巾》

【闲时不烧香,急时抱佛脚】《水浒传》第十七回。同"平时不烧香,急时抱佛脚。"

【多闻以为富】 意思是,见闻多就会丰富自己的知识才能。《孔子家语·儒行》

【多闻博辩,守之以陋】 意思是,见闻多,学识渊博,善于雄辩,而且提高了修养,谦虚谨慎,不显耀自己,总是保持浅陋无知的样子。《淮南子·道应训》

【多闻而体要，博见而善择】 意思是，听得见得多，要体会其中的要领实质，要善于从中选择，吸收正确有用的东西。《抱朴子·微旨》

【多识由博学】 意思是，一个人知识丰富，是由他学的东西多，看的书多得来的。宋朝欧阳修《和圣俞唐书局后从莽中得芸香溢本之作用其韵》

【男儿须读五车书】 五车书：很多书。古代没有纸，书是刻在竹简上的，所以一本书要用很多片竹简，很重，手拿不方便，得用车拉。意思是，男儿要自强，就要读很多书，做有知识有修养有作为的人。唐朝杜甫《题柏学士茅屋》

【表里相资，古今惯一】 表：指外求学问。里：指内在的才能天赋。意思是，外求学问和内具天资才能，是互相辅助的，这个道理古今是一样的。南朝梁代刘勰《文心雕龙·事类》："表里相资，古今一也。"

【非学之难，解学难也】 意思是，学习知识并不难，难的是对知识的深刻理解和应用。梁朝陶弘景《发真隐诀序》

【非学无以广才，非志无以成学】 意思是，不学习知识就不能增长才干，没有志向和意志就不能获得学业上的成功。《诸葛亮集·诫子书》

【其渊深者其鱼美】 意思是，水越深鱼长得越肥美。泛指知识基础或功夫越深，效益、成果越好。明朝杨慎《古今谚》

【知一不难，难在于终】 意思是，学会一点并不难，难的是学习有始有终，坚持到底。《太平御览》

【有学饱而才馁，有才富而学贫】 意思是，有的人富有学问可是缺少才能，有的人富有才能却缺少学问。南朝梁代刘勰《文心雕龙·事类》

【好知不好学，其蔽也荡】 蔽：弊病。荡：放荡。意思是，爱耍小聪明，不好学习，他的弊病是放荡。《论语·阳货》

【好信不好学，其蔽也贼】 蔽：弊病。贼：害处。意思是，爱好诚实却不爱学习，他的弊病是危害人。《论语·阳货》

【好直不好学，其蔽也绞】 直：直率。蔽：弊病。绞：说话尖刻。意思是，爱好直率却不爱学习，他的弊病是说话尖刻。《论语·阳货》

【好勇不好学，其蔽也乱】 意思是，爱好勇敢却不爱学习，他的弊病是犯上作乱。《论语·阳货》

【好刚不好学，其蔽也狂】 刚：刚强，刚直。蔽：弊病。意思是，爱好刚强却不爱学习，他的弊病是狂妄。《论语·阳货》

【坐破寒毡，磨穿铁砚】 意思是，要读出学业成绩，必须坚持苦读苦写，矢志不移，吃苦到底。元朝范子安《竹叶舟》第一折

【但今毛羽在，何处不翻飞】 意思是，只要毛羽还在，到哪里都能高飞。比喻只要有真才实学，到哪里都能施展才华。《吕州文集·赋得失群鹤》

【沙弥说法沙门听，不在年高在性灵】 沙弥：佛教名词。初受十戒的修行人。沙门：佛教名词。按照佛法出家修行的人。佛教出家五众（比丘、比丘尼、沙弥、沙弥尼、式叉摩那）之一。指依照戒律出家，已受十戒，还没有受具足戒的七岁以上二十岁以下的男性修行者。意思是，沙门听沙弥讲经说法，不在他们年岁的大小，而在沙弥的性情是否聪慧有性灵。现通常比喻，不论年龄大小，只要讲得好，有收获，都会受到尊重。唐朝李商隐诗

【终日而思，不如须臾所学】 意思是，要有知识，与其成天冥思苦想，不如抓住片刻时间学习。战国时期荀况《劝学》

【蚕吐丝，蜂酿蜜，人不学，不如物】 蚕：桑蚕。蜂：指蜜蜂。物：动物。意思是，桑蚕能吐丝做茧，为人类创造精美的丝线织绸缎布；蜜蜂能采百花酿蜜糖，为人类提供营养丰富的蜂蜜食物。小小的动物都有这么大的本领，人如果不好好学习，什么都不懂不会做，那还不如动物呢。《三字经》

【明者弗授,学者弗师】 意思是,各人有各人的爱好和习性,所以在风格上,明理的人不便用自己的爱好来教授别人,习作的人也不去向人请教这些。南朝两代刘勰《文心雕龙·风骨》

【青出于蓝,胜于蓝】 意思是,青出自蓝,但比蓝色更深。通常用以比喻学生胜过老师,徒弟胜过师傅,后来者胜过前辈。《荀子·劝学》:“青,取之于蓝,而青于蓝;冰,水为之,而寒于水。”

【贪多嚼不烂】 意思是,学习要循序渐进,不能贪多,贪多消化吸收不了。《红楼梦》第九十四回

【干到老,学到老】 意思是,学习是一辈子的事,不能停顿间断。

【书山有路勤为径,学海无涯苦作舟】 书山、学海:指知识、学问汇集的地方。比喻用勤奋刻苦的精神学习知识,钻研学问。

【仕而优则学,学而优则仕】 意思是,做官做得好的人,就应该好好学习,学习好的人,就可以做官。读书为做官不一定对,但书都读不好却做官,就一定不对。《论语·子张》

【学而不厌,诲人不倦】 诲:教导,教诲。意思是,自己学习永不满足,永不停止;教诲别人全心投入,不知疲倦。《论语·述而》载孔子语

【学而不思则罔,思而不学则殆】 罔:迷惑。殆:通怠。怠惰,懈怠。意思是,学习不加思考就会迷惑,空想而不学就会怠惰。《论语·为政》

【学而时习之,不亦说乎】 时习:按时复习,经常复习。说:悦。意思是,学习要按时复习,经常复习,才掌握得牢。这不也是一种很欣悦的事情吗?《论语·学而》载孔子语

【学习的敌人是自己的满足】 毛泽东《中国共产党在民族战争的地位》:“学习的敌人是自己的满足,要认真学习一点东西,必须从不自满开始。”

【学而知之】 意思是,人的一切知识都是通过后天学习得到

的。《论语·季氏》载孔子语:“生而知之者,上也;学而知之者,次也;困而学之,又其次也;困而不学,民斯为下矣。”孔子既主张“生而知之”,也主张“学而知之”。王充坚决主张“学而知之”,坚决否定“生而知之”。

【学问学问,一学二问】意思是,所谓学问,就是通过学习和不断发问得来的系统性的科学理论知识。

【学好数理化,走遍天下都不怕】数理化:指数学、物理学、化学。意思是,把数学、物理、化学学好了,不管到哪里都吃香,不着急没工作干。

【学问无止境,不学则困】学问:科学知识。意思是,学问是无穷无尽的,永远没有完结。不学习,就落后困顿了。

【学问无大小,能者为尊】意思是,学问没有大与小之分,谁懂谁会就尊谁为师,向他请教。清朝李汝珍《镜花缘》第二十三回引俗语。现通常“尊”作“师”。

【学身之砥砺也】砥砺:磨刀石。意思是,学习是人的修养磨刀石。学习是培养人,用知识武装人头脑的办法。《尸子》

【学力艰危见,精诚梦寝知】意思是,学习的功夫和造诣,在艰难危急时就能看出来;做人精诚,就连做梦也是高尚的。《剑南识稿·勉学》

【学然后知不足,教然后知之困】意思是,学习之后,才知道自己知识不足;教人之后,才知道自己知识困乏。《礼记·学记》

【学如牛毛,成如麟角】比喻求学的人或参加学习的人很多,而学成有成就的人却很少。《太平御览》卷六〇七

【学能变化气质】意思是,学习能改变人的气质。《象山先生全集》卷十五

【学莫先于自知】意思是,要学习好,首要的莫过于先认识自己的知识基底。《陈确集·别集·学谱》

【学莫先于立志】意思是,要学习好,首要的是先立志向,学

习目的明确。《陈确集·别集·学谱》

【学不必博,要之有用;仕不必达,要之无愧】意思是,学识不必非要渊博,重要的是学的知识用得上;做官不一定要高职位,重要的是无愧于本职。宋朝罗大经《鹤林玉露》卷十五

【学必求其心得,业必贵于专精】意思是,学习必须求得自己体验的心得收获,学业贵在专精。清朝章学诚《文史通义·博约》

【学愦愦,混真伪】愦愦:糊涂。意思是,糊里糊涂地学习,不善于分析,也不知道取其精华,去其糟粕,便不能辨别真伪。清朝金埴《不下带编》

【学则智,不学则愚】意思是,学习就有智慧,不学习就会愚蠢。黄宗羲《明儒学案》

【学则治,不学则乱】意思是,有学识就有治理的能力,不学无知,就会把事理搞乱。清朝黄宗羲《明儒学案》

【学须静思,才须学习】意思是,学习要安下心来静静地思考,才有长进,才干要靠学习才可能增长。三国蜀诸葛亮《诫子书》

【学贵要,虑贵远,信贵笃,行贵果】意思是,学习贵在掌握要领,思考问题贵在有远见,信用贵在坚持不变,行为贵在能果决。《孙志斋集》右第二十七章

【学贵乎日新】日:天天。意思是,学习贵在天天有新的收获。《伊川先生集》

【学贵得师,亦贵得友】意思是,学习贵在有个好老师教,也贵在有好朋友帮助。明朝唐甄《潜书·讲学》

【学古不泥古】泥:拘泥。意思是,学习古人古典,但不要拘泥于古人古典。《唐书·孙思邈传》

【学而不已,阖棺乃止】阖棺:盖棺,把棺材合盖上。指人死后。意思是,学习没有完结的时候,是不能停顿的,直到死了才算停止罢休了。《韩诗外传》

【学而不思，则疑阂实繁】 意思是，学习囫囵吞枣不思考，就会遇到很多疑惑障碍。《抱朴子·博喻》

【吾生也有涯，而知也无涯】 吾：文言文“我”，这里泛指人。生：指生命。也：虚词。涯：边际，限度。知：知识，才智。意思是，人的生命是有限的，而知识却是无限的。《庄子·养生主》

【诗书勤乃有，不勤腹中空】 意思是，只有勤奋学习、体验社会生活，才会写出好的诗和书法作品，懒惰，脱离社会生活就什么都写不出来。唐朝韩愈《符读书城南》

【贪多务得，细大不捐】 捐：舍弃。意思是，想学到很多的知识，但务求得到收获，细小的和大的方面都要吃透学懂。唐朝韩愈《进学解》

【若要长，观后养】 长：成长，成才。后养：后天学习培养。意思是，要成才，就看后天的学习培养。《学言评记》

【若要好，大做小】 意思是，要做个好人缘，对人就要恭谨谦虚，不摆官架子。清朝钱大晰《恒言录》卷六

【若升高必自下，若陟遐必自迩】 陟：登高。遐：远。迩：近。意思是，要升得很高，必须从下面开始；要到达远处，必须从近处开始。比喻学习或工作，必须循序渐进，而且虚心，不要好高骛远。《尚书·太甲子》

【吃饭要细嚼慢咽，学习要深钻细研】 比喻学习跟吃饭一样，不能囫囵吞枣，要细细品味，分析探讨，消化吸收。

【逆水行舟，不进则退】 比喻学习或工作，因为每个人都像流水一样在不停地前进，时代在前进，因而，没有进步就等于退步了。

【神仙难打四七归】 四七归：珠算除法从一到九的除数商的口诀，背熟了就算得很快。例如 100÷20，用 2 除以 1，口诀念作“二一添作五”得数是 50。用 4 或 7 做除数，往往一次除不断，有余数，要接着继续除，比较难。例如 100÷70，除数和被除数都消除

一个 0,变成 7 除以 10,口诀念作“七一一余三”,得 1 余 3;接着除 3,口诀是“七三四余二”,得 4 余 2;继续除 2,口诀是“七二二余六”,得 2 余 6;继续除以 6,口诀是“七六八余四”,得 8 余 4;继续除以 4,口诀是“七四四余二”,得 4 余 2;继续除以 2,口诀是“七二二余六”,得 2 余 6。这是无限循环小数,除不断。按照四舍五入的原则,得数是 1.42843,计算比较复杂麻烦,容易搞错位。所以有此说法。

【活到老干到老学到老】意思是,活一辈子干一辈子,学习一辈子。

【独好可精深】独好:一种爱好。意思是,只有一种爱好,心思和精力学习钻研比较集中,可以达到精深的水平。

【废学若断织】断织:断线停织。比喻废弃学习,学业就像织布砍断了线一样前功尽弃。汉朝刘向《烈女传》

【剑虽利,不砺不断;才虽美,不学不高】砺:磨。原文为“厉”。断:砍断。才:人才,天资。原文为“材”。意思是,剑虽然锋利,但是,不磨就砍不断东西;人的天资虽然很好,但是,不学习就不能提高。《韩诗外传》

【昼短夜长须强学,学成贫亦胜他贫】意思是,白天时间短,就利用夜长的时间攻读;有了知识学问,即使贫穷也比那种没有科学文化的贫穷要好。唐朝杜荀鹤《喜从弟雪中远至有作》

【思则睿,睿则圣】睿:聪慧。圣:圣明。意思是,多思考就能聪慧,聪慧就能成为圣明的人。宋朝周敦颐《通书·思》

【要知天下事,须读古人书】古人书:泛指各种书。意思是,多读书看报,就能知道世界的事。明朝抱翁老人《今古奇观·三孝廉让产立高名》

【要做强中强,知识来武装】意思是,只有不断地刻苦学习,用科学知识武装头脑,才能成为强人。

【读不读,扛大锄,念不念,三顿饭】“文革”时学生语。那时城市中学生毕业后，要到农村“插队安家落户”锻炼，所以学生认为“读书无用”，反正要到农村种地，没有前途。学习失去信心和动力。

【读书须用意，一字值千金】 意思是，一个字有千金的分量，所以学习要刻苦认真，不能似懂非懂，一知半解，混淆不清。

【读的书多胜百圻，不需耕种自然有】 意思是，多读书比当农民强，用不着自己耕种自然就有收获。即读书可以做官，要什么有什么，不用自己去劳动。读书增长才干，贡献大，收入高，无可非议。但是，读书为做官，企图不劳而获，显然错误。

【读书百遍，其义自见】 百遍：很多遍。义：含义。自见：自己自然明白。意思是，书要反复地读，这样，书中的含义自己自然就懂了。《三国志·魏书》

【读书不可无师承，立论不可无依据】 师承：相承的师法。意思是，读书不可没有老师，要虚心听老师的教诲；写文章提出的观点要有充分的依据做论证。清朝王晫《今世说》卷二

【读十篇不如做一篇】 意思是，读十篇文章不如自己亲自做一篇文章收获大。当然，这必须在书读到一定水平的基础上才可行，否则就好高骛远了。清朝唐彪《文章多做始能精熟·引谚》

【读书万卷始通神】 意思是，读书万卷，就会运用自如。宋朝苏轼《柳氏二甥求笔迹》

【读书是学习，使用也是学习】 意思是，实践本身也是学习。毛泽东《中国革命战争的战略问题》：“读书是学习，使用也是学习，而且是更重要的学习。”

【先生施教，弟子是则】 先生：老师，师傅。弟子：学生，徒弟。是则：规则，原则。意思是，老师的教导，就是学生的思想准则。《管子·弟子职》

【看着别人吃饭自己饱不了】 意思是，学习就同吃饭一样，别人代替不了，只有靠自己努力刻苦地学习，才能学习好。

【家有余粮鸡犬饱,户多书籍子孙贤】 对联。比喻物质财富只能解决物质问题,而精神文明还得靠精神财富去解决。《水浒传》第二回

【粗瓷碗雕不出细花】 比喻人的基本条件达不到,不是高智商,培养不出人才来。

【摹体以定习,因性以练才】 意思是,学习应该从模仿别人成功的优秀的成品开始,来确定自己学习的方向,顺着自己的性情和气质来锻炼才能。南朝梁代刘勰《文心雕龙·体性》

【谦虚谨慎,戒骄戒躁】 意思是,做人要谦逊虚心严谨慎重,戒除骄傲戒除急躁。

【虚心使人进步,骄傲使人落后】 毛泽东《中国共产党第八次全国代表大会开幕词》:"即使我们的工作取得了机其伟大的成绩,也没有任何值得骄傲自大的理由。虚心使人进步,骄傲使人落后,我们应当永远记住这个真理。"

【富贵必从勤苦得,男儿须读五车书】 五车书:很多的书。意思是,必须用勤奋劳苦得到富贵,青少年时必须读很多的书。唐朝杜甫《柏学士茅屋》

【温故而知新,可以为师】 温故:温习已学过的东西。知新:知道新的东西。意思是,温习已经学过的知识,进而懂得新的知识,这种能有举一反三能力的水平,可以为人师。《论语·为政》载孔子语

【水积不厚,负舟无力】 意思是,水不深,浮力就小,载船的力量就小。比喻基础不深厚,承担不了大的事业。《庄子·逍遥游》:"水之积也不厚,则其负大舟也无力。"

【循序而渐进,熟读而精思】 意思是,学习的基本方法是循序渐进,熟读,专心致志地思考。宋朝朱熹《读书之要》

【善学邯郸,莫忘故步】 学邯郸:典出《庄子·秋水》:燕国一青年见邯郸人走路姿态很好看,就学着样子走,结果不仅没学好,

反而把自己原来的走法也忘了。即邯郸学步。意思是,学习别人的经验,不要忘了自己的东西,生硬照搬。清朝袁牧《续诗品注·尚识》

【善学者尽其理,善行者究其难】尽其理:彻底搞清其中的道理。善行:善于实践。究其难:探究事物的奥妙。意思是,善于学习的人,总是彻底搞清其中的道理;善于实践的人,总是要探究事物的奥妙,找到事物的规律。《荀子·大略》

【善学者,假人之长补其短】假:借。意思是,善于学习的人,总是借别人的长处补自己的短处。《吕氏春秋·用众》

【博学而笃志,切问而近思】笃志:坚定志向。切问:问与自己有关的问题。近思:联系自己进行反省。意思是,广泛地学习各种知识而且能坚定自己的志向,切实地问自己有关的问题,而且能联系自己进行反省。《论语·子张》

【雏鹰羽丰欲展翅,老鹰作势领高飞】雏鹰:指羽毛刚丰满的小鹰。欲:要。跃跃欲试的样子。作势:做飞的示范。意思是,雏鹰开始飞翔要在老鹰的示范带领下学习才能展翅高飞。比喻青年人要在前辈的带领和帮助下,虚心向前辈学习,努力锻炼,才能健康成长,干出一番事业。

4. 他律与自律

【一步登山难,一步不慎摔下深谷易】比喻一个人要想一下子取得很大的成就,是很难的,如果忘乎所以,不注意修养,不慎犯个大错误,却是很容易的事。

【一失足成千古恨】失足:行走时不小心跌倒。比喻犯错误。千古恨:终生遗憾,悔恨。意思是,一次犯错误,终生遗憾悔恨。通常劝人遇事要沉着冷静,不要冲动,不要任性,要考虑后果。

【一善染心，万劫不朽】染心：感动心扉。万劫：大劫难。意思是，被一次感动心扉的事感染了，遇到再大的劫难也不会磨灭。说明英雄模范事迹对人教育的重大作用。梁代简文帝《唱导文》

【人知粪其田，莫知养其心】粪：培育。意思是，人都知道要培育田地的庄稼，却不知道培育自己的思想。汉朝刘向《说苑·建本》

【人知药理病，不知学理身】意思是，人都知道使用药物治疗疾病，却不知道用学问来陶冶身心。《抱朴子·勖学》

【人伴贤良智转高】伴：伴随。贤良：德才高尚的人。意思是，和德才高尚的人相处，就会变得更聪明有智慧。元朝秦简夫《东堂老》

【人从错误中长大】意思是，错误是难免的，人就是从不知到知，从不会到会，从摸索到成就，从妄想到成熟，永无止境。

【广积不如教子，避祸不如省非】意思是，广积财富不如把子女都教育成有用的人才，避祸不如反省自己的是非过错。宋朝林逋《省心铨要》

【山河易改，本性难移】比喻人的本性难以改变。“本性”也作“禀性”。元朝武汉臣《玉壶春》三

【无信仰则无精神支柱】意思是，人皆有信仰，而信仰是人的精神支柱，没有信仰就没有精神支柱。

【不为苛察，不以身假物】苛察：苛刻，苛求。假物：假于物，受外物所役使。意思是，对人要宽厚，不事事计较而苛求于人，但是，也不会让自身随大流，受外界的流俗所役使。《庄子·天下》

【不厌其天不忽于人，民几乎以其真】忽：忽略，忽视。意思是，对人的教育，不要厌恶天生的自然禀性，也不要忽视后天学习得来的才智。这样，人们也就几近纯真无伪了。《庄子·达生》

【不累于俗，不饰于物，不苛于人，不忮于众】累：牵累。苛：苛刻，苛求。忮：逆，悖逆。意思是，不受社会流俗所牵累，不因时

髦的影响而矫饰,不对人苛刻的要求,不违背众人的心愿。

【不贵其师,不受其资,虽智达迷,是谓要妙】意思是,不尊重自己的老师,不接受别人的借鉴作用,虽然很聪明,其实是大大的糊涂。这就是精深微妙的道理。

【见善如不及,见恶如探汤】探汤:手伸到开水里。意思是看见好的行为,唯恐自己没有做到;看见恶劣的行为,就好像把手伸进开水里一样赶紧避开。《论语·季氏》:“见善如不及,见不善如探汤。”

【正人先正己】正人:教育别人。正己:要求自己以身作则。意思是,要用模范表率作用才能教育别人。

【欲要方圆,先校规矩】规:做圆形用的工具,叫圆规。矩:做直角或方形用的曲尺,也叫矩尺。意思是,要做出标准的方形和标准的圆形,必须先校准圆规和曲尺。比喻要教育别人,先自己做好榜样。

【木受绳则直,金就砺则利】受绳:用墨斗线弹直线。金:指金属。就砺:用磨刀石磨。利:锋利。意思是,木头用墨斗线拉直线就取直了,金属刀具用磨刀石磨就锋利了。比喻人才只有经过规范教育,艰苦磨炼,才能成为真正发挥作用的人才。《荀子·劝学》

【不侈于后世,不靡于万物,不晖于数度】侈:奢侈。靡:浪费。晖:明。数度:各种典规与法度。意思是:不向后世留下奢侈的坏风气影响,不浪费财务,不使各种等级差别突出明显。《庄子·天下》:“不侈于后世,不靡于万物,不晖于度数,以绳墨自矫而备世之急。”

【不悲道难行,所悲累修身】意思是,不要悲叹自己坎坷不平的人生道路,为自己的前途难过,而应该悲叹自身的修养还不好。宋朝王安石《寓言十五首》

【不打枝的树不结果,不受教育的人不成才】比喻人只有通过教育，去掉不良的东西，发展优良的东西，增长才干，才能成为有用的人才。

【记问之学，不足以为人师】意思是，读书死记硬背，不能联系实际变化，这样的死板学问，是不足以做别人的老师的。《礼记·学记》

【玉不琢则南山之圆石】琢：雕琢，琢磨。南山：秦岭终南山，或指昆仑山、祁连山。圆：通原。意思是，玉不经过雕琢，只不过是终南山上原来的一块石头。比喻人只有通过学习锤炼，才能成为有用的人才。《意林·正部》

【玉经磨琢方成器，剑拔深埋便倚天】意思是，玉经过雕琢磨削才成为有用的玉器，宝剑从深埋的泥土中拔出来，便就展现出它的威力。比喻人经过学习和艰苦磨炼，才能成为有用之才；英雄人物让他显出英雄本色，就能展现出他的威力。“方”原句为“多”。五代王定保《唐摭言》

【旧染污俗，咸与维新】旧：久。污俗：旧俗，恶习。咸：都。维新：洗心革面。意思是，对于久染旧俗恶习的人，都给予洗心革面改过的机会，使其成为新人。《尚书·胤征》

【白纱入缁，不染自黑】缁：黑色。比喻陷入恶劣环境不可自拔，自然变坏。汉朝王充《论衡·成材篇》

【圣人无常师】意思是，伟大的人物没有固定的老师。即以能者为师，高者为师，人民为师。唐朝韩愈《师说》

【有其父必有其子，有其母必有其女】意思是，父母亲是什么样，儿女就会是什么样。父母与子女之间是血缘关系，有遗传基因，有潜移默化的影响。但是，现今社会是开放的，人从两三岁入幼儿园，六岁半入学校念书直到走入社会工作，其间社会接触时间，所受教育、影响，占绝大多数；同时，电视、广播等电信媒介二十四小时不间断，这是父母所不能的。所以，现代此话不全对。

【有教无类】意思是，教育是不能分地位、高低贵贱的，无论

是什么人，都有受教育的权力。《论语·卫灵公》

【衣不洗则垢不除，刀不磨则锋不锐】比喻人应该经常改正错误，不断地锻炼，才能保持高尚纯洁的思想和青春的活力。清朝洪仁玕《克敌诱惑论》

【衣缺不补则日以甚，防漏不塞则日以滋】意思是，衣服破了不补，就会越破越厉害，堤坝漏水不堵塞住，就会越漏越大。比喻人有小毛病应当及早克服纠正，不然就会成大毛病，甚至犯错误。汉朝桓宽《盐铁论·申韩》

【讼吾过者是吾师】讼：指责，批评。吾：我。师：老师。过：过失，错误。意思是，批评我的错误的人是我纠正错误的老师，即能正确虚心对待别人的批评。《陈确集·别集·闻过》："讼吾过者是吾师，谀吾善者是吾贼。"

【如今纵有骅骝在，不得长鞭不肯行】骅骝：骏马，周穆王八骏之一。意思是，骅骝马如今还在，不用长鞭鞭策也是不会跑的。比喻纵然是天资好的人，也应该经常鞭策自己才能进步，发挥更大的积极性。唐朝罗隐《八骏图》

【身教重于言教】身教：以身作则，率先垂范，用自己的实际行动教育人。言教：用理论语言说教。意思是，教育者以身作则，率先垂范，用自己的实际行动教育人，比口头讲道理的说教方式更重要。

【把柄在人家手里，错误在自己身上】意思是确实错了，被别人抓住了把柄，不承认不行了，即不能责怪别人批评。

【严是爱，松是害】意思是，严格要求是爱护，松懈、不严加管束是坑害人。

【近河之地湿，近山之地燥】比喻条件不同，环境就不同，不同的环境对人有不同的影响。唐朝魏征《群书治要·新语》

【物必先腐而后生虫】腐：腐烂，内部变质。意思是，物体总是先内部变质，而后才生虫。比喻事物的变化内因是根本。说明一个人由好变坏，外部条件是一个重要因素，但其自身是根本。如果自己没有先腐，那么，即便生虫了，他也会把虫治掉的。宋朝苏轼《志林十三首》："物必先腐也而后虫生之，人必先疑也而后谗人之。"

【狐狸不知尾下臭】 比喻自己不知道自己的坏毛病。

【经师易遇，人师难遇】 经师：教人念书的老师。人师：教人做人的老师。遇：遇到，找到。意思是，教念书的老师好找，教人如何做人的老师难找。《资治通鉴·后汉纪》

【性近如一家，习远如千里】 性：性情，性格。习：习染，教育修养。意思是，人的性情本来是很相近的，由于所受教育和日常生活中受到的习染不同，差别很大。《陈确集·瞽言》

【学以治己，教以治人】 意思是，学习是为了改造自己，教育是为了改造别人。《意林·任子》

【若要好，问三老】 三老：泛指老年人。《左传·僖公三十二年》孔颖达疏："上寿百二十岁，中寿百（岁），下寿八十（岁）。"又《昭公三年》："公聚朽蠹而三老冻馁。"杜预注："三老谓上寿、中寿、下寿，皆八十（岁）以上。"三老：古时掌教化的乡官。意思是，老年人是过来人，有见识经验，请教他们可以受益。

【要为人师，先为人表】 意思是，要教育别人，先得自己做好表率。

【要当先生，先当学生】 意思是，要当教育别人的人，自己先得受教育。

【养不教，父之过】 意思是，养孩子不教育，或者说，孩子没有教养，是做父亲的过错。《三字经》

【种什么树苗结什么果，撒什么种子开什么花】 通常是夸赞话。意思是，孩子之所以好，是因为父母好。

【种树者必培其根，种德者必养其心】 种德：培养一种道德。心：思想。意思是，要培养一种道德，就像种树要从根上培养好一

样，把思想培养好。明朝王阳明《语录一·传习录上》

【南橘北为枳，古来岂虚言】枳：亦称枸橘、臭橘。小乔木，有刺，与橘树相似，可做柑橘砧木。果实可入药，分别称枳实和枳壳，助消化。意思是，自古以来就说南方的橘到了北方就变为枳，这话可不是假的。言外之意，环境的确可以改变人的品质。南朝梁张彪《敕移橘栽》

【道心惟微，神理设教】道心：道泛指自然规律和道德。心：泛指自然规律和道德的内涵。神理：指圣人讲的道理。意思是，自然规律是很微妙的，很难认识掌握，圣人依照神秘的启示来进行教化规范人们的行为。南朝齐代刘勰《文心雕龙·元道第一》

【铭者名也，先圣鉴戒】铭：铭文，座右铭。先圣：指黄帝、周武王等前朝帝王和圣人。意思是，所谓铭文就是自己刻在桌椅等常用的器具上以警戒自己注意事项的。先圣用它作为鉴察警戒自己的言行。南朝梁代刘勰《文心雕龙·铭箴》："则先圣鉴戒，其来久矣。故名者名也，观器必也正名，审用贵乎盛德。"

【铭发幽石，夸诞示众】意思是，后来一些人把铭文变得啼笑皆非了，从埋在地下石棺上发现刻有不伦不类的所谓铭文，用虚夸的刻石来告诉人，即与铭文本来的含义和用途背道而驰。南朝梁代刘勰《文心雕龙·铭箴》

【橘生淮南则为橘，生于淮北则为枳】淮南：淮河以南。淮北：淮河以北。参考："南橘北为枳，古来岂虚言。"《晏子春秋·内篇》

【修其善则为善人，修其恶则为恶人】修：修养。意思是，一个人的修养，学好就成为好人，学坏就成为坏人。汉朝杨雄《法言·修身》

【染于苍则苍，染于黄则黄】苍：青色，包括蓝色和绿色。比喻人在什么环境，受什么样的教育和影响，就可能成为什么样的

人。《墨子·所染》

【家有三斗粮,不当孩子王】孩子王:指小学或启蒙老师。意思是,当孩子的老师下贱,只要家境好一点也不去当小学老师。实际上,在我国老师历来是很受尊重的,祖宗牌位上都写的是“天地君亲师位”,这其中就有“师”。

【能者为师】意思是,在一群人中,谁最有能力,谁最能干,谁就是老师。

【能自治者然后可以治人】自治:自己管理好自己。治人:管理别人。意思是,只有能自己管理好自己的人,才能管理好别人。宋朝王安石《洪范传》

【砖瓦不同窑】意思是,砖和瓦不能放在同一个窑里烧。比喻志向不同的人不在一个地方受教育,或者不接受同一种教育。

【桃李满天下,恩师古显达】桃李:比喻学生。比喻老师培养出来的学生很多,天下哪里都有。这样的老师将千古留名。赞美老师德高望重。

【浪子回头是个宝】浪子:指游手好闲,不务正业的青年人或者二流子。回头:回心转意,变好了。意思是,浪子转变好了,很有才能,是个宝贝。说明对失足青年教育培养的重要意义。

【浪子回头金不换】同“浪子回头是个宝”。

【矩不正不可以为方,规不正不可以为圆】不正:不标准,不规则。矩:做方形用的器具,曲尺。规:做圆形用的器具,圆规。意思是曲尺不标准不能用来做方形,因为曲尺不标准,做出的方形肯定不标准;圆规不标准不能用来做圆形,因为圆规不标准,做出的圆形肯定不标准。比喻任何规范,首先必须自身科学,否则不能起规范作用。《淮南子·诠言训》

【流出西湖载歌舞,回头不似在山时】在山时:指在飞来峰之时。意思是,泉水从飞来峰流进西湖之后就变得不那么清澈了。比喻人随环境而变化。宋朝林稹《冷泉亭》

【**堆成的山高不了,炒出的名声久不了**】比喻人为地树立起来的形象,在群众心目中高大不了。

【**植树要植根,教书要教人**】植:培育。意思是,学校不仅要教好学生文化知识,就同培育树木一样,更重要的是教学生做人。

【**教书不教人,实是害人**】意思是,教书必须教人,不然就是害人。

【**教人先教己**】意思是,要教育别人先把自己教育好,这是教育人的资格。

【**教书育人,天地公理**】意思是,教书的目的是育人,这不仅是教科文化知识,更要教人如何做人。

【**教育者先受教育**】意思是,教育人的人要先接受教育,然后才能教育人。

【**教学相长**】教:指教师。学:指学生。意思是,在教学过程中,老师和学生的知识水平同时都得到提高。《礼记·学记》

【**教人一滴水,自己要有一桶水**】意思是,教师要学识渊博才能教好学生。

【**教不严,师之惰**】意思是,学生受的教育不严格,知识不过硬,是老师懒惰造成的。《三字经》

【**萤火之光,照人不亮**】意思是,给人一点微弱的光亮,不足以照亮人心,难以使人看清前途。《水浒传》第二回。

【**欲齐家则正身**】齐家:治家。正身:把自身治理端正。意思是,要把家治理好,首先把自身治理得端端正正。宋朝林逋《省心录》

【**欲齐其家者先修其身**】齐:治理。修:修养。意思是,要把家治理好,先把自己修养好。《礼记·大学》

【**惩前毖后,治病救人**】意思是,惩戒过去的错误,使以后谨慎小心,吸取教训,不再重犯错误;这样做的目的,就达到了既治好了存在的问题,又挽救了犯错误的人。

【善为人者能自为，善治人者能自治】意思是，善于为别人着想的人，自己能设身处地；会管理别人的人，首先能管理好自己。汉朝桓宽《盐铁论·贫富》

【善人者不善人之师，不善人者善人之资】资：借以为鉴之意。意思是，好人是坏人的榜样和老师，而坏人可以作为好人的借鉴。先秦时代老子《道德经》

【满招损，谦受益】满：骄傲自满。招：招引，引来。谦：谦虚。受：得到。益：益处，好处。意思是，骄傲自满给自己招来损害，谦虚使自己得到益处。《尚书·大禹谟》

【跟着好人学好人，跟着师婆跳假神】师婆：巫婆。假神：跳大神。意思是，跟着什么人就成了什么样的人。清朝李光庭《乡言解颐·人部》

【先知觉后知，使先觉觉后觉】知：知道。觉：觉悟。意思是，先知道的要教给还不知道的，使先觉悟的把还没有觉悟的也觉悟过来。《孟子·万章上》

5. 理想与务实

【不闻不若闻之，闻之不若见之，见之不若知之，知之不若行之】意思是，没有听到不如听到；听到不如见到，见到不如知道，知道不如自己亲自去实践。战国时期荀况《儒效》

【本能不是本事】本能：人或动物生来就有就会的能力。比喻吃奶、哭。本事：本领。是指通过学习实践才能掌握的某种技能技巧的能力。意思是，人应该不断学习，靠本事工作，而不能凭着那点本能来工作。通常是讥笑那种不学无术而又偷懒耍滑的人。

【宇宙无限，科技无穷】意思是，宇宙无论是其量和质，还是其构造,变化发展及其星体星之间的关系和运动规律,都是无限的,因此,科学技术是无穷尽的。

【宏观无限,微观亦无限】 宏观:指宇宙、地球及其可见的万事万物,如星星、海洋等。微观:与宏观相对,宇宙和地球中人的肉眼和感官看不到感觉不到的微观世界,如原子、基因等。意思是,宏观世界是无限的,微观世界也是无限的。

【生命是最高科学】 生命在整个浩瀚宇宙中,到目前为止,只有地球上存在;迄今为止,人类可以创造出飞天技术,可以创造出胰岛素,但是,真正意义上的生命个体,人类还是创造不出来。仅就这两点,就足以证明,生命是最高科学。

【行万里路,读万卷书】 意思是,出外旅行增长知识,走一万里路,所见所闻,等于读了一万卷书。

【没有数学就没有科学】 数学是宇宙包括地球在内万事万物及其构成、运动、变化的基本概念,因此,没有数学,就不可能有科学。

【没有逻辑就没有科学】 逻辑是宇宙包括地球万事万物及其组织、构成、运动、变化的基本因素,因此,没有逻辑,就没有科学。

【走万里路,读万卷书】 意思与“行万里路,读万卷书”同。

【织布剃头,学不熟是头牛】 意思是,旧时织布和剃头,是很简单的技术,如果学不会,那就太笨了。现代纺织、理发是较高的技艺。

【非知之艰,行之维艰】 非:不是。行:用,实践。意思是,不是学到知识困难,最难的是把学到的知识运用到实践中。《尚书·说命中》

【技无大小,贵在能精】 意思是,技能对一个人来说,大小都无关紧要,贵在能够精通。清朝李渔《闲情偶寄·结构》

【学者不可不通世务】 世务:时务。通:通达。意思是,不能关门读死书,闭门搞科研,脱离社会现实和实践。《琼琚佩语·政

术》

【科学技术没有国界】意思是,科学技术不受国家的限制,是全人类的财富。实际上,在商品经济时代,科学是有国界的,一个国家的高新技术是绝对保密的,是严禁输出的,以保持其技术优势,尤其是敌对国家之间。

【科学技术是第一生产力】生产力:具有劳动能力的人跟生产资料相结合,构成人类从事生产的能力。生产力主要有从事生产的人、生产工具和劳动对象三大要素组成,从事生产的人是生产力诸要素中的主体、最活跃的因素。生产力的发展水平取决于其科学技术水平的高低,人的素质又决定着科学技术水平的高低。现代化生产是智力型,科技型,完全不同于古代生产的体力型。所以说,科学技术是第一生产力。邓小平改革开放语。

【科技进厂,企业兴旺】意思是,工业生产不断运用新的科学技术,企业就会兴旺发展。

【科技上山,花果满园】意思是,运用科学技术种植管理水果生产,水果就会丰收。

【科技落后必挨打】意思是,一个国家的科学技术落后于世界,就要遭受帝国主义的武装侵略。

【科技进屋,发财致富】意思是,把科学技术送到农民家中,农民就会富裕起来。

【科技进村,五谷丰登】五谷:古代有多种说法,现泛指各种粮食作物。意思是,把科学技术用在农业生产上,农业就会大丰收,年年增产。

【看书多撷一部,游山多走几处】撷:采摘。这里指取或阅读。看书应该多看几部,像游山一样多看几个地方,就会广见博闻,会得到更多的收获。《隋园诗话补遗》卷四

【要知山下路,须问过来人】比喻要做某种从未干过的事,要虚心向有经验的人请教。清朝王有光《吴下谚联》

【要知山下事,请问过来人】 意同“要知山下路,须问过来人”。《清平山堂话本·梅岭失妻记》

【要做第一,唯有科技】 意思是,要做世界第一流的国家,只有具有世界第一流的科学技术才能实现。

【遭一蹶者得一便,经一事者长一智】 一蹶:一次挫折,一次失败。一便:一次经验教训。一智:一次知识。意思是,遭受一次挫折,得到一次经验教训;经历一件事情,增长一次知识。《五代汉史平话》

六、人才

1. 论才

【人主之道清平，则任人不失其才】意思是，如果君主治理国家的道理清澈明亮，那么，用人就能不浪费人才。唐朝李筌《太白阴经·人谋》

【人诚用，不畏强御】意思是，充分地任用人才，就不怕强敌。唐朝李筌《太白阴经·人谋》

【千羊之皮，不如一狐之腋】意思是，一千张羊皮不如一块狐腋的皮贵重。比喻普通的东西是不能与贵重的东西相提并论的，也用以比喻庸才与天才是不能相提并论的。

【兴亡之道，在乎选能之各尽其才】意思是，国家或企业，兴旺和灭亡的道理，在于能选贤任能，并使其各尽其才，充分发挥他们的作用。唐朝李筌《太白阴经·人谋》："兴亡之道，不在听明文思，在乎选能之各尽其才者也。"

【好文而练武，习武而晓文】爱好文学又熟悉兵法，熟习兵法又懂得文辞。人可以做到文武双全。南朝梁代刘勰《文心雕龙·程器》："郤縠敦书，故举为元帅，岂以好文而不练武哉？孙武《兵经》，辞如珠玉，岂以习武而不晓文也？"

【君子藏器，待时而动】意思是，高尚的人具备了才德，等待时机来加以施展。南朝梁代刘勰《文心雕龙·程器》："君子藏器，待时而动,发挥事业。”

【举贤不用,则有名无实】 意思是,举贤才而不能加以任用,是空有举贤之名而没有用贤之实。《六韬·举贤》

【德不优者不能怀远,才不大者不能博见】 意思是,没有优秀的品德,就不会有远大的理想和奋斗目标;没有大的才能,就不会有远见博识。汉朝王充《论衡·别通》

【雕而不器,贞幹谁则】 雕:指雕饰文采。器:指人的品质。贞幹:同桢干,指人的品德。则:仿效。意思是,假使一个人光有雕饰文采而没有好的品德,才具不够,还能做谁的榜样?他就不是一个德才兼备的人才。南朝梁代刘勰《文心雕龙·程器》

【能者不可蔽,败者不可饰】 蔽:掩蔽,掩盖。饰:粉饰。意思是,不可掩蔽能人,不可粉饰无能之辈。韩非子《有度》

【能言者未必能行,能行者未必能言】 能言:能说会道。能行:能做,能干。意思是,能说会道的人不一定能干,能干的人不一定能说会道。即选拔人才,要注重实际工作能力,不要以口才取人。汉朝刘向《说苑·说丛》

【逢时独为贵,历代非无才】 逢时:遇到好时机,机会。独:唯独。意思是,唯独遇到好时机最为宝贵,并不是历代没有有才能的人,而是有才能的人没有遇到好时机。唐朝陈子昂《郭隗》

【拿着豆包不当干粮】 比喻轻视瞧不起人,最后反而败在人家手里,但仍有不服气之意。

【莫以兴运论人才】 兴运:幸运,运气。意思是,不要用某一件事的成败来论人才的好坏,即不要以一时一事看人。元朝《遗山诗集·读汉书》

【埋没人才是极大的犯罪】 人才是国家的财富,埋没不用是潜在的损失,影响国家的发展。

【埋没人才是最大的浪费】 人才既有先天的条件又有后天的造就,先天条件并不是人人都有的,后天造就需要自身的勤奋努力和家庭及社会的培养,耗费了大量的人力和财力,弃置不用,比任何浪费都大。

【真伪因事显,人情难豫观】 人情:人的内心。豫:预。意思是,是真是假,最终靠事实证明;而人的心是很难预知的,摸不着看不见,只能通过事实来判断。晋代欧阳坚石《临终诗》

【真人不露相,露相不真人】 露相:显示自己。意思是,有本事的人不显示自己,爱显示自己的人没有真本事。其实,世界万事万物都是显示自己,比喻花之艳之香,否则怎么知道它的存在和价值。中国人不愿显示自己是个弱点,不利于人才的发现和使用。《红楼梦》第一百十七回

【剖开顽石方知玉,淘尽泥沙始见金】 人才往往被顽固势力和社会陈腐观念所埋没,清除了这些障碍,人才自然就涌现出来。明朝冯梦龙《古今小说·赵伯昇茶肆遇仁宗》

【疾风知劲草,板荡识诚臣】 疾风:风速很快的风,狂风。劲草:强劲有力的草。板荡:《诗·大雅》有《板》、《荡》二篇,都是讥讽周厉王无道,后用以指政局混乱,社会动荡不宁。意思是,狂风所过,就知道哪种草最强劲;在动荡不宁的年代,最能识别谁是忠臣。比喻只有经过严峻的考验才能真正识别一个人。《资治通鉴·唐纪》

【疾风知劲草,严霜识贞木】 疾风:狂风。劲草:强劲有力的草。严霜:很大的霜。贞木:指坚定不移的人。意思是,只有狂风才能识别强劲有力的草,只有在严霜下才能识别哪些树木最坚强,不怕霜冻。比喻要识别一个人,只有在严酷的环境和条件下考验才知道。《宋书·顾恺之传》

【英得雄而行,雄得英而成】 意思是,有才智的人得到有勇力的人,才能实行其主旨;有勇力的人只有得到有才智的人才能成事。唐朝李筌《太白饮经·人谋》

【绝江海者托于舟,致远道者托于乘】 绝:渡过。托:依托,依

靠。致远:到达远处。乘:指马,可泛指交通工具。意思是,要渡过大江大海,就要依靠船;要到达远处,就要依靠骑马。比喻要完成一项大事业,必须启用能担当大业的人才。汉朝刘向《说苑·尊贤》

【绝江者托于船,致远者托于骥】绝:横渡。托:依靠。致远:到达远处。骥:良马。意思是,要横渡大江,就要依靠船才能过去;要想到达很远的地方,就要依靠骑良马才行。比喻要完成大业,必须依靠能担当大业的人才。《吕氏春秋》

【鸦窝里出凤凰,粪堆上产灵芝】原意是贬义。反其意,比喻不要以家境论人才。杰出的人才往往出身于贫寒的家庭。元朝杨文奎《翠红乡儿中两团圆杂剧》

【须知代不乏骚人】骚人:屈原作《离骚》,因称屈原或《楚辞》作者为骚人。以后泛指诗人、文人,如骚人墨客。意思是,要知道,每个时代都不乏有才能的人物。唐朝李咸用《读修睦上人歌篇》

【贱不害智,贫不妨行】贱:贫贱。害:损害。行:德行,品行。意思是,贫贱既不损害人的智慧也不妨碍人的德行。即贫贱出身的人不见得智慧低德行差,不能歧视贫贱出身的人才。汉朝桓宽《盐铁论·地广》

【树高者鸟宿之,德厚者士趋之】德厚:品德高尚。意思是,树木高大,鸟爱在上面栖息;人的品德高尚,有才干的人都愿意到他的门下做事,或者都爱趋附他。汉朝刘向《说苑·说从》

【冠世之才不能合流俗】冠世:位居第一。合:同流合污。流俗:低级世俗。意思是,最杰出的人才,不能与低级的世俗同流合污。《抱朴子·广譬》

【满天星斗,不如明月一轮】比喻一群"万金油"的人不如一个有专长的德才兼备的杰出人才。

【智莫难于知人】意思是,智慧之高,莫过于知人,即知人最

难。《孔子家语·观周》

【訾卫之人,勿与任大】訾卫:毁谤非议。任大:重任。意思是,惯于诋毁诽谤别人的人,不能给他重任。《管子·形势解》

【棋逢对手难藏幸,将遇良才好用功】藏幸:侥幸。意思是,双方棋手技艺都很高,靠侥幸取胜是很难的,高手遇到高手这正是发挥棋艺,切磋棋艺展现本事的好机会。《水浒传》第三十四回

【得人者昌,失人者亡】人:指人才。意思是,得到人才就昌盛,失去人才就衰亡。《三国演义》第二十九回

【得士者强,失士者亡】士:指人才。意思是,得到贤能人才,就会强大,失去了人才就要失败。汉朝东方朔《答客难》

【矬子里面拔将军】矬子:矮个子人,喻水平低。拔:选拔。比喻整个群体水平都不高,人才缺乏,只能在现有人的低水平中选拔比较好的人才了。通常讥笑选拔人才放不开,只在固定小圈子里选。

【兽医多骟死牛】骟:骟牛骟马,把牲口的睾丸或卵巢割掉。比喻人多无组织,嘴杂,都逞能,会把事情办坏。

【兔子能驾辕,谁还养马?】意思是,兔子是驾不了辕的。比喻不是那个料,没有那种能力,胜任不了大事。通常是讥讽别人,极度瞧不起人的用语。

【金舟不能凌阳侯之波,玉马不任骋千里之迹】金舟:用金子做的船。凌:渡过。阳侯:古代传说中的波涛之神,这里指巨大的波涛。任:胜任。骋:驰骋。意思是,用金子做的船不能渡过巨大的波涛,用玉石做的马不能胜任要驰骋千里之遥的任务。比喻徒有其名,看来金贵却不派实用的东西,是不能有实际用途的。晋代葛洪《抱朴子·用刑》

【金马不可以追速,土舟不可以涉水】金马:用金子做的马。追速:跑得快,追上速度。土舟:用泥土做的船。涉水:渡河。意思是,用金子做的马,不能追上速度;用泥土做的船不能用来渡

河。比喻徒有虚名的人,不管他的本质怎样,都是没有实际用处的。汉朝王符《潜夫论·思贤》

【金蚕无吐丝之实,瓦鸡乏司晨之用】金蚕:用金子做的蚕。瓦鸡:用泥土做的陶鸡。意思是,用金子做的蚕吐不了丝,用泥土烧成的陶鸡不会报晓。比喻徒有外表的假东西,再贵重,终究是没有实际用途的。梁代肖绎《金楼子·终制》

【金玉不琢,美珠不画】意思是,真正的金、玉和珍珠,不用粉饰装扮。比喻有真才实学的人,不用别人吹捧粉饰。汉朝桓宽《盐铁论·殊路》

【贤人多安排,俗士多虚歆】虚歆:只叹息已不如人,而不准备向人学习的心态表现。意思是,贤明的人总是善于处理工作安排事业,而庸人总是叹息自己不如人,而又不准备向人学习。《孟东野诗集·连州吟三章》

【贤人出奔,必有佞臣持】意思是,贤能的人才出国逃奔,说明国内一定有奸佞之臣把持朝政。唐朝李筌《太白阴·人谋》

【贤者宠至而益戒】益:更加。意思是,贤明的人受到宠爱重用,就会更加戒骄戒躁。《国语·晋语》

【鸡往后扒,猪往前拱】比喻各有特长,各有特点,各有各的本事。

【秀干终成栋,精钢不作钩】秀干:优良的树。精钢:上好的钢。意思是,优良的树木最终都会成为栋梁之材,但是,上好的钢不会用来作小钩。比喻贤才只能做栋梁之材,而不会成为勾心斗角的小人。《包拯集·明刻本附录》

【秀才不出门,能知天下事】秀才:指知识分子。意思是,知识分子有知识,敏感,会推理、判断,对信息掌握得快。

【伯乐一顾,价增三倍】伯乐:姓孙名阳,秦穆公时善相马的人。比喻有才干的人被识贤才的人发现,就立即受到器重和重用,身价大为提高。唐朝韩愈《为人求荐书》

【技术有高低，能力有大小】意思是，人跟人不一样，技术高低，能力大小，均不相同，不能一样看待，一样要求，应该区别使用。

【材有类别，人有层次】材：泛指各种材料。比喻有各种不同的人，性格、爱好，受的教育，社会见识，家庭状况，都不相同，应根据不同的需要而选用不同的人。

【才德两难全】意思是，一个人德和才同时具备很难。

【才不事权贵，德不报仇人】事：侍奉。意思是，有才能的人不侍奉有权有势的贵族，道德高尚的人也不会仇将恩报。

【识时务者，在乎俊杰】意思是，对形势看得最清楚最透彻的，只有英雄豪杰。《三国志·蜀书·诸葛亮传》

【识人易，识心难】意思是，认识一个人很容易，识别一个人的内心世界却很难。

【良弓难张，良马难乘】意思是，好弓很难拉开，好马不好骑。通常比喻有才能的人有个性，有主见，不随风倒舵，不唯上，显得不好使用。《墨子·亲士》："良弓难张，然可以及高入深，良马难乘，然可以任重致远。"

【良药苦口利于病，忠言逆耳利于行】意思是，好药很苦，但是有利于治病；忠诚的言辞难以入耳，但是有利于工作和事业。《孔子家语·六行》

【良马不驯，良才不顺】意思是，好马不驯服，有才能的人不顺着别人干。

【良玉未剖与瓦石相类，名骥未弛与驽马相杂】瓦石：普通石头。相类：类似。名骥：名马。驽马：能力低下的马。意思是，美玉在未剖开之前，与普通石头相类似，看不出多大区别；名马未奔跑时与能力低下的马相杂一起，也看不出多大区别。比喻贤才混杂在一般人中，未经过考验，看不出其才能在哪里。《周书·苏绰传》

【良工必有不巧】 意思是,能工巧匠制作的物品有时也难免有小毛病。汉朝王充《论衡·自纪》

【好琴还须好琴师】 比喻有好的工具或好的条件,还要有会使这工具会利用这好条件的人才行。

【好马不离主人,忠士不叛国家】 比喻贤才忠实,有感情,始终效忠主人,效忠国家。

【好马知艰险,预难长嘶鸣】 预:预见。难:艰险灾难。意思是,好马能预见主人的艰险灾难,并且用昂首嘶鸣的异常表现警告主人。

【自古英雄出少年】 意思是,自古以来,少年当中出英雄。

【自有后来人】 革命烈士夏明瀚诗:"砍头不要紧,只要主义真,杀了夏明瀚,还有后来人。"意思是无产阶级伟大事业是正义的事业,是不能阻挡的,敌人杀了我夏明瀚,自然有她的接班人,是不会穷尽的。表现了视死如归和对革命抱有坚定信念的伟大英雄气概。

【三百六十行,行行出状元】 三百六十行:泛指各行各业。行:行业。状元:封建时代科举的一种以文章考试及第的称号。唐代称进士科及第的第一名,有时也泛称新进士。宋代主要指科举及第第一名,有时也用于第二、三名。元代以后限于称殿试一甲(第一等)第一名。现代比喻本行业中成绩或技能最好的人。意思是,各行各业,干一行爱一行专一行,都会做出贡献,成为优秀杰出的人才,受到社会的尊重。

【后来者居上】 原意是,新提拔上来的人,职位在旧有的人士之上,超过了旧有人士的地位。现通常泛指后进超过了先进,或者新人超过了旧人,表示事业后继有人,兴旺发达。《史记·汲黯列传》

【后生可畏,来者胜今】 后生:后辈。畏:钦畏。来者:未来的人。意思是,后辈才华出众,使老一辈感到钦畏欣喜;未来的人也一定胜过今天的人，即一代比一代强。《论语·子罕》载孔子语："后生可畏，焉知来者不如今也！"

【多才多艺吃八方】意思是，多才多艺的人走遍天下都有人需要，都吃得开。

【地薄者大木不产，水浅者大鱼不游】意思是，在贫瘠的土地里长不出高大的树木，在浅水里大鱼游不动。比喻没有适宜的环境和条件，就不会产生出杰出的人才。宋朝张商英《素书》

【羊群里跑出个骆驼来】比喻超群出众，高人一头。含有出乎人意料的味道。《红楼梦》第八十八回

【江山代有才人出，各领风骚数百年】江山：指全中国。才人：杰出的人才。这里指诗坛中杰出的骚客诗人。领风骚：为诗坛领头，居诗坛之冠。风骚：指《诗经》中之国风和《楚辞》中之《离骚》的合称，此处指诗坛。意思是，全中国每个时代都有杰出的伟大诗人出现，他们都是当代诗坛之首，其艺术性和思想性居当代之冠，其成就和影响流传数百年而不衰。现多泛指每个历史时代都有杰出的风流人物。清超翼《论诗五绝》："李（白）杜（甫）诗篇万口传，至今已觉不新鲜。江山代有才人出，各领风骚数百年。"

【圣人出则黄河清】意思是，圣人出世了，黄河就变清了；或者说，出了圣人，才能把黄河水治理变清，意即把黄河水变清不容易。程允升《幼学琼林·地舆》

【长江后浪推前浪，世上新人超旧人】意思是，社会在不停地前进，人总是一代比一代好，一代比一代强。

【四海之广，不患无贤】四海：指全中国。贤：指贤良之才。意思是，中国这么广大，不忧虑没有贤良之才，即有的是人才。宋朝包拯《请录用杨紘等》："四海之广，不患无贤，而患在信用之不至尔。"

【石头放在鸡窝里，永远是石头】比喻本质不是人才，给创造

再好的条件也成不了人才。

【鸡蛋放在冰窖里永远孵不出小鸡】 比喻没有适当的环境和条件,即便是人才也培养不出人才来。

【玉为玉,石是石,蕴弃深泥终不易】 蕴:藏。意思是,玉就是玉,石头就是石头,把玉和石头一起埋藏在深泥里面,也不会改变它们之间的差别。比喻贤才、高尚的人,不管怎样贬低,也不会改变其本来的品质。唐朝许碏《题南薤招仙观壁上》

【水浅不容大鱼,官庸不容大才】 大才:胸怀大志,品德高尚,才能过人的贤才。意思是,单位小,当头的平庸,容纳不下才能过人的贤才。清朝翟灏《通俗篇》卷二十九

【水浊谁能辨真龙】 比喻在混乱的时代或者在复杂混乱的环境里,分辨不出杰出贤才。唐朝张籍《长塘湖》

【天厩无骅骝,英雄是奴价】 天厩:星名,意喻天宫马厩。骅骝:周穆王八骏之一。奴:普通人。意思是,如果天宫神马中都没有骅骝,那英雄就不值钱了。比喻贤才人物如果没有人识别任用,就同普通人没什么区别了。清朝孔尚任《长留集·示王古谚》

【天下之要,人才而已】 意思是,国家最为重要的事是人才问题。清朝平步青《霞外麕屑·格言》

【小水不容大舟】 比喻单位小,容纳不了大人物或高才人物。《晋书·桓谦传》

【千邪不如一直】 意思是,一千个风气不正派的人,不如一个刚直正派的人。《联灯会要》

【大虫不吃伏肉】 大虫:指老虎。伏肉:指躺在地上不动的动物。比喻有才能的人不欺负无辜的人或弱者。《水浒传》第二回

【大事不糊涂之谓才】 大事:原则问题,国家大事。意思是,在原则问题上,在国家大事问题上,态度鲜明,这就是人才。清朝魏源《默觚下·治篇》

【大海不让细流】 意思是,海很大,但不排斥小河。比喻只有

能容纳人的人才能成就大事业。《全宋文·圆觉经》

【才饱身自贵,巷荒门岂贫】意思是,富有才能的人身价自然是高贵的,即便身居陋室也不是贫困的。唐朝孟郊《题韦承总吴王故城下幽居》

【人无完人,金无足赤】完人:德才兼备,从不犯错误的人。足赤:足金,含金量百分之百。毛泽东语。意思是,人不可能完美无缺,总是有这样那样缺陷的,不可求全责备。

【人无全能,物无万用】意思是,任何人不可能什么都懂,什么都会,就像任何物件一样,只能用在某一个方面,而不能求全责备。

【人上有人,天上有天】比喻能人跟天一样无止境,说你能,还有人比你更能,即能人上面还有能人,告诫人们谦虚,不要夜郎自大。

【人不可貌相,海水不可斗量】正常人的相貌与其才智、能力、品行没有任何的直接关系。意思是,不要以貌取人,以貌看人。明朝冯梦龙《警世恒言·卖油郎独占花魁》

【先圣不一其能】意思是,古代的圣人的才能是多方面的,什么都懂都会。所谓圣人,实际才能是很有限的,比喻孔子就分不清五谷。《庄子·至乐》

2. 选才

【人用财试,金用火试】意思是,看一个人怎么样,看他是不是贪财,能不能经得起考验就知道了。《古今药石·杂录》

【井水无大鱼,新林无长木】意思是,水井里不会有大鱼,新植树的树林没有高大的树木。比喻在狭小沉寂的地方或没有传统的环境里,不可能有出类拔萃的人才。明朝杨慎《风雅逸篇》

卷八

【开水不响，响水不开】比喻贤才不张扬，爱张扬诈唬的人没有真才实学。

【穷则独善以垂文，达则奉时以聘绩】意思是，不得志时，便努力培养自己的品德，著作传世；一旦得志，就及时为国家建功立业。南朝梁代刘勰《文心雕龙·程器》

【真金不怕火，怕火不是真金】通常比喻要知道一个人怎么样，拿到实践中去考验一下就能识别出来。

【人固未易知，知人亦未易】意思是，我固然不容易被人所了解认识，但是，了解识别一个人也确实不是容易的事。《史记·范雎列传》

【时人不识凌云木，直待凌云始道高】时人：当时的人，众人。凌云木：参天大树。意思是，当时众人都不知道这棵小松树能长成参天大树，等到小松树长成参天大树后才说，啊呀，这树真高啊！比喻人们不会识别人才。《唐风集·小松》

【连城之宝非贫寒所能市也，高世之器非浅俗所能识也】市：买卖。意思是，价值连城的宝贝，不是贫寒之人所能买得起的，不是目光短浅庸俗之辈所能识别出来的。比喻目光短浅庸俗的人识别不了人才。《抱朴子·广譬》

【连林人不觉，独树众乃奇】意思是，连成片的树林，人们并不注意这些树，而单独的一棵树孤零零地立在那里，众人反而认为奇特了。比喻人才集中的地方，人们反而容易忽视人才，看不到人才。晋代陶潜《饮酒》

【按名督实，选才考能】意思是，按照官职考察实际学问，必须是一致。

【名当其实，举贤之道】意思是，选取贤才和考核能力时，要使实际学问和才能相当，名副其实，这是选取贤才的普遍真理。《六韬·举贤》

【选用以公，赏刑以信】 意思是，选拔人才要出以公心，赏罚要做到真实合理，不乱赏乱罚。《资治通鉴·唐纪》

【剑不试则利钝阇，弓不试则劲挠诬】 阇：暗，不明。挠：弱。意思是，剑不试一试，就不知道它是锋利还是钝，弓不拉一拉就不能判断它是强还是弱。比喻要了解一个人的才能如何，必须让他实干才知道。汉朝王符《潜夫论·考绩》

【俗人推不去，可人费招呼】 俗人：庸俗的人。可人：品行端正能信任的人。意思是，庸俗的无能的人推都推不出去，而招聘品行好能信任的人却很费工夫，即招贤纳才很困难。清朝翟灏《通俗篇》卷十三

【受之固不易，知士诚尤难】 意思是，要得到别人的信任固然不容易，但是，要了解别人诚然尤其困难。宋朝欧阳修《送陨阳魏主薄广》

【荐贤贤于贤】 荐：推荐。意思是，推荐贤人的人必须比贤人还要贤能。《韩诗外传》

【相马须相骨，探水须探源】 相：观察，挑选。比喻选拔人才要看他的本质和他的全部及根本。宋朝张九成《横浦诗钞辛闰四月即事》

【俗眼不识神仙】 意思是，世俗的眼光识别不了非凡的贤才。唐朝薛用弱《集异记》

【相马以舆，相士以居】 相：观察，挑选。舆：驾车。居：生活。意思是，挑选良马，要让它拉车试一试；选拔人才，要观察他的生活起居。《孔子家语·子路初见孔子语》

【神龙藏深渊，猛虎步高岗】 意思是，选拔杰出人才要到杰出人才生活的地方去寻找。三国魏曹操《却东西门行》

【凿石索玉，剖蚌求珠】 索：索取，得到。求：探求。比喻要得到人才，就要深入探寻，把那些埋没人才、阻碍人才脱颖而出的障碍清除掉。《三国志·蜀书·秦宓传》

【骐骥长鸣,伯乐昭其能】 骐骥:良马。《庄子·秋水》:"骐骥骅骝,一日而千里。"伯乐:相传古代善相马者。一说春秋中期秦穆欧公职臣孙阳伯乐;一说是春秋末期赵简子之臣邮无恤,又作邮无正,字子良,号伯乐,亦称王良。昭:明白。意思是,骐骥一声长嘶鸣,伯乐就知道它是千里马。比喻真正的识才者最能识别人才。三国魏曹植《求自试表》

【得十良马,不若得一伯乐】 意思是,得到十匹良马,还不如得到一个识马的人才。比喻有德才兼备的识才者比得到人才更重要。《吕氏春秋·赞能》

【欲知平直,则必准绳;欲知方圆,则必规矩】 准绳:墨斗绳。规:圆规。矩:曲尺。意思是,要想知道是否平直,就必须用墨斗绳检测一下才知道;要知道是否方正,是不是圆,就必须用曲尺和圆规检测一下才知道。比喻衡量工作或者一个人怎么样,不能凭主观臆断,而要运用客观标准或法则规范做科学的检验。唐朝魏征《群书治要·吕氏春秋》

【欲来鸟者先树木】 树:栽种,树立。意思是,要想招来鸟儿,必须先栽种树木。比喻要招纳人才,首先要创造具备容纳人才的环境和条件。《文子·上德》

【欲知其人,观其所使】 使:做事。意思是,要知道一个人怎么样,看他所做的事就知道了。《资治通鉴·唐纪》

【欲求其来观其往,欲求其古察其今】 意思是,要想知道他的未来,就要考察他的以往;要搞清他的过去,就要弄清他现在的言行。唐朝李筌《太白饮经·人谋》

【黄金累千,不如一贤】 意思是,积累一千两黄金,不如招募一个贤才。《意林》引《傅子》

【黄金无足色,白璧有微瑕】 足色:百分之百的成色。白璧:白玉。微瑕:小疵点。意思是,黄金没有百分之百的成色的,白玉也没有绝对纯白无瑕的。比喻世界上没有绝对的所谓完人。宋

朝戴复古《寄兴儿首》

【狗不以善吠为良，人不以善言为贤】 意思是，狗不以它善于叫唤就说他是好狗；同样的道理，人不能因为他能说会道，就说他高尚贤能。《庄子·徐无鬼》

【周公之状，身如断菑】 周公：姓姬，名旦。周文王的儿子，周武王的弟弟，鲁国国君。菑：指树木直立而死。意思是，周公身形像一株立着枯死的断木，但他却是一位德才兼备的人。比喻人不可相貌，不应以貌取人，而应从其德才出发。《荀子·非相》

【取其道不取其人，务其实不务其名】 道：指人生观，世界观，政治主张。意思是，在用人或者借鉴他人经验时，应采取他的符合真谛的主张，而不是取这个人的外表；追求他的实际，而不是追求他的名声。《资治通鉴》卷五十一

【君子不以言举人，不以人废言】 君子：高尚有知识有智慧的人。意思是，高尚有知识有智慧的人，不因为有人说得好听就推举他，也不因为人有缺点或地位降低了，而废弃他有价值的话。《论语·卫灵公》

【我劝天公重抖擞，不拘一格降人才】 不拘一格：不用狭隘的死规矩、教条。意思是，统治者或者当权者，应该端正思想，振作精神，废弃偏见，广开言路，广纳贤才。清朝龚自珍《己亥杂诗》

【功有所不全，力有所不任，才有所不足】 意思是，一个人不可能处处都那么全面。明朝宋濂《潜溪邃言》

【舟覆乃见善游，马奔乃见良御】 舟覆：船倾翻。良御：好御手。意思是，船倾翻了，就能显出游水的高本事来；马奔跑起来，就能发现好的御手。比喻只有在艰难困苦的实践条件下才能识别人才。《淮南子·说林训》

【求才贵广，考课贵精】 考课：考核内容。意思是，招贤才贵在广求，考核的内容贵在精辟。《资治通鉴·唐纪》

【摛文必在纬军国，负重必在任栋梁】 摛：传播。意思是，做

起文章来，一定是传播规划军国大事，担负起重任来，一定是成为国家的栋梁之材。《南朝梁代刘勰·程器》

【勤于求贤，逸于得人】 勤：真心实意，不辞辛劳。求：渴求，寻访。贤：贤才。逸：容易，轻松。意思是，只要真心实意，不辞辛劳地去求贤才，就能较容易得到贤才。汉朝王褒《圣主得贤臣颂》

【白石似玉，奸佞似贤】 比喻普通人与贤才，好人与坏人，或者坏人假装好人，混在一起，不易识别。《意林·抱朴子》

【玉石相类者，唯良工能识】 意思是，玉和石相类似，混杂在一起，只有技艺高的工匠才能识别。比喻只有比贤才还贤才的人才能从普通的人群中识别出贤才。

【公道先扬善，真才自拔尤】 拔尤：选拔突出有才干的人。意思是，办事公道的人，总是先颂扬善事美德，真正有才能的人，自然要选拔才能出众的人。元朝许有王《圭塘小藁·送马明初教授南归十一韵》

【日月欲明，浮云盖之】 意思是，日月本来是要放出光辉的，但是，浮云把日月盖住了，使他们的光辉放射不出来。比喻社会落后思想意识及其势力埋没人才。《文子·上德》

【不以一眚掩大德】 眚：眼翳，指过失。意思是，不能因为一点小过失而否定大的优点，否定主流、大节。《佐传·僖公三十三年》

【不知言无以知人】 意思是，不了解他的言论，就不了解他这个人。《论语·尧曰》

【不以求备取人，不以己长格物】 求备：求全责备。格物：研究透事物的道理。意思是，取人不要求全责备，搞透事理不要只靠个人的智慧，用自己的长处去衡量别人。唐朝吴兢《贞观政要·任贤》

【十步之间，必有芳草】 意思是，人才到处都有，应善于发现。汉朝刘向《说苑·说丛》

【马逢伯乐而嘶】意思是，马遇到了识马的人就会嘶鸣。比喻人才只有在识别人才的人面前才显出其才华。或者说，只有识别人才的人才能真正发现人才。《三国演义》第六十回："马逢伯乐而嘶，人遇知己而死。"

【千里马常有，而伯乐不常有】比喻人才常有，但是识别人才的人并不常有。

【山大有虎，水深有龙】虎、龙：均比喻人才。比喻大单位或高层次人物密集的地方有栋梁之材。

【士贵其用，不必求备】意思是，人才贵在充分发挥他的才能，而不必求全责备。《后汉书·王符列传》

【人才之难，古今同病】同：共同，一样。意思是，人才难以求得，从古至今是共同的老问题。宋朝苏轼《乞留刘攽状》

【才者德之资，德者才之帅】资：基础。帅：统帅，灵魂。意思是，才是德的基础，无才之德是无德；德是才的统帅灵魂，无德之才是恶才。《资治通鉴·周纪》

【人才求全，半个也难】意思是，对人才求全责备，半个人才也难以得到。

【才者玉也，识者工也；良璞授予贱工，器之陋也，伟才任于鄙识，行之缺也】意思是，贤才就像未经雕琢的玉石，识别人才的人就像加工玉的工匠；玉石交给技术低劣的工匠，做出来的玉器一定不精美；把大有才能的人交给没有见识的人，做事也一定不会完美。五代王定保《唐摭言·四凶》

【一沐三捉发，一饭三吐哺】沐：洗。三：指多次。捉：捏住。吐哺：将口中的饭吐出来。原意指周公为了接待贤士，洗一次头，多次捏住头发停下来去迎接客人；吃一顿饭，中间多次停下来接待客人。后比喻求贤恳切殷勤。《史记·鲁周公世家》："周公戒伯禽曰：'我于天下亦不贱矣，然我一沐三捉发，一饭三吐哺，起以待士，犹恐失天下之贤人。'"

3. 用才

【一山不能藏二虎】比喻两个能力很强的人不能在同一个岗位上一起工作。人应该有合作团队精神，而不该相互嫉妒倾轧，一个人全身都是铁也打不了几根钉。外国人讥笑中国人“一个人是一只老虎，十个人就是一只老鼠”，与此劣根性有关，必须戒除。

【一个和尚挑水吃，两个和尚抬水吃，三个和尚没水吃】比喻人浮于事，就会互相依赖推诿，干不好工作。

【十个指头不一般齐】比喻人的能力特长不一样，这很客观正常，不能用同一个标准要求。

【十个指头有长短，山中树林有高低】比喻人的能力有大有小，有强有弱，且各有所长短，应该区别对待，充分发挥其不同的作用。

【人在曹营心在汉】曹营：指魏国曹操帐下。汉：指蜀国刘备处。典出《三国》。关公在曹操帐下却日夜想着桃园三结义的大哥刘皇叔刘备，不管曹操对其多么信任，还是一心想归汉。曹操见留不住，最后成全了他。后比喻人虽然在这里，但心却不在这里，而是在他最希望最崇拜的另一个地方。

【人各有能，因艺受任】艺：才艺。意思是，每个人的能力不同，要根据其才艺任用。《后汉书・张衡列传》

【土不可以作铁，而可以作瓦】意思是，土如果不能做铁用，就用来做瓦。比喻要人尽其才，才尽其用。《意林・付子》

【才者得之安以荣，失之则亡之辱】意思是，得到贤才，国家就安定，经济就繁荣；失去人才，就会亡国，被人凌辱。《王文公文集・才论》：“才之用，国之栋梁也；得之安以荣，失之则亡之辱。”

【大器不可小用，小士不可大任】大器：比喻有雄才大略的人。小士：普通一般无大智慧的人。意思是，对德才超群，有雄才大略的人，应该委以重任，不能大材小用；而对于一般普通无大智慧的人不能任高职。南朝梁肖绎《金楼子·杂记下》

【才不称不可居其位，职不称不可食其禄】 意思是，没有这个才能，就不要占据这个职位，不称职就不可以拿这个俸禄。清朝王豫《焦窗日记》卷二

【心去意难留】 心去：心已经不在了，不再留恋了。意：意愿，情感。意思是，心已经不在这里了，不再留恋这里了，再挽留也是留不住的。也说"心死意难留"。《儒林外史》第四十八回

【水行莫如用舟，求舟于陆则没世寻常】 没世：终身，一辈子。寻常：古代八尺为一寻，两寻为一常，寻常指距离极短。意思是，在水上行走，没有什么比得上用船的了，但是，要把船在地面上行走，那一辈子也走不了多远。《庄子·天运》："夫水行莫如用舟，而陆行莫如用车。以舟之可行于水也而求推之于陆，则没世不行寻常。"

【无万人之智者，不可据于万人之上】 意思是，没有万人才智的人，不能官居万人之上。唐朝李筌《太白阴经·人谋》

【打虎还得亲兄弟，上阵须教子弟兵】 比喻办事要用同心同德，自己信得过的人。《西游记》第八十一回

【去邪无疑，任贤勿贰】 疑：忧心忡忡，犹豫不决。贰：三心二意。意思是，根除邪恶不能犹豫不决，应该坚决果断；任用贤才不能三心二意，应该大胆信用。《战国策·赵策》

【用贤无敌是长城】 意思是，任用贤能的人才像万里长城一样坚固无敌。唐朝杜牧《咏歌圣德，远怀天宝，因题关亭长句四韵》

【用人如用木】 意思是，用人如同木匠选用木材一样，取其所长，弃其所短，去其腐朽和虫蛀之部分，择其优而用。清朝程允升《幼学琼林·武职》："求士没求全，用人如用木。"

【用人必考其终,授任必求其当】意思是,用人必须考虑其德才是否胜任这件工作,授任职务时,必须要岗位适当。明朝张居正《陈六事疏》

【用人不以私害公】意思是,用人不能有私心,任人唯亲,要出以公心,唯才是用。《新序·义勇》

【用其所长,避其所短】意思是,任何人都有长处和短处,在使用人时,要用他的长处,避开他的短处,充分发挥其才能。唐朝吴兢《贞观政要·择官》,魏徵上疏:"因其材以取之,审其能以任之,用其所长,掩其所短。"

【用人当取其长而舍其短】舍:避开。意思是,用人要取其长处,避开其短处。《从政遗规·薛文清公要语》

【用人如器,各取所长】器:器具。意思是,用人如同用器具一样,根据每个人的特长而任用。《资治通鉴·唐纪》

【用人之术,任之必专,信之必笃】术:艺术。专:专长。信:信任。笃:坚定不移地笃信。意思是,用人的艺术,关键是任用他的长处,对他笃信不疑。宋朝欧阳修《为君难论上》

【生才贵适用,慎勿多苛求】意思是,用人最可贵的是因才适用,千万注意,不能求全责备,苛求于人。清朝王丹林《杂兴》:"骏马能历险,力田不如牛;坚车能载重,渡河不如舟;舍长以就短,智者难为谋;生才贵适用,慎勿多苛求。"

【有大略者不可责以捷巧,有小智者不可任以大功】大略:雄才大略。捷巧:直面简单小事。大功:大事,关键岗位。意思是,有雄才大略的人,不要责成去办直面简单易办的小事;爱耍小聪明的人,不能委任关键岗位要职要事。《淮南子·主术训》

【朽木烧火不起焰,庸才办事不上劲】朽木:腐烂变质的木头。庸才:庸俗无魄力的人。比喻庸才办事如同朽木一样没有热力。

【朽木不可雕,庸才不可用】比喻庸俗的人像腐朽的烂木头一样无用头,不可使用。

【舟大者任重,马骏者远弛】 意思是,船大装载的东西就多,马好就跑得远。比喻贤才可以重任。《隋书·苏威传》

【任贤使能,天下通行】 含意一:任用贤才能人,能走遍天下。含意二:任用贤才能人,是天下通行的公理。

【任贤使能,天下公义】 公义:通行的道理。意思是,启用信任贤才能人,是普天下通行的道理。苏轼《赐吕大防上第二表辞免恩命不允断来章批答》

【任己者术穷】 意思是,只相信自己,专凭自己的能力办事,办法就会穷尽。明朝刘基《郁离子·任己者术穷》

【任人者佚,任力者劳】 任人:任用别人。佚:逸,安逸。任力:凭自己的能力。意思是,把事情交给贤能的人去做,就会放心安逸;都自己去做,就会辛苦。《韩诗外传》

【任贤如事师】 事:从事。意思是,任用贤才能人,如同跟老师共事一样。樊川文集·雪中书怀》

【任贤勿贰,去邪勿疑】 意思是,任用贤人不要三心二意,根除邪恶不能犹疑不决。《尚书·大禹谟》

【先察而任者昌,先任而察者亡】 意思是,对人才的任用,如果先考察再任用,就会成功;如果先任用后考察,就可能失败。唐朝李筌《太白阴经·人谋》

【好钢要用在刀刃上】 通常比喻把有特殊才能的人放在关键岗位上,充分发挥其作用。

【好马还须配好鞍】 比喻贤才只有提供必有的物质条件和工作条件,才能发挥作用。

【寻常之沟,巨鱼无所还其体;步仞之丘,巨兽无所隐其躯】 意思是,小水沟里,大鱼没有办法回转它的身体;矮小的山丘,大野兽没有办法隐匿它的躯体。可比喻大材小用或者没有放在适当的位置,就不能发挥其才能。《庄子·庚桑楚》:“夫寻常之沟,巨鱼无所还其体，而鲵鳝为之制；步仞之丘陵，巨兽无所隐其躯，而孽狐为之祥。”

【言过其实，不能大用】意思是，说大话漂亮话，浮夸取宠，这样的人不可重用。《三国志·蜀书》

【攻关还须攻关人】攻关：解决关键问题。意思是，解决关键问题，必须是有这种能力的人才能胜任。

【志大者遗小，用权者离俗】意思是，有大志向的人不计较小的得失，善于用权的人做事不同于习俗的老观念。汉朝桓宽《盐铁论·复古》

【志小不可以语大事】意思是，对胸无大志的人，不能跟他谈论国家大事或伟大的事业。《陆象山先生语录》卷三十五

【学道者宜各自知所短，用人者宜各因其所长】学道：学习道艺，今可泛指学习技术、艺术。意思是，学习技术、艺术都要知道自己的短处，以避开；而用人应该都用其长处，以发挥才能之作用。清朝魏源《默觚下·治篇》

【宝剑赠予志士，红粉赠予佳人】比喻各得其所，各尽所能。清朝王有光《吴下谚联》卷二。“志”原文为“烈”。

【明主任人不失其能，直士举贤不离于口】意思是，贤明的君主任用人，能使人不失掉发挥才能的机会；忠直之士总是把推贤举能放在心上，经常不离口。《太白阴经·人谋》

【使能之谓明，听信之谓圣】意思是，启用贤能的人才，就叫做精明；听得进别人的意见，就叫做圣明。《管子·四时》

【培树要培根，留人要留心】意思是，要留住人才，要从根本上关心人，爱护人，使人心甘情愿才留得住，留下来才安心效力。

【实胜善，名胜耻】意思是，实际才能胜过职务为最好；职务高于才能，就是耻辱。《周子全书·务实》

【养猪养羊，不养白眼狼】白眼狼：不知好歹，忘恩负义，没有良心的人。意思是，养猪养羊还可以吃肉，有回报。养不知好歹，

忘恩负义，没有良心的人，最后只落得一肚子气。

【洗不必江河，马不必骐骥】骐骥：良马，一天能跑千里。意思是，洗去污垢，不必到江河去洗，能洗干净就行；马也不必非要名马，胜任好用就行。比喻用人不要图名气，而重在真才实学和实际工作能力及工作态度。《诸葛亮集·浴器》

【举善而任之，择善而从之】意思是，推举贤才加以任用，选择贤才向他学习，倾听他的主张和意见。唐朝吴兢《贞观政要·公平》

【惟笃实可以当大事】惟：只有。笃实：忠实，诚实。意思是，只有忠实的人可以担任大事。宋朝杨时《二程粹言·论事篇》

【路不险则无以知马之良，任不重则无以知人之才】意思是，把人才放到艰苦复杂的环境中，委以重任，看他干的怎么样，就能知道他的才能，即用实践去锻炼考验。《意林·中论》

【蒿蓬代柱，大厦颠扑】意思是，用蒿蓬这类杂草去代替柱子，大厦就要倒塌了。比喻小材大用，必然失败。《易林·观》

【摆渡还须识水人】摆：驾。渡：渡船。意思是，驾渡船必须是识水性的人才能保证安全。比喻用人要用其长处。

【智而用私，不若愚而用公】意思是，虽然有才智，但是私心严重，把智慧用在谋私上，这样的人还不如用愚笨的人一心为公的好。《吕氏春秋·贵公》

【善用人者，为之下】意思是，善于用人的人，对人总是保持虚谦下怀。先秦时代老子《道德经》

【游鱼须大海，猛虎须深山】比喻英雄必须有用武之地。清朝祁理孙《折杨柳词》

【鄙吝者必非大器】意思是，粗俗鄙吝的人肯定不是办大事的人。《聊斋志异·僧术》

【疑人莫用，用人莫疑】意思是，起用人才要大胆放手让人家去干，不要不放心。明朝无名氏《英烈传》第六十三回

【疑则勿用，用则勿疑】意思同“疑人莫用，用人莫疑”。

【疑人勿使，使人勿疑】意思同“疑人莫用，用人莫疑”。《金史·熙宗记》

【骥足虽骏，纆牵忌长】骥：千里马。纆：缰绳。典出《战国策·韩策三》：王良的学生驾着千里马，却跑不了千里路，但他不知道是什么原因。造父的学生对王良说：“您的缰绳太长。”意思是，千里马虽然跑得很快，但是，缰绳切忌太长。比喻小毛病可以影响才能的发挥。南朝梁代刘勰《文心雕龙·总术》

4. 育才与毁才

【心正眼阔视才如宝，心邪眼狭视才如草】意思是，心胸端正的人才爱惜人才、重视要才；心胸歪邪的人视人才如草，肆意践踏人才。

【十年树木，百年树人】比喻培养人才是长久之计，也说明培养人才很不容易。《管子·权修》：“一年之计，莫如树谷；十年之计，莫如树木；终身之计，莫如树人。”

【马不素养，难以追远】素养：预先调教训练。意思是，马不在平时调养训练，就很难跑远路。比喻人才平时要加强培养训练，才能完成重任。《袁子正论》

【马不伏枥不可以趋道，士不素养不可以重国】伏枥：马关在槽里饲养。趋道：不能奔跑。素养：培养教育。重国：担负国家重任。意思是，人不加强培养教育，如同马不好好饲养一样，是不能担负重任的。《汉书·李寻传》

【不厚其栋，不能任重】栋：大梁。意思是，不加厚大梁，就不能担当沉重的重量。比喻对人才要加强培养，提高才干，才能担当好重任。《国语·鲁语》

【木秀于林,风必摧之】秀:优异,突出。意思是,树木长得高过了树林,势必遭到风的摧残。比喻人才出众容易遭受打击。三国魏李康《运命论》:"木秀于林,风必摧之,堆出于岸,流必湍之;行高于人,众必非之。"

【水不激不跃,人不激不奋】激:激发。跃:高扬。奋:奋发。比喻人不激励就不能奋发向上进取。冯梦龙《古今小说·穷马周遭际卖䭔媪》

【以世俗之誉为贤,则实以世俗毁贤】意思是,用世俗观念来作为贤才的选用标准,那实际是在毁灭贤才。《六韬·举贤》:"其失在君好用世俗之所誉而不得真贤也。文王曰:何如?太公曰:君以世俗之所誉者为贤,以世俗之所毁者为不肖,则多党者进,少党者退。"

【宁失于君子,无失于小人】意思是,宁可失之于对君子的使用,而不能失之于对小人的使用。不合逻辑,这完全是从个人的得失利害出发。唐朝李筌《太白阴经·人谋》

【石有玉而伤其山】山上石头里因为有玉,人们就要开采,势必把山破坏了。比喻受连累伤害。《逸周书·周视》

【牛骥以并驾而具疲,工掘以混吹而莫辨】牛骥:牛和千里马。工拙:技艺高和技艺低劣。意思是,把牛和良马套在一架车上拉车,结果是牛和马都累坏了,车仍然走不快;技艺高和技艺低劣的乐工混杂在一起吹奏乐曲,谁优谁劣也分辨不清了。比喻应该分清人才和庸才,根据人才的特点,合理分工,才能干好事业。否则,就把人才的长处和才能抵消了,大家都受累还干不好事业。明朝张居正《陈六事疏》

【世争则优劣难分,世让则贤智显出】世争:社会的人争名夺利。世让:社会的人相互尊重谦让。贤智:贤才。显:容易,显现。意思是,社会如果是争名夺利的风气,那么,人的优劣好坏就难分清;社会风气如果是互相尊重谦让,那么,贤才就很容易显现出

来。《资治通鉴·晋纪》

【世间别有人才在,台阁招徕恐未多】 台阁:朝廷尚书。招徕:招引,延揽。意思是,社会上大有人才在,其所以没有人才,原因是上面没有招引来。宋朝刘过《官舍阻雨十日不能出闷,成五绝呈徐判部》

【失于君子则未阙于理,失于小人则物罹其殃】 意思是,失于对君子的使用,则对事理没有损害,而失于对小人的使用,事情就要遭殃。不合逻辑。这完全不是从工作出发。唐朝李筌《太白阴经·人谋》

【白玉隐于顽石里,黄金埋入污泥中】 比如世俗妒忌排挤埋没人才。冯梦龙《古今小说·赵伯昇茶肆遇仁宗》

【名不正则言不顺,言不顺则事不成】 名:名分。意思是,名分不正,或者没有名分,职务地位和身份不相称,说话就没有人听,事就办不成。《论语·子路》载孔子语

【用违其才志不展】 意思是,用如果违背了他的才能,他的志向就得不到发展,才能发挥不出来。宋朝苏辙《送李公恕赴阙》

【出头的椽子先烂】 比喻出众的突出的人物最容易受到腐蚀侵袭。

【有味之物蠹虫必生,有才之人谗言必至】 意思是,有厚味的东西,必然要招引蠹虫;有才能的人,必然招致谗言诽谤诋毁。唐朝刘禹锡《苏州谢上表》

【有独知之虑者,必见訾于民】 见訾:被诋毁。意思是,有独到见解的人,必然会受到一般人的诋毁。商鞅《更法》·

【扶上马,送一程】 比喻老干部对新干部的关怀和支持。把新干部推上重要领导岗位情况不熟,缺乏经验,需要老干部帮扶一段时间。

【成于专而毁于杂】 意思是,人才的培养,干工作,专于一种就能成功,杂乱不一就把人才毁了。王安石《上皇帝万言书》:“人

之才,成于专而毁于杂。”

【伤贤者殃及三代,蔽贤者身当其害】 意思是,伤害贤能人才,祸患要殃及三代人;埋没贤能人才,本身就会受害。《黄石公三略·下略》

【百年养不足,一日毁有余】 意思是,培养造就一个人才,需要很长时间,是一项非常艰难复杂的工作,但要毁掉一个人才,却很容易,连一天都要不了。《王文公文集》卷五

【行高于人,众必非之】 行:行为举止,能力。众:世俗。非:非议,同诽,诽谤,否定。意思是,能力才华出众的人,必然会受到世俗的诽谤和否定。三国魏李康《运命论》

【鸡窝里飞出只凤凰来】 讥讽语。比喻对普通人做出常人意想不到的事,或者在不显眼、鲜为人知的人群里,涌现出一个杰出的人才来的一种嫉妒心态。

【作成人才难,变化人才易】 意思是,培养造就人才很难,而毁掉人才却很容易。宋朝杨时《二程粹言·论政篇》

【困天下之智者,不在智而在愚】 困:弃置不用。意思是,天下许多贤才都得不到重用,责任不在贤才身上,而在于当权者愚蠢,没有识才的眼力和用才的勇气、魄力。《关尹子》

【贤臣内则邪臣外,邪臣内则贤臣毙】 意思是,贤被重用,奸臣就会被疏远;奸臣被重用,贤臣就会被陷害。《黄石公三略·下略》

【高人之行者,固见负于世】 意思是,行事高明的人,就会受到世俗的非议。商鞅《更法》

【金石有声,不扣不鸣;管箫有声,不吹不音】 管箫:直吹的乐器,与竹笛相似,但长得多,音色低沉优雅。比喻任何有才能的人,不启用不发挥其特长,仍旧没有作用。《文子·上德》

【墙里开花墙外红】 比喻先进人物,在本单位内不受人重视,在社会上却很有影响,很受人崇拜,看重尊敬。

【能才且患于循资，庸器自安于久次】能才：贤能的人。循资：论资排辈。庸器：平庸的器具，指庸碌的闲官。久：等待。次：顺序。意思是，人才最大的忧患是论资排辈，而那些平庸的人就安于这种忧患能按着资辈顺序晋升，压制着能才不能脱颖而出。宋朝夏竦《文庄集·进策议选调》

【拿手术刀的不如拿剃头刀的，搞原子弹的不如卖鸡蛋的】牢骚话。我国改革初期，由于制度尚不健全，政策尚不完备，经商的甚至做小摊小贩的小本生意都爆发；而传统拿工资收入的国家职工收入相对较低。科技人员贡献大，其工资收入不相称。此语意思是要提高科技人员的工资待遇，要尊重知识。

【盐车之下无完骥】骥：良马。意思是，把良马拿去拉盐车，做粗重活，良马必然受到损害。比喻人才要用得适当，爱惜人才。《孙志斋集·杂问》

【匿人之善，斯为蔽贤】斯：就是。意思是，把别人的优点掩盖起来，这就是埋没贤才。《孔子家语·辨政》

【顺我者昌，逆我者亡】意思是，一切以我为中心，依顺我就是好的，予以启用，否则就是坏的，弃用打倒。

【猛虎也怕群狼攻】比喻英雄人物经不起卑鄙小人的诽谤和攻讦。

【恶人一口，入骨三分】意思是，恶人攻击人十分狠毒，置人于死地。

【桂可食，故伐之；漆可用，故割之】伐：被砍伐。割：遭刀割。意思是，因为桂树的皮可以吃，所以被砍伐；漆因为有用，所以遭刀割。比喻有才能的人往往因为用处大而遭不幸。《庄子·人世间》

【珍珠每被尘泥陷，病鹤多遭蝼蚁侵】病鹤：比喻忧国忧民的人。意思是，珍珠总是被泥土陷埋，有忧苦的仙鹤多半要遭到蝼蚁的侵害。比喻忧国忧民的贤才往往不得志被埋没，被阴险奸人

陷害。唐朝李旭《及弟后呈朝中知己》

【资格为用人之害】意思是，以资格取人是用人的一大弊病。清朝平步青《霞外捃屑》卷六

【峣峣者易折，皎皎者易污】峣峣：高峻。皎皎：洁白。意思是，太高峻的东西容易折断，太洁白的东西容易污染。常比喻人的地位太高容易遭到攻击受伤害；为人太清白廉洁容易遭受污损。《后汉书·黄琼传》引古语。原句“折”为“缺”，“皎”为“皦”。

【相马失于瘦，遂遗千里足】意思是，相马的人忽视了瘦马，便把千里马遗漏了。比喻选才以貌取人或以贫富取人，就会把真正德才兼备的人才埋没了。唐朝白居易《羸骏》

【树大招风风撼树，人为名高名丧人】意思是，树大了容易招风，被风摇动或被风刮倒；人的名声太大了，容易被名声毁掉。《西游记》第三十三回

【骐骥骅骝一日而驰千里，捕鼠不如狸狌】狸狌：野猫。意思是，良马一日能驰千里，可谓能力强吧？可是，如果让它捕捉老鼠，还不如野猫。比喻人才不是全才，如果不用其所长，反用其短，就糟蹋了人才。《庄子·秋水》

【梁柱终是梁材做，莫把栋梁锯檩椽】梁材：栋梁之材。檩椽：房上的檩条和椽子。比喻不要大材小用，糟蹋人才。

【渊深生鱼，山深兽往】比喻人才只能在好的环境中出现成长。汉朝司马迁《史记·货殖列传序》：“渊深而鱼生之，山深而兽往之。”

【卧木易成蠹，弃花难再春】意思是，躺倒在地上的木头容易生虫，丢弃在地上的花朵再也难于恢复青春的艳丽了。比喻被遗弃的人才容易被腐蚀，难以再回复到旺盛的时代。唐朝孟郊《赠李观》

【卧龙无水动应难，飞鸟囚笼难展翅】意思是，卧龙离开水就

动弹不得。比喻有雄才大略的人才，没有必要的条件和环境，就施展不开其才能。唐朝白居易《得微之到馆后书》

【英雄无用武之地】意思是，岗位不适合或者条件不好，不能发挥才能的作用，想干干不了。

【枪打出头鸟】比喻出众的有威信的人最容易遭到打击迫害。

【所学非所用，所用非所学】意思是，所在的工作岗位不是自己所学的专业，学问知识发挥不出来，给工作造成困难，发挥不了作用。

【说你行你就行，不行也行；说你不行，你就不行，行也不行。不服不行】讥讽任人唯亲和长官意志的用人弊端和心态。意思是，以个人的好恶为用人标准，启用庸才甚至恶才，压制毁掉贤才，以至贻误了国家的发展，群众无可奈何。

七、文学艺术

1. 生活

【一派学生腔，全无泥土香】 意思是，文章没有真实的生活气息，全是坐在屋子里生造出来的脱离实际的干瘪的离奇的东西。

【人文之元，肇自太极】 人文：《情采》中作“情文”，指仁义礼智信五性，五性发而为文章，所以称人文。元：始。肇：开端。太极：天地未分以前的元气。意思是，人类文章的开端，起于天地未分以前的一团元气。这只是一种想象，无从考证。应该说，真正意义上的文章，是在人类有了较为完备的文字之后的事。但可以理解为，文章本身是客观存在的唯有人类可创造的一种反映客观世界的精神物质。南朝梁刘勰《文心雕龙·原道》

【王杨卢骆当时体】 王杨卢骆：指王勃、杨炯、卢照邻、骆宾王，称初唐四杰。当时体：指初唐时的诗文尚未完全脱离六朝绮靡的风格，但也不同于六朝和初唐以后的风格，故说“当时体”。说明诗文是不会超时代的。现借喻每个不同社会发展阶段的作品都有其自身的风格特色，所谓超时代的作品是不可能的。杜甫《戏为六绝句》：“王杨卢骆当时体，轻薄为文哂未休。尔曹身与名俱灭，不废江河万古流。”

【文之为德，与天地并生】 文：文章。德：文章的普遍属性。意思是，文章的属性是极普遍的，它同天地一起产生。南朝梁刘

勰《文心雕龙·原道》

【文章合为时而著，歌诗合为事而作】意思是，文章、歌诗应该合时宜，反映现实生活。唐朝白居易《与元九书》

【文以纪实，言当从心】意思是，写文章要反映现实生活，有实际内容，不能空泛；语言在于表达真情实意。《太平天国革命军通告·戒浮文巧言论》

【文变染乎世情，兴废系乎时序】意思是，文章的变化受到时代情况的感染，不同文体的兴衰和时代有关。南朝梁代刘勰《文心雕龙·时序》

【五子咸怨，顺美匡恶】五子：大禹的五个兄弟。顺美：顺着美的做，指歌颂。匡：纠正。意思是，当时的社会道德败坏，大禹的兄弟五人都怨恨：用诗来赞美好的，纠正坏的。南朝梁代刘勰《文心雕龙·明诗》

【艺术源于生活，高于生活】艺术：泛指文学艺术。意思是，文学艺术来源于现实生活，但其思想性和艺术性又要比现实生活更高更典型更突出。

【方寸起岑楼，一勺生龙鱼】方寸：一方寸，指很小。岑楼：像山样高而尖的大楼。龙鱼：大鱼，或龙和鱼。比喻做学问要从小处着手，以小见大，逐渐积累，不断丰富。文天祥《题钟圣举积学斋二首》

【民生而志，咏歌所含】含：含有的内容。意思是，人生下来都有情志，这成为歌咏所表达的内容。南朝梁代刘勰《文心雕龙·明诗》

【古之嘲隐，振危释惫】隐：隐语，幽默话。振：救。惫：困乏。意思是，古代的嘲笑隐语，可以挽救危机，消除困乏。南朝梁代刘勰《文心雕龙·谐谵》

【诗人例穷蹇，秀句出寒饿】蹇：跛足。意思是，诗人多是穷困潦倒，常处于逆境之中，因而接近社会生活，接近劳动人民，所

以才写出千古不衰的精秀隽永的诗作来。宋朝苏轼《病中,大雪数日,未尚起,观虢令起荐以诗相属,戏用其韵答之。》

【诗人比兴,触物圆览】 意思是,诗人运用比兴的创作手法,那不是坐在屋子里生编臆造的,必须深入生活,碰到事物,要加以周密的观察和思考。南朝梁代刘勰《文心雕龙·比兴》

【形立则章成,声发则文生】 形:泛指自然界有形之万事万物。意思是,事物的形体在脑子里确立了,经过声韵的激发,就有文章了。南朝齐代刘勰《文心雕龙》

【话应时,草应春】 应:适应。时:时代。意思是,每个时代有每个时代的语言,不同时代有不同的语言,即语言有时代特征,随时代的变化发展而变化发展。

【春花秋月冬冰雪,不听陈言只听天】 意思是,不听陈词滥调,而要根据客观自然变化去写出有血有肉的东西来。宋朝杨万里《读张文潜诗》

【台上有的台下有,台下有的台上无】 台:指戏台、舞台。意思是,文学艺术源于生活,但远没有社会生活丰富多彩,许多社会生活文学艺术并没有也不可能都反映出来。

【饥者歌其食,劳者歌其事】 意思是,饥饿了就必然用歌声表达求得食物的愿望,劳动者必然用歌声表达劳动的艰辛、欢乐和伟大。说明文学艺术作品源于社会生活及其对社会生活的感受和情感,反映社会现实。《公平传·宣公十五年·何林注》

【见鄙无佳文】 意思是,见识少而又低下的人,写不出好文章。清朝蒲松龄《料斋志异·三生》

【写天地之辉光,晓生民之耳目】 意思是,文章发扬了天地的光辉,反映启发了人民的心身和聪明才智。南朝梁刘勰《文心雕龙·原道》

【物有恒姿,思无定检】 意思是,景物有一定的形状,思想却没有一定的筐子。南朝梁代刘勰《文心雕龙·物色》

【根浅则枝叶短,本绝则枝叶枯】本绝:根断了。比喻写诗作文章,要有深厚的生活,离开了社会生活,诗和文章就像树断了根一样,要枯绝,写不出东西来。《韩诗外传》

【积学以储宝,酌理以富才】意思是,积累学识来储藏珍宝,明辨事理来丰富才学。南朝梁代刘勰《文心雕龙·神思》

【情以物迁,辞以情发】意思是,一年四季有不同的景物,不同的景物具有不同的景象;人是触景生情的,所以,人的情感随着景物的不同而不同;文辞是表达情感的工具,所以,情感不同,文辞也不同。南朝梁代刘勰《文心雕龙·物色》

2. 灵感

【二句三年得,一吟双泪流】意思是,苦思了三年才好不容易吟出了这两句,一吟诵就激动得直流泪。贾岛《题诗后》

【心生而言立,言立而文明】意思是,心灵产生了,语言跟着确立起来,语言确立起来了,文章就跟着鲜明了。南朝齐代刘勰《文心雕龙·原道第一》

【文章自得方为贵】自得:自己学习得到的。贵:好,可贵,可取。意思是,写文章要靠自己学习得到才是可取可贵的。金代王若虚《论诗》:"文章自得方为贵,衣钵相传岂是真。"

【文章本天然,妙手偶得之】意思是,文章本来是现实生活的反映,其内容情节本是天然存在的,只是妙手的人能抓住灵感得到它。清朝袁牧《随园诗话》卷四

【无巧不成话】话:话本。宋代兴起的白话小说,称话本,是民间艺人用白话说唱的故事的底本。也说"无巧不成书"。意思是故事情节都是巧合,如果没有巧合就成不了书。也比喻日常未预料到的事。

【形在江海之上,心存魏阙之下】 意思是,当一个作家,要人的身子住在江海边上,而心思却想到朝廷里去,即要把小我升华为大我。南朝梁代刘勰《文心雕龙·神思》引古语

【诗人感物,联类不穷】 意思是,诗人对景物的感触,所引起的联想是无穷的。南朝梁代刘勰《文心雕龙·物色》

【思有利钝,时有通塞】 意思是,人的文思有快有慢,有敏锐的,有迟钝的,时机有通畅的时候,也有堵塞的时候,各人的内在素质和机遇都不会一样。南朝梁代刘勰《文心雕龙·养气》

【偶有所得,必有所思】 意思是,写文章偶然得到一个闪光点或一个巧妙的构思,肯定是先对它有所思索。

【得之在俄顷,积之在平日】 俄顷:顷刻,一会儿。意思是,写文章突然得到巧妙的灵感,都是平时积累生活和知识的结果。清朝袁守定《占毕丛谈·谈文》

【乱后篇章感慨多】 乱:指战乱。意思是,战争结束之后,写出的文章充满感慨。宋朝王廷珪《和康晋侯见赠》:"儒生无力荷干戈,乱后篇章感慨多。"

【吟安一个字,拈断数茎须】 拈:捻。茎:根。须:胡须。意思是,为了一个恰当的措辞,苦思冥想,捻断了数根胡须。唐朝卢延让《苦吟》

【有时忽得惊人句,费尽心机做不成】 意思是,有时忽然得到一句惊喜的好句子,可是,像火花一样一闪即逝,再想,费尽心机搜肠刮肚,仍旧想不出来。宋朝戴复古《论诗十绝》

【即山而铸铜,煮海而为盐】 意思是,以经典文章做的典范,就好比在矿山来炼铜,煮海水来制盐。南朝梁代刘勰《文心雕龙·宗经》

【劳于读书,逸于作文】 劳:辛劳。逸:与劳相对,轻松。意思是,刻苦读书学习,写文章就轻松自如了。元朝程端礼《读书分年日程》

【郁伊而易感,怆快而难怀】郁伊:抑郁。怆快:悲愁。意思是,看到书中所叙的怨情节,就能使人抑郁而容易感动;看到书中所叙离别的情节,就能使人悲哀而难以忍受。南朝梁代刘勰《文心雕龙·辨骚》:"故其叙情怨,则郁伊而易感;述离居,则怆快而难怀。"

【物以貌求,心以理应】意思是,物象用它的形貌来打动作家,作家心里产生情理来作为反应。南朝梁代刘勰《文心雕龙·神思》

【寂然凝虑,思接千载;悄焉动容,视通万里】意思是,写作时,默默地聚精会神地去思考,那念头就可以接触到千年以上;悄悄地改变了脸部表情,那视线好像看到了万里以外。南朝梁代刘勰《文心雕龙·神思》

【循声而得貌,披文而见时】意思是,看到书中描绘山水,就能使人按照声情而得到它的形貌;看到书中叙述季节,就能使人披阅文辞而看到时令。南朝梁代刘勰《文心雕龙·辨骚》:"论山水,则循声而得貌;言节候,则披文而见时。"

【登山则情满于山,观海则意溢于海】意思是,创作的灵感像旅游一样,登上山时,情思里充满了山上的无限锦绣而又奇伟壮丽景色;观大海时,意想中便腾涌起海上的海天一色的雄旷浩瀚风光。南朝梁代刘勰《文心雕龙·神思》

【笼天地于形内,挫万物于笔端】笼:收,集中。形内:文章中。挫:刻画。意思是,把天上、地下的万事万物收集到文章里,刻于笔尖上。晋代陆机《文赋》

【思赡者善敷,才核者善删】思:思路,想象。赡:丰富。敷:铺陈。才:材,题材。核:翔实正确。意思是,思路,想象丰富的人,写文章善于铺陈;题材翔实正确的人,善于删除多于累赘的字句。南朝梁刘勰《文心雕龙·熔裁》

【思理之妙,神与物接】意思是,创作时,构思的奇妙,使得精

神能和外物相交接。南朝梁代刘勰《文心雕龙·神思》

【善删者字去而意留，善敷者辞殊而意显】意思是，善于删除多余累赘字句的人，虽然字句删除了，但是，还保留着原意未变；善于铺陈的人，虽然修辞不同，而使文章意思更明显突出。南朝梁刘勰《文心雕龙·熔裁》

【趋时必果，乘机无怯】创作适应时代的需要，就必然会成功，要抓住时机去大胆地创作，不要怯弱。南朝梁代刘勰《文心雕龙·通变》

【器分有限，智用无涯】器分：具有的才能、能力。意思是，各人的能力是有限的，而人的智力的运用却是无限的。意指要充分发挥智力的潜力，而不要过度劳苦身体。南朝梁代刘勰《文心雕龙·养气》

【意得则抒怀以命笔，理伏则投笔以卷怀】意思是，创作时，文思成熟时，便命笔抒怀写作；文思潜伏不顺畅时，便放下笔来，养精舒畅胸怀。南朝梁代刘勰《文心雕龙·养气》

3. 才华

【八体屡迁，功以学成】八体：指文章的八种风格：一是典雅，二是远奥，三是精约，四是显附，五是繁缛，六是壮丽，七是新奇，八是轻靡。意思是，总的说来，世界上的文章有八种风格，而且是在不断变化。它的功效要靠学力，而学力取决于各人内在的才能，最初由个人的气质所造成。南朝梁代刘勰《文心雕龙·体性》

【三分春色描来易，一段伤心画出难】意思是，描绘人的大概容貌很容易，而人的内心伤感要画出来就很难。明朝汤显祖《牡丹亭·写真》

【义典则弘，文约为美】典：典型，合于常规常理。则：就。

弘:弘大,有代表性,共性。文约:文字简要。意思是,文章的含义越典型,越符合常规常理,它的意义就越弘大;文字越简要,它的形式就越完美。南朝梁刘勰《文心雕龙·铭箴》

【义贵圆通,辞忌枝碎】义:含义。圆通:贯通一致,不矛盾。意思是,文章要含义前后左右和整体部分贯通一致,不能相互矛盾;修辞断句要完整一体,最怕的是支离破碎,东一榔头西一棒子。南朝梁刘勰《文心雕龙·论说》

【才有庸俊,气有刚柔,学有浅深,习有雅郑】俊:杰出。雅郑:雅是周天子辖区内的标准音乐,郑是郑国靡靡之音的音乐,所以以雅为标准,正确;以郑为淫靡,不正确。意思是,人的才能有平庸的,有杰出的;气质有刚强的,有柔婉的;学识有浅薄的,有渊博的;习染有雅正的,有浮靡的。南朝梁代刘勰《文心雕龙·体性》

【才性异区,文辞繁诡】意思是,人的才能性格各有区别,文辞风格变化多端。南朝梁代刘勰《文心雕龙·体性》

【才有深浅,文有真伪】意思是,人的才能有深有浅,文章表现思想有真实有虚假的。汉朝王充《论衡·案书篇》:“才有深浅,无有古今;文有真伪,无有故新。”

【才为盟主,学为辅佐】意思是,人的才能和学问的关系,才能是主宰,学问是辅佐。南朝梁代刘勰《文心雕龙·事类》

【下笔烟飞云动,落纸鸾回凤惊】鸾:传说中的一种鸟。意思是,写文章下笔时要有一种烟飞云动的激情,写出来的文章就会有鸾回凤惊的生动效果。唐朝卢照龄《释疾文·粤若》

【丈山尺树寸马分人】意思是,画面上的山、树、马、人之间,比例要恰当。唐朝王维《画学秘诀》

【工画者多善书】工画:画家,或者是指工笔画家。意思是,画家多数善于书法。唐朝张彦远《历代名画记》卷一《论画六法》

【文章憎命达】憎:厌恶,害怕。达:显达。意思是,好文章憎恶害怕好命运，即文章写得好的人，往往命运不好。因为好文章往往暴露针砭社会现实问题，所以，诗文出色的人遭迫害的多。

【文附质，质待文】 意思是，文采要依附在文章的质地上，而文章质地需要文采来喧哗。南朝梁代刘勰《文心雕龙·情采》

【文能宗经，体有六义】 六义：一是情深而不偏邪；二是风格清新而不混杂；三是引例充实而不虚假；四是意义正确而不枉曲；五是体制精炼而不繁冗；六是文辞美丽而不浮靡。意思是，文章能够效法经书，就各种文体而言，有六个优点。南朝梁刘勰《文心雕龙·宗经》

【文虽新而有质，色虽糅而有本】 糅：繁复。意思是，赋的文辞虽然新颖但是要有内容，色彩虽然繁复但是要有谱正色，即要突出主题。南朝梁代刘勰《文心雕龙·诠赋》

【文以辨洁为能，事以明核为美】 辨洁：明白清晰干净。明核：明确无误，翔实正确。意思是，写文章，文字要明白清晰干净为最好，铺陈要明确无误，翔实正确为最完美。南朝梁刘勰《文心雕龙·议对》："文以辨洁为能，不以繁缛为巧；事以明核为美，不以深隐为奇。"

【文章由学，能在天资】 意思是，写文章在于自己学习，才能在于天资。南朝梁代刘勰《文心雕龙·事类》

【心以制之，言以结之】 意思是，写章表要用心意来制定言辞，用言辞来结合心意，把言辞和心意完美地统一起来。南朝梁代刘勰《文心雕龙·章表》引子贡语

【水性虚而沦漪结，木体实而花萼振】 沦漪：水面上的涟漪波纹。萼：花托。振：开放。意思是，水能缓缓流动，才有涟漪波纹，树木健壮结实，才能开出鲜艳的花来。比喻文章的思想内容好，文章才可能有文采。南朝梁代刘勰《文心雕龙·情采》

【主佐合德，文采必霸；才学褊狭，虽美少功】 意思是，才能和学问达到了齐头并进，作品一定有文采而称雄一时；才能和学问

都不够,纵使有别的什么长处,也很少成为成功之作。南朝梁代刘勰《文心雕龙·事类》

【石蕴玉而山辉】意思是,山中石头里面蕴藏着美玉,整座山都有了光辉。比喻一部文学作品中如果蕴含杰出独到的故事情节,整部作品都会增加光彩。晋代陆机《文赋》

【世之文章,多出于穷人】意思是许多好文章都是出于穷困人之笔下。宋朝张耒《送秦观从苏杭州为学序》

【巧言易标,拙辞难隐】巧:工巧。意思是,工巧的话例容易举出来,拙劣的文辞难于隐蔽。南朝梁代刘勰《文心雕龙·指瑕》

【为人重晚节,行文看结穴】结穴:收笔结尾。意思是,写文章就跟一个人一样,要重晚节,看他的结尾收笔好不好。《春觉斋论文·用收笔》

【手挥五弦易,目送归鸿难】挥:拨动,弹奏。原意是,作画要画出用手拨动五弦弹奏并不难,但要画出目送归去的大雁的情景就很难。泛比作画画出精神情感要比画出动态难得多。宋朝刘义庆《世说新语·巧艺》

【以少总多,情貌无遗】少:简明扼要而又精炼的词句。总:概括,总揽。多:繁杂而又丰富的内容。意思是,写文章,要用简明扼要而又精练的语言,概括丰富繁杂的内容,使故事情节、人物的情感容貌表情一览无遗。南朝梁刘勰《文心雕龙·物色》

【丰而不余一言,约而不失一辞】意思是,文章内容丰富,却没有一句多余赘的话;文字简洁而没有丢失一个修辞。唐朝韩愈《上襄阳于相公书》

【友如作画须求淡,山似论文不喜平】论文:泛指文章。意思是,交友好似作画一样,须清淡一些;写文章要像山一样,有高低起伏,而不能平平淡淡。元朝翁朗夫《尚湖晚步》

【木美而定于斧斤,事美而制于刀笔】意思是,木材好,要制造出精美的器具,还决定于工匠的加工技艺和用心,事情的内容

虽然好,还取决于作者的写作技巧和认识态度。南朝梁代刘勰《文心雕龙·事类》

【丹青难写是精神】丹青:作画。意思是,作画最难的是画出人的精神世界,也指历史很难把人的真实精神思想反映出来。宋朝王安石《读史》:“糟粕所传非粹美,丹青难写是精神。”

【书无百日工,画无千日好】意思是,书法和绘画艺术不是短时间的工夫就能练出来的,需要千锤百炼才能成就。唐朝徐浩《书法要录》

【书以言志,文如其人】书:泛指诗书。志:志向,志气,意志。其人:作者本人。意思是,诗书文章是作者自身的思想情趣及人品风格的表现。

【书痴者文必工,艺痴者技必良】意思是,读书到了入迷程度的人,文章必然写得好;钻研技艺到了入迷程度的人,技艺肯定很精良。清朝蒲松龄《聊斋志异·阿宝》

【正言以立辩,体要以成辞】意思是,文章要用正确无误的言辞来建立论点,要体察要义来构成文辞。南朝梁代刘勰《文心雕龙·徵圣》

【四始彪炳,六义环深】四始指《诗经》中的风、大雅、小雅、颂四部分。始:王政兴衰的开始,指四部分中有反映周朝的兴和衰的。六义:指风、雅、颂是诗的三种体制,赋、比、兴是诗的三种表现手法,合称六义。意思是,《诗经》里的风、小雅、大雅和颂极为光辉,它的风、雅、颂三种体制和赋、比、兴三种表达手法又周到又深刻。通常夸人家造诣高深,皆称楷模。南朝梁代刘勰《文心雕龙·明诗》

【务先大体,鉴必穷源,乘一总万,举要治繁】务:必须。大体:根本,全局。鉴:观察分析。穷源:极尽根源。乘一总万:抓住主脉,总揽全部。举要:掌握。治:处理。意思是,写文章,务必先要抓住根本,研究分析透源头,抓住主脉,根据总的原则,总揽全

部内容和主题,来处理繁多的材料。主要指通常的工作方法。南朝梁刘勰《文心雕龙·总术》

【比者,以彼物比此物也】意思是,写诗常用的一种手法是比。所谓比,就是用那种事物比这种事物。宋朝朱熹《诗集传》卷一注

【比者附也,兴者起也】意思是,诗在创作中惯常用的手法。所谓"比",就是比附,比喻,写物以附意,扬言以切事。所谓"兴",就是起兴,托物喻义。南朝梁代刘勰《文心雕龙·比兴》

【比则畜愤以斥言,兴则环譬以托讽】意思是,比喻是怀着激愤的感情来指斥,起兴是用委婉的譬如来寄托用意。南朝梁代刘勰《文心雕龙·比兴》

【在心为志,发言为诗】意思是,诗在心里的叫情志,用语言文字表达出来的叫诗。南朝梁代刘勰《文心雕龙·明诗》

【至精而后阐其妙,至变而后通其数】意思是,创作必须懂得,要达到最精微的境界而后才能够阐发它的妙处,懂得了最微妙的变化然后才能理解它的技巧。南朝梁代刘勰《文心雕龙·神思》

【机敏故造次而成功,虑疑故愈久而致绩】造次:仓促,匆促。致绩:成功。意思是,因为文思快,所以能在匆促中把文章写成功;因为疑虑多,所以文章要很久才能完篇。南朝梁代刘勰《文心雕龙·神思》

【机发矢直,涧曲湍回】机:古代的一种弩箭,即神臂弓,用一种机械来发射。涧:山间小溪。湍:急流。意思是,弩机一发,箭就直射出去;山间小溪是弯弯曲曲的,因为是随山势走向,溪创陡峭,流水落差很大,所以水流很急,在较平缓或有水潭处就产生回旋,是自然趋向。比喻文章体势要根据内容和主题而定。南朝梁代刘勰《文心雕龙·定势》

【竹柏异心而同贞,金玉殊质而皆宝】比喻文章虽然体裁不

同,但因作者才质高,所以都成为佳作精品。南朝梁刘勰《文心雕龙·才略》

【改章难于造篇,易字艰于代句】意思是,修改文章有时比写文章更难,换一个字有时比换一句话更难。南朝梁代刘勰《文心雕龙·附会》

【论如析薪,贵能破理】析薪:劈柴。破理:按照木柴的纹理劈开。意思是,议论像劈柴,重要的是能够按照木柴的纹理把它劈开。南朝梁代刘勰《文心雕龙·论说》

【兴者,先言他物以引起所咏之词也】意思是,写诗常用的一种手法是兴。所谓兴,就是先说另一个事物,然后以这个事物引起吟咏的诗词来。宋朝朱熹《诗集传》卷一注

【因情立体,即体成势】意思是,创作要依照对内容的情思来确定体裁,就着体裁来形成一定的文章风格。南朝梁代刘勰《文心雕龙·定势》

【伊挚不能言鼎,轮扁不能语斤】伊挚:伊尹名挚,他去见汤,拿烹调的道理比治理国家,来劝说汤。可是,烹调的奥秘他也说不出来。鼎:古代烹调用具。轮扁:做车轮的工人,名叫扁。他说用斧子制作车轮,其中的甘苦他也无法说明。比喻创作的技巧和辛苦,好比伊尹不能说明烹调的巧妙,轮扁不能说明做车轮的甘苦一样。南朝梁代刘勰《文心雕龙·神思》

【含章司契,不必劳苦】含章:含美,含有景物的美。司契:要求契合,指体会。意思是,创作要求体会外物的美好,客观外界的事物本来就是美好的,只要体会到,融入心灵就行,不必要劳苦自己的心情。南朝梁代刘勰《文心雕龙·神思》

【秀语出寒饿,身穷诗乃亨】秀语:秀美隽永的语句。亨:通达。意思是,那些好的诗句,大都出于穷寒或经历过艰难磨炼的诗人之手。《苏轼诗集·次韵仲殊雪中游西湖二首》

【体要与微辞偕通,正言共精义并用】意思是,体察要义和文

辞含蓄是相通的,正确的论点和精妙的意义是并存的。南朝梁代刘勰《文心雕龙·徵圣》

【志深而笔长,梗概而多气】 意思是,立意深远,写出的文章辞义幽沉含蓄深远,慷慨而富有气势。南朝梁刘勰《文心雕龙·时序》

【形生势成,始末相承】 意思是,文章的形体产生了,就构成了体势,这两者始终密切相关,而且是互承的。南朝梁代刘勰《文心雕龙·定势》

【若徵圣立言,则文其庶】 徵圣:从圣人处。圣人现可泛指伟人、权威、专家。庶:庶几,近乎。意思是,文章倘若从圣人那里去找标准来立论,那样写成的文章也就近乎权威了。南朝梁代刘勰《文心雕龙·徵圣》

【旷而无溢,奢而不玷】 溢:满,过多。玷:玉的斑点,毛病,玷污。意思是,创作运用夸张的手法,要含意广大而不过分,语言夸张而没有缺点,要适宜。南朝梁朝刘勰《文心雕龙·夸饰》

【怊怅述情,必始乎风;沉吟铺辞,莫先于骨】 怊怅:惆怅。沉吟:低声吟咏。风:指化感之本源,志气之符契,感动人的力量。骨:指语言挺拔锐利,精练端直,用笔遒劲。意思是,作品要深切动人地表达感情,定要从注意风的感化力量开始;反复地推敲运用文辞,没有比注意骨更重要的了。南朝梁代刘勰《文心雕龙·风骨》

【空戏滑稽,德音大坏】 意思是,要是为了徒然游戏而说些滑稽话,那就会使幽默滑稽的美好语言遭到很大破坏,即幽默滑稽的语言要用在有意义之时。南朝梁代刘勰《文心雕龙·谐讔》

【和乐之精妙,表里而相资】 意思是,调整乐律要达到精之微处,做到形式和内容的互相配合统一。南朝梁代刘勰《文心雕龙·乐府》

【秉心养术,无务苦虑】 秉心:操持心神,即训练思想。务:专力。意思是，创作要用心训练思想的方法，去深入、体验生活，来提高创作技巧，无须坐在屋子里，抱头冥思苦想。南朝梁代刘勰《文心雕龙·神思》

【神理共契，政序相参】神理：指原道。认为诗文都是自然界本来就存在的，如声音、形体、颜色等，但诗和文章是人写的表达人的思想，当然，人可以触景生情，但那只是赋比。政序：政治秩序。意思是，诗和神理相契合，还和政教相配合。南朝梁代刘勰《文心雕龙·明诗》

【调钟未易，张琴实难】调钟：古代用编钟，由十六个挂钟组成，所以演奏时要调整音律。张琴：重新安装琴弦，然后调音律。意思是，要使钟声音律协调，就要调整音律，这并不容易；要使琴音和谐，就要调好琴弦，这更困难。比喻写作方法很重要，必须认真研究，熟练掌握，才能写出好文章。南朝梁代刘勰《文心雕龙·总术》

【容易醉人红袖酒，最难名世白衣诗】意思是，美女劝酒最容易使人喝醉，没有社会地位的读书人的诗最难有名于世。《绿天香雪簃诗话》卷三

【情往似赠，兴来如答】意思是，用感情来看景物，像投赠；景物引起创作兴会，像酬答。南朝梁代刘勰《文心雕龙·物色》

【情与气偕，辞共体并】意思是，文学创作要达到情思和气质相偕配，文辞和风格相结合。南朝梁代刘勰《文心雕龙·风骨》

【鸿风懿采，短笔敢陈】敢：岂敢。意思是，美好而丰富的风采，拙劣的笔岂敢陈述。南朝梁代刘勰《文心雕龙·时序》

【善附者异旨如肝胆，拙会者同音如胡越】同音：和谐的音调。意思是，善于调整文辞的，能把不同的用意结合得像肝胆那样亲近协调，不会安排命意的，却把和谐的音调写得像北胡南越那样背离。南朝梁代刘勰《文心雕龙·附会》

【辞为肌肤，志实骨髓】辞：文辞。志：情志。意思是，文辞好

比是文章的肌肤枝叶，而情志却是文章的根本。南朝梁代刘勰《文心雕龙·体性》

【辞如川流，溢则泛滥】 意思是，文辞好比河流，水满了就要泛滥。南朝梁代刘勰《文心雕龙·熔裁》

【辞成无好异之尤，辩立有断辞之义】 意思是，文章要通俗易懂，没有猎奇的毛病，这样，建立的论点有措辞明断的好处。南朝梁代刘勰《文心雕龙·徵圣》

【斯言一玷，千载弗化】 意思是，写文章如果不严肃，话一有缺点，经历千年也不能改变，留下永久的遗憾。南朝梁代刘勰《文心雕龙·指瑕》

【读熟唐诗三百首，不会吟诗也会吟】 意思是，把唐诗三百首读熟了，就会作诗了。

【读书破万卷，下笔如有神】 破：理解、掌握书的真谛和精华。有神：应运自如。意思是，多读书，并且把书读懂了，写文章就很熟练了。唐朝杜甫《奉赠韦左丞丈二十二韵》苏轼《柳氏二甥求笔迹》："读书万卷始通神。"

【情必极貌以写物，辞必穷力而追新】 意思是，诗在情景上一定要尽力刻画形貌，在用词上一定要尽力要求新颖。南朝梁代刘勰《文心雕龙·明诗》

【综学在博，取事贵约】 意思是，综合学问在于广博，选取事例重在典型精简。南朝梁代刘勰《文心雕龙·事类》

【隐以复意为工，秀以卓绝为巧】 隐：隐含。复意：犹两重意思，一是字面的意思，二是言外之意。意思是，隐以文外含有另一层意思为工巧；秀以特出一般为巧妙。南朝梁代刘勰《文心雕龙·隐秀》

【善书不择纸笔】 意思是，善于书法的人，写字不论纸与笔的好坏都写得好。宋朝陈师道《后山谈丛》

【裁则芜秽不生，熔则纲领昭畅】 意思是，经过裁减辞章，拖

沓冗长的多余无用的东西就没有了;经过熔意,全篇就纲领明晰畅晓。南朝梁代刘勰《文心雕龙·熔裁》

【循体而成势,随变而立功】意思是,文章都是依照不同体裁构成不同文势,适应变化而收到功效的。南朝梁代刘勰《文心雕龙·定势》

【积句成章,积章成篇】章:歌曲诗文的段落。篇:首尾完整的文章。意思是,积累一些佳句,把它们按照一定的意思和语法规则组织起来,就成了一段文章;积累一些好的文章段落,就能编成一篇好的文章。实际上,此法不可取。作为一种学习的方法尚可,用在写文章上,则不是特别妥当。文章是有生命的东西,不仅是作者的生活、艺术的结晶,同时更是作者世界观和思想的表现。张三的脑袋,李四的胳膊,王五的双腿,刘六的穿戴,这样的拼凑不可能成为一个有血有肉的鲜活生命体。南朝梁刘勰《文心雕龙·章句》

【实处就法,虚处藏神】书法语。意思是,书法要在实处(重笔)遵从书法的规律,心到手到笔到,不可随意;在虚处(轻笔)要把精神蕴藏进去,体现出来。晋代王羲之语。

【诗是乐之心,乐为诗之声】意思是,诗是音乐的灵魂,音乐是把诗声音化了。《毛诗·正义》

【诗者,持也,持人情性】意思是,诗是扶持端正的意思,是端正人的性情的。南朝梁代刘勰《文心雕龙·明诗》

【诗质要如铜墙铁壁,诗气要如天风海涛】意思是,诗的质地要厚实得像铜墙铁壁一样,诗的气势要磅礴得像天风海涛一样。清朝刘熙载《艺概·诗概》

【诗言志,歌养魂】言志:表达思想感情。养魂:净化灵魂。意思是,诗是表达思想感情的一种形式,唱歌是净化灵魂的一种好形式。

【诗要避俗,更要避熟】意思是,写诗要避开俗套,更要避免

习以为常的旧味道。清朝刘熙载《艺概·诗概》

【诗贵情思而轻事实】意思是，诗最可贵之处是抒发情感，表达思想，而不注重写实际事。

【诗胆大于天】意思是，写诗的胆量要大，天不怕地不怕，敢于表露，敢于夸张想象。唐朝刘乂《自问》

【诗中有画，画中有诗】意思是，诗和画联系非常紧密，几乎不可分。

【诗书画，是一家】诗：泛指诗歌。书：指书法。画：泛指美术作品。意思是，诗歌、书法、美术作品，它们有着共同的东西，即都是运用艺术手段表达思想情感。

【诗有恒裁，思无定位，随性适分，鲜能通圆】意思是，诗有一定体裁，情思却没有固定规矩，随着各人的性情来求适应，很少能够兼蓄各体的。南朝梁代刘勰《文心雕龙·明诗》

【学书当自成一体】书：指书法。意思是，学习书法，应当有个性特色，有自己独特的风格，自成一体，不要死板地模仿别人。宋朝欧阳修《学书自成家说》："学书当自成一家之体，其模仿他人，谓之奴书。"

【远水无痕，远人无目】意思是，作画画远处的水，不要画出水的波纹，画远处的人，不要画出人的眼珠。这是透视原理。《南村辍耕录·写山水诀》

【事以简为止，言以简为当】事：指写文章叙事。简：简练扼要。意思是，写文章叙事要简明扼要，语言修辞也要简约精炼才好。宋朝陈骙《文则》

【扇恶不能作佳书】扇恶：破扇，扇不好。意思是，在破扇子上不可能书写上好字。比喻作品的形式与内容必须统一。莫是龙《与曹芝亭》

【思与景偕，乃诗家之所尚】意思是，诗人的思想情感与诗中所描述的客观对象揉为一体，和谐统一。这是诗人所追求和崇尚

的。唐朝司空图《与王驾评诗书》

【情欲信，辞欲巧】欲：要。信：诚实。意思是，文章感情要真实，修辞要巧妙。《礼记·表记》

【药灵丸不大，棋妙子无多】比喻一篇好文章，不在字数多，篇幅大，而在于是否有时代针对性，笔法巧妙。清朝袁牧《随园诗话》卷十四

【同题不同文】意思是，同一个题目不同的人去写，写出来的文章完全不相同。

【好记性不如烂笔头】烂笔头：指不厌倦地抄写，做笔记、记录。意思是，光凭记忆不可靠，还是多动笔做记录好。清朝平步青《霞外攟屑·强记不可恃》

【赋者，敷陈其事而直言者也】赋：一种古代文体，从古诗发展而来，讲究文采韵节，既有诗歌的特点，又有散文的特色，既叙事又抒情，还有观点，类似散文诗。意思是，赋这种文体其特点，是把事情敷陈开来，把心里的感慨和要说的话，直说出来。宋朝朱熹《诗集传》卷一注

【变则可久，通则不乏】变：变革。通：继承发扬。意思是，变革而不拘泥旧体，就可以久远存在；继承发扬传统，就不会匮乏。南朝梁刘勰《文心雕龙·通变》

【设文之体有常，变文之数无方】设：确立。体：体裁。常：一定，稳定。数：方法。无方：无常，经常变化。意思是，确立一种体裁，它是相对稳定不变的，而写作方法，却是因人因题材的不同经常变化的。说明体裁与题材的关系。南朝梁刘勰《文心雕龙·通变》

【思无定契，理有恒存】思：文思，思路。定契：一定的规则。理：写作原理，规律。恒存：永远长存。意思是，写文章的思路并没有一定不变的规则；但是，写作的基本原理，却永远长存，不可违背。说明写作的思路与原理的辩证关系。南朝梁刘勰《文心雕

龙·总述》

【望今制奇,参古定法】 今:当今。参古:参考古代。制奇:创作出杰出的作品。定法:确定最佳的写作手法。意思是,看准当今时代的脉搏和趋势,选择代表时代特色的题材,参考古代的写作方法,创作出时代的代表作。南朝梁刘勰《文心雕龙·通变》

【夸而有节,饰而不诬】 夸:形容,夸张。节:分寸。饰:修饰。诬:过分,违背实际。意思是,写文章运用形容、夸张,要有分寸,修饰不能过分,违背实际情节。南朝梁刘勰《文心雕龙·夸饰》

【异音相从谓之和,同声相应谓之韵】 异音:指平仄声。同声:指押韵,即韵母相同声母不同的字。意思是,作诗运用平仄声就叫和,运用同声(韵母相同)字就叫韵。南朝梁刘勰《文心雕龙·声律》

【博见为馈贫之粮,贯一为拯乱之药】 馈:进食。贫:贫乏,没有东西可写。意思是,见识广博,就成为补救贫乏的粮食;中心一贯,就成为拯救杂乱的药方。南朝梁代刘勰《文心雕龙·神思》:"然则博见为馈贫之粮,贯一为拯乱之药,博而能一,亦有助乎心力矣。"

【意在笔先,趣在法外】 意思是,书法、绘画创作,意思要在落笔之前就在脑子里形成,而得到的情趣却在一般法则之外,是事先未曾想到的效果。清朝郑燮《画论》

【泪眼描将易,愁肠写出难】 意思是,人的外部形态容易描绘,而人的内心情感要描绘出来,就很难。唐朝薛媛《写真寄夫》

【独照之匠,窥意运斤】 运斤:《庄子·徐无鬼》讲"匠石运斤成风",说一个匠石工人,用斧子把一个人鼻子上沾的白土削去,却不碰伤鼻子。意思是,创作生活丰富,技巧高深,就像有独特高超技艺的工匠一样,凭着意象来进行创作,精微生花。南朝梁代刘勰《文心雕龙·神思》:"独照之匠,窥意象而运斤。"

【触类以推,表里必符】 意思是,由此类推,著作外表的文辞,

和作者内在的性情气质，一定是相符的，即文如其人。南朝梁代刘勰《文心雕龙·体性》

【精理为文，秀气成采】意思是，用精微的道理作文章，卓越的才气构成辞采。南朝梁代刘勰《文心雕龙·徵圣》

4. 文风

【十年磨一戏】磨：反复修改精练，不断排练。意思是，一部好戏需要很长时间的反复修改精练，不断排练，很不容易。

【人间成败论英雄，野史荒唐恐未公】意思是，如果以成败作为评论英雄的标准，那是不公平的。《岭云海日楼诗钞·有书时事者为赘其卷端四首》

【下笔千言，离题万里】意思是，文章写得很长，但离题目很远，也作"口若悬河，离题万里"。比喻写文章，说话办事抓不住中心，漫无边际，主题目标不明确。

【千部一腔，千人一面】腔：腔调。面：面孔。原意是，许多戏曲都是一个腔调，里面的人物形象都是一个脸谱。现在比喻文学艺术创作中，犯的公式化、程式化，缺乏生活气息的僵化倾向。《红楼梦》第一回

【为人不可以有我，作诗不可以无我】意思是，做人不能以我为是，以我为中心；但写诗必须有自己的真实感情，独特的风格。清朝袁牧《随园诗话》卷七

【为学大病在好名】意思是，做学问的，最坏的是追求虚名。明朝王阳明《传习录》

【心同野鹤与尘远，诗似冰壶见底清】尘：尘世，社会污浊。冰壶：比喻人格高尚清白廉洁。意思是，人应该像野鹤一样，远离社会污浊的东西，写出的诗就会像冰壶一样见底清。唐朝韦应物

《赠王信御》

【心哀歌不乐,心乐哭不哀】意思是,表情是装不出来的。心中悲哀,唱歌乐不起来,内心快乐,扮哭也悲哀不起来。《淮南子·缪称训》

【心正则笔正,心歪笔难端】心正:心中无邪念。笔正:书法纯正。端:端正。意思是,书法只有心中无邪念才能达到书法纯正的效果。苏轼《书唐氏六家书后》

【心神无俗累,歌咏有新声】意思是,作诗者思想没有庸俗累赘,其作品就会有新的声音。唐朝邢象玉《古意》

【文质悬乎千载,劳逸差于万里】文质:指用词的朴实和浮夸。劳逸:指创作时生活充实随心应手因而安逸和缺乏生活挖空心思而劳苦的意思。意思是,创作以朴实的话和必起用浮华的文辞来,要相差千年;生活充实顺着心志写作的安逸,比起缺乏生活用空心思写作的劳苦,要相差万里。南朝梁代刘勰《文心雕龙·养气》

【文场笔苑,有术有门】意思是,在文场的园地里,创作是否成功,有个人的技巧问题,也有社会的门路问题。南朝梁代刘勰《文心雕龙·总术》

【文正铁面自古少,刚正不阿众口谗】意思是,自古以来就很少有铁面无情讲真话讲真理的,而刚正不阿就会遭到许多人的谗言诋毁。

【文贵真善美】意思是,文章最可贵的,是它反映真理,宣扬善良和美好。真善美与假恶丑相对,因此,文章最可贵之处就在于具备鞭挞社会假恶丑的东西。

【文人相轻】相轻:相互轻视,瞧不起。三国魏曹丕《典论论文》:“文人相轻,自古而然。”

【文贵工不贵速】意思是,做文章贵在精雕细刻,一丝不苟,而不是以写得快为贵。《聊斋志异·织成》

【文贵在启迪，取悦亦涕涟】意思是，文学品贵在给读者以启迪，有收获，而不是取悦人。

【文章诚可传，毁辱庸可伤】意思是，只要文章确实有流传的价值，被人攻击诋毁又有什么损伤呢？宋朝刘过《怀古四首·为知己魏倅元长赋兼呈王永叔宗丞戴少望》

【文章千古事，得失寸心知】寸心：指心中、心里，或知心、知音。意思是，写文章是流传千古的事情，是得是失，只有自己心里知道。现表示写文章应该明白的道理，不要粗制滥造。唐朝杜甫《偶题》

【文章无用等画虎，名誉过耳如飞蝇】意思是，无用的文章等于画虎类犬，名誉听完了就跟苍蝇飞过一样，不值什么。宋朝欧阳修《送徐生之渑池》

【文生于情，情生于文】意思是，写文章要对所写的东西有感情才写得好，人的感情也能从文章中体现出来。《晋书》

【文情不厌新，交情不厌陈】意思是，作文章，情节立意越新越好；交朋友情谊越长久越好。明朝汤显祖《得吉水刘年侄同升书唱然二首》

【文如其人，字如其人】如：同，像。意思是，文章是什么样，这个人的思想品质、性格、作风、爱好就是什么样的。从一个人写的字也能看出这个人是什么样的。

【文章草草皆千古，仕宦匆匆只十年】意思是，做文章与做官不同，文章流传千古久远，而做官不过才匆匆十几年就过去了。因此，治学做文章必须严肃认真。清朝黄景仁《呈袁简斋太史》

【文以纪实，言贵从心】意思是，文章是用以记录事实的，因此，最可贵的是说内心真话。太平天国洪仁玕等《戒浮文巧言谕》：“文以纪实，浮文所在必删；言贵从心，巧言由来当禁。”

【不以文害词，不以词害志】意思是，不能因为拘泥文字而错误地理解词句，也不能因为拘泥词句而错误地理解原文的本意。

《孟子·万章上》

【不求好句,只求好意】 意思是,写文章不能矫揉造作,追求辞藻,而在于文章的意义要有价值。宋朝欧阳修《吊僧诗》

【天下文章一大抄】 意思是,文章写来写去都差不多,没什么新鲜有特色的,甚至有雷同的。

【习华随侈,流遁忘反】 反:返。意思是,文风不正,跟随着浮华侈靡的风气跑,就会流入歧路而不知道回头。南朝梁代刘勰《文心雕龙·风骨》

【丑媳妇总要见公婆面】 通常是谦虚之词。意思是,作品写得不好,但总要拿出来和大家见面。

【风动于上,波震于下】 风:指社会政治影响。意思是,社会政治的影响像风那样在水上面吹动,文学创作便会像水波那样在下面震荡起来。比喻文风受政治的影响。南朝梁代刘勰《文心雕龙·时序》

【巧丽者发之于平淡,奇特者行之于简易】 意思是,精巧瑰丽的作品产生于内容平淡,奇幻怪诞的作品产生于简单平易。《永乐大典·诗》

【节义傲青云,文章高白雪】 节义:气节,忠义,品质高尚。白雪:纯洁高雅。意思是,作者的品质高尚,写出的文章自然纯洁高雅。《琼琚佩语·修己》

【乐心在诗,君子宜正其文】 意思是,音乐的心灵在于诗歌,因此,高尚的诗歌的作者应该端正思想,作出堂正健康的歌词。南朝梁代刘勰《文心雕龙·乐府》

【用人若己,古来无懵】 懵:迷糊,懵懂。意思是,选用别人的事例,要能像自己的话一样,自古以来的才人都是这样的,从来都是做得不含糊的。南朝梁代刘勰《文心雕龙·事类》

【台上几分钟,台下十年功】 意思是,在台上表演几分钟,在台下要练十年的功夫。说明要演好一场戏,演员要用很多时间练功，要吃很多苦，观众才能享受一次最精湛的艺术大餐。

【百龄影徂，千载心在】 影徂：犹形逝，形体消失。意思是，文章要经得起时间的检验，百岁之后，虽然身影已经消逝，可是，经历千年，思想精神还存在。南朝梁代刘勰《文心雕龙·徵圣》

【百炼成字，千炼成句，万炼成章】 意思是，写文章要千锤百炼，不可一蹴而就。宋朝尤柔《全唐诗话》卷三：前一个"成"是"为"。

【百花齐放，百家争鸣】 比喻一种繁荣民主的政治气氛。毛泽东《关于正确处理人民内部矛盾的问题》："百花齐放，百家争鸣的方针，是促进艺术发展和科学进步的方针。艺术上不同的形式和风格可以自由发展，科学上不同的学派可以自由争论。利用行政力量，强制推行一种风格，一种学派，禁止另一种风格，另一种学派，我们认为会有害于艺术和科学的发展。对于是非问题，应该通过自由讨论和实践去解决。"

【执术驭篇，似善弈之穷数；弃术任心，如博塞之邀遇】 弈：指下围棋。数：技巧。博塞：古代赌博名，分五道赌决定胜负。塞，执琼（似骰子）的叫做博，不掷的叫塞。意思是，掌握写作技巧来驾驭篇章，好像善于下棋的深通棋术；抛弃写作技巧，凭着主观随意去写，效果怎么样，就好像赌博的碰运气一样。南朝梁代刘勰《文心雕龙·总术》

【刚柔以立本，变通以趋时】 意思是，按照文章的刚柔来建立创作的根本要求，适应时代的演变来求变通。南朝梁代刘勰《文心雕龙·熔裁》

【各师成心，其异如面】 意思是，每个作家都是凭着自己的认识写作，作品正像他们的面貌各不相同一样，其风格是不一样的。南朝梁代刘勰《文心雕龙·体性》

【两耳不闻窗外事，一心猎奇妙文章】 意思是，不深入社会，不深入生活，只得奇思妙想，靠猎奇哗众取宠。

【闭门造车,出门合辙】辙:车迹。古代的车两轮之间的距离是一定的,关闭起门来造出的车子,出门使用时能与路上的车迹相合。原意是只要按照统一规格制造,即使关起门来,也是符合标准的。后人反其意用之,比喻脱离客观实际,只凭主观办事。

【言之文,天地之心灵】意思是,文章的语言要有文采,这是天地的心灵。南朝齐代刘勰《文心雕龙·原道第一》

【邠诗联章以积句,儒行缛说以繁辞】邠诗:指《诗经·邠风·七月》分八章,每章十一句,较全面地讲了农业劳动,但文字很短。儒行:指《礼记·儒行》,讲儒者的行为志节等,分为十六种,文字却很繁复。意思是,《诗经·邠风·七月》里都是积句成章,连章成篇,却把农业劳动讲得较全面;而《礼记·儒行》都是讲儒者的行为志节,却反复申说,文辞很繁复。意即文章以简约为贵。南朝齐代刘勰《文心雕龙·徵圣》

【穷高以树表,极远以启疆】意思是,那些经书,都是建立起最高的标准,开拓出最广阔的领域标杆。南朝梁代刘勰《文心雕龙·宗经》

【时运交移,质文代变】意思是,时代风气在交替着发生变化,崇尚质朴或文采各代不同。南朝梁代刘勰《文心雕龙·时序》

【时间无限丹青手,一片伤心画不成】丹青手:指画家。比喻人的伤心情感很难用笔描绘出来。唐朝高蟾《金陵晚望》

【改文还比写文难】改:修改。文:文章。意思是修改文章比起草文章还困难。意即突出文章修改的重要。

【明知爱惜终须割,但得流传不在多】意思是,对于文章,必须忍痛割爱,反复删改,只要能留给后世就行,而不在于数量多。清朝袁牧《隋园诗话》卷三

【名手不落套】名手:指名家。套:陈规俗套。意思是,名家的文学艺术是各有特点性格,不落俗套。

【金奖银奖不如群众的夸奖,金杯银杯不如群众的口碑】比

喻只有群众的赞扬和肯定才是最高的荣誉和成就。

【国风好色而不淫，小雅怨诽而不乱】淫：过分。诽：讥讽。乱：没有节制。意思是，“国风”写恋情而不过分，“小雅”写怨愤而有节制。南朝梁代刘勰《文心雕龙·辨骚》

【衣帽华不得，文章淡不得】华：华丽。淡：平淡无味。意思是穿着要朴素大方，而文章不能平淡无味。宋朝严羽《沧浪诗话·李白》

【浮假者无功】意思是，浮言虚假的文辞，在文章中毫无价值。南朝梁刘勰《文心雕龙·丽辞》

【须教自我胸中出，切忌随人脚后行】意思是，写诗必须是自我感受和独具风格，最忌的是拾人牙慧，模仿别人，跟人后头跑。宋朝戴复古《石屏诗集·论诗十绝》

【纱帽底下好题诗】纱帽：指有官职的人。意思是，有官职加身的人写诗。不是官职给了他才质，而是诗因为权势有人捧吹。清朝李汝珍《镜花缘》第十八回

【晋世群才，稍入轻绮】晋世：晋代。轻绮：浮华，内容不充实而追求文采。意思是，到了晋代，许多诗作家，开始不注重诗的内容而追求文采，稍有流于轻浮绮丽的不好倾向。南朝梁代刘勰《文心雕龙·明诗》

【靡辞无忠诚，华繁不结实】靡辞：华丽浮浅的言辞。华：花。实：果实。意思是，写文章修辞应该朴实，恰到好处。那种惯于用靡靡之辞的文章，是为了哗众取宠，是不老实的表现，这跟花多不结果实是一样的道理。汉朝孔融《临终诗》

【酌奇而不失其贞，玩华而不坠其实】贞：正，正确。意思是，采择奇伟的内容而不失去它的正确；鉴赏香花而不失掉它的果实。也可以从字面理解：采择奇奥的内容而不失去他们的节操，赏玩华丽的辞藻而不失去事情的真实性。南朝梁代刘勰《文心雕龙·辨骚》

【道非文不著,文非道不生】 道:真理。文:文章。意思是,没有真理,就写不出文章;没有文章,真理就不会有存在的平台了。元朝郝经《陵川集·原古录序》

【卖艺不卖身】 卖艺:旧时艺人靠表演艺术争钱糊口,所以叫卖艺。卖身:出卖肉体。意思是,只出卖艺术,不出卖肉体。这是旧时艺人对地痞流氓的封口语,表现艺人的高洁人格。

【真文不媚时,甘受人弹弋】 媚时:讨好世俗。弹弋:攻击,诋毁。意思是,真正好的文章不讨好世俗,去迎合低级趣味,甘愿受人攻击诋毁。清朝孔尚任《长留集·赠吴镜菴》

【情者文之经,辞者理之纬;经正而后纬成,理定而后辞畅】 意思是,文章的思想内容是文章的经线,文辞是思想内容的纬线;经线正了,纬线才能组织上去,思想内容定了,文辞才能畅达。南朝梁代刘勰《文心雕龙·情采》

【僧敲月下门】 僧:出门修行的男性佛教徒,和尚。唐朝贾岛《题李凝函居》:"鸟宿池边树,僧敲月下门。"据传,贾岛写此句时,对僧字后边的"敲"字改了多次。先是"僧叫",觉得不合僧的身份,遂改为"僧开",又觉不妥;便改为"僧推",也觉既不符合僧的身份,也与"月下"夜景不协调;最后反复琢磨,改为流传到现在的"僧敲",认为最贴切。说明治学之严谨,用词之考究精准。后人以此典故比喻"推敲",严谨治学的作风态度。

【标心于万古之上,送怀千载之下】 意思是,文章的立论要站在高出万年以上,怀抱寄托在千年以后的高度上。无论时代怎样变化,都经得起历史和时间的考验。南朝梁代刘勰《文心雕龙·诸子》:"标心于万古之上,而松怀于千载之下,金石靡矣,声其销乎!"

【蜜会者以意新得巧,苟异者以失体成怪】 蜜会:深切地懂得。苟异:苟且求异。意思是,深通写作的,因为用意新颖写得巧妙,企图标新立异的,因为体裁不合变成了怪异。南朝梁代刘勰

《文心雕龙·定势》

【蝉蜕秽浊之中,浮游尘埃之外,皭然涅而不缁】 蝉蜕:从蝉蛹蜕变出蝉的成虫。尘埃:尘土。皭然:皎洁。涅而不缁:染不黑。意思是,蝉蛹从污浊的尘土中,浮游到尘土外面,身上不但一尘不染,皎洁得连染液染不黑。比喻人格高尚纯洁得无与伦比。南朝梁代刘勰《文心雕龙·辨骚》

【琢雕自是文章病,奇险尤伤气骨多】 意思是,写文章过分修饰自然是文章的弊病,故意追求新奇惊险,尤其有损文章的精神和内容。宋朝陆游《读近人诗》

【学书费纸,饮酒费钱】 意思是,学习书法要多练,不怕浪费纸张,就跟饮酒不怕费钱一样。欧阳修:"学书费纸,犹胜饮酒费钱。"

【取其精华,去其糟粕】 精华:事物中最好的部分。糟粕:像酒糟一样无用的东西。意思是,吸取其中好的或有用的部分,剔除其中坏的或无用的东西。

【观其文可以知其人】 意思是,看懂他的文章,就知道他是一个什么样的人。清朝王豫《蕉窗日记》卷一

【言心声,书心画】 言:指文章。书:书法。意思是,文章书法都是内心世界的表现。只不过文章是代表他的心声,书法是代表他的形象。汉朝杨雄《法言·问神》

【言既身文,信亦邦瑞】 意思是,语言既是自身的文采,那么,诚信也是国家的祥瑞,即语言的真假虚实,不仅关系到作者自身,更关系到国家的盛衰命运!南朝梁代刘勰《文心雕龙·书记》:"言既身文,信亦邦瑞,翰林之士,思理实焉。"

【论文期摘瑕,求友惟攻阙】 期:期待。摘瑕:指出毛病缺点。功阙:指出缺点和不足。意思是,评论文章要同交结朋友一样真诚,指出文章的毛病缺点。清朝黎志远《汉阳舟次》

【诗之外有事,诗之中有人】 意思是,诗中包含着社会上的

事,诗内深藏着作者的思想感情。清朝黄遵宪《人境庐诗草自序》

【诗品出于人品】 诗品:诗的品位。人品:指诗作者的品质。意思是,诗品是由人品决定的,有什么样的人品就有什么样的诗品。清朝刘照载《艺概·诗概》

【愈穷则愈工】 穷:诗人穷困潦倒。工:成熟,工巧。意思是,诗人的遭遇越是穷困潦倒,他的作品就越是成熟工巧。宋朝欧阳修《梅圣俞诗集序》

【多病题诗无好句】 意思是,身体多病,写不出好的诗作来。宋朝陈与义《定风波·重阳》

【意少一字则义阙,句长一言则辞妨】 意思是,达意时,少一个字意义就缺漏了,句子里多余一个字,在文辞里就有妨碍。南朝梁代刘勰《文心雕龙·书记》

【意新而不乱,辞奇而不黩】 黩:亵狎,不严肃,有浮滑意。意思是,写文章要立新意但不能产生混乱;文辞力求新奇但不能违反严正的修辞手法。南朝梁代刘勰《文心雕龙·风骨》

【辞尚体要,弗惟好异】 意思是,文辞要注重在体察文章的要义上,不要企图标新立异,用些谁也不懂的幻句滥辞。南朝齐代刘勰《文心雕龙·徵第二》

【辨物正言,断辞则备】 辨物:辨明事物。断:决断。意思是,文章要辨明事物,给以正确说明,使语言明晰恳切无歧义,表达意思完备充分。南朝齐代刘勰《文心雕龙·徵圣第二》

【譬万钧之洪钟,无铮铮之细响】 意思是,好的文章好比万钧重的大洪钟,给人以震撼,而不是发出铮琮的细小声音。南朝梁代刘勰《文心雕龙·宗经》

【激水不漪,槁木无阴】 漪:涟漪,微波。意思是,激起的浪花没有涟漪的水纹,枯死的树木不会有浓密的遮阴。比喻文章要切合客观生活实际,人为地着意造作和丰富多彩不好。南朝梁代刘勰《文心雕龙·定势》

【繁华损枝，膏腴害骨】 意思是，繁多的花叶损害枝干，太多的脂肪损害骨架。比喻文章浮词废话太多，损害文章的主题和要义。南朝梁代刘勰《文心雕龙·诠赋》

5. 鉴赏

【一台锣鼓半台戏】 意指乐器伴奏在戏曲演出中的重要位置和作用。

【三分诗七分读】 原意是，诗作不佳，是因为朗诵得好才像个样。后用以说明诗要讲究朗读，用心体味。宋朝周密《齐东野语》："昔有以诗投东波者，朗诵之，而请曰：'此诗有分数否？'波曰：'十分。'其人大喜。波徐曰：'三分诗，七分读耳。'"

【不截盘根无以验利器，不剖文奥无以辨通才】 意思是，不截断盘根措结的树根，就无从检验斧子的利钝；不剖析文章的奥妙，就无从辨别是否具有精通创作的才能。南朝梁代刘勰《文心雕龙·总术》

【太山遍雨，河润千里】 太山：泰山。意思是，好文章像泰山上的云气，能够使遍天下都下甘雨，像黄河的水，可以使几千里的原野都受到灌溉一样。南朝梁刘勰《文心雕龙·宗经》

【兰为国香，书亦国华】 意思是，兰花是国色天香，是国内最好的香花；书也是国内最好的香花。南朝梁掉刘勰《文心雕龙·知音》："盖闻兰为国香，服媚弥芬；书亦国华，翫绎方美。"

【宁饮三斗醋，不听无谓句】 无谓：无味，没有品味的必要。意思是，文章干瘪，味同嚼蜡，读这样无味的句子，还不如饮酸醋。《陈与义集·送王周士赴发运司属官》

【乐本心术，响浃肌髓，务塞淫滥】 意思是，音乐史规据性情制作的，所以它的影响深入人的骨髓，因此，务必要阻止淫荡浮靡的音乐。南朝梁代刘勰《文心雕龙·乐府》:“夫乐本心术,故响浃肌髓,先王慎焉,务塞淫滥。”

【字以训正,义以理宣】意思是,文章的文字凭解释来确定含义,文章的题义要用理论来加以说明。南朝梁代刘勰《文心雕龙·指瑕》

【有假诗文,无假山歌】意思是,诗文多系墨客文人所作,不一定都是真实情感;而山歌是劳动者的真实心声,所以无假。明朝冯梦龙《序山歌》

【先观天真,次观笔墨】天真:天然情趣。笔墨:技法。意思是,欣赏美术作品,先看它是否有天然情趣意境,,其次看它运用笔墨的技法。元朝汤垕《画鉴》

【动人春色无须多】比喻文学艺术只要精炼生动,不在于长篇大幅。宋朝陈善《扪虱新语》:“嫩绿枝头红一点,动人春色无须多。”

【会己则嗟诵,异我则沮弃】嗟诵:感叹欣赏地朗诵,沮弃:不耐烦地放弃。意思是,看到合乎自己爱好的文章便赞叹地朗读,不合自己口味的文章就看不下去,加以抛弃。南朝梁代刘勰《文心雕龙·知音》“诵”原文为“讽”。

【丹青初炳而后渝,文章岁久而弥光】丹青:丹砂和青雘两种可做颜料的矿物,是中国古代绘画常用之色,这里指画作。意思是,丹青的颜色开始鲜明而后来便暗,文章则越久却越显出光彩。南朝梁代刘勰《文心雕龙·指瑕》

【汉初四言,五言两汉】汉初:指汉朝的初期。四言、五言:四言诗、五言诗。两汉:指西汉、东汉。意思是,四言诗在汉朝初期就已经成熟了,五言诗在两汉已经有了。南朝梁代刘勰《文心雕龙·明诗》

【后进追取而非晚,前修久用而未先】意思是,好的经典文章,后辈从中探索并不嫌晚,前辈长久运用并不觉得占先,它的意

义发掘不完。南朝梁代刘勰《文心雕龙·宗经》

【声一无听,物一无文】 一:单一。文:文采。意思是,只有单一的声音,就不好听;只有一种颜色,就没有文采,不好看。《国语·郑语》

【抑滞必扬,言旷无隘】 意思是,抑滞浮躁华而不实的坏文风,好的规正的文风必然得到褒扬,这样,内容就广阔而不窄隘。南朝梁代刘勰《文心雕龙·诠赋》

【英华弥缛,万代永耽】 弥缛:更丰富。耽:酷爱,喜爱。意思是,诗的文采丰富,为万世的人所永远喜爱。南朝梁代刘勰《文心雕龙·明诗》

【形器易徵,谬乃若是;文情难鉴,谁曰易分】 意思是,具体的有棱有角的东西容易考察,却还有发生谬误的时候,更何况文章呢?更难以鉴别。谁说文章容易分别?南朝梁代刘勰《文心雕龙·知音》

【建安之初,五言腾涌】 建安:汉献帝年号,(公元196——220年)当时曹操执政,是五言诗的极盛时期。意思是,到了建安初年,五言诗蓬勃涌现出来。南朝梁代刘勰《文心雕龙·明诗》

【死蛟龙不如活老鼠】 比喻写文章作诗等文学艺术创作,不能死板无生气,要活泼,有生活气息,充满生机。清朝袁牧《随园诗话补遗》卷一

【其曲弥高,其和弥寡】 弥:更加,越。和:跟着唱,附和。意思是,乐曲的品位越高,跟着唱的人就越少。原比喻知音难得,现多用以批评脱离群众和现实。战国楚宋玉《对楚王问》

【看景不如听景】 意思是,亲眼观看风光景色,不如听别人讲更生动诱人。

【练于骨者,析辞必精;深乎风者,述情必显】 意思是,凡是惯于修炼文骨的,其作品辨析文辞一定精当;凡是能够深通文风的,作品表达感情一定明显。南朝梁代刘勰《文心雕龙·风骨》

【质文沿时，崇替在选】崇替：兴废。意思是，文章从质到文总是顺着时代转变，有时发展，有时倒退，欣赏什么样的文章，在乎善于选择。南朝梁代刘勰《文心雕龙·时序》

【流郑淫人，无或失听】流：放荡。郑：郑国的靡靡之音。意思是，放荡的靡靡之音会迷惑人，淫乱人的情感。千万不要失掉正确的听觉，不要去听。南朝梁代刘勰《文心雕龙·知音》

【俗监之迷者，深废浅售】监：监察，观察。售：得售，得到赏识。意思是，那些世俗的糊涂人，对内容深沉经典之作反而抛弃，对那些浅薄的作品反而赏识。南朝梁代刘勰《文心雕龙·知音》

【若将字字论心术，恐有无边受屈人】意思是，如果只根据史书评定历史人物，不加分析研究，恐怕要冤屈很多人了。元朝刘因《读史》："记录纷纷已失真，语言轻重在词臣，若将字字论心术，恐有无边受屈人。"

【昭昭若日月之明，离离如星辰之行】意思是，文章写得像日月照耀得那样明亮，像天上的星宿那样排列运行有序。南朝梁代刘勰《文心雕龙·宗经》

【唱戏的是疯子，看戏的是傻子】意思是，演员表演得栩栩如生，生动感人，就像真的一样；观众看得全神贯注，都入了迷。

【阳春白雪，和者盖寡】阳春、白雪：古代楚国的歌曲名，属于较高级的音乐。后用以比喻高深的文学艺术作品，与"下里巴人"相对。和：唱和，跟着一起唱。盖寡：很少。意思是，高级的文学艺术脱离多数人的欣赏水平，喜欢的人很少。《后汉书·黄琼传》："《阳春》之曲，和者必寡；盛名之下，其实难副。"毛泽东"文革"后期南方讲话中讲到他自己时，引用此语："阳春白雪，和者盖寡，盛名之下，其实难副。"

【往者虽旧，余味日新】意思是，以前那些精典的文章虽然是旧的，可是体味它的思想艺术，意味无穷，一天天给人以新的启发。南朝梁刘勰《文心雕龙·宗经》

【能理乱丝,始可读诗】意思是,阅读欣赏诗,要有很高的耐性,要像梳理乱丝一样,不能性急求快,要慢慢品味体会。明朝杨慎《古今谚》

【奇文共欣赏,疑义相与析】奇文:绝妙独到的好文章。疑义:疑惑难理解的地方或问题。意思是,绝好独到的好文章,大家共同欣赏,对文章中有疑惑难理解的问题,同大家一起相互切磋分析探讨。晋代陶渊明《移居二首》

【沉浸醲郁,含英咀华】沉浸:指思想深沉。含英咀华:细细品味体会文章的精华。意思是,欣赏文学艺术,要有浓烈而又深沉的思想情感,如同咀嚼精美的食物一样,对其细细品味体会。唐朝韩愈《进学解》

【宽心应是酒,遣兴莫过诗】意思是,宽畅心怀应该是酒最好了,调遣兴致莫过于吟诗最痛快了。唐朝杜甫《可惜》

【美物者贵依其本,赞事者宜本其实】意思是,美化一种东西,最可贵的是依照它的本来面目,不改变它的本来面貌;赞颂一件事情,要按照它的本来实际,不要改变它的实质。晋代左《三都赋》

【终古虽远,僾焉如面】终古:古代的今天,远古。僾焉:状仿佛。刘勰主张宗经。就是说,六经离开当时虽远,贯彻宗经主张后就不远了,好像就在眼前,可以作为范例。意思是,古代虽然遥远,又仿佛就在面前。刘勰懂得"文变染乎世情",那么,主张"宗经"就是不可能的。当然,借鉴是可以的。

【诗言志,歌咏声,舞动容】意思是,不同的艺术形式,有不同的功效。《礼记·乐记》

【诗为乐心,声为乐体】意思是,诗歌是音乐的心灵,声调是音乐的形体。南朝梁代刘勰《文心雕龙·乐府》

【将核其论,必徵言焉】意思是,要核实评论正确与否,一定要考查原作中的话。南朝梁代刘勰《文心雕龙·辨骚》

【善鉴者不写，善写者不鉴】 鉴：鉴赏，评论。意思是，善于鉴赏的人不书写，善于书法的人不鉴赏。晋代王羲之《书论》

【落落之玉，或乱乎石；碌碌之石，或似乎玉】 落落：玉的美好状。碌碌：石头状。意思是，美好光润的玉，有时和石头相混在一起，洁白的石头有时像玉。比喻文章瑕瑜易混，真假难辨，优劣难分。南朝梁代刘勰《文心雕龙·总术》

【鉴悬日月，辞富山海】 意思是，观察明白得像高挂在天空的日月一样明亮，文辞繁富得像山河海洋一样高深。南朝梁代刘勰《文心雕龙·徵圣》

【繁采寡情，味之必厌】 意思是，辞采虽多而缺少感情，体味起来，一定令人生厌。南朝梁代刘勰《文心雕龙·情采》

八、事业

1. 惜时

【一日之计在于晨,一年之计在于春】意思是,一天之中的早晨,一年之中的春季,是最宝贵的时间。抓紧用好了早晨,关系到全天的工作效率;抓住了春季的工作,关系到全年的劳动成果。

【一寸光阴一寸金,寸金难买寸光阴】光阴:时间。意思是,时间非常宝贵,比金子还贵重,一寸金子难买一寸光阴,一分一秒都不要浪费。

【一万年太久,只争朝夕】意思是,世界发展很快,时间紧迫,要用争朝夕的精神,加快建设国家。毛泽东《满江红 · 和郭沫若同志》

【人过三十不学艺】艺:泛指各种技艺。意思是,人过了三十岁就学不了技艺。人过了三十岁学习技艺肯定要比青少年时期困难很多,但也不乏能人,过了三十岁开始学习技艺很有成就,著名大画家齐白石七十岁开始作画,成了名家,现代所谓达人五六十岁才成名。所谓晚达者未必不达就是明证。

【人寿百岁能几何,后来媳妇今为婆】意思是,时间过得很快,人生短促,晃眼就老了,应该珍惜青春年华。《休洗红二首》

【三日不见面,莫作旧时看】意思是,人是在不断变化的,不要用老眼光看人。含有不要轻视、瞧不起人,不要犯势利眼的毛

病之意。《景德传灯录》卷二十三

【大江东去不回头】比喻时间一去不复返。李白《庐山谣寄卢侍御虚舟》:“登高壮观天地间,大江茫茫去不还。”

【三冬劳聚学,驷景重兼金】三冬:三年。驷景:形容光景像四匹马驾的车一样跑得快。意思是,光阴过得很快,时间比金子还贵重,应该把几年劳苦学来的知识,抓紧应用于实践。唐朝孟简《惜分阴》

【山中方一日,世上已千年】意思是,局势发展变化迅速巨大。南朝宋刘义庆《幽明录》

【洞中方一日,世上已千年】民间传说故事:有一牧童放牛误入一山洞,只见是另一个世界:阳光明媚,翠竹亭亭,绿树荣荣,流水潺潺,鸟语花香,亭阁宅舍如天宫一般;市井棋布,市肆毗连,市贾不贰;男女老少融融和和,书声琅琅,乐声绵绵,舞女蹁跹。他被吸引住了,忘记了放牛,在里面游玩了一天。眼见红日落山,他急忙从洞中出来。可是,外面一切面目全非陌生,他不知道到了什么地方,谁都不认识。他四处找家,百般打听,寻问父母亲人,都说不知道。最后,一位学者从历史档案中发现,他就是传说的一千年前那个失踪的牧童。原来,时间已经过去了一千年。比喻时间过得很快,世界变化很快。

【坐地日行八万里,巡天遥看一千河】坐地:在地球上。八万里:地球赤道约八万里,一天一夜自转一周的长度。巡天:巡视天空。一千河:宇宙中的无数条星河。意思是,我乘着地球这个挪亚方舟在太空遨游,一天一夜行走了八万里,巡视宇宙,遥看了一千座星河系。极言时间过得特别快。毛泽东《七律二首·送瘟神》

【夕阳无限好,只是近黄昏】比喻人到了晚年虽然像夕阳一样美好,可是,人生的时间毕竟所剩不多了。虽很乐观通达,但也暗含无奈伤感。唐朝李商隐《乐游园》

【夕阳无限好,何必论黄昏】意思是,既然夕阳无限美好,那又有什么必要谈论时间不多了呢?美好的晚年值得赞美珍惜,无须惆怅。

【小孩记得千年事】意思是青少年记忆力强,而且终生不忘。

【子在川上曰:逝者如斯夫】子:孔子。川上:河边。夫:语气词。意思是,孔子站在河边上感慨地说:时光消逝得跟这河水一样快啊!《论语·子罕》

【历代英雄出少年】意思是,历史上的英雄豪杰都是出于青少年,或者说,青少年时代是出英雄的时代。

【日中必熭,操刀必割】熭:也作彗,晒,晒干。意思是,太阳当头时,赶快把东西搬出来暴晒,把东西晒干;手里拿着刀,就必定要割东西。比喻机不可失,时不可错,充分发挥有利时机有利条件。西汉贾谊《治安策》

【日月如梭,光阴似箭】比喻时间过得很快,应该珍惜时间。清朝《早打点歌》

【日月逝矣,岁不我与】意思是,时间已天天地消逝了,年岁不等待人,要珍惜时间。《论语·阳货》

【日月争驰驱,民生谁获休】意思是,时间过得很快,所以,人们谁也不能过得休闲。明朝屈大均《过涿州作》

【今天只有一个】意思是,时间一去不复返,过了一天就少一天。

【今天的事今天做】意思是,每天的时间对谁都是一样的,不可能给谁长一点。每天有每天的事,应该抓紧时间做完当天的事,拖到明天就影响明天的工作。

【今天的小苗,明天的大树】比喻少年儿童是国家未来的希望和栋梁之材,要关心少年儿童的健康成长。

【少年辛苦终身事,莫向光阴惰寸功】意思是,少年时代勤奋辛苦一点,把学习搞好,是关系到一辈子的大事。千万不要偷懒

虚度一寸光阴。唐朝杜荀鹤《题弟侄书堂》

【去日不可追，来日犹可期】犹：还，尚且。期：期待，希望。意思是，已经过去的时间不能追回来了，但未来的希望还是可以寄托的，时间很快就来了，再不努力，又过去了。明朝胡翰《示项生》

【来日苦短，去日苦长】来日：未来的时光。去日：已经过去的时光。意思是，人生的时间太短了。晋代陆机《短歌行》

【长江后浪推前浪，世上新人超旧人】新人：年轻人。旧人：老一辈人。意思是，时代在前进，社会在发展，一代更比一代强，年轻人的能力超过了老一代。明朝冯惟敏《海浮山堂词稿·河西六娘子》

【白日莫闲过，青春不再来】意思是，在大好的青春时期，不要闲度了时间，青春时期很快就过去了，再也回不来了。唐朝林宽《少年行》

【白日无定影，清江无定波】意思是，太阳在不停地移动，清江的水不停地流动。比喻时间不断地流逝，教育人们惜时，奋进。《全唐诗》

【白日去如箭，达者惜分明】达者：达人，通达事理的人。意思是，时间过得飞快，通达事理的人珍惜一分一秒的光阴。宋朝朱敦儒《水调歌头》

【丝染无复白，鬓白无重黑】意思是，丝染了色再也恢复不了原来白色，两鬓白了再也不会重新变黑了。比喻人老了，青春一去不复返，教育人要珍惜青春。清朝施闰章《古意》

【灯光纵白终非晓，霜叶虽红不是春】意思是，灯光再亮也不是白天，霜叶虽红得很美但也不是春天。比喻人老了，精力再旺盛，精神再焕发，也不比青年人了。《小仓山房诗文集·遣兴》

【过了十五，敲锣的敲锣，打鼓的打鼓】意思是，过了正月十五，年就过完了，不能再休闲了，该干什么的还干什么去。

【光阴似箭催人老，日月如梭逼少年】意思是，时间过得很快，青少年要抓紧时间刻苦学习。元朝高明《琵琶记·牛相教女》

【岁月如流，光阴似箭】流：流水。比喻时间过得很快，而且一去不复返。

【岁月不居，时节如流】不居：不停留。意思是，时间不会停留，像流水一样，流过去就不返回。三国魏孔融《与曹公论盛孝章书》

【后生可畏，来者难诬】诬：胡说乱猜。意思是，青年一代胜过老年，可敬可畏。他们的下一代怎么样呢？不能胡说乱猜。三国魏曹丕《与吴质书》

【年年岁岁花相似，岁岁年年人不同】意思是，花的样子年年差不多，而人的容貌年年不一样，一年比一年老。唐朝刘希夷《代悲白头翁》

【年难留，时易陨】陨：坠，落，流逝。意思是，岁月不能挽留，时间容易流逝，应当珍惜时间。南朝宋谢惠连《鞠歌行》

【年少当及时，蹉跎日就老】蹉跎：磨蹭懈怠，时间白白过去，光阴虚度。意思是，趁年少好时光，抓紧时间学习奋斗。不要磨蹭懈怠，浪费时间，虚度光阴，因为转眼间人就老了。《乐府·子夜歌》

【闲愁闲闷日偏长】意思是，闲得没事干，心里就会愁闷，感到时间过得很慢，一天很长。宋朝晏殊《浣溪沙》："乍雨乍晴花自落，闲愁闲闷日偏长。"

【志士惜年，贤人惜日，圣人惜时】意思是，越是有志高尚的人，越是珍惜时间。清朝魏源《默觚·学篇》

【来世不可待，往世不可追】来世：未来。往世：过去。意思是，人生所谓来世是不可能有的，等待不了；已经逝去的时间追不回来，没有了。《庄子·人间世》

【志士惜日短，愁人知夜长】志士：有志之士。愁人：发愁，闲得没事干。意思是，怀有壮志的人叹息时间过得太快，总感到一天的时间太短；发愁的人则相反，总觉得时间过得太慢，感到一天的时间很长，难熬。晋朝付玄《杂诗》

【花有重开日，人无再少年】意思是，花凋谢了，明年还能重开；人却不能，花季一样的年华只有一次，过去了，就再也没有了。元朝关汉卿《窦娥冤·楔子》

【花儿不能长鲜，月儿不能长圆】比喻人的青春只有那么几年，一家人不可能长久在一起。《白雪遗音·花儿不能》

【花到三春颜色消，月过十五光明少】比喻青春易逝，应当珍惜青春年华。元朝王和卿《自叹》

【花不常好，月不长圆】比喻人不可能永远总是保持青春年华的美好。

【时不可失，丧不可久】意思是，时间应该抓紧，不可失去；如果失去了，也不要丧失太久长了。《国语·晋语》

【时过不可还】意思是，时间过去了就不复还。汉朝王修《诫子书》

【时不与留，一叶落天地秋】意思是，时间不给予人也不对任何人停留，转眼间树叶枯落了，秋天来了，一年又快过去了。唐朝李子卿《听秋声赋》

【机不可失，时不我待】意思是，计划不可丧失，因为时间不因为我丧失时机而等待。

【机不可失，时不再来】意思同“机不可失，时不我待”。

【盲人不知昼夜长】意思是，盲人分不清白天和夜晚。比喻有的人时间观念差。

【青春留不住，白发自然生】意思是，青春年华一去不复返，很自然地进入老年时代。唐朝杜牧《送友人》

【青春像一只小鸟，飞去不再飞回】比喻青春年华消逝得很快，而且一去不复返。

【明日不做今日事】意思是当天的事当天做完,今天的事不拖到明天去做。

【金乌西下,玉兔东升】金乌:太阳。玉兔:月亮。意思是,太阳落下了地平线,月亮从东边升了起来,天色已到傍晚时分。

【枯木逢春犹再发,人无两度再少年】意思是,枯木到了春天还能重新发芽,焕发出青春的活力;而人老了就老了,却没有两次青春。比喻青春的可贵。《增广》

【春花不红不如草,少年不美不如老】意思是,青少年应该打扮得俊俏美丽,这才像个青少年的样子。《小仓山房诗文集·少年行》

【莫道人行早,还有早行人】比喻不要以为自己先进,还有比自己更先进的《三侠五义》第三十回

【莫等闲,白了少年头,空悲切】等闲:轻易地,随随便便地。意思是,在青少年时代,不要让时间轻易地浪费了,免得到老了一事无成,空悲切。宋朝岳飞《满江红·写怀》

【莫道桑榆晚,微霞尚满天】莫道:不要说。桑榆晚:落日的余晖照在桑树榆树梢上的时候,比喻老年时光。意思是,不要说老了,时间不多了,余热不还放射着灿烂的霞光吗?还早着呢!意谓还可以发挥余热,继续奋斗。唐朝刘禹锡《酬乐天咏老见示》

【桑榆之光,理无远照】桑榆之光:夕阳光照,比喻人的晚年。比喻人到晚年,就像夕阳的光,按理说照不长远了。多比喻人生所剩时间不多了。《世说新语·规箴》

【难将百镒金,挽留一寸晷】晷:日影,这里指光阴。镒:古代重量单位,一镒合二十两,也有说合二十四两。意思是时间宝贵,应该珍惜。《野人请啸》卷上

【黄河清有日,白发黑无缘】意思是,黄河的水终有一天变清,可是,白发再也不会变黑了。比喻人老了再也不会年轻。唐朝刘采春《罗唝曲》

【新竹高于旧竹枝】 比喻年轻一代胜过老一代，一代更比一代强。

【新荷但比旧荷翠，旧荷总比新荷深】 荷：荷叶。意思是，新荷与旧荷比，新荷要青翠些，但旧荷翠绿得更深。比喻年轻人比老年人精力旺盛，朝气蓬勃，但老年人资历深，经验丰富。

【雏凤清于老凤声】 雏凤：指韩偓，小名冬郎，十岁就能赋诗。老凤：指韩偓之父韩瞻，字畏之。唐朝李商隐《韩冬郎即席为首相送，一座尽惊。他日，余方追吟："连宵侍坐徘徊久"之句有老成之风，因统一绝酬，兼呈畏之员外》："十岁裁诗走马成，冷灰残烛动离情。桐花万里丹山路，雏凤清于老凤声。"意思是儿子韩偓胜过父亲韩瞻。后以此语比喻年轻一代胜过老一代。

【黑发不知勤学早，白首方悔读书迟】 意思是，青少年时不努力学习，到老了想学也不行了。唐朝颜真卿《劝学》："三更灯火五更鸡，正是男儿读书时。黑发不知勤学早，白首方悔读书迟。"

【黑发不努力，白发干着急】 有两层意思，一层意思是青少年不努力，老一辈没办法，干着急；第二层意思是告诫青少年，要珍惜青春年华，努力学习，努力工作，如果虚度年华，老了就没有办法，自己干着急。

2. 谋略

【八字没有一撇】 比喻工作还远没有准备好，条件完全达不到。

【八仙过海，各显神通】 八仙：传说中的八大仙人，他们是：铁拐李，汉钟离，吕洞宾，张果老，曹国舅，韩湘子，何仙姑，蓝采和。《西游记》第八十一回："八仙过海，独自显神通。"通常表示各人拿出各人的高招，充分发挥每个人的积极性和创造性，把工作完成好。

【人而无信，不知其可】信：信用。可：可以，何从。意思是，做人不讲信用，就不知何从，实在不可以。《西游记》第一回

【三人行一人惑犹可改，三人行二人惑则不至】意思是，三个人一起走路，一个人糊涂迷惑还可以到达目的地，因为糊涂人占少数，明白人占多数，少数服从多数，是正确的；两个人迷惑糊涂，糊涂人占多数，明白人占少数，这时少数服从多数，是错误的，当然到达不了目的地。现比喻整体素质的优劣决定这个集体的水平和能力。《意林·庄子》："三人行而一人惑，所适者犹可改也，惑者少也；二人惑则劳而不至，惑者多也。"

【万分一累，且废千里】累：小毛病。意思是，驾驭千里马，只是因为缰绳长了一点这点万分之一的小毛病，却妨碍了跑千里路。比喻小毛病不纠正，就要影响全局。南朝梁代刘勰《文心雕龙》

【心同意合，谋无不成】意思是，只要同心同德，做任何事情都会成功。汉朝东方朔《非有先生论》

【不可乘喜而多言，不可乘快而易事】乘喜：趁着高兴、欢乐。乘快：趁着快乐。易事：轻易把事办了，失去慎重。意思是，说话办事要慎重认真，而不能凭着性情来。清朝王豫《蕉窗日记》卷二

【不鸣则已，一鸣惊人】鸣：鸣叫。惊人：使人意外，惊讶。意思是，不鸣叫则罢，一鸣叫就使人吃惊。现借用，比喻不干则罢，干出来就使人感到意外，惊讶。《史记·滑稽列传》："不飞则已，一飞冲天；不鸣则已，一鸣惊人。"

【不劳心苦思，不能原事】意思是，不劳费心机，认真思考，要做事情的愿望就不能实现。唐朝李筌《太白阴经·人谋》

【风无常顺，兵无常胜】比喻做任何事情不可能总是一帆风顺，不受挫折。明朝冯梦龙《醒世恒言·一文钱小事造奇冤》

【只有常败将军，没有常胜将军】意思是，百战百胜的事是没

有的。借喻做事不可能没有不失败的。

【失之东隅,收之桑榆】东隅:东边,指太阳升起的地方,比喻早晨。桑榆:指太阳落下的地方,比喻傍晚。比喻这个时候失败了,损失了,另一个时候胜利了,得到了补偿。《后汉书·冯异传》

【失不系心,得不形色】系心:挂在心上去不掉。形色:表现在脸上喜乐的样子。意思是,受点损失,或者失败了,不要总是挂在心上;有所得,或者胜利了,不要喜形于色,即对得与失应泰然处之。《三国志·魏书·高允传》

【得失得失,有得必有失】意思是,得与失是相反相成的,有得必有失,有失就有得。不可能只有得而无失,也不可能总是失而没有得。

【舍得舍得,只有舍才有得】意思是,只有付出才有收获。舍和得是相对而言的,相反相成的,有舍才有得,只得不舍是不可能的。

【庄稼要本,押宝要狠】意思是,种庄稼要下本钱,赌博下赌注要下狠心,敢赌。比喻办事要下功夫,有勇气和决心。

【百里之海,不能饮一夫;三尺之泉,可解万夫之渴】意思是,海洋很大,但却不能饮用。比喻无益的事虽然很大,但没有实际用处,不要做。《尉缭子·治本》

【吃饭先尝一尝,做事先想一想】比喻做事跟吃饭一样,先把情况搞清楚,想好了再做,不要盲干蛮干。

【吃不穷喝不穷,不会划算一世穷】一世:一辈子。意思是,应该吃喝的是不会造成穷困的,而不会计划就要穷困一辈子。

【吃不了兜着走】比喻说话办事不能凭想象胡来,警告对方,不要一意孤行,造成问题或损失跑不掉,要负责任的。

【早虑则不困,早豫则不穷】早虑:早考虑。早豫:早做准备。意思是,凡事要早有考虑,早做准备,就不会陷入困境。唐朝武则天《臣轨下·慎密章》

【先谋后事者昌，先事后谋者亡】谋：谋划，计划。事：做。昌：成功，胜利。亡：失败。意思是，做任何事，先经过周密的谋划和调查研究，然后再去做，就会成功胜利；反之，就要失败。《意林·太公金匮》

【事要缓缓想，做要急急行】意思是，在决策时，要周密策划，不可急躁毛糙；决策定了以后，就要抓紧时间实施，不能拖拖拉拉。明朝吕坤《呻吟语·应事》

【事者，生于虑成于务】意思是，办事，从思虑中产生做不做，怎么做；成不成，在于是不是务实专心。《管子·乘马》

【事无全遂，物不两兴】遂：顺利，遂心。意思是，办事没有全是顺利遂心的，事物也没有同时一样兴盛的。明朝徐祯稷《耻言》二

【事有不可知者，有不可不知者；有不可忘者，有不可不忘者】意思是，有些事情不可能知道，有些事情必须知道；有些事情不能忘记，有些事情必须忘记。《国策·魏策》

【事以密成，语以泄败】密：保密。泄：泄露秘密。意思是，办事注意慎重保密，就会成功；说话不慎泄露了机密，就会招致失败。《韩非子·说难》

【事前定，则不困】意思是，做事之前把事情研究好，干起来就顺利不困难。《礼记·中庸》："言前是，则不跲；事前定，则不困。"

【重权不审，不知轻重强弱之称；揣情不审，不知隐匿变化之动】意思是，重视权变但不审察，就不了解轻重、强弱的程度和分量；推断情况不周密，就不了解隐藏着事情的变化动态。唐朝李筌《太白阴经·人谋》

【重莫难于周知，揣莫难于悉举，事莫难于必成】意思是，重视权变最困难在于周密了解情况；推断敌情最困难在于全部掌握；做事最困难在于必须成功。唐朝李筌《太白阴经·人谋》

【路当坦处亦防倾】坦处:平坦处。亦:也,同样。倾:倾倒,跌倒。意思是,在平坦处走路,同样要防止跌倒。比喻在顺利时要防止犯错误,预防意外和困难。清朝田松岩《题劳山杖诗》

【雨毕而除道,水涸而成梁】梁:桥梁。意思是,雨停了,就去修理道路,水干了就到河上架好桥梁。比喻做事应该吸取经验,事先做好准备。《国语·昭公三年》

【谋先事则昌,事后谋则亡】意思是,做事先谋划后做,就会顺利完成;做起来后再去谋划就要失败。汉朝刘向《说苑·说丛》

【谋泄者事无功,计不决者名不成】意思是,计谋被泄露了,事就不会成功;做事犹豫不决,就成不了功。《战国策·齐策》

【谋及下者无失策,举及众者无顿功】顿功:指不成功。意思是,凡谋事与下级商量研究,不会失策;行动时发挥群众的作用,不会不成功。汉朝桓宽《盐铁论·刺议》

【谋事在人,成事在天】天:指事物的客观规律。意思是,谋划事情在于人的主观判断和努力,而事情成功不成功,要看做的这事是不是符合事物的客观规律。符合事物的规律,经过努力,就可以成功,违背了事物规律,无论怎么努力也是不能成功的。《三国演义》第一百零三回

【河海不择细流】河:泛指大江大河。意思是,大江大河和海洋其所以如此深广浩大,是因为它们胸怀博大,不拒绝接受涓涓之流。比喻人只有像河海一样的博大胸怀,才能成就一番伟大的事业。

【善射者不尽弓力】意思是,会射箭的高手,不把弓力用尽。比喻做事应该留有余地。《晏子》

【智周万物而不殆,曲成万物而不遗】意思是,智谋周密,任何事物都不会受到损坏,把问题考虑得复杂些,就什么都不会遗漏。唐朝李筌《太白阴经·人谋》

【贵出如粪土,贱取如珠玉】贵:价格高昂。贱:价格低贱。

出:抛出,卖出。取:买进。意思是,当商品的价格涨到很高时,赶快把货物像倒粪土一样卖出去;趁商品价格很便宜时,像取珠玉那样,赶快买进来。《史记·货殖列传》

【计较府库,量入为出】 计较:计划,比较,核点。意思是,根据实际财力和收入状况来决定支出。《三国志·魏书·卫凯传》

【猪有猪路,猫有猫道】 比喻各有各的本事。也说"猪走猪路,猫走猫道。"

3. 进取

【人间万事凭双手】 意思是,人世间一切事情都要凭自己去劳动创造。唐朝牛殳《琵琶行》

【三分钟的热血不如一分钟的实诚】 意思是,积极性不能持久,积极一阵子就完了。

【万事开头难,成功在坚持】 意思是,干任何事情,开始起步是很困难的。而要成功,就需要坚持不懈的努力。

【万水千山只等闲】 等闲:平常,寻常。意思是,红军跋涉了万水千山,历尽了千难万险。所有这些,红军都把它看成很寻常的事,一一战胜了,取得了长征的伟大胜利。毛泽东《七律·长征》

【大水冲来的还要去拣呢】 意思是,不经过艰苦劳动,即便财富到了面前也不会得到。

【小有小的难处,大有大的难处】 意思是,无论是大事小事,大户小户,穷户富户,各有各的难处。《红楼梦》

【不仅要善于打胜仗,还要能打败仗】 意思是,要善于取胜,但也要经得起失败的考验,善于总结经验教训,以备再战。

【不勤于始,将悔于终】 意思是,做事开始懒散不勤俭,最终

必然后悔。唐朝吴兢《贞观政要·尊敬师傅》

【井无压力不出油,人无压力轻飘飘】 意思是,人要做出一番事业,为国家做出贡献,就要有一种内在的压力,变压力为动力;否则,就轻飘飘,无所作为。大庆油田王进喜语。

【从来好事天生俭,自古瓜儿苦后甜】 天生俭:自然就有的少。意思是,自然就有的好事从来就少;只有经过艰苦奋斗,先吃苦,才能获得成功,得到甜美幸福。元朝白朴《喜春来·题情》

【气可鼓不可泄,劲可使不可废】 意思是,对人的积极性、干劲、上进心,只能鼓励、促进,而不能打击、促退。

【它山有砺石,良璧逾晶莹】 砺石:磨刀石。良璧:美玉。逾:更加。意思是,用他山的砺石加工美玉,加工出来的玉器更加晶莹漂亮。比喻学习吸收别人的长处经验,可以使自己进步得更快。清朝郑世元《感怀杂诗》

【它山之石,可以为错】 错:锉刀,磨削。意同"他山有砺石,良璧逾晶莹"。《诗经·小雅·鹤鸣》

【它山之石,可以攻玉】 攻:加工。意同"他山有砺石,良璧逾晶莹"。

【有几分汗水,有几分收获】 意思是,只有付出辛苦的劳动才能得到相应的报酬,即报酬和劳动付出是相等的。

【早起三朝当一工,常余一勺成千钟】 三朝:三个早晨。当:抵得上。常余:经常节省。一勺:很少的一点点。钟:酒杯。意思是,早起三个早晨抵得上一个工;经常节余一点一滴,就会积成千钟。清朝牛树海《天谷老人小儿语补》

【失者容易得者难】 意思是,失去某种东西要比得到某种东西容易,反过来说,要得到某种东西比失去某种东西要困难。

【自知者英,自胜者雄】 意思是,有自知之明,能战胜自己的人,才是真正的英雄。隋朝王通《文中子·周公篇》

【米千粒酒一滴,蚕千头绢一尺】 意思是,要知道,酿酒是费粮食的,那一滴酒就是一千粒米呀;我们身上穿的衣服都是丝绸做的,一千头蚕吐的丝才能织一尺绢。告诫人们,吃穿都来之不易,应该特别珍惜。清朝牛树海《天谷老人小儿语补》

【买鱼的吃鱼王,卖鱼的吃鱼肠】意思是,买鱼的舍得放开肚子吃鱼,而卖鱼的却舍不得吃鱼。意谓做小本生意的节俭。

【好事尽从难处得】意思是,好事都是从重重困难中奋斗来的。唐朝李咸用《送谭孝廉赴举》:“好事尽从难处得,少年无向易中轻。”

【好事多磨】磨:磨难。好事:对己对人有益的事。意思是,做好事并不是一帆风顺,要经过很多磨难才能成功。

【衣不求华,食不厌蔬】华:华丽昂贵。蔬:清淡,素食。意思是,穿衣不讲究华丽昂贵,吃饭不厌弃清淡的素食,即要养成朴素节俭的好品质。宋朝王安石《长安县太君基表》

【条条蛇儿都咬人】比喻无论干什么事,都是不容易的,有困难的。要知难而进。

【狂者进取,狷者不为】狂者:狂妄,敢说敢干的人。狷者:拘谨,猥琐不前的人。意思是,敢说敢干的人有进取心,拘谨、猥琐不前的人什么都不敢干。《论语·子路》:“狂者进取,狷者有所不为也。”

【花钱容易挣钱难】意思是,要勤俭办事业,节俭过日子,不能大手大脚地花钱。

【思齐则成,志齐则盈】齐:端正。盈:长进。意思是,办事要成功,首先是要端正思想态度;人要有进步,首先是志向要端正。《韩诗外传》

【哪儿摔倒的在哪儿爬起来】意思是,在哪里犯的错误就在哪里改正。表示精神振作,不因有了错误而丧失信心和意志。

【哪条蛇儿不咬人】同“条条蛇儿都咬人”。

【鸡公拉屎头边硬】比喻做事开始还有点干劲,很快就疲沓了。

【胜不骄,败不馁】意思是取得了胜利不骄傲,失败了不气馁。

【君子不可以不知恒】意思是,有志气的人,必须知道做事要有恒心的道理。宋朝王安石《九卦论》

【终徇己以效能,靡因人而成事】终:自始至终。徇己:徇同殉。献身。效能:效尽能力。靡:不要。因人:依靠别人。意思是,要从始至终效尽能力,献身事业;不要依赖别人,事业才能成功。唐朝骆宾王《萤火赋》

【依人者危,臣人者辱】依人:依赖别人。臣人:附和别人,无主见,人云亦云。意思是,依赖别人是危险的,没有主见、附和别人,会招来侮辱。明朝冯梦龙《东周列国志》第十九回

【拣来的还要弯腰呢】意思是,懒惰什么也不会得到,勤劳才会幸福。

【坐观垂钓者,徒有羡鱼情】意思是,坐着看别人钓鱼,羡慕不已,那不是白羡慕吗?比喻要想获得成果,必须靠自己亲自实干,光羡慕别人是徒劳的。唐朝孟浩然《望洞庭湖赠张丞相》

【道行之而成,物谓之而然】意思是,路是人走出来的,事物的名字是人叫出来的。比喻人的前途要靠自己开拓进取,艰苦奋斗,一步一个脚印地实干。《庄子·齐物论》

【道虽迩不行不至,事虽小不为不成】迩:近。意思是,路虽然很近,但是,不走仍旧到达不了;事虽然很小,但是,不去做仍旧不会成功。《荀子·修身》

【路是人走出来的】比喻事业,是人干出来的,没有现成的,但只要干就有可能成功。

【地上本来没有路,走的人多了便有了路】中国的无产阶级革命事业是前无古人的,只要万众一心,朝着革命的方向奋斗,就会走出一条光辉胜利的大道。现扩宽了内涵,常用以比喻前途、

事业，上天是不会恩赐的，没有现成的，要靠我们大家去开拓奋斗才会有。鲁迅语。

【事不可易成，名不可易得，福不可易享】意思是，任何事都不可能容易成功，名誉不可能容易得到，幸福不可能容易享受到。明朝徐祯稷《耻言》一

【事若求全何所乐】意思是，如果把事情考虑得很周全，做得很完美，那还有什么使人更快乐的事呢？《红楼梦》第七十六回

【事业无穷年】意思是，干事业没有穷尽的时候，永远干不完。唐朝韩愈《秋怀诗》十一首之一

【临渊羡鱼，不如退而结网】意思是，到了水潭羡慕鱼好，不如回去织网来捕鱼。比喻夸夸其谈，空有羡鱼情，不如干点实际事管用。《汉书·董仲舒列传》

【望得见走不近，说得到做难成】意思是，可望不可及，说事容易做事难。

【虽有丝麻，无弃菅蒯】菅蒯：多年生草本植物，茎可编织草鞋草席。意思是，虽然经济发展了，生活水平提高了，但也不能丢弃、浪费有用的东西。《左传·成公九年》

【国奢则示之以俭，国俭则示之以礼】奢：奢侈。示，教育，示范。意思是，国家有了奢侈之风，就要教育人们节俭；国家有了节俭的好风气，就要教育人们重视礼仪。《礼记·檀弓下》

【食鱼无反，吃肉不拣】意思是，吃鱼只吃一面，另一面不要翻过来吃，吃肉不要挑肥拣瘦。比喻不要太贪了。《晏子春秋·内篇杂上十九》

【常将有日思无日，莫待无时思有时】意思是，要经常把富有的时候想到在穷困的时候，不要待到穷困的时候再去想富有的时候，那就晚了。明朝冯梦龙《警世通言·桂员外途穷忏悔》

【惜衣有衣，惜食有食】意思是，爱惜衣服有衣服穿，爱惜粮食有粮食吃。明朝冯梦龙《警世通言·王安石三难苏学士》

【卖油的娘子水梳头】意思是,自己卖油,自己却舍不得用油。比喻勤俭经营。《红楼梦》第七十七回

【奢者富不足,俭者贫有余】意思是,奢侈的人,虽然富有,也会财力不足;节俭的人虽然贫困,却生活有结余。《慎子》外篇

4. 成败

【一个篱笆三根桩,一个好汉三人帮】意思是,干一番事业,光靠自己是不行的,必须有人支持帮助。

【一夫两心,拔刺不深】比喻做任何事情三心二意的不专心就不能成功。明朝杨慎《风雅遗篇》卷八

【一物携贰,莫不解体】携贰:不谐调。意思是,一个方面不谐调,就会破坏整体。意思与木桶效应同。南朝梁代刘勰《文心雕龙·总术》

【人莫能左画方而右画圆】莫能:不可能。意思是,一个人不能同时左手画方形右手画圆形。说明不能一心二用。《韩非子·外储说左下》

【人有负地时,地不负人勤】意思是,只有人偷懒没有好好耕种,没有地不长庄稼的。只要是付出了辛勤的劳动,就会有收获。

【土非土不高,水非水不流,人非人不济,马非马不走】意思是,土离开了土就堆不高,水离开了水就不会流动,人离开了众人就做不了大事,马离开了马群就不走。比喻只要人心齐,团结奋斗,就能完成伟大的事业。清朝魏源《默觚·治篇》

【土相扶为墙,人相扶为王】相扶:互相扶持,团结一致。比喻人只有互相扶持帮助,团结一致,才有力量,才能成就一番事业。《北齐书·尉景传》

【不悉见情伪,不能成名】悉:洞察。意思是,不洞察事情的

全部真伪，就不能功成名就。唐朝李筌《太白阴经·人谋》

【日日行，不怕千万里；常常做，不怕千万事】意思是，只要有坚忍不拔的毅力，持之以恒，坚持不懈，再大再多的事也能做成。《格言联璧·处事》

【手内无针难引线，河内无水怎行船】比喻做任何事情，必须具备必需的条件。清朝华广生《白血遗音·手内无针》

【宁为君子讥其偏，勿为世人喜其圆】世人：世俗小人。意思是，为了坚持原则，宁可让君子讥笑为偏激的人，也不能成为世俗小人喜欢的八面玲珑的老好人。清朝申居郧《西岩警语》

【头痒搔跟，无益于疾】跟：脚跟。比喻做事没有做到实处，无济于事。《杨林·蹇》

【头痛医头，脚痛医脚】比喻只解决表面问题，不能辩证地看问题，没有解决根本问题。

【头痛发烧，阿司匹林三包】意思是，病人头痛发烧，医生不过细认真诊断，就给病人开三包阿司匹林完事。比喻工作敷衍塞责，不认真负责。

【可望而不可及】可望：可以朦朦胧胧地看见。及：达到，接近。意思是，目标太高可以朦朦胧胧看得见，但是，却到达不了。比喻愿望实现不了。

【巧者劳知者忧，无能者无所求】巧者：心灵手巧的人。知者：有智慧的人。意思是，心灵手巧的人多劳累，有智慧的人多忧愁，没有能耐的人没有什么追求。《庄子·列御寇》

【只要功夫深，黄土变成金】意思是，只要有恒心有决心，矢志不移，坚持不懈，功夫下到了，再难也能成功。

【只要功夫深，铁杵磨成针】铁杵：铁棒。针：缝衣服的针。意思同“只要功夫深，黄土变成金”。

【业成于专而毁于杂】业：事业。意思是，事业要专一才能成功；杂乱无章，什么都想干，就把事业毁掉了。

【只因一着错,满盘都是空】意思是,在关键时错走一步棋,而导致全盘输掉的结局。比喻做事处理问题因一时疏忽,某一个细节没有处理好,而导致整个工作的失败。

【叶先花后始年丰】比喻遵循规律,循序渐进,就能取得成功。唐朝韩偓《刺桐花》

【失败是成功之母】意思是,成功往往是从失败中得来的;同时,失败可以提供经验教训,为成功付出了学费。通常用以鼓励失败者不要泄气丧失信心,从失败中总结经验,再接再厉,终会成功。

【功难成而易毁】意思是,办成一件事是很难的,但要毁掉它却是很容易的。宋朝欧阳修《尚书工部郎中充天章阁待制许公墓志铭》

【论事易,作事难,作事易,成事难】意思是,不干实事,坐而论道很容易,做实事就很难,要把事情做成功就更难。宋朝苏轼《荐诚禅院五百罗汉记》

【访人留后信,策蹇赴前程】策蹇:骑着跛脚的牲口。意思是骑着跛脚的牲口访朋友,路走得很艰难,事先要告诉朋友一声,可能不能按时到。比喻做事要讲诚信,如果有困难不能按时兑现,也要先告诉人家一声。孟浩然《唐城馆中早发寄杨使君》

【有尧之智而无众人之助,大功不立】意思是,即便尧帝那样的智慧才能,如果没有群众帮助,也不可能建立大功业。《韩非子·观行》

【有其初者贵其终】意思是,有个好的开头已经不错了,贵在坚持到底。《旧唐书·刘太真传》

【有所为则有所不为】意思是,要做一件事,就要放弃某件事,这样事情就会干得好,如果什么事都同时干,可能什么事都干不好。

【有所不为,而后可以有为】意思是,做事要有所选择,不能

什么都干。有的事影响全局，可以不做，或者暂时放着，这样才可以有为。什么都想干，就什么都干不了。《孟子·离娄下》

【有所不言言必当，有所不为为必成】 意思是，不该说的话不说，说话就得当；在做一件事时而放弃一些事不做，这事就必然会成功。

【有志者事竟成】 意思是，有志向、志气的人，做事一定会成功。

【在德不在险，善始必善终】 意思是，要获得事业的成功，在于有诚信的德行，而不在于风险，善于开头，克服困难挫折，坚持到底。宋朝杨万里《海鳍赋》

【成功在久不在速】 意思是，要获得事业的成功，在于坚持长久的努力，而不在于求快。宋朝张孝祥《论治体札子·甲申二月九日》："立志欲坚不欲锐，成功在久不在速。"

【当一天和尚撞一天钟】 比喻工作消极，缺乏主动性。

【行成于思，毁于随】 意思是，深思熟虑事业就能成功，随随便便事业就会毁灭。唐朝韩愈《进学解》

【多士成大业，群贤济弘绩】 意思是，广泛启用高尚有才干之士，就会成就大事业，做出伟大的成就。晋代卢湛《答魏子悌》

【成功者永不放弃，放弃者永不成功】 意思是，要获得成功，就必须坚持不懈，百折不挠。半途而废就一事无成。

【成功之下，不可久处】 意思是，功业成功了，不能在原职位上处的时间太长了。《史记·范雎蔡泽列传》引古逸书

【男怕干错行，女怕嫁错郎】 意思是，男人害怕选错了所从事的行业，选错了行业，影响前途；女人害怕选错了郎君，选错了郎君，就没有幸福。

【借鸡下蛋，鸡飞蛋打】 比喻利用别人的资金声誉或条件做买卖赚钱，往往一败涂地。

【欲立功名，莫若尚贤使能】 意思是，要想建立功业，获得名

声，再没有比崇尚和使用贤才更重要的了。《荀子·王制》

【欲当大事，须是笃实】 意思是，要想办好一件大事，必须有老老实实的态度，一步一步做得扎扎实实。《琼琚佩语·政术》

【若要修成九转，先须炼己持心】 九转：指道家炼金丹，以九转金丹为最贵重。转就是循环变化。据传，九转金丹服后三日，便可成仙。（实际是中毒死亡）。比喻要成就一番事业，必须经得起持久磨炼。宋朝张伯端《西江月》其二

【若将容易得，便作等闲看】 意思是，轻易获得成功，就不会被人重视。《西游记》第二十二回

【逆之则败，顺之则成】 意思是，违背了事物规律就失败，顺应事物规律就能获得成功。唐朝李筌《太白阴经·人谋》

【知人善任，事业有成】 意思是，对手下的人都很了解，并且任用得当，那么，事业就会得到成功。

【着意种花花不活，无心栽柳柳成阴】 比喻做事有偶然性。明朝冯梦龙《古今小说·赵柏昇茶肆遇仁宗》

【远亲不如近邻】 邻：邻居。意思是，亲戚离远了帮不了什么忙，还不如邻居帮助及时。要和邻居搞好关系，搞好团结。

【远水救不了近火】 意思是，水离远了，救火来不及。比喻虽然有能力，但因为离得太远，来不及。

【听悞多害，听妄多败】 悞：误。谬误。妄：虚妄。意思是，谬误的话听多了，必然受害无穷；虚妄的话听多了，必然败坏事业。《皮日休文集·耳箴》

【饭要一口一口地吃，事要一件一件地做】 意思是，要做的事很多，就像吃饭不能把一碗饭一口吞下去一样，办好一件再去办一件。

【始之易，终之难】 意思是，要把事干起来较容易，但要干到底有结果，就比较难。《战国策·秦策》

【砖钱不买瓦】 比喻严格按照预先的计划执行，不随便改变

主意或计划。《陈确集·别集·瞽言》

【驾蹇驴而无策,又何路之能极】 蹇驴:跛脚的驴。意思是,驾着跛脚的驴而又不拿鞭子赶,那路什么时候走得到呢?比喻干事的人不行,又没有什么措施,计划难以完成。《楚辞·七谏谬谏》

【空手套白狼】 比喻手中分文资金没有而做生意,是做不成的。如果对方上当,就要以诈骗罪论处。

【事无不可对人言】 意思是,办事光明正大,没有什么不可告人的。《宋史·司马光传》

【事急之则丧,过缓则无及】 丧:失败。及:达到。意思是,凡是办事,太急了就会失败,过于缓慢就达不到目的。宋朝苏辙《上昭文富丞相书》

【事要前思免后悔】 意思是,做事不能轻率随意,要前思后想,考虑周全。免得办错了后悔来不及。元朝关汉卿《救风尘杂剧》第一折

【事无三不成】 意思是,事情没有一而再再而三的努力,是不会成功的。《西游记》第八十三回

【事不过三】 意思是,要讲信用,不能说话不算数,一而再再而三地往后推。

【事辍者无工,耕怠者无获】 事辍:做事半途而废。耕怠:种地偷懒。获:收获。意思是,做事半途而废,不能坚持,无法成功;耕地偷懒就没有收获。汉朝桓宽《盐铁论·击之》

【事以急而败,十有常七八】 急:操之过急。败:失败。意思是,大多数事的失败,是因为急于求成,操之过急的结果。宋朝杨时《二程粹言·论事篇》

【事之成败,必由小生】 意思是,事情的成败,都是由小事上开始的。《淮南子·原道训》

【舍近谋远,劳而无功】 意思是,做事好高骛远,就会白辛苦;

要尽量以近求近,注重实效,比较省工省钱。《后汉书·臧官列传》

【物暴长者必夭折,功卒成者必亟坏】卒成:急迫速成。意思是,事物长得过快就必然夭折,妄图一下子就成功,必然很快就失败。《资治通鉴·汉纪》

【临渴掘井,井废人枯】意思是,临到没水喝了,渴得不行了,才想着去挖井,只会落得人渴死了,井也挖不成了。比喻事到临头才去想办法,无预见无准备,就会失败。朱柏庐《治家格言》:"宜未雨而绸缪。毋临渴而掘井。"

【实处着脚,稳处下手】意思是,做事要脚踏实地,稳稳当当地做,不要做表面文章,华而不实。《格言联璧·持躬类》

【思虑熟则得事理,得事理则必成功】意思是,深思熟虑,分析问题深细,才能认识事物的规律,掌握了事物的规律,做事就必然成功。《韩非子·解老》

【速成不坚牢,亟走多颠踬】亟走:走得太急太快。颠踬:跌跌撞撞,跌倒。意思是,成功的速度太快就不坚固结实,走得太急太快就容易跌倒。

【桃李不言,下自成蹊】蹊:小路。意思是,桃树李树不向人说话打招呼"从我下面走吧",但是,人们因它们的花果而争相趋往,致使树下走出一条小路来。比喻只要从事的事业是为了人民的利益,对人民有好处,不用号召,人民也会趋往,没有路也会走出路来。《史记·李将军列传赞》引谚语

【浮躁招忧悔,因循误英雄】意思是,浮躁不安会招来忧愁悔恨,因循守旧耽误功业。清朝梁章钜《浪迹丛谈·巧对补录》:"浮躁一分,到处便招忧悔,因循二字,从来误尽英雄。"

【求则得之,舍则失之】求:探求。追求。舍:放弃。意思是,探求它就可以得到它,放弃不问就会失去它。《孟子·尽心上》

【败莫大于不自知】意思是,失败的原因很多,最大的原因莫

过于不自知。《吕氏春秋·不苟论·自知》

【败莫大于愚】 意思是,没有比愚蠢而失败更大的祸患了。《吕氏春秋·士容论》:“败莫大于愚,愚之患,在必自用。”

【精诚所至,金石为开】 精诚:真诚。所至:所接触到的地方。金石:极坚硬的石头。意思是,由于是真诚的追求,连极为坚硬的石头都受到感动而打开了。比喻办事全心全意,坚韧认真,就连花岗岩脑袋的人都感动帮助了,使困难得到克服,终于成功。《后汉书·广陵思王荆传》

【慎重则必成,轻发则多败】 轻发:轻举妄动。意思是,做事慎重认真就必然成功,轻举妄动就多半要失败。宋朝苏轼《拟进士对御试策》:“慎重则必成,轻发则多败。此理之必然也。”

【善作者不必善成,善始者不必善终】 不必:不一定。意思是,善于创业的人,不一定完成得很好;善于开头的人不一定有一个完美的结果。《战国策·燕策》

【靡不有初,鲜克有终】 靡:没有。初:开始。鲜:少。克:能。终:结果。意思是如果没有一个好的开始,就很少能有一个结果的。《诗·大雅·荡》

【偷安者后危,虑近者忧迩】 意思是,苟且偷安的人必然会有危险的后果,眼光短浅,急功近利,不考虑长远利益,忧虑很快就会发生在面前。汉朝桓宽《盐铁论·结和》

【偷得利而后有害,偷得乐而后有忧】 意思是,投机取巧,坑蒙拐骗,不是通过自己辛勤的劳动得来的利益,是会给自己带来祸害的;自寻见不得人的一时快乐,要给自己造成忧愁的。《管子·形势解》

【偷的锣儿敲不得】 比喻贪污受贿,偷盗抢劫来的财物是不敢公开使用的。

【踏步再快也前进不了】 比喻工作没有创造性,总是在原水平上不能发展,再忙再努力,事业也前进不了。

【疑行无成,疑事无功】 疑:疑惑,犹豫不决。意思是,做事前怕狼后怕虎,顾虑重重,犹豫不决,就不会有成就。《商君书·更法》

【寡交多亲,寡事成功】 意思是,交友少而亲近的人却多,事情专一,项目种类少,成效就好,成功率就高。《管子·戒》:"寡交多亲,谓之知人;寡事成功,谓之知用;闻一言以贯万物,谓之知道。"

【愚公移山,精卫填海】 愚公移山:古代寓言,愚公因太行、王屋二山阻碍出入,便带儿孙挖山不止,要把二山铲平。智叟笑话他。而愚公说,我死了,有儿子,儿子又有孙子,孙子又生子,子子孙孙无穷匮;而山挖一点就少一点,不会增加,何愁挖不平呢?毛泽东用"愚公移山"号召全党全军全国人民发扬愚公移山精神,彻底推翻帝国主义、封建主义、官僚资本主义三座大山,终于推翻了压在中国人民头上的"三座大山",取得了除港澳台以外的全国解放,建立了中华人民共和国。后用以比作顽强的毅力,不怕困难,不达目的不罢休的精神。精卫填海:精卫,神话中鸟名,亦称冤禽。相传为炎帝女,名女娃。因游东海淹死,遂化为精卫鸟,经常衔西山木石去填东海。《山海经·北山经》及《述异记》卷上。陶潜《读山海经》作诗咏其事:"精卫衔微木,将以填沧海。"后人常以"精卫填海"、"精卫衔木"比喻按既定目标,坚忍不拔地奋斗到底。黄宗羲《张苍水墓志铭》:"愚公移山,精卫填海,常人藐为说铃,贤圣指为血路也。"

【愚公能移山,心恒事竟成】 意思是,发扬愚公移山的精神,像愚公那样有恒心,不怕困难,事业必然会成功。

【随人作计终后人】 意思是,跟在别人屁股后面跑,没有主见和独创精神,终究要落在别人的后面。《诗人玉屑》

九、情感

1. 爱情

【才子配佳人,寡妇配光棍】意思是,婚姻总是什么样的男女跟什么样的男女相配,总是门当户对相对相配的。

【山歌好唱口难开,樱桃好吃树难栽】山区男女青年恋爱山歌的开头句,意思是心中的话不好意思说出口,幸福要靠辛勤劳动才能获得。

【千里姻缘一线牵】姻缘:婚姻的缘分。意思是,男女之间的婚姻完全是由缘分这根无形的线牵着(连接)的,男女哪怕相隔千里之遥,但只要有缘分,也能结成伉俪。《红楼梦》第五十七回

【心相连,马首圆】意思是,因为心里怜爱,看着一幅马脸也是圆的。比喻情人眼里出西施。《淮海集·眇娼传》

【心有灵犀一点通】灵犀:古代把犀牛角看作灵异之物,犀牛角中心的髓质像一条白线贯通上下,所以说"心有灵犀一点通"。原意是说彼此之间的心是相通的。现通常表示相互默契暗示,心领神会对方的真实意图和目的。唐朝李商隐《无题二首》:"昨夜星辰昨夜风,画楼西畔挂唐东。身无彩凤双飞翼,心有灵犀一点通。"

【飞禽走兽皆有爱,人生在世岂无情】意思是,男女之间的爱情是合乎情理的,是绝对的。

【月老专为情人出】月老:月亮。传说月老专为有情人做媒。意思是,月下老人专门为有情男女说媒搭桥。

【月下情人多】意思是,在花好月圆的日子里,是有情人谈情说爱的好时光。

【月到十五月自圆】比喻事情到时候自然会成功。多比喻青年男女婚姻自然成熟。

【是姻缘棒打不回】姻缘:婚姻的缘分。意思是,男女之间的婚姻结合,只要有缘分,就是用棒子打也拆不散。《红楼梦》第九十回

【两朵隔墙花,早晚成连里】比喻从小生活在一起,青梅竹马,两小无猜,在一起成长中,培养建立了深厚的感情,成人后很自然地结成夫妻。宋朝赵彦端《生查子》

【只有情钟语最真】情钟:钟情。意思是,只有真挚的感情,说出的话才最真诚忠实。元朝周昂《失子》

【生命诚可贵,爱情价更高】意思是,爱情比生命更可贵。匈牙利诗人裴多菲:"生命诚可贵,爱情价更高。若为自由故,二者皆可抛。"

【生命是盛开的玫瑰,爱情是芳香的花蕊】比喻生命和爱情是紧密联系在一起不可分割的整体,都是美丽的。

【有情人终成眷属】眷属:家属、亲属、夫妻。意思是,只要男女双方有情感,最终会成为夫妻。

【有缘千里来相会,无缘对面不相逢】意思是,有缘分,相隔千里也能相会在一起;没有缘分,即便面对面也不能相逢。《水浒传》第三十五回

【有花堪折直须折,莫待无花空折枝】比喻趁着年青花容月貌之时,遇到爱慕的人时,就勇敢地去爱,不要等到人老珠黄爱不成了。唐朝无名氏《杂诗》

【多情却被无情恼】意思是,因为不懂得情感,所以不理解别

人的情感，就对多情恼火。宋朝苏轼《蝶恋花》

【抢来的瓜不会甜】 通常比喻被逼迫的没有真实的爱情。

【青梅竹马，两小无猜】 意思是，从小生活在一起，建立了深厚的感情，谁对谁都没有猜疑的心理。说明感情纯真。

【易求无价宝，难得有心郎】 意思是，得到真心相爱的郎君比求得无价宝还难。唐朝鱼玄机《赠邻女》

【流水无情，落花有意】 意思是，流水总是那样无情地不停地流动，而花落在水面上随水漂流，似乎对人有情意。爱情受到挫折的伤感语。

【鱼找鱼，虾找虾，乌龟找王八】 王八：指乌龟。比喻物以类集，人以群分，气味相投的人自然生活在一起。

【剪不断，理还乱】 意思是，情感深厚而复杂，有形容不出来的味道。唐朝李煜《相见欢》

【情人眼里出西施】 西施：春秋时，越王勾践献给吴王夫差的美女。后来把她当美女的代称，也叫西子。通常比喻热恋中的男子，不管女方是不是真正长得美，在其眼里就是美女。《红楼梦》第七十九回

【爱郎不用金】 金：金钱。意思是，追恋男子，只要你真爱，是不用金钱的。元朝无名氏《南吕阅金经·失题十二首》

【爱他的看他的】 看：听从。意思是，爱他就容易上他的当。元朝无名氏《后庭花四·朝天子曲》

【爱者憎之始，德者怨之本】 始：开始。本：根本，根源。意思是，爱是憎恨的开端，因为爱到了尽头就产生了憎恨；德应该得到德报，德竭尽了，就产生了怨恨。即爱和德是向相反方向发展的，因此，爱和德不应发展到竭尽的程度。《管子·枢言》

【爱之则不觉其过，恶之则不觉其善】 意思是，因为爱他就不容易看到他的过错，因为憎恨他，就不容易看到他的优点。《后汉书》

【爱而不知其恶,憎而遂忘其善】恶:指缺点。遂:于是,就。善:长处,优点。意思是,爱一个人,因为爱,而不知道他的缺点;反过来,憎恨一个人,因为憎恨,就忘了他的长处和优点。唐朝吴兢《贞观政要·封建》

【爱博而情不专】爱:原意指爱好。也可以引申为爱情。博:多。情:原意指某一方面。也可以引申为感情。专:专一,精通。意思是,爱好多了,事情就不专一。或者说:爱得多了感情就不专一。都是不好的。唐朝韩愈愈《与陈给事书》

【爱之愈深,责之愈严】意思是,爱得越深要求就越高越严,不愿听别人非议,所以责备就严厉。

【芳槿无终日,贞松耐岁寒】芳槿:木槿花早晨开晚上谢。贞松:松树,比喻贞洁。比喻爱情应该经得起严峻的考验,而不能朝欢暮散。元朝关汉卿《望江亭·中秋切鲙》

【痴心女子负心汉】痴心:对感情、爱情专一,忠实不二。负心:与痴心相反,背弃爱情。意思是,女子对爱情执着专一,男子容易花心,对爱情见异思迁。《西厢记》第三本第四折

【路上野花你莫采】比喻不是自己爱过的女人,只是路遇,萍水相逢,不能相爱。

【愿普天下有情的都成了眷属】愿:祝愿。普天下:整个天下。眷属:夫妻。意思是,但愿全天下有情的人都成为恩爱夫妻。元朝王实甫《西厢记》第五本第四折

【愿得一心人,白头不相离】意思是,我的心愿是得到一个心上人,白头到老恩爱不分离。汉朝乐府古辞《白头吟》

【愿为双鸿鹄,奋翅起高飞】鸿鹄:大雁。据说,雁总是雌雄成双成对,一夫一妻,终身不愈。如果一只雁遇难了,则另一只孤单终生不再配对,并且它只能为整个雁群觅食、嬉戏、休息站岗放哨,沦为雁奴。比喻爱情忠贞不二。汉朝无名氏《西北有高楼》

【树上的鸟儿成双对,花间蝴蝶比翼飞】比喻男女之间的爱

情是天然的合乎情理,理应得到尊重爱护,不应破坏。

【桂花树下情人多】 意思是,青年男女喜欢在桂花树下谈情说爱。桂花树是常绿阔叶树,四季常青,中秋节时桂花盛开,花色有红、黄两种,淡雅芬芳,清香醉人。可做香料或醃制沏桂花茶,色淡清香,贵为佳品。“桂”与“贵”同音。由于这些特点,长江以南人喜种桂花树。

【臭虫配臭虫,蛟龙配彩凤】 比喻男女婚姻配对都是相当的。

【家有梧桐树,不愁凤不来】 梧桐树:比喻男性青年,指儿子。凤:比喻女青年,指儿媳。相传凤凰喜欢在梧桐树上做窝栖息。比喻家里有儿子,不愁娶不来姑娘做儿媳。

【道是无情却有情】 道:天道、天理。意思是,天道是无情的,不可改变的,但是,天道又却是有情的,只是应该顺应它而已。唐朝刘禹锡《竹枝词二首》:“东边日出西边雨,道是无晴却有晴。”

2. 夫妻情

【一日夫妻百日恩,百日夫妻不可分】 意思是,夫妻感情是深厚的,不可分离的。

【一行书信千行泪,寒道君边衣到无】 意思是,一边给丈夫写信一边思念得泪不住地流淌,心里挂念着,担心着:天气寒冷了,丈夫一定很寒冷,可是,衣服还没有寄到啊。唐朝陈玉兰《寄夫》:“夫在边关妾在吴,西风吹妾妾忧夫。一行书信千行泪,寒到君边衣到无。”

【一日不思量,也攒眉千度】 思量:思念。攒眉:紧锁眉头。意思是,天天在思念远离身边的亲人。宋朝柳永《昼夜乐》

【儿子是自己的好,老婆是别人的好】 一种妒忌、喜新厌旧的情感心态。

【人生恩爱原无价】意思是，纯真的感情是最珍贵的，是不能用金钱来衡量的。《白雪遗音》卷二

【久别重逢情更深】意思是，夫妻分别久了重逢，感情更深厚了。

【心不同则媒劳，恩不甚则轻绝】不同：不合。不甚：不深。轻绝：轻易破裂。意思是，两人感情不和，即使媒人从中说合，也是白费受累；勉强结合了，而爱情不深，遇到一点事，感情就会轻易破裂。战国楚国屈原《离骚》："心不同兮媒劳，恩不甚兮轻绝。"

【夫妇顺，举家睦】意思是，夫妻双方互相顺从，不遇事争吵执拗，和谐过日子，全家就会和睦。

【夫倡妇随，全家安宁】倡：倡导，意见。随：跟着做。意思是，举家过日子，丈夫主持，妻子跟着做，不反对，全家人就会团结和睦。

【夫妻本是同林鸟，大难来临各自飞】意思是，夫妻关系就跟同林的鸟一样，遇到大灾难时谁也顾不得谁了。

【内睦者家道昌，外睦者人事济】意思是，家庭和睦，家景就昌盛；与外部和睦相处，办事就会成功。宋朝林逋《省心录》

【在家千日好，出门一时怨】意思是，夫妻在家多长时间都和好，出远门哪怕一时也有怨言。表示夫妻恩爱，感情深，不愿分离。

【家丑不可外扬】意思是，家里不和谐的私事不能宣扬出去。

【家书抵万金】家书：家信。意思是，长期在外，家里来的书信特别贵重。杜甫《春望》

【家人不睦，必遭外欺】意思是，家庭不和睦，必然要遭受外人的欺负。

【家无主，屋倒竖】意思是，家庭没有一个当家作主的人，就会闹得翻了天。《水浒传》第二十四回

【家家都有一本难念的经】意思是，哪家都有矛盾，都有不好

办的事。

【清官难断家务事】 断:判断是非。意思是,家务事的是非非常微妙,不好判断。

【磨难之中见真情】 意思是,共同在艰难困苦中过来的夫妻,是真正的感情。

【磨难夫妻共生死】 意思是,在磨难中结成的夫妻感情最深,经得起生死的考验。

【覆水不可收,行云难重寻】 意思是,水倾倒在了地上收不回来,天上行走的云彩很难重新找到。比喻破裂的感情很难回复。李白《代别情人》

【破镜难重圆】 意思是,镜子破了再也恢复不到原来的样子了。比喻夫妻感情破裂了很难恢复。

【燕孤一时,雁孤一世】 孤:不再结伴侣,孤独地生活。一世:一生。意思是,燕子失去了伴侣,只孤独很短的一会就重新交结上了新的伴侣;大雁失去了伴侣,就终身不再交结新的伴侣,孤独生活一生。

【相思无日夜】 意思是,相思没有白天和夜晚之分。唐朝李白《寄远十一首:"相思无日夜,浩荡若流波。"

【相思千万里,一书值千金】 意思是,夫妻相隔千万里远,接到亲人的一封书信必得到千两黄金还高兴。《李太白全集·寄远十二首》

【相思常有事,及见却无言】 意思是,相思时总感到有很多事要说,可是,见了面却一句话也说不出来。唐朝裴说《喜友再面》

【相思始觉海非深】 意思是,相思的那种情感,比海还深。唐朝白居易《浪淘沙词六首》

【爱字姓私不姓公】 意思是,爱是排他性的,是自私的。

3. 父母情

【一日为师,终身为父】 原意是听取一次有益的教诲,终身受益。元朝关汉卿《玉镜台》也意为师徒情深,关系密切。

【一日叫娘,终身是母】 意思是,只要有一天叫你一声娘,你就终身是他的母亲了。说明做娘的责任,做下辈对上辈抚育的不舍恩感。《红楼梦》第五十八回

【人皆养子望成龙】 意思是,人人都希望自己的儿女长大后有出息,成为有用之才。宋朝苏轼《洗儿戏作》七言诗:"人皆养子望聪明,我被聪明误一生。惟愿孩儿愚且鲁,无灾无难到公卿。"

【人莫知其子之恶,莫知其苗之硕】 莫:不。恶:坏。硕:大。意思是,人不知道自己的孩存在的坏处,不知道自己种的庄稼苗大。意即因人的溺爱心理,孩子总是自己的好,不容易看到孩子的缺点或毛病;由于不满足心理,就总觉得别人家的庄稼比自己家的庄稼长得好。意思是,由于利益关系,人都有一种天然的嫉妒心理。《礼记·大学》

【儿孙自有儿孙福,莫为儿孙作远忧】 意思是,做父母的总是为儿孙操碎了心,考虑自己百年之后儿孙怎么过,这是完全没有必要的。社会在发展,他们自有自己的福气。元朝关汉卿《蝴蝶梦》楔子语

【儿孙自有儿孙福,莫为儿孙做马牛】 意思同"儿孙自有儿孙福,莫为儿孙作远忧"。

【儿行千里母担忧】 意思是,父母对儿女总是无微不至的关心爱护,即便离开身边千里之遥,见不到,关心不上,也是担心牵挂不下。

【子不孝,父之过】 意思是,孩子不孝顺,是父亲没有以身作

则或者是教育不好的过错造成的。《三字经》

【子以母贵，母以子贵】意思是，孩子因母亲而宝贵，母亲因孩子而尊贵。《春秋公羊传·隐公元年》

【千金难买子孙贤】贤：贤惠，孝顺。意思是，子孙贤惠是非常宝贵的。明朝冯惟敏《海浮山堂词稿·商调集贤宾题长春园》

【女大不中留，留来留去留成仇】意思是，女子成年后必须出嫁，不能久留家中，否则，就生怨恨。

【不知其子视其友】意思是，不知道自己的孩子怎么样，通过看孩子结交的朋友都是什么样就明白了。《荀子·性恶》

【无官一身轻，有子万事足】意思是，做官时没有时间过问孩子，不做官了，感到全身心的轻松，有时间精力照顾培养孩子，一切都满足了。意谓父母把儿女看得比做官还重要，还高兴。宋朝苏轼《贺子由生第四孙》

【手心手背都是肉，同胞骨肉岂相残】比喻对儿女不要宠一个嫌一个，要同样看待，同样对待，同样关爱，不分厚薄。岂能互相仇视残杀。

【手上十指有长短，截之痛惜皆相似】通常比喻亲生骨肉，无论是男是女，是大是小，都难以割舍分离。唐朝刘商《胡笳十八拍》第十四拍

【以敬孝易，以爱孝难；以爱孝易，以忘亲难】爱：爱心，这里指人的本心、天性。忘：虚静淡泊的心境和不把外物滞留胸中的态度。意思是，用恭敬的态度来行孝容易，以爱的本心来行孝困难；用爱的本心来行孝容易，用虚静淡泊的态度对待双亲困难。《庄子·天运》

【可怜天下父母心】意思是，父母对儿女的关爱是无私的，一切都是为了儿女，即便儿女对父母的关爱不理解，甚至反感怨恨，这种爱也是无怨无悔的坚定不移的。

【生儿不用多，了事一个足】意思是，生儿育女不要求多，有

一个能培养好，尽到了义务就足够了。《全唐诗·续补遗》卷二

【有娘的孩子像个宝，无娘的孩子像棵草】意思是，母亲是孩子的保护神、爱神。孩子是母亲的心肝肉，能从母亲那里得到无微不至的关爱。没有母亲的孩子就失去了一切母爱，像一棵草一样，非常可怜。

【忘亲易，使亲忘我难；使亲忘我易，兼忘天下难】意思是，虚静淡泊地对待双亲容易，使双亲也能虚静淡泊地对待自己困难；使双亲虚静淡泊地对待自己容易，能以并蒂虚静淡泊地对待天下人困难。《庄子·天运》

【孝衰于妻子】意思是，因为有了妻子和孩子，人的感情就分配转移了一部分，对父母的孝敬慢慢减退了。《邓析子·转辞篇》

【孝子不生慈父之家】意思是，对子女溺爱的家庭，不会出孝子。《慎子》

【拳头下面出孝子】意思是，对孩子的教育要严厉，不听话就打，这样就能教育出孝子。这是一种封建时代的教育方法，适得其反。拳头下面的所谓孝子，充其量也是表面的孝顺，实际内心充满了怨恨，甚至招来灾祸。

【祭而丰不如养之薄】意思是，做儿女的应该懂得，老人死后用丰盛的祭品供奉，对死去的人来说，毫无意义，还不如在老人活着时给以哪怕是菲薄的奉养。宋朝欧阳修《泷冈阡表》

【是个精是个怪，自己生的自己爱】意思是，自己生的儿女再丑再不好，哪怕是个残疾，也疼爱。这是爱的天性。

【是个精是个怪，自己养的自己爱】意思同“是个精是个怪，自己生的自己爱”。

【重资财者薄父母】薄：刻薄。意思是，把资财看得太重的人，就不敬不孝，对待父母刻薄。明朝朱柏庐《治家格言》：“重资财，薄父母，不成人子。”

【屋檐滴水，点点不移】意思是，屋檐上的水总是点滴不移地

朝一个固定的地方往下滴，不移动位置。比喻传统不变，父母怎么对待老人的，他的子女将来也一定会怎么对待他们。

【狗不嫌家贫，儿不嫌母丑】比喻人的情感和忠诚，具有本质特性的深刻品格。这种品格超过了物质和审美界限。

【家产不论尊卑】意思是，分割家产不得以辈分高下有所厚薄之分。原文“产”为“私”，也有说“财”的。冯梦龙《古今小说·滕大井鬼断家私》

【家有百口，主事一人】意思是，家庭再大，只能由一个人主持家务。比喻权威的重要性和必要性，不能搞多中心和无政府主义。

【家有一老，胜过一宝】老：老人。意思是，家里有个老人，什么都操心到了，什么没有想到的事，无暇顾及的事，都操持了，比有个宝贝还贵重。

【野鸡养不家，家鸡养不野】比喻不是自家的人，怎样用心养育也不像自家的人亲、恋家；自家的人，怎样养育也有感情，不离家。这是血缘关系决定的。

【谁言寸草心，报得三春晖】三春：春季的三个月。夏历称正月为孟春，二月为仲春，三月为季春，合称三春。也指春季的第三个月，即夏历三月。这里指春季。晖：光彩照耀。比喻子女难以报答父母养育之恩于万一。唐朝孟郊《游子吟》

【虎毒不食子，骨肉岂无情】意思是，骨肉之情是天然的。连最狠毒的食肉老虎都不食子，更何况人呢。

【痛在心里，恨在嘴上】痛：痛爱。意思是，做父母的都想儿女成龙成凤，长大有出息，所以对儿女的不良习惯和毛病是不能容许的。因为痛爱才责备，恨铁不成钢。这是父母对子女的一种心情。

【知子莫若父】意思是，最了解孩子的没有像父亲那样清楚的。《管子·大匡》

【养儿侍老，积谷防饥】 侍：侍奉。谷：指粮食。养儿是为了防自己老了有人侍奉照顾，积存粮食实为了预防饥荒。明朝冯梦龙《警世通言·宋小官团圆破毡笠》

4. 友情

【一日不见如三秋兮】 三秋：三年。原意“三秋”指九个月，现代泛指三年。兮：语气助词。意思是，思念殷切。也可理解为，一天没见面像三年没见到一样，表示感情深厚。《诗·王风·采葛》

【一颗枣儿一颗心】 陕北一带民语。用大红枣招待客人，或者把大红枣作礼物送给最亲密的人，以表示真诚深厚的爱心和情谊。

【一方有难，八方支援】 意思是，一个地方遇到了天灾，如地震灾害等，四面八方的人都来支援帮助，表明团结互助的社会风气。

【人间最贵是真情】 意思是，人世间最可贵的是真实的情感、情谊。

【千里送鹅毛，礼轻情意重】 意思是，从很远的地方送来的礼物，虽然轻微，但是表示的情意却很真诚深厚。宋朝邢俊臣《临江仙》：“物轻人意重，千里送鹅毛。”

【不求同日生，只愿同日死】 旧时结拜兄弟用此语表示忠义的誓言。《三国演义》桃园三结义刘备、关羽、张飞在桃园结拜兄弟用此语为誓言。《水浒传》中常以此语作誓言，表示永不背叛。《水浒传》第二回

【旧衣新穿更珍贵，旧友相聚情更深】 意思是，老朋友重新团聚情谊更加深厚。

【后不僭先，亲不隔疏】 僭：越过。意思是，后来者不越过先

来者，亲近的不和疏远的相隔。表示互相尊重，以礼相待，没有隔阂。《红楼梦》第二十回

【亲不亲，阶级分】意思是，在阶级社会中，每个人都在一定的阶级中生活，不同的阶级有不同的感情。阶级把人无情地分成亲、疏、对立等不同的关系，既是客观的也是悲哀的。

【问君能有几多愁，恰似一江春水向东流】意思是，愁苦像江水一样流淌。南朝李煜《虞美人》

【衣不厌旧，人不厌故】故：老相识，老朋友。意思是衣服不厌弃旧的，交情不厌弃老朋友。唐朝欧阳询《艺文类聚》卷三十

【衣不如新，人不如故】意思是，衣服是新的好，可人还是故交好。汉朝无名氏《古艳歌》

【送君千里，终有一别】意思是，留步，不要再送了，送多远也得分别。表示依依难舍之情。《水浒传》："送君千里，终须以别。"

【舍命陪君子，酒鬼同丢丑】意思是，陪奉到底。通常是酒肉朋友喝酒劝酒之语，最终都灌醉完事。

【使人惧不若使人爱，使人爱不若使人敬】惧：畏惧。不若：不如。敬：敬畏。意思是，使别人惧怕自己不如让别人热爱自己，使别人热爱自己，不如让别人敬重自己。清朝李惺《西沤外集·药言剩稿》

【青山不老，绿水长存】比喻友谊长存。《三国演义》第六十回

【爱人不亲反其仁，治人不治反其智，礼人不答反其敬】爱人：热爱别人。不亲：得不到别人的亲近、热爱。反其仁：反问自己是不是仁义。治人：管理别人。不治：没有管理好。反其智：反问自己是不是尽力了，是否讲究方式方法。礼人：以礼待人。不答：得不到报答。反其敬：反问自己是否出于真心敬重人。意思是，在与人关系上出了问题，要从自己身上找原因。《孟子·离娄上》

【爱者易亲，严者易疏】 爱：爱抚，亲热。易亲：容易亲近。严：严厉。要求高。易疏：容易疏远。意思是对人爱抚就容易亲近，对人严厉就容易疏远。《资治通鉴·周纪》

【相见时难别亦难】 意思是，朋友分开了相见是很难的，可是，见了面再分别，心情更是难舍难分。唐朝李商隐《无题》

【别时容易见时难】 唐朝李煜《浪淘沙》："独自莫凭栏，无限江山，别时容易见时难。"句意同"相见时难别亦难"。

【善者善之，不善者亦善之】 意思是，对我好的人，我对他好；对我不好的人我对他也好，即对人应宽宏大量。《老子》

【断弦犹可续，心去最难留】 意思是，琴弦断了，还可以接上，人的心去了最难再留住。南朝梁王僧儒《为姬人自伤》

5. 故乡情

【人情怀旧乡，客鸟思故林】 人情：人的情感。旧乡：故乡。意思是，人都热爱自己的故乡，在异国他乡，如同飞离老窝的鸟总想飞回故林老窝一样怀念故乡。晋代王赞《杂诗》

【万里长城万里长，长城内外是故乡】 表示对伟大祖国的眷恋和热爱之情。

【万里江山万里情】 比喻情感深重长久。表示戍边军人对祖国山河的深厚感情。

【马恋草原，人恋故乡】 比喻人留恋故乡如同马依恋草原一样。说明对生我养我的故乡情感是挥之不去的。

【月是家乡圆，水是家乡甜】 意思是，家乡是最好的。通常表示远在异国他乡的赤子思乡之情。

【兄弟不信，其情不亲】 意思是，兄弟之间如果互相不守信用，或者不信任，那么，他们的感情也不会亲密。言外之意，人与

人之间更是如此。唐朝武则天《臣规下·诚信章》

【叶落归根，人老思亲】 意思是，人到老了，对故乡亲人的思念，就像叶落归根一样情切。

【在家千日好，出门一时难】 意思是，人生活在家里，多长时间都好，外出一时也感到难受不舒服。

【旧国旧都，望之畅然旧国】 旧都：故乡，家乡。意思是，故乡情是人的本性，一看到故乡，就分外舒畅欣喜。《庄子·则阳》

【老乡见老乡，两眼泪汪汪】 意思是，在异域他乡，老乡和老乡相遇，就像见到亲人一样亲切激动。这是游子思乡的一种内心表现。

【洛阳虽好不如家】 洛阳：河南洛阳市。古代曾是都市，非常繁华。意思是，哪里好都不如家里好。

【血比水浓】 比喻同胞之间的感情高于其他任何感情。

【亲不亲故乡人，美不美乡中水】 意思是，在异域他乡，故乡人是最亲的，故乡的水是最美的，还是故乡最好。清朝《儿女英雄传》第二十三回

【每逢佳节倍思亲】 倍：更加。意思是，在异域他乡，总是日夜思念着久别的亲人，每逢佳节更加思念亲人。唐朝王维《九月九日忆山东兄弟》："独在异乡为异客，每逢佳节倍思亲。遥知兄弟登高处，遍插茱萸少一人。"

【哪里的月亮都一样圆】 比喻中国不比外国差，是针对"外国的月亮比中国圆"的崇洋媚外的思想说的。

【金旮旯儿银旮旯，不如自家的穷旮旯】 旮旯：湖北省黄冈地区方言，指墙角等隐蔽处，这里指地方或房子。意思是，别的地方是金的是银的，也没有我这个穷地方好。

【金窝银窝，不如自家的穷窝】 窝：房子。意思是，别人家再好，终是人家的，自己家的房再不好，也是自己的，住着方便习惯。

【穷家难舍，熟地难离】 意思是，穷家熟地总是难舍难离。这

是一种特有的感情,这种对养育之地的感情是别的任何东西所代替不了的。

【穷家难舍,故土难离】 意同“穷家难舍,熟地难离”。

【近乡情更怯,不敢问来人】 怯:畏怯。意思是,久别归来,虽然故里近在眼前,但又害怕家里有什么大的不幸变故,所以,对迎上来的亲人都不敢问一声。表现出由思念归来到心情紧张害怕的复杂心理。唐朝宋之问《渡汉江》

【瘦马恋秋草,征人思故乡】 秋草:秋季的草,有果实,养分高,马吃了促膘长肥,马特别爱吃。意思是出征的将士就像瘦马依恋秋草那样思念故乡。唐朝刘长卿《代边将有怀》

【梁园虽好,不是久恋之家】 梁园:汉梁孝王刘武修的一座名园,故址在今河南省商丘东。意思是,哪里也没有家好。《京本通俗小说·错斩崔宁》

【烽火连三月,家书抵万金】 烽火:战火。三月:春深三月。意思是,在战火纷飞的战场上,将士们与家音讯隔绝,接到一封家信,抵得上得到万两黄金那么高兴。比喻期盼音讯的迫切心情。唐朝杜甫《春望》

【谁不说俺家乡好】 俺:河北、山东一带方言。指“我”。意思是,谁都热爱自己的家乡,都说自己的家乡好。

【狐死归首丘,故乡安可忘】 首丘:头向着巢穴。安:哪里,怎么。意思是,就连狐狸死后都要头向着自己的巢穴,不忘自己的栖息之所,更何况人呢,故乡怎么可以忘呢!三国魏曹操《却东西门行》

【羁鸟恋旧林,池鱼思故渊】 羁鸟:远处行旅之鸟。也说关在笼子里的鸟。故渊:出生长大的水域。比喻人无论到了哪里,总是怀念留恋故乡。晋代陶渊明《归田园居》

【悲歌可以当泣,远望可以当归】 当:充当。意思是,唱悲伤的歌曲,可以充当哭泣,释放内心的伤痛;远望可以充当归故乡,

释放怀念故乡的思念之情。汉朝乐府古辞《悲歌行》

6. 常情

【人生何处不离群,世路干戈惜暂分】世路:时局形势。干戈:指战乱。惜:无可奈何之意。意思是,想得开,人生哪里都有分离的时候,在这战乱之年,没有办法,暂时分离,将来后会有期。唐朝李商隐《杜工部蜀中离席》

【人心都是肉长的】意思是,都同样是人,应该有同情心,应该关心爱护。通常是出于公正,表示对弱者的同情,以引起强者转变错误态度,怜悯弱者。

【人同此心,心同此理】意思是,人都有共同的心理,对某些事情,大多数人的感受和想法基本相同。

【人到愁来无处会,不关情处总伤心】意思是,一个人在愁苦的时候,简直控制不住自己的情绪。宋朝黄庭坚《和陈君仪读太真外传》

【人情薄如纸】意思是,人与人之间的感情是很微妙的。在有利害问题时表现得特别明显。

【人非草木,孰能无情】意思是,人不是草木,岂能没有情感。

【人有悲欢离合,月有阴晴圆缺】意思是,人活在世上,悲欢离合像月亮有阴晴圆缺一样不可避免,也是正常的。

【丈夫有泪不轻弹,只因未到伤心处】丈夫:犹大丈夫,男子汉。意思是,无论什么人,伤心时都会掉眼泪的。明朝李开先《宝剑记》第三十七出

【心无结怨,口无烦言】意思是,心里没有结下怨恨,嘴上就不会有气愤不满的话。《韩非子·大体》

【心既和平,其性恬安】恬安:舒适安宁。意思是,人的心只

要平和下来了，就会感到心满意足，舒适安宁了。《汉书·严安传》："贫富不相耀，以和其心。心既和平，其性恬安。"

【不精不诚，不能动人】 精、诚：真诚之意。意思是，不是真正的真诚实意行为，就不能感动人。《庄子·渔父》

【无情未必大丈夫】 意思是，没有情感，不讲情感的人，不一定是品德高尚有志气有作为的男子汉。

【水火无情人有情】 意思是发生水灾、火灾，是不可抗拒的，但人们可以互相支援帮助献爱心，战胜灾害。

【世上没有无缘无故的爱，也没有无缘无故的恨】 意思是，爱和恨不是无缘无故产生的，都有必然的原因和条件。

【世上万般哀苦事，无非死别与生离】 生离：分离，离别。意思是，死别生离是人世间最悲哀痛苦的事。明朝冯梦龙《古今小说·蒋兴哥重会珍珠衫》

【外地见花终寂寞】 花：花草，也隐比女色。意思是，人在异地他乡，见到年轻漂亮女子，越发感到寂寞。唐朝《韦庄·思归》："外地见花终寂寞，异乡闻乐更凄凉。"

【千金难买一笑】 笑是人心底的一种欢快喜悦的表露。人与人之间只有真实感情和高兴才会笑，这是金钱买不来的。

【老见老说不了，嫩见嫩说不尽】 意思是，老年人和老年人在一起，话说不完；青少年和青少年在一起，话说不尽。因为同年龄层的人的经历、习惯有相同之处，有共同语言，能说到一起。

【同欲者相憎，同忧者相亲】 欲：欲望，内心的企图。意思是，有相同内心企图的人，因为有利益矛盾，会互相憎恨；有相同忧患的人，因为有同感，会互相亲近。《战国策·中山策》

【同命相怜，同病相吟】 意思是，同样不幸的人会互相怜悯。

【多才惹得多愁，多情便有多忧】 意思是，多才多情，想问题就多，而且富于情感，忧患意识强，特别是对社会消极问题看得比较多比较深，所以就多愁多忧。元朝徐甜斋《题情》

【乐人之乐，人亦乐其乐；忧人之忧，人亦忧其忧】意思是，为别人高兴而高兴，别人也为你高兴而高兴；为别人的忧愁而忧愁，别人也为你的忧愁而忧愁。《白居易集·策林》

【男儿有泪不轻弹，只因未到伤心处】意思是，男子汉是不轻易流泪的，到了伤心处也会流泪的。明朝李开先《宝剑记·林冲夜奔》

【花艳诱蜂蝶，人髦招侮辱】髦：着装打扮时髦。意思是，花朵开得鲜艳，是为了招诱蜜蜂蝴蝶采蜜受粉，人穿着打扮太时髦就显得轻浮，因而会招致一些人的白眼或者不怀好心人的侮辱。

【瓜子儿不饱是人心】瓜子儿：泛指西瓜子、南瓜子等各种瓜子。人心：情意。客人到家里炒一盘瓜子招待，表示情意。这是中国的一种传统风俗。意思是，招待虽然不好，但却表示了深情心意。通常是自谦之意。

【华而不实，怨之所积】华而不实：指嘴上说得好听，实际根本不做。意思是，光嘴上说得好听，实际并不兑现，这是积怨的根由。《左传·文公五年》

【体贴别人就是爱护自己】体贴：细心忖度别人的心情和处境，默默地给别人以照顾。意思是，体贴别人同样会得到别人的体贴。

【虽笑未必和，虽哭未必戚】和：知心，亲和。戚：悲戚。意思是，笑脸相迎未必就是亲和知心，哭成泪人也不一定心里就真的悲戚痛心。唐朝孟郊《择友》

【救困不救穷】意思是，救济只能解决暂时困难，而不能解决贫穷的问题。也说“济困不济穷”。

【爱人者人恒爱之，敬人者人恒敬之】意思是，你热爱别人，别人也会热爱你，你尊敬别人，别人也会尊敬你。《孟子·离娄下》

【爱亲者不敢恶于人，敬亲者不敢慢于人】亲：指自己的亲人,如父母。恶于人:对人没礼貌,不友善。慢于人:对人冷漠怠慢。意思是,爱自己的亲人,就不敢对别人不好;尊敬自己的老人,就不敢冷漠怠慢别的老人。《孝经·天子章》

【爱人者必见爱,恶人者必见恶】见:被。恶:与善相对,憎恶,厌恶。意思是你爱别人,必然会被别人爱;你厌恶别人,必然会被别人厌恶。《墨子·兼爱下》

【爱出者爱反,福往者福来】爱出:付出爱心。反:反过来。福往:给别人幸福。意思是,你对别人付出爱心,别人反过来也会爱你;你给别人以幸福,别人也会给你创造幸福。唐朝魏征《群书治要·贾子》

【爱人不以理,适是害人;恶人不以理,适是害己】理:公正,道理。适:正好,确实。意思是,如果不是出于公正和道理爱人,就是害人;如果不是出于公正和道理的思想憎恶人,那正好是自己害自己。即爱和恶是有公道公理的,不能以个人的私心为标准,那对人对己都有坏处。清朝魏际瑞《伯子文集》卷八

【爱而知其恶,憎而知其善】恶:缺点,毛病。憎:恨。善:优点,长处。意思是,爱一个人,要知道他的缺点毛病;恨一个人,要知道他的优点长处。这样,就不会盲目,不会狭隘。《礼记·曲礼上》

【爱之欲其富,亲之欲其贵】欲:要。意思是,喜爱他就要他富有,亲近他就要他高贵。这是一种爱富嫌贫、势利眼的情感观,《史记·三王世家赞》

【爱之欲其生,恶之欲其死】意思是,爱他就希望他永远活着,恨他就要他立即死去。《论语·颜渊》载孔子语

【铁汉子也怕情火烧】情火:女色诱惑缠绕。意思是,意志坚强的硬汉在女色的诱惑缠绕下,也抵挡不住。

【金子还是金子换】比喻只有付出同等的代价才能得到同等的回报。《红楼梦》第四十六回

【独身不恤双身情】恤:忧虑,体恤。意思是,一个人独身过日子,没有牵挂,没有夫妻生活,不用忧虑夫妻之间的情感,不体恤夫妻感情。

【留住花枝,留不住花魂】比喻可以强行把人留住,但却留不住人的情感。明朝周济《虞美人》

【窈窕淑女,君子好逑】窈窕:容貌美好的样子。淑女:美好贤德的女子。好逑:好配偶。意思是,美丽温和善良的姑娘,是高尚男子的好配偶。现代把"逑"演变为"求"了,意为美丽漂亮,温和善良的女子,小伙子爱追求。《诗经·周南·关雎》

【若要人爱,先要爱人】意思是,爱是相互双方的事情,单一方面是爱不起来的。

【兼忘天下易,使天下兼忘我难】忘:虚静淡泊的心境和不把外物滞留胸内的态度。意思是,一并虚静淡泊地对待天下之人容易,使天下之人能一并忘却自我困难。

【强令之笑则不乐,强令之哭则不悲】意思是,笑和哭是内心情感的流露,不是强迫得了的。《意林·吕氏春秋》

【强哭者虽痛不哀,强亲者虽笑不和】强:勉强。痛:痛苦的样子。意思是,勉强哭的人,表面上虽然装出一副哀伤痛苦的样子,但内心并不悲伤;勉强亲热的人,表面上虽然笑脸相迎,但内心并不亲和。清朝申涵煜《省心短语》

【恻隐之心,人皆有之】恻隐:哀痛,对别人的不幸表示怜悯同情。意思是,人人都有对别人的不幸表示怜悯同情的心情。《孟子·公孙丑上》:"恻隐之心,仁之端也。"

【恻隐之心,仁之发也】意思是,对人有怜悯同情的心理,是仁爱的发端。《黄石公三略·下略》

【浩然恬忽,无所怨尤】恬忽:心中安然,对外界事物毫不介意。怨尤:怨天尤人,怨愤。意思是,人有正大胸怀,就遇事心中安然,不介意外界事物,就没有那么多怨天尤人的怨愤。《论衡·

自纪》:“故归之于命,委之于时。浩然恬忽,无所怨尤。”

【豺狼不可狎,刺猬不可接】 狎:亲近。接:接近。比喻狠毒之人不可亲近。对无情尖刻之人,不要跟他过于接近,要保持一定的距离,否则就会受到他的伤害。《聊斋志异·辛十四娘》

十、品质

1. 纯洁高尚

【人都是爹娘生的】意思是，应该尊重爱护人，同等对待关心人，不要歧视欺负人，另眼看人。即用现身说法，批评不把人当人看待的势利眼恶习。

【入暗室而不欺，独处而不妄】意思是，进入别人看不见的地方，也不做坏事。唐朝骆宾王《萤火赋》

【士为知己者死，女为悦己者容】士：指勇士。悦：喜悦、喜欢。容：修饰打扮。知己：了解自己，赏识自己的人。意思是，勇士最忠诚，知道为谁而牺牲；女性最爱美，懂得为谁而美。即目的明确。《史记·刺客列传》

【山里人说话能对天】意思是，山里人实在诚实，不说假话。

【义士不欺心，廉士不妄取】义士：正义之人，有志气的人。欺心：自我欺骗。廉士：廉洁的人。妄取：任意取得。意思是，正义有志气的人，不会做自欺欺人的事，廉洁的人不任意取得他不应该得到的东西。汉朝刘向《说苑·说丛》

【义者不为不仁者死，智者不为暗主谋】意思是，有正义感的人，不为没有仁义的人效死力，有智谋的人，不为愚昧的昏君出谋划策。《黄石公三略·中略》

【上德不德，是以有德；下德不失德，是以无德】上德：最高尚的德行。下德:与上德相反,德行不好。意思是,真正具有最高尚德行的人,从不吹嘘显示自己的高尚德行,因此是最有德行的;德行很差的人,总是把德挂在嘴上,处处不离德,实际是无德。先秦时代老子《道德经》

【上德若谷,大白若辱】意思是,最高尚的德好像山谷一样,总认为不足;太洁白了,反而容易受到污染。先秦时代老子《道德经》

【不论东西南北中,但管自己言行举止作风】意思是,不议论与自己无关的事,但要管好自己。

【不忮不求,何用不臧】忮:忌恨。求:贪心。用:为。臧:善。意思是,不忌恨别人,不贪求钱财,为什么不好呢?《诗经·邶风·雄雉》

【天下郎中割股之心】郎中:长江中下游流域两岸一带称医生为郎中。割股:割大腿上的肉。传说一神医给一个病人看病,药方中需要人的大腿肉做药引子。开完药方,遂拔刀从自己大腿上割下一块肉给病人。意思是,医生给病人看病,如果病人需要服用大腿肉就能治好病,医生也愿意从自己大腿上割下一块肉给病人。赞颂医生救死扶伤的高尚医德。

【日间不做亏心事,夜半敲门不吃惊】意思是,不做亏心事,心里就安适无忧。明朝凌濛初《二刻拍案惊奇》卷五。也说"日间不做亏心事,半夜不怕鬼叫门。"

【气死金兀树,笑死老牛皋】金兀树:南宋时期入侵中原地区的金兵有名将领,被牛皋击毙。牛皋:南宋时期协同岳飞抗金将领。金兀树凶悍勇猛,曾多次打败宋兵;岳飞和牛皋与其多次交战,均未能将其擒获。在一次战斗中,牛皋已年过古稀,为了打败金兵,他亲自挂帅上阵,金兵大败。金兀树在和牛皋交战中从马上摔下来,牛皋跳下战马,奋勇扑上去,把金兀树狠狠压在身下,仰天大笑而死;金兀树因败在年过古稀的牛皋手上,且被牛皋生擒，气愧羞辱过度而死。便有此说，赞颂民族英雄气宇轩昂之气概。

【宁为有瑕玉，不作无瑕石】意思是，宁可做一块有疵点的美玉，而不做一块坚硬无污点的石头。玉在中国古代是高尚纯洁的象征，而普通花岗岩一类的石头则被看作恭玩不化的代名词。明朝焦竑《玉堂丛语》卷五

【宁可清贫自乐，不作浊富多忧】浊富：以不义之财而致富。意思是，宁可过着清贫自乐的日子，也不要不义之财致富，成天忧恐不安。宋朝释道元《景德传·灯录》

【宁直见伐，无为曲全】直：刚直不阿。伐：杀头。曲全：阿谀逢迎而保全生命。意思是，为了真理和正义，宁可刚直不阿说真话儿冒杀身之祸，也不为保全自身而阿谀逢迎说违心话。明朝王廷陈《矫志篇》

【宁可正而不足，不可邪而有余】意思是，宁可为坚守正直而使自己生活贫困，也不搞歪门邪道使自己生活富裕有余。《憎广》

【宁可少活二十年，也要拿下大油田】大庆油田“铁人”王进喜语。王进喜享年只有五十八岁。现代人一般都活过八十多岁，许多人说王进喜是积劳成疾而死。他为了大庆油田早出油，多出油，为国家贡献石油，战胜帝国主义对我国的石油禁运封锁，贡献了毕生，的确最少少活了二十年！表现了我国无产阶级无私无畏的奉献精神，他们除了国家和民族的利益之外，没有个人的私利。这便是无产者的伟大，这便是同有产者的根本区别。

【宁做清官背靴走，不做赃官落骂名】意思是宁可不当官，也不当赃官。《七品芝麻官》

【立德之本，莫尚乎正心】意思是，要树立一个高尚的道德，莫过于首先心地纯正。晋代付玄《付子·正心篇》

【立不惭形，寝不惭魂】意思是，站着对自己的影子不感到惭愧，睡着对自己的灵魂不感到惭愧，即做事问心无愧。《晏子》

【亏了我一个,幸福十亿人】中国人民解放军战士语。意思是,为了祖国和全国人民的利益和幸福安宁,个人吃点亏是值得的。

【乐莫乐于好善】好善:喜欢做好事。意思是,人的最大乐事,莫过于做好事。宋朝张商英《素书》四

【岁寒知松柏,事难见君子】意思是,只有天寒地冻,才知道松柏耐严寒的节操;只有在事情遇到艰难的时候,才能显示出君子像松柏那样的高尚品质。《荀子·大略》:"岁不寒,无以知松柏;事不难,无以知君子。"

【功在当代,惠及子孙】功:功劳,功德。惠及:把好处给予某人或某地。意思是,对当代人来说,是做了一件好事,算是立了一项功德,对子孙后代来说,算是留下了一个好处。

【自是桃李树,何畏不成蹊】蹊:小路。意思是,只要自己能为群众带来好处,就不必害怕群众不信任自己,便自然要被踩出一条路来。比喻只要能全心全意为人民服务,无私奉献,人民群众就会自动跟着你走。唐朝李贺《奉和二兄罢使遣马归延川》

【自知者不怨人】意思是,有自知之明的人不埋怨别人不理解自己。《荀子·荣辱》

【牢骚太盛防肠断,风物长宜放眼量】意思是,不要牢骚太盛,那样会气断肝肠的。应该放开眼界看待事物,看待世界;往远处看,看到整个国家的美好远景和光辉前途。毛泽东《七律·和柳亚子先生》

【救人一命,胜造七级浮屠】佛教语。浮屠:宝塔,一般高七层。佛教认为,造宝塔功德无量。意思是,救人一命,是功德无量的大善事,比造一座宝塔还要好。冯梦龙《古今小说·月明和尚度柳翠》

【架桥修路,添福添寿】意思是,架桥修路,是为群众办好事办实事,对自己也是一种有利身心健康的活动。也说"修桥补路,

添福添寿”。

【蚕到死时丝方尽，蜡烛成灰泪始干】 比喻辛勤劳动一辈子，不到最后一口气不停止对社会的奉献。

【受屈不改心，然后知君子】 意思是，身受屈辱而不改变一颗赤诚的心，这样的人才是真正高尚的人。李白《赠韦侍御黄裳》

【弄花一年，看花十日】 意思是，付出的劳动很大，就是为了群众得到一次短暂的享受。或者说，赏花人应该懂得，花农种花的艰辛。《天彭牡丹谱》

【我为人人，人人为我】 意思是，人生活在社会中，不能独立存在，谁也离不开谁，一切都是互相依存的。我在为别人，别人也都在为我。

【近水楼台不得月】 比喻高尚廉洁，不利用职务和岗位之便捞取个人好处。与“近水楼台先得月”相对。

【急难救人，一善可当百善】 意思是在人遇到意外危急困难时，伸手救助人一把，这样的好事做一件，可顶得上做一百件好事。《史典愿体集》

【结绳记事，画地为牢】 传说远古人类还没有文字，用绳打结的办法来记事；远古人极为诚实，犯了罪，在地上画个圈，把罪犯放在圈里，就是坐牢房，犯人也不会逃跑。

【官清不爱钱】 清：清廉。意思是，做官清廉，不贪金钱。明朝冯梦龙《古今小说·沈小霞相会出师表》：“吏肃惟遵法，官清不爱钱。”

【闻善行之唯恐不及，闻恶远之唯恐不速】 意思是，听到好人好事，马上去学着做还唯恐来不及；听到坏人坏事，离他远点还唯恐走得太慢。晋代杨泉《物理论》

【食不语，寝不言】 意思是，要养成良好的吃饭、睡觉卫生习惯，吃饭睡觉时不说话。现通常说“吃不言，睡不语。”《论语·乡党》

【新沐者必弹冠】沐:指洗头。冠:帽子。意思是,刚洗头的人戴帽子时,总要弹去帽子上的灰尘。现比喻心地纯洁的人,总是对政治灰尘保持高度的警惕和抵制,使自己不受沾染,以保持政治上的纯洁。

【雪中送炭易,锦上添花难】比喻帮助解决应急困难比较容易办到,要求好中求好,美中更美,就比较困难。

【钱财如粪土,仁义值千金】意思是钱财这东西不值得看重,而仁义是非常珍贵的。劝人不要丧了道德良心而贪财,自然是对的;但是,钱财自身与道德并非水火不相容,问题是钱财是怎么来的。无钱财的仁义,不是无法实施仁义,就是说空话骗人。

【遗货财于子孙,不如周人之急】意思是,把财富留给子孙后代,不如把财富用来周济贫困人应急。宋朝林逋《省心录》

【瑕不掩瑜,瑜不掩瑕】瑕:玉上的斑点。瑜:玉德光彩,玉石。比喻不用缺点否定优点,也不用优点掩盖缺点。《礼记·聘义》

【嘉木忌深蠹,哲人悲巧诬】意思是,珍贵的木材最怕深藏在里面的蛀虫,有名望的哲人对那种专会中伤人的巧诬之徒,感到非常悲哀。唐朝孟郊《湘弦怨》

【能怜钝拙诛豪俊,悯弱摧强真丈夫】怜:怜悯,同情。钝拙:诚信老实。豪俊:指倚仗权势横行霸道的恶人。意思是,能够怜悯同情忠诚老实的弱者,教训铲除仗势欺人的恶人,这样的人,才称得上真正的男子汉。唐朝周昙《咏史》

【德厚而位卑者谓之至德,德薄而位尊者谓之至道】意思是,道德高尚仁厚而职位低下的人,叫做最高无上的德行;道德轻薄而职位尊贵的人,叫做精通最高的权术。唐朝李筌《太白阴经·人谋》

【善人在患,饥不及餐】意思是,好人在遇难时,不吃饭也要去拯救,即拯救人要刻不容缓。《资治通鉴·汉纪》

【善所当为,羞谈福报】 意思是,做好事是应该的,不应该谈报酬。《琼琚佩语·修己·座右篇》

【澹然无极,众美从之】 澹然:淡然。无极:无穷,思想不滞留于一方。意思是,保持宁寂淡然的心态和宽阔无穷的心智,那么,世上一切美好的东西都跟随在周围。《庄子·刻意》:"若夫不刻意而高,无仁义而修,无功名而治,无江海而闲,不道引而寿,无不忘也,无不有也,澹然无极,而众美从之。此天地之道,圣人之道也。"

【鹪鹩巢林,不过一枝】 鹪鹩:小鸟。头部淡棕色,有黄色眉纹。上体连尾栗棕色,多黑色细斑。捕食昆虫。窠很精巧,故亦称"巧妇鸟"。意思是,鹪鹩这种小鸟筑巢只占一枝树枝。比喻安分自足的心志。《庄子·逍遥游》:"鹪鹩巢于深林,不过一枝。"

【鹪鹩巢一枝,狡兔藏三窟】 意思与"鹪鹩巢林,不过一枝"相似。通常比喻最基本最有限的生活条件,要求不高,应该得到满足。用此语往往带有一种感情冲动,言深意切,同情心强烈。《三国演义》第六十回:"尝思鹪鹩尚存一枝,狡兔犹藏三窟,何况人乎?"

2. 正派无邪

【人前做得出的方可说,人前说得出的方可做】 意思是,说话办事光明正大。能见得人的,能拿到桌面上的,这样的话才能说,这样的事才能做。《史典·愿体集》

【上不谄下不欺,不亦君子乎】 意思是,对上级不谄媚吹捧,对下面不欺诈压制,这也是高尚的人。

【上交不谄,下交不渎】 谄:谄媚,巴结,奉承。渎:轻慢。意思是,对上级和地位高的人和对下级及地位低的人要用平等态度结交。

【与人无争,无人与争】意思是,在关系到名利的问题时,要坦然对待,不争不计较,也就没有人与你争斗计较了。

【上士忘名,中士立名,下士窃名】意思是,高尚的人不为名不图名,一般人希望树立自己的名声,低级下流的人欺世盗名。《颜氏家训·名实篇》

【日月经天,江河行地】意思是,太阳月亮按照自己的运行轨迹在天空中运行,大江大河按照自己的流向在大地上运行。比喻光明正大,永恒不变。清朝郑燮《焦山别峰庵雨中无事书寄舍弟墨》

【日月经天,江河带地】同"日月经天,江河行地"。

【不以成败论英雄】意思是,不用成功或失败作为评论英雄的标准。事实是如此。所谓英雄,在于他的思想和精神。由于历史、条件等多种客观因素的限制,许多事情不是一个人或一代人能实现得了的,需要亿万人,几代人前赴后继的奋斗才能实现;过程中的,阶段性的失败,只要他的思想和精神符合社会发展规律,代表社会发展方向,那么,他仍不失为英雄。即对待英雄要客观地历史地看,而不能用功利主义的观点来看。

【不以人之卑自高,不以遭时自利】意思是,正派的人,不因为别人地位卑下而自以为高贵,不因遭逢机会而趁机图谋私利。《庄子·让王》

【不蔽人之美,不言人之恶】意思是,不掩盖否定别人的优点长处;不在背后议论别人的短处和缺点。《意林·韩非子》

【不侮矜寡,不畏彊御】矜:通鳏,无妻的老人。寡:失去丈夫的妇人。彊御:强暴的恶势力。意思是,不欺侮孤苦可怜的人,不畏惧强暴的恶势力。《诗经·烝民》

【不欲盈,能蔽而新成】意思是,不骄傲自满,就能够去故更新,不断进取。先秦时代老子《道德经》

【心地善良,遇惊不惶】 惶:恐惧。意思是,心地善良,对人没有坏心,从不做坏事的人,心情总是平静坦然的,所以,遇到惊恐的事而不感到惶恐。

【长短是跟棍,大小是个人】 用前项比喻后项,说明人无论职务大小,地位高低,境况贫富,都是人,在人格上是平等的,应该平等看待。不可歧视凌辱。

【见利思义,见危授命】 意思是,见到利,要想到道义,如果是不义之财不能要;见到危险,要像授命了一样去勇为。《论语·宪问》

【见利不动,临死不恐】 意思是,在不义之利面前不动心;在为正义事业时,要大义凛然,视死如归,死到临头不畏惧。《新序·义勇》

【行乎无名者,唯庸有光】 庸:平常。意思是,行事不显名声的人,即使平庸也有光辉。《庄子·庚桑楚》

【好汉子不赶乏兔儿】 赶:追赶。比喻强者不欺负弱者,不做乘人之危的事。《西游记》第七十一回

【好汉做事好汉当】 通常是自表话。意思是敢作敢当,承担责任,与别人无关,不要累及无辜的人。

【好马不打滚,懒驴屎尿多】 比喻好人讲道理,不耍赖;懒人想着法子不想干活。

【杀出的英雄,干出的模范】 意思是,英雄人物是在战场上拼杀出来的,模范人物是在工作中干出来的,都是实实在在的功劳。

【当面锣对面鼓】 比喻面对面把事情说清楚,也比喻面对面的争吵,互不相让。

【当着矮人别说矮话】 矮人:小人,品质低劣的人。矮话:叹息、委屈、心中不平的话。意思是,不要在小人面前说心中委屈或感到不公平之类事的话,以免对方忌讳,背后捅你。《红楼梦》第四十六回

【当老实人，说老实话，做老实事】老实：实事求是，不说假话，弄虚作假。大庆人语。

【老实是无用的别名】意思是，人太老实了，就是没有能力。鲁迅语。

【打铁不怕响】比喻为了辨明是非，为了真理，不怕公开争论或什么影响，不怕别人知道议论。光明正大，不怕什么。

【动子无悔大丈夫，观棋不语真君子】中国象棋语。意思是，手触动哪粒棋子就走拿粒棋子，不悔棋，是大丈夫气概。看别人下棋，不要说话，这才是真君子。

【观棋不语真君子，落子无悔大丈夫】意思是，看别人弈棋不说话，才是有修养的人；弈棋不悔，是大丈夫的气概。

【自古明人不做暗事】明人：光明正大，明白事理的人。暗事：暗中捣鬼，偷偷摸摸的事。明朝冯梦龙《古今小说·李秀卿义结黄贞女》

【自我枝叶分，莫怨太阳偏】枝叶分：枝叶长的不一样。比喻本身内心阴暗，而不是太阳的光辉不公平，不照到他身上。唐朝刘采春《啰唝曲》其二

【行得正，坐得稳】意思是，行为端正，不做歪的邪的，遇事不惊慌，心中安稳，不怕别人误会或者污蔑诽谤。

【吃着盐和米，就得讲情理】意思是，都是一样的人，人是讲情理的，蛮横不通情理不行。

【站得直，坐得正】比喻做事光明正大，没有歪的邪的，不害怕别人污蔑诽谤。

【路见不平，拔刀相助】意思是，见到不公平的事，舍命去帮助。表示出于正义感，无私无畏。《水浒传》第四十四回

【放得下拿得起】意思是，对嗜好应该以一种随意的态度对待，不要成瘾走极端。通常指抽烟喝酒，不抽不喝也行，陪客人抽一枝喝一点也可以。也比喻对一些无关紧要无原则的事情既要

重视，但也不要太固执，应该随意些。

【非理之事莫为】 意思是，不符合道理的事不要做。冯梦龙《古今小说·沈小官一鸟害七命》

【知无不言，言无不尽】 意思是，知道就说，知道多少就说多少，把想要说的都说出来，有一种轻松的民主气氛。毛泽东《论联合政府》

【身正不怕影子歪】 意思是，自己没有做对不起别人的事，就不怕别人误会，更不怕别有用心的人的污蔑诽谤。

【脚正不怕鞋歪】 意思是自己做事正大光明，为人正派，不怕别人误解。或者正派的人在错误面前立场坚定，不随风倒舵。

【童叟无欺，聋瞎无骗】 童叟：童指少年儿童，叟指老年人。意思是，做买卖公平合理，讲信誉，不欺骗任何人。

【爱人者不阿，憎人者不害】 阿：阿附，奉承。害：陷害。原意是，法官在法庭上，对自己喜爱的人，不能阿谀奉承，随声附和；对自己憎恨的人不能陷害。即要依法对事对人，不以个人的好恶和感情对待人。《商君书·慎法》也可以泛指爱憎观。

【忍字头上一把刀】 比喻遇到不公平或者使人难以接受令人气愤的事时，忍耐特别重要。这好似头上吊着一把锋利的刀一样，忍不住，随时都有掉到头上的危险。也说明忍耐是多么难受不容易。

【忍得一时气，免得千日恨】 气：气恼。恨：怨恨，懊悔。意思是，忍住了一时的气恼，不至于失去理智而做出错事，避免了以后的懊悔怨恨。即忍气是因为顾及后果。

【贫贱是苦事，能善处者是乐事；富者是乐事，不善处者更苦】 意思是，要正确对待贫贱富贵。《格言联璧·持躬类》

【神清则智明，智公则心平】 意思是，神志清醒，智谋就清晰；智谋出以公心，就心理平和踏实了。《文子》

【善恶之殊，水火不容】 意思是，善与恶的不同，就同水火不能相容一样。《欧阳修全集·祭丁学士文》:“善恶之殊,,如火与水,不能相容。”

【善则称人,过则称己】意思是,有了成绩,做了好事,就把功劳归于别人;有了过错就自己承担起来。《礼记·坊记》

3. 虚怀谦卑

【入火真金色传鲜】意思是,把真金投入炉火中,它的颜色就越显得鲜艳夺目。比喻品德高尚的人,在困境里越能显出其高风亮节和优秀品质。宋朝释惟白《续传灯录》卷二十八

【人比人该死,货比货该扔】意思是,人与人不能同日而语,同等相比。由于机遇、所处环境不同等多方面的原因,同时代甚至同乡同窗的人,其能力,贫富、社会地位等各个方面相差悬殊,没法相比。其实,这完全是正常的。

【人比人,气死人】意思同“人比人该死,货比货该扔”。

【人不知而不愠,不亦君子乎?】愠:怨恨。意思是,对于人家因不了解自己而有所不当,但不怨恨,这样的人,不也算得是君子吗?即心怀坦荡豁达宽广的人是高尚的人。《论语·学而》

【人贵有自知之明】贵:可贵,难得。意思是,人最可贵难得的,就是知道自己怎么样。毛泽东《南方巡视讲话》

【人到屋檐下,不得不低头】比喻在人家的手下,或者在别人的控制下,处于被动弱势地位,必须服从,不服从是不行的。

【从我做起,不愁他人;从现在做起,不愁未来】意思是,不能光长一张嘴说空话,说大话,那没有用。要落实到自身上去,落实到眼前的工作上去。这样,既不愁现在也不愁未来。

【今朝有酒今朝醉,混世魔王无前程】意思是过了今天不管明天的事,把今天过好了再说。这是一种消极的生活态度。唐朝

权审《绝句》:“今朝有酒今朝醉,明日愁来明日愁。”

【与其浊富,宁此清贫】意思是,如果要用不义的手段发财致富,那我宁可过着这样清贫的生活。唐朝姚崇《冰壶诫》

【小人好恶以己,君子好恶以道】意思是,道德思想水准低下的人,凭自己的私利决定其爱好和憎恶,道德思想水准高的人,依据公理决定其好恶。清朝黄宗羲《宗元学案》

【大人不计小人过】过:过错。意思是,你比我高尚,请原谅。

【大人不计小人仇】意思同“大人不记小人过”。

【大知闲闲,小知閒閒】知:智。闲闲:广博豁达的样子。閒閒:“閒”是“间”的古体,今作“间”,即明察细别的样子。意思是,才智超群的人广博豁达,只有点小聪明的人,则乐于细察,斤斤计较。《庄子·齐物论》

【心无天游,六凿相攘】天游:游乐于大自然。六凿:六窍。攘:扰乱。意思是,内心不能虚空而且游心于自然,那么,六种官能就会出现纷扰。《庄子·外物》

【不忘久德,不思久怨】久:过去。意思是,不要忘记过去的恩德,不要想着过去的恩怨。《孔子·家语》

【不念旧恶,怨是用希】是用:因为这样。希:同稀,少。意思是,一个人如果不念过去的仇恨,那么,别人因此对他的怨恨自然就少。《论语·公冶长》

【不患位之不尊,而患德之不崇】患:担心。意思是,不担心地位不尊贵,而担心道德不崇高。《后汉书·张衡列传》

【不诱于誉,不恐于诽】诱:引诱,诱惑。誉:赞誉,赞扬,这里指虚荣。恐:怕。诽:诽谤。意思是,做人要心地纯洁开朗,心胸要豁达大度。不受虚荣的引诱,不怕别人的诽谤。《荀子·非是二子》

【不论他人长短,但管自己好坏】意思是,不在背后议论别人是非长短,先把自己管好。

【不面誉以求亲,不愉悦以苟合】意思是,不要为了求得别人的亲近和欢喜而当面吹捧别人;不要用愉悦的办法求得无原则的和气团结。唐朝魏征《群书治要·体论》

【仁者其言也讱】讱:不轻易说话。意思是,高尚的人说话总是经过周密思考的,不轻易随便乱说。《论语·颜渊》

【勿以小恶弃人大美,勿以小怨忘人大恩】小恶:小过失。弃:看不到或否定。大美:美德或好的主流。意思是,不要因为人家小的过失而否定人家的美德贤才,不要因为小的恩怨而忘记人家的大恩大德。清朝申居郧《西岩赘语》

【以和为贵,以忍为高】意思是,在处理人与人之间的关系,特别是在处理矛盾时,讲求和气最为宝贵,忍耐最为高招。当然,这是建立在原则和底线上的。

【以慎为键,以忍为阍】键:门上的锁。阍:守门人。意思是,做事要谨慎,就像门上上了一把锁一样;遇到不顺不公的事,要忍耐,首先管好自己的嘴,就像嘴上有个守门的人一样。《刘禹锡集·口兵戒》

【以人之长补其短,以人之厚补其薄】意思是,学习别人的长处和优点以及丰富的知识经验,补自己的短处缺点和阅历的不足。汉朝刘向《说苑》卷一

【劝君不要镌顽石,路上行人口似碑】镌顽石:修建记功石碑。碑:记功碑。意思是,劝你不要修建什么记功碑,只要你为人民做了好事,人民会传颂你的,永远纪念你的,那是最好的记功碑。宋朝释普济《五灯会元》卷十七

【节义士枉成,何异鸿毛轻】枉成:歪的邪的坏事。意思是,高尚有节气的有志之士,如果做了歪的邪的坏事,那就如同鸿毛一样,没什么两样了。唐朝卢仝《扬州送伯龄过江》

【功业向上攀,官职向下觑】攀:比。觑:看。意思是,在工作业绩上,要向优秀的比;在职务地位上,要向下级官员看。宋朝晁

说之《晁氏客语》

【生相由天定，作为自己创】 生相：相貌。作为：行为能力和表现。意思是，一个人的长相好不好，是先天决定的，与个人毫无关系；而行为能力和表现，却是个人决定的事情。

【只要脚正，不怕鞋歪】 比喻只要自己正派，办事公正无邪，不做坏事，不怕别人非议歪曲。

【只要身子正，不怕影子歪】 意思与"只要脚正，不怕鞋歪"同。

【正身直行，众邪自息】 意思是，自己行为端正，不搞歪门邪道，许多邪恶在你面前也就不灭自熄了。《淮南子·缪称训》

【平生五字律，头白不贪名】 意思是，我一生用"头白不贪名"这五个字严律自己，即一辈子诚实做事，不贪图个人功名。《陈与义集·适远》

【平生德义人间颂，身后何劳更立碑】 德义：品德。意思是，一个人品德高尚，一辈子在人们中间被传颂赞扬，那么，死后何必要劳苦树碑立传呢？当然，为死者树碑立传主要是为了教育活人。唐朝徐寅《经故翰林杨左丞池亭》

【平生不做皱眉事，世上应无切齿人】 皱眉事：对不起人的事。切齿人：咒骂痛恨的人。意思是，一辈子从来没有做过对不起人的事，世界上应该没有切齿痛恨自己的人。《京本通俗小说·碾玉观音》

【平生莫邪剑，不报小人仇】 莫邪：古代宝剑名。小人仇：个人之间私仇。意思是，一辈子不用宝剑报私仇。唐朝张祜《书愤》

【记人之善，忘人之过】 善：善良，善事。过：过错。意思是，要记住人家的善良，做过的善举善事，忘记人家的过错。《三国志·蜀书》

【由美变丑易，由丑变美难】 美：美好高尚。丑：丑恶低下。意思是，由美好的心灵变成丑恶的心态很容易，而要把丑恶的心态变成美好的心灵就很难。

【长堤溃蚁穴，君子慎其微】意思是，长长的大堤坝因小小的蝼蚁在里面做巢穴而造成溃塌，所以，高尚的人更要防微杜渐，做事谨慎。清朝王懋竑《书座右二章》

【乐莫乐于新相知，悲莫悲于生别离】意思是，人最值得快乐的事，莫过于又有了新的知己朋友；人最悲痛的事，莫过于朋友的离别。屈原《九歌》“于”原文为“兮”。

【乐不以忧而废，忧不以乐而忘】意思是，不能因为忧患而忘了乐，也不能因为乐而忘了忧患。比喻要始终保持清醒头脑，在取得伟大成就的大好形势下，不要因为忧患而否定成就，也不能因为形势大好而否定忧患。宋朝罗大经《鹤林玉露》卷二

【处逆境须用开拓法，处顺境须用收敛法】意思是，身处逆境时，心情要开阔，想得开，大胆放手去干自己要干的事业；处在顺境时，要谨慎，夹着尾巴做人，不能忘乎所以，得意忘形。《格言联璧·存养》

【处富贵之时，要知贫贱痛痒】意思是，人的地位高了，身处富贵的时候，要知道那些还处在贫贱人的难处，不能忘了本。《格言联璧·接物》

【处世忌太洁，圣人贵藏辉】太洁：太苛刻。意思是，待人处世不要太苛刻，对人要求太高。圣人最可贵的地方，就是把自己光辉的业绩隐藏起来，不夸耀自己。唐朝李白《沐欲子》

【失晨之鸡，思补更鸣】意思是，错过了报晓机会的鸡，想补救自己的失误，会叫得更响。比喻人有了过失，会加倍努力工作，把失误补救回来，将功补过。曹操《选举令》

【有则改之，无则加勉】则：就。勉：勉励。意思是，别人说的过错，如果有就改正，没有就作为一种勉励。宋朝朱熹《四书集注·论语·学而》注语：“日省其身，有则改之，无则加勉。”

【好汉不提当年勇】意思是，英雄人物不以过去的光辉事迹

作为夸耀的本钱。

【休系心中小是非，海纳百川方成广】 休：不要。系：挂在心中。意思是，不是什么大了不起的小是小非，过去就完了，不要老挂在心上，更不能耿耿于怀。要像大海那样，有宽阔的胸怀。唐朝元稹《酬复言元日郡斋感怀诗》

【百行以德为首】 百行：人的一切行为。德：德行，道德品质。意思是，在人的一切行为中，德行是第一位的。《世说新语·贤媛》

【百丈竿头须进步】 百丈竿头：很高的竿，佛教比喻修行到极高的境界。通常比喻在取得成绩的基础上，再努力争取更大的成绩。《景德传灯录》卷十

【当仁不让于师】 仁：仁爱之事。师：老师。现泛指遇到应该做的事，对别人对社会有益的事，积极主动去做，不谦让。《论语·卫灵公》载孔子语

【众人之蔽在利欲，贤者之蔽在意见】 蔽：弊病。意思是，普通人不明于事理，是因为私心贪利造成的；贤明的人不明于事理，是因为固执，死抱成见不放造成的。清朝黄宗羲《明儒学案》

【自知不自见，自爱不自贵】 见：同现，即表现。意思是，要自己知道自己，但不表现自己。有自爱之心，但不自显高贵。先秦时代老子《道德经》

【自己摔倒自己爬起来】 比喻犯了错误或者有了过失，要靠自己努力改正，振作精神继续努力，奋发前进。

【自家过恶自家省，待祸败时省已迟】 意思是，自己的过错应该自己早早省悟改正，否则，等到祸事败露出来就晚了。《格言联璧·勃凶》

【自家有病自家知，莫待良医空号脉】 意思是，自己的心病只有自己知道，别人是不会知道的。不要等到别人帮助指出，那就被动。清朝王有光《吴下谚联》卷二

【自后者人先之,自下者人高之】意思是,认为自己后进,不如别人好,别人就会把你看成先进;认为自己比别人低下,不如别人高尚,别人就把你看成高尚的人。汉朝杨雄《法言·寡见》

【自满者败,自矜者愚】自矜:自以为贤能。意思是,骄傲自满就要失败,自以为了不起就是愚蠢。宋朝林逋《省心录》

【自损者益,自益者损】意思是,谦虚的人受裨益,骄傲自满的人受损失。汉朝刘向《说苑·敬慎》

【自见之谓明,自胜之谓强】意思是,有自知之明就叫作聪明,能战胜自己,就是真正的强者。《韩非子·喻老》

【吃饭要让,干活要抢】意思是,要有风格,有奉献精神,在利益上要忍让,在工作上要抢着去干。

【吃亏不算傻,让人不算呆】意思是,做人要心胸宽阔坦荡,于事相让,不与人斤斤计较,争输赢。

【吃水不忘挖井人】比喻要知道感恩,记住恩德,不要忘了给自己造福的人,不知好歹,忘恩负义。

【听人劝,吃饱饭】意思是,不能太固执,要听从别人的劝告,事情就过去了,免得生气受影响,少受损失。

【完美的苍蝇总是苍蝇,有缺点的战士永远是战士】鲁迅语。苍蝇:比喻汉奸卖国贼,反动派。战士:指一切革命者和爱国的仁人志士。意思是,汉奸卖国贼、反动派,不管他们怎么自诩多么完美无缺,但其反动腐朽的本质是无法改变的。一切革命战士和爱国仁人志士,不管他们存在什么样的缺点或不足,但他们的优秀品质和崇高精神总是永存的。

【责己则攻短,论人则取长】意思是,责备自己要深刻认识自己的短处,评论别人要肯定说别人的长处。《大云山房文稿·与李汀州》

【责人者必先自责,成人者必先自成】意思是,责备别人,首先要先责备自己,帮助别人,首先要把自己的事做好。《钱公良测

语下·规世》

【责己者可以成人之善,责人者实以长己之恶】成人之善:培养成就美德。长己之恶:助长自己的坏毛病。意思是,检查自己的缺点错误,可以成人之善,责备别人的缺点错误,实际助长了自己的坏毛病。当然,善意的批评帮助是珍贵的。《鲁斋先生集》卷八

【其动若水,其静若镜,其应若响】响:回音。意思是,人只要无私,心境恬淡,他做事就像流水一样,随顺不止;他静止下来犹如明镜光彩照人,无所敛藏;他对外物的感应,则像回声那样自然应答。《庄子·天下》

【知其雄守其雌,为天下谿;知其白守其辱,为天下谷】雄:喻指刚强。雌:喻指柔弱。谿:"溪"字之异体,小山沟。谷:山谷。白:显露,明亮。辱:污浊,晦暗。意思是,认识事物刚强的一面,却持守事物柔弱的一面,宁愿做天下可以汇聚潺潺的小溪;知道事物显著明亮的一面,却持守事物污浊晦暗的一面,宁愿做天下可以容受他物的虚空的山谷。《庄子·天下》

【胞有重阆,心有天游】胞:包裹胎儿的子宫。天游:没有拘束的自然遨游。意思是,腹腔有很大的空旷之处,因而能容纳胎儿;内心虚空便会没有拘束地顺应自然而游乐。比喻人只要心胸开阔舒畅,就能容纳人,就会有自由快乐。《庄子·外物》

【室无空虚,妇姑勃谿】妇姑:媳妇与婆婆。勃谿:家庭里的争吵。意思是,屋里没有虚空感,婆媳之间就会争吵不休。比喻人的心胸应该开阔,不然什么都容纳不下,矛盾就多,痛苦。《庄子·外物》

【容人之过,却非顺人之非】意思是,原谅包容别人的过错,却不等于迁就顺从他的过错。《训俗遗规》卷四

【害人之心不可有,防人之心不可无】意思是,做人既不能有陷害别人的思想,但也不能没有提防别人陷害的警惕性。

【救死扶伤,实行革命的人道主义】毛泽东题词。意思是,对俘获的敌人伤残人员,只要没有死,就要尽力抢救医治。体现出博大的仁爱之心怀。

【尊老爱幼,人之美德】意思是,尊敬老人,爱护儿童,是人的普遍的美德。

【取人之长,补己之短】意思是,学习别人的优点和长处,用以弥补自己的不足和短处。

【笑破不笑补】意思是,耻笑衣服破烂而不笑话衣服有补丁。因为衣服破而不补说明懒,不顾脸面,破而补说明勤俭。

【临事须替别人想,论人先将自己想】意思是,做人要宽以待人,严于律己。《格言联璧·接物》

【面折其过,退称其美】意思是,当面批评别人的错误,要使人折服;背后就不能说人家的错误了,要称赞他的美德。清朝申居郧《西岩赘语》

【事定犹须待阖棺】意思是,对一个人的评价,或者对一件事的评价,不能过早做结论,要盖棺定论。宋朝陆游《病起书怀》

【闻善则拜,闻过则戒】意思是,听到好人好事,就要崇拜,学着去做;听到坏人坏事,就要引以为戒,不要去犯。《民谚》

【建大事者,不忌小怨】忌:顾忌。意思是,建树大事业的人,不顾忌小恩小怨。《后汉书·岑彭传》

【得闭口时须闭口,得放手时须放手】得:当。意思是,当不需要开口说话时,就不说;当可以放开手的时候,就放开手。明朝冯梦龙《醒世恒言·小水湾天狐贻书》

【得饶人处且饶人】佛教语。意思是,当可以饶恕人时,就不要抓住不放,得理不饶人,要宽以待人。《红楼梦》第五十九回

【诚之所感,触处皆通】意思是,用心精诚,就会触类旁通。宋朝吴处厚《青箱杂记》

【虚怀可以容纳大世,胸满藏不进针尖】意思是,心胸宽阔的

人，什么都容纳得下；傲慢、心胸狭窄的人，心里什么都容纳不下。

【德有余而为不足者谦，财有余而为不足者鄙】 意思是，道德高尚的人反而认为自己还不足，这是谦逊；有大量财产的人反而认为自己财力不足，这是贪鄙。宋朝林逋《省心录》

【德在奉献，怨在侵贪】 意思是，奉献就是道德高尚，侵贪就必然产生怨恨。

【德无细，怨无小】 意思是，德和怨都是很重大的事情，没有细小这一说。汉朝刘向《说苑·复恩》

【德不可丧，怨不可结】 意思是，人不可丧失道德，不可与人结怨。

【德可积，怨可消】 意思是，任何人都可以积德，任何怨恨都可以消除。

【德无不容，道无不理】 容：包容。理：调理，整理。意思是，德无所不容，道无所不顺。《庄子·缮性》："夫德，和也，道，理也。德无不容，仁也，道无不理，义也。"

【恭者不侮人，俭者不夺人】 恭者：恭敬他人，对人讲文明礼貌的人。侮人：侮辱人。俭者：勤俭节约的人。夺：侵占巧夺。意思是，一个对人恭敬，讲文明礼貌的人，不会侮辱别人；一个勤俭节约的人，不会侵占巧夺别人的财富。《孟子·离娄上》

【拳头上立得人，胳膊上走得马】 比喻做人光明磊落，正派硬气。《水浒传》第二十四回

【善者不多，多者不善】 多：称赞，推崇。意思是，善良的人不自我吹嘘，自我吹嘘的人不是善良的人。《老子》

【善知人者如明镜，善知己者如蚌镜】 意思是，善于了解别人的人，如同明镜一样明亮；善于自知之明的人，如同含珠的蚌镜一样明亮。比喻善于知人和知己都非常高尚。《符子》

【勤能补拙，俭以养廉】 意思是，勤劳可以弥补笨拙，俭朴能培养廉洁的美德。《格言联璧·从政》

4. 坚贞忠烈

【人固有一死,或重于泰山,或轻于鸿毛】 毛泽东《为人民服务》:“人总是要死的,但死的意义有所不同。中国古时候有个文学家叫做司马迁的说过:‘人固有一死,或重于泰山,或轻于鸿毛。’为人民利益而死,就比泰山还重,替法西斯卖力,替剥削人民和压迫人民的人去死,就比鸿毛还轻。”

【女中豪杰更英雄】 意思是,女子中的英雄豪杰比男子中的英雄豪杰更出众。

【义死不避斧钺之诛,义穷不受轩冕之荣】 钺:古代兵器。诛:杀死。轩:車,冕:冕服。轩冕:升高官。意思是,为了正义事业,不逃避牺牲,哪怕是杀头也在所不辞;为了正义而受穷,给高官厚禄也不受。汉朝刘向《新序·义勇》

【义是万事之将】 意思是,正义是一切事中的头等重要的东西。《尸子》

【千羊不能抗一虎】 抗:抵抗,抗御。意思是,一千只羊抗御不了一只老虎。比喻贪生怕死的软骨头再多也没有战斗力,一千个也战胜不了一个机智勇敢的英雄。晋代《抱朴子·广譬》:“千羊不能扞群虎,万雀不能抵一鹰。”

【不管风吹浪打,胜似闲庭信步】 1956年6月初,毛泽东在武汉视察工作时,曾三次畅游长江。他说,“长江,水深流急,可以锻炼身体,可以锻炼意志。”意思是长江风大浪高流急,可我在长江上游泳,却比闲庭信步还要自在。毛泽东《水调歌头·游泳》

【不取于人谓之富,不屈于人谓之贵】 意思是,不索取别人的劳动成果,就叫做富有;不屈服别人的压力,就叫做高贵。《孔从子》

【牛知死而不逃,壮士知险而不避】 据说,牛在要宰杀它时流眼泪,知道要杀它。但捆绑它时,既不叫唤也不反抗更不逃跑。比喻英雄视死如归。“牺牲”一词都有牛字旁,可能含义就在这里。

【风雨如晦,鸡鸣不已】 晦:黑夜。意思是,风雨交加,天色昏暗的如同黑夜,雄鸡却仍然啼唱不已。比喻高尚的人,在险恶的环境中,仍保持自已高尚的气节和操守,不为所动,毫不畏惧。清朝汪琬《来虞先生年谱后序》

【为有牺牲多壮志,敢教日月换新天】 为有:因为有。意思是,因为有革命先烈崇高的革命理想,为了实现共产主义的雄心壮志,不怕牺牲,前赴后继,为国家的解放独立和人民的自由幸福而英勇斗争,才有了今天。我们一定能够建设一个更美好的新天地。毛泽东《七律·到韶山》

【文死谏,武死战】 文:指文官。谏:进言规劝。武:指武官。意思是,为了国家,文官豁出命进言规劝,武将忠于国家,在战场上拼命战斗,保卫国家。《红楼梦》第三十六回

【仁者必有勇,勇者不必有仁】 意思是,有德行的人,必然勇敢;但勇敢的人不一定有德行。《论语·宪问》

【古来忠烈士,多出贫贱门】 意思是,自古以来,那些为国捐躯的忠烈之士,大多都是贫贱出身。唐朝崔膺《感兴》

【玉贞而折,不能瓦合;鸾铩而萎,不能鸡群】 折:断,碎。瓦:土陶器。合:混合一起。鸾:传说凤凰一类的鸟。铩:羽毛脱落。萎:枯死。意思是,玉是贞洁的,宁可断碎,也不愿意和泥土烧制的土陶器混合在一起;鸾鸟宁可羽毛脱落枯萎而死去,也不愿同鸡为群伍。比喻高尚有气节的人,宁可牺牲,也不苟且偷生,同卑劣庸俗之辈同流合污。唐朝刘禹锡《代裴相公祭李司空文》

【节士不以辱生】 意思是,有气节的人,不像汉奸走狗那样以忍辱求生存。《韩诗外传》

【节乎己者，贪心不生】节：节制。生：产生。意思是，能节制自己的私欲，就不会产生贪婪的念头。《文中子》

【正直神不欺，忠义恒独守，坚贞每自持】恒：永远，长久。意思是，正直的人，连鬼神都不欺骗，忠义之士永远坚守高尚的操行，坚贞不屈的人，总是自己坚持贞节不苟。唐朝崔湜《责躬》

【失节事大，饿死事小】失节：丧失气节。意思是，为了真理和国家的利益，宁可饿死也不屈服于敌人的淫威和利诱。

【生要生得光明，死要死得磊落】生：活着。意思是，人应该活得光明磊落。

【生的伟大，死的光荣】毛泽东为烈士刘胡兰的题词。刘胡兰山西省文水县人，十五岁参加革命并加入中国共产党。她在敌人面前英勇无畏，坚贞不屈，惨死在胡宗南的铡刀下，年仅十六岁。牺牲后，毛泽东为了纪念她，专门为她题词。这是毛泽东空前绝后地为革命烈士唯一的像这样的题词。

【生有益于人，死不害于人】意思是，应当做一个有益于人民的人，一辈子做好事，不做坏事；死也不要伤害别人。这在用活人陪葬的奴隶社会，不啻是对奴隶制的宣战。《礼记·檀弓上》

【平生仗忠节，今日住风波】意思是，平生有坚贞的节操，今日就经得住风波的考验。明朝冯梦龙《醒世恒言·马当神风送滕王阁》

【乐以天下，忧以天下】意思是，以天下人之乐而乐，以天下人之忧而忧，与人民同甘共苦。唐朝魏征《群书治要·新序》

【处逸乐而欲不放，居贫苦而志不倦】逸乐：安逸快乐。欲：欲望，色欲。放：放纵。意思是，处在安逸欢乐的时候，不放纵自己的欲望；处在贫困的时候，意志不衰退不懈怠 。汉朝王充《论衡·自纪》

【宁知霜雪后，独见松竹心】意思是，松树翠竹明明知道霜雪严寒的严酷，但是，它们更知道，只有经过这种严酷的考验之后，

才能证明那高洁坚贞的心。比喻只有经过逆境的考验，才能看出一个人真正的高尚品德。南朝梁江淹《效古》

【宁可忍饥而死，不可苟利而生】 意思是，宁可为正义而饿死，也不为得到不义之利而苟且偷生。明朝焦竑《玉堂丛语》卷五

【宁可站着死，不可跪着生】 意思是，人活着要有骨气、有尊严、有气节，不能贪生怕死，出卖国家和民族的利益，屈服敌人，苟且偷生，做奴颜婢膝的可怜虫。

【宁可玉碎，不为瓦全】 玉碎：比喻为保持气节而牺牲。瓦全：比喻不顾名节，苟且偷生。意思是，为了国家和民族的尊严和利益，宁原死，也不能为了活命而丧失气节，苟且偷生。《北齐书·元景安传》："宁可玉碎，不能瓦全。"

【宁做短命鬼，不做失节人】 失节：丧失气节。意思是，宁可死也不能丧失气节。

【仰不愧于天，俯不怍于人】 仰：仰头看。俯：低头看。怍：惭愧。意思是，自己的所作所为，无愧于天地，无愧于人，问心无愧。《孟子·尽心上》

【出于淤泥而不染】 意思是，荷花从淤泥中长出来，但却不被淤泥污染。比喻高贵的气节，不被社会的污浊所侵蚀。宋朝周敦颐《爱莲说》："出淤泥而不染，濯清涟而不妖。"

【竹死不变节，花落有余香】 意思是，竹子死了，主节仍旧不改变，保持原样；花落了，仍旧有香味。比喻人应该活有气节，死不变节，给活着的人留下芳名。唐朝邵谒《金谷园怀古》

【竹有低头叶，梅无仰面花】 比喻高尚的人总是谦和的。《小仓山房诗文集·常记》

【名标青史，万古流芳】 意思是，为人民为国家做出了丰功伟绩，历史永远记上他的名字，人民永远怀念传颂他。

【守贞以为宝】 贞：贞节，操守。意思是，严守贞节、操守，是最为宝贵的。也说女子操守贞节如护珍宝一样。清朝彭宁求《拟

古诗》

【守口如瓶，防欲如城】欲：私欲。意思是，保守机密，嘴要严得如瓶子装东西一样严实不泄；防止私欲的膨胀，要像战士守城一样时刻不放松警惕。

【岂因徼后福，其肯蹈危机】徼：求。意思是，岂能为了追求个人的幸福，我就害怕危机，而不肯献身自己呢？宋朝文天祥《张元师谓予："国亡矣，杀身以忠，谁复书之？"予谓："商非不亡，夷齐自不食粟。人臣自尽其心，岂论书与不书。"张为改容，因成一诗》

【先师有遗训，忧道不忧贫】先师：指孔子。遗训：指孔子的话。意思是，孔子曾经教导过，高尚的人只忧虑治国之道不能实行，而不忧虑自己的生活贫困。晋代陶渊明《癸卯岁始春怀古田舍》

【志士不忘在沟壑，勇士不忘丧其元】沟壑：深沟。元：头颅。意思是，有志之士时刻准备为伟大事业而献身；勇士时刻不忘为国家和人民的利益献身牺牲。《孟子·万章下》

【志士仁人，无求生以害仁，有杀身以成仁】意思是，真正的志士仁人，不能为了保住自己的生命而去损害仁义道德，只能牺牲自己的生命去完成仁义道德。《论语·卫灵公》

【牢里关的是好汉，枪口前倒下的是英雄】中华人民共和国成立之前民间语。意思是，国民党反动派牢房里关押的都是爱国者和革命者，他们所杀害的都是抗日爱国的英雄。

【在人虽晚达，于树似冬青】晚达：晚年发达。意思是，一个人到了晚年发达起来，就像是树木到了冬天叶子还是青绿的一样。唐朝刘禹锡《赠乐天》

【壮士难移节，贞松不改柯】节：节操。柯：指松树的枝茎。意思是，壮士像坚贞的青松不改变它的枝干一样，在任何情况下，也不改变它的节气。唐朝李咸用《自愧》

【杀身因有道，大节要不亏】杀身：死，牺牲。道：道统，道义，社会道德准则。大节:民族气节。意思是,死要死得其所,死得有代价,要保住大节不受损害,即为国家为民族的利益和尊严而死。宋朝苏轼《和陶咏浪》

【岂伊地气暖,自有岁寒心】伊:此。意思是,哪里是这里地气暖呢,是因为柑橘有一颗抗寒的心啊,所以才四季常青。比喻人有高尚的品德才经得起艰难的考验,始终保持贞洁和顽强的生命力。唐朝张九龄《感遇》其二

【男儿得死所,其重如丘山】意思是,男子汉就是死,也要死得其所,死得有价值有意义,要死得重于山丘。明朝屈大均《过涿州作》

【男儿两膝有黄金】意思是,男子汉应该有骨气,不能在人面前卑躬屈膝。明朝董说《西游补》第六回

【男儿自有守,可杀不可苟】守:操守。苟:苟且偷生,丧失节气。意思是,男子汉自有操守,为了国家和人民的利益,宁可杀头,也不苟且偷生,丧失节气。宋朝梅尧臣《古意》

【金猴奋起千钧棒,玉宇澄清万里埃】金猴:指《西游记》中的主人公孙悟空孙大圣。千钧棒:指孙悟空从东海龙宫中得到的定海针——金箍棒。玉宇:指宇宙。埃:尘埃。比喻马克思主义者要用马克思主义的伟大真理这个千钧棒武装自己,勇敢地和一切阴险狡猾的敌人斗争到底,驱散笼罩在世界上空的尘埃妖雾。毛泽东《七律·和郭沫若同志》

【砍头不要紧,只要主义真】意思是,为革命而牺牲没有关系,只要我是为了民族解放,国家独立的信仰就行。夏明翰烈士诗:"砍头不要紧,只要主义真,杀了夏明翰,还有后来人。"

【砍头只当风吹帽】意思是,为了革命,不怕牺牲。视死如归的英雄气概。歌剧《洪湖赤卫队》韩英唱词

【时危见臣节,世乱识忠良】时危:时局危艰。节:气节。意思是,在时局危艰的形势下,最能看出官员们的气节,在世局混乱

的时候,最能识别忠臣良将。晋代鲍照《代出自蓟北门行》

【舍得一身剐,敢把皇帝拉下马】剐:古代酷刑,把人体割碎。毛泽东《在中国共产党全国宣传工作会议上的讲话》:“彻底的唯物主义者是无所畏惧的,……‘舍得一身剐,敢把皇帝拉下马’,我们在为社会主义共产主义而斗争的时候,必须有这种大无畏的精神。”

【忠臣不畏死,勇士不顾生】意思是,忠臣为了国家的利益,不怕奸臣诋毁诽谤,不怕迁怒皇帝,敢于冒死在皇帝面前说真话;将士为了国家的安全和领土完整,置生死于度外,英勇杀敌。宋朝苏轼《东林第一代广慧禅师真赞》:“忠臣不畏死,故能立天下之大事;勇士不顾生,故能立天下之大名。”

【忠孝两难全】意思是,一个人要想做到忠于国家,就难以孝顺父母,要孝顺父母,就难以效忠国家。其实不然,效忠国家与孝顺父母并不矛盾,因为真正对国家的效忠,本身就是对父母最大的孝顺。

【松色不肯秋,玉色不可柔】意思是,松树不因秋天来了而改变它那苍翠墨绿的姿色,美玉不因为火烧而变得柔软。比喻人要经得起严酷的考验,不改变忠节。唐朝孟郊《送丹霞子阮芳颜上人归山》

【苟利国家生死以,岂因祸福避趋之】清朝湖广总督、禁烟钦差大臣林则徐南下禁烟启程语。苟:如果。以:可以,应该。岂:不能,岂能。避趋:回避、趋向。大意是,如果为了国家的利益活着或死去,这是应该的,岂能有福就趋向,有祸就回避呢!意思是,我要和国家的利益共生死,不能只享福,更不能回避个人的灾祸。反映了林则徐禁鸦片的决心,一身钢骨浩然正气的英雄气概。

【独有英雄驱虎豹,更无豪杰怕熊罴】英雄、豪杰:均指马克思主义政党和革命人民。熊罴:熊的一种,能站立,如人行走。虎

豹、熊罴：均指强大的敌人。意思是，英雄的中国人民不怕任何强大的敌人。毛泽东《七律 · 冬云》

【草木秋死，松柏独在】 意思是，到了深秋，草木都枯死了，而松树柏树还是那样郁郁葱葱，刚劲地生长着。比喻只有真正的英雄，才能在艰难困苦中经得住考验，不论形势怎样变化，始终保持着英雄本色不变。汉朝刘向《说苑 · 说丛》

【宜将剩勇追穷寇，不可沽名学霸王】 宜：应该，适宜。沽名：沽名钓誉。霸王：指楚汉相争时的楚霸王项羽。当时，项羽攻破咸阳，却没有以优势兵力乘胜追击消灭刘邦，反而讲什么“仁义”，放走刘邦。不久，刘邦整装武备，回师北上，与项羽决战。最后，项羽兵败垓下在乌江自刎。意思是，对反动派不能讲什么仁义，不能姑息养奸，应该穷追猛打，彻底消灭，将革命进行到底。毛泽东《七律 · 人民解放军占领南京》

【保初节易，保晚节难】 意思是，一个人开始保持气节还比较容易，一辈子保持气节，特别是到了晚年，要保持气节，就比较难。宋朝朱熹《名臣言行录》

【虽死之日，犹生之年】 意思是，为了正义事业，虽死犹生。视死如归的英雄气概。《三国志 · 吴书 · 孙登传》

【垂声谢后世，气节故有常】 垂声：垂留青史。谢：告诉。故有常：自应万古常存。意思是，有大志的人，总是把自己的青史留给后人（活着不为个人名利）所以，他们的气节万古常存。晋代阮籍《咏怀诗 · 三十九首》

【粉身碎骨浑不怕，要留清白在人间】 原是赞颂石灰的品格，后来用以赞颂高尚人格的品格。明朝于谦《石灰吟》

【脑袋掉了，碗口大个疤】 意思是，不怕砍头，死没有什么了不起。

【虎死威不倒】 据说，老虎死时要靠在岩石或者是树干上，不倒下，证明它的威严之不可侵犯及品格之高尚。比喻英雄气概。

【黄金若粪土,肝胆硬如铁】意思是,黄金像粪土一样不值钱,革命的赤胆忠心比钢铁还要坚强。太平天国起义领袖石达开《入川题壁》

【菊残犹有傲霜枝】意思是,到了种霜季节,菊花虽然已凋谢枯萎了,但它的枝叶仍旧傲霜挺立着。比喻风范高尚的人,到了风烛残年,仍旧风骨犹存。宋朝苏轼《赠刘景文》

【猛虎不怯敌,烈士无虚言】烈士:志士。意思是,威猛的老虎不害怕它的对手,英勇的志士如同威猛的老虎一样,上阵敢打必胜。唐朝李咸用《猛虎行》

【猛石可裂不可卷,义士可杀不可羞】猛石:坚硬的石头。义士:忠义之士。意思是坚硬的石头可以把他砸裂成碎块,但却不能卷曲它,忠义的勇士如同坚石一样,可以杀死他,但不容损害他的尊严,羞辱他。唐朝李朝威《柳毅传》

【做事不由己,不如去讨米】讨米:叫花子乞讨。意思是,不做违心的事,宁可当叫花子讨米要饭,也不做应声虫那样的官差。

【镜破不改光,兰死不改香】改光:改变光亮度。改香:改变香味。意思是,镜子破了,仍旧不改变它明亮的特性,兰花凋谢了,也不改变它的香味。比喻道德高尚的人,在任何时候,哪怕在死亡面前,都保持崇高的道德情操和优秀的品质。唐朝孟郊《赠别崔纯亮》

【梅花欢喜漫天雪】比喻革命者迎着艰难困苦英勇奋斗的顽强不屈的革命精神。毛泽东《七律·冬云》

【遭治世不避其任,遇乱世不为苟存】苟存:苟且偷生。意思是,贤德之士,遭逢治世不回避责任,遇上乱世不苟且偷生。《庄子·让王》

【雄关漫道真如铁,而今迈步从头越】意思是,革命的道路雄伟漫长艰巨,现在失败了,这只是暂时的,我们再从头开始。毛泽东《忆秦娥·娄山关》

5. 君子小人

【不知天命，无以为君子】天命：最高利益，国家利益、民族利益、人民利益。意思是，不知道什么是最高利益，根本利益，就不能做君子。《论语·尧曰》

【小人之过也必文】也：语气助词。文：文过饰非。意思是，卑贱的人有了过错，就会文过饰非，一定要进行掩饰。《论语·子张》

【小人殉财，君子殉名】意思是，地位卑微的人为财而死，地位高贵的人为名而献身。《庄子·盗跖》

【小人乐闻君子之过，君子耻问小人之恶】意思是，卑微低劣的人乐于听到高尚的人的过失，而高尚的人却耻问低劣小人的坏事。

【己之温思人之寒，己之安思人之难】意思是，自己温饱了，要想到别人的饥寒，自己安定了，要想到还生活在危难之中的人。《逊志斋集·裘》

【圣人也者，人之所积也】意思是，所谓圣人，不是天生的，也是普通的人，只是因为他们不断学习，积累成果和经验而成就的。战国时期荀况《儒效》

【去就以道，可谓君子】道：真理，正理。意思是，无论是离开原职位原岗位，还是继续留任，都能从正理（真理）工作需要出发，而不是为个人的私心私利，这样做，就算得上是君子。《资治通鉴·晋纪》

【江湖多白鸟，天地有青蝇】白鸟：喻洁身自好的隐逸之士。青蝇：喻进谗言的小人。比喻社会上既有洁身自好与世无争的隐士，也有进谗言陷害忠良的小人。杜甫《寄峡州刘伯华使君四十

韵》

【阳谋是人,阴谋是鬼】 阳谋:光明正大的计策谋划,与阴谋相对。阴谋:暗中做坏事的计谋。意思是,正派的人,为国为民办事的人,做事光明正大;坏人,犯罪分子,做事总是暗箱操作,鬼鬼祟祟见不得人。

【君子通于道之谓通,穷于道之谓穷】 道:道理,真理,事物规律。意思是,高尚的人,通达事物规律,懂得真理,这就叫做一以贯通,不能通达事物规律,不懂得真理,就叫做走投无路。《庄子·让王》

【君子务本,本立而道生】 本:根本。道:原则。意思是,高尚的人做事总是致力于根本,这样,治国做人的原则也就有了。《论语》有子语

【君子不重则不威】 重:庄重。威:威严。意思是,高尚的人不庄重就没有威严。《论语》载孔子语

【君子不为盗,贤人不为窃】 意思是,高尚的人不会做劫盗的事,圣贤之人不会做偷窃的事。《庄子·山木》

【君子淡以亲,小人甘以绝】 意思是,高尚的人结交,淡泊却内心真诚亲近;低俗的人结交,表面甜蜜,最终是利断义绝。《庄子·山木》

【君子之德风,小人之德草】 意思是,高尚的人的品德好比是风,品质低的人的品德好比是草,草随风摇动,即小人没有立场。《论语·颜渊篇》

【君子周急不济富】 周:周济,救济。意思是高尚的人只救济急需的困难的人,而不周济富裕的人。《论语·雍也篇》"济"原文为"继"。

【君子易事而难说,小人难事而易说】 说:喜欢。意思是,为高尚的人办事很容易,而要讨得他的喜欢却很难;为低俗的人办事很困难,而要取得他的喜欢却很容易。《论语·子路篇》"悦"

原文为“说”,古文“说”同“悦”。

【君子固穷,小人穷则滥】 固:固守,安守。滥:胡作非为。意思是,高尚的人能安守穷困,品质低劣的人一遇到穷困,就胡作非为,什么坏事都干得出来。《论语·卫灵公篇》

【君子改过以全其名,小人文过以饰其耻】 意思是,品质高尚的人改正过错是为了保全他的名声;品质低劣的人文过饰非,是为了掩饰他的耻辱。

【君子无所不用其极】 君子:指高官,大人物。意思是,地位高的人没有不干的事,其所使用的手段达到了极点。

【君子以道德轻重人,小人以势力轻重人】 君子:道德高尚的人。小人:卑劣低级趣味的人。意思是,道德高尚的人以道德高低为标准看待人;卑劣低级气味的人,以势力大小为标准看待人。清朝朱纁《古今药言·景然录》

【君子不受虚誉】 虚誉:荣誉徒有其名,名不副实。意思是道德高尚的人,不接受名不副实的荣誉。

【君子不唱流言】 唱:传播。意思是,道德高尚的人,不传播流言蜚语。《大戴礼记·曾子立事》

【君子上达,小人下达】 上达:指仁义道德。下达:指物质利益。意思是,高尚的人追求通达仁义,道德品质低劣的人追求通达个人的物质利益。《论语·宪问》

【君子畏幽独,小人慑稠众】 幽独:自己一人独处。慑:惧怕。意思是,高尚的人时常警惕个人独处,害怕无人监督做了错事;品质低劣的人则相反,总是惧怕在众人面前做事,因为他总是做些见不得人的事。清朝陈学洙《君子行》:“君子畏幽独,大庭乃敢言;小人慑稠众,衾影不可扪。”

【君子以心导耳目,小人以耳目导心】 导:支配,指导。意思是,君子用思想支配行动,分析问题;小人把听到看到的都当真,不加分析。《意林·子思子》

【君子独处，守正不挠】 独处：独自一人工作。挠：弯曲，指歪门邪道。意思是，品质高尚的人即便在一人独自工作时，也能坚守正道，不搞歪门邪道。《汉书·刘向传》

【君子务之大者远者，小人务之小者近者】 务：致力，追求。意思是，君子追求的是长远的伟大目标，而小人追求的是眼前的一己私利。《左传·襄公三十一年》

【君子失意必有所进，小人失意必有所退】 意思是，高尚有志气的人在逆境时，必然会拼搏奋进；品质低劣的人，遇到挫折肯定要灰心丧气，一蹶不振。《一云山房文稿·言事·与余铁香》："君子遇失意，为人必有所进；小人遇失意，为人必有所退。"

【君子之学养心，小人之学害心】 意思是，高尚的人做学问，是为了使人受到教育，得到进步；品质低劣的人做学问，使人的思想受到损害，受到消极影响。清朝王豫《蕉窗日记》卷一

【君子谋道不谋食，忧道不忧贫】 道：道德，真理。意思是，高尚的人只谋求社会道德，追求真理，不追求衣食，因此，担心社会道德败坏，不担心自己贫穷。《论语·卫灵公》："君子谋道不谋食。耕也，馁在其中矣；学也，禄在其中矣。君子忧道不忧贫。"

【君子斗智不斗力】 意思是，人格高尚的人，只跟别人斗智慧，而不跟别人斗力气，或者说只文斗，不武斗。

【君子不吃嗟来之食】 嗟来之食：对人不礼貌不尊重的施舍之食。意思是，人格高尚的人，对于侮辱人格尊严的施舍是拒绝接受的。

【君子可招不可诱】 意思是，品质高尚的人，可以明示招来，而不能用利诱的手段骗人来。徐朝王通《文中子·礼乐》："君子可招而不可诱，可弃而不可慢。"

【君子淡如水，小人口蜜甜】 意思是，品德高尚的人在交往中像水一样清淡圣洁，而品质低劣的人在交往时，总是甜言蜜语，小恩小惠。《逊志斋集·朋友》："君子淡如水，岁久情愈真。小人口

如蜜，转眼如仇人。”

【君子得位则昌，失位则良；小人得位则横，失位则丧】得位：得到重用。昌：发展，有作为。良：保持节操。失位：失掉原来重用地位。横：横行霸道。丧：凄丧，完了。意思是，君子得到重用就有作为，使事业得到发展；失去了重用，仍旧保持高尚节操。小人一旦得到重要岗位，就横行霸道，把事业高乱；失去了职位，就埋怨，哀叹“完了”！《意林·太玄经》

【君子问灾不问福】意思是，品德高尚的人，关心别人的疾苦困难，不嫉妒别人的幸福。《水浒传》第六十一回

【君子扶人之危，小人推人下水】意思是，高尚的人在别人困难危机之时，总是伸出爱心之手，给以帮助扶持，品质低劣的人则相反，干投井下石的恶事。《训俗遗规·史搢臣愿体集》：“君子能扶人之危。”

【君子乐得其志，小人乐得其事】意思是，高尚的人高兴实现他的志向，庸俗低级的人高兴完成他所做的事情。《六韬·文师》

【君子情同而亲合，小人亲合而事生之】意思是，高尚的人志气相同就会产生感情，感情融和就可以共谋事业，低级的人套近乎，而惹是生非。《六韬·文师》

【君子论是非，小人计利害】意思是，高尚的人对事情讲道理，分清是非曲直，而品质低劣的人，只计较个人的利害得失。清朝申居郧《西岩赘语》

【君子之心欲人同其善，小人之心欲人同其恶】意思是，高尚的人总想别人也像他那样好，卑劣的人却巴不得别人也像他那样坏。《二程语录》

【君子之言寡而实，小人之言多而虚】寡：少。意思是，高尚的人话少而实际，庸俗的人话多而虚伪。汉朝刘向《说苑·说丛》

【君子一言，快马一鞭】意思是，品格高尚的人，性格豪爽，说话信誉高，说了的话就算数，决不反悔。《续孽海花》第三十二回

【君子有主善之心，而无胜人之色】 意思是，君子有干好事的决心，而没有想胜过别人出风头的意思。《韩诗外传》

【君子有勇而无义为乱，小人有勇而无义为盗】 义：道义。意思是，高尚的人有勇而无道义，就会出乱子；小人有勇而无道义，就会成为强盗。《论语·阳货》

【君子无以貌取人，小人惯以貌待人】 无：不。意思是，高尚的人不以貌取人，而卑劣的人惯于以貌看待人。《抱朴子·刺骄》

【君子与君子以同道为朋，小人与小人以同利为朋】 意思是，高尚的人与高尚的人以志同道合为结交朋友的基础，小人与小人以结交共同需要的私利为基础。宋朝欧阳修《朋党论》

【君子之接如水，小人之接如醴】 接：交往。醴：甜酒。意思是，高尚的人交往像水那样清淡，低级气味的人交往像甜酒那样甜蜜。《礼记·表记》

【君子之交淡若水，小人之交甘若醴】 醴：甜酒。意思是，品格高尚的人，相互的交往是道义之交，他们的交情表面上像水一样清淡，实际是纯洁真诚的，而品格低下的人的相互交往，是出于互相利用，表面上交情像甜酒一样甜蜜，实际既不深厚也不真诚。《庄子·山木》

【君子坦荡荡，小人常戚戚】 坦荡荡：心胸坦然宽广。戚戚：局促忧愁。意思是，地位高贵的人，心胸坦然宽广，地位低微的人经常局促忧愁。《论语·述而》载孔子语。“常”原句作“长”。

【君子喻于义，小人喻于利】 喻：通晓，经通。义：礼义、道义。利：利益，私利。意思是，品德高尚的人通晓礼义，道义，道德差的人只通晓私利。《论语·里仁》

【君子爱财，取之有道】 意思是，道德高尚的人也同样爱财，但是，不坑蒙拐骗，而是用符合社会道义和道德的方式取得。

【君子乐得其道，小人乐得其欲】 意思是，高尚的人以追求真理为快乐，低贱的人以追求私欲为快乐。《礼记·乐记》

【君子和而不同，小人同而不和】 和：团结友爱。同：原意指名利。意思是，品质高尚的人，追求人之间的团结友爱，而不争个人名利，品质低劣的人争个人名利，勾心斗角，而不管团结友爱。《论语·子路》

【君子浩然之气，小人自满之气】 意思是，道德高尚的人，是一身浩然正气，而品质低劣的人，浑身透着骄傲自满的气味。《薛文清公读书录·君子·小人》

【君子惧失义，小人惧失利】 惧：害怕。义：道义。意思是道德高尚的人，最害怕的是失去做人的道义，小人最害怕的是失去一己私利。《太平御览·人事部》

【君子不念旧恶，小人自来悔后】 意思是，品质高尚的人不记旧仇，品质低劣的人则相反，总是事过之后念念不忘。元朝尚仲贤《单鞭夺槊》

【君子不可小知而可大受，小人不可大受而可小知】 小知：做小事。大受：接受大的任务，承担大责任。意思是，有大才大德的人，不能让他做一些小的事情，而可以让他承担大的职责。对于一般普通的庸俗的人，不能给他承担重大任务，可以让他们做一些小的事。《论语·卫灵公》

【君子学道则爱人，小人学道则易使】 道：道义，规则。意思是，高尚的人学习了道义和规则就能对人有爱心，普通一般人学习了道义和规则，就好使唤。《论语·阳货》

【君子必慎其独】 慎：谨慎。独：独自一人。意思是道德品质高尚的人，独自一个人做事时，更加认真谨慎。《礼记·大学》

【君子诚之为贵】 诚：诚实。意思是，道德品质高尚的人以做人诚实为最可贵。《礼记·中庸》

【君子之学进于身，小人之学进于利】 意思是，高尚的人，学习首先是改造自己，卑劣的人，学习首先是为了达到个人私利的目的。《文中子·天地篇》

【君子之道，有始有卒】卒：终。意思是，高尚的人奉行道义，是有始有终的，一贯的。《论语·子张》：

【君子以行言，小人以舌言】意思是，高尚的人用实际行动来说话，小人就凭着一张嘴说空话。《孔子家语·颜回》

【君子先择而后交，小人先交而后责】意思是，高尚的人是选择在先，交朋友在后，而庸俗的人先交朋友，而后对人苛求，责难人家。隋朝王通《中说·魏相篇》

【君子暇余则思义，小人暇余则思邪】意思是，高尚的人有暇余时间，就思考道义问题，而品质低劣的人，在暇余时间就想些歪门邪道的事。《阮子》"余"原文为"豫"。

【君子以细行律身，不以细行取人】细行：小事。律身：律己，要求自己。取人：看待人。意思是，高尚的人从细小的事上来严格律己，但是，不在细小的事上看待人。清朝魏源《默觚下·治篇》

【君子之学死而后已】意思是，高尚的人做学问终生不渝，到死才算完。清朝顾炎武《与人书》六

【君子之过，如日月之食】意思是，高尚的人的过错，如同日食月食一样。《论语·子张》

【君子扬人之善，小人讦人之恶】扬：宣扬。善：优点，长处，好事。讦：攻击别人的短处或揭发别人的隐私。恶：与善相对，缺点，短处。意思是，高尚的人宣扬别人的优点好事，品质低劣的人攻击别人的短处或揭发别人的缺点和隐私。唐朝吴兢《贞观政要·公平》

【君子矜而不争，群而不党】矜：自卑。党：帮派。意思是，高尚的人，自尊但不荣誉地位，团结人但不拉帮结派搞私人势力。《论语·卫灵公》

【君子成人之美】成：帮助，使之促成。意思是，高尚的人，成就别人的美事。《论语·颜渊》载孔子语

【君子周而不比,小人比而不周】周:指团结。比:指勾结。意思是,高尚的人,善于团结人而不勾结坏人,小人则相反,勾结坏人而不是团结人。《论语·为政》

【君子报仇,十年不晚】意思是,人格高尚的人有修养,心胸宽阔,有理性有忍耐性,不急于报仇。

【君子尊贤而容众,嘉善而矜不能】嘉:赞美。矜:怜惜。意思是,高尚的人既尊重贤能的人,又能容纳普通人,能够赞美善良的人,又能怜惜能力不够的人。《论语·子张》

【君子可杀不可辱】意思是,人格高尚的人,人格尊严是不可侮辱的。

【君子下学而无常师,小人耻学而羞不能】下学:不耻下问,以能者为师。常师:专门教学的老师。耻学:认为求教于人羞耻。意思是,品质高尚的人不耻下问,只要人家比自己强就请教于人,所以谁都可以做老师;品质差的人认为向人求教羞耻,所以不能向人学习求教。唐朝魏征《群书治要·体论》

【君子求诸己,小人求诸人】求:苛求。意思是,高尚的人严于律己,宽以待人,品质差的人则相反,只对别人要求严格,不能严格要求自己。《论语·卫灵公》

【君子泰而不骄,小人骄而不泰】意思是,高尚的人遇事泰然自若而不骄躁,品质差的人遇事就焦躁不安,不能泰然自若处理。《论语·子路》

【君子耻其言而过其行】意思是,高尚的人认为说得多,做得少是可耻的。《论语·宪问》

【君子山岳定,小人丝毫争】意思是,高尚有修养的人,在大是大非面前,立场像泰山一样坚定不动摇,品质低劣的人,则在丝毫小事上争论不休。唐朝孟郊《秋怀十五首》

【君子一言以为知,一言以为不知】知:智。意思是,高尚的人的话,一句话可以表现出他的聪明智慧,也可以表现出他的不

聪明愚笨。《论语·子张》

【君子好人之好,小人好己之好】 意思是,高尚的人崇尚别人的优点,取人之长;低级庸俗的人则相反,总认为自己了不起,不愿意学习别人的长处优点。汉朝杨雄《法言·君子》

【君子贵人而贱己,先人而后己】 意思是,高尚的人总是把别人看得比自己高贵,非常尊重别人,在个人利益问题上,总是先人后己。《礼记·坊记》

【君子不责人所不及,不强人所不能】 意思是,高尚的人不责备别人职责范围之外的事,不强迫别人做不能做的事。《文中子·魏相篇》

【君子病无能,不病人之不己知】 病:怕。意思是,高尚的人只怕自己没有才能,不怕别人不了解自己。《论语·卫灵公》

【君子不以形迹疑人,亦不以言语信人】 形迹:举止,行动中的迹象。疑人:怀疑人。亦:也。信人:相信人。意思是不能瞎猜疑人,也不能轻信嘴上说的。清朝《西岩赘语》

【君子不仁者有之,未有小人而仁者】 意思是,高尚的人中也有不仁德的,而小人中却没有仁德的。《论语·宪问》:"子曰:'君子而不仁者有矣夫,未有小人而仁者也'。"

【君子道其常,小人计其功】 意思是,高尚的人总是依据他的道德标准行事,而低俗的人却总是斤斤计较于一时一事的得失。战国时期荀况《天论》

【君子敬其在己者,而不慕其在天者;小人错其在己者,而慕其在天者】 意思是,高尚的人只是要求自己脚踏实地努力工作,不去追求那些不现实不合规律的事,而庸俗低级的人却自己不脚踏实地努力工作,却痴心妄想去追求那些不现实不合规律的事。战国时期荀况《天论》:"君子敬其在己者,而不慕其在天者;小人错其在己者,而慕其在天者。君子敬其在己者,而不慕其在天者,是以日进也;小人错其在己者,而慕其在天者,是以日退也。"

【利害不通非君子】意思是,不能看到利害的相通和相辅的关系,算不上是君子。《庄子·大宗师》

【德胜才谓之君子,才胜德谓之小人】才:指官职,也指本意才能。意思是,思想道德高于现任官职,这样的人就是君子;反之,现任官职高于思想道德水平,这样的人就是小人。《资治通鉴》

6. 卑劣奸猾

【一次失手,终身是贼】失手:偷窃。意思是,偷了一次东西,贼这个臭名声要背一辈子。

【一碗饭喂大的】骂人话。意思是没有教养,不懂事。一般是长辈对年少小辈不尊重长辈时的发怒语。

【人嘴两张皮,言是又言非】意思是,没有原则,没有是非,想怎么说就怎么说。

【人瘦尚可肥,士俗不可医】意思是,人太瘦了,可以吃点好的使之肥胖起来,人太庸俗了,就不像瘦了那么好办,是不可救药的。宋朝苏轼《于潜僧绿筠轩》

【人心惟危,道心惟微】惟:语助,无实义也可理解为"最"。危:危险,凶险。道心:指伦理道德的准则。微:精微,深奥。意思是,人心最凶险,不可揣测,伦理道德的准则最精微深奥,难以做到。《尚书·大禹谟》

【万事不关心,活着一身轻】意思是,什么事都不去想,什么事都不关心,这样活着最轻松。这种与世隔绝的态度是不可能的,也是不可取的。真是这样活着,也是没有价值没有意义的。

【口言善,身行恶】意思是,嘴上说得好听,却干的是坏事。阴险的两面派野心家特征。《荀子·大略》:"口言善,身行恶,国妖也。”

【**千金之子,坐不垂堂**】垂:卧。堂:房屋中高而宽的中庭部分。意思是,富贵之家的子弟,生命宝贵,坐卧不能靠近堂屋,害怕有瓦掉下来砸死。《史记·司马迁相如传》:“鄙谚曰:‘家累千金,坐不垂堂’,此言虽小,可以喻大。”

【**千人所指,无病而死**】所指:指责,控诉。意思是,一个人遭到群众的斥责指控,虽然他没有病也会气恼死去的。袁世凯称帝复辟,遭到举国上下的声讨,结果只做了几十天的所谓皇帝就忧恐死去。《汉书·王嘉传》

【**不要自己有病让别人吃药**】意思是,自己的毛病、错误不认识,还说别人如何如何。

【**不知而言不智,知而不言不忠**】意思是,明明不知道而信口开河,是不明智的表现;知道而不愿说,是不忠诚老实的表现。《韩非子·初见秦》

【**不看僧面看佛面**】僧:和尚。面:情面。佛:庙里的菩萨。表示诚恳乞求,请给留情面,无论如何不要怪罪。也说“不看金面看佛面”。

【**不能流芳百世,也要遗臭万年**】名利熏心的冒险机会主义分子话。意思是,做不了好事大事,就做惊天动地的坏事。这是危险的,也是注定要失败的。

【**不为五斗米而折腰**】五斗米:指薪水。折腰:躬身行礼。意思是不为微薄的薪水待遇而卑躬屈膝地侍奉人,即为了生存也不能失去尊严。《晋书·陶潜传》:“吾不能为五斗米折腰,拳拳事乡里小人。”

【**不是一盏省油的灯**】比喻这个人是个不好惹不吃亏的角色。

【**无人之情,故无是非**】意思是,没有做人的真情,就没有是非观念,是与非都不会汇集在他的身上。《庄子·德充符》:“无人之情，故是非不得于身。”

【公鸡只打鸣不下蛋】比喻只说不干，不做实事，光靠一张嘴。也可以比喻岗位职责是什么就恪守什么。

【见义不为为无勇】义：正义。意思是，看到正义的事情不去做，是没有勇敢精神的表现。《论语·为政》载孔子语：“见义不为，无勇也。”

【手抓一把泥，脚踩西瓜皮】意思是圆滑，无原则。办事避不开就抹稀泥，谁也不得罪；实在抹不了，就溜之大吉，推诿出去，让别人去办。

【手电筒只照人不照己】比喻大道理只对别人不对自己，或者只批评别人而不自我批评。

【为了打鬼，借助钟馗】钟馗：传说中的鬼头儿。旧时民间大门上常画着或贴着钟馗的像，认为可以驱除邪祟，以求吉祥。比喻借别人的威望名义，打击自己的对手。

【以小人之心，度君子之腹】小人：人格卑鄙的低级庸俗的人。意思是，用卑鄙低级庸俗的自我心理去推测别人。《世说新语·雅量》：“以小人之虑，度君子之心。”

【未得之患得之，既得之患失之】患：担心。意思是，没有得到就担心得不到，一旦得到了，又担心失去了。《论语·阳货》

【台上握手，台下踢脚】意思是，在公众面前，表面上装得很友好团结，在暗地里或在背后攻击陷害人。两面派阴险家。

【共患难易，共荣华难】意思是，患难之时容易共事，因为患难时需要团结，且无大的利益矛盾；事业成功后，共同享受荣华富贵很难，因为这时认为没有谁都可以，且容易产生利益分配矛盾。一易一难，皆是由利害关系决定的。

【共患难易，共富贵难】意思与“共患难易，共荣华难”同。

【成也萧何，败也萧何】典出楚汉相争：韩信为大将军，是萧何推荐的，果然为刘邦打下了江山；又恐惧韩信功劳太大夺其权，

萧何又为刘邦出谋划策陷害韩信。比喻成败都是他之意。宋朝洪迈《容斋随笔续笔》卷八

【当面输心背面笑】输心:假心假意地献纳诚心。意思是,当面献纳诚心,背后却耻笑别人如何如何。两面派面孔。杜甫《莫相疑行》

【曲木忌日影,谗人畏贤明】意思是,弯曲的树木忌恨太阳照的影子,因为太阳照出了它不直率的阴影,爱说别人坏话的人就像曲木一样,害怕贤明的人看出他阴暗的心理。唐朝孟郊《志意赠梁肃补阙》

【名者相轧,知者争之器】名:名声,名誉。轧:倾轧。知:智。争:争斗。意思是,名声是互相倾轧的原因,智慧是互相争斗的工具。《庄子·人间世》:"名也者,相轧也;知也者,争之器也。"

【多行不义必自毙】行:做。不义:做不道德的事。自毙:自其灭亡。意思是,不道德的事做多了,必然是自其灭亡。《左传·隐公元年》载郑庄公语

【自智者无明,自才者无能】意思是,自以为有智慧的人,实际不聪明,自以为有才能的人,实际并无才能。这里的自智、自才都是自吹自擂自诩,不包括诚实和对自我的实际评价。宋朝崔敦礼《刍言》

【自信者不疑人,自疑者不信人】意思是,真诚守信的人不怀疑人,狡疑的人不相信别人。《史典·愿体集》:"自信者不疑人,人亦信之;自疑者不信人,人亦疑之。"

【好责人者,自治必疏】意思是,喜欢责备别人的人,对自己要求肯定不严格。清朝申居郧《西岩赘语》

【把自己说成一朵花,把别人说成豆腐渣】意思是,过高估计自己,过低看待别人,以抬高自己,压制别人。

【闲得无聊生是非】意思是,闲得没事干,百无聊赖,就会胡思乱想,惹是生非,无事生非。

【近死之心，莫使复阳】复阳：复生，恢复生机。意思是，追求奢华享乐使心灵衰老颓败，到了醉生梦死，像被绳索缚住一样，没法再恢复正常人的生气。《庄子·齐物论》

【攻其一点，不及其余】攻：攻击。及：顾及。意思是，攻击其中某一点或一部分，不考虑其余的部分，更不看整体、实质。指片面地看待问题。

【券内者行乎无名，券外者志乎其费】券：契据，用作凭证，这里喻指名分。券内：名分合乎自身。券外：名分跟自身不符。期：穷进的意思。费：财用。期费：穷尽财物。意思是，名分合乎自身，行事就不显于名声；名分超出自身，就会总在用心思穷尽财物去保住名分。《庄子·庚桑楚》

【玩人丧德，玩物丧志】玩：戏弄，玩耍。意思是戏弄别人是没有道德的表现，玩宠物，就会丧失意志。《尚书·旅獒》

【苟患失之，无所不至】意思是，一个人假如担心失掉官位，他就会无论什么坏事都做得出来。《论语·阳货》

【有人之形，无人之情】意思是，有一副人的形貌，而没有人的内在的真实情感，即人面兽心。《庄子·德充符》

【非莫非于饰非，过莫过于文过】意思是，文过饰非是最大的缺点错误。《五代·前蜀》

【虎尾不附狸身，象牙不出鼠口】比喻小人伪装不了君子，说不出高尚的话。《抱朴子·清鉴》

【知恩不报非君子，见恶避让不丈夫】意思是，知道别人帮助了自己而不报答恩德，就不是高尚的人，看见坏人坏事退让不管，就不是一个男子汉。

【张三裤口窄，李四帽檐长】比喻无事生非，尽在背后议论别人的一些生活小事。宋朝王安石《拟寒山拾得》

【孤犊触乳，娇子骂母】意思是，对子女太骄纵了，子女就会被惯得忤逆不孝。《后汉书·仇览传》

【孤莫孤于自恃】意思是，自以为是，只相信自己而不相信别人的人，是最孤立的人。宋朝张商英《素书》四

【哪壶不开提哪壶】比喻偏偏往别人短处弱处不痛快的地方说。

【面誉者背必非】意思是，爱当面恭维奉承人的人，背后肯定爱说别人的坏话。宋朝林逋《省心录》

【豺狼害人易别，小人毒人难防】意思是豺狼是凶兽，都好识别，有提防心，不易伤害的人，小人人面兽心，甜言蜜语，很隐蔽，不易识别，害人难防，所以比豺狼还毒。宋朝林逋《省心录》："豺狼能害人，其状易别，人得以避之；小人深情厚貌，毒人不可防范，殆其甚于豺狼也。"

【恶莫大于毁人之善，德莫大于白人之冤】意思是，最大的坏事再没有比颠倒是非，诽谤诋毁别人的长处和优点更坏的了，最高尚的道德再没有比说真话实话，帮人洗清不白之冤更高尚的了。清朝申居郧《西岩赘语》

【害人先害己】意思是，陷害别人的人，首先是害了他自己。因为冤有头，债有主。

【害人以害己告终】意思是，害人的人总是以害人开始，最后冤情大白，他是跑脱不了罪责的。所以，最后是以害己告终。

【辱莫大于不知耻】意思是，最大的耻辱莫过于不知羞耻。《文中子·关朗》

【辱人必反辱，伤人必反伤】意思是，侮辱别人，必然招致别人反侮辱，伤害别人，必然反被别人伤害。

【虚车不足以远行，赝鼎不足以入庙】虚车：无人驾驶的车。赝鼎：假冒的鼎。意思是，没有人驾驶的车不能走远，伪造的假鼎不能放在庙里。比喻虚假的东西是毫无用处的，也是骗不过人的。清朝刘嗣绾《贻友人书》

【说人之短，乃护己之短】意思是，好在人后说别人的短处的

人,实际是为掩护自己的短处。《琼琚佩语·接物》

【贵爵而贱德者,虽为天子不尊】 爵:爵位。贱:轻视。意思是,只重视爵位的高贵而又轻视思想道德的人,即使做了皇帝,也并不尊贵。《韩诗外传》

【雪人虽美,害怕温情】 意思是,雪人很美丽,但是,在温暖的阳光下就会很快融化掉。比喻有的人在严酷的环境下能保持光彩照人的好形象,一旦遇到温情,就会变质。

【锁只管君子不管小人】 锁:即门锁等各种锁。意思是,任何锁,只对品质高尚的人起作用,而对品质低劣的小人不起作用。也说"锁得了君子锁不了小人"。

【匿名保身,落名献身】 意思是,在揭发检举信上隐匿真实姓名,是为了保护自身不受打击报复,落上真实姓名,是一种大无畏的献身精神。

【既不能流芳百世,亦不足遗臭万年】 意思是,既没有做出丰功伟绩,留下美名,也没有做出祸国殃民的大坏事,留下千古骂名。《世说新语·尤悔》引桓温语:"既不能流芳百世,亦不足复遗臭万载耶。"

【既不流芳百世,也不遗臭万年】 意思是,做不出伟大的事业,也不做祸国殃民的坏事,老老实实地做个普通人。

【得志猫儿雄似虎,败翎鹦鹉不如鸡】 比喻小人得志便猖狂,而一旦身败名裂就丑陋不堪了。明朝冯梦龙《古今谈概》

【得便宜卖乖】 意思是,自己得到了好处,还卖弄乖巧。

【得理不让人】 意思是,抓住别人一点过失不放。不讲情面,不饶人,过分。

【逮住蛤蟆攥出尿】 意思是,毫无情面,死不饶人。也比喻做事认真,把事情抓得非常紧,毫不放松。

【嫉妒每因眉睫浅】 意思是,爱嫉妒人的人,往往是心地狭窄,眼界狭浅。《京本通俗小说·错斩崔宁》

【瞒得过初一，瞒不过十五】 意思是，隐瞒不住，时间长了实情就暴露出来了。

【瞒得了和尚瞒不了庙】 意思是隐瞒不住。

【瞒上不瞒下】 意思是，欺骗上级讨好下级。

【瞒得了天，瞒不了地】 意思是，总会有人知道，不可能隐瞒住。

【懒驴上磨屎尿多】 比喻懒人干活不出力气，不好好干，千方百计设法偷懒。

【鹦鹉能言，不离飞鸟】 意思是，鹦鹉虽然会学人说话，但它仍然是鸟。比喻本质改变不了。《礼记·曲礼》："鹦鹉能言，不离飞鸟；猩猩能言，不离禽兽。今人而无礼，虽能言，不亦禽兽之心乎？"

7. 修养历练

【一言既出，如白染皂】 皂：黑色。比喻话一出口就像白布染黑了一样无法改变，说话不能信口开河。《西游记》第八十五回

【一人向隅，举座不乐】 举座：指满屋的人。意思是，一人向着墙角哭泣，使满屋的人都不高兴。也说"一人向隅，满座不乐"。《太平广记》卷二百八十一引《河东记·独孤遐叔》

【人不自爱则无所不为，过于自爱则一无所为】 自爱：尊重自己。意思是，一个人如果没有自尊心，就什么坏事都干得出来，过于自尊，就什么事都干不了。明朝吕坤《呻吟语选·补遗》

【人之初，性本善】 儒家观点。意思是，人生下来，本性是善良的，只是后来在生长过程中，受到社会的影响才变恶的。《三字经》

【人之初，性本恶】 法家观点，与儒家"人之初，性本善"相对。

意思是，人生下来，本性就是恶的，所以要从小开始不断进行教育。

【人皆知涤其器，莫知洗其心】 涤：洗。意思是，人们都知道器皿赃了要洗刷干净，却不知道纯洁自己的心灵和思想。《意林·付子》

【人不患其过，而患其不改】 患：怕。忧虑。过：过错，过失。意思是，人不怕有过错，而怕有过错不改正。

【人不可有傲气，但不可无傲骨】 意思是，人不能有高傲的坏习气，但不能没有顶天立地的骨气。

【人无信仰则无精神支柱】 信仰：对某人或某种主张、主义、宗教极度相信和尊敬，拿来作为自己行动的榜样和指南。意思是，人是有思想的，无论是有意识还是无意识的，总是有奋斗目标的，为了实现其奋斗目标，一定要找一个行动的榜样和指南来支撑他为之奋斗，这便是一种信仰。人的这种信仰自然不自然地成了他的精神支柱。否则，他便无所寄托，行动便没有方向没有动力。

【人心未易知，灯台不自照】 比喻人对自己的思想不容易了解，这如同灯台照不着自己一样。元朝康进之《梁山泊李达负荆杂剧》第三折

【人之惶急无谋】 惶急：惊恐慌乱。无谋：没有办法主意。意思是，人在惊恐慌乱的时候，就没有了办法主意。清朝蒲松龄《聊斋志异·地震》

【人莫踬于山，而踬于垤】 踬：跌倒。垤：小土丘。意思是，人在高山峻岭上往往很小心，所以不会摔倒，而在小土丘上却往往不注意，反而会跌倒。比喻人往往比较注意大事，忽视小问题，因而容易在小事上摔筋斗。《淮南子·人间训》

【小洞不补，大洞吃苦】 洞：指衣服上的破窟窿。意思是，衣服破了个小窟窿，如果不及时缝补好，窟窿就会越来越大，最后就

穿不得了。比喻人有小错误不改正,就会犯大错误,吃苦头。鄂东民间语。

【小事糊涂,大事不糊涂】意思是,无原则无利害关系的小事,装糊涂,不计较,而对原则性的有较大利害关系的事,就要认真,不能稀里糊涂的。即小事讲风格,大事讲原则。宋史吕端传:“太宗欲相端,或曰端为人糊涂。太宗曰:‘端小事糊涂,大事不糊涂。决意之。’”

【小赌怡情,大赌伤身】赌:赌博。意思是,熟人在一起打牌搓麻将牌,下几个小钱赌着玩,是个快乐的活动,但是,如果下大注赌博,那就要伤害身心健康了。

【人有八疵,事有四患】意思是,人有八种毛病,事有四种祸患,人们必须清楚,注意。八疵:非其事而事之,谓之揔;莫之顾而进之,谓之佞;希意道言,谓之谄;不择是非而言,谓之谀;好言人之恶,谓之谗;析交离亲,谓之贼;称誉诈伪以败恶人,谓之慝;不择善否,两容颊适,偷拔其所欲,谓之险。四患:好经大事,变更异常,以瓜功名,谓之叨;专知擅事,侵人自用,谓之贪;见过不更,闻谏愈甚,谓之很;人同于己则可,不同于己,虽善不善,谓之矜。《庄子·渔父》

【十个人十个性】意思是,每个人的性格都不一样。清朝张南庄《何典》第二回。

【士别三日,刮目相待】刮目:擦亮眼睛仔细看状。意思是,人在不断变化,不断进步,不能用老眼光去看人。《资治通鉴·汉纪》:“士别三日,即更刮目相待。”

【大着肚皮容物,立定脚跟做人】意思是,做人应该心胸宽阔,对人要宽宏大量,但是,要有立场,不随波逐流。《格言联璧,持躬类》

【大德不逾闲,小德出入可】逾:超越。闲:木栏,这里指界限。大德:大节,如政治、立场。小德:小节,如不修边福。意思是，在政治问题，立场问题上，不能超越一定界限，在生活细节上有些出入可以允许。注意，有些小节问题损害大节，所谓“小节无害论”是错误的，不注意是不行的。《论语·子张》

【亏心话莫说，亏心事莫做】意思是，人活着应该有志气有气节有自尊，不要受外力或外部压力影响，说违心话，说对不起人的话，做对不起人的事。

【三岁之童皆知之，百岁老人做不得】意思是，小孩子都知道的道理，百岁老人也做不到。说明知易行难。宋朝释晋济《五灯会元·鸟窠道林禅师答白居易》：“三岁孩儿虽道得，八十老人行不得。”

【无本不立，无文不行】意思是，没有道德做思想行为的根本，就不能立身社会，没有知识学问做技能，就做不了事《礼记·礼器》

【无传不经之谈，无听毁誉之语】意思是，不要传播那些荒唐无稽的闲谈怪诞之事，不要听那些毁损别人声誉的坏话。晋代羊祜《诫子书》

【无利不起早】利：利益。意思是，没有好处，得不到利益，不会起早贪黑地干。也说“不图利不起早”。

【无过在于度数，无困在于预备】度数：指法纪。意思是，不犯过错，是因为遵纪守法，不陷入困境，是因为早有预见和准备。《尉缭子·十二陵》

【勿以身贵而贱人】意思是，不要因为自己地位高就看不起别人。《六韬·立将》

【不恒其德，或承之羞】恒：恒心。羞：耻辱。意思是，人如果不能持之以恒地保持自己的德行，免不了要遭受羞辱。《易经·恒卦·爻辞》

【不管三七二十一】意思是，管它是对是错是好是坏，是成是败，就这样了。含有不顾一切，不问是非情由蛮干之意。通常是着急了说此话。

【不矜细行，终累大德】矜：慎重，顾惜。细行：小节。大德：大节。意思是，在小节问题上不注意甚至不顾惜，最终必然要损害大节。《尚书·旅獒》

【不怕有错，就怕不改】意思是，犯错误难免，没有什么可怕的，怕就怕知错不改，对人对己都不利。

【不明于天者不纯于德，不通于道者无自而可】天：指大自然。道：道理，真理，自然规律。意思是，不明白自然的演变和规律，就不会有纯正的修养，不通晓自然规律和真理，就没有什么事情可以办成。《庄子·在宥》

【不迁怒，不贰过】迁怒：把怒气转移到别人身上。贰过：重犯同一种过错。意思是，不把对张三的怒气转到李四的头上发，不重犯同一种错误。《论语·雍也》

【见善必行，闻过必改】意思是，见到对别人有好处的事就做，听到别人说自己的过错就改正。《钱公良测语上·徭庚》

【见善则迁，有过则改】意思是，见到别人有优点就要学习，知道自己有过错就要改正。《易经·益卦》

【见侮不辱，救民之斗】见：受到，遇见。救：解救。意思是，为了一心解救人们之间的争斗，受到侮辱却不以为耻辱。《庄子·天下》

【从善则有誉，改过则无咎】誉：赞誉，荣誉。咎：灾祸。意思是，做好事就会得到赞誉，改正过错就不会有灾祸。唐朝吴兢《贞观政要·教诫太子诸王》

【以五十步笑百步】典出战国时代：孟子跟梁惠王谈话，打了一个比方，说有两个士兵在前线弃甲曳兵而走，一个败退了五十步，另一个败退了一百步。退了五十步的士兵讥笑退了一百步的士兵，说他不中用，畏死败战。其实，两个人都是怕死鬼，都是畏死败战，只是一个跑得快一点，一个跑得慢一点而已。现比喻自己跟别人犯有同样的错误。《孟子・梁惠王上》:“以五十步笑百步,则何如?”

【以己之短比人之长,越比心越亮;以己之长比人之短,越比心越暗】意思是,拿自己的短处比别人的长处,就会看到自己的不足,从而更加心明眼亮;相反,拿自己的长处比别人的短处,就看不到自己的不足,从而心胸更加狭浅昏暗。

【以铜为鉴可正衣冠,以古为鉴可知兴替,以人为鉴可明得失】鉴:镜子。意思是,用镜子照自己,可以端正衣帽;用古人的经验教训作为境子,可以知道社会朝代是怎么兴衰更替的;用人作为镜子,可以明白得失。《新唐书・魏征传》

【以濡弱谦下为表,以空虚不毁万物为实】濡弱:柔弱。表:外表。意思是,在处人待物上,要以柔弱谦下的态度,以空虚宁寂,不毁弃万物的心境,真诚谦逊相待。《庄子・天下》

【甘瓜抱苦蒂,美枣生荆棘】意思是,甜瓜长在苦味的瓜蒂上,美味的红枣生在有荆棘的树上。比喻事物相反相成,人只有经过痛苦的磨炼,才能有美德和高尚的品质。也比喻不要把人的成长条件与其简单地等同起来。汉朝无名氏《古诗二首・甘瓜抱苦蒂》

【止谤莫如修身】意思是,要阻止别人的诽谤,最好的办法是搞好自身的道德修养。徐干《中论・虚道》

【少要稳,老要狂】意思是,青少年要学得稳重些,因为青少年血气方刚,经验少,稳重可以少犯错误;老年要放开些,因为人老了易守旧,死气沉沉无朝气,“狂”些可以增强活力,焕发青春。

【内省而不穷于道,临难而不失其德】内省:自我检查。意思是,善于反省就不会不通于真理,懂得真理,在面临危难之时,就不会丧失德行。《庄子・让王》

【劝君莫做亏心事,古往今来放过谁】意思是,做坏事是逃不脱惩罚的,自古至今都是这样,不要存在侥幸心理。冯梦龙《古今

小说·沈小官一鸟害七命》

【玉不遇砥砺不可以成器，人不遇困穷剉辱不可以成德】 砥砺：磨刀石。这里作磨炼。剉辱：屈辱。成德：成为有德行的人。意思是，玉只有经过雕琢磨砺才可以成为有用的器物，人就像玉一样，只有经过艰苦甚至是屈辱的磨炼才能成为德行高尚的人。《梅峰语录》卷上。

【节欲之道，万物不害】 节欲：节制私欲。意思是，能节制自己的私欲，任何祸害都对你无法侵害了。《管子·内业》

【专责己者，兼可成人之善；专责人者，适以长己之恶】 意思是，对己严对人宽，遇事先责备自己，这不但有利于自己的进步，还可以成为别人的榜样，帮助别人进步；反之，就正好助长了自己的恶习坏毛病。清朝李煜《西沤外集·药言剩稿》

【巧言乱德】 意思是，花言巧语的人，会扰乱道德。《论语·卫灵公》

【囚人梦赦，渴人梦浆】 意思是，坐囚牢的人爱做赦免的梦，口渴的人梦见有水喝。比喻人处在什么境遇就思虑着相关的什么。

【圣人不曾高，众人不曾低】 意思是，圣人并不高人一等，普通群众并不低下。明朝李赞《焚书·复京中友朋》

【圣人为而不恃，功成而不处】 意思是，高尚的人是有所作为而不仗恃占有，有所成就而不居功索取贪求。先秦时代老子《道德经》

【护短终短，矜长不长】 护短：袒护短处、错误。矜长：自夸优点、长处、成绩。意思是，袒护短处和错误，错误和短处终究还在；自夸优点长处和成绩，反而有损于长处和成绩。明朝聂大年《座右铭》："短不可护，护短终短；长不可矜，矜则不长。"

【过而不改，是谓过矣】 意思是，有了过错不改正，这才叫过错呢！《论语·卫灵公》

【过也,人皆见之;更也,人皆仰之】意思是,过错难免,人都看得见;改正过错就是好的,人都敬仰他。《论语·子张》

【行修于内者无位而不怍】位:爵位,官职。怍:惭愧。意思是,注意内心修养的人,没有什么官职也不会因此而惭愧。《庄子·让王》

【往者不可谏,来者犹可追】谏:止,挽救。意思是,过去的事已经是无法挽回了,但是未来的事还是来得及追赶的。《论语·微子》

【两叶能蔽目,双豆能塞聪】蔽目:遮住眼睛。塞聪:堵塞耳朵听不见。比喻小事能蒙蔽人的视听,使人看不到整体大局。北齐刘昼《新论·专学》

【邦有道,谷;邦无道,谷,耻也】谷:这里指做官拿俸禄。意思是,国家有道义,你可以做官拿俸禄;国家不讲道义,你还做官拿俸禄,这就是可耻。《论语·宪问》

【邦有道,危言危行;邦无道,危行孙言】危行:直言直行。孙:同“逊”。意思是,国家讲道义,就直言直行地去;国家不讲道义,仍旧直行,但说话要随和谨慎。《论语·宪问》

【含德之厚,比于赤子】赤子:婴儿。意思是,道德涵养深厚的人,就好比初生的婴儿一样天真朴实无邪。先秦时代老子《道德经》

【秉兹贞厉,警乎立履】秉:秉承,执。贞:正 ,纯正。厉:勉励。立履:建立在行动上。意思是,秉承纯正的箴言来勉励自己,这是好的,但要警惕地用于行动上。南朝梁代刘勰《文心雕龙·铭箴》

【势为天子而不以贵骄人,富有天下而不以财戏人】意思是,即使身处天子之位,却不用显贵傲视他人;富裕到拥有天下,却不用财富戏弄他人。《庄子·盗跖》

【养志者忘形,养形者忘利,致道者忘心】致:得到。道:事物

规律,真理。意思是,修养心志的人能够忘却形骸,调养心身的人能够忘却利禄,得到真理的人能够忘却私心。《庄子·让王》

【去敌气与矜色,噤危言以端诚】 敌气:敌视的态度。矜色:骄傲的神色。噤:不说话。危言:耸人听闻的话。端成:端庄真诚。意思是,不要用敌视的态度,怒气冲天或傲气十足的神色跟人说使人害怕的话,以培养自己端庄真诚的品质。唐朝刘禹锡《问大锡赋并序》

【打人莫打脸,说人莫说短】 莫:不要。短:生理缺陷。意思是,开玩笑打闹要讲分寸。打人的脸是对人的最大侮辱,说别人的生理缺陷是最不道德的,开玩笑是禁忌的。

【石以坚为性,君勿轻素诚】 性:本性,本质。君:指你。轻:轻视。素诚:诚挚朴实。意思是,石头以坚硬为其本质,你要像石头那样,不要轻视诚挚朴实的优良品质。晋代包照《拟古八首》

【由善变恶易,由恶变善难】 善:好,高尚。恶:坏,品质低下。意思是,一个人由高尚变坏很容易,而由坏变高尚就很难。

【处贵不忘旧】 意思是,身处高官尊贵的地位时,不要忘记了过去的处境。唐朝张说《五君咏》

【外观者蔽,内视者明】 意思是,专门只看别人的缺点短处,就不知道自己的不足;经常注意检查自己,就能心明眼亮。宋朝崔敦礼《刍言》卷下

【羊肉没吃着,空惹一身臊】 臊:膻。比喻便宜没有占着,反而惹出麻烦。《儒林外史》第五十二回

【江山易改,禀性难移】 秉性:本性,个性。移:改变。意思是人的秉性很难改。也说"本性难移"。

【守道以立名,修身以俟时】 守道:遵守道德修养,做人的正道。修身:品行修养。俟时:等待时机。意思是,坚守做人的正道,以建立好的社会名声;加强品行修养,以等待机会为国家出力。汉朝桓宽《盐铁论·地广》

【问路先下马,求人莫尊大】 故事《岳飞枪挑小梁王》:岳飞到校场与小梁王比武,牛皋听说后,担心岳飞遭暗害,骑马急追。走到一个三岔路口不知去向,正值一年迈老人。牛皋生性勇猛性急,也没下马,问老人:"爷问你路,到校场走哪条道?"老人很生气,把牛皋指到相反的路,结果又走错路耽误了时间。意思是,求人帮助,首先得有礼貌,尊重别人。否则,不但得不到帮助,还会受到帮倒忙,意外增加困难。

【有德者必有言,有言者不必有德】 意思是,道德高尚的人,肯定早有立言;而有立言的人,不一定有德。《论语·宪问》

【有佩于言,无鉴于水】 佩:挂在身上的识物,指牢记。鉴水:在水上照自己,只看到自己的影子。意思是,对箴铭的话要牢记实行,不要像照见自己在水里的影子那样。南朝梁代刘勰《文心雕龙·铭箴》

【有容身之地,智者不言弱;有市井之利,智者不言贫】 意思是,如果有容身之地,有智慧的人就不会说自己弱小;如果有市井做买卖经商的便利,那么,聪明的人就不会说自己贫穷。唐朝李筌《太白阴经·人谋》

【邪门歪道君莫进,古往今来谁个行】 意思是,邪门歪道的事不能干,自古至今搞歪门邪道的人,谁有好结果?

【忧人太过,以德取怨】 忧人:替别人忧虑。意思是,对别人忧虑太过了,即便是出于一片真诚之心,也不容易被人家所接受,还可能换来怨恨。《资治通鉴·汉纪》

【明知不对,少说为佳】 意思是,明明知道不对,也不去纠正。毛泽东《反对自由主义》

【明哲保身,但求无过】 意思是,抱着保住自身不犯错误就行的人生哲学,不管别人错误不错误。毛泽东《反对自由主义》

【明人不做暗事】 明人:明白人,光明正大的人。暗事:不公开的事,阴谋诡计。意思是,光明正大的人不做瞒着人的事,不搞

阴谋诡计。明朝冯梦龙《古今小说·李秀卿义结黄贞女》

【自足者不足,自明者不明】意思是,骄傲自满的人不知道自己的不足;自以为是的人不知道自己怎么样。唐朝魏征《群书治要·刘廙别传·下视》

【听话莫听小人言】小人:品质低劣之人。意思是,对那些品质低劣的人的话,不要相信。

【多一事不如少一事】消极思想。意思是,少管事好。原因是多管事势必得罪人,惹麻烦。如果是职责之内的事不管,就是渎职。

【多栽花,少栽刺】比喻多说别人爱听的话,或者多做别人喜欢的事;少说少做容易得罪人的话和事。

【好话多从痛处说】意思是,好话往往是指明要害,不留情面,一针见血。

【年四十而见恶,其终也已】恶:厌恶。意思是,一个人到了四十岁还被人厌恶,他这辈子就算完了。《论语·阳货》

【攻人之恶毋太严,教人之善毋过高】意思是,批评别人的缺点错误,不要太严苛;教人学好不要要求过高。《史典·愿体集》

【没吃过黄连的人不知道甜】黄连:多年生草本植物,根、茎入药,味很苦,是健胃药,并有抗菌消炎的作用。比喻没有吃过苦,没经过艰难困苦的人,不懂得生活的甜蜜和幸福。

【没吃过黄连的人不知道苦】比喻没受过苦的人不懂得什么叫苦,有时候身在福中不知福,在蜜罐里长大还诉苦。

【没到八十八,莫笑跛子瞎】意思是,人有意外伤残,人老了也会有残疾,是人一生中难免的。青年人应该有礼貌,尊重老年人,不要取笑耳聋眼瞎,跛腿颤手的人。因为人人都会老的。

【君子有三戒:少戒色,壮戒斗,老戒得】意思是,要想做一个高尚的人,年轻时期要警惕贪恋女色;壮年时期要警惕好胜斗强;到了老年时期要警惕贪婪。《论语·季氏》:"孔子曰:君子有三戒:少之时,血气未定,戒之在色;及其壮也,血气方刚,戒之在斗;及其老也,血气既衰,戒之在得。"

【苍蝇不叮无缝的鸡蛋】 比喻被坏人利用,是因为自身有毛病,苍蝇才找上了。也有反其意说"苍蝇也叮无缝的鸡蛋"。

【油盐菜好吃,嘴多得人嫌】 意思是,话太多了不受人喜欢。

【治外物易,治己身难】 外物:外部事务。意思是,治理外部事务容易,治理自身就困难。唐朝林慎思《伸蒙子·治难》

【非理之财莫取】 意思是,没有道理的不义之财不能要。《古今小说·沈小官一鸟害七命》

【非行之难,终之斯难】 斯:这个。意思是,做一件好事并不难,难的是终身坚持做好事。唐朝吴兢《贞观政要·慎终》:"非行之难,终之斯难,所言信矣。"

【响鼓不用重槌敲】 比喻对自觉明理、工作积极性很高的人,不用严厉的督促就能把事做好。

【知过非难,改过为难;言善非难,行善为难】 过:过错。非:不。言善:说好话。行善:做好事。意思是,知道过错并不难,难的是改过,说好听的话不难,做好事难。即人要实在。《资治通鉴·唐纪》

【知过谓之智,改过谓之勇】 智:聪明。勇:勇气。意思是,能知道自己的过错就叫聪明,能改正过错就叫做有勇气。《陈确集·别集·瞽言》

【知耻近乎勇】 意思是,知道什么是耻辱,这就跟勇敢差不多。《礼记·中庸》

【知足不辱,知止不殆】 意思是,懂得满足,就不会受到耻辱,懂得适可而止,就不会有危险。先秦时代老子《道德经》

【武人不乱,智人不诈】 武人:有武艺的人。智人:智慧很高的人。意思是,真正武艺高强的人,不做不义的事;真正有智慧的人,不做欺诈的事。《国语·晋语》

【柔者戒弱,刚者戒躁】 意思是,性格温柔的人,要防止懦弱的缺点;性格刚强的人,要戒除性情暴躁的毛病。《郭嵩焘日记》第一卷

【按着牛头不吃草】 比喻做事不能强迫。也说:"按着牛头不喝水"。明朝天然痴叟《石点头·潘文子契合鸳鸯塚》

【轻薄桃花逐水流】 比喻言行轻浮不庄重,年轻貌美的女性,容易随波逐流不学好,不尊重自己的人格。唐朝杜甫《绝句漫兴九首》:"颠狂柳絮随风飘,轻薄桃花逐水流。"

【虽贵富不以养伤身,虽贫贱不以利累形】 累形:使身体受到拘累和伤害。意思是,即使富贵也不会贪恋俸养而伤害身体,即使贫贱同样也不会追逐私利而拘累形躯。《庄子·让王》

【恃人不如自恃】 恃人:依赖别人。自恃:依靠自己。意思是,要依靠自己的努力才靠得住。《韩非子》

【贵贱之分,在行之恶美】 行:德行,品德。意思是,尊贵与卑贱的区别,决定于德行的美丑。《庄子·盗跖》

【闻人之谤当自修,闻人之誉当自惧】 意思是,听到别人诽谤自己,就当作自我修养;听到别人夸赞自己,就当作一种可怕的信号,要引起警惕,以免高傲。明朝胡居仁《居业录·学问》

【闻善言则拜,告有过则喜】 意思是,听到别人善言规劝就要感谢,别人告诉有过错就要高兴。宋朝林逋《省心录》

【闻善而慕,知过而惧】 意思是,听到别人有高尚美德,就仰慕,虚心向人学习;知道自己有过错,就惧怕,下决心改正。《录象山集·语录》

【闻过而不改谓之丧心,思过而不改谓之失体】 丧心:丧失良心。失体:失去做人的根本。意思是,听到别人说自己的过错而不改正,就是丧失了良心;想着自己的过错而又不改正,就是失去了做人的根本。三国魏徐干《中论》

【闻难思解,见利思避】 意思是,听到别人有困难,就要想办

法帮助解决；见到别人的利益，就要想着避开。隋朝王通《中说·魏相》

【得失一朝，荣辱千载】 意思是，得和失不过是一天的事，而带来的荣辱却是千载的大事。《后汉书·荀悦列传》

【浮荣水画字】 浮荣：虚荣。意思是，虚假的荣誉就像在水面上画字一样无用。唐朝白居易《新昌新居》

【救寒莫若重裘，止谤莫若自修】 救：御。重裘：上等皮衣。止谤：制止诽谤。意思是，御寒莫过于上等皮衣最管用，制止别人的诽谤，再好不过的办法，就是加强自身的修养。《魏志·王昶传》

【看钱奴自古呼铜臭】 钱奴：特别吝惜钱财的人。铜臭：东汉崔烈是当时的名人，他用五百万钱卖了一个司徒官，问他的儿子崔钧："吾居三公，于议者何如？"崔钧说："论者嫌其铜臭。"后常用来讥讽有钱的人。意思是，自古以来，都把敛财而又鄙吝的人叫做铜臭。元朝钱霖《套数·哨篇》

【看人笑话，自己笑话】 意思是，别人遇到了困难或挫折，处于难堪境地，不但不同情不帮助，反而笑话人，这实际是在笑话自己。

【便宜不可占尽，聪明不可用尽】 意思是，不能太贪了，有便宜就想占，一点亏都不想吃，处处要小聪明，这样反而要吃大亏。明朝冯梦龙《警世通言·王安石三难苏学士》

【贵人多忘事】 贵人：高贵的人。揶揄讥讽话。意思是，身份高贵，不把别人的事当事，就多忘。《红楼梦》第六回

【皇帝还有三门子穷亲】 三门子：三家。意思是，不要歧视瞧不起穷人。

【施人慎勿念，受施慎勿忘】 意思是，施舍给别人的东西，千万别老记在心里；接受了别人的施舍，千万别忘记了人家的恩情。汉朝崔瑗《座右铭》

【宽以待人，严于律己】 律：约束。意思是，对别人要宽松，对自己要约束严格。

【盛名之下，其实难副】 意思是，名声很大，其实与实际很难相副。《后汉书·黄琼列传》

【痛莫大于不闻过，辱莫大于不知耻】 痛：悲痛。闻过：听别人说自己的过错。辱：耻辱。意思是，使人最悲痛的没有比不听别人说自己的过错更痛心，最大的耻辱就是不知耻。隋朝王通《文中子·关朗》

【訾食者不肥体】 訾食：挑食。比喻拒绝批评就像爱挑食对身体不好一样得不到进步。《管子·形势解》

【躬自厚而薄责于人，则远怨】 意思是，多责备自己，少责备别人，就可以避免别人的怨恨了。《论语·卫灵公》

【浮名浮利过于酒，醉得人心死不醒】 意思是，名和利比烈酒还厉害，醉得人不知道醒悟。唐朝杜光庭《伤时》

【请君莫奏前朝曲，听唱新翻杨柳枝】 意思是，请你不要弹奏过去的老曲调了，还是听听新创作的杨柳歌曲吧。比喻不要墨守成规，应该接受新事物。唐朝刘禹锡《杨柳枝九首》其一

【酌人之言，补己之过】 酌：吸取别人好的东西为自己所用。意思是，吸取别人的长处，补自己的短处。唐朝白居易《策林四·采诗》

【得便宜事不可再做，得便宜处不可再去】 意思是，得到好处要适可而止，不要太贪。《邵氏闻见录》

【得意不宜再往】 意思是，事情到了得意的时候，就要适可而止，不能无止境。明朝朱柏庐《治家格言》："凡事当留余地，得意不宜再往。"

【得意浓时休进步】 意思是，得意事到了顶峰高潮的时候，就不要往前走了。明朝冯梦龙《古今小说·闹阴司死马貌断狱》："得意浓时休进步，须防世事多番复。"

【笨鸟先飞早入林】谦虚言辞。通常比喻自己比别人水平低,能力差,赶不上大家,为了不拖累影响大家或集体,就抢先行动。既是一种谦虚态度,又是一种积极向上精神。

【常在河边走,哪能不湿鞋?】比喻经常接触某项工作或某种东西,有可能受到不利影响或犯错误。

【常在河边走,也能不湿鞋】与“常在河边走,哪能不湿鞋”相对。意思是,虽然经常接触某项工作或某种东西,也不会受到不好的影响或犯错误。

【聪明者戒太察,刚强者戒太爆,温良者戒无断】意思是,聪明人要力戒过于明察秋毫,性格刚强的人,要力戒遇事太暴躁,性情温顺善良的人,要力戒遇事优柔寡断。《格言联璧·持躬类》

【贫莫贫于不闻道,贱莫贱于不知耻】意思是,最大的贫乏莫过于听不进道理道义,最悲贱的莫过于不知羞耻。清朝李西沤《药言剩稿》

【放下臭架子,甘当小学生】意思是,不要摆架子,脱离群众,要像小学生那样,虚心向群众学习。

【事后掩饰,不如慎始】意思是,与其出了错误后去掩饰错误,不如一开始就慎重不犯错误。《郭嵩焘日记》第一卷

【事当论是非,不当问难易】当:应当。意思是,遇事应当搞清是非,只要是对的就去做,错的就不能做;但不能说容易才去做,困难就不去做。清朝申涵煜《省心短语》

【径步窄处须让步,滋味浓时须留人】径:路。意思是,走路走在狭窄处遇到人时,应该让人家一步,使别人也能过去;吃东西吃到好吃的东西时,应该留给别人吃一点,不要自己吃光了。比喻做人要遇事谦让,要想到别人,不要贪,不要只顾自己。《史典·愿体系》:“径步窄处须让一部与人行,滋味浓时须留三分与人食。”

【英雄难过美人关】意思是,女色这一关最不易过,就是英雄

人物也难过这一关。

【若要立地成佛,须放下刀子去】意思是,要想成佛并不难,就是要放下屠刀,不杀生。清朝蒲松龄《聊斋志异·罗祖》

【贵而忘贱者不久】贵:指高贵。贱:低贱。意思是,因为社会地位高了,自以为高贵,就忘了曾经在一起同患难共同奋斗的人,这样的人是注定不会长久的,要失败的。宋朝张商英《素书》五

【贤愚在心,不在贵贱】贤:贤良。愚:愚蠢。心:思想,脑子。意思是,贤良或愚蠢,与身份的高低贵贱没有关系,而在他的思想。汉朝王符《潜夫论·本政》

【性相近,习相远,苟不教,性乃迁】意思是,人本来本性都相近,差不多,但是,由于生活环境、条件等诸多因素不同,习惯习性就相差很大,如果不进行教育,善良的本性就会变迁了。《三字经》

【性清者荣,性浊者辱】意思是,思想纯洁的人受人尊敬,思想浑浊的人自找耻辱。晋代左芬《啄木诗》

【物情忌盈满,君子慎名实】物情:事物情态。意思是,事物最怕装得盈满,高尚的人要懂得这个哲理,谨慎对待名与实相符的问题。《中州集·赵之杰·除夜》

【鱼失水则亡,人失道则丧】亡:死亡。失道:失去道德和正义。丧:灭亡。意思是,人失去了道德和正义,就同鱼失去了水一样会死亡。《素履子·履道》

【使聪明休使小聪明,学老诚休学假老诚】意思是,要老老实实做人,与人真诚相处,不要假里假气的,装模作样的。元朝汤式《和陆进之韵》

【侮人者必自侮】侮人:侮辱别人。自侮:自己侮辱自己。意思是,侮辱别人必然先侮辱了自己。宋朝王闢之《渑水燕谈录·知人》

【修身在正其心】意思是,人的修养,关键的是把思想修养的

端正。《礼记·大学》

【修之于身,其德乃真】 意思是,如果能够遵循、守持好的,注重修养,他的德行就会是真实纯正的。先秦时代老子《道德经》:“修之于身,其德乃真;修之于家,其德乃余;修之于乡,其德乃长;修之于邦,其德乃丰;修之于天下,其德乃普。”

【逆境常存戒心,故以之成君子;顺境易生放心,故以之陷小人】 意思是,处在逆境之中的人,就会经常提高警惕,保持一种戒备的心理,所以就成了有修养的高尚的人;处在顺境的人,就容易产生放肆骄狂的心理,所以就成了道德低下的小人。清朝申居郧《西岩赘语》

【食实不折枝】 食:吃。实:果实。意思是,吃果实不折树枝。比喻不要忘恩负义。《淮南子·说林训》:“食其实者,不折其枝。”

【高功后毁易,德薄人存难】 意思是,一个人建立大功劳后,很容易被人诋毁诽谤;而道德不好的人,很难在社会上立身。宋朝王安石《寓言》

【流水不腐,户枢不蠹】 腐:臭败,变质。户枢:旧时门扇的转轴。蠹:蠹虫,蛀虫蛀蚀。意思是,流动的水不腐臭,门扇转轴不会被蠹虫蛀蚀。比喻物体在运动中能够抵御微生物的侵蚀。同样道理,人只有经常开展批评和自我批评才能抵御坏思想的侵蚀。《意林》引《吕氏春秋·季春纪·尽数》

【树德莫如滋,去疾莫如尽】 树:树立。滋:滋养。疾:指毛病,坏习惯。意思是,树立高尚的道德品质要不断地培养,去掉坏毛病最重要的是干净彻底。《左传·哀公元年》

【树德务滋,除恶务本】 树:树立。务:要,务必。滋:滋养,培养。恶:坏习惯。恶人恶事。本:根本。意思是,树立高尚的道德要不断培养,除掉恶劣的坏习惯要去掉根。《尚书·泰誓下》

【树高千丈不离根,人高宰相不忘亲】 比喻人地位高了,不能忘了生养自己的故土,不能看不起和自己一起长大的亲人。

【虚己者进德之基】意思是,谦虚谨慎是增进道德修养的基础。明朝方孝孺《侯城杂诫》

【虚死不如立节,灭名不如报德】虚死:隐姓埋名,隐居。灭名:隐姓埋名。意思是,隐姓埋名,不如树立节操,做好事报答恩德。汉朝李陵《答苏轼书》

【唯德自成邻】意思是,唯有高尚品德的人,人们才会自然成为他的朋友。唐朝祖咏《清明宴司勋刘郎中别业》

【笑人莫笑背气时】意思是,不要笑话别人不走运的事,或者不要笑话人家正不顺利时的处境。

【欲卑人者先自卑】卑:谦卑。意思是,要让别人在自己面前谦卑,首先自己对别人要谦卑。《文子·符言》

【欲知人者必先自知】意思是,要知道别人,必须先知道自己。《吕氏春秋·季春纪·先己》

【欲论人者必先自论】意思是,要评论别人,必须先评论好自己。吕氏春秋·季春纪·先己》

【欲为天下第一等人,当做天下第一等事】当:必须。意思是,要想有天下最高的好名声,就要做天下最大的事。明朝胡居仁《居业录》卷二

【惟以改过为能,不以无过为贵】意思是,唯有改正过错为最重要,而不是以没有过错才可贵。因为过错在所难免,关键是要改正。《资治通鉴·唐纪》

【错者必先靡】错:锉刀。靡:磨损。比喻在砥砺帮助别人时,首先自己受到磨损,即锻炼。《墨子·亲士》

【船到码头车到站,无限航程是起点】意思是,每一个车站码头,既是完成一项任务的终点,又是下一项任务的新起点。比喻伟大的事业永无终结。

【道不可致,德不可至】道:客观事物的规律。德:道德。意思是,事物的规律不可能完全靠言传来获得,道德不可能光靠谈

话教育来达到。意即认识掌握事物的规律和道德修养,除了学习之外,必须亲自去实践,才能认识掌握事物的规律,才能具有良好的道德修养。《庄子·知北游》

【道生之,德畜之,物形之,势成之;是以万物莫不尊道而贵德】道:客观事物的规律。势:万物生长的自然环境,也说是势力,还有说是对立。意思是,客观世界的规律生成万事万物,道德养育万事万物 ,万事万物才能长成,呈现出各种各样的生机蓬勃的美好世界;因此,万事万物莫不尊崇规律和珍贵道德。先秦时代老子《道德经》

【谦受益,满招损】谦:谦虚谨慎。满:骄傲自满。招:引来,招来。损:损害,损失。意思是,谦虚谨慎使人受益,骄傲自满招来损失。

【静以修身,俭以养德】静:平静,平心静气。修身:修养身心。俭:节俭,勤俭。养德:修养道德情操。意思是,做到安静生活,平心静气待人,以修养身心,节俭过日子,勤俭地工作,以修养道德品质。三国蜀诸葛亮《诫子书》

【勤能补拙才偏敏,廉不沽名品益高】意思是,勤奋能够弥补笨拙,因而才智就会敏捷;廉洁而又不贪虚名,人品就会更高尚。《小仓山房诗文集·舟泊袁浦蒙素亭河帅先来过访赋七律三章奉谢》

【器满则溢,人满则丧】器:指齐皿。意思是,人骄傲自满了,就像器皿装满了水要流出来一样,不能再进步了。宋朝林逋《省心录》

【德比于上,欲比于下】意思是,在道德修养上,要与比自己高的比;在生活上,要与比自己低的比。《付子·仁论篇》

【蝼蚁之穴,溃千里之堤】蝼蚁:蝼蛄和白蚁。意思是,蝼蛄和白蚁打的小洞,能使千里大堤崩溃。比喻小问题或小毛病不引起重视、注意,就会导致大问题大错误。

十一、志向

1. 论志

【一张白纸,能作最新最美的画】 比喻在一无所有的基础上,可以大有作为。

【人穷志短,马瘦毛长】 比喻人穷了就没有志气。这是一种只看到表面的片面的说法。

【人穷志不穷】 意思是穷人有志气。或者说,人穷但是要有志气。

【人穷志不穷,马瘦驰千里】 后体比喻前体。马太肥了就跑不动,比喻人穷了好比瘦马一样,更有志气。

【人穷则思变,人富则求安】 意思是人穷就会求变改进取,而人富有了就会求安逸享受,不思进取。说明穷不一定是坏事,富有不能正确对待,反而成了坏事。

【人穷语声低,人富语声高】 意思是人穷了就感到低人一头,说话声音大不起来;人富有就会趾高气扬,高声高调。

【人各有所好,不可勉强】 意思是,每个人都有自己的爱好,应该尊重别人的爱好,不能强求别人做不爱好的工作。

【人各有志,不可勉强】 意思是,各人有各人的意志和志向,干什么跟谁干,应由他自己选择,不能强迫。《三国志·魏书·邴原传》裴松之注引《原别传》:"人各有志,所规不同。"关羽执意要别曹寻刘备,曹操虽挽不强迫,即此意。也说“人各有志,不能勉强”。

【人各有主,不可勉强】 主:被崇拜、信服、并愿为其出力服务的人。意思是,人家愿意为谁效力,是他自己的意志,不可强求人家改变。

【人一己百,虽柔必强】 柔:弱。意思是,自己虽然是能力弱者,但别人练一次自己练一百次,也能变为强者。宋朝何坦《西畴老人常言》

【人从虎豹丛中健】 虎豹丛:比喻险恶的环境。意思是,人在险恶的环境中,能锻炼成为强者。清朝张向陶《煎茶评题壁》

【人无钢骨,安身不牢】 意思是,人没有骨气,性格懦弱,做事就不会坚定,容易动摇。《水浒传》第二十四回

【人皆可以为尧舜】 尧舜:传说中的上古两位圣君。意思是,人人都可以成为品格最高尚,智慧最高超的人物。也说“人皆可以为圣贤”。

【人争一口气,佛争一炷香】 比喻人活着就是要有志气,不能听从命运摆布。

【大志非才不就,大才非学不成】 意思是,没有才能,伟大的志向就不会成就;有天才不学习也成不了栋梁之材。明朝郑心材《郑敬中摘语》

【丈夫之志,能屈能伸】 意思是,志向不是不能改变的,要随着形势和社会的变化而有所改变,主观必须和客观一致。清朝程允升《幼学琼林·武职》

【丈夫为志,穷当益坚】 益:更加。意思是,有志气有作为的男子汉,越是穷困意志越是要更坚强。《后汉书·马援传》:“丈夫为志,穷当益坚,老当益壮。”

【千金何足重,所存意气间】 意气:志气。意思是,千金不足以贵重,所贵的是人的志气。南朝宋鲍照《代朗月行》

【女中豪杰更风流】 风流：指有功绩而又有文采有气质。意思是，女性英雄豪杰比男性英雄豪杰更有本事。

【小时不禁压，到老没结煞】 意思是，人小时候经不起考验，到老了就没有好结果。清朝俞万春《荡寇志》第一百十五回

【小谨者不大立，訾食者不肥体】 小谨：过于谨小慎微。訾食：厌食。意思是，过于谨小慎微的人，是不会有大作为的，如同厌食的人是长不胖的道理一样。《管子·形势》

【心志要苦，意趣要乐，气度要宏，言动要谨】 心志：指思想，意志。意趣：兴趣，精神面貌。气度：气量。宏：宏大。谨：谨慎。意思是，人的意志要坚韧刻苦，意味兴趣要乐观大度，胆量气魄要宏大，言行举止要谨慎。《格言联璧·持躬类》

【心不清则无以见道，志不确则无以立功】 意思是，思想上有私心杂念，就不能发现真理；志向不确定，就不能建功立业。宋朝林逋《省心录》

【为谋须远大，守节要坚完】 意思是，作为谋略必须有远大的志向，坚守节操要有完好的结局。宋朝陆游《寓言》

【太强必折，太张必缺】 意思是，弓太强硬了就容易折断，张得太大了就必然豁开缺口。《六韬·三疑》

【不闻大论则志不宏，不听至言则心不固】 大论：伟大的理论，宏观理论。至言：至诚之言。意思是，没有听到过伟大理论就不可能有大的志向，不听诚挚规劝，思想就不会坚定。《申鉴·杂言》

【不患才之不赡，而患志之不立】 赡：充裕，足够。意思是，不怕学问不渊博，才能不够，而怕志向不确立。三国魏徐干《中论·治学》

【立身忌草草】 意思是，要立身社会，最忌讳的是不严肃不认真。清朝彭宁求《拟古诗》

【生于忧患，死于安乐】 意思是，人在艰难困苦中能坚强地生

存发展,在安乐的环境中容易使人颓废甚至灭亡。《孟子·告子下》

【业无高卑志当坚,男儿有求安得闲】意思是,事业无高贵和低贱之分,男子汉应当有坚强的志向和追求,怎么能闲度光阴呢?宋朝张耒《北郊卖饼儿每五鼓未旦,即绕街呼卖,虽大寒烈风不废,而时略不少差,因为作诗,且有所警,示秸柜》

【业大者易骄,善始者难终】意思是,成就大事业的人容易骄傲善于做开头事业的人,难于善终。唐朝吴兢《贞观政要·征伐》充容徐氏上疏

【有志不在年高】意思是,人是否有志气,不在于年龄大小。

【有志妇人胜于男人】意思是,有志气有抱负的女性胜过男性。冯梦龙《警世通言·赵春儿重旺曹家庄》

【同德则同心,同心则同志】同德:指共同的哲学思想观念,共同的理想和志向,即大德。同心:同一个思想。同志:共同的志向。意思是,有共同的哲学思想观念和共同的理想奋斗目标,就能同心;同心了,就有了共同的志向。

【同心合意,庶几有成】庶几:也许可以。意思是,只要同心协力,向着一个意向目标努力,事情也许可以成功。《汉书·匡衡传》

【吃得苦中苦,方为人上人】意思是,要想成为人上人,出人头地,就要先吃一般人忍受不了的艰难困苦。

【肉食者鄙,未能远谋】意思是,饱食终日的人目光短浅,不会有远大的谋略和志气。《左传·庄公十年》

【自己的历史自己写】意思是,一个人究竟如何,不是别人的评价如何,完全是自己做得怎么样。

【自己的路自己走】意思是,人生之路完全靠自己去走,别人代替不了。

【自古男儿当自强】当:应当。自强:自己战胜自己。意思

是，自古以来，有志之士就是自强不息，奋斗不止的。唐朝李咸用《送人》："眼前多少难甘事，自古男儿当自强。"

【自责之外无胜人之术，自强之外无上人之术】 意思是，除了严格要求自己之外，再也没有比这更能胜过别人的好办法，除了自己能战胜自己之外，再也没有比者更能超过别人的方法。《格言联璧·持躬类》

【行远必自迩，登高必自卑】 迩：近处，脚下。卑：低处。意思是，到远处去，必然从近处开始，登高必然从低处开始。比喻做事总是从头开始，一步一步地完成，不可能一口吃个胖子。《礼记·中庸》

【这山望见那山高】 比喻好高骛远，见异思迁。总觉得自己的岗位不好，经常换岗位，不安心工作。

【严霜冻大泽，僵龙不如蛇】 大泽：湖泽，沼泽。意思是，江河湖海都霜冻了，龙冻僵了动弹不得，还不如一条蛇。比喻英雄人物失去了时机和条件，其命运还不如普通人了。唐朝陆龟蒙《杂讽九首》

【成大功者不小苛】 小苛：在小事上苛求。意思是，有大志向大抱负的人，在小事上不苛求。或者说，要成功大事业的人不苛求小事。汉朝刘向《说苑·政理》

【才有大小，志有远近】 意思是，人的才能有大有小，所以人的志气有远大的，有近小的。

【材有长短，志有大小】 比喻人像木材一样，有长有短，所以人的志向有大小之别。

【志当存高远】 志：志向。意思是，立志向要放高一些，远一些。

【志不可慢，时不可失】 意思是，立志不可怠漫不经心，要抓紧时间，因为人生短促。宋朝程颢《论王霸札子》

【志犹学海，业比登山】 意思是，志犹于学海一样广阔无边，

事业像登山一样艰难，要早立志，坚韧不拔地为之奋斗才能实现。北朝齐邢郡《广平王牌》

【志不立，天下无可成之事】 意思是，不立志，将一事无成。《训俗遗规》卷二。

【志不可一日坠，心不可一日放】 坠：坠落，消沉。放：放松，放弃。意思是，人的意志一天也不能消沉，思想一天也不能放松。清朝王豫《蕉窗日记》卷二

【穷不易操，达不患失】 穷：指失意不得志。易：变易，改变。操：操行，节操。达：指通达，得志。患失：患得患失，斤斤计较。意思是，不得志时，不要改变自己的高尚节操，得志时不要患得患失。宋朝林逋《省心录》

【油一路水一路】 意思是，把油倒在汤水里，油立即炸开，向四面八方分散了。比喻不是志同道合的人不可能结合在一起共事。清朝王有光《吴下谚联》

【其德薄者其志轻】 意思是，道德低下的人，他的志向也不会远大。《礼记·祭统》

【生材会有用，天地岂无心】 意同“天生我材必有用”。意即人应当有自信力，不能妄自菲薄。《吕衡州文集·赠友人》

【居不隐者思不远，身不佚者志不广】 隐：穷：被抛弃，被遗弃。意思是，生活不穷困的人，想问题不会深远，没有被抛弃过的人，志向不会广大。说明生活优裕，受宠的人志向不大。《荀子·宥坐》

【男儿立身须自强】 意思是，男子汉立身处世，应当自强不息，永远奋发向上。唐朝李欣《缓歌行》

【男儿当死中求生】 意思是，男子汉应当有死中求生的勇气和坚强意志。只有经历出生人死的艰难磨炼才有作为。《后汉书·公孙述传》

【男儿事业须自奇】 奇：不平凡。意思是，男子汉应当做出不

平凡的大事业。五代前蜀贯休《送卢舍人散首》其一

【困有亨之理，穷当志益坚】亨：亨通，奋发通达。意思是，困厄之境，里面同时也存在奋发通达的哲理，所以，越是穷困，越是要有坚强的意志和志向。《欧阳修全集·送黄通之郧乡》

【佛争一炷香，人争一口气】一口气：精神，包含有人的尊严、人格、志气等精神方面的东西。意思是，庙里的菩萨就是为了得到供奉的那一炷香火，人活着，就是为了争得一口气。

【受不得屈，做不得事】意思是，人不要总想什么事都是顺心的，要受得住委屈，不然就做不了事。清朝申居郧《西岩赘语》

【受不得穷，立不得品】立：树立。品：品德。意思是，人吃不得苦，怕艰苦，就树立不了高尚的品德。清朝申居郧《西岩赘语》

【舍不得鞋子打不了狼】意思是，要打到狼，就要不辞辛苦，翻山越岭，登岩爬坡去寻找，就要跑破几双鞋。比喻不付出艰辛，是不会取得成功的。或者说，要有所得，就要有所舍。有说"舍不得孩子打不了狼"是不通的。

【沧海可填山可移，男儿志气当如斯】如斯：就得这样。意思是，男子汉应当有填海移山的志气。宋朝刘过《盱眙行》

【前贤多晚达，莫怕鬓霜侵】晚达：晚年得志，晚年通达、成功。意思是，过去许多贤士都是到了晚年才得志成功的，现在我鬓发斑白，也不怕老了。意即人老了也会有作为的。唐朝方干《感怀》

【将相本无种，男儿当自强】无种：不是天生的。意思是，将相都不是天生的就是将相，是经过学习奋斗才当上的；男子汉要有志气，要为之奋斗努力啊。明朝高明《琵琶记》第十出

【临大节而不可夺志】大节：指生死。夺：改变，放弃。意思是，面对着生死关头，也不能改变志向以换取苟且偷生。《论语·泰伯》

【品卑由于无志，无志由于识低】意思是，品行低劣是由于没

有志气造成的,没有志气是由于没有知识,缺乏知识造成的。所以,人应当受教育,努力学习知识。清朝申居郧《西岩赘语》

【贤而多财则损其志,愚而多财则益其过】意思是,贤良的人财产过多,就会损害他的志向;愚妄的人财产过多,就会增加其过失。《汉书·疏广传》

【剑不可折刃,人不可夺志】意思是,剑折断了刃就不锋利了,人丧失了志气就颓废了。

【浮萍本无根,非水将何依】比喻不能自力,只能依靠别人为生。一旦失去了依靠,就无法生活下去了。晋代付玄《明月篇》

【莫谓功成九仞,一矫便可坠地】莫谓:不要说。九仞:仞,古代长度单位。周朝时八尺为一仞,汉朝时七尺为一仞,东汉时五尺六寸为一仞;九仞表示很高的意思。意思是,不要认为自己的功业很高了,一旦骄傲便一下子就像从高空坠落到地上一样惨。清朝申涵光《靳园进语》:"纵然积恶终身,一悔便是回头;莫谓功成九仞,一骄便可坠地。"

【栽什么树苗结什么果,撒什么种子开什么花】比喻革命后代必然会继承革命前辈的光荣传统和事业。《红灯记》

【靠爹靠娘,不如靠自己】意思是,依靠谁都不行,只有靠自己的努力奋斗才靠得住。

【爹有娘有,不如自己有】有:指有财富。意思是,不能靠爹娘的财富过日子,只有自己创造出财富,用的才方便舒坦。

【豹死留皮,人死留名】意思是,人活着要为死后留个好名声。《新五代史·王彦章传》

【健儿须快马,快马须健儿】意思是,矫健的男子汉须有捷快的骏马,而捷快的骏马只有矫健的男子汉驾驭才能显威风。比喻英雄必须有用武之地。梁代横吹曲辞《折杨柳歌辞》

【渔者走渊,木者走山】渔者:捕鱼的人。木者:砍伐木材的人。意思是,捕鱼的人向深水走去,砍伐木材的人向山上走去。

比喻目的不同，去向也就不同。《淮南子·说林训》

【锐锋产乎钝石，明火炽乎阍木】锐锋：锐利的刀锋。钝石：没有锋的石头。炽：火旺。阍木：阍同暗。没有火的木头。意思是，锐利的刀锋是从没有锋的石头中炼出来的，明亮的大火是从不发光的木头中燃烧产生的。比喻一个人只要肯于磨炼，不怕付出，就能增长才干，发出光和热，有益于人。《抱朴子·广譬》

【登山不以艰险而止，积善不以穷困而怨】意思是，爱登山的人，不要因为艰险而停止攀登，做好事不要因为穷困或什么的而怨恨自己。比喻做事要有坚忍不拔的勇气，克服困难的决心，一切只为目的。《抱朴子·广譬》

【登东山而小鲁，登泰山而小天下】鲁：指春秋战国时期的鲁国。天：指天下。泰山：位于山东省中部，雄伟壮丽，亦称岱山、岱宗。历代帝王登山拜谒，祈求赐福。因此，山中历史古迹很多，是文人墨客趋往之地。意思是，登上东山鸟瞰，觉得鲁地似乎变小了；登上泰山俯视，好像天下也变小了。比喻站得高看得远，胸襟更宽阔了。《孟子》

【癞狗赶不上路，臭猪肠扶不上墙】鄙视埋怨话。比喻自己本身不争气，靠别人帮助支持都无能为力。《红楼梦》第六十八回

【燕雀不知天地之高，坎井之蛙不知江海之大】燕雀：生活在芦苇、草丛中的小鸟。比喻有什么样的实践，对世界就有什么样的认识，也比喻志向决定于生活环境和实践。汉朝桓宽《盐铁论·复古》

【燕雀安知鸿鹄之志】燕雀：生活在芦苇、草丛中的小鸟，比喻志向小的人。鸿鹄：鸟名，即鹄，飞得很高，常用来比喻志向远大的人。比喻胸无大志的人是不了解英雄豪杰的志向的。《史记·陈涉世家》

2. 立志

【一年之计在于春,一生之计在青春】前件比喻后件,说明青春之可贵,应该珍惜青春年华,努力奋斗。

【人有多大胆,地有多高产】1958年“大跃进”时期的豪言壮语。缺乏科学态度,把精神作用夸大到唯心的程度,造成了“亩产十万斤”的浮夸风,影响很坏。

【人生自古谁无死,留取丹心照汗青】留取:留得,留住。丹心:一颗为国为民族的赤诚之心。汗青:青史,史册。意思是,人总是要死的,但是要死得像泰山一样重,把一颗为国为民族的赤诚之心留给青史,光照千秋。宋朝文天祥《过零丁洋》

【方向选反,愈走愈远】意思是,干任何事首先目标方向要正确,否则事与愿违。

【方向对头,一步一层楼】意思是,方向目标正确,且过程顺利,速度就很快。

【大江来自万山中】大江:长江。比喻英雄或领袖人物是从群众中来的,是经过千难万险的磨砺搏击中成长起来的。明朝高启《登金陵雨花台望大江》:“大江来从万山中,山势尽与江流东。”

【太上立德,其次立言】太上:最上一等的人。意思是,最上一等的人在德行上有成就,次一等的人在著书立说上有成就。南朝梁代刘勰《文心雕龙·诸子》

【丈夫志四海,万里犹比邻】四海:指全国各地。犹:如,同。意思是,有志气的有作为的男子汉,不死守故里小天地,国家哪里需要,就到哪里工作,哪怕离家万里,就同邻居一样。三国魏曹植《赠白马王彪》

【上山能打虎,下海能捉鳖】豪言壮语,意思是什么困难都不怕,什么任务都能完成。

【巾帼不让须眉】巾帼:古代妇女的头巾和发饰,借指妇女,尤指妇女中的杰出人物或女中豪杰。须眉:胡须和眉毛,指男子。意思是,女中豪杰不比男子差,男子能做的事,女子也能做到。也比喻妇女追求与男子平等的社会地位。

【乞火不若取燧,寄汲不若凿井】乞:讨,借。不若:还不如。燧:古代的取火器。如火镰刀,里面放一已烧焦的黄纸捻,把火镰刀在石片上擦几下,纸捻被引着。取出纸捻口吹一下,便烧出火苗,用它点火即可。寄汲:到别人家水井里汲水。意思是,与其向人乞讨火种,不如自己取燧钻火,与其到别人家井里去汲水,不如自己家里打一口井。比喻凡事都要自力更生,不要依靠别人。《淮南子·览冥训》

【立身之道,非求备于人】意思是,立身的根本方法,要靠自己的主观努力,而不能靠求备于人。宋朝林逋《省心录》

【立身有高节,满卷多好诗】意思是,立身要有高尚的节操,如同满卷都是好诗一样。唐朝顾况《哭从兄苌》

【立身成败,在于所染】意思是,立身的成功或者失败,决定于周围环境的影响。强调外因的重要,但根本的还在内因。唐朝魏征《十渐不克终疏》

【立志言为本,修身行乃先】意思是,立志以自己所说的为根本,但首先要落实到行动中,修养好自己的品德。唐朝吴叔达《言行相顾》

【立志不可不早,非为暮年可宽】意思是,立志要早,从青少年就开始,不是等到晚年可以宽慰的事。清朝申涵光《荆园进语》

【立身存笃信,景行胜将金】笃信:忠实的信仰。景行:高尚的品行。将:拿。意思是,要牢固树立立身的忠实信仰,培养高尚的品行,有了高尚的信仰和品行,胜过有了黄金。唐朝王梵志《全唐诗补逸》

【不到长城非好汉】长城：中国万里长城。非：不是。好汉：英雄，男子汉。毛泽东《清平乐·六盘山》："天高云淡，望断南飞雁。不到长城非好汉，屈指行成二万。"表示大无畏的一往无前的不达目的不罢休的革命英雄气概。

【不祈多积，多文以为富】意思是，不祈求积累很多钱财，而以博识多才为富有。《礼记·儒行》

【宁为鸡口，不为牛后】鸡口：鸡嘴。牛后：牛肛门。意思是，宁愿成为鸡嘴，虽然小，但洁净自主，而不做牛的肛门，因为虽然大，但又臭又不自主。比喻宁可做个有职有权的小官，有自主权，而不做大而无自主权的空官。但正职只有一个，"牛后"做得好，也可以左右正职。《战国策·韩策》

【生当作人杰，死亦为鬼雄】意思是，活着要做人中英雄豪杰，死了也要成为英雄。表示为国捐躯，忠心报国的豪迈英雄气概。宋朝李清照《乌江》："生当作人杰，死亦为鬼雄。至今思项羽，不肯过江东。"

【老骥思千里，饥鹰待一呼】老骥：衰老的千里马。意思是，衰老的千里马总在想着驰骋千里，壮志不减；饥饿的雄鹰正等待着主人的一声令下，展翅苍穹，奋勇捕猎。比喻英雄豪杰不管是自己已经进入暮年，还是遇到不公正的对待，仍不改变雄心壮志，忠心报国的高尚品质。《诗人玉屑》卷四

【老骥伏枥，志在千里】老骥：衰老的千里马。枥：马厩，马槽。马伏于槽厩，关在马厩里饲养。意思是，千里马虽然已经衰老了，还伏于槽厩里饲养着，但它仍旧怀着驰骋千里的远大志向。比喻有远大志向的人，虽然老了，雄心依旧在，矢志不移。三国魏曹操《步出夏门行·龟虽寿》："老骥伏枥，志在千里，烈士暮年，壮心不已。"

【各奉其主，各有其志】意思是，你选择了你愿意侍奉的主子，我选择了我愿意侍奉的主子，各有各的志向，谁也不强迫谁。

【任重而道远】任:责任,任务。道:要走的路程。意思是,责任重大,要走的路程还很远,要不断坚持努力奋斗。《论语·泰伯》载曾子语:“士不可以不弘毅,任重而道远。”

【好男儿志在四方】意思是,有志气有抱负的青年,应该到国家需要的地方去奋斗,不应只守在家门口。明朝冯梦龙《东周列国志》第二十五回:“男子志在四方。”

【男儿殉大义,立节不沽名】意思是,男子汉献身伟大的正义事业,立这样的志向,并不是为了沽名钓誉,而是要忠心报国。唐朝聂夷中《胡无人行》

【把贫油国的帽子扔到太平洋去】石油战线大庆人王进喜语。西方人妄断中国是“贫油国”,对中国进行石油禁运,企图阻止中国的发展。王进喜针对这一胡言和帝国主义的封锁,发出这一豪言壮语,并力行实践。表现出中华民族的英雄气概。

【鸡毛也能飞上天】与“鸡毛不能上天”相对。比喻农民虽然穷困,缺乏知识和资金,但也能干出惊天动地,前无古人的大事业。

【身贫志不贫】同“人穷志不穷”。《野人清啸》卷上

【虎瘦雄心在,人贫志气存】意思是,英雄豪杰在身处绝境或困顿的时候,也绝不丧失雄心壮志。元朝万松老人《从容录》

【高不成低不就,翘棍打蛇无一头】翘棍:弯曲的木棍。意思是,没有真才实学,还眼高手低,大事干不了,小事又不愿做,就像一根弯曲的木棍打蛇,哪一头也不行。

【骐骥坠地思千里】骐骥:良马,一日可驰千里。坠地:生下来。比喻人从小就要树立雄心壮志。宋朝黄庭坚《再次韵寄子由》

3. 矢志

【三军可夺帅，匹夫不可夺志】三军：古代对军队的统称。春秋时大多设中军、上军、下军。现代三军指海军、陆军、空军。匹夫：指普通平民。意思是，人的意志是任何外在强大力量也动摇不了的。《论语·雍也》载孔子语：“三军可夺帅也，匹夫不可夺志也。”

【三冬打柴一灶烧】三冬：三个冬季，或三年。比喻某件事，需要准备和做的时间长而又艰巨，但为的就是这么一次效果。

【才由天资，学慎始习】意思是，人的才气由于天资不同，所以在开始学习时就要慎重。南朝梁代刘勰《文心雕龙·体性》

【小水长流，则能穿石】比喻只要持之以恒，就能成功。清朝翟灏《通俗篇·地理》

【小不忍则乱大谋】小不忍：指对小事不能忍耐。乱：败坏，扰乱。大谋：大事，大的谋略。意思是，对小事不能忍耐，就会败坏大事。《论语·卫灵公》载孔子语。

【不撞南墙不回头】意思是固执，听不进劝告，失败了也不认输。

【不见棺材不掉泪】意思是固执，失败了也不认输，不认错。也说“不见棺材不下泪”、“不见棺材不落泪”、“不见棺材不流泪”。

【不到黄河心不死】通常表示决心，即不达目的不罢休。也说“不到乌江心不死”、“不到乌江不尽头”。

【天若无霜雪，青松不如草】比喻正是有艰难考验，才能显出英雄的本色。《诗人玉屑·唐备诗》

【天下无难事，在乎人为之】意思是，天下没有难事，其所以

说难,完全在乎人怎么干。《有志》

【天下无难事,只要肯登攀】意思是,只要有雄心壮志,有决心信心,不怕困难,什么事都会办成。

【天下若无难走路,世间哪个不成仙】意思是,人生就是从艰难险阻中过来的,所以所谓"成仙"者总是极少数。清朝袁枚《随园诗话补遗》卷九

【心坚石也穿】意思是,做事只要决心坚定不动摇,再大的困难也能克服,事情一定会成功。

【心如铁石,气若风云】意思是,意志坚定,斗志旺盛,不可抵挡。唐朝杨炯《唐右将军魏哲神道碑》

【心治则百节皆安,心扰则百节皆乱】心治:心情安定。心扰:心清扰乱不安宁。节:事项。意思是,思想安定下来了,做什么事都能静心地去做,心情被扰动不安,脑子就乱成一团乱麻,干什么都烦躁不安。《淮南子·缪称训》

【心诚则成,心疑则枉】枉:不正,行为不合正道或违法典断。意思是,诚心地办事就会成功,心思不正就会把事办坏。

【仁者不忧,知者不惑,勇者不惧】知:同"智"。意思是,仁德的人不忧愁,聪明的人不迷惑,勇敢的人无所畏惧。《论语·宪问》

【立不更名,坐不改姓】意思是,光明正大,无所畏惧。表示一种一身正气的豪迈气概。元朝无名氏杂剧《谢金吾三·焦赞白》

【石油工人一声吼,地球也要抖三抖】大庆油田工人豪言壮语。表示中国石油工人的英雄气魄和战天斗地的伟大力量。

【石可破而不可夺坚,士可杀而不可夺气】意思是,石头可以被打成碎块,但是并不能改变它坚硬的性质,仁人志士可以杀死,但绝不能改变他的为国为民的气节。比喻气节高尚的人宁死也不会改变高尚的气节。《吕氏春秋·诚廉》:"石可破也,不可夺

坚;丹可磨也,不可夺其赤。”

【世上无难事,只怕有心人】意思是,只要留心去认真地做,世界上什么事情都可以做到。

【世上无难事,只要肯登攀】意思是,世界上的事情只要敢于去做,就像登山一样不怕困难,就能办到。

【冬天既然已到,春天就不远了】比喻逆境、困难来临之时,也就是顺利(胜利)希望即将到来之日。在困难时树立必胜的坚强信念。

【水滴石穿,绳锯木断】石头比水硬,木头比绳子硬。可是,日久天长,柔软的水能把坚硬的石头滴穿,绵软的绳索能把木头锯断。比喻只要下苦功,持之以恒,就能把知识或技艺学到手。或者,把艰巨的任务完成。

【宁吃笑脸粥,不吃哭脸肉】意思是,宁可受穷,也不拿人格受辱去换取别人的恩赐。比喻人格尊严比什么都珍贵。

【老汉不减当年勇】意思是,人虽然老了,但仍保持着青年时代的那种旺盛的斗志和精神。

【岁月飘忽,性灵不居】意思是,时间飞快地过去,人的才智不能永存。南朝梁代刘勰《文心雕龙·序志》

【行之苟有恒,久久自芬芳】意思是,如果持之以恒,坚持不懈地奋斗,时间长了,自然就有了名气。汉朝崔瑗《座右铭》

【行百里者半九十】意思是,走一百里路,走完了九十里才算走完了一半,最后十里路顶得上九十里路的艰辛。通常比喻做事接近尾声更累更艰苦更重要。《战国策·秦策五》引古语

【任凭风浪起,稳坐钓鱼台】比喻地位稳固,不管发生什么样的政治风浪,都动摇不了他的地位。也比喻决心坚定,不为外在因素所动摇,或者别人触动不了他。

【竹老低头,人老认头】意思是,竹子老了,竹梢就会低垂下来;人老了,刚性就没有了,对一切事情无能为力,没有办法,不过

问了。比喻意志衰退了。

【好男不吃分家饭,好女不穿嫁时衣】意思同“好男不吃婚时饭,好女不穿嫁时衣。”意思是,有志气的男、女青年自己奋斗创业,不依靠父母,不当啃老族。《儒林外史》第十一回

【好马不吃回头草】比喻有志气的人有强烈的自尊心,做事一往无前,不反悔,不退却,不乞求别人的恩惠。

【好汉不怕出身低】社会上,看一个人往往很看重其出身,势利眼,这是一种弊病。人的一切行为能力首先取决于他自己,与出身没有关系。因此,出身低不自贱自惭,就是好汉。清朝文康《儿女英雄传》第十一回

【穷且亦坚,不堕青云之志】青云之志:志向高远。意思是,越是穷困,越要坚定信念,不丧失远大的志向。唐朝王勃《滕王阁序》

【困难像弹簧,看你强不强;你强它就弱,你若它就强】意思是,困难这东西,欺弱怕强,如果你意志坚强,你就能压倒它,战胜它;如果你意志软弱,害怕它,它就能压倒你,让你一无所为。

【秃子头上的毛,它不长我也不想】意思是,希望已经不可能。表示灰心丧气。

【男儿屈穷心不穷,枯荣不等嗔天公】屈:屈辱,困境。嗔:责怪,埋怨。意思是,男子汉身处屈辱困厄之境,仍然胸怀壮志,不怨天尤人。唐朝李贺《野歌》

【男儿两行泪,不欲等闲垂】意思是,男子汉意志坚强,不是轻易就流泪的。唐朝杜荀鹤《送人游江南》

【男儿到死心如铁】意思是,男子汉意志坚强,不怕牺牲,到死心也像铁一样坚强。宋朝辛弃疾《贺新郎·同文见和,再用前韵》

【男儿出门志,不独为谋身】意思是,男人走出家门远奔异国他乡,其目的并不是单为自身谋生,是为了实现远大志向。唐朝

杜荀鹤《秋宿山馆》

【明知山有虎，偏向虎山行】 比喻不畏艰险，不怕困难，勇挑重担。

【贫贱不能移】 移：改变。意思是，即使处境贫困，地位低下，也决不改变志向和节操。《孟子·滕文公下》："富贵不能淫，贫贱不能移，威武不能屈，此之谓大丈夫。"

【神衰鬼弄人】 神：指精神。意思是，人的精神垮了，就连鬼都来戏弄你。清朝王有光《吴下谚联》卷一

【蚂蚁啃骨头，人众泰山移】 比喻不怕困难，敢于干艰巨的事。还比喻用小机具、简单设备生产大型产品、高端产品的办法。也比喻人多势众，团结心齐克服困难，什么大事都可以干。

【响当当一粒铜豌豆】 比喻顽强不屈。元朝关汉卿《一枝花·不伏(服)老》："我是个蒸不烂、煮不熟、捶不扁、炒不爆、响当当一粒铜豌豆。"

【斫梓染丝，功在初化，器成采定，难可翻移】 斫：砍，砍木头做工具。梓：木梓树材。采：彩，颜色。意思是，砍木头做木器，染丝绸，效果好不好，首先在开头。如果开头没有弄好，等到木器制成，色彩染就，就难以改变了。比喻学习开头认真对学习起决定性的作用。南朝梁代刘勰《文心雕龙·体性》

【胆小鬼是上不了战场的】 胆小鬼：指怕事，怕死。意思是，没有胆量什么事情都干不了，什么出息都没有。

【锲而舍之，朽木不折；锲而不舍，金石可镂】 意思是，做事不能坚持，半途而废，就是腐朽的木头也折不断；如果持之以恒，坚持不懈，金石也可以雕刻成功。《荀子·劝学》

【雄鸡一唱天下白】 天下白：天亮了。比喻坚信未来是光明的信念。也说"雄鸡一声天下白"。唐朝李贺《致酒行》

【除非长江水倒流】 比喻不可能的事，也比喻决心不可改变。

【除非太阳从西边起】 起：升起。意思同"除非长江水倒流"。

【化人之心固甚难,自化之心更不易】化:改造。心:思想。自化:自我改造。意思是,要转变别人的思想固然很难,自我进行思想改造就更不容易。唐朝吴融《赠广利大师歌》

【少尝苦曰苦,多尝苦曰甘】意思是,尝到苦头少的人,有点苦就叫苦,备尝苦头的人遇到苦就不觉得苦,吃点苦反而觉得甜。比喻未经过锻炼的人怕苦怕累,经过艰苦锻炼的人能吃苦耐劳。《墨子·非攻上》

【水破碍通于海,人破碍达于志】破碍:破除障碍。意思是,水冲破千山万壁的障碍,最终通向了大海;同样的道理,人只要克服了千难万险的困难,就能实现自己的理想和志向。

【石以砥砺,化钝为利】砥砺:磨砺。利:锋利。意思是,用石头磨砺,可以把钝器磨成锋利的锐器。比喻人只有经过磨炼,才能成为有作为的人才。唐朝刘禹锡《砥石赋并序》

【成人不自在,自在不成人】成人:成为德才兼备的有为之人。自在:自由自在,闲散放荡。意思是,要成为德才兼备的有为之人,就不能自由自在,闲散放荡。反之,就不可能成为一个德才兼备的有为之人。《红楼梦》第八十二回

【志不求易,事不避难】意思是,立志不能贪求轻易实现,做事不能回避困难。《后汉书·虞诩列传》

【但教方寸无诸恶,虎狼丛中也立身】方寸:心,思想。虎狼丛:指恶势力集中的地方。意思是,只要自己心灵里对别人没那么多恶感,就是生活在虎狼之中也能安身立命。但是,别忘了,虎狼就是虎狼,虎狼是不在乎你对他有无恶感的,除非跟他们同流合污。五代冯道《偶作》

【要做人上人,先吃苦中苦】意思是,只有吃得常人受不了的苦,才能成为超人一等的人。

【响不辞声,鉴不辞形】响:声音。鉴:镜子。意思是,响动不害怕声音,镜子不害怕照进形影。比喻既然选择了这个职业,就

不厌烦本职工作。汉朝刘向《说苑·杂言》

【欲胜人者,必先自胜】意思是,要战胜别人,必须首先战胜自己。《格言联璧·接物》

【素坚冰孽心,洁立保坚贞】素:清淡的生活。冰孽:苦寒清贫。洁:廉洁。意思是,过着清贫的生活,可以坚定一个人能过苦寒清贫生活的心志,保持廉洁可以使人牢固树立坚贞的信念。唐朝刘言史《初下东周赠孟郊》

【梅花香自苦寒来】梅花在早春开放,天气尚寒,甚至还下着雪,所以说是从苦寒来。通常比喻从艰苦奋斗中取得的成就,倍受人赞赏。

【越过坎坷便是坦途】坎坷:高低不平。坦途:平坦宽广的大道。比喻挨过了困难不顺利的时期,到达顺利发展时期。

【强志足以成务,博见足以穷理】意思是,有坚强的意志就能够完成任务,有渊博的见识就能够把道理说得透彻。南朝梁代刘勰《文心雕龙·奏启》

【霜重菊更黄,金甲独占鳌】菊花在所有花中凋谢得最晚,晚秋时万花纷谢,独有菊花满山。虽然菊叶被重霜侵袭枯萎,但菊花仍亭亭玉立怒放,且色更深更美更香。比喻人到老年意志更坚强。

【霜中能作花,露中能作实】意思是,梅花能在霜雪中开花,能在寒露时节结果实。比喻有高尚道德情操的人,能在艰难困苦中做出常人难以做出的成绩。鲍照《梅花落》

4. 砺志

【一步一个脚印】比喻做事扎实。

【一不做二不休】休:休止。意思是,既然事情已经开始了,就索性干到底。含有大丈夫处世,不怕担风险,不反悔,一往无前之气概。

【一线希望,百倍争取】 意思是,对成功希望很小的事,也要尽一切努力去争取成功。

【人生难得一次搏】 搏:拼搏。中国女排运动员郎平语。意思是,人活一生难得有一次拼搏的机会。她们用拼搏的精神连获五次世界女排冠军,表现了中国女排巾帼英雄的伟大气概。

【人挪活树挪死】 挪:挪动位置。反证法。意思是,人在一个地方待久了,容易形成成见,被成见看死,同时有陈旧感,疲劳感,积极性容易被抑制。挪个地方,双方都有新鲜感,没有成见,容易发现特长和才干,容易激发积极性和创造性。但是,挪动不可过于频繁,那样难于积累成绩经验,难于凝聚人气。

【人生万事皆有缘】 缘:缘分。意思是,人一生中遇到的一切事情都是命中注定的机遇,不可回避。

【人算不如天算】 天算:指客观规律不可逾越。意思是,人无论怎么精细谋划,也不能违背事物的客观规律,违背了事物客观规律就必然失败。

【人要倒霉,喝凉水都硌牙】 意思是,人在背气时,做什么都不顺利。

【人要倒霉,放屁都砸脚后跟】 极言不顺利,自己对自己都过不去。

【人要走运,放屁都是香的】 讥讽语。比喻人在运气好时,一顺百顺,周围捧场奉承、抬轿拍马的粉丝避都避不开,甚至连错误丑陋都得到赞赏。

【人要行时,放屁都是香的】 意思同"人要走运,放屁都是香的"。

【人间桑海朝朝变,莫遣佳期更后期】 意思是,人世间的变化是无穷无尽的,应该珍惜大好时机,不要错过机遇。

【人该顺时,不可逆时】 意思是,人应该顺应时代的潮流,做弄潮儿,但不可趋附时尚,做浪面浮渣。清朝申居郧《西岩赘语》

【十年磨一剑】 比喻掌握一种精熟技能需要长期磨炼。唐朝贾岛《剑客》:“十年磨一剑,霜刀未曾试。今日把示君,谁有不平事?”

【三长难救一短,三勤难补一懒】 意思是,三个长处难救助一个短处,三个勤快人弥补不了一个懒人。缺点和懒惰要靠自己克服,别人很难帮助。清朝牛树梅《天谷老人小儿语补》

【大海凭鱼跃,长空任鸟飞】 从:听凭。任:任意。比喻施展才华的前景无限广阔,任凭施展。《唐诗纪事》

【山中无老虎,猴子称大王】 老虎有兽中之王的美称,猴子有兽中精灵的美名。所以,山中没有老虎,猴子就成了“大王”。比喻没有合适人选,暂时选一个顶替领导行使领导职权,或者被推上领导岗位的自谦之语。

【天不灭曹】 曹:指曹操。意思是,曹操几次军败,被擒,但均脱险未死,这是天意。比喻天意所定,或者命该这样。

【天晴不肯走,只待雨淋头】 比喻不识时务自讨苦吃。明朝许仲琳《封神演义》第三十三回

【天马行空,独来独往】 天马:神马。比喻杰出英雄豪杰。行空:腾空飞行。意思是,神马在天空来去自由飞行。比喻英雄豪杰人物的行踪自由,不受任何约束。元朝刘廷振《萨天锡诗集序》:“天马行空而步骤不凡。”

【无人柳自春】 比喻无事追求反而成功,即所做之事合乎时宜。唐朝李贺《经沙苑》

【为山九仞,功亏一篑】 仞:古代计量长度单位。一仞周制为八尺,汉制为七尺,东汉末为五尺六寸。篑:盛土的筐。意思是,堆九仞高的山,因只差一筐土而不能完成。比喻做事不能善始善终,留个小尾巴而影响全局。《尚书·旅獒》

【手气不如运气，运气不如实际】手气：现实出现在面前的客观情况。运气：唯心主义指命运，唯物主义指机遇。通常表现为极大的偶然性，故有神秘感。但任何偶然来自必然，只是因为藏秘深而复杂且在随机变化情况下而变化，所以，几乎是不可预测不可把握，人们便有了唯心解释。

【功到自然成】意思是该做的都做了，事情自然就成功了。《西游记》第三十六回

【功夫不负有心人】意思是，只要用心认真去做，付出了心血，确实下了功夫，就一定会取得好的效果。

【世路风霜，炼心之境】风霜：艰险，困难。境：环境，境况。意思是，人生之路，充满艰险和困难，这没有什么不好，它是锤炼人的精神意志的熔炉。《格言联璧·存养》

【过五关斩六将】原指三国蜀将关羽从曹营出来，单枪匹马接连闯过五道关口，斩了六员大将的故事。后用以比喻克服重重困难和障碍。

【平沙利马足，惊飚宜鹰翰】平沙：一望无际的沙漠。惊飚：狂风。翰：羽毛。意思是，一望无际的沙漠，正有利于骏马的驰骋，狂劲的风暴正适宜于雄鹰的搏击。比喻英雄有了用武之地，英雄的本色就是在极端恶劣的环境中体现出来。明朝屈大均《别王二丈予安》

【出处全在人，路亦无通塞】出处：进或退的地方，出路。意思是，天无绝人之路，出路全在个人的主观努力。这样，哪条道路都是通畅的，干什么都行。唐朝聂夷中《行路难》

【失意人逢失意事】失意：不得志。意思是，不得志时就会遇到不得志的事。《红楼梦》第八十七回

【宁向直中取，不向曲中求】意思是，宁可直说喜欢、需要，而不能转弯抹角去哀求。《憎广》

【宁撞金钟一下，不打破鼓三千】比喻宁可在权威面前冒一

次险有把握实现目的，而不找有权不解决问题的人白费精力。《红楼梦》第七十二回

【为者常成，行者常至】 意思是，敢于实践，肯于去做的人，常常获得成功；不断往前走的人，总会到达目的地。比喻志向是在努力实践中实现的。汉朝刘向《说苑·说丛》

【火烧眉毛顾眼前】 意思是，眼前的问题刻不容缓，必须立即解决，无暇顾及长远或别的事了。

【出师未捷身先死】 诸葛亮写了《出师表》后，还没有来得及执行贯彻，就去世了。后人深为悲伤叹息。杜甫为此著七律诗《蜀相》："三顾频繁天下计，两朝开济老臣心，出师未捷身先死，长使英雄泪满襟。"

【出门即有碍，谁谓天地宽】 碍：阻碍，障碍。谓：说。意思是，都说天地很宽，可出门就有障碍，天地宽吗？比喻干任何事都不是一帆风顺，都会遇到障碍，有困难这很自然。《唐诗纪事》卷三十五

【过了这个村，没了那个店】 比喻机会不能放过，放过了就失去这个机会了。

【有心栽花花不发，无心插柳柳成荫】 比喻有些事专门精心地去做还做不成，而有些事无意中随便做，反而做成了，还很好。比喻任何事都有它的规律，遵循事物的规律去做就自然会成功，否则，无论怎么用心做也会失败。

【识时务者为俊杰】 时务：当前的重大事情或客观形势。俊杰：英雄，才能出众的人。意思是，能认识并能按照当前的潮流和客观形势行事的人，是才能出众的英雄。清朝程允升《幼学琼林·人事》："识时务者为俊杰，昧先机者非明哲。"

【行远道者假于车，济江海者因于舟】 意思是，走远路的人要依靠车子，渡江过海的人要借助于船。比喻做任何事情要具备必要的条件。汉朝桓宽《盐铁论·贫富》

【扶不起来的臭猪肠】 比喻一个人或一个单位,已经完全失去了信心和意志,无论怎样帮助支持,也好不起来。

【好风凭借力,送我上青云】 意思是,借着风的力量,飞上碧蓝的云天。借喻凭靠后台势力,青云直上,一步登天做大官。《红楼梦》第七十回

【此一时,彼一时】 意思是情况完全变了,不是那个时候了,还那样做已经行不通了,不灵了。

【条条道路通罗马】 罗马:地名,意大利城市。比喻无论干哪一行,只要脚踏实地去做都是有出路的。

【条条道路通北京】 含意与"条条道路通罗马"同。

【舟循川则游速,人顺路则不迷】 舟:船。川:河流。意思是,船顺流航行速度就快,人顺着路走,就不会迷失方向。比喻人随着历史发展的方向前进就会顺利。《意林·唐子》

【得时者昌,失时者亡】 时:时机。意思是,得到了时机就会昌盛,失去了时机就要消亡。《列子·说符》

【海阔凭鱼跃,天高任鸟飞】 含意与"大海从鱼跃,长空任鸟飞"相同。《西游记》第八十三回

【浮萍草,飘来飘去无着落】 比喻没有立足根基,就无法立身社会,成为社会上的游子。《白雪遗音·纸糊栏杆》

【到什么山唱什么歌,见什么人说什么话】 比喻在不同的地方与不同的人,说话办事都要有区别,要根据实际情况,注意方式方法。也比喻圆滑不实在。

【苦海无边,回头是岸】 佛教语。意思是,不要做坏事,那会有吃不尽的苦头,没有出路。只有回心转意不做坏事了,才能脱离苦难,有出路。

【神仙本是凡人做,只为凡人不肯修】 意思是,所谓神仙,其实都是有血有肉的普通人,只是因为人们不愿意修炼才当不了神仙。比喻普通人只要肯努力攀登,也会成为不平凡的人。冯梦龙

《醒世恒言·李道人独步云门》

【趁热打铁,见好就收】 比喻做事要看形势,抓住机会,做好就可以,适可而止。

【踏破铁鞋无觅处,得来全不费功夫】 觅:寻找。意思是,专心有意费了很多时间得不到,无意之中没费功夫反而得到了。比喻事物的偶然性。《水浒传》第三十六回

【越是艰险越向前】 意思是,越是艰难险阻越要奋勇前进。京剧《智取威虎山》

十二、思想境界

1. 公私

【一人吃饱,全家不饿】 俏皮话。意思是,家里就他一个人,含有无忧无虑之意。

【人非圣贤,孰能无过】 圣贤:圣人、贤人、神仙。孰能:谁能。意思是,人不是神仙,谁都可能有过错,即过错难免。《训俗遗规》卷三。

【人怕出名猪怕壮】 意思是,人出名了,知道的人就多了,注意的人也多了,做人更难了;猪壮了就要宰了吃肉,它就活不成了。所以怕。

【人过留名,雁过留声】 意思是,人应该有荣誉感,多做好事,离开那个地方后,要留下好的名声。

【人为钱死,鸟为食亡】 比喻人为了钱财就如同鸟得到食物一样拼命。

【人毁其满,神疾其邪】 意思是,人一旦骄傲自满就会失败,精神一不正就会错乱。《后汉书·蔡邕列传》

【人不为己,天诛地灭】 意思是,人是自私的,这是永远改变不了的。人有自然属性和社会属性的双重属性,作为自然属性,他同任何生物一样,必须满足其必须的生存条件,作为社会属性,他要受整个社会的制约。同时,人又要追求超越自然属性的更高层次的社会利益和享受。这正是人不同于动物的一个重大特征,也是人类不断进步的内在动力。人的这种特点,是不能用一个"为己"的词自责的。

【人之贪莫过于酒色财气】意思是,嗜酒、好色、贪财、逞气,是人最贪得的,这四样东西使英雄好汉败北、丧命甚至亡国。害处如此之大,可是人仍贪之不舍。

【人之恨莫过于国耻家仇】意思是,国家被侵略蹂躏,亲人被人奸淫,杀害这样的国耻家仇,是最大不过的仇恨。

【人之敬于德,崇于业,诚于信,佩于廉,叹于俭】意思是,人最敬重的是高尚的品德,最崇尚的是事业,最诚服的是讲信用,最佩服的是廉洁,最赞叹的是勤俭。这是人的五优。

【人之不幸,莫过于自足】自足:自我满足,自以为了不起。意思是,人的这种自我满足的心理是人的最大的不幸。明朝方孝儒《侯城杂诫》

【人之不幸,莫过于自悲】意思是,人的自悲感是一种不自信,自己看不起自己,从而一蹶不振,这是很不幸的。

【人心不满百,常怀千岁忧】千岁:过世以后。意思是,人的欲望要求没有满足的时候,活着时还要忧虑死后的事。《朝乐府古辞·古乐府》

【人心不足蛇吞象】比喻人很贪心,永远不会满足,如同蛇妄图吞掉一头大象一样贪婪。明朝冯梦龙《警世通言·桂员外途穷忏悔》

【人苦不自知其过】意思是,人最不幸之事,是不知道自己的过错。《唐太宗纪》

【下下人有上上智】下下人:指劳动人民。意思是,劳动人民有无穷的智慧,最高的智慧。《六祖法宝坛经·行由》

【凡人之情,穷则思变】凡:只要是。穷:穷尽。意思是,只要是人,都有一个共同的情结,到了没有办法,无路可走时,就要设

法改变这个现状,这是人的生存本性。《资治通鉴·唐纪》

【干事越多错误越多,干事越大错误越大】牢骚话。意思是,还是消极点,少干点或不干事为好,不犯错误。客观上,干的事多,相应错误可能就多,干的事大,一旦出差错,自然错误就大,这是很自然的。但是,不干事本身就是一个大错误。关键是错误的性质及其对错误的认识和处理方式方法是否恰当正确。

【干不干,三顿饭】"吃大锅饭"时代,由于不能体现按劳分配,人们劳动无积极性,认为干不干都有饭吃,都一样。

【三过其门而不入】意思是,夏禹为了治水害,曾三次从自己家门路过,都没有回家看一眼。现在引申为公而忘私。《孟子·离娄下》

【个人主义是万恶之源】个人主义:与集体主义相对,一切只从个人出发,把个人利益放在集体利益之上,只顾自己完全不顾别人和整体利益的错误思想及其行为。它是生产资料私有制的产物,是资产阶级世界观的核心。它的表现形式是多方面的,如个人英雄主义、自由主义、本位主义、宗派主义等。但集中到一点,就是极端的自私狭隘,一旦私心膨胀,就失去理智,干出有损集体、他人,最终有损自己的蠢事。所以,说它是万恶的根源。

【小车不倒只管推】北京市大兴区大队长王国富语。意思是,只要是为了集体利益,只要还活着,就奋斗不息。即生命不止,战斗不息的彻底革命精神。

【公说公有理,婆说婆有理】意思是,各强调各的理,谁也不服谁。

【公则四通八达,私则一偏向隅】隅:墙角落。意思是,处以公心办事,到哪里都行得通,出以私心办事,到哪里都要碰壁。《薛文清公读书录·体验》

【公生明,私生暗】公:公正无私。明:明察,透明。暗:昏暗,不敢公开。意思是,办事公正无私,就会公开透明;如果为私,就会暗箱操作，昏暗不清，不敢公开。

【见善若惊，嫉恶如仇】 意思是，见到好人好事，就惊喜交加。这样的人，憎恨坏人坏事就如同仇敌一样。汉朝孔融《荐祢衡表》

【气血之怒不可有，理义之怒不可无】 意思是，为个人的意气发怒，不应当有，而为真理、大原则问题发怒，却是不可无的。《史典·愿体集》

【为他人作嫁衣裳】 意思是，自己辛辛苦苦，什么也得不到，为别人劳动。唐朝秦韬玉《贫女》："苦恨年年压金钱，为他人作嫁衣裳。"

【为谁辛苦为谁甜】 意思是，蜜蜂每天辛辛苦苦地采集花粉酿成蜜糖，不知谁来享受。比喻劳动人民辛勤耕耘，却得不到自己的劳动成果。唐朝罗隐《蜂》："采得百花成蜜后，为谁辛苦为谁忙。"

【日日知非，日日改过】 意思是，每天要知道自己的过错和不对的地方，每天要改正过错。《琼琚佩语·修己》

【无功不受禄】 功：功劳。禄：俸禄。意思是，没有功劳，不能收受俸禄。现在多表示没有干什么事，不应该享受酬劳。多为谦谢之意。

【无功便是过，无为便是错】 功：功绩，成绩。便：就。过：过失，过错。为：作为。意思是，工作没有取得应有的成绩，就是过错；职责范围内的应该做的事没有做，就是错误。

【义动君子，利动贪人】 意思是，正义高尚的事能够感动高尚的人，一有利可图就会触动贪心之徒。《后汉书·班固列传》

【以己之心，度人之心】 意思是，用自己的低级龌龊的想法，去揣测别人的思想和想法让别人也跟他一样卑鄙。朱熹《四书集注·中庸十三章》注语

【不为他人作嫁衣裳】 与"为他人作嫁衣裳"相对。意思是，不为他人劳动付出。

【不忧一家寒,所忧四海饥】一家:指自己家。四海:指全国。意思是,我不忧虑自己一家人受冻,而最忧虑的是全国父老乡亲受冻挨饿。清朝魏源《偶然吟》

【不能受谏,安能谏人】意思是,不能接受别人的意见,怎么能够向别人(皇帝)提批评意见呢?清朝钱大昕《驾斋养新录·通鉴多采善言》

【不能胜寸心,安能胜苍穹】意思是,连自己的心思都战胜不了,怎么能战胜苍天呢?清朝龚自珍《丁亥·自春徂秋,偶有所触,拉杂之,漫不诠之,得十五首》

【少欲觉身轻】意思是,私欲少,就感觉一身轻松。清朝黄宗羲《明儒学案》

【手插鱼篮,避不得腥】意思是,手插进装鱼的竹篮,很难避免沾上鱼腥味。比喻身在其岗,要避免不占不义之便宜很难。《西游记》第八十六回

【双瞳如豆,一叶迷山】意思是,两只眼睛像豆子那么大,一片树叶就把眼睛遮住了,什么也看不见了。比喻眼光短小,被细小的东西迷惑住,看不见大局和主流。清朝蒲松龄《聊斋志异·高序》

【水避碍则通于海,君子避碍则达于理】意思是,水绕开了障碍,就能通入大海,高尚的人绕开了障碍,就能通达事理。汉朝杨雄《法言·君子》

【水背源而流竭,木无根而不长】背源:离开源头。竭:干涸,枯竭。意思是,水离开了源头,就要干涸,树木没有根就不能生长。比喻人不能忘本,不能忘恩负义。《北唐书钞》

【去得一分己私,便是一分圣学】圣学:圣人的学问。意思是,能消除一分私,就实践了一分圣人的学问。明朝高拱《本语》卷三

【宁直毋媚,宁介毋通,宁恬毋竞】毋:不。媚:谄媚奉承。

介:耿直。通:亨通。恬:恬淡。竞:竞争,指争权夺利。意思是,宁可做个正直的人,也不做谄媚奉承的人;宁可做个耿直的人,也不做投机钻营亨通官场的人;宁可过恬淡的生活,也不搞争权夺利。《蕉窗日记》卷二

【功过是非,自有公论】意思是,是功是过,是正确是错误,自然有公正的评价,社会自然有公正的评论。言下之意,用不着自己去说,也不用去理睬个别人的诽谤甚至诬陷之言词。理是如此,但是,三人成虎,谗言杀人,历史上有多少英雄惨死在冤案下?

【历史的经验值得注意】意思是,要重视历史教训,注意历史经验,不要重蹈历史悲剧。

【自当舟楫路,应济往来人】意思是既然在这个驾船的岗位上为人架舟过河,就应当渡送往来行人。比喻人应该坚守岗位,恪尽职守,全心全意做好本职工作,积极主动为人民服务。这是本分。张众甫《三州渡》

【灯台照人不照己】比喻一:无私奉献,只为别人,不为自己;比喻二:大道理只对人不对己。清朝钱大晰《恒言录》卷六

【圣人之道,为而不争】圣人之道:圣人的行为准则。意思是,高尚的人的行为准则是无论做什么事,都不跟别人争夺私利。先秦时代老子《道德经》

【名节重泰山,利欲轻鸿毛】名节:名声,节操。意思是,名声和节操比泰山还重,私心利欲比鸿毛还轻。明朝于谦《无题》

【名者公器,不可多取】意思是,名誉称号是公众所器重的东西,不可多取得。唐朝白居易《与元九书》

【名过其实者损】意思是,名声太大,与实际不符,超过了本身,就会受到损害。《韩诗外传》卷一

【名贵与而不贵取】贵与:隆重给予、赐予,尽量少给予,或贵在给予。贵取:想方设法要名誉,或难以得到。意思是,名誉贵在给予,而不贵在自己得到。也可理解为,名誉不可随便给予,更不

可争名誉,贿赂名誉。《薛方山记述》上篇

【老牛明知夕阳短,不用扬鞭自奋蹄】 意思是,老牛看见天色已晚,知道时间不多了,不用扬鞭催赶,它自己会奋起快跑的。比喻人到了晚年,知道有生之年所剩不多了,就百倍珍惜时间,更加奋发地工作。

【好官必不爱钱】 意思是,一个一心为国为民的高尚品质的官员,绝不会以权谋私,捞取不义之财。清朝吴汝纶《与儿书》:"作官之钱皆取之百姓,非好钱也。故好官必不爱钱。吾虽无德,岂愿以此等之钱,豢养汝曹私妻子哉!"

【好死不如赖活着】 意思是,活着比什么都好。生命只有一次,珍贵自不待言,应该珍惜,不可无谓失去。但是,苟且偷生地赖活着则无尊严无幸福,且痛苦受罪,毫无意义。如果为了苟活而卖国投降,那便是耻辱、犯罪。

【吃亏不要紧,只要主义真】 意思是,个人吃点亏,只要是为了国家和人民的利益,而不是为少数人的私利,牺牲个人利益,算不得什么。此语是从夏明翰就义诗"砍头不要紧,只要主义真,杀了夏明翰,还有后来人"中演绎过来的。

【先天下之忧而忧,后天下之乐而乐】 意思是,先为国家分担忧愁,然后再分享个人的利益。宋朝范仲淹《岳阳楼记》

【重义如泰山,轻利如鸿毛】 意思是,把民族大义和公德看得像泰山那样重,把私利看得像鸿毛那样轻。《付子·阙题》

【行义不顾毁誉】 意思是,做正义的事业不要顾及别人的诽谤或者赞扬。《战国策·禽策》

【有愧而生,不如无愧而死】 生:活着。意思是,活着尽干亏心事,不如死去别干亏心事了。清朝申居郧《西岩赘语》

【多欲则窄,寡欲则宽】 欲:欲望,私欲。意思是,人的私欲太多,心胸境界就狭小,私欲少就宽敞。《格言联璧·存养》

【困难面前有英雄,英雄面前无困难】 意思是,英雄不怕困难，见困难就上，能够克服困难；哪里有困难，他们就出现在哪里，困难就得到解决。

【芳饵之下，必有悬鱼】芳饵：钓鱼香饵。悬鱼：被钓上钩的鱼。比喻在利益的引诱下，必有受骗上当的人。汉朝孟郊《答姚怤见寄》

【君子不以私害公】意思是，高尚的人不损公肥私，不因为个人的私利而损害国家的利益。《韩诗外传》

【但行好事，莫问前程】但：只。行：做。莫：不要。意思是，只管做好事，不要去过问对自己的得失影响如何。言外之意，只要做好事，就有好报，前程一定锦绣光明。清朝李汝珍《镜花缘》第七十一回

【但行平等事，不用问前程】平等：平等待人。意思是，做事只要平等待人，不厚一个薄一个，不欺负人，前程不用问，一定很好。明朝洪楩《清平山堂话本·五戒禅师私红莲记》："日日行方便，时时发道心，但行平等事，不用问前程。"

【没庙的和尚卸任的官】意思是，卸任的官就跟没庙的和尚一样，很狼狈，无所事事，很不自在。

【私字是万恶之源】私字：指私欲。意思是私欲贪心是一切罪恶的根源。

【私字连着公，不通也得通】意思是，"私"字的右半部分是"公"字的下半部分，私和公既是对立又是统一的，是相互依存的。在承认"厶"是"公"的一部分的基础上，私必须入公，从祖先创造"私"和"公"字的形体上，就包含着这个关系。所以，公要以私为基础，私要服从公。这是天经地义的，必须想得通。强调一方忽视一方都是错误的。

【私则暗，公则明】意思是，处理问题，从其私心私利出发，就昏暗不清，出以公心，从事实和原则出发就清明合理。

【私视使目盲，私听使耳聋，私虑使心狂】意思是，用私心观

察事物，眼睛就如同瞎子一样；用私心去听别人的话，耳朵就会像聋子一样；用私心去听别人的话，就会使自己的思想混乱不堪，甚至引起发狂。《吕氏春秋·序意》

【私怒决不可有，公怒决不可无】意思是，决不能为个人的私事发怒，而对有损于国家或集体利益的事，不能泰然处之，做老好人，必须出以公心，愤怒斥责。《陈确集·别集·治怒》

【忧患之接，必生于自私】忧：担忧。患：忧虑，厌恶。接：连接。意思是，心里总是担忧害怕，肯定是干了损公肥私的坏事产生的。《晋书·潘尼传》

【事不关己，高高挂起】毛泽东《反对自由主义》："事不关己，高高挂起；明知不对，少说为佳；明哲保身，但求无过。这是第三种。"意思是，对自己无关的事，就不管不问。

【盲人不知春色美】意思是，盲人没有视力，在他面前是黑暗的世界。所以，看不见春天大自然的美丽。比喻思想偏颇的人，看不到或者不愿看到大好形势和时代的进步。

【知多知少难知足】意思是，人很难知足，总是不满足。不满足就会奋斗，奋斗就会发展。发展就是进步。所以，有某种意义上，不知足正是人类社会发展进步的内在动力。

【鱼往上游，水往下流】鱼身上的鳞片是从头部顺向尾部生长的，前片压后片。逆水上游，鱼鳞是顺水，不会受到损伤。而顺水下游，水就逆鳞片冲击，易使鳞片受损伤疼痛难受。所以，鱼喜欢逆水上游。意思是，奋斗上进是自然规律。

【败莫败于多私】意思是，没有比太自私更会失败的了。宋朝张商英《素书》四

【败棋有胜着】比喻虽然失败了，但其中也有值得肯定之处。明朝杨慎《病榻手吹》

【松柏本孤直，难为桃李颜】意思是，松树柏树生性就是刚直傲然兀立，很难像桃树李树开出艳丽的花色去取悦于人。比喻品

德高尚的人不会去迎合世俗的偏见。唐朝李白《松柏本孤直》

【松柏何须羡桃李，请君点检岁寒枝】意思是，松柏不必羡慕桃李艳丽多姿，到了寒冬，桃李不仅无艳丽的花色，连树叶都枯光了，而你松树柏树却仍然青翠苍劲，迎风斗雪。比喻坚忍不拔，能经受艰苦考验而不变色，才是最高尚的。明朝冯梦龙《警世通言·老门生三世报恩》

【须是骨头里挣出来的钱才做得肉】意思是，必须是用自己的艰苦劳动挣来的血汗钱，才算是自己的。清朝吴敬梓《儒林外史》第二十五回

【活着跟着共产党，死了去见马克思】意思是坚定共产主义信念，永不动摇。

【活着干，死了算】意思是，只要活着就干。表示革命到底，无悔无返。

【春蚕到死丝方尽，蜡烛成灰泪始干】比喻辛勤奋斗终生，直到死为止。李商隐《无题》原文“烛”为“炬”。

【胆是吓出来的，力是压出来的】胆：胆量，胆识。力：力量，能力。意思是，胆量、胆识、力量、能力，都是锻炼出来的。

【药酒苦口而利于病，忠言逆耳而利于行】行：行为。意思是忠言就像药酒很苦但利于治好病一样，虽然难以入耳，可是却有利于改正错误。汉朝桓宽《盐铁论·国疾》

【神莫神于至诚】神：感动。意思是，最使人感动的，莫过于一颗赤诚的心。宋朝张商英《素书》四

【得官不欣，失位不恨】欣：欣喜。恨：怨恨。意思是，得到官位不欣喜，失去了官位不怨恨别人，用平常心态看待职位升迁贬退。汉朝王充《论衡·自纪》

【得便宜处失便宜】意思是，有得就有失。明朝冯梦龙《蒋兴哥重会珍珠衫》

【难胜莫过于己私】意思是，最难战胜的，莫过于自己的私

心。宋朝杨时《二程粹言·论学篇》

【填不满欲海,攻不破愁城】比喻人的贪欲之心像海一样大,永远满足不了;人的忧愁像城防难以攻破一样坚固,很难解除。

【鞠躬尽瘁,死而后已】瘁:劳累,心力交瘁。意思是,小心谨慎地尽心工作直到死了才算完结,贡献出毕生全部力量。《三国志·蜀志·诸葛亮传》注引《汉晋春秋》诸葛亮表:"鞠躬尽力,死而后已。"

【生没带来,死不带走】意思是,人来到世间,什么也没有带来,死时什么也带不走。劝人不要太贪了,太贪只会伤害自己,毫无用处。

2. 气量

【一个人只经得起三人抬,经不起三人踩】抬:抬举,吹捧。踩:贬低人,糟践人。意思是,任何人只要有几个人抬举、捧扬,就会振奋有为,相反,如果有几个人糟践他,这个人就完了。

【一个人做点好事并不难,难的是一辈子做好事】毛泽东《吴玉章同志六十寿辰祝词》:"一个人做点好事并不难,难的是一辈子做好事,不做坏事,一贯的有益于广大群众,一贯的有益于青年,一贯的有益于革命,艰苦奋斗几十年如一日,这才是最难最难的啊!"

【一忍可以支百勇,一静可以制百动】意思是,忍耐一下,多大的急躁鲁莽情绪都被支撑住了,沉着冷静就会控制极度的冲动。宋朝苏洵《心术》

【入井望天,不过圆盖】意思同"坐井观天"。比喻看问题角度太小,太狭隘。北齐刘昼《新论·通塞》

【人平不语,水平不流】 意思是,人的心理得到了平衡,就像水在平静状态下不流动一样,就不会有怨言了。宋朝《续传灯录》卷二十三

【人怨语声高】 意思是,人心中有怨恨,说话的声音就高。元朝无名氏《争极恩》

【人非食不活,鱼离水就死】 意思是,鱼离开了水就要死亡,人不吃食物就不能活命。比喻人的最基本的生活需要必须保证满足,这是最简单的道理。唐朝魏征《群书治要·政论》

【人非尧舜,谁能尽善】 尧舜:中国五帝时代的两位明君。意思是,我们是普通人,不是像尧舜那样的圣人,怎么能够尽善尽美呢?唐朝李白《与韩荆州书》

【人急烧香,狗急蓦墙】 蓦墙:跳墙。意思是,人急了,就烧香拜佛祈祷保佑,狗急了就要跳墙逃跑。比喻人在危急时刻就会自然产生急切寻求自救的心理。《敦煌变文集·燕子赋》

【人急造反,狗急跳墙】 意思是,不要把人逼得太狠了。《红楼梦》第二十七回

【弓太满则折,月太满则缺】 意思是,弓拉得太满了,就会折断,月亮满圆后就要亏缺了。比喻物极必反,做事要掌握一个度,不要过头了。

【大莫过于天,小莫过于死心眼】 用反衬法说明死心眼的人,心胸是最狭窄的,再没有比它更渺小的东西。

【山不厌高,海不厌深】 意思是,山越高越好,海越深越好。比喻人应该谦虚不要自满,要有博大高深的胸怀。三国魏曹操《短歌行》

【山外青山楼外楼】 通常比喻无止境,还有比这更好更高之意。宋朝林升《题临安邸》:“山外青山楼外楼,西湖歌舞几时休。暖风熏得游人醉,直把杭州作汴州(河南开封)。”

【山重水复疑无路,柳暗花明又一村】 通常比喻事情到了山

穷水尽的地步，忽然又有了希望。宋朝陆游《游山西村》“山重水复”现多用“山穷水尽”。

【山峭者易崩，泽满者则溢】意思是，山太陡峭了，容易崩塌，湖泽的水太满了，就容易溢出泛滥。比喻骄傲自满必受损失。《新书》第六章

【上不怨天易，下不尤人难】尤人：责怪怨恨别人，归咎别人。意思是，不埋怨客观，不责怪别人，要严格要求自己，找主观原因。《礼记·中庸》

【士有忍死之辱，必有就事之计】意思是，一个人能忍受奇耻大辱，肯定有成就大事的计谋。《后汉书·第五钟离宋寒列传》

【丈夫盖棺事始定】意思是，一个人的功过是非，只有到了死后才能做出结论，即盖棺定论。唐朝杜甫《君不见简苏久奚》

【水静则能照，秤定则能称】意思是，水静止了才能照影子，秤稳定了才能量准重量。比喻冷静心情，才能较正确地思考处理问题。清朝李西沤《药言剩稿》

【小心眼寸步难行，大胆可闯天下】意思是，小心眼的人总是前怕狼后怕虎，不敢作为，什么都不敢干；胆量大的人有眼光敢作为，天下都敢闯。

【木性根土，人性根祖】意思是，树木的特性是根植于土里，人的特性是追根祖先，对故土有割不断的情感。清朝袁牧《永昌府龙陵同知金公墓志铭》

【为君持酒劝斜阳，且向花间留晚照】劝：挽留，规劝。斜阳：夕阳，指人的晚年。且：还是。晚照：晚年的形象。意思是，人到了晚年，所剩时间不多了，应该珍惜这有限美好的时光。现多用以比喻老人应保持好晚节。宋朝宋祁《玉楼春》

【不是一番寒彻骨，争得梅花扑鼻香】争得：怎么能够。现常用“怎得”、“岂得”。比喻德行高超，才能苦尽甘来。现人们口头常用此语，意义已经大为扩展，表示只有经过艰难困苦的奋斗，才

能取得超人的业绩。元朝高明《琵琶记·旌表》

【不求有功,但求无过】 意思是,既不想干得出色,做出突出成绩,也不愿出差错,犯错误。实际是平庸、无上进心的落后思想。

【不为轩冕肆志,不为穷约趋俗】 肆志:恣意放纵。意思是,不可因为有了富贵荣华而恣意放纵自己,也不因为穷困而趋附社会流俗。《庄子·缮性》

【不患人不知己,而患其不能】 意思是,不忧虑别人不了解自己,而担心自己没有本事。《论语·宪问》:"子曰:不患人不知己,其患不能也。"

【心烦意则乱】 意:指思想、思维。意思是,心情烦躁不安,思维就会混乱。

【心底无私天地宽】 心底:内心深处。意思是,没有私心,就感到世界很宽敞,心情舒坦。

【心有余而力不足】 意思是,思想上非常想做或者想把事做好,但是能力达不到而做不了或做不好。

【心平气自消】 气:生气,气恼。意思是,把心情平静下来,气恼也就消失了。

【心大则百物皆通,心小则百物皆病】 病:毛病。意思是,心胸宽阔,对一切事情都看着顺,想得通;心胸狭窄,见什么都别扭不顺眼。《近思录·为学》

【心地干净,自然宽平】 意思是,没有私心杂念,心情自然就宽平了。《薛文清公读书录·体验》

【气死人不填命】 填:抵,偿。意思是,生气是毫无用处毫无价值的,反倒正中人家下怀,更吃亏。所以,别人气我我不气。

【来不可却去不可止,得失之非我】 来、去、得、失:指官职爵禄升迁贬谪,也可泛指财富之得失。意思是,对官职爵禄和财富的正常到来,不必去推却;对这些东西的离去,也不必去忧伤,悲愤阻止。《庄子·田子方》:“吾以其来不可却也,其去不可止也。吾以为得失之非我也,而无忧色而已矣。”

【气忌盛,心忌满,才忌露】 忌:忌讳。意思是,气恼最忌讳太盛,气盛伤身;思想最忌讳自满,自满落后;才能最忌讳显露,显露才能受损害。明朝吕坤《呻吟语·人品》

【水激则波起,气乱则智昏】 前句比喻后句,说明人生气就容易冲动失控,导致精神情致产生混乱,理智错乱,做错事。《文子·下德》

【宁有求全之毁,不可有过情之誉】 意思是,宁可让别人求全责备,也不可让人有过分的赞誉。清朝李惺《西沤外集·药言剩稿》

【宁渴而死,不饮盗泉】 盗泉:指名声不好的泉水。意思是,名誉比生命还贵重,不能为了眼前的一点急需而不顾名誉。明朝王廷陈《矫志篇》

【宁为世人笑其拙,勿为君子病其巧】 拙:笨拙。病:责备。巧:狡猾,奸巧。意思是,宁可让世俗小人讥笑笨拙,也不要让高尚的人责备狡猾。清朝申居郧《西岩赘语》

【平理若衡,照辞如镜】 衡:秤。辞:文辞。原意指鉴赏文章没有私心、偏见,才能像天平般称量内容的高下,像镜子一样照见文辞的美恶。泛指人无私心、偏见,看问题就会公平正确。南朝梁代刘勰《文心雕龙·知音》

【在己无居,形物自著】 居:居处,滞留。无居:不存己见。形物:有形的外物。著:显。意思是,内心世界不存己见,外在有形之物便都各自显露出来。《庄子·天下》

【刚者折,柔者卷】 意思是,太刚硬了容易折断,太柔软了容易卷曲。即做人不能太刚硬也不能太柔弱。汉朝桓宽《盐铁论·颂贤》

【平生不学口头禅,脚踏实地性虚天】 意思是,一辈子不学着

说空话,而要脚踏实地去做事,心境就能像天空那么豁朗。宋朝王琳《野客丛书附录》

【圣贤有过失,白璧有疵瑕】 圣贤:圣人贤人。白璧:洁白的玉。疵瑕:微小的疵点。意思是圣人贤人也有过错失误,纯洁的白玉也有微小的疵点。比喻人无完人,任何人都不可能没有缺点错误。

【圣人无全能,天才无全才】 圣人:古代指品格最高尚,智慧最高超的人。如孔丘孔子,汉朝以后被称为圣人。封建时代臣子称君主为圣人,圣主。天才:特殊超人的智慧和才能。旧时认为天生就有的才能。现代认为是大脑好使,善于学习,善于积累,善于思考,知识智慧超越常人的人。全句意思是,世界上没有全能的人,即使是天才,也只能是在某一个方面某一个领域的某一个子项上有超人的智慧才能,不可能通晓一切。

【打掉门牙咽肚里】 比喻极度的忍耐,把愤怒痛苦深深埋在内心深处,不表露出来。也说"打掉门牙往肚里咽"。

【打不死的程咬金】 程咬金:汉末农民起义领袖,多智多谋,能言善辩。意思是某某人嘴硬,说不服他。含有既无可奈何又讨嫌之意。

【生以辱,不如死以荣】 意思是,与其屈辱地活着,不如光荣地牺牲。《大戴礼记·曾子制言》

【会当凌绝顶,一览众山小】 会当:应当。凌:登上。原意是,应当登上泰山的顶峰,那时,俯视周围的群山,它们便都在脚下,变得渺小了。现多用以比喻站得高看得远,心胸眼界或者境界就扩大了,开朗了。杜甫《望岳》

【好男儿四海为家】 意思是,有志气有抱负忠于国家的青年,听从国家需要,国家需要在哪里,就在哪里安家。

【成大事者不恤小耻】 恤:惜。意思是,成就大事业的人,不顾惜小的耻辱。冯梦龙《东周列国志》第十六回

【同病相怜,同忧相救】意思是,有共同遭遇或不幸的人,会互相同情帮助。《吴越春秋·阖闾内传》

【岂能尽如人意,但求无愧我心】意思是,做任何事很难让所有人都满意,但是,应该追求尽心尽力去做,做到问心无愧。王大为《谈体会》

【男儿流血不流泪】意思是,男子汉意志刚毅,不怕流血牺牲。

【早知今日世,悔不慎当初】意思与“早知今日,何必当初”同。宋朝释普济《五灯会元》

【忍字敌灾星】意思是,忍耐能抗拒灾祸,免除灾祸。但也要视情况,该忍则忍,实在无可忍,要讲策略。《卸纂性理精义》卷十一。

【失之不忧,得之不喜】意思是,正确对待得和失,懂得有失会有得,有得会有失的道理,对得失泰然处之。《淮南子·汜论训》

【但有路可上,更高人也行】意思是,只要有出路,再艰难的地方人也要走。比喻追求是人的本性。《全唐诗续补遗》卷二十

【但令身未死,随力报乾坤】但令:只要。乾坤:指国家。意思是,只要我还活着,就要用我的全部能力报效国家。宋朝文天祥《即事》

【言者无罪,闻者足戒】意思是,说的人(提批评意见)没有罪过,听的人借以为戒。毛泽东《论联合政府》:“对于我们,经常地检讨工作,在检讨中推广民主作风,不惧怕批评和自我批评,实行‘知无不言,言无不尽’,‘言者无罪,闻者足戒’,有则改之,无则加勉‘这些中国人民的有益的格言,正是抵抗各种政治灰尘和政治微生物侵蚀我们同志的思想和我们党的肌体的唯一有效的方法’。”《诗经·毛诗·周南关雎》:“言之者无罪,闻之者足以戒。”

【识高能量大,气盛则声弘】识:见识,知识。弘:高大。意思

是，一个人见识广，知识渊博，能量就大；气恼太盛了，说话的声音就很高。《薛文清公读书录·器量》

【金以刚折，水以柔全】 金：指金属。以：因为。全：保全。意思是，金属所以容易被折断，是因为太刚硬了；水之所以保持原样折不断，是因为它很柔软。比喻性格太刚强了对自己有害，性格温柔对自己有益处。《抱朴子·广譬》

【金刚则折，革刚则裂】 金：金属。革：皮革。意思是，金属因为太刚硬了就容易折断，皮革太刚硬了，就容易破裂。比喻性格太刚强了容易受损伤。汉朝刘向《说苑·敬慎》

【贫而无谄，富而无骄】 意思是，贫穷不谄媚巴结人，富有不能看不起别人。《论语·学而》

【和为贵，忍为高】 意思是，在社会生活中，人与人之间的关系，应该以和谐、和睦最为珍贵；遇到麻烦或矛盾冲突时，要能忍耐，这是最高明高尚的行为。《论语·学而》："礼之用，和为贵。"

【知足者常足】 意思是，知道到什么地步就该满足了的人，永远是满足的。先秦时代老子《道德经》："祸莫大于不知足，咎莫大于欲得。故知足趾足，常足矣。"

【兔子急了也会咬人】 比喻再老实守本分的人，被欺负逼迫到无路可走时，也会反抗自卫的。

【哀莫大于心死】 死：指人的思想极度消极，意志极度消沉，把社会看得一无是处，完全丧失进取心。意思是，最可悲的莫过于丧失信心，麻木不仁。《庄子·田方子》："夫哀莫大于心死，而人死亦次之。"

【既生瑜何生亮】 瑜：周瑜。亮：诸葛亮。意思是，老天既然让我周瑜来到这个世界，为何又要把诸葛亮降生到这个世界呢？现比喻有我就不应该有他，表示势不两立，不共戴天。《三国演义》第五十七回

【除日无年，无内无外】 除：摒弃。内：自我。外：外物。意思

是,摒弃了每天每日就不会累积成年,忘掉了自我,就能忘掉周围的事物。《庄子·则阳》

【怒可熄不可激,气可消不可长】意思是,一个人正在发怒时,只能设法使其息怒,而不可再去刺激;一个人正在气头上,只能设法使其消气,而不可火上加油,助长其生气。

【怒发于愤】意思是,发怒是因为心中过于愤慨的一种自然表现。

【怒发于不平】意思是,因为心中对事情感到极度不平,就会发怒。

【柔弱胜刚强】意思是,性格温柔软弱胜过性格刚硬强狠的人。《老子》三十六章

【柔能制刚,弱能制强】制:制服,克服。意思是,柔弱的性格,能制服刚强性格的弱点。也可理解为,柔能胜刚,弱能胜强。《后汉书·臧宫传》引《黄石公记》

【将相神仙,也要凡人做】凡人:普通人。意思是,特殊人物或者伟大人物,也都是从一般普通人中成长出来的。《儒林外史》第一回

【宰相肚里能撑船】宰相:我国封建王朝辅助皇帝掌管国事的最高官职的通称,朝廷里除了皇帝就是宰相职位最高。比喻有涵养,肚量大。也说"宰相肚里撑得船","宰相腹中撑得船过"。冯梦龙《警世通言·拗相公饮恨半山堂》

【站得高,看得远】比喻站的角度高,看问题就比较深远。

【站着说话腰不痛】比喻光说不干,不知道实际难处。

【效小节者不能行大威,恶小耻者不能立荣名】效:效仿。小节:修养的小事。大威:威风凛凛的样子。恶:害怕。荣名:荣誉名声。意思是,只学习效仿小节的人,不能成就大事业;不能忍耐小耻辱的人,不能建立功绩,获得荣誉名声。《战国策·齐策》

【阅乔岳以形培塿,酌沧波以喻畎浍】乔岳:高山。培塿:小

土堆。酌沧波:汲取沧海水。喻:懂得。畎浍:田间小水沟。意思是,看了高山更显出土堆的微小,汲取过大海的水更识得沟水的浅。比喻见过大世面的人,更识得小事。南朝梁代刘勰《文心雕龙·知音》

【聋子不怕雷】意思是,失去了听觉,再大的声音也听不见,所以他不怕雷。比喻置身社会之外,就什么事都不怕。但人是无法置身社会之外的。

【欲穷千里目,更上一层楼】欲:假若要。穷:极力,穷尽。意思是,假若要穷尽目光,看得很远,就要站得更高。唐朝王之焕《登鹳雀楼》

【欲知己过,要纳谠言】谠言:正直的言论或正确的批评建议。意思是,要知道自己的过失,就要虚心听取采纳正直的批评建议。《太平广记·谄佞》

【眼里容不得沙,肉里留不得刺】比喻做人真诚实在,一点假都不能容许。也比喻听不进尖锐的批评意见。

【眼孔浅时无大量】意思是,眼光短浅,气量就狭小。冯梦龙《醒世恒言·两县令竞义婚孤女》

【眼瞎天地黑】比喻对社会主流视而不见,只看到社会阴暗面,因而对社会不满,把社会看得一团漆黑。

【富贵不能淫,贫贱不能移,威武不能屈】淫:惑乱,奢侈奢华,放纵,恣肆。移:指改变节操。屈:屈服。意思是,人在富贵的时候,不能淫乱,奢侈奢华,放纵恣肆;在贫贱时,不能改变高尚的节操,在强势力面前,不能畏惧屈服。《孟子·滕文公下》

【强中更有强中手,莫向人前满自夸】意思是,人应该谦虚谨慎,不要以为自己是最强的,在别人面前夸耀自己多么了不起,还有比你更强的。明朝冯梦龙《警世通言·王安石三难苏学士》

【装得下泰山,装不下针尖】意思是,即便心胸再宽的人,也接受不了尖锐刺激的攻击。

【喜人之同,恶人之异】意思是,世俗之人,都喜欢别人跟自己相同而讨厌别人跟自己不一样。《庄子·在宥》:"世俗人,皆喜人之同乎己而恶人之异于己也。"

【喜名者必多怨,好誉者必多侮】意思是,虚荣心强,追逐名利的人,必然是多怨恨,被人轻蔑瞧不起。《韩诗外传》,"誉"原文为"与"。

【醉汉必逞能】意思是,经常喝醉酒的男子,其性格一定是爱逞能。

【说人容易说己难,看人容易做着难】说:指批评。意思是,批评别人容易批评自己很难;看着别人做很容易,自己做很难。

【磨出的性格,惯就的脾气】意思是,人的好性格、好脾气,都是在生活中磨炼出来的,而脾气是被惯就出来的。

【穷当益坚,老当益壮】意思是,穷困,意志应当更坚强;人老了,精神应当更加旺盛有生气。《后汉书·马援列传》

十三、思想与方法

1. 实践真知

【九折臂为良医】 意思是,多次折断臂骨的人,可以成为高明的医生。说明知识来源于实践。《楚辞·九章·惜诵》

【九死之病,可以试医】 意思是,人得了九死一生的病,可以当医生了。比喻一个人反复多次受挫折,可以积累丰富的经验。清朝魏源《默觚下·治篇》

【山木为良匠所度,经书为文士所择】 意思是,山上的树木只有优秀的工匠才能选择,经书只有被文人所选择。比喻只有真才实学的人才能认识运用真正有价值的东西。南朝梁代刘勰《文心雕龙·事类》

【千虚不博一实】 博:抵。意思是,务虚空想一千次,也抵不上一次实践。《象山集·语录》

【久病知药性】 意思是,人长久患病,经常服药,也知道药性了。

【久病成良医】 意思是,人长久得病,也成了一个好医生。

【不探虎穴,安得虎子】 安得:怎么能得到。比喻不深入实际,做实际工作,就不会了解实际情况取得成果。《三国志·吴书·吕蒙传》

【不入虎穴,安得虎子】 意思与"不探虎穴,安得虎子"同。

《后汉书·班超传》也有说“不入虎穴，安得虎子”。

【不入虎穴，焉得虎子】焉得：怎么得到。毛泽东《实践论》：“中国人有句老话：‘不入虎穴，焉得虎子’。这句话对于人们的实践是真理，对于认识论也是真理。”

【不管白猫黑猫，抓住耗子就是好猫】耗子：老鼠。比喻不管什么人或怎么干，只要实际效果好就好。

【不经一事，不长一智】经：经过，做。长：增长。一智：一次经验，一个知识。意思是，经过一件事，或者做一件事，就增长一次经验，增长一个知识。《红楼梦》第六十回

【不因一事，不长一智】意思与“不经一事，不长一智”同。

【不登高山不知天高】意思是，不亲自去做，不研究，就不懂得不知道事情或道理的高深。《荀子·劝学》：“不登高山，不知天之高也，不临深溪，不知地之厚也。”

【太公钓鱼，愿者上钩】太公：姜子牙姜太公，又称吕尚，西周初年的功臣。传说姜太公在渭水边钓鱼，用直钩，并无饵料，钓钩离水面三尺高。还念念有词：“负命者上钩来。”后比喻心甘情愿。《桃花扇》第二十四出。也说“姜太公钓鱼，愿者上钩”。

【丑媳妇少不得见公婆面】谦虚之词。比喻做得不好，但还得跟大家见面。《东周列国志》第九十七回。也说“丑媳妇总得见公婆面。”

【巧手面前尽桂林】桂林：我国云南省的桂林市，以山水秀丽名扬于世，是著名旅游胜地，是画家、书法家、文学艺术家创作取材的园地。当地苗族等少数民族刺绣、编织艺术和桂林山水齐名。意思是，在艺术家手里出来的艺术作品，跟桂林山水一样美。

【处难处之事可以长知识，调难调之人可以练性】意思是，处理难处理的事，可以增长知识，调理难调理的人，可以锻炼性情。说明处理复杂的事，与怪人共事，可以锻炼人。明朝徐桢稷《耻言二》

【百胜虑无敌，三折乃良医】三折：《左传》有“三折肱知为良医”句，此处仍指三次折断肱骨之意。意思是，百战百胜的将军，最忧虑的事是没有可打的敌人，因为久无仗打就容易产生和平麻痹思想，部队失去战斗力；三次折断肱骨的人就跟百战百胜的将军一样有对付敌人的经验，成为良医。比喻实践出经验，出真知。《刘禹锡集·学阮公体三首》

【当家才知柴米价】比喻只有亲自干才知道其中的实际情况。《西游记》第二十八回

【忙者不会，会者不忙】忙：指忙乱。意思是，手忙脚乱的人，是因为他不会干；会干的人就干得不慌不忙，有条不紊。

【杀猪宰羊，主人先尝】比喻有功劳者应该首先享受劳动成果。

【良医门前病人多】意思是，医术高明，医德高尚的医生，求其治病的病人很多。《荀子·法行》：“良医之门多病人。”

【良医服百方】服：采用。意思是，医术高明的医生，对病人不是一个处方治到底，而是根据病人的病情变化，采用很多很广泛的处方给病人对症下药治病。汉朝王充《论衡·别通》：“良医服百病之方，治百人之疾。”

【没蹚过河的不知道水深】比喻没有亲自经历过某种事，就不知道那种事情的深奥。

【没上过山的不知道山高】意思是，没有亲自实践，是不会真正感受到实际的伟大。

【没当过家的，不知道柴米贵】比喻不亲自负责，不知道难处。也说“不当家不知柴米贵”。

【没生过孩子不知道肚子痛】比喻没有亲自实践，是无法体会到事情成功的艰难困苦的。

【听的不如见的，见的不如干的】意思是，只有自己亲自干，才真正清楚明白。

【你要知道梨子的滋味，就得亲口吃一吃】 毛泽东《实践论》："你要有知识，你就得参加变革现实的实践。你要知道梨子的滋味，你就得变革梨子，亲口吃一吃。"比喻实践出真知。

【坐着说话腰不痛】 埋怨语。比喻自己没有亲自干，不知道情况，体会不到困难，说得很轻松很简单。

【经一失，长一智】 失：失误，失败。智：知识，智慧。意思是，经过一次失误，增长一次智慧。明朝冯梦龙《警世通言·王安石三难苏学士》

【经一事，长一智】 智：知识，智慧。意思是，经过一件事，就增长一次知识。《五代汉史平话》："人有常言，遭一蹶者得一便，经一事者长一智。"

【救死具八珍，不如一箪犒】 八珍：泛指山珍海味。箪：盛饭的竹篮。犒：用物品慰劳，这里指帮助别人。意思是，与其用八种珍贵的食物去救快要饿死的人，还不如送去一竹篮饭菜管用。比喻帮助别人要从实际出发。唐朝韩愈《荐士》

【救人须救急，施人须当厄】 厄：困厄之时。意思是，救助人必须是急需的东西，施舍的时间必须是正当危难的时候，这才有价值。明朝冯梦龙《醒世恒言·刘小官雌雄兄弟》

【闻以有知知者，未闻以无知知者】 知知者：前一个知指智慧、才能。后一个知指知道，认识，了解。意思是，听说过有智慧才能的人能认识事物，没有听说过没有智慧才能的人可以认识事物。《庄子·人间世》

【贵者虽自贵，视之若埃尘；贱者虽自贱，重之若千钧】 意思是，我把那种自以为高贵了不起的人，看得像尘埃一样不值钱，而那些穷苦劳动者，虽然他们自以为卑贱，我却把他们看得千钧重。晋代左思《咏史八首》

【宽厚得人心，刻薄失人心】 意思是，宽厚待人，就会得到拥护和支持；对人太刻薄，就会失人心。

【韩信将兵，多多益善】 比喻越多越好，或者表示不怕多。

【说食终不饱，说衣不免寒】 食：吃食。衣：穿衣。意思是，只光说吃说穿，终究饱不了肚子，御不了寒冷。比喻空口说白话没有用。唐朝寒山

【操千曲而知音，观千剑而识器】 意思是，要会上千支曲子才能真正懂得音乐，要看过上千口宝剑才能真正识别宝剑。比喻实践出真知。南朝梁刘勰《文心雕龙·知音》

【御车者知地险，操舟者观水势】 意思是，驾车的人要看着路是不是危险难走，驾船的人要看清水势才能保证安全行航。比喻做任何事情，必须内行，必须掌握实际情况，根据客观实际行事。明朝吕坤《呻吟语·御民》

2. 经验教训

【一条牛是放，两条牛也是放】 放：放牧。比喻工作负荷不重，同样的工作干一件可以，干两件也可以，并不增加负担，而且还有好处。鄂东语。

【一天拾一把，十天一大码】 一把：手捏的那么多称为一把。一大码：一大堆。意思是，要细水长流，持之以恒，时间长了，收获就大了。

【一担柴压了腰，自后没柴烧】 一担：一百斤，指很大一担。比喻不要贪心，贪心就适得其反，得不偿失。鄂东语。一般说："一天拾一把，十天一大码。一天拾一担，一担柴压了腰，自后没柴烧。"

【十层单贴不上一层绵】 意思是，单层衣穿得再多也不御寒，而棉衣最御寒。也比喻管用的不在多。鄂东语。

【人多口杂，事多忙杂】 意思是，必须有权威，否则各说不一，

忙杂不堪，工作干不好。

【三句话不离本行】 意思是，干什么说什么。通常是赞扬语。褒其对本行业、本职工作的热爱和精熟。

【三年有旱必有涝，河东转眼变河西】 意思是，气候有规律，旱涝灾害是交替发生的，农民根据这个规律防洪抗旱。

【工欲善其事，必先利其器】 工：工匠。欲：做。善：做好。利：使锋利，准备好。意思是，工匠要做好某项工作，必须预先准备好工具。《论语·卫灵公》载孔子语。

【久利之事勿为，众争之地勿往】 意思是，要很长时间才能见到利益，这样的事不要做；大家都争着去的地方，不要去。此话有一定道理，但有急功近利，害怕竞争的思想。清朝申涵光《荆园小语》

【千个师傅千个法】 意思是，干工作，每个人都有自己的方法，应该择其优者而从之。

【千里之堤，溃于蚁穴】 意思是，千里长的大堤，因为一个小小的蚁洞而溃决。比喻小事不注意，就会造成大问题。要防微杜渐。《韩非子·喻老》："千丈之堤，以蝼蚁之穴溃。"《淮南子·人间篇》："千里之堤，以蝼螘(蚁)之穴漏。"

【亡羊补牢，未为晚】 亡：丢失。牢：指羊圈。意思是，羊丢了，再想着去修补羊圈，还不为晚。通常用以比喻问题发生后，马上采取补救措施还不迟。《战国策·楚策四》引古语："见兔而顾犬，未为晚也；亡羊而补牢，未为迟也。"也说"亡羊补牢，未为蟓"。

【下雨不怕大，就怕连日下】 意思是，暴雨下一阵子不会造成灾害，连日不停地下大雨就要造成洪灾了，最可怕。

【瓦罐不离井上破，将军难免阵中亡】 瓦罐：古人在水井里打水用的陶罐。比喻长期做某个行当的人，难免失足或丧生。《醒世恒言》第三十三卷

【云雾之盛，顷刻而讫；暴雨之盛，不过终日】 意思是，云雾大

而浓厚，很快就会散去；大暴雨下不了一天，下一阵就会停止。比喻来得凶猛，结束得也快。《魏子》

【不到极逆之境，不知平安之日】 极逆：极度不顺利。意思是，一般人对现时的社会不安定因素不很重视，非要到了问题发展到极度不好时，才知道要维护平安。《史典·愿体集》

【小雪不见雪，大雪满天飞】 小雪：指小雪节。中国农历一年有二十四个节气，小雪节在十一月二十二日或二十三日这一天。大雪：指大雪节。在十二月六日到八日。此处有"大雪"节气和下大雪双重含意。意思是，小雪节时没有下雪，大雪节时肯定要下大雪。鄂东农谚。

【上看千仞不如下看一寸，前看百里不如后看一屣】 仞：古代长度单位。周制八尺为一仞，汉制七尺为一仞，东汉五尺六寸为一仞。屣：履，今称鞋。此处一屣指一步。比喻看问题应着眼现实和自己经历过的，不要空谈。《养正遗规》卷下

【久旱必有涝】 意思是，久旱之后，必然要连下大雨，有涝灾发生。鄂东农谚。

【文武之道，一张一弛】 文武：指周文王、周武王。道：治国的法则。张：弓拉紧弦。驰：弦松弛下来。原意是周文王、周武王治国之道，宽严结合。现比喻工作要有紧张有松快的时候，不能总是紧张，也不能总是松松垮垮，要紧松结合，适当。《礼记·杂记下》："张而不弛，文武弗能也；弛而不张，文武弗为也。一张一弛，文武之道也。"

【犬不以善吠为良，人不以诈唬为能】 吠：狗叫声。意思是，爱叫唤的狗，不一定是好狗。比喻咋咋呼呼的人不一定有才能。《庄子·徐无鬼》

【不从糟粕，安得精英】 意思是，不从糟粕里吸取有用的成分，怎么能得到精华呢？《小仓山房诗文集》

【不比不知道，一比吓一跳】 意思是，比较才能显出差别和

优劣。

【不怕不识货,就怕货比货】 货:泛指一切商品或实物。意思是,比较是识别好坏、真假最好的办法。

【不当家不知柴米贵】 比喻没有负责或没有管那件事,就不知道那件事的情况,那件事的难处。

【车到山前必有路】 意思是,到时候就有办法,或者办法总是有的。通常是工作不顺利或遇到困难时,增强信心和鼓励之语。

【少见则多怪】 意思是见的很少或者没有见过,就感到奇怪。换言之,之所以感到奇怪,就是因为没有见过。

【中看不中用】 意思是,表面好看的东西,不一定实用。比喻看事物要看它的本质或者要看它的实际使用价值。《红楼梦》第五十八回

【无行则不信,不信则不任,不任则不利】 行:德行,品行。意思是,没有德行就不能取得别人的信赖,不能取得别人的信赖就不会得到任用,不能得到任用就不会得到利益。《庄子·盗跖》

【见出以知入,观往以知来】 意思是,看到出去的是多少,就可以知道进来的是多少,或者看到出去的都是谁,就知道进来的是谁;同样道理,纵观历史,就可以知道未来。《列子·说符》

【见小利则大事不成】 意思是,眼睛总是盯在鸡毛蒜皮的小利上,这样的人干不了大事业。《论语·子路》

【内行看门道,外行看热闹】 门道:俗话叫道道,指事物的内在实质。例戏曲的唱、白、演、打等的功夫。意思是内行的人看实质,外行的人就看个表面。

【山不在高,有仙则名】 仙:神仙。意思是,山出名不出名,不在它有多高,而在它有没有神仙。通常比喻单位有没有名气,不在它是不是大单位,而是它有没有社会名人或做出先进的模范事迹。唐朝刘禹锡《陋室铭》

【日出早,雨淋脑,日出晏,晒杀雁】 晏:迟。意思是,太阳出

得早,就有雨;太阳出得迟,就是大晴天。宋朝罗大经《鹤林玉露》卷三

【日没胭脂红,无雨也有风】 没:沉没。意思是傍晚前,太阳沉没在胭脂红颜色的云层里,这样的景观出现时,预兆天气要变,不下雨也要刮大风。汉朝崔寔《四月民令》

【从大处着眼,从小处着手】 大处:指全局、整体。小处:指部分、具体事。着眼:出发点、立足点。着手:具体实施。意思是,做事要从全局整体出发,要从具体事一个一个做起,落实。

【月晕而风,础润而雨】 月晕:指月亮周围出现一道光环。础润:墙基础返潮湿润。意思是,月亮周围出现了光环是要刮风的预兆,墙基础湿润了是要下雨的预兆。宋朝苏洵《辨奸论》

【月亮长毛,大水吭嚎;月亮驮晕,挑水泅垡】 泅:浇水,灌溉。垡:垡田,指有地下泉水眼,常年不断水的地方。意思是,月亮周围有毛状云层掩映着,预兆要下大暴雨;月亮周围出现了一道光环似的云层环绕着,是要发生大旱的预兆,旱到泉水眼都干涸了的程度。鄂东农谚。

【乌云接日,明日不如今日】 意思是,太阳落在乌云层里,是明天有雨的征兆,天气不如今天好。《娄氏田家五行》

【以不变应万变】 意思是,坚持原则立场,发挥灵活的战略战术,应对千变万化的形势,立足于不败之地。

【功成者堕,名成者亏】 堕:毁败。意思是,功名成就了而不知退隐的人必定会毁败,名声彰显而不知韬光养晦的人必定会遭到损伤。功,名是无止境的,人的追求也应该是无止境的,这样,社会发展进步才能不停滞。因此,功成毁败,名成受损,是社会很不健康的大弊病。《庄子·山木》

【只有站得高,才能看得远】 比喻站的角度越高,分析判断问题的能力就越强,看得越清楚长远。

【旧事新提可为师】 意思是,过去的经验教训可以做现在的

借鉴,指导现在的工作。

【瓜田李下,古人所慎】 意思是,在瓜田李树下面,要小心谨慎,不要让人有偷瓜摘李子的嫌疑。比喻对敏感事情要注意避嫌。《北宋·袁聿脩传》:“瓜田李下,古人所慎。愿得此心,不贻厚责。”

【瓜田不纳履,李下不正冠】 纳履:穿鞋。正冠:扶正帽子。意思是,在经过瓜田时,不要弯腰穿鞋;走到李树下时,不要举手正帽子。免得别人怀疑偷瓜摘李子。比喻对敏感的事要特别注意避嫌,以免使人怀疑。《乐府诗集·清商曲辞六·来罗》

【处难处之事宜宽,处难处之人宜厚】 意思是,处理复杂棘手的事,应该以宽为宜;和难处的人相处共事,以厚道为宜。难处之人通常是对人苛刻,不通情理,对其厚道他不一定理解领情,否则不至于难处。最好的办法是对其“敬而远之”。《格言联璧·处事》

【圣人安其所安,不安其所不安;众人安其所不安,不安其所安】 所不安:指人为的安排。所安:指自然的安排。意思是,圣哲的人主动性很强,所以安于自然,却不安分适应人为的摆布;普通人则相反,依赖性很强,所以习惯于人为的摆布,却不安于自然。《庄子·列御寇》

【圣人以必不必,众人以不必必之】 以:认为。必:必然。意思是,圣哲的人对于必然的事物不与人持拗固执,没有争论;普通人却把非必然的东西看作必然,所以总是争论不休。《庄子·列御寇》

【决策于不仁者险,阴记外泄者败】 不仁者:泛指坏人或者道德品质差的人。阴计:指秘密计划、谋略。意思是,决策出于道德品质差的人之手是危险的,秘密被泄露就会失败。宋朝张商英《素书》

【老实人不吃亏】 意思是,忠厚实在的人有时难免不吃亏,但终究不会吃亏。在正常情况下一般是这样,但在特殊情况和社会变革或混乱时就不是这样。

【有钱难买回头看,头若回看后悔无】 意思是,回忆总结过去的经验教训,是非常重要的,可以避免错误重犯。清朝金埴《不下带篇》卷四:“有钱难买回头看,头若回看后悔无。”

【启乃心,沃朕心】 启:打开。沃:灌溉,肥沃。朕:皇帝自称,泛指“我”。意思是,奏章的基本要求应该是“打开你的心,灌溉我的心”。即用你的真诚率直的心,来使我得到欢心和满足。南朝梁代刘勰《文心雕龙 · 奏启》

【吃一堑长一智】 意思是堑:陷坑,比喻受挫折。意思是,受一次挫折增长一次见识。

【占小便宜吃大亏】 意思是不能贪小便宜。

【占不尽的便宜吃不尽的亏】 意思是,占便宜或吃亏的事是常有的,谁也不能避免。

【伤筋动骨一百天】 意思是,人伤筋断骨需要一百天才能恢复治愈。轻伤大概如此,重伤、粉碎性骨折、老年人骨折,可就远远不是一百天能恢复治愈的了。

【近水知鱼性,近山识鸟音】 比喻经常接触的事物,就会熟悉认识这些事物。说明人脑只能通过外界客观事物在大脑中的反应才能行成知识。《增广》

【名师手下出高徒】 意思是,名师技艺高深,经验丰富,品格高尚,带出来的徒弟也是高手。

【会笑的笑在最后】 意思是,不要高兴得太早了。言下之意,看结果吧。

【自酿的苦酒自己饮】 意思是,自己造成的恶果,自己承担,别人不会负责。

【自古瓜儿苦后甜】 比喻任何人,要想事业成功,必须先吃苦,艰苦奋斗,然后才能享受成功的甜头。

【自古盛衰如转烛】比喻历史上各个朝代的兴盛和衰败,像烛灯打转一样快,一样有规律。因为历史上的各个朝代,社会制度都大致同样,所以,他们的命运也只能都是一样的。清朝劳之辨《眺玄武湖歌》:"自古盛衰如转烛,六朝兴废同棋局。"

【观操守在利害时,观精力在饥疲时,观度量在喜怒时】意思是,看一个人的操行品德、精力、度量怎么样,要在关键时看他的表现如何。明朝吕坤《呻吟语·省察》

【孙悟空跳不出如来佛的手巴掌心】孙悟空:《西游记》中的主人公,通常叫孙猴,又名孙大圣。如来佛:神,专门管教孙悟空,给孙悟空头上戴上金匝圈,只要不服从,唐僧就念金匝咒,孙悟空就痛得在地上打滚。孙悟空一筋斗翻过十万八千里,但不管怎么翻,翻多远,仍没有翻出如来佛的巴掌。比喻任何人,即便本事再大,也逃不脱管控。

【走路不怕慢,就怕沿途站】站:停留。意思是,走路速度慢一点没有关系,沿途经常停留最耽误时间。比喻干事不能停停干干,这样效率很低,耽误大事。

【好汉长在嘴上,好马长在腿上】意思是,人靠一张嘴,能说会道就是本事;马靠四条腿能跑,腿强健有力就能显出马的力量。

【好小利必有大不利】意思是,贪图小利,必然要遭受大不利的后果。清朝冯班《纯吟杂录·家戒下》

【好胜必争,贪勇必辱】意思是,好胜心强的人,必然爱争斗;有勇无谋又自恃勇猛的人,必然要受到侮辱。宋朝林逋《省心录》

【竹子开花,百灾具发】竹子是不开花的,是因为气温偏高,发生干旱,且持续时间较长,竹子出现的一种病态现象。这样的异常气候,自然灾害自然比较多,所以有此农谚。

【鸡鸣早看天,未晚先投宿】出远门经验。意思是,鸡打鸣时,就起来看天气,决定一天的行程活动;天色还没有到傍晚,就先找一个能住宿的地方住下来。

【冬吃萝卜夏吃姜，大夫不用开药方】意思是，冬天多吃萝卜，夏天多吃姜，可以预防疾病。

【单刀看手，双刀看走】武术行语。手：指整个上肢。走：指整个下肢。意思是，单刀功夫关键是上肢的动作是否协调，双刀功夫关键是双腿动作的协调。

【势物之徒乐变，遭时有所用】势物之徒：依仗权势掠取财物的贪官。变：变故、变革、祸患。遭时：遇上时机。意思是，贪官总是一有时机就有所动作，依仗权势掠取财物。因此，他们总是热衷于所谓的改革、变故，甚至乐见灾祸，以便趁机混水摸鱼，抓住时机借改革、变故之口，大肆贪占，无所不及。《庄子·徐无鬼》："势物之徒乐变，遭时有所用，不能无为也。"

【苛碎无大体】意思是，做事、看问题太苛刻琐碎，就抓不住中心，看不到大局整体。《三国志·魏书·梁习传》

【苦口良医利于病，忠言逆耳利于行】意思是，忠言就像苦药有利于治病一样，虽然难以入耳，但有利于事业。

【若网在纲，有条而不紊】网：捕鱼的网具。纲：网的拉绳。比喻做事要抓住主要矛盾的主要方面。《尚书·盘庚上》

【狐腋非一皮能温，鸡蹠必数千而饱】鸡蹠：鸡脚掌。蹠，跖的异体字。意思是，狐腋皮裘很温暖，但是，一件皮裘不是一张狐腋皮所能制成；鸡脚掌好吃，要吃几千个才能吃饱。比喻再珍贵再好的东西，单独一个也不行，需要相当的数量才能管用。南朝梁代刘勰《文心雕龙·事类》

【朝霞不出门，暮霞行千里】意思是，早晨天空有云霞，预兆天要下雨；傍晚天空有云霞，预兆天气晴朗。宋朝罗大经《鹤林玉露》卷三

【理不谬摇其枝，字不妄舒其藻】意思是，在议讨问题时，在理论上不错误地动摇它的分枝，在文辞上不谬妄地发展它的辞藻。以防止跑题，防止动摇主题。南朝梁代刘勰《文心雕龙·议

对》

【饱带干粮,晴带雨伞】 比喻做任何事,要有预见,有准备。在形势顺利的时候,同时做好对逆境和可能出现的困难的准备。

【经一番挫折,长一番见识】 意思是,受到挫折不可怕,可以从中总结教训,增长见识。清朝申涵光《荆园小语》

【姜还是老的辣】 比喻老者还是比年轻人厉害有经验。

【前人失脚,后人把滑】 比喻后人吸取前人的经验教训,不重蹈覆辙。《余冬序录》

【前人吃跌,后人把滑】 意思与"前人失脚,后人把滑"同。清朝金埴《不下带篇》卷四

【前车覆,后车戒】 覆:倾翻。戒:警戒。意思是,把前面车倾翻作为后面车行走的警戒。比喻吸取过去的经验教训,不再重犯。《大戴礼记·保傅》引谚语

【前人的历史后人写】 意思是,当代人写不了当代历史,后人写前人的历史。因为没有利害关系之忧,就比较客观。

【前人的功过后人评】 意思是,后人评论前人的功绩和过错,供后人借鉴继承发扬。

【前事不忘,后事之师】 师:教训,榜样。意思是,记住过去的事,作为现在和今后的教训或榜样。《战国策·赵策》一

【前车之覆,后车之鉴】 意思与"前车覆,后车戒"同。

【信而后劳则诚,未信而劳则厉】 信:信任。劳:做事,劳动。诚:诚实,效力。厉:虐待。意思是,取得了信任,就会诚实地效劳;没有取得信任,要他做事,就会认为是虐待他。《论语·子张》:"君子信而后劳其民;未信,则以为厉也。"

【信而后谏则功,未信而谏则谤】 谏:直言相劝。功:成功。谤:诽谤。意思是,取得了信任而直言相劝,劝告就会成功;没有取得信任就直言相劝,就认为是诽谤他。《论语·子张》:"信而后谏,未信,则以为谤也。"

【家贫犹自可,路贫愁杀人】 意思是,在家里贫困还好点,可以有乡亲帮助接济,出远门身上没有钱,就愁得没有办法了,都人生地不熟,借都无处借。宋朝释道元《五灯会元》

【举一纲众目张,弛一机万事毁】 纲:网的纲绳。目:网眼。弛:废弛。机:机会,灵巧。毁:原文为"隳",意思与"毁"相同。意思是,举起纲绳一撒,所有的网眼都张开了。同样道理,做任何事,都要一个环节扣住一个环节,否则,有一个环节抓不住,一切事情都毁掉了。隋朝王通《中说·关朗篇》

【秋旱寒则冬必暖,春雨多则夏必旱】 梁代孝元皇帝《金楼子》卷四:"秋旱寒则冬必暖,春雨多则夏必旱。天地不能两(全)而况于人乎!"

【阵雨隔牛背】 阵雨:突如其来下一会就停的雨。意思是,阵雨下的面积不大,并且界限特别明显。

【蛇过堑拽尾巴】 比喻平时不努力,等到事情发生了,再去努力,已经晚了,来不及了。

【病多知药性】 意思是,一个人病多,经常吃药,所以很了解药性。比喻实践出真知。唐朝于鹄《山中自述》:"病多知药性,年长信人愁。"

【望雨看天光,望雪看天黄】 天光:天空放亮。天黄:天空云彩呈黄灰色。意思是,如果天空放亮,就可能有雨;如果天空云彩是黄灰色,就可能要下雪。《月令广义》

【善游者溺,善骑者堕】 溺:溺水。堕:摔下来。意思是,因为会游泳,往往麻痹大意,忽视安全,就容易溺水;因为会骑马,就容易产生麻痹思想,不注意安全,因而容易从马上摔下来。比喻麻痹大意,忽视安全,就容易发生事故。《太平御览·兵部·骑》

【善言不可离口,善药不可离手】 意思是,好话要常说,好药要常备。《困学纪闻》

【隔行如隔山】 行:指行业。意思是,不是干那个行业,对那个行业就不懂,就像隔着一座山一样生疏。

【照着葫芦画瓢】 比喻不会就照着样子做。

【棍打一大片,刀砍一条线】 武术行语。意思是,棍术是上打横扫,所以是打一大片,刀术是往前左右劈杀,所以是砍一条线。

【猪冷头,狗冷嘴,人从脚冷起】 因为猪头,狗嘴,人脚,都是肌肉、脂肪比较薄弱的部位,抗寒力较差,所以最怕冷,冷的感觉最灵敏。

【管人先管己】 意思是,领导者要起模范表率作用才能领导好群众。

【管树先管根,管人先管心】 心:思想。意思是,人跟植物不同,是有思想的,一切言行举动都是由思想支配的,所以,管人首先是要管好思想。

【磨刀不误砍柴工】 比喻做准备工作不会影响工效,耽误工期。

【嘴上无毛,办事不牢】 嘴上无毛:指没有长胡须的青年人。意思是,青年小伙缺乏工作经验,缺乏耐性,所以做事不牢靠。

【警钟长鸣,家家安宁】 意思是,经常进行治安教育,不断地提醒告诫,人人都提高警惕防范,就会不出或少出治安问题。

【整派者依源,理枝者循干】 意思是,整理支流要依靠源头,清理分枝要遵从本干。比喻清理问题或思路,要从主体出发。南朝梁代刘勰《文心雕龙·附会》

【犟牛挨鞭,犟人吃软】 意思是,脾气犟的人尽吃亏,所以有很强的逆反对抗心理,对这种人不能用强硬的办法硬逼,要用软的方法。

3. 求实调研

【调查是十月怀胎,解决问题是一朝分娩】 毛泽东《反对本本主义》:“调查就像‘十月怀胎’,解决问题就像‘一朝分娩’。”调查就是解决问题。比喻调查和解决问题的关系以及强调调查的重要性。

【口说不如身逢,耳闻不如目睹】 身逢:亲身经历。意思是,光说不如亲自干,听到的不如看到的真实。《资治通鉴·唐纪》

【千闻不如一见】 意思是,听到一千个人说,不如自己亲自看一次。《资治通鉴·梁纪》现在多用“百闻不如一见。”

【不是撑船手,休来弄竹竿】 比喻不懂就不要去插手。清朝李宝嘉《官场现形记》第三十二回

【不知庐山真面目,只缘身在此山中】 比喻身在事中,反而不知道真实情况。原诗为“不识庐山真面目,只缘身在此山中”。

【无以先入为主】 意思是,看问题,特别是调研,不要没有开始工作之前就主观定调定标准做结论,然后在调查中对照寻找事例对证。这样容易把特殊当普遍,把个别当一般,犯大错误。《汉书·息福躬传》:“无以先入之语为主。”

【水清则见毫毛,心清则见天理】 意思是,水清净了,就连一根毫毛都看得见;人的心清净了,没有私心杂念,就能发现天理良心。《薛文清公读书录·体验》

【水落石自出,事白情自明】 事白:事情真相大白。情:情况。自明:自然清楚明白了。意思是,把事情的根基和真相搞清楚了,事情就明白了。

【去粗取精,去伪存真】 意思是,去掉粗糙无用的,吸取精华有用的;去掉虚假的,保留真实有价值的。

【去看山头土,先看屋下人】 意思是,要想知道山头的土质怎么样,先看看山下住的人是怎么样,就清楚了。比喻向有实践经验的人学习。《七修类稿》

【打开板壁说亮话】 比喻不加隐瞒,有什么都直说,表示态度诚恳鲜明。

【打开窗户说亮话】 意思与“打开板壁说亮话”同。

【世历斯编,善恶偕总;腾褒裁贬,万古魂动】 偕:皆。意思是,世代的经历记在历史书里,善的恶的都记载;宣扬美的应该褒扬的,裁抑丑恶的应该贬斥的,使万古的人都惊魂动魄。南朝梁代刘勰《文心雕龙·史传》

【对事不对人】 一种工作方法。意思是,只说事,不点具体人名。这样既纠正了错误,教育了人,又不损害犯错误人的自尊心,便于自省接受教育,还不影响团结,效果较好。

【耳闻不如目见,目见不如足践】 足践:实践。意思是,听到的不如亲自看到的,看到的不如自己亲自去做。汉朝刘向《说苑·政理》

【耳闻为虚,眼见为实】 意思是,光听人家说,是虚的不可靠的;亲自去现场察看才是真实的,可信的。

【百闻不如一见】 意思与“千闻不如一见”同。《汉书·赵充国传》

【过了五里桥还顶不了五里路?】 比喻用同性质的另一种方式或别的事顶替了某件事也是可以的。

【伪诈不可长,空虚不可守,朽木不可雕,情亡不可久】 意思是,伪诈战术不可时间太长,空虚的阵地不能防守,腐烂的木头不能雕刻,感情破灭了相处不可能长久。总的意思是,没有真实可靠的基础,都不行《韩诗外传》。

【没那个金刚钻,别揽瓷器活】 比喻没有那种本事,就不要去干那种事。带有讥讽之意。

【听言不如观事,观事不如观行】 行:操作。意思是,听别人说不如看事情的真相,看事情的真相,不如看实际怎么操作的。强调真理的客观存在性。《付子·通志篇》

【传闻不如亲见,视影不如察形】 意思是,听人传说不如亲自去看,看它的表面现象不如看它的实际情形。《后汉书·马援列

传》

【沿波讨源，虽幽必显】 讨：探索。幽：隐微，深远。意思是，沿着波流向上的方向探索源头，即使很隐微很深远，也一定可以使它显露出来，找到它。比喻追根溯源，就可以搞清问题。南朝梁代刘勰《文心雕龙·知音》

【钦差大臣满天飞】 钦差：皇帝亲自派遣执行特殊任务的官差。毛泽东《农村调查的序言和跋》："我们党吃所谓'钦差大臣'的亏，是不可胜数的。而这种'钦差大臣'则是满天飞，几乎到处都有。"比喻打着上面的旗号，不做调查研究，不听下面的意见，耀武扬威，不负责任地胡批评乱指责，把本来很好的工作给搅乱了。毛泽东把这种人叫"钦差大臣"，把这种现象叫做"钦差大臣"满天飞。

【振叶以寻根，观澜而索源】 意思是，从枝叶追寻到根本，从观察波澜去探寻源头。南朝梁代刘勰《文心雕龙·序志》

【萝卜白菜，各有所爱】 比喻每个人的爱好各不相同。

【船破有底，底破有帮，帮破有钉】 帮：船帮。比喻事情虽然过去已经久远了，但总能寻找到事情的见证。

【眼见为实，耳听为虚】 意思与"耳闻为虚，眼见为实"同。

【善琴奕者不视谱，善相马者不按图】 奕：下棋。意思是，会弹琴、下棋的人，不看乐谱、棋谱；会相马的人，不按照图上画的样子去相马。比喻技术熟练的人做事不拘板。也比喻办事不能搞教条主义、形而上学。清朝魏源《默觚·学篇》

【锅头饭好吃，过头话难说】 前句反衬后句，比喻说话要讲分寸，不能说过了头。清朝钱大昕《恒言录》卷六

4. 认真慎重

【一是一，二是二】 意思是，实事求是，不夸大，不缩小。

【一鞭一条痕,一掴一掌血】 掴:用巴掌打。比喻说话做事实在,切中要害。明朝朱熹《朱子语类》卷十:“一棒一条痕,一掴一掌血。”

【一而再,再而三】 意思是,一次又一次,总是这样。此语中性,既可正面用,也可反面用。正面用,表示认真耐心,做到仁至义尽;反面用,表示顽固,不思悔改,一再重犯。

【丁是丁,卯是卯】 比喻做事认真有条理,不马虎,界限清楚,不混淆。《红楼梦》第四十三回

【三个不开口,神仙难下手】 意思是,大家都沉默不语,最难办了。清朝王濬卿《冷眼观》第二十九回

【寸火能焚云梦,蚁穴能决大堤】 云梦:泽名,在今湖北省安陆县南。比喻小隐患不注意,就会酿成大灾祸。《抱朴子·备阙》

【己自知而后知人】 意思是,自己应该先了解自己,然后才能了解别人。《鬼谷子·反应》

【凡事豫则立,不豫则废】 豫:同“预”,预备,准备。意思是,不管做任何事,事先有准备就可以确定去做,没有准备就放弃。《礼记·中庸》

【凡事尽从忙中错】 意思是,慌慌忙忙做事尽出差错。

【凡事皆有头】 头:完结。意思是,任何事情不管多么复杂多么难办,不能没完没了,总有个完结。

【凡事当留余地】 余地:剩余量。意思是,做任何事,计划不能订得太满,更不能超过可能性,要留有剩余量。明朝朱伯庐《治家格言》:“凡事当留余地,得意不宜再往。”

【凡见识出于道理者第一,出于气质者第二,出于世俗者第三,出于自私者为下】 见识:指意见、建议。气质:指人的心理、生理等素质。世俗:指当时的社会风俗习惯,尘世等。自私:指私心。意思是,任何意见建议,出于道理可以首先采纳,出于心理素质的放在第二位,出于世俗的放在第三位,出于私心的为最差。

明朝吕坤《呻吟语·补遗》

【凡话甭说过头】意思是,说话要留有余地,不要太冒;或者对人不能太苛刻。过头本身就是错。

【太正则易歪,太直则易弯】正:正派正直,与歪相对。直:正直,直率,与弯相对。意思是,人太正直正派了,容易遭受曲解和攻击。

【天无二日,人无二理】意思是,天上没有两个太阳,同样道理,真理只有一个。《西游记》第七十八回

【天无二日,国无二主】意思是,天上只有一个太阳,同样道理,国家只有一个领袖。

【世界上怕就怕认真二字】意思是,只要认真,什么事都可以做好。毛泽东《在莫斯科会见我国留学生和实习生时的谈话》

【自己有病劝别人吃药】意思是,自己有缺点错误,不但自己不检讨纠正,反而侃侃而谈别人如何如何,批评别人的缺点错误。比喻自欺欺人,掩饰错误。

【不见兔子不撒鹰】鹰:指专门训练调教用来狩猎的鹰。意思是,办事认真牢靠,没有把握的事绝对不干。

【不见鬼子不拉弦】中国抗日战争时期,人民群众用土制地雷伏击日本鬼子语。意思是,看不见日本鬼子,炸不准鬼子,就不拉动地雷的弦(线)。现比喻没有把握的事不做。

【见怪不怪,其怪自坏】意思是,看见奇怪的东西,不大惊小怪,镇静处理,奇怪的东西就会暴露出真面目。宋朝洪迈《夷坚三志己·姜七家猪》

【见人有善如己有善,见人有过如己有过】意思是,把别人的优点看作自己的优点,把别人的过错看作自己的过错。即虚心学习别人的优点长处,以别人的过错为借鉴。《尸子·治天下》

【什么药都可以买到,就是后悔药买不到】意思是,后悔是无济于事的,无用的。比喻遇事要先想好了再做,免得后悔晚了。

【宁先时，勿后时】 意思是，做任何事情，宁可赶在时间的前面，不要落在时间的后面。《陈确集·瞽言》

【宁先时，毋后时】 毋：不。意思是不论干什么事，要抢在时间、季节的前面，而不能拖到时间、季节的后面。

【打一备二眼观三】 意思是，干着一个准备着一个再想着一个。即干事要想得周到长远，不能只顾眼前，不考虑长远的。

【正其末者端其本，善其后者慎其先】 意思是，只要根本端正，那么，他的其他细节方面也是端正的；要有个良好的结果，那么，在开始的时候，就必须谨慎行事。晋代潘岳《藉田赋》

【打破砂锅璺到底】 璺：陶瓷、玻璃等器皿上的裂纹。比喻把事清追究到底，不搞彻底清楚不罢休。现在都用“打破砂锅问到底”。“问”与“璺”谐音。

【处世还须称晚来，逢人且莫夸畴昔】 畴昔：往日，以前。意思是，在处世当中，应当考虑今后会怎么样，而不应当在别人面前夸耀自己以前的事。《射阳先生存稿·忆昔行赠汪云岚分教巴陵》

【处其厚不居其薄，处其实不居其华】 厚：指厚道。薄：指刻薄。实：朴实，实在。华：浮华不实。意思是，和别人相处，对人要厚道，要朴实，而绝不能刻薄，虚华不实。《老子》

【处人不可任己意，处事不可任己见】 意思是，和别人相处，处理问题，不能固执己见，强求别人服从自己。明朝吕坤《呻吟语·识见》

【处事以智，不如守正】 以智：用脑子对付。守正：遵守规矩。意思是，遇事要小聪明，绞尽脑汁辩解对付，还不如遵守规矩不惹事。清朝申居郧《西岩赘语》

【失之毫厘，差之千里】 比喻开始稍微差一点儿，结果会造成很大的错误。《史记·太史公字序》也说：“失之毫厘，谬之千里。”

【遇事问个为什么，盲从害己又害国】 意思是，遇到非正常的事，应该冷静地分析一下，不能盲从。

【死马当活马医】 比喻事情已经很糟了，好转的希望不大。但是，仍旧抱着好转的希望，尽最大努力去争取好转。

【动则三思，虑后而行】 意思是，做任何事情，都必须经过再三思考，然后才能行动，不能莽撞行事。《三国志·魏书·杨阜传》

【动必三省，言必再思】 三省：多次反省。意思是，说话做事要经过反复多次思考后，才能说，才能去做，避免错误。《白居易集·策林》

【地不种就荒，人不动就懒】 比喻人不爱劳动就会成懒汉，就跟地不种荒芜了一样，没有价值。

【地要天天扫，脸要天天洗】 比喻人应该运用批评和自我批评（古人叫自省、悔过）的方法，使自己始终保持思想品行的健康端正，不入邪变坏。毛泽东《论联合政府》："我们曾经说过，房子是应该经常打扫的，不打扫就会积满了灰尘，脸是应该经常洗的，不洗也就会灰尘满面。我们同志的思想，我们党的工作，也会沾染灰尘的，也应该打扫和洗涤。"

【肉自生虫，人自生祸】 意思是，肉生虫是自身的原因造成的，同样道理，人惹祸，也是自己招引的。汉朝桓谭《新论》

【先唱者穷之路，后动者达之原】 意思是，事先没有考虑成熟就盲目行动，就会陷于穷途末路；深思熟虑，有了把握再行动，就有了成功的根据。《淮南子·原道训》

【先事虑事，先患虑患】 意思是，应该在办事之前就把事情考虑好，充分考虑到克服可能发生的困难和障碍措施办法。《荀子·大略》

【犯法的事不做，杀人的药不吃】 比喻不做犯法犯罪的事。反过来说，只要不是违法犯罪的事都可以做。

【杀住苗头，防患未然】 意思是，把坏事解决在萌芽状态，使其不至于形成祸患。

【如人饮水,冷暖自知】比喻只有亲自实践才能真正认识事物;别人未经过,其经历的艰难困苦体会不到,只有自己体会得到。宋朝岳珂《桯史》:“如鱼飲水,冷暖自知。”

【好说己长便是短,自知己短便是长】长:指长处,优点。短:短处,缺点。意思是,好夸耀自己的长处而不知道自己的短处,本身就是短处;知道自己的短处,本身就是长处。清朝申居郧《西岩赘语》

【好事须相让,恶事莫相推】意思是,对好事要互相推让,对处理坏事要争着去做,不要互相推诿。《全唐诗·补逸》卷二

【怀重宝者不以夜行,任大功者不以轻敌】意思是,身上带着贵重宝物的人,夜晚不赶路;担任重大军务的人不轻视敌人。《战国策·赵策》

【抓而不紧,等于不抓】毛泽东《党委会的工作方法》:“抓而不紧,等于不抓。伸着巴掌,当然什么也抓不住。就是把手握起来,但是不抓紧,样子像抓,还是抓不住东西。我们有些同志,也抓主要工作,但是抓而不紧,所以工作还是不能做好。”

【身不正则人不从】意思是,自己身行不端正,作风不良,别人就不会听从你。《尸子·神明》

【实胜善也,名胜耻也】意思是,实际才能胜过名声或胜过别人,这才好;徒有空名,这是可耻的。

【空口无凭,立字为据】意思是,人与人之间的相互来往,如借贷、商务、劳务,事先双方要平等协商形成一个文字的手续作为依据,否则发生矛盾无据可查。

【事莫待来时忍,欲莫待动时制】事:指问题。忍:忍耐,制止。欲:欲念,贪欲。动:行动。制:克制。意思是,对问题要有预见和准备,不要等到问题来了再去制止;对邪念要及时清除,不要等到开始有行动了才去克制。三国魏徐干《中论·贵验》

【事不三思，终有后悔】 意思是，做事不经过再三慎重考虑，草莽行事，终久会有一天要出差错后悔的。明朝冯梦龙《古今小说·陈御史巧勘金钗钿》

【事不三思终有悔，人能百忍自无忧】 意思是，凡事如果不再三思考，明确利弊得失，就会发生失误，后悔就来不及了；所以，遇到不利的事能够忍耐，就不会有忧虑。明朝冯梦龙《醒世恒言·一文钱小隙造奇冤》

【事必要其所终，虑必防其所至】 意思是做事要考虑到后果，防止意外的事发生。明朝吕坤《呻吟语·补遗》

【择善必精，执中必固】 执中：无过无不过，正合适。意思是，选择好的，必须精益求精；坚持正确的，必须思想坚定不动摇。清朝王夫之《尚书引义·大甲》

【明者慎微，智者识几】 几：很少，很微小。意思是，精明有智慧的人，对细小的事情都能保持谨慎。《后汉书·陈钟列传》

【闻正言，行正道，左右前后皆正人】 意思是，听正直的话，做正直的事，围绕你身边的就会都是正直的人。《资治通鉴·汉纪》

【差之毫厘，谬之千里】 谬：差错。意思是，一点微小的错误，会造成巨大的差错。

【举大事者不计小怨】 意思是，干大事业的人，不计较个人之间的小恩小怨。《资治通鉴·汉纪》

【思其始而成其终】 意思是，做事开始要周密思考，做起来后要坚持做完。做到善始善终，有结果。《左传·襄公二十五年》

【律己宜带秋风，处事宜带春风】 处事：与别人相处。意思是，对自己要像秋风扫落叶一样严厉，对待别人要像春风般的温暖。清朝张朝《幽梦影》

【律己足以服人，量宽足以得人，身先足以率人】 律己：严格要求自己。量宽：肚量大，对别人宽宏大量。身先：身先士卒，遇事代头做。率人：作表率或率领别人。意思是，遇事严格要求自

己,就足以服人;对人宽宏大量,就足以得到人;干工作身先士卒,就可以率领别人。宋朝林逋《省心录》

【拳不离手,戏不离口】 拳:拳术。意思是,拳术必须经常练习,戏必须经常唱,才不生疏忘记。

【铁怕落炉,人怕落套】 落套:中了圈套。意思是,铁虽然很坚硬,但一落入烘炉被烈火一烧,就变得很柔软了,任凭锤打;人要是落入了设计的圈套,就没有办法不受摆布了。

【酌古御今,治繁总要】 意思是,写奏章来处理当今的事务,要斟酌借鉴古代的经验,处理繁多的头绪能抓住要害,使主题突出,论述透彻有据,道理清晰明了。南朝梁代刘勰《文心雕龙·奏启》

【能事莫促迫,快手多粗疏】 意思是,做事不要仓促急迫,一味地图快的人,做事多半粗心大意,疏忽闯祸。宋朝陈师道《答无咎画苑》

【道高一尺,魔高一丈】 道:原指道人。魔:原指妖魔。通常比喻你的招数计策高妙,我的计谋更高妙。也说"魔高一尺,道高一丈"。

【摸着石头过河】 比喻因为某事从未有人做过,没有经验可以借鉴,只得摸索着做,边做边摸索,边摸索边做。

5. 果断理智

【一锤定音】 原指制造铜锣时,最后一锤定其音色。后来借喻研究讨论问题,一句话做出最后决定。

【一发不可收拾】 意思是,事情一发生就收不住,无法控制。《官场现形记》

【一锤子买卖】 意思是,一次性交易,有赌注或不顾后果之意。也表示做事干脆利索。

【二一添作五】原是珠算的一句口诀:二除以一得五的意思。通常比喻事情处理得很爽快,双方谁也不吃亏,就这样定了。

【人不说不知,木不钻不透】比喻要把话说清楚,把道理讲透彻,让人家知道理解了。元朝无名氏杂剧《冻苏秦》

【三十六计,走为上计】三十六计:泛指各种计策计谋。上计:最好的计谋。是指这种情况的最好计谋,而不是指"三十六计"中的最好计谋。意思是,事情闹到这种地步,别的办法没有,只有走。《儒林外史》第五回

【三十六着,走为上着】意思与"三十六计,走为上计"同。《水浒传》第二回

【三十六策,走是上策】意思与"三十六计,走为上计"同。《南齐书 · 王敬则传》

【大人不斗小人心】大人:对对方的恭称。小人:自我谦卑称乎。意思是,你是高尚有肚量的人,不跟我这小人制气。请求饶恕。

【见好就收】意思是,做事要适可而止,达到目的就可以,不要过火,过火适得其反。

【东隅已逝,桑榆非晚】东隅:早晨。桑榆:傍晚。意思是,早晨失去的东西,晚上再努力补回来,还来得及。比喻工作开始有失误,但如果努力做补救,还是可以挽回的。唐朝王勃《王子安集 · 滕王阁诗序》

【巧者寸力拨千斤】巧者:善于用巧劲的人。寸力:极小的力量。千斤:极重的物体。意思是,善于用巧劲的人,用很小的力量就能战胜强大的对手。杠杆作用就是如此。

【处有事当如无事,处大事当如小事】意思是,遇事要沉着冷静,从容不迫,有信心,不要顾虑害怕。《琼琚佩语 · 政术》

【动之以情,晓之以理】意思是,做人的思想工作,帮助别人

改正错误,要有真情实意,动人心弦的态度,把道理说明白。

【当断不断,反受其乱】 断:决断。意思是,情况清楚,分析判断准确无误,应当做出明确的决断,而犹豫不决,不做出决断,反而要遭受其混乱的苦头。《史记·齐悼惠王世家》引古语

【众志多疑,不如独决】 意思是,大家的想法不一致,疑虑太多,这时,不如一个人做出决断。明朝刘基《郁离子·多疑不如独决》

【观书当观其意,慕贤当慕其心】 意思是,看书应当看他的立意,仰慕贤人应当仰慕他的高尚思想。唐朝刘禹锡《辩迹论》一首

【初生牛犊不怕虎】 比喻青少年涉历浅,缺乏社会经验,不知利害因而做事胆大,不顾后果。《三国演义》七十四回引俗语

【初生之犊不怕虎】 意思与"初生牛犊不怕虎"同。

【初生之犊不畏虎】 意思与"初生牛犊不怕虎"同。

【知而弗为,莫如勿知】 弗:不。意思是,知道了道理而不去做,还不如不知道。《孔子家语·子路初见》

【留得青山在,不愁没柴烧】 比喻失败了不要失去信心,只要保住老本,就会有希望。

【轻诺必寡信,多易必多难】 意思是,爱轻易许诺的人,必然少信用;把事情看得很容易,做起来必然会遇到很多困难。《老子》

【射者不与罗者竞多】 射:用弓箭射鸟。罗:用网捕鸟。竞:竞赛。意思是,条件不同不能相比。《淮南子》

【临事贵守,当机贵断,兆谋贵密】 意思是,事(危难事)到临头时,贵在保持操守;在关键关头,贵在能当机立断;预先的谋略,贵在周密。清朝申涵煜《省心短语》

【理胜则事明,气忿则招怫】 忿:愤。怫:不满,怨恨。意思是,以理服人,人家就会明白事情;怒气冲天,就会招致不满和怨恨。《琼琚佩语·接物》

【箭在弦上,不得不发】 意思是,事已迫在眉睫,不得不这样,必须干。《三国演义》第三十二回

6. 辨析应变

【一滴水可知大海】 意思是以小见大。当然这是一种推理,可以知道某一方面,但要知道整体还不行。

【二马盘槽,必有一卒】 中国象棋经验语。意思是,当棋奕到残局时,一方完全失去了进攻能力,但仍有士、象可走;而另一方却有双马在对方士路周围轮番进攻,但士、象可以别住马腿保护帅。因此,双马虽然有很强的进攻能力,却不能将死对方的帅。但这时如果双马方还有一卒,马掩护卒,卒丈马势,就很容易将死对方的帅而取胜。

【门面话少不得,门面事做不得】 门面话:表面客套话。门面事:专门做给别人看的华而不实的表面事。意思是,在交际中,相互之间客套话必须有;而做事却不能这样,要实在。

【三虎必有一彪】 彪:幼虎。意思是,三只老虎在一起,其中肯定有一只是幼虎。老虎一般是独行,只有哺育幼虎时,雌虎和雄虎才可能在一起,所以有此说。

【三驾马车,必有一辕】 三驾马车:三匹马拉的车。一辕:一匹驾辕的马。比喻三个人在一起,必然有一个是为主的中心人物。

【三人占,则从二人之言】 意思是,三个人在一起发表意见,最后总是一个人服从两个人的一致意见。即少数服从多数。《尚书·洪范》

【万花筒里看世界】 比喻世界是五彩缤纷,变化莫测的,让人眼花缭乱。

【万变不离其宗】宗:宗旨,本质。意思是,不管怎么变化,本质是变化不了的。

【上游最辛苦,下游打屁股,中游最舒服】上游:指先进、模范。下游:指后进,落后。中游:指既不先进也不落后。意思是,先进、模范辛苦难当,落后挨批评不好受,当个不先进也不落后的中游既不辛苦也不挨批评最好。实际这也是一种落后思想。

【小巫见大巫】巫:迷信职业者,所谓替人祈祷降神,除灾驱邪灭病。意思是,小巫见了大巫,法术无法施展,相差甚大。比喻相形见绌。汉朝陈琳《答张紘书》

【飞鸟知方向,人急易误途】意思是,做任何事,在任何时候,遇到任何情况要沉着镇静,不能犯急,不然要犯方向上的错误。

【无受天损易,无受人益难】天损:大自然的损害。益:利益,好处。意思是,人要不受大自然的损害容易,而要不接受别人的利禄或者好处就很困难。《庄子·山木》

【心病终须心药治,解铃还是系铃人】意思是对症下药。比喻思想矛盾就得用思想工作方法解决,或者说,不同的矛盾用不同的方法解决。《红楼梦》第九十回:"心病终须心药治,解铃还是系铃人。"

【不可同日而语】意思是,不是一个时间的事不能放在同一时间内谈论。形容差距或变化很大,不能相提并论。宋朝胡仔《苕溪鱼隐丛话全集·洪觉范》

【不是张三就是李四】意思是反正就是那几个人,但究竟是谁就不清楚。

【反其道而行之】其:他的。道:道理、公理、真理。行:做、干。意思是,反着做,反着干,倒行逆施。通常指违背真理的反动行为。

【反其意而用之】其:他的。意:意思,用意。用:使用,运用。之:它。意思是,与他的或原来的本意反过来使用。宋朝严有意

《艺苑雌黄》

【反皮负薪,毛将安附】 意思是,为了爱护皮衣的毛,把皮翻过来背柴,这样,好像保护了毛,可是,皮磨破了,毛附在哪里呢?意思是,毛还是保护不了。比喻做法愚蠢。《盐铁论·非鞅》:“无异于愚人反裘而负薪,爱其毛,不知其皮尽也。”

【只可意会,不可言传】 意思是,用语言表述不了,只能凭感觉去体验。

【对具体问题作具体分析】 毛泽东《学习和时局》:“列宁说,对于具体情况作具体的分析,是‘马克思主义的最本质的东西,马克思主义的活的灵魂。’我们许多同志缺乏分析的头脑,对于复杂事物,不愿做反复深入的分析研究,而爱做绝对肯定或绝对否定的简单结论。”

【知是非之不可为分,细大之不可为倪】 倪:溺小。事物细微的初始。意思是,知道是与非的界限不能绝对划分,也懂得细小和巨大不可能确定绝对的界限。因此,一切在思想。《庄子·秋水》

【齐竽真伪不难知】 古代故事“滥竽充数”:齐宣王喜欢合奏,每次听吹竽必须有三百人的乐队集体合吹,南郭处士每次混在乐队里为齐宣王吹竽。齐宣王死后,齐泯王喜欢独奏,要听一个一个地为他吹竽。南郭先生本不会吹竽,合奏可以混,独奏混不下去了,只好偷偷逃跑了。比喻每个人的单独考核,真假本事立即可知了。唐朝黄滔《省试——吹竽》

【决心来源于把握,结果萌自于开始】 意思是,有无决心决定于对事情是否有充足的把握,结果好坏产生于开始对事情的认识分析研究和准备。

【羊毛出在羊身上】 比喻给予的,其来源是从授予那里取得的。

【好戏在后头】 通常比喻事情的关键处还没有出现。

【迹履之所出,而迹岂履哉】履:鞋。这里用作足的代称。意思是,足迹是用脚踩出来的,然而足迹难道就是脚吗!《庄子·天运》

【彼亦一是非,此亦一是非】意思是,那是一种是非观念,这也是一种是非观念。指同一种事物从不同的角度来衡量就有不同的是非标准。《庄子·齐物论》:“是亦彼也,彼亦是也,彼一是非,此一是非。”

【彼一时,此一时】意思是,那时是那时的情况,现在是现在的情况。指时间不同情况也不一样。《警世通言》卷三十一

【临事患不能辨】意思是,遇到任何事情,最怕的是不能辨明真假虚伪。《逊志斋集·自省》

【览文虽巧,检迹知妄】意思是,看文字虽然说得很巧妙,但是,对于强词夺理似是而非的东西,经过考求实际,就知道那个道理是错的。南朝梁代刘勰《文心雕龙·论说》

【看到的未必真】意思是许多东西,即便是亲眼所见,也未必就是真的,因为任何事情都有表象,有因果。看到的不一定是本质和事因。

【流丸止于瓯臾,流言止于智者】瓯臾:瓦器。意思是,石丸滚落到地坎处就滚不动,停留下来了;流言蜚语遇到有见识有智慧的人,就会被识别出真伪,也就停止传播了。《荀子·大略》

【麻雀虽小,五脏俱全】比喻事物虽然规模很小,但他的各个组成部分或各个方面的结构却很全面。不能简单行事,同样要认真对待。这样,工作起来,可以以小见大。也说“麻雀虽小,肝胆俱全”。

7. 原则公理

【一人难中百人意,百人难共一条心】意思是,人各有所好,

各有自己的利益,一件事要所有的人都中意,都一个想法,是很困难的。

【一碗水端平】 意思是平等相待,同等看待,不要厚此薄彼。

【八九不离十,见好就收】 意思是差不多,要求不高,但也不要差得太多,出了原则。基本可以就行了。这种思想观念,不精益求精,忽视标准规范,是产品质量的大患。

【人该省事,不可怕事】 该:应该。省:少。意思是,人都应该少惹事,但是也不要怕事。清朝申居郧《西岩赘语》

【三人抬不过个理字去】 比喻人应该讲道理,否则,人再多,势再众,不讲理总是不行的。《红楼梦》第六十五回

【亏众不亏一】 意思是,宁可集体吃点亏(损失不大),也不能亏待了个人。因为个人亏了,对个人而言,损失大,承受不起。

【天字第一号】 旧时用《千字文》来编排次序,"天地玄黄"是第一句,"天"字是第一句中的第一个字,所以是第一号。同时,在人看来,"天"也是最大的。后用以指第一、头等、最大的事,压倒一切的事。《水浒传》第二十一回

【不疑人之所疑,而疑人之所不疑】 意思是,别人都怀疑的地方就不必提出,别人不敢或没有发现怀疑的地方,要敢于提出疑问。即要敢于提出个人的见解,不要跟风盲从。明朝方以智《东西均·疑何疑篇》

【千人诺诺,不如一人谔谔】 诺诺:唯命是从,顺从的样子。谔谔:坚持真理,直言争辩的样子。意思是,很多人都唯命是从,顺从听话,不如有一个敢于坚持真理,直言争辩的人。《史记·商君列传》引古语:"千羊之皮,不如一狐之腋;千人之诺诺,不如一士之谔谔。"

【小识伤德,小行伤道】 小识:小知,肤浅的知识。小行:小有所成。意思是,小有所知自以为深知,就会损害德行;小有所成就认为什么都懂都能,就会伤害自己对真理和事物发展规律的认

识。《庄子·缮性》

【从善如登,从恶如崩】 意思是,做好事像登山一样难,做坏事的回报,像山崩那样快,那样不可阻挡。《国语·周语》

【公生明,偏生闇】 闇:同暗。意思是,出于公心,做事就明朗;出于私心,做事有偏向,就昏暗不清。《荀子·不苟》

【正其行而不苟活于世】 意思是,要使自己的行为端正,就不能随便附和世俗。汉朝陆贾《新语·辨惑》

【本末不可倒置,首尾不可颠倒】 本末:树的下部和上部。首尾:头和尾。比喻事物的客观性不能违反。

【世界上没有最好,只有更好】 意思是,好与不好,或者好与坏,都是相对的,不是绝对的。

【去规矩而妄意度,奚仲不能成一轮】 规矩:指圆规、曲尺。奚仲:我国古代制造车的创始人。意思是,抛弃了圆规和曲尺,而随意妄为,就连奚仲那样的造车专家,连一个车轮都不能制成。意思是,人活在世上,办任何事,都要遵守规矩,否则,就什么都干不成。

【中心只有一个】 中心:处在中间的位置,例如圆心,国家机构的中央,就是中心。通常工作中最紧急最重要,必须全力投入第一个要做的工作,叫中心工作,其他各项工作只能围绕这个中心工作来做。不能搞多中心论,因为多中心就是无中心。

【处明者不见暗中一物,处暗者能见明中区事】 区事:小事。意思是,身处明处的人,看不见暗处的任何东西,而处在暗处的人,却看得见明处的小东西。《关尹子·一字》

【守如处女,出如脱兔】 处女:比喻极为沉静。脱兔:比喻极为迅速灵敏。意思是,防守要像处女一样沉静,出战要像逃跑的兔子一样快捷。《红楼梦》第七十三回

【有理走遍天下,无理寸步难行】 理:道理,真理。意思是,只要有道理,真理在手中,没有过错,到哪里都行;如果无道理,本来

就有错不承认,到哪里都说不过去。

【有谔谔争臣者,其国昌;有默默谀臣者,其国亡】 谔谔:坚持真理,直言争辩的样子。争臣:忠臣,爱说真话的臣子。默默:默言不语,顺顺服服的样子。谀臣:阿谀奉承的奸臣。意思是,民主气氛好,人们敢说话,国家就昌盛;没有民主,人们都不敢说话,都阿谀奉承,唯唯诺诺,国家就会灭亡。汉朝韩婴《朝诗外传》卷十。

【先者难为知,后者易为攻】 意思是,先做的人,没有实践经验可借鉴,对事物的规律还不认识,做起来就很难;后做的人可以借鉴学习先人的经验,就很容易做了。《淮南子·原道训》

【会者不难,难者不会】 意思是,因为会干,所以觉得不难;其所以感到难,是因为不会。也说:"会家不忙,忙家不会。"

【各家的孩子各人抱走】 比喻某项事或某件工作在进行中或接近尾声,所在参与单位、部门,把各自职责范围内的事在限定时间内完成。

【名实者,圣人之所不能胜也】 意思是,名声和实利,就是圣人也不可能超越。即追求名誉利益是人之本性,人人如此。《庄子·人间世》

【多中心就是无中心】 意思是,在一定的时间内,在一定的区域内,在一定的范围内,在一定的系统内,只能有一个中心,不能有两个以上的中心,否则就没有中心,就要陷于无政府混乱状态。

【坏蛋见不得真理,蝙蝠见不得阳光】 用后句比喻前句,说明坏人像蝙蝠害怕阳光一样,害怕正义和真理。

【河水不犯井水】 比喻互不侵犯或互不扰,也比喻相互之间分清解线。也说"井水不犯河水。"

【严冬已到,春天就不远了】 通常比喻在困难时坚定胜利的信念,看到胜利的前途。

【事来无取三思,疑中总无一是】 意思是,事情来了,还没有决定取舍,就疑虑重重。这样处在怀疑之中,就总是觉得一无是

处。即在紧急特殊情况下,做事要果断,不能犹豫不决。清朝申居郧《西岩赘语》

【南人不梦驼,北人不梦象】驼:骆驼,我国主要是西北有。象:大象,我国主要是西南有。梦:梦见。比喻人的意识是由社会和自然界的存在决定的。明朝叶子奇《草木子》

【看事容易做事难】意思是,看到别人干什么,觉得很容易,自己亲自去做,就知道难了。不要把什么事情都看得那么容易。

【泉水越掘越清,真理越辩越明】比喻真理像泉水一样,越往深里掘就越清楚明了。也比喻真理不怕辩论。

【谁家的孩子谁家抱走】意思与“各家的孩子各人抱走”同。也说“各人的孩子各人抱走。”

【理论不和实践相联系,就变成空洞的理论;实践不以理论为指南,就是盲目的实践】毛泽东《“农村调查”的序言和跋》:“斯大林的话说得对:‘理论若不和革命实践联系起来,就会变成无对象的理论。’当然又是他说的对,‘实践若不以革命理论为指南,就会变成盲目的实践。’”

【菑人者,人必反菑】菑:“灾”的异体字。菑人:害人。意思是,害人的人一定会被别人所害。《庄子·人间世》

【道固不小行,德固不小识】道:真理,事物规律。小行:小有所成。小识:小知,肤浅的知识。意思是,真理和事物的规律广荡无涯,本不是小有所成的人能够认识遵循的;人类的普遍道德布遍万物,本不是小有所知的人能够鉴识的。《庄子·缮性》

【势为天子未必贵,穷为匹夫未必贱】意思是,势大为天子,未必就尊贵;穷困为普通百姓,未必就卑贱。《庄子·盗跖》

8. 片面拙劣

【一退六二五】原是指珠算斤两口诀。因为十六两制中,一被十六除,正好是六二五。“退”与“推”是谐音,后来就借用此语,表示把责任推得干干净净。也说“一推六二五。”

【一鼻孔出气】贬义语。比喻向着错误、非正义的一方,同错误、非正义一方一个态度,立场、观点完全相同。

【人从小看大】意思是,人小时候怎么样,成人以后就是怎么样。这是一种用固定眼光看问题的形而上学的观点。因为人同一切事物一样,在一定的环境条件下,是可变的,特别是少年儿童,可塑性很大。

【山中人不信有鱼大如木】比喻人的认识受客观存在的局限。也比喻人的正确思想认识来源于周围的客观存在。《颜氏家训·归心》

【干事拍脑袋,等于瞎胡来】意思是,凭热情、想当然、主观臆断,会把事情办坏。

【三岁看大,七岁看老】意思是,人的身体,性格、习性,有先天遗传因素,因此,大体可以看出长大和到老的状况。

【不知天高地厚】批评语。意思是,什么都不懂还狂妄。

【不到临头不着急】临头:事已到眼前,就要发生了。意思是慢性子,或者是做事无预见无准备无计划,到时候应付。

【井中捞月一场空】通常比喻看错了对象,什么也捞不着,徒劳。也说“水中捞月一场空”。

【见人挑担不吃力】意思是,自己不干,总以为别人做事很轻松很容易。清朝张南庄《何曲》第五回

【牛头不对马面】比喻跟事实完全不符,是两码事。也比喻所答非所问,完全说错了。

【牛头不对马嘴】意思与“牛头不对马面”同。《警世通言》第十一卷

【牛不喝水强按头】比喻强迫别人做不愿做的事。或者比喻强迫是不会成功的。《红楼梦》第四十六回

【公有公理,婆有婆理】公:指丈夫的父亲、儿媳的公公。通常比喻各人强调各人的道理,认识统一不起来。

【公有公理,婆有婆理;事实雄辩,由不得你】意思是,都强调自己占理,但是,事实胜于雄辩,强词夺理没有用。

【风马牛不相及】风:放逸,走失的意思。原文意思是,齐国与楚国相距很远,即使马牛走失,也不会跑到对方境内。一说兽类雌雄相诱叫做风,马与牛不同类,不致相诱。后用以比喻事物之间毫无相干。《左传·僖公四年》:“君处北海,寡人处南海,唯是风马牛不相及也。”

【水多加面,面多加水】比喻做事心中无数,稀里糊涂往前干,干到什么程度是什么程度。

【水来土挡,兵来将挡】比喻工作事先无预见,只能被动应付。也用以比喻是什么事就怎么对付。

【水来土掩,将至兵迎】意思与“水来土挡,兵来将挡”同。《三国演义》第七十三回

【宁信鞋样,不信脚长】意思是,宁可相信取的鞋样,也不相信自己脚的大小。寓言故事楚人买鞋:有个楚人到街上去买鞋,事先,他在家里照脚做了一个鞋底样,准备按照这个鞋样去街上买一双自己穿的鞋。结果到鞋铺后,发现鞋样忘了带来。于是,他就对店老板说,我的鞋样没有带来,我回去拿鞋样来。店老板说,你自己穿的鞋,要什么鞋样呢?穿着试试不就行了吗?楚人说,我那鞋样是我亲自按照我的脚做的,按照鞋样最合适。于是,他又跑回了家。店老板只好摇头叹息。比喻宁可相信教条,也不相信实际。

【头发长,见识短】轻视女性语。短:少。意思是,女性知识少,少见识。

【未信而谏,人以为谤】意思是,还没有取得别人对自己的信任,就对人家直言提纠正问题的意见,人家就会以为是在对他进

行诽谤。《论语》

【只知其一，不知其二】意思是，一知半解，认识片面，对事情了解不全面，只知道某一方面，而不知另一个方面。苏轼《录进单锷吴中水利书》："知之其一而不知其二，知其末而不知其本，详于此而略于彼。"

【只见树木，不见森林】意思是，思想片面，看问题不看整体、全局。

【矢人唯恐不伤人，做盾唯恐不护身】矢人：制作箭的人，用箭射人。意思是制作箭的人，唯恐他制作的箭不能杀伤人。或者，拿箭射人的人，生怕他射出去的箭不能杀伤人。而做盾牌的人，唯恐他制作的盾牌被箭射穿，不能保护人的身体免受伤害。比喻站在什么立场上，就会做什么事，而且希望效果最佳。《孟子·公孙丑上》

【对牛弹琴，不入牛耳】比喻说话不看对象，白费口舌。也比喻对别人的话根本不予理睬。汉朝牟融《理惑论》

【羊吃麦苗叫牛去赶】赶：驱赶。羊爱吃麦苗，牛更爱吃麦苗，毛病嗜好一样，牛不但驱赶不了羊，还跟羊一起吃麦苗。比喻用人不当。让有同样毛病的人阻止坏事，结果非但阻止不了坏事，反而参与一起干坏事，使事情变得更坏。

【羊去吃草，鹅去赶】赶：驱赶。意思与"羊吃麦苗叫牛去赶"同。清朝王有光《吴下谚联》卷二

【守株待兔，枉用心神】守株待兔：寓言故事，《韩非子·五蠹》："宋人有耕者，田中有棵，兔走触株，折颈而死，因失其耒而守株，冀复得兔。"意思是，守着树等待兔子触撞树折颈而死，去检兔子。这是完全不可能的事，是白白地枉费心机的愚蠢行为。比喻死守狭隘经验或妄图不付出代价而侥幸取得成功，是可笑而又愚蠢的行为。《景德传灯录·钦山文邃禅师》

【决而不议，议而不决，家长作风，官僚政客】意思是官僚政

客作风,没有责任心,只会扯皮耐滑头混日子。

【早晨栽下树,晚来要阴凉】 比喻要求太高,不切合实际,办不到。清朝李渔《竹》:"早间种树,晚上乘凉。"

【此地无银三百两】 寓言故事:古时有个张三捡到了三百两银子,藏在什么地方都不放心,最后把银子埋在地里,仍不放心,就写个"此地无银三百两"的牌子插在上面。邻居李四看到牌子,偷走了银子,在字牌的另一面写上"对门李四未曾偷。"比喻打出去的牌子正好暴露了所要掩饰的内容。现通常用以比喻不打自招,自我暴露天机的愚蠢行为。

【众盲摸象,各说异端】 众盲:很多盲人。象:大象。比喻看问题不能只凭感觉,强调片面,以偏概全。宋朝释道元《景德传灯录》卷二十四

【自信羊可种,不信茧成丝】 如果你相信说羊可以像种庄稼一样种出来,那你就不相信蚕茧可以抽出蚕丝来。比喻谬论能使人不相信真理。《元诗纪事》卷三十四。

【尽信书则不如无书】 意思是,如果只相信书上说的,还不如没有书的好。因为书只是知识的载体,有一定的局限性,必须把书上的知识与实际结合起来,才能发挥作用。说明本本主义有害无益。《孟子·尽心下》

【好物不在多】 意思是,不管什么东西,关键是要好,而不在数量。宋朝郑文宝《南唐近事》

【盲从易堕五里云】 盲从:盲目服从。堕:落下,掉下。意思是,盲从使人容易陷入视线昏乱不明的困境。

【面面俱到,面面不到】 意思是,讲演作总结,处处都说到、写到了,但处处不透彻。即泛泛而论,抓不住中心和重点。

【非在一棵树上吊死不可】 比喻办事固执死板不灵活,只知道或只认准一个办法,不知道变通,不懂得采用多种途径办法。

【贵媵贱女,买椟还珠】 贵媵贱女:典出《韩非子·外储说左》

上。秦君嫁女与晋公子,穿文绣衣的陪嫁女七十人,结果,晋人爱陪嫁女而贱秦君的女儿。买椟还珠:典出《韩非子·外储说左》上。楚人到郑卖珍珠,珍珠用木兰树做匣装,木兰匣用桂椒来熏,镶上珠玉玫瑰,编上翡翠,结果郑人买匣还珠。比喻喧宾夺主,结果是宾不如主。南朝梁代刘勰《文心雕龙·议对》:"昔秦女嫁晋,从文衣之媵,晋人贵媵而贱女;楚珠鬻郑,为熏桂枝椟,郑人买椟而还珠。"

【眉毛胡子一把抓】 比喻办事稀里糊涂,不分主次,不分轻重缓急,也不管什么该做不该做,一齐抓。

【眼不见为净】 意思是,没有真正所谓干净清洁的东西,以眼睛看着干净就行了。这是一种不讲卫生的错误观念。

【眼不见心不烦】 意思是,没有见到就不烦躁了。实际说明心态不正,见什么都不合心意,妄图采取逃避的办法,对待现实。

【疑心生暗鬼】 意思是,疑心大容易生是非。《西游记》第三十二回

十四、物性事理

1. 对立统一

【一只巴掌拍不响】 比喻发生矛盾的双方都有错处。劝导不要强词夺理,得理不让人,只强调对方的错误而把自己摘得那么正确。

【一扇磨子磨不出面】 磨子是上下两扇,上扇转动,下扇固定不动,这样才可以磨面。比喻事情总是两个方面的,只强调一个方面而忽视另一个方面,是办不成事的。双方必须合作协调好,不能强调一方面。

【一派压倒,不如两派平稳】 意思是压倒一派就失去了掣肘,反而不稳定,不如控制,而保持两派同时存在,可以互相利用掣肘,反倒平稳。这是一种政治手腕。

【人是创造者,也是消费者】 意思是,人在经济和社会的发展中既是创造者又是消费者,是双重作用。

【大道不称,大辩不言,大仁不仁,大廉不嗛,大勇不忮】 称:宣扬。嗛:谦,谦逊。忮:伤害。意思是,至高无上的真理是不需要称扬的,在真理面前的辩说是不必言说的,具有仁爱之心的人是不必向人表示仁爱的,廉洁方正的人是不表示谦让的,真正勇敢的人是从不伤害无辜的人的。《庄子·齐物论》

【大音希声,大象无形】 意思是,最大的声响,反而听不到它

的声音，最大的物象，反而没有具体形状。先秦时代老子《道德经》

【至柔穿至坚，无形入无间】 至柔：最柔软。至坚：最坚硬。意思是，天下最柔弱的东西，奔腾穿行于最坚硬的东西之中。无形的力量可以穿透没有间隙的东西。先秦时代老子《道德经》："天下之至柔，驰骋天下之至坚，无形入无间。"

【物或损之而益，或益之而损】 意思是，一切事物，如果减损它，却反而得到增加；如果增加它，反而得到减损。先秦时代老子《道德经》

【方生方死，方死方生】 意思是，有生就有死，有死就有生，生与死是全然对立相反的，但是，它又是统一并存的。《庄子·齐物论》

【方可方不可，方不可方可】 意思是，任何事物都不是绝对的，在一定条件下能够肯定，在一定条件下又可以否定，不是不变的。《庄子·齐物论》

【不破不立，破字当头，立在其中】 世界上，任何事物都要占据一定的空间和时间。因此，要树立新事物，必须破除旧事物。旧事物不破除，新事物就没有存在的空间和时间，所以就立不起来。在现实中，应该从整体去思考，不能片面机械地去理解破与立孰先孰后的问题。从根本上看，破在先，是"当头"，而不是"破尽"；"立在其中"，而不是"其头"或"其后"，应是"紧跟随进"，否则无立之地或留出"真空"。破与立也有继承发展的问题，因此，如果说有先有后的问题，那破的速度是由立的速度决定的。这如同在一个容器里装水，里面空气排出多少，排出的速度，取决于朝容器里倒水的多少和倒水的速度。

【不塞不流，不止不行】 塞：堵塞。止：阻止。意思是，世界上的万事万物都是相反相成，对立统一的。如同水，因为它流动，才要堵塞，不堵塞就谈不上流动；如同运动，没有运行，就谈不上阻止,没有阻止,就无所谓运行。即事物的矛盾性和矛盾的对立统一性,是万事万物,也是宇宙,存在、变化的根本条件。唐朝韩愈《原道》

【无名故无为,无为而无不为】意思是,没有称谓即没有明确的目标,因而也就没有作为,没有作为因而也就无所不为,乱干。《庄子·则阳》

【因是因非,因非因是】意思是,是与非,正确与错误,是相对而言的。因为有正确的才能显得出谬误的,因为有谬误的才显得出正确的。《庄子·齐物论》

【以子之矛,攻子之盾】矛:古代进攻性冷兵器,样子像木棍的一端安上一把尖刀。盾:古代防身护具,类似于今天的防弹背心。寓言故事:从前有个卖矛和盾的人,说他的矛什么样的盾都可以刺穿,又说他的盾什么样的盾都扎不透。一个人说,我用你的矛刺你的盾会怎么样呢?"矛盾"一词即此而来。现比喻用对方的言论观点来反驳对方。《韩非子·难势》

【对立统一规律是宇宙的根本规律】毛泽东《关于正确处理人民内部的矛盾的问题》:"马克思主义哲学认为,对立统一规律是宇宙的根本规律。这个规律,不论在自然界、人类社会和人们的思想中,都是普遍存在的。"

【圣人终不为大,故能成其大】意思是,圣人始终不贪图大位,争雄称霸,所以才能成就大事。先秦时代老子《道德经》

【圣人犹难之,故终无难矣】意思是,懂得事物规律的圣人更是遇到很多困难,只是他们在做任何事之前,总是把困难估计得足足的,所以做起事来就没有困难了。先秦时代老子《道德经》

【有无相生,难易相成】先秦时代老子《道德经》:"有无相生,难易相成,长短相形,高下相盈;音声相和,前后相随;恒也。"意思是,有与无,难与易,长与短,高与下,音与声,前与后,都是相互对立,相反相成的,这是永恒的。

【曲则全,枉则直,洼则盈,敝则新,少则多,多则惑】曲、枉:弯曲。敝:凋敝。意思是,委屈便会保全,曲枉便会伸直,低洼便会充盈,陈旧便会更新,少取得便会获得,贪多便会迷惑。先秦时代老子《道德经》

【弱之胜强,柔之胜刚】意思是,弱小的战胜强大的,柔弱的战胜刚强的。这要从整体的量和时间上来看,而不是从个体的量和一时的时间上去看。比喻一只蚂蚁一时就不可能战胜大象,而一群数以百万计的蚂蚁就可以咬死大象;水比石头柔弱,一滴水是不能对石有任何损害的,但是,水长时间经久不息地滴石,就可以水滴石穿。自然界是这样,社会也是如此,弱国可以打败强国,小国可以战胜大国,历史上不可胜数,但这是有条件和时间性的,不是简单的。先秦时代老子《道德经》

【时有终始,世有变化】意思是,时序有终有始,世代有变化。从具体事物来看,时序有终有始,但从整个宇宙来看,时序却是无终无始。《庄子·则阳》

【冰炭不同器,日月不并明】意思是,冰和炭不放在同一个容器里,太阳和月亮不同时向大地放出光亮。比喻两种性质完全不同的事物不能同时并存。汉朝桓宽《盐铁论·刺复》

【冰炭不同室,粉墨不同橐】橐:布袋子。意思是,冰和炭不能放在同一个屋子里,粉和墨不能放在同一个袋子里。比喻两个互相影响的东西不能在一起。南朝梁·肖绎《金缕子·立言上》

【冰炭不同器,寒暑不兼时】意思是,冰和炭不能放在同一个容器里,天气寒冷和炎热不会同时有。比喻两个性质完全相反并且互克的事物不能相容并存。《韩非子·显学》

【冰炭不相容,薰莸不相入】薰:香草。莸:臭草。意思是,冰块和炭火不能并存,薰草和莸草不能放在一起。比喻两个性质完全相反的东西,互相抵触,不能相容。《朱子全书》卷六十三:"盖君子小人,如冰炭之不相容,薰莸之不相入。"

【故分也者,有不分也;辩也者,有不辩也】意思是,有分别是因为存在不能分别,有争辩也就是因为存在辩驳不清。《庄子·齐物论》

【曲则全,枉则正】曲:偏,片面。枉:弯曲。意思是,因为偏重某一方面,所以,反而更全面;因为弯曲,所以过正后,反而更直。比喻物极必反,在一定条件下,事物是向相反方向变化的。《老子》

【坚则易毁,锐则易挫】意思是,坚硬的东西容易毁坏,锐利的东西容易折损。《庄子·天下》:"曰坚则毁矣,锐则挫矣。"

【夏人争弓矢,楚人鬻矛楯】鬻:卖。夏人争弓矢:典出《太平御览》引《随巢子》:夏国有两个人争论不休,一个说,我的弓好,不需要用箭。另一人说,我的箭好,不需要用弓。羿听到后说,箭不是弓,没有弓怎么射出去?弓不是箭,没有箭,用什么用的?于是,令把两人的弓箭合起来,教两人练习射箭。楚人鬻矛楯:楯即盾,盾牌。典出《韩非子·难一》:楚国有一个人买矛和盾,一时说我的盾非常坚固,什么矛都戳不穿;一时说他的矛非常锋利,什么盾都可以戳穿。一个人说,我用你的矛戳你的盾会如何呢?楚人没法回答。比喻把两个统一的东西对立起来,就什么都不会做成功;把两个对立的东西放在一起,就会互相损害。南朝梁代刘勰《文心雕龙·定势》:"似夏人争弓矢,执一不可以独射也;若雅郑而共篇,则总之势离,是楚人鬻矛誉楯,两难得而俱售也。"

【莫知所终,莫知所始】意思是,不知道终了,就不知道起始。《六韬·守国》

【甚爱必大费,多藏必厚亡】意思是,过分爱名利,必定要付出更多的代价;过于积敛财富,必定会招致更为惨重的损失。先秦时代老子《道德经》

【欲恶去就如桥起,雌雄片合于庸有】桥起:像桥梁一样相互连接而起。片:分。庸:常。雌雄:两两相对。意思是,欲念、憎

恶、离弃、靠拢,像桥梁一样相互连接相互兴起,雌性、雄性的分开、交合,总是相互为常相互具有。《庄子·则阳》

【坚强者死之徒,柔弱者生之徒】死之徒:徒,类的意思;属于死亡的一类。生之徒:属于生存的一类。意思是,坚强的东西属于死亡的一类;柔弱的东西属于生长的一类。先秦时代老子《道德经》

【缀文者情动而辞发,观文者披文以入情】缀文者:写文章的人。观文者:鉴赏文章的人。意思是,作者是先有了感情和思路再动笔构词写文章;而鉴赏者则反过来,是先看了文章后,再从中了解作者的情感和思想。南朝梁代刘勰《文心雕龙·知音》

【名实相生,利用相成,是非相明,去就相安】意思是,明和实,利和用,是与非,去与就,这些都是相辅相成,相互依存,不可分割、孤立存在的。《文中子·卷五》

【非彼无我,非我无取】取:资证,呈现。意思是,事物是对立统一,相互印证的。如同没有你就没有我,而没有我怎么能证明出你一样。《庄子·齐物论》

【贫生于富,弱生于强,乱生于治,危生于安】意思是,事物在一定的条件下,都是相互转化的。汉朝王符《潜夫论》卷三

【货财聚,然后睹所争】意思是,社会上,少数人财富日渐积累,然后各种争斗也就表露出来。《庄子·则阳》

【物无非彼,物无非是】意思是,各种事物无不存在它自身对立的那一面,也无不存在它自身对立的这一面。《庄子·齐物论》

【彼出于是,是亦因彼】意思是,事物是相反相成,对立统一的。那一事物是出自这一事物,这一事物是出于那一事物。《庄子·齐物论》

【自是则不见,自知则知之】意思是,要认识事物,自以为是,就不能真正认识事物;从事物相对立的这一面去看,就能对事物有所认识和了解。《庄子·齐物论》

【洼则盈,敝则新】洼:低洼。盈:满。敝:凋敝。新:新生。意思是,低洼就能装满,凋敝了就会有新生。比喻物极必反。《老子》

【函人欲全,矢人欲伤】函人:制造盔甲的工人,要盔甲坚固,能保护人不受伤害。矢人:制造弓箭的工人,要弓劲箭利,能够射杀人。意思是,制造盔甲的人要保护人,制造弓箭的人要射杀人。比喻立场不同,观点就不同。南朝梁代刘勰《文心雕龙·奏启》

【是亦彼,彼亦是;彼亦一是非,此亦一是非】意思是,事物的这一面也就是事物的那一面,事物的那一面也就是事物的这一面;事物的那一面同样存在是与非,事物的这一面也同样存在正确与错误。《庄子·齐物论》

【是亦一无穷,非亦一无穷】是:正确。非:错误。意思是,正确认识事物是无穷尽的,而事物的发展变化是无穷尽的,因此,错误地认识事物也是无穷的。《庄子·齐物论》

【积无用而为大用】《庄子·人间世》故事:匠人石和他的徒弟去齐国,在曲辕看见一棵被世人当作神社的栎树。这棵树树冠大到能遮蔽数千头牛,树干有十余丈粗,树梢高临山巅,用它来造船可造十余艘。观赏的人群像赶集似的涌来涌去,而匠人石却不看一眼,他的徒弟看了个够,问师傅说:自我学徒以来,从未见过这样壮美的大树,师傅为什么连看都不看一眼?匠人石说:这是一棵什么用处也没有的树,用它做船定会沉没,用它做棺材很快就朽烂,用它做家具很快就毁坏,用它做门扇会流脂而不合缝,用它做屋柱定会被蠹虫蛀。这是不能取材,没有什么用处,所以它才能有如此长寿。匠人石回到家里梦见这棵社树说:你将用什么东西跟我相提并论呢?你打算拿可用之树来跟我比吗?所有有用的树都给自己招来了祸害,被早早摧毁了,他们因有用,就常常半途夭折,不能终享天年。各种事物莫不如此。我寻求没有什么用处的办法已经很久很久了,这才保全了性命,无用也就成就了我最大的用处。

【狼众食人,人众食狼】 众:多。食:吃。比喻多就力量大,就能胜少。《论衡·谰时篇》

【矫枉必须过正,不过正不能矫枉】 矫枉:把弯曲整直、治正。过正:超过正。意思是,要把弯曲矫正,必须超过正,不超过正不能使弯曲变正。比喻纠正错误必须严厉。汉朝董仲舒《春秋繁露·王怀》:“矫者不过其正,弗能直。”

【强者折,锐者挫,坚者破】 意思是,太刚强了就容易折断,太尖锐了就容易钝挫,太坚硬了就容易破碎。比喻物极必反。《管子·治法》

【错误是正确的先导,失败是成功之母】 意思是,从错误中吸取教训,就会变成正确;从失败中总结经验,就会得到成功。或者说,正确是从错误中来的,成功是从失败中得来的。

【廉则挫,尊则议】 廉:方正。议:通作俄,倾覆之意。意思是,棱角太锐就容易受到挫折,尊贵显要,就会受到倾覆。《庄子·山木》

【有为则亏,贤能则谋】 意思是,人有作为,就会受到忌妒而亏损,贤能了就会受到阴谋的算计。《庄子·山木》

【薰莸不同器,尧桀不同治】 薰:一种有香味的草。莸:一种有臭味的草。尧:传说中父系氏族社会后期部落联盟领袖,陶唐氏,名放,史称唐尧。相传曾设官掌管时令,制定历法。咨询四岳,推选舜为其继任人。对舜进行三年考核后命舜摄政;死后,由舜继位。桀:夏代国王,名履。残酷暴虐荒淫。在有仍会合诸侯,攻灭有缗氏。后被商汤所败,出奔南方而死。治:治理国家。意思是,香草和臭草不能放在同一个容器之中;尧桀是两个治理国家不可比拟的君主。比喻不同类的东西要分开,不能共存,不能相提并论。《孔子家语·致思》:“回闻薰莸不同器而藏,尧桀不同国而治,以其类异也。”

2. 变化发展

【一指之疾毁数尺之躯】意思是,一个手指有病或者手指大一点疾病,如果不重视,能导致一个人于死命。通常比喻对小毛病小问题不可忽视,否则,就可能发展大患。一般与"蝼蚁之穴能溃千里之堤"并用。

【一波未平一波又起】比喻前面的事情还没有平息,后面的事情又发生了。

【一枝动则万叶不宁,一心散则万虑皆妄】意思是,一个树枝摇动,所有的树叶也随着摇动不宁;一个人的心分散了,所有的思虑都无用了。比喻部分或局部对整体或全局的影响。清朝申居郧《西岩赘语》

【小错不断,大错不远】意思是,小错误接连不断地犯,要不了多长时间,就要犯大错误。即事物由渐变到突变,由量变到质变,这是一个规律。

【小失坏大事】小失:小的失误、过失。意思是,小的失误或小过错,如果不重视不警惕不纠正,会败坏大事。

【万物必有盛衰,万事必有弛张】意思是,世间万事万物,盛衰、弛张是必然规律。《韩非子·解老》

【世间万物有盛衰,人生安得常少年】意思是,世间万事万物,都有鼎盛繁荣发展的时期和衰落灭亡的时候,这是一个自然规律。明朝于谦《昔有莫恼翁曲,予因效之,改为翁莫恼,聊以调笑云耳》:"花不常好,月不常圆,世间万物有盛衰,人生安得常少年。"

【日中则移,月满则亏】中:中午,天顶。移:西斜。亏:不圆了,亏缺。意思是,太阳到了中午就开始西斜,月亮到了满盈就开

始亏缺。比喻物极必反。《战国策·秦策》

【日有短长，月有死生】 日：指白天。死生：指无、有。意思是，白天有长有短，月亮有时有，有时没有。比喻万事万物都在不断变化。《孙子兵法·虚实》

【反者道之动，弱者道之用】 反者：循环往复。也说相反，对立面。弱者：柔弱，渺小。道：事物规律，事物的本质。意思是，事物的循环往复的运动变化，是事物自身规律的运动，事物规律的作用是很微妙柔弱的。实际上，事物的规律，或者事物的本质的力量，是人不可改变的，不可抗拒的。人只能认识它，掌握它，利用它，而不能改变它。先秦时代老子《道德经》

【旧皇历看不得】 皇，旧时的年历书。比喻过了时的事不能重提并论，过时的经验不能用。

【旧瓶装新酒，瓶同酒不同】 本义是形式没有变，内容却变了。

【观今宜鉴古，无古不成今】 意思是，观察今天应该借鉴历史，因为没有历史就没有今天。即要历史地看待今天，同时，从历史上借鉴经验。

【百足之虫，死而不僵】 意思是，长有百余条脚的爬虫，死了身子都不僵硬。比喻大财伐或者大势力集团，虽然崩溃了，但仍有力量。三国魏曹冏《六代论》："百足之虫，至死不僵，扶之者众也。"

【冰冻三尺，非一日之寒】 比喻事情由来已久，不是偶然的，也不是现在形成的。《金瓶梅词话》第九十二回："冰厚三尺，不是一日之寒。"

【穷则反，终则始】 意思是，事务发展变化到了尽头，就会折回来，到了终结，就有了新的开始。《庄子·则阳》

【物壮则老，不道早已】 物壮：强壮，强硬。不道：不合乎于道，违反规律。早已：早死，很快完结。意思是，事物都是这样，过于强壮强硬，就会走向衰朽，很快就会死亡，是因为它违反了规律。先秦时代老子《道德经》："物壮则老，是谓不道，不道早已。"

【前花落子后花开】 子：种子。意思是，前面的花种子落地了，后面的新花接着又开了。比喻万事万物总是不断地新陈代谢，一代接着一代地发展着，永无止境。比喻事业后继有人，充满希望。清朝魏源《观物吟》

【枢中所动，环流无倦】 意思是，像转轴一样在一定范围中间转动变化，不知疲倦地循环流转，没有停止。南朝梁代刘勰《文心雕龙·时序》

【知道者必达于理，达于理者必明于权】 知道：道指规律，知晓大道，可延伸为通晓事物规律、真理。权：应变。意思是，通晓事物规律的人必定通达事理，通达事理的人必定明白应变。《庄子·秋水》

【纸是包不住火的】 比喻矛盾、存在的问题，或者是坏事，是掩盖不住的，总有一天要暴露出来。

【针尖大的洞，斗大的风】 意思是，屋子要严实，冬天严寒之时，哪怕有针尖大的一个小洞，也往屋里灌很大的风。比喻漏洞虽小，危害却很大。

【放下屠刀，立地成佛】 佛教语。劝人行善修行。后来用作比喻作恶的人只要决心悔改，就会变成好人。

【林无静树，川无停流】 川：河流。意思是，树林里没有不摇动的树，江河里没有停止不流动的水。比喻万事万物都在不停地运动。《文选·文学篇》

【鱼乘于水，鸟乘于风，草乘于时】 意思是，鱼依靠水才能游，鸟依靠风才能飞，草木因时才能生长。比喻任何事物必须在一定的条件下才能存在。汉朝刘向《说苑·建本》

【昏久则昭明】 意思是，昏暗的时间长了，就会出现光明。《周易参同契》

【按着葫芦起了瓢】 比喻这件事还没有解决好,那件事又发生了。矛盾不断出现。

【涓涓之水汇成江河】 意思是,江河这么浩大澎湃,都是由涓涓溪流汇合而成的。通常比喻积少成多,集微成大。

【涓涓不塞,将为江河】 意思是,涓涓细流不堵塞,不疏通排除,聚集起来,就会成为江河。比喻边疆上的小问题不及时解决,就会酿成大患。《六韬·守土》

【积薄而为厚,聚少而为多】 意思是,要勤俭节约,懂得节俭的道理,从小处着手,逐渐积累财富。《战国策·秦策》

【积土而为山,积水而为海】 比喻任何事物都是由小积大的,由少积多的,财富就是这样积累的。《荀子·儒效》

【蛀众则木折,隙大则墙毁】 比喻要把问题解决在萌芽之中,任其发展就要坏大事。《太平御览·术部》

【堤溃蚁孔,气泄针芒】 针芒:针尖。意思是,小小的蚁洞,能使堤坝崩溃;针尖大的小眼,能使气泄光。比喻小问题不注意,能酿成大祸。《后汉书·陈忠列传》

【强弩之末,不穿鲁缟】 弩:冷兵器时代发射箭的机械。末:指箭飞行中的末程。鲁缟:古代鲁国出产的一种白色的生绢。意思是,用强有力的弩射出去的箭,飞到末程也没有力量了,连极薄的鲁缟都穿不透。现代用以比喻强者的末日没有力量。汉朝刘向《新序·善谋》

【塞翁失马,安知非福】 意思是,住在边塞的老人的马丢了,怎么知道这不是好事呢?现比喻坏事在一定的条件下,可以转化为好事。《淮南子·人间训》

【旧的不去,新的不来】 意思是,新旧交替,首先取决于去旧,新的才来得了。

【新的不来,旧的不去】 与"旧的不去,新的不来"相对。意思是,新旧交替,首先取决于新的到来,旧的才会退位。旧去新来是一对矛盾,是破与立的问题,是辩证统一的问题。但旧不会自动退去,要靠新的来。从根本上看,旧去是新来“逼”的结果。

【尊古悲今,学者之流】 悲:卑。学者:稚学之人,即还未能通达事理的人。意思是,崇尚古代而鄙薄当今,这是未能通达事理之人的观点。《庄子·外物》

3. 必然或然

【一着不慎,满盘皆输】 弈棋语。意思是,一着棋下的不慎重而致走错,导致整盘棋输掉。通常比喻做事,因一时或在某一个小的环节上不慎出差错,而导致整个工作的失败。

【一锄头挖不出一口井】 比喻做事不要性急,企图一蹴而就,而应该按照事物本身的情况,有计划有步骤地坚持不懈地努力。

【人主莫不欲其臣之忠,人亲莫不欲其子之孝】 人主:指国君。人亲:指父母。意思是,国君无不希望当臣子的效忠于自己,做父母的无不希望子女孝顺。《庄子·外物》

【大树风不宁,小草知风向】 意思是,风把树吹得摇来晃去,很不宁静;小草却被风吹得倒向一边,看小草就知道风向。比喻社会出现某种迹象,大人物只感到不宁,而小人物能够敏感地感觉到社会发展的动向。

【太纯则易染,太洁则易污】 纯:纯洁。染:污染。比喻人太纯洁了,容易受到不良社会风气的谗言诽谤诋毁。

【太刚则易折,太柔则易废】 刚:刚强。废:无能,无用。意思是,人性格过于刚强,容易受到挫折,性格太柔就无能。《汉书·隽不疑传》

【太阳不会从西边出】 通常比喻绝对不可能,绝对做不到。

【无可奈何花落去】 无可奈何:没有办法,奈何不得。原意是，花不以人的意志为转移，都凋谢了。现比喻大势已去，不依人的意志为转移，无可挽回。宋朝晏殊《院溪沙》："无可奈何花落去，似曾相识燕归来。"

【天要下雨鸟要飞，女人要嫁人】比喻事情已经发展到这种程度，无法阻止，只能顺其自然。

【木与木相摩而然，金与火相守则流】摩：摩擦。然：燃。流：指金属熔化。意思是，木与木相互摩擦就会燃烧，金属跟火相互厮守就会熔化。比喻关系过于密切反而会受到伤害。《庄子·外物》

【开天者德生，开人者贼生】贼：互相残害。意思是，开发了人的自然的真性，则人就能有天然纯朴的道德，因而能和谐生存；开启人为的思想与智力，人就会处处争强斗狠，生存在互相残害的社会里。人类社会的互相残害根子不在人的思想与智力的开发，而是社会财富分配不均或者是对社会财富占有引起的。《庄子·达生》

【水涨船高，泥多佛大】意思是，水涨了船浮起的自然就高了；用的泥多了，佛像塑的也就大了。比喻事物是随条件的变化而变化。宋朝释道元《景德传灯录》

【水浑流不清，火烟光不明】意思是，水质浑浊，水流自然不清亮；火烟多了，火光就不明亮。比喻表象是由本质决定的。唐朝李翱《复性书》

【水静以鉴，火停而朗】意思是，水平静了，就可以照见影子，火停止了燃烧，更显得明亮。比喻神思保持在一定静止的境界，才能有更敏锐的思考。南朝梁代刘勰《文心雕龙·养心》："水停以鉴，火静而朗。"

【以利合者，迫穷祸患相弃；以天属者，迫穷祸患相收】迫：逼近，遇到。天属：自然的相关，天性的连接。意思是，人以利益关系相合的，遇上困厄、灾祸、忧患与伤害，就会相互抛弃；人以天性

关系相连的，遇上困厄、灾祸、忧患、和伤害，就会相互包容救助。《庄子·山木》

【东向而望，不见西墙】意思是，面向东望，就看不到西边的墙。比喻偏见，不能正面正视事物。南朝梁代刘勰《文心雕龙·知音》

【生米做成了熟饭】比喻不管愿意不愿意，喜欢不喜欢，事情已经就这样形成了，无可逆转改变。也说“生米煮成了熟饭”。

【失笼之鸟，非罗所羁】罗：网。羁：抓回来。意思是，鸟从笼子里出来飞走了，用网也是无法把它抓回来的。比喻失去警惕性，造成的损失无法挽回。《晋书·慕容垂载记·符坚报垂书》

【民爱之则亲，利之则至，荣之则劝】劝：勤勉。意思是，百姓给他们爱护就会亲近，给他们好处就会靠拢，给他们奖励就会勤勉。《庄子·徐无鬼》：“夫民，不难聚也；爱之则亲，利之则至，誉之则劝，致其所恶则散。”

【执大象，天下往；往而不害，安太平】大象：大道之象。象：事物规律，真理。意思是，谁掌握了那伟大的事物的规律和真理，普天下的人便会都来向他投靠，向往、投靠他而不互相妨害，于是大家就和平而安泰、宁静。先秦时代老子《道德经》

【丝不能穿泪珠，火不能销鬓雪】鬓雪：两鬓白发。意思是，丝线不可能把泪珠穿成串，火不可能消除掉两鬓白发。比喻客观自然规律是无法改变的。“雪”也说“双”。

【老虎也有打盹的时候】打盹：睡眠歇息。比喻总有失去警觉的时候。

【好马也有失蹄的时候】比喻任何人工作失误或出差错，是在所难免的。

【雨落不上天，水覆难再收】水覆：水泼在地上。比喻事已至此，无法回复原来的样子。或者比喻事情本来就是那样，强行改变不可能。唐朝李白《妾薄命》

【知士无思虑之变则不乐，辩士无谈说之序则不乐，察士无凌谇之事则不乐】知士：智士，指足智多谋的人。序：端序。谈说之序：谈说的话题与机会。察士：善于明察的人。凌谇：冒犯与责问。意思是，足智多谋的人没有思虑上的变易与转换便不会感到快乐，善于辩论的人没有谈说的话题与机会就不会感到快乐，喜于明察的人没有对别人的冒犯进行责问就不会感到快乐。即人都有职业毛病。《庄子。徐无鬼》

【持而盈之，不如其已；揣而锐之，不可长保】意思是，执持盈满，自满自骄，不如适时停止；锋芒太显露了，使出一种锐势，难以保持长久。先秦时代老子《道德经》

【皇帝的女儿状元的妻】封建朝代，状元的妻子通常必须是皇帝的女儿，其目的是为了维护皇权。通常比喻事已成定势。

【种瓜得瓜，种豆得豆】比喻付出什么样的劳动，就得到什么样的报酬。

【源清流洁，本盛末荣】意思是，水源清，流出的水也必然是清洁的；植物根系发达深固，枝叶就必然茂盛。比喻事物的根基好，其发展也好。汉朝班固《泗水亭碑铭》

【偶然来自必然中】意思是，任何看起来偶然发生的事，从根本上看，都有它的必然性。

【着意种花花不发，无心插柳柳成荫】意思是，专门用心做，反倒做不成，无心随便做反倒很好。

【窗户纸一捅就破】比喻事情（坏事、丑事、奥秘事）其实并不复杂神秘，只要点破一下，就像窗户纸一捅就破一样，被揭穿了。

【磨成的粉，做成的粑】粉：面粉。粑：南方把馒头、饼一类的食品叫粑，如馒头叫发粑，糯米粉做的饼叫糯米粑。比喻事情已经这样，无法改变了。

【瘦死的骆驼比马大】比喻原来基础就大，资产就雄厚，虽然破产了，但他的实力仍旧比中小企业大。

4. 相对绝对

【一阴一阳之谓道】 道:指事物发展的普遍规律。阴:相对阳而言的一面、一方。阳:相对阴而言的一面、一方。意思是,一阴一阳的交替或结合,是事物发展的普遍规律。《周易·系辞上》

【一条腿走不了路】 比喻事物都是相辅相成的,只强调一个方面而忽视另一个方面,孤立、片面地只做某一件事而忽略别的事,是做不好工作的。

【一勺水可知大海味】 比喻部分可推知事物的整体。清朝金埴《不下带篇》卷四

【一物降一物】 降:降服,克。意思是,事物之间没有绝对强弱、软硬、胜败,都是互克的。如金、木、水、火、土,金属最硬,可是火能烧化它,水最软,但它能把火浇灭。如此等等。

【一尺之捶,日取其半,万世不竭】 捶:指鞭、棍之类的器物。意思是,一尺长的棍棒,每天截取一半,一万年也截不完。即物质可以无限分割。也说明物质之大是无限的,小也是无限的。《庄子·天下》

【大言炎炎,小言詹詹】 大言:合于真理的言论。炎炎:猛烈。比喻说话气焰凌人。小言:智巧琐细的言论。詹詹:言语琐细,说个没完。意思是,合于真理的言论就像猛火烈焰一样气焰凌人,拘于智巧的言论则琐细无方,没完没了。《庄子·齐物论》

【大白若辱,盛德若不足】 辱:污垢。意思是,过于洁白的东西好像总会觉得有什么污垢,德行最为高尚的人好像总会觉得有什么不足之处。《庄子·寓言》

【大成若缺,其用不弊】 意思是,最完整的东西,好似有残缺一样,但它的作用永远不会衰竭。先秦时代老子《道德经》

【大盈若冲,其用不穷】 冲:虚,空虚。意思是,最充盈的东西,好像是空虚的一样,但是,它的作用是无穷尽的。先秦是该老子《道德经》

【大直若屈,大巧若拙,大辩若讷】 屈:曲。讷:笨嘴笨舌。意思是,最直的东西好像弯曲一样,最灵巧的东西,好像很笨拙一样,最善辩论的人,好像笨嘴笨舌一样。即事物的本质和表象往往是相反的。先秦时代老子《道德经》

【千里不同风,百里不共雷】 比喻不同地域,社会风俗习惯都不尽相同。汉朝王充《论衡·雷虚》

【上山容易下山难】 借喻干起一件事并不难,难的是要圆满收尾,有个好结果。

【久赌无胜家】 意思是,几个人经常在一起赌博,谁也赢不了,谁也输不了。这是符合随机规律的。清朝石玉昆《三侠五义》第九十四回

【久视则熟字不识,注视则静物若动】 意思是,老看着,本来熟识的字也不认识了;老注视着,本来静止的东西,好像动起来了。比喻神经过度紧张疲劳,容易产生虚幻错觉。明朝吕坤《呻吟语·敦编》

【小者大之源,轻者重之端】 意思是,大是由小发展来的,重是从轻开始的。《后汉书·陈忠列传》

【小卒过河顶大车】 卒:兵,中国象棋棋子,每方各五粒,摆在阵地最前线,每次只能前进一步,且未过河之前,不能横走,最易遭杀灭。可是,一旦过了"楚河汉界",虽不能倒退一步,却可以横冲直撞,勇往直前。只要在它主动进攻范围之内,则所向无敌。无论敌方多大威力的子,它都可以杀灭,甚至逼死敌方的将军,而最后取得胜利。通常比喻小人物一旦放在了要害地位,敢同大人物斗,甚至超过大人物,斗倒大人物。

【文武之术,左右惟宜】 意思是,文才武略,像左右手那样可

以互相配合。南朝梁代刘勰《文心雕龙·程略》

【不形之形,形之不形】 意思是,客观事物本不具有形体而逐步发展到具有形体,在发展变化中,又从有形体逐步消失了形体。比喻树木吸收太阳能储层在树叶、枝干、根上而成形成大树,就是“形”,燃烧后变成热能挥发散去,就没有树木的形状了,就是“不形”。《庄子·知北游》

【天下只有第七,没有第一】 意思是,世界上一切都是相对的,变化的;好中还有更好,强中还有更强;昨天名列前茅,今天又落后了。

【天下无全功,圣人无全能,万物无全用】 全:完备、齐全、全部。意思是,世界上没有所谓完全的东西,一般只是有某一方面的特长或用途。《列子·天瑞》

【巧妇难为无米之炊】 比喻做事缺乏必需的物质条件,无法办成。也说“巧媳妇难做无米之炊”。

【太阳有黑子,白玉有瑕疵】 黑子:太阳黑子,也叫日斑或黑斑。太阳表面的气体漩涡,温度较临近区域的稍低。从地球上看像是太阳表面上的黑斑,天文学上叫做太阳黑子。它有很强的磁场,会影响地球上的短波无线电通讯。瑕疵:玉石上微小的斑点。比喻不管是伟人还是英雄人物,同样有缺点。

【无平不陂,无往不复】 陂:不平坦。往:去。复:回。意思是,没有哪一块平地绝对平坦的,没有只有去而不回的。比喻绝对的事情是不存在的,都是相对的。《周易·泰》

【手上十指有长短,山中树木有高低】 比喻人的能力有大有小,不能用一个尺寸去衡量。应该承认差别,有不同要求。

【尺有所短,寸有所长】 尺、寸:一尺等于十寸。本来尺比寸长,寸比尺短,孤立地看是这样;但是,用他们自己的标准衡量起来,尺也有不够一尺长的,寸也有长于一寸的。比喻人和一切事物都不是绝对的,各有长短。《楚辞·卜居》

【以不平平，其平也不平；以不征征，其征也不征】不平：指偏见，偏执的心境。平：指追求均平的事理。其平也不平：人为强求的均平，实际上不是真正的均平。征：应。其征也不征：那种主观的应验不能算是真正的应验。意思是，用偏见去追求均平，这样的均平绝对不是自然的均平；用人为的感应去应验外物，这样的应验绝不是自然的感应。《庄子·列御寇》

【生而美者，人与之鉴】鉴：镜子。意思是，生来就漂亮的人，是因为别人都夸她漂亮，这就像给了她一面镜子一样，才知道自己比别人漂亮。《庄子·则阳》："生而美者，人与之鉴，不告不知其美于人也。"

【至礼不人，至义不物，至知不谋，至仁无亲，至信辟金】至：最好、最大、最高之意。不人：人之间不分彼此，视人若己。不物：不分物我，各得其宜。知：智。无亲：没有偏见私情，不格外亲近。辟金：辟指摒除。辟金指不须使用金钱。意思是，最好的礼仪是不分彼此，视如己，情切和谐；最好的道义是不分物我，各得其宜，不伤害生命；最高的智慧就是无须苦心聚虑地谋划；最大的仁爱，就是对任何人也不表示亲近；最大的诚信就是无须用贵重的东西作为凭证。《庄子·更桑楚》

【早荣亦早枯，易得还易失】意思是，发育生长得早的快的，枯萎得也早；得来的容易，失去的也容易。清朝张廷玉《杂兴》

【有比较才有鉴别】意思是，两个相同的东西，哪个好哪个坏，只要放在一起比较一下就鉴别出来了。

【有阴则有阳，有善则有恶】意思是，所谓阴阳、善恶，都是相对的。事物都是相反相成，对立统一而存在的。《二程遗书》卷十五

【有之以为利，无之以为用】意思是，"有"给人以便利，有了"有"，"无"才能发挥它的作用。先秦时代老子《道德经》

【有后而无先，则群众无门】意思是，如果只认识"后"的一

面,而不认识“先”的一面,那么,群众就没有前进的门径了。后是先之基,先是后之导,是相反相成的。战国时期荀况《天论》

【有诎而无信,则贵贱不分】诎:同屈。意思是,如果只认识“屈”的一面,不认识“伸”的一面,那么,贵和贱就无法区分了。贵与贱是相对而言的,都不能孤立单独存在。战国时期荀况《天论》

【有齐而无畸,则政令不施】畸:不整齐,不完整。意思是,只认识整齐的一面,不认识参差不完整的一面,那么,国家的政令就无法施行了。战国时期荀况《天论》

【有少而无多,则群众不化】意思是,如果只认识人情少的一面,不认识人情多的一面,那么,群众就不能得到教化了。战国时期荀况《天论》

【甘蔗没有两头甜】比喻不可能好处都占到。任何事有利就有弊,有得有失,有乐有苦。绝对的利、弊,得、失,乐、苦,是不存在的。

【世上没有相同的树叶】比喻世界上没有绝对相同的东西。

【只有较好,没有最好】意思是,好与坏都是相对的,绝对的好是不存在的。

【长的不一定长,短的不一定短】意思是,所谓长与短,都是相对相比较而言的,不是绝对的。

【至精无形,至大无围】至精:指最细小的东西。至大:最巨大的东西。围:范围。意思是,世界上最细小的东西没有形体可寻,最巨大的东西不可限定范围,没有边际。《庄子·秋水》

【至乐无乐,至誉无誉】意思是,贪图最大的快乐,就是没有快乐;贪图最大的荣誉,就是没有荣誉。《庄子·至乐》

【科学是一把双刃剑】意思是,科学给人类带来发展进步,同时也带来一些负面影响。例如核能,给人类带来巨大能源,但是,它又给人类带来可怕的核污染,核武器给人类带来巨大威胁和灾难。

【动以静为母,疑乃悟之父】意思是,有静才有动,有疑惑才有醒悟。清朝魏源《明末楚石诸禅师和三圣诗》

【若要甜,加点盐】盐本是咸的,可是,在糖里加点盐反而感觉更甜了。比喻多元物质比一元物质更好。

【明见无值,辩不若默】值:指体悟到真知。意思是,显露明昭地寻找真知,不会真正有所体察;宏辞强辩还不如闭口不说。《庄子·知北游》

【金子虽好不能吃】民间故事:很早以前闹水灾,财主装了一袋子金条去逃命,农夫装了一袋大米去逃命。财主饿极了,拿金条给农夫换大米吃。农夫说:"金子虽好不能吃。"不换给财主。洪水过后,农夫活下来了,又回去重建家园。财主却饿死在那袋金子旁边,永远回不了家。比喻金钱不是万能的。

【物不极则不反,恶不极则不亡】意思是,事物不发展到极点,不会向相反的方向发展。《资治通鉴·唐纪》

【差异不是加减,区别不是乘除】加、减、乘、除:四则运算。意思是,不能机械地认识看待差异,区别优劣好坏。要辩证全面地看问题,特别是要看本质。

【昭昭生于冥冥,有形生于无形】昭昭:明亮,指明亮的东西。冥冥:昏暗,指昏暗的东西。意思是,明亮的东西产生于昏暗,具有形体的东西产生于无形。《庄子·之北游》

【臭腐复化为神奇,神奇复化为臭腐】意思是,臭腐的东西可以再转化为神奇,神奇的东西可以再转化为臭腐。《庄子·知北游》:"故万物一也,是其所美者为神奇,其所恶者为臭腐;臭腐复化为神奇,神奇复化为臭腐。"

【博之不必知,辩之不必慧】博:渊博,指博读经典。知:指了解真知,可泛指知识很深广。意思是,博读经典的人不一定懂得真正的道理,善于辩论的人不一定就很聪慧。《庄子·知北游》

【虽有孔翠,不如春蚕】 意思是,虽然有美丽珍贵的孔雀羽毛(也说翠玉),也不如有春蚕有用。比喻实用性比观赏性有更高的价值。清朝沈蕙玉《自箴》

【虽有数斗玉,不如一盘粟】 比喻贵重不如实用。唐朝李白《书怀赠南陵常赞府》

【虽小道,必有可观者】 小道:小技能。意思是,虽然是小技能,但一定也有些可取的东西。《论语·子张》:"子张曰:虽小道,必有可观者焉,致远恐泥,是以君子不为也。"

【真理只有一个】 意思是,对于一个问题或者一个事物,不管有多少个不同观点看法,最后只有一个是符合客观实际的。

【宽有边,严有度】 意思是,宽和严都是相对的,有一定范围限度的,不是无边无际的。

【萤火之光,愈黑愈亮】 萤火:萤火虫尾部在晚上发出的磷光。比喻一点点光亮,越是黑暗越显得光亮,给人带来光明和希望。

【理是八方的】 意思是,怎么说就怎么有理。从某种角度或某些事上看,似乎是这样,但真理只有一个,不可能是"八方"的。

【新房没有旧房熟,旧房没有新房好】 意思是,旧房住熟了,用什么东西好找;新房比旧房结实好看,但没有旧房住的熟悉。说明新旧各有长短。

【衡虽正,必有差】 衡:秤。正:标准,准确。差:误差。意思是秤虽然很标准很准确,但也必然有误差。比喻标准准确是相对的,绝对的标准准确是没有的。《淮南子·说林训》:"水虽平,必有波;衡虽正,必有差。"

【精神生于道,形本生于精】 精:指精微之气,物质本源。本:根本。意思是,精神产生于人体的本身,形体产生于物质本源。《庄子·知北游》

【麟凤与麏雉悬绝,珠玉与砾石超殊】 麏:麞的别名,鹿属,似鹿比鹿小。砾石:小石子。意思是,麒麟凤凰与麞鹿野鸡相差极远,珠宝同石子完全不同。比喻本质完全不同的东西,应该容易认识区别。南朝梁代刘勰《文心雕龙·知音》

5. 主观客观

【一只手遮不住天】“一手遮天”反语。比喻妄图倚仗权势,强横霸道,一个人说了算,好像用一只手把天遮住一样办不到。

【力大折不断忙槌】 忙槌:南方妇女洗衣服用来捶打衣服的木槌。比喻再蛮横也是不行的,或者比喻在强势力面前硬干是不行的。

【力大折不断棒槌】 意思与“力大折不断忙槌”同。

【山不转水转,水不转云转】 意思是,总有办法,总有行的,没有转不开的,解决不了的。

【小河里能翻大船】 比喻在小事情上不注意,不重视,能败坏大事情。或者在小事上不注意,能造成大问题。

【不笑不足以为道】 道:真理,事物规律。意思是,真理开始总是被少数人掌握,事物规律开始总是被少数人认识掌握。因此,不被人嘲笑,那就不足以称其为真理,不是事物规律了。先秦时代老子《道德经》

【水静则明,心静则清】 意思是,水平静了,就很明亮;人的心情平静了,就清醒不混乱糊涂了。

【以其至小求其至大,故迷乱而不能自得】 至小:极小,极有限。这里指人的才智。至大:无穷大。这里指自然宇宙的万事万物及其存在、发生、发展、运行的规律。意思是,人用极为有限的时间和智慧去探究没有穷尽的无限自然和宇宙境域,所以内心迷乱而必然不能有所得。《庄子·秋水》:“以其至小求穷其至大之域,是故迷乱而不能自得也。"

【田螺不知肚里皱】 比喻自己不知道自己的丑陋,或者自己不知道自己的毛病。

【耳闻不如眼见】 意思是听别人说不如亲眼看到真实可信。

【当局称迷,旁观见审】 意思是,下棋的人有输赢的思想负担,所以容易犯糊涂,而在旁边观看的人,思想上没有输赢的负担,头脑就比较清醒,反而看得准。比喻主观与客观有时是背离的。《旧唐书·元行冲传》

【名闻不争,未达人心】 名闻:名誉,名声。意思是,一个人虽然不争名誉名声,但未必能得到人们的理解。《庄子·人间世》:"且德厚信矼,,未达人气,名闻不争,未达人心。"

【多权者害诚,好功者害义】 多权:专权,权欲强,用权随心所欲。诚:诚信,城实。义:道义,仁义。意思是,专权的人损害诚信,陷害忠诚的人;名利思想严重的人损害道义,不讲仁义。宋朝杨时《二程粹言·人物篇》

【多能者鲜精,多虑者鲜决】 鲜:少。精:专一,精熟。决:决断,果决。意思是,什么都会一点的人,技能不专,不精湛;顾虑太多的人,做事不果断。明朝刘基《郁离子·一志》

【好事不出门,恶事行千里】 意思是,好事不容易被人知道,坏事很快就会传开。也说"坏事传千里"。宋朝孙光宪《北梦琐言》卷六

【活人总不能让尿憋死】 意思是,不要死守一个办法,不能固执,灵活些,办法很多。

【兵来将挡,水来土挡】 意思是,事情已经发生了,按照传统老办法去解决。比喻被动应付,没有别的高招。

【尿泡虽大无斤两,秤砣虽小压千斤】 尿泡:通常指猪小肚,即膀胱。这里指吹鼓成似气球的尿泡。比喻有威信有力量不在官职大小,而在自身的质量和所处的地位。《西游记》第三十一回

【话糙理不糙】糙:语言不文雅,俗野。理:道理。意思是,话虽然很不文雅,很俗野,但是,很有道理。

【若枉若直,相而天极;若是若非,执而圆机】相而天极:指顺其自然。圆机:环的中心,周转变化的中枢。意思是,或曲或直,要顺其自然;或是或非,要牢牢掌握循环变化的中枢。《庄子·盗跖》

【事有是非,理有曲直】意思是,任何事情都有是或不是,对与不对的区别,任何道理有正确与错误之分。

【事实胜于雄辩】意思是,客观事实是无法辩驳倒的。

【信则人任,敏则有功】信:诚信。敏:勤快。意思是,对人诚信,就会有人任用,勤快做事就能得到成功。《论语·阳货》

【画鬼易,画犬马难】意思是,鬼谁也没有见到过,随便怎么画都行,谁都说不出画得像与不像,好与不好;而犬马是人人经常见过的实实在在的东西,人人可以评点画得怎么样,所以画起来比较难。比喻搞唯心主义,胡说八道,可以不费力气;搞唯物主义,讲真理,就很难。

【画虎不成反类狗】类:像。意思是弄巧成拙。《后汉书·马援传》:"效季良不得,陷为天下轻薄子,所谓画虎不成反类狗者也。"

【抱着鸡婆孵不出小鸡】过去农户养鸡,雏鸡都是用母鸡孵蛋孵出来的。孵蛋的母鸡必须是停止下蛋后有了孵性才肯孵,否则,不肯孵蛋。比喻违背自愿,强迫命令,是办不成事的。

【知多偏好,人莫圆该】该:兼备。意思是,人的爱好多有所偏向,不可能全面地观察问题。南朝梁代刘勰《文新调龙·知音》

【穿衣戴帽,各有所好】比喻每个人各有各的爱好,不能强求。

【牵牛上树,徒步登天】比喻事情根本不可能办到。也比喻做蠢事。

【捉象还须象】意思是,用大象捕捉大象才能捉住大象。比喻谁造成的矛盾还得由谁解决。或者利用敌人来制服敌人。明朝李开先《中麓闲居集·江南倭夷作难·杀伤山东民兵》

【看菜吃饭,量体裁衣】意思是,要根据实际情况办事。

【按着牛头喝不了水】意思是,牛不愿喝水,硬把牛头往水里按,牛照样不喝水。比喻强迫命令办不好事。

【急辔数策者,非千里之御】辔:驾驭牲口的缰绳。数:频繁。策:鞭打。御:驾驭。意思是,把马的缰绳收得很紧,又频繁地用鞭子抽打马,这不是行千里路的驾驭方法。比喻对于长远的重大任务,不能太急。《淮南子·缪称训》

【急性子喝不了热粥】比喻做事不能太急,应根据事情的客观实际决定进程,循序渐进。

【家有敝帚,享之千金】敝帚:破扫帚。意思是,自己家里有一把破扫帚,也被看作是千金一般贵重。比喻一是自己的东西再不好也是好的,非常爱惜;二是人都有不易看清自己的缺点、短处的弊病。三国魏曹丕《典论·论文》

【恭则不侮,宽则得众】意思是,自己庄重,就不会受到侮辱;对人宽厚,就能得到众人的拥护。《论语·阳货》

【紧行无善踪】意思是,走得太快太紧张就没有好姿势好步子。比喻急于求成的人办不好事。元朝无名氏杂剧《小尉迟·无和令·曲》

【借听于聋,求道于盲】意思是,向聋人问事,向瞎子问路。比喻向一无所知的人求教,只会是一无所得。也讥笑求教者盲目,不看对象。《昌黎先生集·答陈生书》

【积于柔则刚,积于弱则强】意思是,经常保持柔软的处世办法,就会刚强;长期有意使自己处在弱者地位的态度,就会强大。《淮南子·原道训》

【筋力之士矜难,勇敢之士奋患】筋力之士:身强体壮的人,矜难:在困难中自矜,即不把困难放在眼里。意思是,身强体壮的人,不把工作困难放在眼里;勇敢的人遇上祸患总是奋不顾身。《庄子·徐无鬼》

【兵革之士乐战,枯槁之士宿名】兵革之士:手持武器身披甲胄的人。枯槁之士:隐居的人。宿:缩,取的意思。意思是,手持武器身披甲胄的人,乐于征战,隐居深山的人追求清白的名声。《庄子·徐无鬼》

【理是圆的,舌头是扁的】意思是,道理像一个圆一样,可以来回转着说。这是一种否定真理的客观性的无真理论,是错误的。也比喻诡辩。

【理胜不过事实】理:道理,真理。意思是,事实最胜于雄辩,一切道理必须与事实相符才能成立。

【理胜者为强,力胜者为暴】意思是,真理在手,取得了真理的胜利,是真正的强者,依靠武力强大取胜,是强暴。

【唯心主义最省力气】毛泽东:"世界上只有唯心论和形而上学最省力,因为它可以由人们瞎说一气,不要根据客观实际,也不受客观实际检查的。"

【蛇无头不行,鸟无翼不飚】无头:指没有脑袋。飚:扬,飞扬。意思是,蛇没有脑袋就不能行走,鸟没有翅膀就不能飞。比喻人没有头领带领做不了事,头领没有左膀右臂扶持事情干不起来。《敦煌变文集·李陵变文》

【善疑人者人亦疑之,善防人者人亦防之】意思是,爱怀疑别人的人,别人也一样会怀疑他;爱设防别人的人,别人也一样会设防他。明朝刘基《郁离子·任己者术穷》

【道因穷理悟,命以尽性知】道:道理,真理。穷理:研究透彻。命:事物的规律。尽性:极尽脑力。知:知道,弄懂。意思是,要通过透彻的研究分析,才能明白事物的规律,只有极尽脑力去思考研究事物的规律,才知道事物的规律,认识、掌握事物的规

律。唐朝吕温《同恭岁暮寄晋州李协律诗》

【道人不闻,至德不得,大人无己】 道人:能体察大道的人,能认识真理的人。不闻:指不求闻道于世。不得:不求有所得。大人:指修养高尚的人。意思是,能体察大道的人不求闻达于世,修养高尚的人不会计较得失,清虚宁寂的人能够忘却自己。《庄子·秋水》引俗语

【期之愈高责之愈严】 期:期望。责:责备。意思是,寄予的期望越高,责备就越严厉。

【拣了芝麻丢了西瓜】 比喻只注意抓小事,而忽视了大事。这是不合算的。

【解铃还须系铃人】 比喻解决矛盾或问题,最终还是要让制造矛盾或问题的当事人来解决。

【端末未见,人莫能之;天地神明,与物推移】 意思是,事物的本末没有出现,人们就无法认识它。对天地间奥妙的认识,要依据事物的推移变化去了解。《黄石公略·上略》

【管中窥豹,时见一斑】 意思是,用一根管筒看豹子,只能看到豹子的一个斑纹。比喻看问题片面。《世说新语·方正》

【管通水自流,人通百事顺】 比喻任何事情,只要人人都认识一致,思想通了,就如同水管通畅一样顺利。

【篱牢犬不入】 意思是,篱笆扎得牢固,狗就钻不进去。比喻团结稳固,敌人就无空隙可钻,打入不到内部。《水浒传》第二十四回

【篱笆扎得紧,野狗钻不进】 意思与"篱牢犬不入"同。

6. 内因外因

【一把钥匙开一把锁】 比喻是什么矛盾只能用什么方法去解

决。通常用来比喻做人的思想工作,在方法上要因人因事而异,要有针对性,不可千篇一律。

【山有金,石有玉,反相克】意思是,山里有金矿,石头里含有玉,就会招人开凿,使自己遭受损坏。比喻人有才华,反而会给自己带来损害。《文子·符言》

【山不碍路,路自通山】意思是,高山峻岭并不阻碍路,只要人往山上走,路自然会通到山上。《西游记》第八十回

【山不让尘,川不辞盈】意思是,山不拒绝细小的尘埃,才那样高峻;江河不厌弃细流,才那样浩瀚。比喻只有广纳人才,广积财源,才能强大。晋代张华《励志诗》

【久卧者思起,久蛰者思启】蛰:动物冬季潜伏在土里或洞穴中不食不动的冬眠状态。启:启动,解寒苏醒。意思是,人在床上卧久了,就想起来;动物冬眠时间长了,就想解寒苏醒出来。比喻人在遭到冷遇或解职时间长了后,总想再出山干事。明朝刘基《司马季主论小》

【为人使易以伪,为天使难以伪】使:驱使,给别人做事。伪:假。天:自然。比喻为庄家施肥。意思是,为别人做事容易伪装做假,为自然驱遣做事伪装做假就很难。《庄子·人间世》

【无源之水,无本之木】本:树木的根部。意思是,没有头的水,没有根本的树木。比喻没有基础的事物,是不牢靠或靠不住的,或比喻根本不可能实现的事。

【无根之木,无源之水】意思与"无源之水,无本之木"同。宋朝陆九渊《与曾宅之书》

【石板栽花无根底】意思是事情做错了地方,没有根基,靠不住。

【末大必折,尾大不掉】末:指树梢。意思是,树梢太大了,必然很容易折断;动物的尾巴太大了,转身就不灵便。比喻主体和部分不协调有害。《左传·昭公十一年》

【外因是条件,内因是根据】 唯物辩证法认为,一切事物的存在、发展和消亡,都是由事物的外在原因和事物自身的原因决定的。但是,外因是次要的,只起条件作用,而内因是主要的,起根本作用。同时,外因通过内因起作用,内因对外因有依赖作用,二者缺一不可,但起决定作用、主导作用的却是内因。如石头永远孵不出小鸡,而鸡蛋在一定温度(外因)下却可以孵出小鸡。但鸡蛋放在冷窖(外因)里同样孵不出小鸡。

【外因通过内因起作用】 唯物辩证法语。参考“外因是条件,内因是根据”。通常表明强调人的自身主观能动性,不要忘了自身主观而强调客观。

【外明不知里暗】 比喻外部的人不知道人家内部的内幕。

【外来的和尚好念经】 比喻聘请外来的人员比聘用内部的人员办事更好。

【远来和尚好看经】 意思与“外来的和尚好念经”同。元朝张国宾《合汗衫》第三折:“近寺人家不重僧,远来和尚好看经。”

【他山之石可以攻玉】 意思是,别的山上的石头可以用来加工玉石。比喻吸取他人或外国的经验长处为我所用,可以使自己进步得更快。《诗经·小雅·鹤鸣》:“它山之石,可以为错。”又“它山之石可以攻玉。”

【扬汤止沸,莫若去薪】 汤:锅里烧的水。沸:水烧开了。薪:柴禾。意思是,用扬汤的办法去制止水的沸腾,还不如把灶里的柴火抽出来彻底。比喻解决问题不要从表面上做工作,要从根本上去解决,否则就徒劳无用。《后汉书·董卓传》

【朽木不胜刀锯力】 意思是,腐烂的木头吃不住刀砍锯拉,没有用途。通常比喻藐视对方,不是战胜对手用不着费力气。唐朝韩愈《题木居士二首》:“朽蠹不胜刀锯力,匠人巧欲何如。”

【肉腐生虫,木枯生蠹】 意思是,肉腐烂了就生虫,木头枯了就会生蛀虫。比喻人堕落变质了就会发生灾祸。《意林·荀子》

【牡丹好看,全仗绿叶扶持】 比喻名人需要众人捧场,需要配角衬托,不然也不行。

【豆入牛口,势不得久】 比喻用用不了多长时间就解决了问题。《全唐诗》卷八七八页

【折辀不在道,覆舟不在河】 折辀:车杠折断了。辀:小车中间弯曲的车杠,这里指车。覆舟:船翻了。意思是,车杠折断了,原因不在路;船翻了,原因不在河。即问题不是客观,而是主观。唐朝《君子勿郁郁士有谤毁者作诗以赠之》

【抓住主要矛盾,一切问题就迎刃而解】 毛泽东《矛盾论》:"研究如何过程,如果是存在着两个以上矛盾的复杂过程的话,就要用全力找出它的主要矛盾。抓住了这个主要矛盾,一切问题就迎刃而解了。"

【话不说不明,灯不挑不亮】 灯:指旧时小油灯。比喻应该说的话必须说出来,使人明白。

【庙不在大,有神则灵】 意思是,神庙灵验不灵验,不在庙大或小,而是有没有神灵。比喻任何东西不在外表,而是实质。

【画饼充饥,望梅止渴】 比喻徒有虚名,都是空话,不解决实际问题。《白雪遗音·纸糊栏杆》:"画饼充饥,尽都一个吃不到;望梅止渴,枉自徒劳。"

【直木先伐,甘井先竭】 意思是,树干挺直的树木,最先被砍伐掉,甜水井最先被人用枯竭。比喻好使的东西首先受到损害。也比喻人有才能容易受到伤害。《庄子·山木》

【树倒猢狲散】 比喻后台靠山倒台了,周围的人也跟着失去依靠而散伙了。《红楼梦》第十三回

【响鼓也要重槌敲】 比喻人的自觉性和积极性是有限的,对自觉明理的人,也需要严厉的督促和教育。

【清爱尘,白取垢】 意思是,清洁的东西容易沾染尘土,洁白的东西容易被沾污垢。汉朝王充《论衡·累害》

【粪土之墙不可杇】 杇:粉刷,装饰。意思是,用赃臭污秽的泥土筑成的墙,是不值得粉刷装饰的。比喻思想道德品质太差的人,是难于培养好的。《论语·公冶长》:“朽木不可雕也,粪土之墙不可杇也,于予与何诛!”

【寡门不入宿,卧甑不取尘】 甑:倒在地上的瓶子。意思是,不要在寡妇家里借宿,不要去擦倒在地上的瓶子的尘土。比喻容易引起嫌疑的地方应该注意避嫌。《意林·邹子》

【薪不尽,火不灭】 薪:柴禾。意思是,柴禾没有烧尽,火就不会熄灭。比喻引起问题的根源没有解决,问题就会继续存在。《韩非子·有度》

【薪不尽则火不止】 比喻问题的根子没有解决,问题就会继续存在发展。《战国策·魏策》三

7. 现象本质

【人臣有大罪,人主有大失】 人臣:指皇帝身边的臣僚。人主:指君主、皇帝。意思是,皇帝身边的大臣犯了大罪,就是皇帝存在大的过失。战国末期韩非《孤愤》

【小小秤砣压千斤,大大皂泡无斤两】 意思是,事物的能量是由其质量和所处的位置决定的,而不是表面形态的大小决定的。

【见瓶水之冰而知天下之寒】 意思是,看见一瓶水结的冰,就要知道天下人的饥寒。比喻从一点看到全部,从现象看到本质。《吕氏春秋·察今》

【由此及彼,由表及里】 意思是,由这一个问题或这个事,联系推断出别的问题或事,从表面现象推及内部本质。

【水清石自见,理清事自明】 比喻把掩盖事情真相的东西清除掉,把道理讲清楚了,事情就自然明朗了。汉朝《艳歌行》

【瓜田无取终成谤,市虎相传久是真】 市虎:《淮南子·说山训·高诱注》:“三人从市中来,皆言市中有虎;市非虎处,而人信以为有虎,故曰三人成市虎。”意思是,处在人员使人怀疑的地方,会遭到诽谤;谣言传的人多了,也会使人信以为真。《中州集·张登和林秋日盛怀寄张文御史》

【形无物而不鉴,神无物而不察】 意思是,如果形态不依附于具体事物,就无法去审察;神态不依附于具体事物,也是无法体察的。唐朝李筌《太白阴经·人谋》

【拔出萝卜带出泥】 意思是,揭发出一个问题,就会牵连出其他问题。

【牵一发而动全身】 比喻处理一个极小的问题或事,就会影响整体或全局。

【挂墙的美人做不了妻】 挂墙的美人:指美人画。比喻不是实际的东西管不了实用。

【蛇入筒中曲性在】 意思是,把蛇装入直竹筒中,竹筒把蛇给挤直了,但是,它的曲行本性还在。比喻本性改不了。《大智度论》

【绝迹易,无行地难】 绝迹:不走路。无行地:行走却不在地上留下痕迹。意思是,一个人不走路容易,但走路要不在地上留下痕迹却很难。比喻做了什么事不留下痕迹,想隐瞒很难。《庄子·人间世》

【踏着秤锤硬似铁,八两原来是半斤】 比喻没有区别,是一样的硬。宋朝释道原《续传灯录·法恭禅师》

【谨防灯下黑】 意思是,要小心谨慎,防止身边的坏人,因为往往离自己太近而看不见。

【悬牛首于门,而卖马肉于内】 意思是,挂着卖牛肉的牌子,实际卖马肉。比喻蒙骗人。《晏子春秋·内篇杂下》一

【悬羊头,卖狗肉】 意思与“悬牛首于门,而卖马肉于内”同。

也说“挂羊头卖狗肉”。《五灯会元》卷十六

【表壮不如里壮】 表:表面,外表。里:内在。意思是外表气壮不如内心气壮。《红楼梦》第六十八回

【薑桂因地,辛在本性】 薑:姜的繁体字。意思是,姜和牡桂在地里生长,但是它们味都是辛辣的,这是它们的本性具有的。比喻本性决定天赋。南朝梁代刘勰《文心雕龙·事类》

【道可道非常道,名可名非常名】 道:第一个道和第三个道是名词,第二个道是动词。名词道可以解为自然和社会规律。动词道可以解为认识。意思是,这里所说的“道”不是指一般人常说的什么具体的道理,而是指自然规律和社会规律;自然规律和社会规律是可以认识的。这里所说的“名”也不是一般人常说的什么具体的名,而是指哲学范畴领域。先秦时代老子《道德经》

8. 始终结果

【大必起于小,族必起于少】 族:众多。意思是,事情总是发展的,由小变大,由少变多。《韩非子·喻老》

【万丈高楼从地起】 比喻任何事,总是从头开始,从基础做起。

【山高总有顶,水深总有底】 通常比喻办事或解决问题的决心和信心。要一追到底,绝不半途而废。

【千里始足下,高山起微尘】 意思是,千里之行,都是从一步一步走出来的;巍峨的高山,都是由微小的尘粒堆积起来的。比喻人生和社会都是通过一点一滴的努力创造而获得进步和伟大成就的。也比喻伟大出于平凡。唐朝白居易《续座右铭·并序》

【千里之差,失自毫端】 差:误差。毫:很小一点。端:开始,开头。意思是,开头很小一点误差不注意,就会造成重大错误。

《后汉书·南匈奴列传》

【千里之行,始于足下】 意思是,行走一千里路,都是一步一步走过来的。比喻做事必须脚踏实地,坚忍不拔地一点一点去做,逐渐积累,最后才会成功。《老子》六十四章

【为着将来,必须现在】 意思是,要想将来怎么样,现在就必须怎么样去做,将来才能实现,否则就是一句空话。

【井开迹于一篑】 开迹:开工。意思是,再深的井,也是从开工第一筐土开始挖起的。比喻做任何事总是从第一步开始的。《后汉书·班彪列传》

【天下事急之则丧,过而缓则无及】 意思是,办任何事要遵循其规律,不能急于求成,那样反而办不成;也不能过缓,那样就丧失了时间,贻误了。

【无医枯骨,无浇朽木】 意思是,没有人医治枯骨,没有人用水浇朽木。比喻没有成功意义的事没有人去做。《养正遗规》卷下

【水到渠成,瓜熟蒂落】 比喻顺应事物自身的发展规律,到时候自然就成了。也比喻把要做的先期工作都做了,事情自然就成功了。

【头醋不酽彻底薄】 不酽:味道不浓厚。彻底:一直到底。比喻事情开头不顺利,往后就一直不顺利。《水浒传》第五十一回

【打蛇要打七寸】 七寸:蛇头的后部。比喻攻击敌人或办事,要抓住要害或关键。《儒林外史》第十四回

【只因一步错,满盘都是输】 原是中国象棋语,通常比喻因不慎做错了一件事,导致整体或全局的失败。也说"只因一着错,满盘都是空","只因一着错,输却满盘棋"。

【江有底,海有边】 比喻事情无论多大多么复杂,总会找到根底的,总是有个限度的。

【先忧事者后乐,先傲事者后忧】 傲事:把事情看得太轻松简

单。意思是,先把事情的困难估计得充足些,事情就会办得顺利一些,最后必然高兴快乐;反过来,事前认为事情很容易,对困难和不利因素估计不足,干起来肯定不顺利,最后必然是搞得一身忧愁苦恼。汉书刘向《说苑·说丛》

【虎豹爱爪,飞鸟爱羽】意思是,就连老虎豹子都知道爱护它猎食的爪子,飞鸟都知道爱护它们的羽毛,我们人更应该知道爱护生产工具。《意林》

【物有本末,事有始终】本末:树的根部和树的枝叶部,东西的底部和顶部,比喻事情从头到尾的全过程。始终:开始和终结。前句比喻后句,告诫人们做事要有始有终。《礼记·大学》

【兔子的尾巴长不了】贬义语。比喻事情不会成功,很快就会完蛋。

【说事容易做事难】意思是,光说不干当然容易,把说的做成,就很难了。即不要太主观苛刻,要体谅做实际工作的人。

【秋天的蚂蚱蹦跶不了几天】比喻坏人或敌人猖狂不了几天,很快就要完蛋。

【要取鱼,须结筌】筌:用竹或草编织的捕鱼器具。比喻要做好事情,必须先要准备好工具。唐朝吕岩《寄白龙洞刘道人》

【要想吃不烂的葡萄,就自己到葡萄架上去摘】意思是,光想是不成的,实干才会实现目的。

【按葫芦画瓢】比喻按照实物的样子仿制。

【轻者重之端,小者大之源】意思是轻是重的开端,小是大的源头。即重都是从轻开始的,大都是从小开始的。轻与重,小与大,都是相对而言的,不是绝对的。《后汉书·陈忠传》

【临崖失马收缰晚,船到江心补漏迟】崖:悬崖峭壁。失马:失蹄的马。缰:驾驭控制马的马头上的缰绳。迟:晚了。意思是,到了悬崖,马已经失蹄了,再收紧缰绳已经晚了,来不及了;船航行到了江中间,再去补漏,已经迟了。比喻事情已经发展到不可挽救的地步，再采取措施已经来不及了。明朝无名氏《牧羊记·小逼》："莫待临崖失马收缰晚，只恐船到江心补漏迟。"

【桃李得阴，蒺藜得刺】 比喻有什么样的造化就会得到什么样的报答。汉朝刘向《说苑》

【陶犬无守夜之警，瓦鸡无司晨之益】 陶犬：用陶土制作的狗。警：警觉，报警。瓦鸡：陶土做的鸡。司晨：报晓。比喻名不符实，徒有其名的东西，没有实际使用意义。梁代肖绎《金缕子》

【得之易失之易，得之难失之难】 意思是，得到的容易，就不爱惜，所以失去也就容易；得到的艰难，就很重视爱惜，所以失去就不容易。《水浒传》第一百十六回

【欲速则不达】 意思是，一味地图快，反而达不到目的。说明速度和目的的关系。《论语·子路》

【隔靴搔痒，终不止痒】 比喻没有触及实质，或者没有直接介入，因而不解决问题。

【镜里花难折】 比喻虚无荒诞的东西是得不到的，毫无实际价值。宋朝辛弃疾《念奴娇》

十五、社会交际

1. 交友

【人生结交在始终,莫以升沉中路分】 意思是,结交朋友要真诚始终,不要因地位的变化,际遇的不同而分手。唐朝贺兰进明《行路难五首》

【人生乐在相知心】 意思是,人生最快乐的事是知心。宋朝王安石《明妃曲》

【人若近贤良,因香而得香;人若近邪友,因臭而得臭】 意思是,人接近什么样的人,就会受到什么影响,成为什么样的人。《格言联璧·接物》:"人若近贤良,譬如纸一张,以纯包兰香,因香而得香;人若近邪友,譬如一枝柳,以柳贯鱼鳖,因臭而得臭。"

【人中有兽心,几人能真识】 意思是,人们当中有人面兽心的家伙,交结要慎重。唐朝孟郊《择友》

【人生何处不相逢】 意思是,人们往往会在想不到的地方相遇。或者人生活在社会上,随时在哪个地方都有可能重逢。元朝郑德辉《老君堂》第二折

【千里相送,终于一别】 意思是,朋友之间,情谊无论多么深厚,总是要分别的。《广人物志》

【久旱逢甘雨,他乡遇故知】 意思是,远离他乡的人偶尔遇到老朋友,就如同久旱下了一场雨一样高兴。宋朝洪迈《容斋四笔》

卷八

【万两黄金容易得，知心一个也难求】意思是，钱财容易得到，志向相同的知心朋友是很难求得的。《红楼梦》第五十七回

【大丈夫处世，广交四海】大丈夫：旧指有大志、有作为、有气节的男子汉。意思是，气节高尚，有大志有作为的男子汉，广结天下各种朋友。

【小人槿花心，朝在夕不存】槿花：木槿花，早晨开傍晚凋谢。意思是，低级趣味的人，交朋友如同木槿花一样，早晨开放傍晚就凋谢了。《孟东野诗集·审交》

【士有妒友，贤交不亲】意思是，交的朋友中，有嫉妒心的人，其他的朋友就会疏远你。《荀子·大略》

【马识途，人识相】前句比喻后句，在结交朋友时，要会识别人，不要结交错了人。

【山河不足重，重在遇知己】意思是，知己比山河还重。唐朝包溶《壮士行》

【山羊不跟狼做朋友，老鼠不和猫儿打亲家】比喻不能跟自己的敌人交朋友。

【天下没有不散的筵席】意思是，人总是要分离的，永远聚集在一起是不可能的。明朝冯梦龙《醒世恒言·徐老仆义愤成家》

【天下虽云大，同声有几人】意思是，世界虽说很大，但是，能说到一起的很少。

【心虚常觉友朋贤，心傲总觉朋友烦】意思是，用谦虚的心情和朋友相处，就觉得朋友很贤德。用一种傲气的心态看待朋友，心里就感到烦躁。《小仓山房诗文集·遣兴》

【天涯何处无芳草】意思是，天涯海角，哪里都有芳草。通常比喻世界上哪里都有朋友。宋朝苏轼《蝶恋花》

【不打不相交】旧时江湖语。意思是，开始双方不认识不了解，借口打斗一场亮明了身份，显示了各自的功力，握手言和，便

成了相交。现借用双方通过来往打交道而成为朋友。

【不知其人,视其友】 意思是,对那个人不了解,看他的朋友是个什么样的人,就知道他了。

【不强交,不苟绝】 意思是,交朋友不能勉强,但也不能轻易随便绝交。《文中子》

【不以利交则无咎】 利交:目的是图利而结交。咎:灾祸,灾殃。意思是,交朋友不以图私利为目的,就不会惹灾祸。《薛文清公读书录·交友》

【古来知音难,贱同而思古】 意思是,自古以来,知音很难;多数人看轻同代人而思念古人,因为和古人没有直接利害关系。南朝梁代刘勰《文心雕龙·知音》

【四海存知己,万里若比邻】 四海:指全中国。现在也泛指全世界。存:有。邻:毗邻,邻居。意思是,全国之内(全世界)有知心的朋友,虽然远隔万里,也好像是邻居一样不生疏。三国魏曹植《赠白马王彪》诗:"丈夫志四海,万里犹比邻。"也说"四海存知己,天涯若比邻"。

【四海之内皆兄弟】 意思是,全中国(全世界)之内所有的人都是兄弟,应该友爱团结。《论语·颜渊》

【兄弟敦和睦,朋友笃信诚】 敦:纯厚。笃:诚笃,忠实。意思是,兄弟之间要和睦相处朋友之间要讲诚信。唐朝陈子昂《座右铭》

【丝色随染易,择交士所贵】 比喻选择朋友要慎重,因为朋友对自己影响很大。宋朝陈与义《八音歌》

【可与言而不与之言,失信;不可与言而与之言,失言】 意思是,可以同人谈的话,却不向他谈,这就叫失信于朋友;不可以同人谈的话,却同他谈了,这就叫失言,说错了话。《论语·卫灵公》

【多一个朋友多一条路,得罪一个人筑一堵墙】 意思是,多交朋友,这样,遇到困难时能得到朋友的帮助,得罪了人后,办事就会遇到困难。

【共君一席话，胜读十年书】 意思是，与有真知灼见的人交谈一次话，比读十年书得到的知识还多，《朱子语类》

【合意客来心不厌，知音人听话偏长】 意思是，情投意合的朋友来了心里不会厌烦，知心的人在一起，说话就多。冯梦龙《警世通言·俞伯牙摔琴谢知音》

【合意友来情不厌，知心人至话投机】 意思是，志同道合的朋友到家来，心情不会厌烦；知心朋友到了，说话就很投机。明朝冯梦龙《古今小说·新桥市韩王卖春情》

【不能容人者无亲，无亲者尽人】 尽人：为人们所弃绝。意思是，不能容人的人，就没有亲近的人，没有亲近的人，就会被人们所抛弃隔绝。《庄子·庚桑楚》

【衣莫若新，人莫若故】 意思是，衣服莫过于新的好，而人莫过于故友亲切。《晏子春秋·内篇杂上五》

【同明相见，同音相闻，同志相从】 比喻人的品格、立场、观点和志向相同，就能干在一起，互相认同。《韩诗外传》

【交游何必问黄金】 交游：结交朋友。黄金：指金钱。意思是，结交朋友不要论贫富。《归庄集·访季沧苇侍御》

【交贤方汲汲，友直每偲偲】 方：宜，应当。汲汲：心情急切的样子。友直：正直的朋友。偲偲：互相批评，彼此激励。意思是，交贤结友，应该积极主动，结交了正直的朋友，能经常得到帮助和激励。唐朝白居易《代书一百韵寄微之》

【交友不可不真，小嫌不可不略】 小嫌：小节或细小的地方不满意，即小缺点小毛病。略：忽略，不计较。意思是，交朋友要真诚，注意大节就行，小毛病不要计较。清朝魏禧《日录里言》

【师以质疑，友以析疑】 师：拜师。质疑：解答疑惑。友：交友。析疑：一起辨析疑难。意思是，拜师可以帮助解答疑难，交朋友可以帮助辨析疑难。清朝李惺《西沤外集·冰言补》

【君子之交淡如水，小人之交甜如蜜】君子：人格高尚的人。小人：人格卑贱低级的人。比喻人格高尚的人在人际交往很淡薄，人格卑贱低级的人交往像蜜一样甜。也说地位高的人交往像水一样清淡，地位低的人交往像蜜一样甜。原因是地位越高架子越大，派头越大，排场越大，甜蜜蜜岂不失掉了威风身份？他们专搞权势互用，“甜蜜蜜”哪成？地位低的人无架子可摆，无派头可讲，无排场可摆，且多是求人，恭维都来不及呢。《庄子·山木》：“君子之交淡若水，小人之交甘若醴。”

【近朱者赤，近墨者黑】朱：朱砂，红色。意思是，靠近朱砂的东西就会被熏染成红色，靠近墨的东西就会被污染成黑色。比喻人经常接近什么人，就会成为什么样的人。

【吾日三省吾身】吾：文言文之我。日：指每天。三省：自我反省三件事。意思是我每天自我反省三件事。《论语·学而》：“吾日三省吾身：为人谋而不忠乎？与朋友交而不信乎？传不习乎？”

【没有不散的筵席】比喻同志或朋友，无论关系多么亲密，相聚之后也总是要离散的。《红楼梦》第二十六回：“千里搭长棚——没有个不散的筵席。”

【良师挚友直言多】良师：好老师。挚友：真挚亲密的朋友。意思是，好老师和真挚的朋友，对朋友爱说直话。

【花无叶不妍】妍：美丽。意思是，没有绿叶映衬的花不美丽。比喻名人和英雄人物，需要众人支持拥护。《太平广记·长须国》

【言以忘得，交以淡成】意思是，老朋友见面，忘记了心里要说的话，才是真挚的感情表露；交朋友清淡才能牢固持久。晋代郭璞《赠温峤》

【言而无信者不可交】意思是，说话不算话，不讲信用的人，不能交朋友。

【青云当自致,何必求知音】青云:比喻高官。自致:自己努力去求。意思是,要想得到高官高位,应通过自己的努力去求得,不必求得朋友对自己的帮助。唐朝李白《冬夜醉宿龙门,觉起言志》

【钓鱼须钓海上鳌,结交须结扶风豪】鳌:神话传说大海里的大龟或大鳖,天是大鳌的四只腿支撑起来的。扶风豪:指英雄豪杰。意思是,在社会交际中,要与有沉浮大地志向和高尚的与时俱进的英雄豪杰结交。清朝袁枚《赠吴如轩有序》

【枉士无正友】枉士:心术不正的人。正友:品质高尚的朋友。意思是,心术不正的人,没有品质高尚的朋友。宋朝张商英《素书》六

【相知无远近】意思是,相知无远近之分,不受距离限制。唐朝张九龄《送韦城李少府》

【相识满天下,知心能几人】意思是,相识的人很多,到处都有,但是,知心的却很少。明朝冯梦龙《警世通言·俞伯牙摔琴谢知音》

【骄溢者无挚友】骄溢:骄傲自满。意思是,骄傲自满盛气凌人的人,没有真挚的朋友。

【结交莫羞贫】意思是,结交朋友,不要因为家境贫穷而害羞不好意思。汉朝无名氏《古诗》:"结交莫羞贫,羞贫交不成。"

【结交在相知】意思是,结交朋友,要相互知心才牢靠。汉朝乐府古辞《箜篌谣》

【须知胜友真良药,莫作寻常旅聚看】胜友:高尚的朋友。寻常旅聚:萍水相逢。意思是,应该知道,高尚的朋友能够指出你的缺点,就像良药可以治病一样,不要把这样的朋友当作萍水相逢的人。《瞿式耜集·留别不帆·即用前韵》

【修其身而后交,善其谋而后动】意思是,先把自身修养好而后再去结交朋友;这如同做事,先要谋划好了再去做一样。汉朝

杨雄《法言·修身》

【虽有兄弟，不如友生】 意思是，亲兄弟不如志同道合的朋友。《诗经·小雅·常棣》

【海内存知己，天涯若比邻】 海内：四海之内，指全国。古代以为我国四面环海，故称国境之内为海内。天涯：极遥远的地方。比邻：近邻。意思是，全国到处都有知心朋友，虽然相离极其遥远，但是就像近邻一样密切。唐朝王勃《杜少甫之任蜀州》

【秦皇汉武，恨不同时】 典出《史记·韩非传》：韩非著作《孤愤》、《五蠹》、《内外储说》等篇，传入秦国。秦王，即后来的秦始皇，看了说，唉，我能看到这人，跟他交往，死都甘心！后来，韩非到了秦国，李斯等人陷害他，把他关在牢里，逼他自杀。《汉书·司马相如传》：司马相如著作了《子虚赋》，汉武帝读了后说，我却不能跟这人同时啊！后来知道是同时代人了，把司马相如招来相见，却把他看作像倡优那样的弄臣，遭到轻视。比喻人有天性的利害心理，所以结交自觉不自觉地有贱同思古思想。南朝梁代刘勰《文心雕龙·知音》

【难酬之恩休受，难久之友休交】 意思是，难以酬谢报答的恩惠不要接受，不能持久的朋友不要结交。《格言联璧·持躬类》

【恶人相远离，善者近相知】 意思是，对恶人要和他离得远远的，对善良的人要亲近并且结成知心朋友。《全唐诗补遗》卷二

【惟当同心人，可与论金铁】 惟：唯有。同心：志同道合。意思是，只有志同道合的友谊才能像钢铁一样牢不可破。清朝顾图河《息交》

【德不孤，必有邻】 意思是，道德高尚的人不会孤单，一定有和他一样道德高尚的人做他的朋友。《论语·里仁》

2. 交情

【一贵一贱交情见】 意思是,彼此地位升迁变化是考验交情友谊真假的试金石。唐朝骆宾王《帝京篇》

【人必自侮而后人侮之】 意思是,人一定是首先自己不自重不自爱,而后别人才怠慢看不起。《孟子·离娄上》

【人心换人心,八两换半斤】 八两:中国旧时秤是十六两为一斤,所以,八两与半斤相同。意思是,人与人之间相处,只有彼此真诚相待,相互尊重,相互关心帮助,才能和睦相处,互相信任,说得来,干得来。

【以心换心,以情换情】 意思是,人与人只有彼此之间真诚相待,才能有真诚的交情。

【人情曷似春山好,山色不随春山老】 曷:什么,怎么,何时。意思是,何时人情像春山一样美好呢?春天还有变更的时候,而真诚的情谊却应该永远像春山一样美好。宋朝王之道《桃园忆故人》

【人逢忠义情偏洽,事到颠危策愈全】 忠义:忠诚义气。偏洽:投机,融洽。颠危:危险的关头。意思是,人在危难之时,遇到忠义人之时,感情一定很投机融洽,出的计策就会越想越周全。《水浒传》第十七回

【人间别久不成悲】 意思是,人离别时间久了,就感到习以为常,反而没有悲伤了。宋朝姜夔《鹧鸪天》

【三年不上门,当亲也不亲】 意思是,长期不来往见面,至亲也会疏远。《西游记》第四十四回

【女人的脸,六月的天】 意思是女人表情变化快,不可预测。

【日远日疏,日亲日近】 远、疏:疏远。亲、近:亲近。意思是,

一天一天地隔远了，就一天一天地疏远了；一天一天地亲热了，就一天一天地亲近了。《水浒传》第二回

【日进前而不御，遥闻声而相思】 御：用。声：名声。意思是，每天在面前却不信用，而对处在遥远地方的人，听到其名声便思念。《鬼谷子·内楗》

【书不尽言，言不尽意】 书：指书信。尽：穷尽。言：言词，语言。意：意思，心意。意思是，想说的话太多，写不完，写出的话，也表达不完意思。《易经·系辞上》

【古交如真金，百炼色不回】 古交：古人交朋友。色：本指金煅烧的颜色，这里借指情谊。不回：不改，不褪色。意思是，古人交朋友就像真金一样，经得起千锤百炼的考验。五代前蜀贯休《古意九首》

【平日若无真义气，临时休说死生交】 意思是，平时的交情如果不是真诚的，关键时刻就更谈不上什么死生交情了。《水浒传》第四十七回

【生当为凤友，死不作雁奴】 凤友：高尚的朋友。雁奴：奴仆。据说，大雁是终身配偶，其中雌或雄雁死了，活着的一只不但要终身守寡，不能续配，而且要做整个雁群的奴仆，为雁群站岗放哨，不能休息，也没有时间觅食。《张苍水集·秦吉了》

【同欲相趋，同利相死】 意思是，怀有同样欲望企图的人互相追逐，为了同一个利益互相残斗而死。《史记·吴王濞列传》

【同恨相助，同好相留】 意思是，有同样仇恨的人互相帮助，有同样爱好的人互相挽留。《史记·吴王濞列传》

【同频共振，同命共运】 频：频率。意思是，同一频率产生共振现象（收音机即是此原理的运用），同一命运的人共同在一起。

【同类相从，同声相应】 从：跟随。原意是同一类的东西跟随在一起，同样的声音互相呼应。比喻人地位、观点相同的组合在一起。《庄子·渔父》

【同心之言,其臭如兰】 臭:气味。意思是,志同道合的人,彼此说话非常合拍投机,互不介意挑剔,多难听的话也像兰花那样香。《易经·系辞上》

【百金孰为重,一诺良匪轻】 意思是,百两黄金怎能说不重呢?但和一句真诚的许诺比起来,就显得很轻了。唐朝卢照邻《咏史》

【来日方长,后会有期】 朋友之间分别时慰藉语。意思是,未来的日子还很长,以后还会见面的。

【投我以桃,报之以李】 意思是,你投送我以桃做礼物,我用李作为礼物报答。《诗经·大雅·抑》

【投我以木桃,报之以琼瑶】 木桃:果实名,即栌子。琼瑶:一种佩玉。意思是,你送给我木桃,我送给你琼瑶以报答。比喻加倍报答情感。《诗经·木瓜》

【投我以木瓜,报之以琼琚】 木瓜:果实名。琼琚:一种佩玉。意思是,你送给我木瓜,我送给你佩玉以报答。比喻加倍报答情感。《诗经·木瓜》

【受之有愧,却之不恭】 却:推却。意思是,推却不接受,显得对人家不尊重,接受下来,又心中有愧。通常是接受对方礼物时的客套话。

【鸡与鸡并食,鸾与鸾同枝】 鸾:传说中的凤凰一类的鸟。比喻低级趣味的人跟低级趣味的人在一起,高尚的人和高尚的人在一起。也泛喻什么样的人结交什么样的朋友。《李太白全集·于五松山赠南陵常赞府》

【两心不可得一人,一心可得百人】 意思是,三心二意,或者是对人两个心眼,不诚实,连一个人也得不到;而真心诚意,一个心眼对待人,就可以得到许多朋友,或者得到许多人才。《淮南子·缪称训》

【身无彩凤双飞翼,心有灵犀一点通】 灵犀:犀牛角。旧说犀

牛是灵异的兽,角中有一条白纹如线,直通角的两头。通常比喻年轻恋人彼此两心相通。唐朝李商隐《无题》

【画虎画皮难画骨,知人知面不知心】 前句比喻后句,意思在后句。意思是人的真实思想很难知道。通常用在被骗或负心人的事上,表示懊恼悔恨。元朝孟汉卿《魔合罗》第一折

【朋友来了有好酒,豺狼来了有猎枪】 意思是,对待朋友,用好酒热情招待;对待来犯的侵略者,就把他们消灭掉。比喻爱憎分明。电影《上甘岭》插曲:“朋友来了有好酒,若是那豺狼来了,迎接它的是猎枪。”

【明是一盆火,暗是一把刀】 意思是,对人光明正大,就像一盆火那样温暖;对人搞阴谋诡计,就像用一把刀对着人那样危险可怕。《红楼梦》第六十五回

【始交不慎,后必成仇】 意思是,结交开始不慎重,交了交不来的朋友,最后必然闹得互相有意见。清朝申居郧《西岩赘语》

【待人以礼,受之以礼】 意思是,尊重别人,也会受到别人的尊重。

【善气迎人亲如兄弟,恶气迎人害于戈兵】 意思是,待人亲善和气,就如同亲兄弟相见;对人态度恶劣就无异于刀兵相对。《管子·心术》

【赠人以轩,不若赠人以言】 轩:车子。意思是赠给人家车子,还不如赠给人家有激励作用的话。《晏子》

3. 交际

【一客不烦两家】 烦:麻烦。意思是,一位客人不用麻烦两家招待。比喻一个人做完一件事就行了,不再烦劳别人。

【一客不烦二主】 意思与“一客不烦两家”同。

【一人为大家，大家为一人】意思是，在社会生活中，人们相互之间谁也离不开谁。

【一人有困难，万人来支援】意思是，一个人遇到了天灾人祸等某种困难，全社会的人都来伸出友谊之手给予帮助。比喻社会风气好。

【一介不以与人，一介不以取诸人】一介：轻微的东西。意思是，不能把轻微不值钱的东西送人，也不能随便从别人那里取得哪怕是很轻微的东西。《孟子·万章上》

【一言既出，驷马难追】意思是，一句话说出去之后无法再收回。通常表示说话算数，讲信用，不反悔。

【一言既出，驷不及舌】意思与"一言既出，驷马难追"同。

【一代亲，二代表，三代了】亲：关系亲密感情深厚。表：表亲，父母辈的下一代人，如表叔，表兄表姐表弟表妹。了：完结。意思是，亲戚间的关系，一代比一代疏远。

【一家人不说两家话】意思是，不把对方当外人看待。真诚相见，直言相告。通常表示态度真诚坦率。

【八杠子打不着】比喻关系离得很远。也说"八竿子打不着"。

【人到难处拉一把，胜过爹娘养育恩】意思是，在别人遇到困难时，助一臂之力使人渡过难关，其恩德比爹娘还重。

【人受谏则圣，木受绳则直】谏：直言劝诫。意思是，人能接受别人的直言劝诫，就会成为一个高尚有为的人；就像一根弯曲的木头受墨斗绳一拉，经过锯拉斧砍变直成为可用之材一样。《孔子家语·子路语》

【人家不必论贫富，唯有读书声最佳】意思是，对人不必用贫富去衡量，只有读书，具有真才实学才最有声名。唐朝翁承赞《书斋谩兴二首》

【入境问禁，入国问俗，入门问讳】意思是，到他乡，要问清他

乡的风俗习惯和法律常识，到别人家里，要清楚忌讳什么，以尊重别人，不犯规不犯禁。《礼记·曲礼》

【入其俗，从其令】令：禁忌的意思。意思是，到一个地方，要尊重当地的风俗禁忌。《庄子·山木》

【义存则克终，道废则渝始】意思是，保存道义才能够使信用贯彻到底，道义没有了，也就没有信义可讲了，信义就不存在了。南朝梁代刘勰《文心雕龙·祝盟》

【与贵者谈，言吊则怒；与贱者谈，言庆则悦】意思是，与地位高贵的人交谈，说丧气不吉利的话，他就会发怒；与地位卑微的人交谈，说喜庆的话，他就会喜悦。唐朝李筌《太白阴经·人谋》

【口慧之人鲜信】口慧：嘴甜，说得好听，随便许愿，承诺。鲜信：少信用，少相信。意思是，嘴甜，随便许愿、承诺的人少信用，这种人少相信他。《韩诗外传》

【山势崇峻，则草木不茂】意思是，山势崇峻，就草木长不好，不茂盛。比喻对人苛刻高傲，接近他的人便很少。《琼琚佩语·修己》

【山锐则不高，水狭则不深】意思是，山太尖了就高不了，水太狭窄了就深不了。比喻对人太过分太苛刻太狭隘，就不得人心，他自己也高深不了。汉朝刘向《新序·节士》

【山高自有客行路，水深自有渡船人】比喻遇到困难时，自然会有人来帮助。《西游记》第七十四回

【上山擒虎易，开口告人难】告人：求人。意思是，求人的话难于开口。元朝高则诚《屁吧己·王娘剪发卖发》

【亏人必亏己】意思是，亏待了别人，最终是亏待了自己。

【大路朝天，各走半边】比喻与对方无关，谁也碍不着谁，你干你的，我干我的，不要横行霸道。

【小人不可与尽言，忠言莫对奸人讲】意思是，在道德水准低下的人面前，不可说知心话，搞不好，他给你添油加醋，陷害你。

清朝申涵煜《省心短语》

【小心天下去得，大胆寸步难行】意思是，小心谨慎，走遍天下都无妨；胆大妄为，一动就会出差错。《杀狗记》第二十折

【井鼃不可以语于海，夏虫不可以语于冰】鼃：蛙字的异体。语：谈论。意思是，不要跟井蛙谈论大海，不要跟夏天的虫谈论冬天的冰。《庄子·秋水》："井鼃不可以语于海者，拘于虚夜；夏虫不可以语于冰者，笃于时也；曲士不可以语于道者，束于教也。"

【无事不登三宝殿】三宝殿：三宝指宝贵的事物，佛教指佛、法、僧。殿即殿堂。通常指一般人居宅，含恭维之意。意思是，轻易不敢来，来了就有事相商或请教。

【水至清则无鱼，人至察则无徒】至清：清到极点。至察：过分精明。无徒：没有交往的人。意思是，水太清了，就没有鱼；人过分精明了，就没有人跟他交往。《大戴礼记·子张问入官》

【劝人一言，恩记百年】意思是，在别人思想解不开疙瘩或者钻牛角尖出不来、铤而走险时，劝慰开导几句帮人解脱，人家会感恩一辈子。

【仇可解不开结】意思是，人与人之间不是什么大不了的矛盾怨恨，只可以化解，而不可以火上加油，激其恶化，结成仇恨。

【日出万言，必有一伤】意思是，话说的太多，肯定有伤害别人的话。即尽量少说话。清朝黄小配《大骗》第四回

【不责人所不及，不强人所不能，不苦人所不好】意思是，不责备别人办不到的，不强求别人不会干的，不挖苦别人不喜欢的爱好。《文中子·魏相》

【不以爱之而苟善，不以恶之而苟非】苟善：草率地说人好。苟非：草率地说人不好。意思是，不能因为我喜爱他就无原则地说他好，也不能因为我恨他就随便地说他不好。晋代嵇康《释私论》

【无故以合，则无故以离】意思是，大凡萍水相逢，无缘无故

接近相合的，也就会无缘无故地离散。《庄子·山木》

【立诚在肃，修辞必甘】 意思是，确立盟友的真诚在于严肃，所以，文辞的修饰一定很美好。南朝梁代刘勰《文心雕龙·祝盟》

【季代弥饰，绚言朱蓝】 朱蓝：红、蓝是两种正色，取"正"，"正"与"伪"相对，指话说得正直，非浮夸。意思是，越到后来，盟誓文辞更加修饰，话更有文采，显得更加正直。言下之意，真正忠信又如何呢？南朝梁代刘勰《文心雕龙·祝盟》

【神之来格，所贵无惭】 格：至，到。意思是，盟誓请神灵来作证鉴察，多么严肃。其实，真正可贵的不在于形式和誓词，而在于真诚无愧。南朝梁代刘勰《文心雕龙·祝盟》

【甘辞之难，处辞为难】 意思是，盟誓文辞并不难写，要照文辞写的做起来是很难的。南朝梁代刘勰《文心雕龙·祝盟》

【且灭嗔中火，休磨笑里刀】 嗔：发怒，生气。意思是，不要发火生气，那样恼怒吓人；不要笑里藏刀，那样阴险可怖。应该和睦相处，真诚相待。清朝翟灏《通俗篇》卷十七

【对失意人莫谈得意事，处得意日莫忘失意时】 意思是，在别人失意时，要体贴理解失意时的心境，要想到自己也可能有失意的时候。《格言联璧·持躬类》

【对忧人勿乐，对哭人勿笑，对失意人勿矜】 矜：自夸。意思是，在别人痛苦苦恼的时候，要感同身受，有同情心。明朝吕坤《呻吟语·补遗》

【对痴人莫说梦话，见短人莫说矮话】 痴人：痴呆发傻的人。梦话：幻想的话。短人：小人，品质低级的人。矮话：没有水平的话。意思是，说话要看对象，防止误会，避忌讳。《格言联璧·接物》："对痴人莫说梦话，防缩误也；见短人莫说矮话，避所忌也。"

【对话先须对话心】 对话：指群众同领导或双方当事人为探讨或解决某个问题交换思想意见的形式。意思是，对话必须在对话双方具有诚意，相互理解信任的真诚基础上，才能成功。

【饥不从猛虎食，困不从野雀栖】 猛虎：喻横暴不义的人。野雀：喻卑鄙的小人。意思是，穷困了不要求助于横暴不义的人，困乏了不和卑鄙无耻的小人睡在一起。汉朝杂曲歌辞《猛虎行》："饥不从猛虎食，暮不从野雀栖。"

【占理不让人，人亦不让理】 占理：指日常无根本利害关系的小矛盾。意思是待人刻薄强横，一点亏都不吃，那么，别人也会不相让。也说"得理不让人"。

【只能欺人一时，不能欺人一世】 欺：欺骗。意思是，欺骗别人，一时可能隐瞒下来得逞了，但时间长了，别人终会知道。即欺骗到底是行不通的。

【吃菜吃芯儿，听话听音儿】 意思与"锣鼓听声儿，听话听音儿"同。

【好称人恶，人亦道其恶；好憎人者，亦为人所憎】 意思是，好说别人坏话的人，别人也会说他的坏话；好憎恨别人的人，别人也会憎恨他。汉朝刘向《说苑·说丛》

【好而知其恶，恶而知其美】 意思是，对相好的，喜欢的人，要知道他的短处和缺点，对所厌恶不喜欢的人，要知道他的长处和优点。《礼记·大学》

【好不废过，恶不去善】 好：相好。恶：厌恶。意思是，对相好喜欢的人，不掩饰他的缺点过错；对自己所厌恶不喜欢的人，不否定他的优点和长处。《左传·哀公五年》

【好借好还，再借不难】 意思是，人在相互交往中讲信用，就容易交往。《西游记》第十六回

【平生不做亏心事，世上应无切齿人】 意思与"平生不做皱眉事，世上应无切齿人"同。《古今杂剧·丁丁当当盆儿鬼》

【平生不做亏心事，半夜敲门不吃惊】 意思是，一辈子没有做过坏事，心中坦然，深更半夜听到敲门声也不吃惊害怕。

【平生不做亏心事，半夜不怕鬼叫门】 意思与"平生不做亏心

事,半夜敲门不吃惊”同。

【去食去兵,不可去信】 去:放弃,不要。食:食物,吃的。兵:武器,兵器。信:信誉,信用。意思是,对一个人而言,可以不要吃的,也可以不要兵器,但不可不要信用。元朝关汉卿《独赴单刀会》

【巧者不过习者之门】 巧:灵巧。过:往来。习:习艺。意思是,心灵手巧的人不与习艺的人往来。清朝梁同书《直语补正》

【未有爱人而不自爱者,未有害人而不自害者】 意思是,爱人的人,首先很自爱;害人的人,最终必然是害自己。清朝申涵煜《省心短语》:“未有爱人而不自爱者,此人心也;未有害人而不自害者,此天理也。”

【兄弟虽和勤算数】 意思是,虽然兄弟之间很和好,但是,平时来往也要清清楚楚,不能稀里糊涂的。清朝黄小配《二十载繁华梦》第十四回

【世人漫结交,其后每多悔】 漫:漫无选择。意思是,结交朋友,如果没有选择地乱结交,以后就有很多问题麻烦。清朝吴嘉纪《怀罗大》

【让礼一寸,得礼一尺】 意思是,尊重别人就会得到别人的加倍尊重。三国魏曹操《礼让令》

【争礼一寸,失礼一尺】 意思是,计较别人尊重自己,反而得不到别人的尊重。

【主雅客来勤】 意思是,主人雅观好客,客人来得就勤。《红楼梦》第三十二回

【多为势利朋,少有岁寒操】 意思是,如果所交的朋友,多为势利之徒,那你就不会像青松那样,具有高尚的节操。比喻朋友圈的人不高尚,自己也会受到坏影响。唐朝李咸用《古意论交》

【多士之林,不扶自直】 士:指节操高尚的人。直:正直。意思是,生活在节操高尚的人群中间,不需要用人帮助,也会成为一

个正直高尚的人。

【多狐疑者不可与共事】 意思是，疑心太重的人，不能和他在一起共事。清朝申涵光《荆园小语》："好便宜者不可与共财，多狐疑者不可与共事。"

【买邻之直，贵于买宅】 直：值。意思是，选择一个好邻居，比买一个好宅院更重要。《太平御览·州郡部》

【买宅由来重买邻】 意思是，选择好的邻居从来都是比买宅院重要。清朝梁章钜《归田琐记·北东园日记诗》

【如欲取之，必先予之】 意思是，如果要想得到，必须先有付出。

【会心处不在远，情恋达不在久】 意思是，理解别人的心思，建立感情，不需要很长时间。《红楼梦》第四十八回

【交绝不出恶声，友笃只需待诚】 交绝：断绝交情。友笃：真诚笃信的朋友。待诚：诚恳对待。意思是，断绝交情时，要好说好散，不出言伤人；对待真诚笃信的好朋友，只要诚恳对待就行。《战国策·燕策》

【有眼不识金镶玉】 金镶玉：指美女，社会有名气的女流。表示谦卑恭维之意，大有识之恨晚之意。

【有眼不识泰山】 泰山：比喻对人的敬仰。多用于对人先没有认识出来，经人一介绍，突然知道站在面前的人原来是自己心中敬仰的英雄豪杰。表示敬仰和歉意。《儒林外史》第十五回

【有福同享，有难同当】 意思是富贵荣华共同享受，困苦患难共同担当。表示江湖义气，哥们义气。

【有借有还，再借不难】 意思是，打交道讲信用，就可以继续交往下去，否则，就没有人敢惹了。

【有理不在声高】 意思是，占理也不要发怒大声嚷，心平气和地慢慢讲。反之，不占理，发脾气也没有用。

【有理莫对犟颈说】 犟颈：也做僵颈，指固执不讲理的人。意

思是，不要在固执不讲理的人面前申说道理。

【关公门前耍大刀，鲁班面前弄大斧】 关公：三国蜀将关羽，执大刀兵器，武艺高强，英勇无畏，万夫莫挡。后人把关羽惯使的那种样子的大刀叫关刀。鲁班，又称公输般。中国古代天才神奇的木匠，技艺精湛神高，是中国古代大发明家。据传说，像锯等许多木工器具都是他发明的，古代打仗攻城用的云梯也是他发明的。全句比喻不自量，或者自愧弗如。通常是自谦之语。

【同舟遇风，吴越相救】 吴越：春秋时，两个互为敌对的国家。意思是，吴越两个原来互相敌对的国家的人，坐在同一条船上，突然遇到狂风，这时，两国敌对的人也会同难相救。比喻在困难艰险时，由于命运相连，也会同心协力。《孙子·九地》："夫吴人与越人相恶也，当其同舟共济，遇风，其相救也，若左右手。"《苏东坡全集》卷十

【同言而信，信在言前】 意思是，立场观点相同的人，说出的话总是相同，因而彼此信任。这种信任其实在说话之前就已经存在了。三国·魏徐干《中论·贵义》

【交流自古戒言深，肝胆徒倾致铄金】 铄金：熔化金属，比喻诽谤。意思是，自古以来，就忌讳交情不深倾吐真心实话，否则，就是用自己的肝胆忠诚，去换取诽谤，甚至置你于死地。唐朝司空图《狂题十八首》其三

【行不信者名必耗】 意思是，不讲信用的人，他的名声就要被自己毁掉。《墨子·修身》

【鸡犬之声相闻，老死不相往来】 意思是，相互离得很近，连鸡啼狗叫的声音互相都听得见，但是，互相从来没有来往。比喻关系不密切，不团结，各顾各。《老子》八十章："邻国相望，鸡犬之声相闻，民至老死不相往来。"

【低头不见抬头见】 意思是，在一起工作或住在一个大院里，经常见面，都是熟人，讲点情面，不要给人过不去。

【近官三日熟，离官三日生】 意思是，靠当官的距离近，很快关系就熟了。相反，一旦离开了当官的，很快就生疏了。意为为官者与普通百姓只是官民关系，不是真正的感情。

【秀才人情纸半张】 意思是，秀才穷困，只能给人写点什么作为人情往来。清朝吴敬梓《儒林外史》第四回

【远水解不了近渴】 比喻遥远的东西或者遥远的美好梦想，解决不了眼前的急需。意思是还是讲点现实实际。

【形莫若缘，情莫若率】 形：身形。缘：顺应。率：率直，即表示真情。意思是，社会交际，身形必须顺应当地的风俗习惯、人情世故和思想情感，所以，必须要情感率真。《庄子・山木》

【来而不往，非礼也】 意思是，人与人之间应该互相尊重，相互有来有往。如果只有单方面的来而对方却不往，就是不礼貌，对来者不尊重。《礼记・曲礼上》："礼尚往来，往而不来，非礼也；来而不往，亦非礼也。"

【来者不善，善者不来】 意思是，既然人家敢来，就不是善头，不是好惹的，好对付的。否则，也不会来的。

【来者不惧，惧者不来】 意思是，既然敢来，就不畏惧，如果畏惧就不会来。《东周列国志》第四十六回

【言必信，行必果】 信：诚信，真实可靠。果：果断，算数。意思是，说话要守信用，真实可靠。行动要果断认真，说了就做。

【穷家富路】 意思是，在家里过日子，可以节俭省用，出门在外，手头就要富裕些。

【两喜必多溢美之言，两怒必多溢怒之言】 溢美之言：过分赞誉夸奖。溢恶之言：过分的指责。意思是，两人都非常喜乐，话中就多赞誉夸奖对方的话，两人发怒了，互相搦责的话就会多。《庄子・人间世》

【识人多处是非多】 意思是，对周围的人的情况了解得太多，就招惹是非多。元朝顾君泽《述怀》

【走十家不如坐一家】比喻毫无把握地到处求人帮助,不如专找一个可靠的人多沟通,寻求帮助可靠。《西游记》第五十回

【乞讨千家,不如坐等一家】比喻把决心定下来,坚持目标不动摇,比见异思迁,东奔西闯的效果要好。

【物以类聚,人以群分】意思是,一切事物都是同类聚集在一起,人总是以某种共同的利益或立场观点而分成不同的群体。

【受人之礼,忠人之事】意思是,既然接受了别人的礼物馈赠,就要把人家的事办好。

【受人之托,忠人之事】意思是,接受了别人托付要办的事,就要努力把所托付的事办好。明朝冯梦龙《警世通言·王娇鸾百年长恨》

【浅不足与测深,愚不足与谋智】意思是,不要向见识浅薄的人探讨深刻的理论,不要向愚蠢的人谋取智慧。清朝翟灏《通俗篇》卷三十八

【若将恩报冤,如汤去泼雪;若将冤报冤,豺狼重见蝎】意思是如果以恩报冤,就像用热水泼在雪上那样容易把冤化掉了;如果以冤报冤,就像豺狼见到蝎子一样,就会以毒攻毒了。明朝冯梦龙《醒世恒言·卷二十一》

【势利之交,难以久远】意思是,凭着势力交结朋友,或者为了巴结势力与其交朋友,是不会长久的。晋代陆机《要览》

【势利之交,古人羞之】意思是,结交朋友搞势利眼,古人都是以为羞耻的《汉书·张耳陈余传》

【势败休云贵,家亡莫论亲】意思是,权势败落后,不要说高贵;家都没有了,不要谈论亲戚。即衰败人家被人唾弃。《红楼梦》第五回

【美言不信,信言不美】意思是,漂亮的话不诚信,诚信的话不一定漂亮。南朝梁代刘勰《文心雕龙·情采》引庄子语

【宜存殷鉴,无恃神灵】殷鉴:殷人以夏亡为戒,指借鉴。意

思是，订盟者要以夏亡为戒，从中吸取经验教训，保存忠信就行了，不要企图依靠神灵来巩固加强结盟。南朝梁代刘勰《文心雕龙·祝盟》："后之君子，宜存殷鉴，忠信可矣，无恃神焉。"

【亲兄弟明算账】 意思与"兄弟虽和勤算数"同。

【救火须救灭，救人须救彻】 意思是，救助别人应该救助到底，不要半途而废。《儿女英雄传》第八回

【蛇蝎之乡不可久居】 比喻野蛮对人狠毒的地方，待的时间不能长了。

【崇誓在人，诅咒何干】 意思是，崇尚誓言在人的信誉忠实度，诅咒的话有什么用。南朝梁代刘勰《文心雕龙·祝盟》："崇替在人，咒何预焉。"

【诚无垢，思无辱】 垢：耻辱。意思是，诚恳待人，办事深思熟虑，就不会遭受侮辱。汉朝刘向《说苑·敬慎篇》

【皇帝还借兵马呢】 意思是，求助于人，向别人借东西，是常事，谁也免不了。

【说曹操曹操就到】 意思是，正在议论谁，正巧，被议论的人就来了。这句话是议论者对被议论者当面说的，以表示没有说他的坏话。

【客来主不顾】 意思是，客人来了，主人不在家。通常是主人对客人表示抱歉之意。

【绝顶人来少，高松鹤不群】 意思是，高山的最高的山顶上，很少有人来；高大的松树上没有成群的白鹤栖息。比喻超凡出众者趋附的人少。唐朝贾岛《俗山寺》

【闻名不如见面】 意思是，听到名声，不如见到真切。《北史·列女传》

【虽不过信于人，亦断不过疑于人】 意思是，过于相信和过于怀疑别人都不对。清朝李惺《西沤外集·药言剩稿》

【染不积，则人不观其色；行不积，则人不信其事】 染：用染料

着色。积:积累。意思是,物品不着色就不美丽,人不多做好事,就不会得到别人的信任。三国魏徐干《中论·贵验》

【怒拳不打笑面】 怒拳:发怒时打人。意思是,发怒的人不打正高兴的人,或者不打和自己热情相好的人。“怒”原文为“嗔”。一般说“怒”,故改用。《事物纪原》

【酒肉朋友无大志】 意思是,用吃吃喝喝交的朋友,多是哥们义气,臭味相投,谈不上什么志气。

【酒肉朋友翻脸快】 意思是,靠吃吃喝喝建立起来的朋友关系,是没有坚实基础的,不牢靠的,稍有矛盾就破灭了。

【酒逢知己千杯少,话不投机半句多】 意思是,知心朋友在一起喝酒,会越喝越痛快,喝不够。而说话不投机,半句也是多余的。把两句联系起来,正好说明酒肉朋友没有共同的语言。

【烟酒不分家】 意思是,烟和酒,是交际应酬的东西,不分彼此,很随便。

【逢人且说三分话,未可全抛一片心】 意思是,在社会交往中,说话要留有余地,不能和盘托出。明朝冯梦龙《警世通言·杜十娘怒沉百宝箱》

【臭鱼找烂虾,蟾蜍找癞蛤蟆】 比喻不正派的人就找不正派的人结交。

【能信不为人下】 意思是,讲信誉不会屈居人下。《左传·成公十七年》

【素信者昌】 意思是,一个素来讲信用的人就会昌盛。《孙子兵法·威王问》

【冤家路窄】 意思是,仇人或不愿见到的人,偏偏容易相逢,无可回避。

【冤家宜解不宜结】 意思与“仇可解不可结”同。清朝钱彩《说岳全传》第八回

【真人面前不说假】 真人:真实、真诚的人。道家把“修真得

道”或“成仙”的人称真人。意思是，在真诚守信的人面前不说假话。宋朝释普济《五灯会元》

【欲将取之，必先予之】 予：给予，付出。意思是，要想得到，就必须先付出。

【匿病者不得良医】 匿：隐藏。比喻掩饰缺点错误的人，不会得到别人的真诚帮助。《春秋繁露·执贽》

【清浊必异源，凫凤不并翔】 凫：野鸭。凤：凤凰。意思是，清亮的水与浑浊的水，肯定不是一个源头流出来的，野鸭与凤凰不会在一起飞翔。比喻素质志趣不同的人，不会相处在一起。晋代付玄《和秋胡行》

【推心置腹，开诚布公】 比喻真心待人，坦白无私。唐朝张九龄《亲贤第一章》

【推诚而不欺，守信而不疑】 意思是，对人应该推心置腹，坦诚相见，不隐瞒欺骗，守信用，不互相瞎怀疑。宋朝林逋《省心录》

【推诚人自服】 意思是，对别人推心置腹，真心诚意，别人就会对你心悦诚服。唐朝刘禹锡《和汴州令狐相公到镇改月偶书所怀二十二韵》

【强宾不压主】 强宾：比主人地位高的贵宾。压：超越主人的位置。意思是，到人家去做客，即便地位比主人高，也不能超越主人的位置。喧宾夺主是不礼貌，不尊重人。《水浒传》第二十回

【隔山卖老牛】 比喻光听人说，却见不到所说的东西，信不过。也用以比喻外行。

【隔壁杀出个李逵】 李逵：外号黑旋风，《水浒传》中一百〇八将之一。个性暴躁直率，惯常使用大斧兵器，英勇善战。极力反对招安，最后被朝廷赐的毒酒同宋江一起毒害致死。比喻突然意外出现在某个场合的人。

【朝廷还有三门子穷亲】 朝廷：指皇帝。三门子：三家。意思是，不要爱富嫌贫，瞧不起穷人。也比喻不要嫌弃同穷苦人结亲

交友。

【敬为入德之门,傲为聚恶之府】 敬:尊敬别人。傲:傲慢无礼。府:指恶产生之源。意思是,尊重别人,对人有礼貌,是修养德行的开始;对人傲慢无礼,是变坏的源头。清朝申居郧《西岩赘语》

【路遥知马力,事久见人心】 意思是,路途遥远,才知道马的力量和耐力;事情时间长了,就能知道这个人究竟是个什么样的人。比喻时间和空间是考验人的最好方式。

【跟着好人学好人,跟着燕子学飞禽】 飞禽:禽兽。意思是,跟好人在一起,就能学好;跟坏人在一起,就会学坏。

【摆开八仙桌,招待十六方】 意思是,餐馆是做买卖的,哪儿来的客人都一样招待。《沙家浜》

【貌和心离者孤,亲谗远忠者亡】 意思是,貌似团结而内心不和的人,势必孤单;亲近的人爱在自己面前说别人的坏话,而又疏远忠实的好人,这样的人必然灭亡。宋朝张商英《素书·遵义》

【非我族类,其心必异】 类:同族的人。意思是,不是同族类的人,不会同一条心。这是一种狭隘的宗派主义观点,其害无穷。《左传·成公四年》季文子引《史佚之志》

【虚己以爱人】 意思是,应该用谦虚的态度对待别人。《韩诗外传》

【锣鼓听声儿,听话听音儿】 意思是,从说话的口气音调,就能听清楚话的真正意思。通常是针对不怀好意的话而言。

【敬酒不吃吃罚酒】 意思是,不识抬举。好说好劝不听,非要挨批评不可。

【缘则不离,率则不劳】 缘:顺应。率:率直,即表示真情。意思是,顺应别人,就不会背离别人;感情率真,就不会费那么多劳苦。《庄子·山木》

十六、世态炎凉

1. 世道

【一斗米养个恩人,一担米养个仇人】意思是,当一个人在困难的时候,给他一点小的帮助就很知足感恩;但是,如果给他较大的帮助,困难完全不存在了,他反而不满足而成仇人了。

【一棍子打死】意思是,不是帮助人家改正错误,而是因某个错误对人全盘否定,把人整死。

【一人传十,十人传百】传:传递。意思是,某件事在众人中,很快传开了,越传范围越大,知道的人越来越多。

【一人得福,鸡犬升天】贬义语。旧时社会现象。比喻家中有一个人升了官或得到皇帝的恩宠,全家人都跟着享福飞黄腾达起来。现代比喻不正之风。

【一石击起千层浪】比喻某件突发的事在社会上引起强烈的反响,或者一句话引起许多深刻感慨或联想。

【一蟹不如一蟹】典出《艾子杂说》:艾子来到一个沿海的地方,见一物扁而圆,有很多腿。艾子不知是什么东西,就问当地居民,居民告诉他那是一种螃蟹。后来艾子又看了好几种螃蟹,但一种比一种小,艾子叹了口气说:"怎么一蟹不如一蟹呢!"后来比喻一个比一个糟。

【人在屋檐下,不得不低头】比喻人在权势的压力下,不服从也得服从,不服从强制你服从。

【人心风不吹,波浪高百尺】意思是,狂风虽然吹不到人的心里,可是人心却能掀起百尺波浪。宋朝《诗人玉屑·唐备诗》

【人海阔,无日不风波】意思是,人类社会人很多,很复杂,总是有人制造事端。元朝姚燧《中品阳春曲三首》

【人上一百,种种色色】意思是,人多了,就什么样的人都有。

【人多手乱,话多理乱】意思是,一件事许多人无秩序地一起干,就会手忙脚乱,把事干错;话说得太多,就会没有逻辑,杂乱无章。

【人为刀俎,我为鱼肉】刀俎:刀和砧板。比喻别人掌握着生杀大权,自己处在被人宰割的地位。《史记·项羽本纪》:"如今人方为刀俎,我为鱼肉。"

【大事翻白眼,小事瞧不见】意思是,遇到大事怕苦怕累,犯难,干不了;对身边的小事又瞧不起,不愿干。眼高手低,无真才实学而又穷摆架子的懒人形象、心理。

【大错不犯,小错不断,气死公安,难死法院】社会小痞子语,或者社会、司法部门对处理痞子的畏难语。意思是,对这种小痞子无可奈何,没有好办法。

【大错皆起于小错】任何事情都有一个发生发展的过程,由量变到质变,小错不改,必然发展到大错,这是客观规律。

【上了钩的鱼儿不必再给香饵】比喻目的达到了,就不要再有多余的付出了。

【小鬼不开口,神仙难下手】小鬼:干坏事的人。神仙:掌管生杀大权的上级或上司。比喻上司明明知道下面或手下的人干坏事,但他们不说,不承认,上级或上司也就难于下手处理了。通常是对腐败社会的讥讽。

【太行之路能摧车,若比人心是坦途】摧车:把车颠坏。意思是,人心叵测,比太行之路还艰险。白居易《太行难》

【天下本无事，自为庸人扰】 意思是，天下本来没有事，就是那些庸碌的人没事找事。宋朝梅尧臣《宛陵集·李舍人淮南提形诗》也说"天下本无事，庸人自扰之。"

【天下乌鸦一般黑】 比喻世界上的剥削阶级都是一样的黑心肠，残酷地剥削压迫劳动人民。

【天子无戏言】 天子：皇帝。意思是，皇帝说话都是金口玉言，不可违抗。

【历代忠臣无好报】 忠臣：忠于国家和人民的朝臣。报：报应。意思是，历史上真正全心全意效忠国家和人民的忠臣，到头来都没有得到好报应，结局悲惨。

【不怕贼偷，就怕贼惦记】 惦记：老是想着，捉摸着。意思是，知道会被贼偷，就会警惕，采取措施，反而偷不走；而认为贼无法偷，就会丧失警惕，同时贼又总在惦记着，就容易被偷盗走。

【不叫唤的狗最爱咬人】 比喻阴险，背后暗地陷害人的人。这种人明的、当面什么都不说，嘴很紧，但暗中却每每献谗言，毁人之誉，置人于死地。

【不怕该债的精穷，就怕讨债的英雄】 该债：欠债。精穷：一无所有。英雄：指凶狠。意思是，欠债的精穷还不起债，只要讨债的凶狠也能把债讨回来。《儒林外史》第五十二回

【不读书有权，不识字有钱】 意思是，不学无术的人当官掌权，大文盲有钱，成为富翁。讥讽社会不公正，不起用人才。元朝无名氏《朝天子·志威》："不读书有权，不识字有钱，不晓事倒有人夸荐，老天只凭忒心偏。"

【无毒不丈夫】 无毒：没有毒辣手腕。不：不是。丈夫：大丈夫，有气质有作为的男子汉。意思是，不会使用毒辣手腕的人，就不是有气质有作为的男子汉。《水浒传》第一百三回："恨小非君子，无毒不丈夫。"

【无风不起浪】 比喻社会上的传谣定有其来源，不会无缘

无故。

【公门里好修行】公门：指衙门。修行：修公德，做善事。实际是反其意，说衙门里干尽了丧尽天良的缺德坏事，所以说“好修行。”《儒林外史》第二十五回

【公章碗口大，不如朋友一句话】对社会上不正之风的讥讽语。意思是，按照正常的手续和规定办不了事，只要有关系就好办事。

【仁者见仁，智者见智】意思是，对同一个问题，各人观察的角度不同，见解也不相同，所以意见看法不相同。《易经·系辞》：“仁者见之谓之仁，智者见之谓之智。”

【丰草多华英，茂林多枯枝】丰草：丰茂的草丛，比喻普通群众。华英：有才华的精英，茂林：茂密的树林，比喻宫廷。枯枝：枯朽的树枝。比喻庸俗的官员。意思是，在丰茂的草丛中，有很多强劲突出的青草，在茂密的森林里，枯死的树枝很多。比喻在广大群众中有很多才华出众的精英，在宫廷里庸朽的官僚很多。汉朝王充《论衡·自纪篇》

【风吹破茅房，狗咬破衣人】茅房：用茅草盖的房子。比喻人太穷了，连老天都不睁眼，连狗都欺负。

【四体不勤，五谷不分】四体：指人的手脚四肢。五谷：泛指庄稼。意思是，不会体力劳动，连庄稼都分辨不出来，即什么都不懂无实践知识。《论语·微子》

【四肢发达，头脑简单】讥讽语。意思是，徒有一个健壮的躯体，不动脑子。

【本事不大，脾气不小】意思是学浅修养差。

【世路难行钱作马，手中无权酒为兵】意思是，社会腐败，无权无势办事难，就用金钱和吃喝来打通道路。反映社会腐败或者对社会不满。

【世间万物不得齐，或清如水浊如泥】意思是，世界上万事万

物都不一样，有的像水一样清洁干净，有的像泥汤一样浑浊肮脏。明朝于谦《采桑归》其二

【古之狂也肆，今之狂也荡】 肆：放肆。荡：放荡。意思是，古代那些狂妄的人不过是放肆一些，现在那些狂妄的人却是放荡不羁。《论语·阳货》

【古之矜也廉，今之矜也忿戾】 矜：骄横。廉：本意是器物的棱角，引申为不可触犯、碰不得。忿戾：凶恶，蛮横无理。意思是，古代那些骄横的人不过是碰不得，现在那些骄横的人却是凶恶蛮横。《论语·阳货》

【古之愚也直，今之愚也诈】 愚：愚笨。直：直率。诈：狡诈。意思是，古代那些愚笨的人不过是脑子单纯直率一点，现在那些愚笨的人却变得狡诈不堪。《论语·阳货》

【可憎者人情冷暖，可厌者世态炎凉】 世态炎凉：世态指社会上的人情世故。炎凉：指社会上的一些人情关系现象。这里指社会上一些令人憎恶的如势利眼等丑恶现象。

【可怜之人必有可嫌之处】 意思是，看其处境和样子，的确可怜，但是，论其品质和为人，又不怎么样。

【外行常唧唧，内行常虑虑】 意思是，外行看到问题总是议论纷纷，唧唧咕咕；内行看到问题总是忧虑思考的样子露于形而不露于言。

【衣着不正人自歪】 意思是，衣着不整洁，歪戴帽，拖着鞋，袒胸露背，前扯后拽，左扎右甩，或者奇装异服，这种人就不是一个正经的人。

【衣来伸手，饭来张口】 意思是，穿衣服要人送到手上，吃饭要人送到面前。比喻懒散娇惯，摆架装样，什么都不干。

【动乱之年盗贼多】 意思是，社会动乱不稳定的年代，盗贼比正常年代多。

【过河就拆桥】 比喻人的品质不好，你帮了他，他反过来损害

你,拆你的台,不能与其共事《红楼梦》第二十一回:“过了河儿就拆桥。”

【长别人志气,灭自己威风】 意思是,妄自菲薄,把别人看得很高很强,把自己看得一无是处。抬高别人,贬低自己。客观上助长了别人的志气,使自己失去了信心和决心,丧失了意志。

【当铺门前无富人】 当铺:旧时专门收取抵押品、放高利贷的店铺。借贷多少,按抵押品的估价而定,而故价一般都是很低。到期不赎回,典当品就属当铺所有。所以,通常到当铺来典当的人,都是生活遇到了极度困难,没有生活出路的人。

【当铺门前无乞丐】 因为当铺是典当物品、放高利贷的地方,而乞丐是一无所有;同时,当铺是绝不施舍发慈善心的,所以没有乞丐到当铺来乞讨。

【当官的当道,当差的开道】 意思是,当官的横行霸道。指旧时官吏的丑态。

【有钱能使鬼推磨】 拜金主义。意思是,只要有钱,什么事情都办得了。

【有钱能使磨推鬼】 意思与“有钱能使鬼推磨”同。

【有钱可以通神】 意思与“有钱能使鬼推磨”同。

【有礼不打上门客】 意思是,给人送礼总是受欢迎的,不会得罪人。

【死知府不如一个活老鼠】 死:削职为民。意思是,当知府很威风,把官职削了,一文不值。吴敬梓《儒林外史》第十八回

【邪人无正事】 意思是,专门搞歪门邪道的人,干不了正经的事。

【成者为首,不成者为尾】 意思是,成功了,就居于尊上的统治之位,失败的就沦为被统治的卑下之人。《庄子·盗跖》

【成则公侯败则贼】 意思是,胜利了,就成为统治者,失败了,就成了被围剿的贼匪。《红楼梦》第二回

【成则为王,败则为寇】 意思与“成则公侯败则贼”同。

【众人重利,廉士重名,贤人尚志,圣人贵精】 贵精:看重人的精神。意思是,普通人看重私利,廉洁的人看重名声,贤能的人崇尚志向,圣哲的人重视人的精神。《庄子·刻意》

【好人难当,好事难做】 意思是,当好人,做好事,都很难,这里指社会风气不好。

【泥瓦匠,住草房】 泥瓦匠:旧时的建筑工人。意思是,建筑工人一年到头给人盖房子,自己却无房住。这是旧社会劳动人民被剥削穷困的真实写照。

【没家亲引不出外鬼来】 意思是,外边的人到家里干坏事,是家里的人勾结的结果。《红楼梦》第七十二回

【闲人不着忙人急】 意思是,不干事的人想不到干事的人的难处,也不会帮助干事的人。

【巫峡之水能覆舟,若比人心是安流】 意思是,巫峡的水湍急汹涌,能翻船,但与人心比起来,它还是平静安全的。比喻人心险恶至极。唐朝白居易《太行路》

【坐山虎斗不过地头蛇】 坐山虎:据山为王的土匪头。地头蛇:旧时指当地的强横无赖,霸道一方,欺压人民的坏人团伙。比喻外来的坏人斗不过当地的坏人。

【君疑死无疑】 君:国君、君王、皇帝。意思是,皇帝如果怀疑手下的臣子,臣子肯定要被处死无疑了。

【君叫臣死,臣不敢不死】 意思是,皇帝的权威是至高无上的,皇帝的话是金口玉言,皇帝要谁死,而且叫你怎么死法,你就得怎样死去。

【坏人面前理三分】 意思是,坏人名声不好,给人印象坏,不得人心,在坏人面前,没有理也占了三分理。

【庙小神灵大,水浅王八多】 王八:乌龟。比喻单位不大,但很有点坏的名声,坏人还不少。

【茂林之下无丰草】意思是,在茂密的森林里,地上没有丰盛的花草。比喻在强大势力下面,弱小的阶层竞争不过,无法生存下去。汉朝桓宽《盐铁论·轻重》:"茂林之下无丰草,大块(未开垦的荒地)之间无美苗。"

【官官相卫,政腐权灰】相卫:相互袒护包庇。意思是,当官的对自己的错误,总是互相袒护包庇。也作"官官相护",是一种旧官僚恶习。它的危害极大,造成政府腐败,权利都成了灰色不透明的小集团手中玩弄的把戏。

【软的怕硬的,硬的怕愣的,愣的怕不要命的】意思是,讲理没有用,亡命徒谁都惹不起。

【若将世路比山路,世路更多千万盘】意思是,人生之路比山路更曲折艰难险峻。宋朝范成大《四十八盘》

【若比人间恶风浪,长江风浪本无心】意思是,长江风浪虽很大,但它是无心的,而人世间的风浪却是有心的,险恶的。唐朝郑獬《观涛》

【鱼儿吃虾,虾儿吃沙】比喻社会上大的欺负小的,小的欺负弱的,恶的欺负善的。

【神龙失鼎,与蚯蚓同】神龙:指皇帝。失鼎:鼎,即鼎盛、权力,引申为失势,被推翻。比喻皇帝被推翻,没了权力,就跟蚯蚓一样软弱无能。《资治通鉴·汉纪》

【明枪易躲,暗箭难防】比喻面对面的公开的敌人并不可怕,可怕的是背后暗中陷害人,没有办法预防。

【狗咬狗,一嘴毛】比喻坏人之间互相攻击,谁都不是好东西,谁都没有对的。

【狗咬吕洞宾,不识好人心】吕洞宾:八仙之一。意思是,不知好歹。

【柿子总是拣软的捏】意思是,软弱的人总是被侮辱欺负的对象。

【借钱是恩人,还钱是仇人】意思是,借钱的时候,把人当成恩人,感激不尽;还钱时,反把人家当仇人了,恨人家不该讨债。

【借钱容易还钱难】意思是,借钱必须首先想到还钱,否则不能借,或不借给。

【冤死好人,笑死坏人】意思是,冤屈了好人,使坏人得意高兴。比喻干了亲者痛仇者快的蠢事。

【清官还比贪官难】意思是,当一个清官必然是原则性强,容易得罪人,同时手中拮据,拉不了关系,工作很难推行;而贪官能迎合人的私欲,手中又有钱,可以上下打点,左右逢源,四面讨好,八方结交,就神通广大。自然贪官好当,清官难当。这里指社会腐败,风气坏。

【清高从未合时宜】清高:指人品质高尚,不同流合污,但有自命不凡的缺点。合时宜:与世事相适应。意思是,纯洁高尚,与社会歪风邪气不同流合污的人,从来就与世事不相适应,显得孤傲不群,脱离群众在社会上吃不开。清朝张问陶《梅花》

【熟人好办事】意思是,熟人关系熟,互相来往比较密切,互相有依靠,可以互相扶持帮助。

【熟人不讲理】意思是,熟人关系比较密切,互相了解,信得过,说话恳切直率,不讲客气。

【熟人好说话】意思是,熟人之间关系密切,相互了解,信得过,容易达成共识办成事。

【熟人熟事遂成章】章:章程,规定。意思是,熟人之间办事比较容易,就像成了章程规定一样。

【魔高一尺,道高一丈】魔:魔鬼,比喻非正义一方。道:道法很高的僧人,比喻正义的一方。一尺、一丈:原指法术的程度,一般比喻力量。意思是,非正义的力量高一倍,正义的力量就增高十倍,正义必然战胜非正义。

【懒人穷事多】穷事:无谓无意义的闲事。意思是,懒人为了逃避劳动,尽制造一些闲事磨时间,躲避劳动。

【懒人有懒福气】意思是,懒人总能想方设法达到偷懒的目的,比勤快人活得轻快福气。

【懒人有懒主意】意思是,懒人为了偷懒,办法、招数很多,别人还没治。

【树林大了,什么鸟儿都有】贬义语。比喻单位大,人多,什么样的人都有。

【恶人先告状】恶人,干坏事的人。意思是,干坏事的人为了颠倒黑白,掩盖事实,采取恶人先告状的手法,企图把责任推给别人,逃脱罪责。

【教会了徒弟,饿死了师傅】意思是,师傅把技艺传授给了徒弟,师傅就失业了,没有饭吃了。反映小生产的落后性。

【蛇蝎不算毒,最毒负心人】比喻恩将仇报的负心人,比蛇蝎还要狠毒。

【螳螂定是遭黄雀,黄雀须防挟弹人】比喻强者欺凌弱者是肯定的,但是,强者也要防止暗算。唐朝周昙《少儒》

【螳螂捕蝉,黄雀在后】意思是,螳螂正要捕蝉,不知道黄雀在后面正好想捕它。比喻只看见面前有利可图,不知道祸患就在后面。《韩诗列传》:"螳螂方欲食蝉,而不知黄雀在后,举起颈欲啄而食之也。"

【臭豆腐闻起来臭,吃起来香】臭豆腐:一种豆制品,发酵后腌制而成,灰色,有一种特殊的臭味,食之味道类似于腐乳,吃起来很香醇。比喻事情名声不好听,但很受人尊崇。

【饱食终日,无所用心】终日:成天,贬义语。意思是吃饱了混天黑,什么事都不想,什么事都不干,碌碌无为。《论语·阳货》:"饱食终日,无所用心,难矣哉。"

【做人难,做好人更难】意思是,人生活在社会中不容易,哪一点做不到都不行,特别是要做一个好人,更是如此。

【钱不是万能的,没有钱是万万不行的】 意思是,金钱并不是什么都可以买到,无所不能的。但是,在商品经济社会,没有钱就寸步难行,没有钱是一定不行的。

【钱到公事办,火到猪头烂】 意思是,就跟难煮的猪头到了火候就煮烂了一样,只要贿赂到了,多难的事情也办了。清朝吴敬梓《儒林外史》第十三回

【骄奢淫逸,所自邪也】 意思是,骄横、奢侈、淫乱、安逸,都是邪恶的开始,或者说是自己的邪恶思想引发的。《左传·隐公三年》

【喊天不应,呼地不灵】 意思是,困难到了绝境,没有任何人同情帮助,没有任何办法。

2. 世俗

【入国从俗,入家避讳】 俗:风俗习惯。讳:忌讳之事。意思是,到了一个国家要尊重这个国家的风俗习惯;到了别人家里,不要谈及人家忌讳的事。《淮南子·齐俗训》:"入其国者从其俗,入其家者避其讳。"

【入门休问荣枯事】 荣枯事:好事或坏事。意思是,到了别人家里,不要问及人家的好事或者坏事。《水浒传》第二十四回:"入门休问荣枯事,观着容颜便得知。"

【入乡随俗,入市就行】 意思是,到了一个地方,要尊重当地的风俗习惯。也表示同大家打成一片,不搞特殊。

【大声不入于里耳,折杨皇荂嗑然笑】 大声:美声,高雅的音乐。里:俚,俗人。折杨皇荂:民间小调。嗑然:欢快的笑声。意思是,高雅的音乐庸俗的人听不入耳,而民间小调则听了却欢快欣喜。比喻庸俗的人愚昧无知,欣赏不了高雅的艺术。《庄子·

天地》

【万般皆下品,唯有读书高】 万般:泛指各行各业各种工作。皆:都是。下品:下等品。唯:只有。高:高贵。意思是,各行各业各种工作,都是下等的,低贱的,只有读书做官为最高贵。在官本位的落后社会里确实是这样。但是,读书是学习科学知识,发展生产力,推进社会发展和文明,是必须的,没有科学文化知识一切都不会。可读书的目的绝不仅是为了做官。只要是人,最低的需要就是吃喝穿着,没有劳动创造物质财富,人类社会就不能存在。这是最起码的道理,怎么能因为强调读书的重要而贬低劳动人民呢?大错特错也!宋朝汪洙《神童诗》:"天子重英豪,文章教尔曹。万般皆下品,唯有读书高。"

【女子无才便是德】 德:德行。封建社会要求女子一切顺从男子,不需要才学,认为这就是女子德行的标准。《红楼梦》第四回

【女子无才便是福】 旧社会认为女子不需要才学,只要守妇道就是福气。

【不患贫而患不均,不患寡而患不安】 原意是:奴隶制时代按等级分封,诸侯的封地称国,大夫称家。说诸侯、大夫这样的统治者,不必担心财产少,而应担心分配不均;不必担心奴隶少,而应担心奴隶不安分守已。现代多指不害怕贫穷,而害怕分配不合理;不害怕东西少,而害怕分配问题引起社会不安定。桓宽《盐铁论》

【习惯如自然】 现在通常说"习惯成自然"。《汉书·贾谊传》:"孔子曰:'少成若天性,习惯成自然'。"

【内诲于家,外刑于邦】 诲:教诲,训导。刑:同"型",典型,榜样。邦:国家。意思是,在家里,要教育训导下一代怎样做人,走入社会,要成为国家的榜样。唐朝柳宗元《平淮夷雅》

【反古者未必可非,循礼者未足多是】 古、礼:都是指怒隶社

会的旧礼教旧法制。意思是,反对旧礼教旧法制不一定可以非议,遵循旧礼教旧法制的不足以值得肯定。商鞅《更法》

【民不可与虑始,而可与乐成】 意思是,一般的人不可同他们商量创始,而可以和他们共享成功果实的快乐。这个观点脱离群众,脱离实践。商鞅《更法》

【因人见风俗,入境闻方言】 意思是,看见了人,就知道了这里的风俗,进入到境内,就听到了当地的方言。到一个新地方,要注意观察,用心听,掌握当地的风俗习惯,尊重别人。唐朝王维《早入荥阳界》

【龙生龙,凤生凤,老鼠生儿打地洞】 血统论。意思是,高贵人家生的孩子生来就是高贵的,有才能的;贫贱人家的孩子生来就是低贱的,无能的。事实并非这样,古今中外绝大多数伟人,名人,都是出于贫寒之家。历代封建王朝也多是人民群众推翻的。

【至德者不和于俗,成大功者不谋于众】 意思是,谈论至高原则的人不附和世俗的成见,成就大事业的人不能跟一般人商量。这个观点有对的一面,但脱离群众,使变法失去群众基础,所以变革失败。商鞅《更法》

【过得了初一,过不了十五】 原是讨债语。中国旧俗讨债到了大年三十没讨回,正月初一到十五这段时间不许讨债。认为,如果这段时间讨债,对双方都大不吉利。要等到正月十五以后才能重新讨债。比喻事情总得办完,是拖不掉的。

【团鱼莫笑乌龟黑,黑了一个洞里歇】 团鱼:鳖,甲鱼。黑:前一个黑指颜色,后一个黑指时间,即晚上。歇:歇息,睡眠。比喻两人是一路货,谁也别讥笑谁。

【各家自扫门前雪,不管他人瓦上霜】 比喻团结互助精神很差,各人只顾自己,谁也不管谁。但各家都把门前雪扫尽了还是有集体意义的。

【乡下百里是熟人,城里隔壁不相识】 意思是,农村人相互之间关系比较亲密,城市人相互之间关系比较疏远。

【同行是冤家】同行:同一个行业。意思是,干同一个行业,因为彼此竞争,容易产生利益矛盾,遂成为冤家。

【名高毁所集,言巧智难防】名:名声,名望。毁:诋毁,中伤。集:目标。意思是,名声高了,就成了诋毁中伤的集中目标,那些似是而非的花言巧语的中伤,就是聪明人也难于防备。唐朝刘禹锡《萋兮吟》

【名高忌起,宠高妒生】忌:忌妒。意思是,名声太高了或者太受宠了,就会引起忌妒。

【看人吃豆腐说牙齿快】比喻拍马吹捧。也比喻见别人做事认为很容易。

【念人之过,必忘人之功】意思是,念念不忘别人的过错,就必然会抹杀别人的功绩。汉朝高诱《吕氏春秋·注》

【吃不着葡萄就说葡萄酸】比喻嫉妒。自己得不到就诋毁,说如何如何不好。

【君子见人之厄则矜之,小人见人之厄则幸之】厄:困境,灾难。矜之:同情支援。幸之:幸灾乐祸。意思是,高尚的人见别人有困难或遇到灾难,总是同情支援帮助,品质低劣的人见别人遇到困难或灾害,幸灾乐祸。《公羊传·宣公十五年》

【招世之士兴朝,中民之士荣官】招世之士:招揽人才的人。兴朝:兴起于朝廷。中民:地位中等的人。荣官:以做官为荣。意思是,招引贤才的人从朝堂上开始建立功业,地位中等的人以做官为荣。《庄子·徐无鬼》

【张家长,李家短】意思是无所事事便无聊,瞎议论,瞎传话。《水浒传》第二十一回

【神仙打架,小鬼难办】比喻统治阶级上级人物争权夺利闹纠纷,下级和帮办人物无可奈何。

【神仙不开口,小鬼难下手】意思是,上司不说话表态,下级

或为其办事的官员不敢动手处理问题。

【高言不出世俗之口】高言：深刻而又服人的真理。意思是，深刻而又服人的真理，世俗之人是说不出来的。《庄子·天地》："是故高言不止于众人之心。"

【俗言胜，至言不出】俗言：庸俗的言论。至言：深刻服人的真理。意思是，在庸俗的言论盛嚣时，深刻而服人的真理就没有人说了。《庄子·天地》："至言不出，俗言胜也。"

【谁知火炉下，还有不燃灰】意思是，谁知道在熊熊燃烧的炉火下面，还有没有燃烧的灰？比喻在火热的生活中，还有被人冷落的人。唐朝刘长川《将赴东都上李相公》

【常人安于故俗，学者溺于旧闻】常人：普通人、故旧。溺：沉迷。意思是，一般普通人习惯旧俗套，做学问的人总爱沉迷于过去的老事。《史记·商君列传》

【驴驾辕，马拉套，妇女当家是胡闹】轻视妇女语。本应该是马驾辕，驴拉套才行。因为马个头比驴大，力气也大。这里反过来说，比喻妇女当家好像驴驾辕一样不行。

【狗改变不了吃屎】骂人话。比喻坏人本性改不了，或者骂人家坏毛病改不了。

【做事不由东，累死也无功】东：东家、雇主，泛指上司。意思是，做事不符合上司的心意，累死也不讨好。

【掇人的碗，服人管】意思是，给主人（老板）打工，必须服从主人管理，自己不能做主。

【请神容易送神难】比喻雇佣一个人很容易，解雇一个人就很难。

【嫁鸡跟鸡，嫁狗跟狗，嫁给扁担抱着走】旧时是包办婚姻，强迫婚姻，特别是对女性，都是父母包办，或者是豪强逼婚，妇女没有任何婚姻权力，任凭宰割。

【遗书斟文酌句，死人想着活人】意思是，写遗书是个非常严肃的事，一个字也不能写错，为的是活着的人在他死后不找麻烦。

【豪门攀豪门，柴户对柴户】 豪门：富豪之家。柴门：普通劳动人民之家。意思是，婚姻要门当户对。

【登高不可以为长，居下不可以为短】 意思是，人活在世上都是一样的，在人格上，没有高低贵贱之分。登上了高位不可以自以为高人一等，身处低下地位的不可以认为是矮人一头。《庄子·徐无鬼》："天地之养也一，登高不可以为长，居下不可以为短。"

【寡妇门前闲话多】 意思是，寡妇因失去了丈夫，人们对寡妇家出入来往的人就胡乱猜想，说三道四。

3. 势利眼

【一损俱损，一荣俱荣】 损：衰败。荣：兴盛。《红楼梦》第四回：意思是，贾、史、王、薛四大家族休戚相关，一家衰落便都跟着衰落，一家兴旺便都随着兴旺。现比喻某个搞山头派性、裙带关系的小团体的兴败。

【人一走，茶就凉】 意思是，人与人之间的关系很微妙，在一起和和热热，离开就完了。

【三十年河东，三十年河西】 比喻世道变迁，盛衰移位。官宦、荣华富贵随着时间的推移，时代的变迁，总是在不断更替。《儒林外史》第四十六回

【以势交者势倾则绝，以利交者利穷则散】 意思是，交情以势力为基础，失势之后交情就断绝了；交情建立在物质利益的基础上，一旦穷困了，交情也就消散了。《文中子·礼乐篇》

【打狗要看主人】 狗是主人的人格威严的外延，因此，对狗的态度就是对主人的态度。比喻办事处理问题要考虑其当事人上司的威风和尊严。

【用得着朝前，用不着朝后】 意思是，实用主义的待人态度。对我有用，用得着人时，就什么都好，对我没用，用不着人时，就疏远冷淡。两种不同的态度。

【外国的月亮比中国的圆】 崇洋媚外的洋奴思想。认为外国的一切都比中国的好，中国的一切都不如外国。

【瓜儿只拣软的捏】 比喻专门找软弱的人欺侮。《金瓶梅词话》第五十九回。

【世情有冷暖，人面逐高低】 意思是，世态人情就跟天气一样有冷有暖，人的脸色随着地位的升降而变化。地位升高了，内心喜悦，就像春天般的温暖；地位降低了，心里就难受，就变得像冬天那样冷酷。《水浒传》第三十七回

【龙游浅水遭虾戏，虎落平原被犬欺】 比喻强者失去了强者所必要的条件，强者反而就要受到弱者的欺辱。也比喻社会势利眼风气严厉。

【东风还是去年香，不比人心容易改】 意思是，东风还像去年一样，送来梅花的幽香，它不像世人那样容易改变情感。嗟叹人心不古。《范石湖集·诗集·嗅梅》

【壮士须防恶犬欺】 壮士：豪壮而勇敢的人。恶犬：凶恶的奴才。泛指恶毒的坏人。《红楼梦》第五十一回

【记性好，忘记大】 讥诮语。意思是，对自己有利的就记住了，对自己没好处的就忘记了。

【同恶相助，同好相趋】 趋：原文为“趍”，音、意相同。意思是，有共同的憎恶就会互相帮助，有共同的爱好就会互相趋附。《六韬·武韬》

【县官不如现管】 意思是，手中有实权比高官还厉害，还管用。

【虎落平原被犬欺，凤凰落毛不如鸡】 比喻人失势后，没有了昔日的威风和能力，谁都可以欺负他。

【虎畏不惧己者】意思是，老虎害怕不怕老虎的人。比喻强人害怕不畏强人的人。苏轼《书孟德传后》

【虎凭爪牙狗仗主人】意思是，老虎凭其利爪尖牙才能逞威风，狗全仗着主人而显其能。比喻奴才仗着主子的权势欺负人。

【官大压死人】官大：相比较而言，官职高一级的。意思是，官大权威威风大，说一句话，无论对错与否，都得照办，没有可讲的。

【宰鸡焉用牛刀】比喻事或对手力量很小，不用大举动或费力气，就把问题解决了。也表示对对方的藐视。

【宰牛刀可以宰鸡】比喻普通人也可以用大罪名加以陷害，小事可以夸大处理。

【砖儿厚瓦儿薄】比喻对待人不公平，有亲有疏，有厚有薄。

【朝廷有人好做官】朝廷：君主时代君主为首的中央政府机构，这里泛指各级政府机构。意思是，在政府机关里有人做官，其亲属亲戚朋友也好做官。即裙带关系。

【朝廷有人好办事】朝廷：指国家政府机关。意思是，政府机关里有人当官就有特权，别人办不了的事他可以办。

【富贵未必可重，贫贱未必可轻】重：重视。轻：轻视。意思是，要正确看待富贵和贫贱，比喻别做势利眼。汉朝王符《潜夫论·交际》

【强毋攘弱，众毋暴寡】攘：侵犯，排斥。暴：损害。意思是，强者不要侵犯弱者，势众的不要损害势单力薄的。《汉书·景帝纪》

【强龙不压地头蛇】强龙：外地来的有权势的人或势力。地头蛇：当地称王称霸的恶人或势力。比喻外地来的人尽管权势很大，但斗不过当地称王称霸的恶势力。《西游记》第四十五回

【衙门口朝南开，有理无钱莫进来】衙门：旧时官员办公的机关。莫：不要。意思是，衙门的官僚作风非常腐败，只认钱不认

理,无公正可讲。

【墙上一兜草,风吹两边倒】比喻没有立场,哪边势力大就倾向哪一边。

【墙倒众人推,破鼓乱人捶】捶:捶打。比喻社会不公正,势利眼,不管犯的什么错误,或为什么犯错误,不辨是非曲直,群起而攻之,乱打一顿。

【踩一头儿翘一头儿】原意是弯曲的木棍,踩着一头,另一头就翘起来了。比喻问题铺摆不平,难以处理。

4. 贪婪

【人心不足蛇吞象,世事到头螳捕蝉】螳捕蝉:螳螂捕蝉的典故。比喻贪得无厌的人,最后必然要被别人暗算,人财两空。元朝无名氏《崔府君新冤家债主·楔子》

【人善好欺,马善好骑】比喻人善良如同驯服好骑的马一样容易被人欺负。

【人善被人欺,马善被人骑】比喻人善良容易被人欺负。

【大树下面好乘凉】比喻借助权势或依仗权势,遇事无恃无恐。也比喻借助权势好偷闲。

【大鱼吃小鱼,小鱼吃虾米】比喻旧中国或资本主义世界以大凌小,弱肉强食,残酷竞争的社会现象。

【山高皇帝远】意思是,离上级政府很远,管不到这里,可以自作主张。也比喻土霸王,谁也管不了他。

【为善者不云利,逐利者不见善】云:说,谈。善:做好事。意思是,做好事的人不谈利,追逐私利的人不知道做好事。宋朝林逋《省心录》

【不廉则无所不取,不耻则无所不为】廉:廉洁。取:取得。

耻:廉耻,耻辱。为:干,做。意思是,一个人如果不廉洁,就没有他不贪的东西;如果丧失了廉耻,不知道什么是廉耻,就什么坏事都干得出来。

【天之道,损有余而补不足;人之道,损不足已奉有余】天之道:指自然规律,自然法则。人之道:指社会法则、律例。意思是,自然规律法则,是减少有余的补给不足的;可是社会的法则却正好相反,是减少不足的,来补给奉养有余的。先秦时代老子《道德经》

【子系中山狼,得志便猖狂】子:你。系:是。子、系合为“孙”字,隐指贾迎春的丈夫孙绍祖。中山狼:传说战国时赵简子在中山打猎,射伤一只狼。这狼恳求东郭先生救它一命,东郭先生果然把这只狼救了。赵简子被东郭先生骗走后,狼反要吃掉东郭先生,幸亏遇见一个农民,骗狼又钻到袋子里,把狼给处死了。后来把“中山狼”比作忘恩负义之人。比喻忘恩负义的人一旦得志就猖狂。《红楼梦》第五回

【以富为是者不能让禄,以显为是者不能让名】意思是,把贪图财富看作正确的人,不会让人利禄;把追求显赫看作正确的人,不会让人有名誉。《庄子·天运》

【以有积为不足,澹然独与神明居】意思是,认为有所积蓄就会反生不易满足的贪欲;心境恬淡闲适,就能成为跟神明为伍的高尚的人。《庄子·天下》

【宁可少活十年,不可一日无权】意思是,权力比生命还重要,一天也不能丢失。古今中外,有产者都把权力当做命根子。元朝严忠济《越调天净沙》:“宁可少活十年,休得一日无权。”

【宁给饥人一口,不送富人一斗】意思是,给饥饿的人一口吃的,算是一点施舍积一分共德,能得到人家的感恩;给富人再多也填不满欲壑,嫌送的不够,岂不是自找气受?《三侠五义》第一百回

【礼多神不怪】礼:礼节,礼物。神:指上司。不怪:不嫌,不责怪。比喻经常给上司送礼,上司不会责怪的。

【只许州官放火,不许百姓点灯】比喻横行霸道,只许自己为所欲为,不许别人作为。

【古来芳饵下,谁是不吞钩】比喻自古以来,用名利引诱,没有不受骗上当的。唐朝张继《题严陵钓台》

【生财贵适用,慎勿多苛求】意思是,不要贪图钱财,只要够用就行。

【守财不施,谓之钱奴】施:布施,救济灾难、贫困。钱奴:守钱奴。意思是,死守着钱财,不捐款布施灾难、贫困,就是守钱奴。《唐子》

【邪财不发家】邪财:不义之财、来路不明的财。意思是,不是自己用诚实劳动换来的不义之财,富不起来。

【穷庙富方丈】方丈:庙里的住持,掌管庙里的全权。比喻单位、集体很穷,而单位、集体的头头脑脑却很富有。即当头儿的利用职权侵占国家、集体财产。

【有权不用,过期作废】意思是,权力在手一天就利用(谋私)一天,不用,不知哪一天撤职了,就谋私不成了。是对以权谋私的讥讽语。反映以权谋私者迫不及待,疯狂以权谋私的心态和神态。

【有财无义恒家之殃】意思是,有巨大财富而没有道义,家里就常常遭殃受害。《挚虞库屋铭》

【知足者不以利自累,审自得者失之而不惧】审:真正,的确。意思是,知道满足的人,不会因为利禄而使自己受到拘累,真正安闲自得的人明知失去了什么也不会畏缩焦虑。《庄子·让王》

【财主的斗,吃人的口】财主:指地主。地主占有大量土地,主要收入来源靠收租、放高利贷和雇工自己种一部分土地。斗:旧时计量粮食的量具。一斗十升。通常用木板做成,上大下小成正方梯形；一般是自制，并无严格规定，容量相差很大。财主收租、借出、收进粮食，总是大斗进，小斗出，残酷地剥削农民。此语真实地反映了这一残酷事实。

【金玉满堂，莫之能守；富贵而骄，自遗其咎】意思是，金玉满堂，无法守藏；如果到了骄横的程度，那是给自己留下了祸根。先秦时代老子《道德经》

【金钱面前无清官】意思是，凡是当官的都爱钱贪财，只要有钱财可捞，他就不会罢手。

【亲权者，不能与人柄】亲权：亲近权柄。意思是，迷恋权势的人，不会受人以权柄。《庄子·天运》

【哪儿的豺狼不吃人】反语。豺狼：比喻凶恶残暴的坏人或穷凶极恶的社会恶势力。旧时指恶霸地主。比喻哪儿的剥削阶级都是一样狠毒凶残吃人。

【贪利者害己，纵欲者戕生】纵欲：放纵、不节制性欲。戕生：残骸、杀害生命。意思是，贪财逐利的人最终是坑害自己，放纵自己的性欲是在残害自己的生命。《格言联璧·悖凶》

【货悖而入者，亦悖而出】货：指钱财。悖：相反，违反。意思是，用不正当的手段得来的钱财，也会被别人用不正当的手段拿去，会被自己胡乱花掉。《礼记·大学》

【临财毋苟得，临难毋苟免】毋：不。苟：随便，这里指用见不得人的手段。意思是，当遇到钱财时，不能用见不得人的手段去得到它；遇到危难时，不能用见不得人的手段去免除它。《礼记·曲礼上》

【钱眼里淹死人】钱眼：古时铜钱中间有一个方孔，即钱眼。意思是，钻到钱眼里，一味地追求金钱，必为钱所害。

【剖腹藏珠，爱财不爱命】意思是，为了钱财，连命都不顾及。《资治通鉴·唐纪太宗贞观元年》

【脸皮厚吃个够，脸皮薄吃不着】意思是，不顾廉耻，不顾影响和批评，甚至不怕违法犯罪，就能把好处捞够；遵纪守法，害怕批评丢人格，就什么都得不到。也说“脸皮厚捞个够，脸皮薄捞不着”。

【踩着别人的肩膀往上爬】 意思是，把别人的成绩说成是自己的成绩，把别人的功劳记在自己的账上，同时既利用别人又贬低别人，打击别人，抬高自己的卑劣行径而升迁的行为。

【撑死胆大的，饿死胆小的】 意思是，胆大妄为的得尽了好处，谨小慎微的什么也得不到。

【管山吃山，管水吃水】 意思是，管山就挖空心思从山上谋私利；管水就贪占从水利资源中得到的收入。

【管啥吃啥】 意思是，管什么就贪占什么。

【蜗牛升壁，涎不干不止；贪人求利，身不死不休】 比喻贪心的人，贪求私利的心决不会改变，除非他死了。清朝申居郧《西岩赘语》

【趁混水摸鱼】 混水：比喻混乱的社会秩序。比喻贪婪的人趁社会经济秩序混乱之时大捞一把。

【攫金不见人】 攫：用手抓取，引申为夺取。意思是，当他抓取金子时，眼睛只看见金子，看不见人。比喻贪婪得目中无人，毫不顾忌，不顾后果。

5. 报应

【一报还一报】 佛教语。原意是指做好事就有好报应，做坏事就有坏报应。后引申为用相同的办法报复人。

【与人方便，自己方便】 意思是，方便了别人也就方便了自己。《西游记》第十八回

【不是不报，时候未到】 报：报应。意思是是必然要得到报应

的，只是个时间问题，到了该报应的时候，一定要受到报应。

【出言不当反自伤】意思是，说话不恰当，反而使自己受到伤害。汉朝刘向《说苑·说丛》

【同恶相济，自绝于天】意思是，干坏事的人互相帮助作恶，就是自我灭绝。《资治通鉴·晋纪》

【同于道者，道亦乐得之；同于德者，德亦乐得之；同于失者，失亦乐得之】德：从下一句“失”看，“德”应该是“得”。意思是，你从事于什么好事，你就会得到什么好事；你不去做什么坏事，也就不会遇到什么坏事。先秦时代老子《道德经》

【吃不尽的亏，占不尽的便宜】意思是，吃亏、占便宜是同时存在的事，是社会上常见的事，永远会存在。通常用以劝慰吃亏者往开了想。

【有善必闻，有恶必见】见：现。意思是，做了好事，在群众中必然有好的名声；做了坏事，必然会暴露出来。唐朝韩愈《潮州刺史谢上表》

【机关算尽太聪明，反误了卿卿性命】机关：权术、手腕。算尽：玩弄。卿卿：古代夫妻或朋友间的爱称。此语表示讥讽。意思是玩弄权术聪明过度，结果反而把自己的性命玩进去了。《红楼梦》第五回

【邪心邪念自找烦】意思是，胡思乱想，根本不可能，只是自找烦恼。

【多行无礼必自及】礼：礼义、礼节、礼貌。意思是，尽做一些无礼义的事，最后一定会反及自己的头上，别人对你也无礼义。《左传·襄公四年》

【好事不出门，坏事传千里】意思是，做好事往往别人不知道，没人说什么；可是，坏事不用宣扬，很快就传得很广很远。

【好事做了好事在】意思是，做了好事，别人是感谢的，总是记着的，是会得到酬报的。

【好人也怕万人咒】 好人：相对坏人而言。万人：很多人。意思是，即便是好人，咒骂的人多了也受不了。

【好心无好报】 报：报答。意思是，本来是出于一片好心帮助别人，结果反而得到怨恨，甚至歪曲恶报。《景德传灯录》

【好诞者死于诞，好夸者死于夸】 诞：荒诞。夸：夸耀，吹牛。意思是，爱做荒诞事的人，必死于荒诞之中；爱夸耀、吹牛的人，就会死于自夸吹牛。汉朝杨雄《法言·修身》

【走得了和尚走不了庙】 比喻找不到当事人，就找当事人的家或单位。意思是，当事人跑了，当事人的家或单位跑不了。

【炎炎者灭，隆隆者绝】 炎炎：大火烧得炽烈的样子。隆隆：盛大。比喻人太显赫了，到了不可一世的时候，必然将走向灭亡的绝境。《汉书·杨雄传》

【浊者必恶清，瞽者必恶明】 浊者：心灵污秽恶浊不干净的人。清：品行高洁的人。瞽者：瞎眼的人。明：指视力好的人。比喻好人与坏人是尖锐对立，不能相容的。唐朝邵谒《送徐群宰望江》

【骄淫矜侉，将由恶终】 矜侉：自夸。意思是，骄横淫乱还自以为了不起的人，都没有好结果。《尚书·毕命》

【恶恶疾其始，善善乐其终】 恶恶：前一个“恶”是名词，意思是丑恶。后一个“恶”是动词，意思是厌恶，憎恶。善善：前一个“善”是名词，意思是善良，美好。后一个“善”是动词，意思是热爱，喜欢。疾：厌恶，憎恨。乐：喜欢，乐意。意思是，对丑恶的事，从开始就要憎恶它；对好事，要始终如一地喜欢它。《穀梁传·僖公十七年》

【诸恶莫作，诸善奉行】 意思是，凡是坏事都不能做，凡是好事都应该努力去做。《大般涅槃经》

【积善逢善，积恶逢恶】 逢善：受到善报。逢恶：受到恶报。意思是，积善就会得到善报，积恶就会得到恶报。明朝冯梦龙《古

今小说·沈小官一鸟害七命》

【积善之家,必有余庆】积善:积累善事,经常做好事。余庆:遗留福泽。劝人行善认为,做好事会给子孙留下幸福,善有善报。《周易·坤》

【推人下水,自己下水】下水:指犯错误或犯罪。意思是,致使别人犯错误或犯罪,自己也会同样跟着犯错误或犯罪。

【强中更有强中手,恶人终被恶人磨】意思是,不要逞强,不要行凶作恶,还有比你更强更凶恶的,最终会被他们收拾掉。元朝无名氏杂剧《桃花女》二

【善除害者察其本,善理疾者绝其源】意思是,除害,治病,都要找到根源,治其根本,才能根除。唐朝白居易《策林》一

【善恶到头终有报,只争来速与来迟】意思是,做好事做坏事,终究会得到报答或报应,只不过是时间的早晚而已。明朝高则诚《琵琶记》

【善不积不足以成名,恶不积不足以灭身】意思是,好事做多了,自然就有了名气;坏事做多了,自然就把自己毁灭了。《易经·系辞下》

【善不可失,恶不可长】意思是,好事不能放弃不做,坏事不能任凭发展。《左传·隐公六年》

【善不妄来,恶不空发】妄来:随便来的。空发:无缘无故发生的。意思是,好事不会随便来,要人去做才会有;坏事也不是无缘无故发生的,也与人有关。《后汉书·杨赐列传》

【善人者,人亦善之】意思是,做好人,别人对他也好。《管子·霸形》

【善有善报,恶有恶报】佛教语。意思是,做好事就有好报,做坏事就有恶报,受到惩罚。

【德者同于德,失者同于失】德:从后面的“失”看,“德”应该是“得”。意思是,你得到别人的信任,别人同样就会得到你的信

任,你失去了对别人的信任,别人也就失去了对你的信任。先秦时代老子《道德经》

6. 虚伪

【人在人情在,人走茶就凉】 意思是,人的情谊很微妙,离开了就不存在了。

【人心隔肚皮】 极言人的内心思想不可测。通常表示对朋友失去信任、后悔的哀叹语。

【人情旦暮有翻覆,平地倏忽成山谿】 倏忽:转眼之间。山谿:两山之间的大沟,山谷。意思是,人情白天是这样,到了晚上就变了,就跟平地转眼间变成了山谷一样。比喻人情微薄,真诚的极少,虚假的多,反目成仇的不鲜见。明朝刘基《梁甫吟》

【人情翻覆似波澜】 意思是,人情像波澜一样翻覆不定。唐朝王维《酌酒与裴迪》

【又养耗子又养猫】 耗子:老鼠。老鼠与猫是敌对的不可调和的关系。养猫是为了消灭老鼠,养老鼠使猫失去了消灭老鼠的意义,是矛盾的。比喻耍手腕,似乎坚持正义、原则,实际搞两面派,从中渔利。

【又当婊子又立牌坊】 婊子:卖淫女,不正当的女人。牌坊:指旧时的所谓贞节牌坊。比喻两面派,既做见不得人的坏事丑事,还说好听的,表现出正人君子的样子,要好的名声。

【又当消防又放火】 比喻投机、耍手腕,或者是两面三刀的阴谋人物。表面正人君子,言之凿凿,却暗中挑拨制造事端,然后借机"灭火",以达到其野心目的。

【又唱红脸又唱白脸】 红脸:中国戏曲脸谱,一般表示忠臣。白脸:中国戏曲脸谱,一般表示奸臣。比喻奸猾、耍两面派的人。

意思是，时而发怒责备人，时而装得平和劝人。

【大事化小，小事化了】指办事无原则，遇事迁就，怕得罪人的老好人或者社会腐败风气的一种表现。《红楼梦》第六十二回："大事化为小事，小事化为没事。"

【口有蜜而腹有剑】意思是，口头言语温和甜蜜，而心里却很恶毒。清朝程允升《幼学琼林·身体》

【口惠而实不至，怨灾及其身】口惠：口头上说得好听，许诺好处。实不至：实际没有实惠。怨灾：留下一身埋怨的灾祸。意思是，嘴上承诺的很好听，实际做不到，留下一身埋怨的灾祸。《礼记·表记》

【不打勤不打懒，专打不长眼】意思是，人干事要机灵些，有眼力，监工不在，怎么干都没事，监工来了，就要装着积极卖力气，否则，就要挨打。

【历代奸臣得宠多】奸臣：相对忠臣而言。其主要特点是在皇帝面前进谗言，陷害忠臣，奴颜婢膝，投降卖国，败坏国家。但由于奸臣圆滑，一切顺着皇帝的口味和爱好行事，因而得宠。

【无可无不可】意思是，没有什么不可以，也没有什么可以，态度模棱两可，无主见，要滑头。

【世间惟名实不可欺】意思是，世界上只有名声和事功冒不了假。实际并非如此。宋朝苏轼《答毛滂书》

【牛皮不是吹的，火车不是推的，泰山不是垒的】意思是，吹牛撒谎欺骗不了人，一比较就识破了与实际不符。

【乌鸦叫不出喜鹊声，狗嘴里吐不出象牙】比喻坏人的嘴里说不出令人高兴鼓舞的话来。

【劝别人行孝，自己打娘骂老子】意思是，自己亵渎自己的主张，或者只说别人，自己却不实行。

【打肿脸充胖子】比喻爱面子图虚荣，明明很穷偏要装扮成很富有的样子。

【外君子而内小人】 意思是，外表看去正直，信誓旦旦，像个大丈夫，而内心却奸诈，说话从不负责，是个小人。《三国演义》第三十六回

【台上人五人六，台下丢份丢丑】 意思是，在台上人模狗样的，神气十足，仿佛一个君子。台下却不干好事，什么丑事都干得出来。

【当面不说，背后乱说】 自由主义的一种表现。毛泽东《反对自由主义》："不负责任的背后批评，不是积极地向组织建议。当面不说，背后乱说；开会不说，会后乱说。"

【当面说人话，背后说鬼话】 意思是要两面派，当面一套，吹捧你；背后又一套，说人坏话。

【众口毁誉，浮石沉木】 浮石：石头浮在水面上。沉木：木头沉到水下。比喻流言蜚语多了，能混淆是非颠倒真伪，欺骗性很大。《意林·陆贾新语》

【含着骨头露着肉】 比喻说话吞吞吐吐，不把意思完全说出来，说一半留一半。《红楼梦》第八十八回

【阿谀人人喜，直言个个嫌】 阿谀：趋炎附势，吹捧拍马。嫌：讨厌。意思是，阿谀奉承本来是人所不齿的，可是，却人人喜欢别人阿谀奉承自己；直言本来是人所提倡的，可是，人人听到别人对自己直言都讨厌。明朝冯梦龙《警世通言·钝秀才一朝交泰》

【隔着一张窗户纸】 比喻事情很简单明了，一点也不神秘，捅一下真相就大白。也说"窗户纸一捅就破"。

【死爱面子活受罪】 意思是，图虚荣使自己不敢务实而吃苦头。

【会哭的孩子有奶吃】 比喻善于在上司或上级面前叫苦叫穷的人，能得到好处。

【好话说尽，坏事做绝】 意思是，极端恶毒的两面派。

【奸臣口蜜甜，忠臣口似剑】 意思是，奸臣在皇上面前尽拣皇

上爱听的说,嘴像蜜一样甜,使昏君更昏;忠臣总是针对皇上的错误直谏,面斥奸臣,嘴像剑一样锋利。

【吹捧不是赞扬】意思是,吹捧是低级卑劣而又庸俗的坏作风,是怀着某种不可告人的目的玩的伎俩,不是真正对别人的崇拜和学习。

【弄假到头终是假,岂能欺得世间人】意思是,人还是真诚些好,沽名钓誉终会被世人识破揭穿的。元朝无名氏《隔江斗智·曲·琐缀录》

【过屠门而大嚼】屠门:肉铺,宰牲口的地方。意思是,经过肉铺时,见到肥美的肉,就馋了,嘴里空嚼起来。比喻愿望实现不了,用空想或不切实际的办法来安慰自己。也比喻虚伪爱面子。三国蜀曹植《与吴委重书》

【官场实话少】官场:指旧时官吏阶层及其活动场所。意思是,官朝虚伪、欺诈、逢迎、倾轧,说实话的少有。

【和尚无儿孝子多】意思是,和尚是不许结婚的,所以没有儿子。崇神信徒到庙里烧香拜佛,给庙里送许愿财物,施舍物品,其实,都是给和尚享受的,比儿子还孝顺。《红楼梦》第八十五回

【说了不算,算了不说】两面派作风,说话不算数,阳奉阴违,另搞一套。

【说真方卖假药】比喻口是心非,言行不一。说的跟做的完全不是一回事。《广成自·二道童白》

【面和心不和】意思是,表面上一团和气,内心里却矛盾尖锐。

【面子好看,举债难当】意思是,为了顾面子,图虚荣心,借债搞排场,以后的债务缠身,承担不了。

【是非来入耳,不听自然无】意思是,挑拨离间的是非话,不听信它自然就等于没有了。《金瓶梅》第八十五回

【真真假假,假假真真】意思是,用真的掩盖假的,用假的冒

充真的，把事情搞混乱，以便蒙混，达到以假冒真的目的。

【真的就是真的，假的就是假的】 意思是真假不容混淆。判断一个事物的真假的唯一标准，就是实践。比如一块黄色的金属，有说是黄铜，有说是黄金，哪个对？最简单的办法，用火烧一下就分明了。

【真的假不了，假的真不了】 意思是，客观事物是真的，不管怎么诋毁，也改变不了真实的本质；反之，本身是假的，不管怎么伪装，也改变不了假的本质。而鉴别的唯一标准，就是实践。

【真假难辨，就怕实践】 意思是，无论真假多么复杂，多么难辨，只要用实践一检验，就真假分明了。

【实践是检验真理的唯一标准】 意思是，检验真理只有实践一个标准，没有第二个标准。当然不是个人个别一时一事的实践。

【雪人经不住温暖的考验】 意思是，天气暖和了，雪人就融化了。比喻有的人过艰苦的生活还很坚强，一旦过上了好日子就经不住考验了，变得没有骨气没有灵魂了。

【笑面虎豺狼心】 笑面虎：表面对人温和热情，满脸是笑的人。比喻那种对人表面温和热情，满面是笑的人，实际内心像豺狼一样狠毒。

【脚踩西瓜皮，进退有高技】 比喻狡猾，没有立场，见势不妙就溜之大吉。

【貂不足，狗尾续】 意思是貂皮不够用，就用狗尾皮来冒充代替。比喻以假充真。晋代《貂不足》

【墙上芦苇头重脚轻根底浅，山间竹笋嘴尖皮厚腹中空】 比喻那种没有立场没有真才实学的还特别爱炒作，蒙混吓唬人的人。

【瑕瑜互见，美丑相杂】 瑕：玉上面的斑点，比喻缺点。瑜：一种美玉。古人用以象征人的高尚。比喻人的优点和缺点相互存在，社会上的美和丑的现象是相互掺杂着的。

【雷声大，雨点小】 比喻形式搞得很大，或者话说得很大，调门很高，但不落实兑现，或者实现得很少。

【翻手作云覆手雨，当面论心背面笑】 两面派。没有立场，没有人格，一会儿一个面孔。《王文公文集·老人行》

【翻手为云，覆手为雨】 比喻没有立场，一时一个态度，反复无常，玩弄手段。唐朝杜甫《贫交行》

【弹簧脖子豆腐腰，头上插个风向标】 比喻投机钻营的人没有骨气，没有立场，随风倒舵，哪边硬往哪边靠。

十七、真善美与假恶丑

1. 真善美

【一时劝人以言，百世劝人以书】 意思是，好话劝人几句，那只管一时的作用；一部有教育作用的好书，就能教育几代人甚至几十代人。《格言联璧·惠吉》

【一毫之善，与人方便；一毫之恶，劝君莫作】 意思是，哪怕是很小的一点事，对人有好处就做，对人有坏处就不能做。唐朝吕岩《劝世颂》

【一言而非，驷马不能追】 意思是，说出一句错话，四匹马拉的车也追不回来。比喻说话应该慎重。也比喻说话腰算数，不能反悔。《邓折子》

【一事差，百事错】 意思是，事情是一个整体，互相有联系，做错了一件事，其他的事就都坏了。做事必须认真。元朝《误入桃源》四

【一失脚成千古笑】 比喻一旦犯了错误，就要留下终身的遗恨。明朝杨仪《明良记》

【一字不可轻与人，一言不可轻许人，一笑不可轻假人】 与：给。许：许诺，答应。假：给予人。轻：轻率。意思是，对人要慎重，庄重。清朝王豫《焦窗日记》

【人之将死，其言也善】 意思是，人在临死之前，即便是最恶

的人,也会说些感人肺腑,令人深思的话。《论语·泰伯》载曾子语:“鸟之将死,其鸣也哀;人之将死,其言也善。”

【人靠衣服马靠鞍】 比喻人靠穿着来打扮,提精神,出风度,就跟马靠鞍来显示雄俊一样重要。

【刀子嘴,豆腐心】 比喻这个人的嘴很厉害,但心地很善良。也说“刀子嘴,菩萨心”。

【山藏异宝山含秀,沙有黄金沙发光】 比喻人心灵美好,必然会放出异彩光辉。明朝冯梦龙《醒世恒言》卷四十

【上善若水】 上:最。意思是,最善的人像水一样,洁净柔润,奉献不取,滋养万物而不争。先秦时代老子《道德经》

【千金不能救斯言之玷】 玷:白玉上的斑点,指错话。意思是,话说错了,就是用千金也挽救不回来。《抱朴子·光譬》

【天下皆知美之为美,斯恶矣;皆之善之为善,斯不善矣】 意思是,天下人都知道美之所以美,那是由于有丑陋的存在;都知道善之所以为善,那是因为有恶的存在。先秦时代老子《道德经》

【火光就是命令】 意思是,一个人应该见义勇为,见了火灾就像是接到命令一样,自动奋勇投入救灾灭火。

【火到水自滚,话到人自明】 滚:水沸腾了。意思是,火候到了,水自然就沸腾了,话不用多,说到了就行。

【为人不做亏心事,半夜不怕鬼叫门】 意思是,不做对不起别人的事,心里踏实,什么都不害怕。

【心真出语直,直心无背面】 意思是,心地纯真,说出的话就直率,直心肠的人不当面一套背后又一套。唐朝寒山《诗三百三首》

【心安处处安,心烦处处烦】 意思是,只要心情安静下来了,就都安静了。唐朝顾况《酬漳州张九使君》

【不叫唤的猫是好猫】 猫是捉老鼠的,不叫唤老鼠发现不了猫,猫就比较容易捉住老鼠,所以是好猫。比喻不言不语,埋头苦

干的人是最好的人。

【不以小故而妨大美】 意思是,不能因为小的毛病而否定人的主流,根本性的优点。唐朝魏征《群书治要·体论》

【不叫唤的驴最卖力】 懒驴干活不是爱叫唤,就是乱蹦乱跳或躺在地上打滚不起来,而卖力气的驴总是默默地低头干。比喻任劳任怨,埋头苦干的人最受人尊敬。

【不曲道以媚时,不诡行以徼名】 曲道:不正直的行为。诡行:欺骗的行为。徼名:求取名誉。意思是,不用不正直的行为去讨好世俗偏见,不用欺骗的行为去求取名誉。唐朝魏征《群书治要·政论》

【不遇至刻之人,不知忠厚之善】 至刻:极端刻薄。意思是,没有遇到过极端刻薄的人,就不知道忠厚是多么的好。《史典·愿体集》

【内外相应,言行相称】 意思是,人应该表里如一,言行一致。《韩非子》

【内省不疚,何忧何惧】 疚:愧疚,亏心。意思是,反省自己,没有做过对不起人的亏心事,没有什么愧疚的,有什么忧虑和恐惧呢?《论语·颜渊》

【反水不收,后悔无及】 反水:泼出去的水。意思是,说错了话,就像泼出去的水收不回一样,后悔也来不及了。《后汉书·光武帝上》

【无道人之短,无说己之长】 意思是,不要议论别人的短处,不要吹嘘自己的长处。汉朝崔瑗《座右铭》

【水漫不过桥面】 比喻正常情况下,事情都有个界限,不会邪乎到超乎常态。超乎了常态就是假的。

【立不斜视,坐不两顾】 意思是,人的品行应该通过仪表得到反映,具有端庄无邪的仪态。

【宁可信其无,不可信其有】 意思是,对道听途说的社会传闻,不可信以为真,听信了会有害的。

【玉以石辨,白以黑昭】 昭:显示。意思是,玉石以石头比较出来的,白色是以黑色显示出来的。比喻事物都是相对而言的,美和丑也都是相比较而存在的。《意林·杜幽求子》

【节俭朴素人之美德,奢侈华丽人之大恶】 意思是,节俭朴素是人的美德,奢侈华丽是最不好的。清朝《薛文清公读书录·警戒》

【巧诈不如拙诚】 意思是,用投机取巧欺诈骗人的手段得到财富,不如埋头苦干,诚实劳动创造财富。《韩非子·说林上》

【巧言不如直道】 巧言:说话转弯抹角。直道:直言相告,直说。意思是,有话直说,比转弯抹角的好。元朝郑德辉《三粲登楼》第一折。

【巧伪不如拙诚】 巧伪:投机取巧,虚伪欺骗。拙诚:老实,真挚。意思是,在社会上,投机取巧,虚伪欺骗,不如真诚老实的好。《颜氏家训·名实篇》

【未识龙宫莫说珠】 珠:指骊珠。《庄子·列御寇》:"千金之珠,必在九重之渊,而骊龙颔下。"意思是,没有见识过龙宫,就不知道骊珠是什么样,就不要瞎说什么骊珠。比喻说话要有根据,不要听别人怎么说就跟着无根据地瞎议论。《唐诗纪事》卷四十九

【世间好事看尽有,唯求一个真字难】 意思是,社会上说真话办真事的人太少。清朝申居郧《西岩赘语》

【正义之士与邪枉之人不两立】 意思是,坚持正义的人与搞邪门歪道的人,是势不两立的。汉朝王符《潜夫论·潜叹》

【失信不立】 意思是,一个人不讲信用,就难以在社会上立身。《左传·成公八年》

【外向不如内向】 外向:指直言快语,相对于内向,心里藏不住事,嘴里留不住话,喜于言表性格的人。内向:相对于外向,指

有事深藏内心,不喜言表性格的人。意思是,外向性格的人办事不如内向性格的人可靠。

【行事不可任心,说话不可任口】任:任性,随便。意思是,做事不能随意,说话不能信口开河,要慎重。清朝申居郧《西岩赘语》

【多虚不如少实】意思是,华而不实的虚假东西再多也无用,不如来一点实实在在的好。宋朝陈敷《农书·财力之宜篇》

【衣着重人格】意思是,从衣着可以看出一个人人格的高下。

【衣人在寒,食人在饥】衣人:送给别人衣服。食人:送给别人食物。意思是,在人正寒冷无衣服时,给人送去衣服,在人正饥饿时送去食物。比喻要急人之所急,帮人之所需。梁代孝元帝《金楼子》卷四

【耳妄听则惑,口妄言则乱】妄:随便。意思是,随便乱听,思想就会迷惑混乱;随便乱说,就会造成混乱。《淮南子·主术训》

【过头的话莫说,过头的事莫做】意思是,说话办事应该实事求是,留有余地,不要伤人,损害别人的利益。

【在事者当置身利害之外,建言者当设身利害之中】在事者:主持事情的人。建言者:提建议的人。意思是,主持事情的人,要把自己置身利害之外,没有私心,就客观公正;提建议的人,要把自己设身利害之中,为人着想,就比较合理,便于接受。《格言联璧·处事》

【有容德乃大】容:胸怀。德:道德、德行。意思是胸怀宽容大度是一种伟大高尚的德行。《呻吟语·人品》

【有麝必然香】麝:动物名,也叫香獐。雄麝脐与生殖孔之间有麝香腺体。分泌的麝香是贵重的药材和香料。据说,麝如果受伤跑不动,自己把麝腺体咬破,放掉麝香。所以猎人一旦打中麝,就要立即跑过去赶忙抱住麝,不然麝把麝香腺体咬破,得不到麝香。比喻美好的道德,高尚心灵的人,他的言行必然也是圣洁高

尚的。清朝王有光《吴下谚联》卷一

【有话长说，无话短说】 话：指事。意思是，说话要根据要说内容，说清楚为目的。不要漫无边际，东南西北海扯，耽误时间。

【吃不言，睡不语】 意思是，吃饭、睡觉要讲究吃、睡卫生，不要说话。

【吃有吃相，坐有坐相】 意思是，应该讲究仪表，注意姿态，不能没有教养。

【走路怕踩死了蚂蚁】 比喻人心地善良。也比喻慢性子，干什么都慢慢吞吞，不着急。

【邪行亡乎体，违言不存口】 意思是，邪恶的事不做，不合情理的话不说。《管子·戒》

【休官莫问子】 意思是，老子挂印卸职不当官了，实属襟怀高旷，品德高尚；那他的儿子一定也是有教养的，差不了。即知道他老子怎么样，就知道他儿子会是什么样。《儒林外史》第八回

【好花不过节，好鸟不食泥】 比喻好人总是给人带来幸福，不做污浊的事。清朝金人瑞《沉吟楼诗选·昇平歌十章》

【好者不必同色而皆美，丑者不必同状而皆丑】 好：美好，美丽。恶：丑，难看。意思是，美好的东西，虽然颜色、姿色不同，但都给人美的享受；难看、丑恶的东西，尽管形状不相同，但也都是难看的。即美、丑不决定它的外观，而取决于他的内在本质。汉朝陆贾《新语·思务》

【好话不好听】 意思是，话太中肯，一针见血，听者就感到不舒服。

【好话不中听】 意思是，对批评劝告的话听不进去。

【好话多从坏处说】 意思是，好话往往很尖锐严厉，把利害关系指出来。

【好言自口，莠言自口】 莠言：坏话，难听的话。意思是，不管好话坏话，都是从人嘴里说出来的。《诗经·小雅·正月》

【行欲先人，言欲后人】 欲：要。意思是，做事要抢在别人的前面，说话要说在别人的后面。《曾子·修身》

【死了郑屠夫照样吃猪肉】 赌气话。比喻你不干难不倒我，照样有人干。

【会说的不如会听的】 意思是不管怎样能说会道，有分析能力的人一听就知道是怎么一回事。

【众口一言，真假在眼前】 众口：很多人。一言：说的一样，相同。意思是很多人说的都一样，都相同，真假就清楚了。

【言有物，而行有恒】 意思是，说话要言之有物，就有说服力；做事要有毅力，持之以恒，事情就能成功。《易经·咸传·家人》

【言有宗，事有君】 宗：宗旨，纲领。君：中心，主宰。意思是，说话要有宗旨，不可泛泛而谈；做事要有中心，不可眉毛胡子一把抓。《老子》

【言以简为贵，文以约为贵】 意思是，说话写文章贵在简明扼要。宋朝杨时《二程粹言·心性篇》

【言无阴阳，行无内外】 意思是，说话不搞两面派，做事不搞亲疏。《晏子春秋·内篇问上》

【言忠信，行笃敬】 忠信：诚实守信。笃敬：笃实，尊重。意思是，说话应当出自内心，诚挚守信；行为应当专一谨慎，对人笃实尊重。《论语·卫灵公》

【言不苟出，行不苟为】 苟：随便，不严肃。意思是，说话不能随口就出，行为举止不能随随便便。《淮南子·主术训》

【言出于口者，不可止于人】 意思是，话已经说出了口，不可能不让别人去说了。所以，说话要谨慎。《淮南子·人间训》

【言不取苟合，行不取苟容】 苟合：随便同意别人的立场观点。苟容：随便同意别人的行为。意思是，说话要有自己的立场观点，不能随便同意别人的言辞；行为也不能别人怎么说就怎么着，要有自己的主张。《晋书·刘毅列传》

【言轻则招忧,行轻则招辜,貌轻则招辱,好轻则招淫】轻:轻浮。意思是,言语轻浮就会招来忧患,行为轻浮就会招来过失,举止轻浮就会招来侮辱,爱好轻浮就会招来淫邪。汉朝杨雄《法言·修身》

【言之非难行之为难,贤者处实而效功】意思是,说话容易做事难,所以,有才能的人,总是务实建立功业。汉朝桓宽《盐铁论·非鞅》:“言之非难,行之为难,故贤者处实而效功,亦非徒陈空文而已。”

【言前定则不跲,事前定则不困】前定:事前有准备。跲:绊倒,引申为失言。意思是,说话前有准备,就不会说错话;做事前有准备,就不会遇到困难。说明准备工作的重要。《礼记·中庸》

【言行不类,始终相悖】不类:不一,相悖:相反,违反。意思是,言行不一,事情的结果就会违背开始的目的。《逸周书·官人》

【言不过辞,动不过则】意思是,说话不要过激,做事不要超过一定的原则。《礼记·哀公问》

【言不惭,行不耻】不惭:没有羞愧。不耻:没有见不得人的,即光明正大。意思是,说话做事要光明正大。汉朝杨雄《法言·学行》

【言正心必正】心:思想。意思是,要像说话正正当当,首先思想必须正正当当。

【言不逆耳不为谏】逆耳:听不入耳。谏:旧时直言规劝皇帝。意思是,只有使皇帝听不入耳的直言规劝的话才称得上是谏。宋朝欧阳修《论杜衍范仲淹等罢政事状》:“士不忘身不为忠,言不逆耳不为谏。”

【言切心正,言巧心非】言切:语言切中要害,真切感人。心:心术,思想动机。言巧:巧言令色。意思是,说话、写文章,语言切中要害,真切动人,表明心术纯正,思想动机好;巧言令色,表明心术不正,思想动机不纯。

【快马一鞭,快人一言】快:前一个“快”指速度,后一个“快”指痛快,爽快。意思是,喜欢快跑的马,只要抽上一鞭,就能跑起来;办事痛快的人,只要一句话说到,事情就能办成。《景德传灯录》卷六

【快刀斩乱麻,治乱须锐器】比喻办事快捷果断,下决心狠心,才可以见效。

【听言必审其本,观事必核其实,观行必考其迹】本:本意,目的。核:审核。核查。实:事实。迹:经过,轨迹。意思是,听人家说话,要审视他的本意,搞清他的目的;看事要审核他的实际情况,搞清他的经过和来龙去脉。《付子·通志篇》

【听其言而观其行】意思是,看一个人或者一个组织、一个国家对某个问题的态度,不仅是听他怎么说,还得看他怎么做,是否言行一致。

【听他言,被人慢】慢:轻慢。意思是,别人怎么说就怎么听,自己无主见,就会被人轻慢瞧不起。唐朝郑愚《大沩灵祐师铭》

【吹破天不如干一点】意思是,吹牛说大话是毫无用处的,不如干一点实际事好。

【坐如钟,站如松】少林寺武僧武功语。意思是,练习武功时,坐着要纹丝不动,像一座铁钟放在地上一样稳;站立时,像青松一样挺立昂然。

【坐有坐相,站有站相】意思是,人应该养成好习惯,注意仪表。

【身要严重,意要安定】严重:庄严稳重。安定:安详镇定,指作风修养。意思是,人要注意作风修养,身体姿势要庄严稳重,精神面貌要安详镇定。不能轻浮浪荡。明朝吕坤《呻吟语·补遗》

【身不正不足以服,言不诚不足以动】意思是,自己身行不端正,不足以使人信服;说话不真诚,不足以使人感动。明朝徐祯稷

《耻言》

【孝子不谀其亲,忠臣不谄其君】谀:奉承。谄:献媚。意思是,真正的孝子不在父母面前说奉承话,真正的忠臣不谄媚他的国君。《庄子·天地》

【虎头上捉虱子】比喻太冒风险。《红楼梦》第八十四回

【虎嘴上拔须,狮子屁股上蹭痒】比喻冒失,干危险事。

【驴不走,磨不转】比喻责任在对方,自己的行为是对方引起的,由对方决定的。

【实话不对敌人讲】意思是,对敌人不能说真实情况。

【取人之直恕其憨,取人之朴恕其愚】恕:原谅,饶恕。憨:憨厚,痴呆。朴:朴实。愚:愚笨,笨拙。意思是,人有优点就有缺陷,用人不能求全责备。《格言联璧·接物》

【盲人耳最灵,聋人多疑心】意思是,盲人的听力非常灵敏,聋人疑心很重,见人背着他说话,就会起疑心,认为是说他什么坏话。

【话多必有失】意思是,话说多了,就必然有失误。

【话多得人嫌】意思是,话太多,使人讨厌。

【话不投机半句多】通常与"酒逢知己千杯少"并列使用。意思是话说的不是时机,根本不该说。

【若要俏,添重孝】俏:美丽俊俏。重孝:戴孝。比喻穿戴白洁素雅的服饰。意思是,穿上白洁素雅的服饰,就会显得美丽俊俏。

【若要人不知,除非己莫为】意思是,做坏事总会暴露出来,是隐藏不住的。要想别人不知道,最好的办法就是不做坏事。

【其生也荣,其死也哀】意思是,他活着十分光荣,死了令人十分悲哀。《论语·子张》

【明是非者检人,思忧患者检身】检人:检查别人。检身:检查自己。意思是,有明辨是非能力的人,善于检查别人的是非曲

直;思虑忧患意识强的人,善于检查自己的过失。宋朝林逋《省心录》

【受了卖糖公公骗,至今不信口甜人】意思是,受了甜言蜜语的欺骗,再也不轻信花言巧语的人。明朝凌濛初《二刻拍案惊奇·懵教官爱女不受报·穷庠生助师得令终》

【忠臣吐逆言,奸臣嘴蜜甜】意思是,忠臣爱说皇帝不顺耳的话,奸臣爱说皇帝喜欢听的话。

【咆哮者不必勇,淳淡着不必怯】意思是,像猛兽一样怒吼的人,不一定就是勇敢的;相反,语调温和的人,不一定就是怯懦的。《抱朴子·清鉴》

【知其心而听其言】意思是,了解他的心情怎样,再听他怎么说,就知道他这个人怎么样,目的是什么。唐朝刘禹锡《为裴相公让官第三表》

【物不得其平则鸣】意思是,物体放得不平,就会发出响声。比喻人心中有不平的事,就会说话,鸣不平。唐朝韩愈《送孟东野序》

【说得到,做得到】意思是言行一致,不说空话假话。

【说到做到,不放空炮】意思是,言行一致,不说大话空话假话。

【说出去的话,泼出去的水】比喻话说出去后,影响收不回来。

【说一是一,说二是二】意思是,心口如一,不说假话,说完不反悔,说到做到。《红楼梦》第五十五回

【语言切勿刺人骨髓,戏谑切勿中人心病】语言:说话。戏谑:开玩笑。意思是,说话千万不要刺人太深,开玩笑千万不要触到人内心的苦恼处。即说话、开玩笑不要伤人心。清朝陆陇其《三鱼堂集》

【相形不如论心,论心不如择术】相形:看人的相貌。论心:

评判思想。择术:看行为。意思是,看一个人,看其外表相貌,不如评判他的思想,看他的思想,不如看他的行为。《荀子·非相》

【相骂无好言,相打无好拳】意思是,互相谩骂就没有好话,互相殴打就会往致命的地方打。比喻人在发怒时往往失去理智,不能节制自己。《宋朝释普济《五灯会元》

【面相不如心相】相:审视。意思是,只有审视观察人的内心活动,才能知道人的真伪。明朝冯梦龙《古今小说裴晋公义还原配》

【要知心腹事,但听口中言】意思是,要想知道他心里想的是什么,只要听他说些什么就知道了。明朝冯梦龙《醒世恒言·勘皮鞋单证二郎神》

【要知心里事,但听口中言】意思与"要知心腹事,但听口中言"同。清朝翟灏《通俗篇》卷十五

【临官莫如平,临财莫如廉】平:平易近人。廉:廉洁。意思是,做官莫过于做到平易近人,不摆官架子;在金钱面前,莫过于有廉洁的思想,不贪腐。汉朝刘向《说苑·政理》

【是可忍,孰不可忍】孰:什么。意思是,想忍也忍不了,实在不能忍了。《论语·八佾》

【是真难灭,是假易除】意思是,是真的,就抹杀不了;是假的,不攻自破。《水浒传》第六十二回

【信言不美,美言不信】信言:忠诚实在的话。美言:好听顺心的话。意思是,忠诚实在的话不一定好听,好听顺心的话不一定是忠诚实在的话。《老子》

【修竹已多犹可种,艳花虽少不劳栽】比喻要从实际出发,讲究实用价值,不要空图浮华不实。也比喻有气节的贤才培养的越多越好,徒有其外表华而不实的人越少越好。《唐风集·和友人见题山居水阁八韵》

【看人要看心,做事要做真】意思是,看一个人怎么样,不能

只看他的外表,要看他的内心是什么,看他做事是真还是假。即要看思想和实际行动。

【看戏看关子,听话听腔子】关子:小说、戏剧情节中要表现的主题。腔子:腔调,语气。意思是,看戏只要看关子,就知道它是什么结果;听人说话,只要听他的腔调、语气是什么样,就知道他的态度。

【怒中之言,必有泄漏】意思是,人在发怒时,情绪和理智失去控制,必然要泄漏出一些内心真实的而又不该说的话。明朝冯梦龙《东周列国志》第四十六回

【骄人好好,劳人草草】好好:得意忘形的样子。劳人:君子。草草:忧虑的样子。意思是,骄傲自大的人,总是得意忘形,谦虚谨慎的人,总是居安思危。《诗经·毛诗》

【酒后吐真言】意思是,醉酒之后,说的话都是真话。但要识别借酒耍疯,借酒演戏的骗人把戏。

【疾行必有急心事】意思是,路上走着急步,跑得很快的人,肯定心里有急事。

【真悲无声而哀,真怒未发而威,真亲未笑而和】意思是,真正的悲痛没有哭声而哀伤,真正的怒气还没有发作就威严,真正的亲热还没有含笑就和善。《庄子·渔父》

【真人面前说不得假话】真人:道家称"修真得道"或"成仙"之人为真人,此处指行家里手。意思是,在行家里手面前说假话,立即就被识破了。明朝冯梦龙《警世通言·一窟鬼癞道人除怪》

【真者,精诚之至也】意思是,所谓真,就是精诚的极点。《庄子·渔父》

【真情常在,虚脾终败】虚脾:虚伪。意思是,做人真诚实在,就能永远受到别人的尊崇信任;虚伪不实,最终必然被人唾弃。元朝张养浩《述怀》

【爱叫唤的狗不咬人】因为见人就吠的狗,就会引其人的注

意警惕,自然咬不着人。比喻当面说直话的人不是坏人。

【爱美之心,人皆有之】 意思是,人人都爱美,这是很正常的。

【眼睛是心灵的窗户】 意思是,人的内心世界都可以通过眼睛表现出来。

【射出去的炮弹收不回】 通常比喻说话要确切,注意分寸,不要随便放炮,不然说错了就无法挽回影响。

【甜言蜜语三冬暖,恶语伤人六月寒】 比喻说话和气使人感到温暖舒服,说话伤人使人寒心。元朝王实甫《西厢记》第三本第二折

【笨鸟先飞】 比喻能力差,做事比别人先走一步,不影响大家。多是谦虚之词。元朝关汉卿《陈母教子》一

【欲人不闻,莫若勿言】 欲:要。闻:听见。意思是,如果要别人没听见,莫过于不说为高。唐朝吴兢《贞观政要·公平》

【紧行无好步】 紧行:急行赶路。意思是,急行赶路步子走得很乱。比喻办事太急,部署不会从容顺当。《三国演义》第七十四回

【假的就是假的,伪装应当剥去】 意思是,把虚假的伪装剥去,让它现出真面目,使人认清真相,免受欺骗。

【假金方用真金镀,若是真金不镀金】 比喻假的总是用真的伪装,所以能骗人;而真的从来是不加任何装饰的,总是以质朴的真实面貌出现。《唐诗纪事》卷四十一

【新浴者必振衣】 新浴:刚洗完澡。振衣:抖掉衣服上的灰尘。意思与"新沐者必弹冠"同。

【敬老爱幼,人之美德】 意思是,尊敬老人,爱护幼小儿童,是人人都有的美德。

【善走须得途,邪经不可行】 途:路。经:径,路。意思是,会走路还得要路正,邪道走不得。比喻为人做善事还必须是出于善意,不能借做善事搞歪门邪道。清朝顾图河《任远》

【善者不辩，辩者不善】意思是，善良的人不强词夺理诡辩，强词夺理诡辩不是善良的人。《老子》

【善观人者观己，善观己者观心】意思是，要观察别人怎么样，首先要观察自己怎么样；要知道自己怎么样，首先要知道自己的思想。明朝祝允明《读书笔记》

【善观人者，观其所言】意思是，善于识别人的人，要看他的言行。清朝章学诚《文史通义·辨似》

【廉者常乐无求，贪者常虞不足】虞：担忧。意思是，廉洁的人常以不追求私利而快乐，贪婪的人常担心私利得不到满足而苦恼。《中说·王道》

【算命先生命不好】意思是，算命先生成天给人算命，他自己的命肯定不好，否则他不会干这营生。言外之意，算命纯粹是骗人。如果他真的算得那么准，他为什么还干这个呢？

【帽子大不了一尺】意思是什么事情都是有一定准则的，应该差不了多少，不可能差得那么多。不要把话说得太离谱了。

【靴里无袜自得之】比喻自己是个什么样的人自己心里明白。清朝王有光《吴下谚联》卷二

【聪明人不说糊涂话】意思是说得不对，这话不应该由你说出。既批评又抬举，使对方难以对付。

【路走错了回得来，话说错了回不来】意思是，说话与走路不一样，说错了无法收回，要谨慎，不能信口开河。

【慎能远祸，勤能济贫】意思是，说话做事谨慎，惹不了祸；勤俭就能脱贫。清朝申居郧《西岩赘语》

【醉是醒时言】意思是，醉酒后吐露真言。醉酒后说的话都是平时要说的话。《水浒传》第四十五回

【醉妇必泼辣】意思是，爱喝醉酒的女性，肯定性格很泼辣。

【醉翁之意不在酒】意思是，老翁不是因为酒喝多了才醉的。比喻不在本意，而是另有意图。宋朝欧阳修："醉翁之意不在酒，

在乎山水之间也。”

【熟路要比生路累,生路要比熟路难】 意思是,熟路走惯了,一切都熟悉,没有新鲜感,容易疲劳;生路头一次走,路况不熟,容易走错,要经常问路,困难多些。

【隔墙说话不保密】 意思是,大声嚷嚷,谁都能听见。

【离弦的箭,出口的话】 意思是,话一出口,就像射出的箭一样收不回。说话要谨慎。

【离谱的歌不能唱,离谱的舞不能跳】 离谱:超出常规。比喻超出常规的话不能说,超出常规的事不能做。

【离谱的歌听不得】 意思是,不要听信那些超出常规的好听的话,避免受骗上当。

【离弦的箭收不回】 比喻说要谨慎不可信口开河,张嘴就来,否则负不起责,要惹祸的。

【强中更有强中手,莫向人前夸大口】 意思是,强者之中还有更强的,不要在别人面前吹牛夸耀自己,要谦虚。明朝凌濛惊奇》卷三

【强辩者饰非,谦恭者无争】 意思是,强词夺理的人,总是掩盖粉饰过失;谦恭的人,总是与人无争。宋朝林逋《省心录》

【雕鹗生难敌,沉檀死更香】 雕鹗:雄鹰。沉檀:檀木,味香。比喻英雄豪杰活着是强者,为人民创造丰功伟绩,死后人们更加崇敬他们。《唐诗纪事》卷四十三

2. 假恶丑

【一朝被谗言,二桃杀三士】 意思是,一旦听信谗言,就会用计谋杀人。典出《晏子春秋·谏下》:春秋时,齐景公身边有三个勇士,因居功骄傲,齐相晏子劝齐景公除去这三个人。设计由齐

景公派人送去两个桃子,让他们依照自己的功劳大小取食。结果,三人互不相让,最后三个勇士都弃桃自杀。三国蜀诸葛亮《梁甫吟》

【一人传虚,万人传实】 意思是,一个人说假话,人们都能认识到是假的,说假话,传谣言的人多了,假话、谣言就成了真的,措指群谣可畏。宋朝释道原《景德传灯录》卷二十一

【一次被蛇咬,十年怕井绳】 比喻被过失吓怕了,不能正确对待过失,以致错误地吸取教训。

【一度招蛇咬,怕见断井绳】 意思与“一次被蛇咬,十年怕井绳”同。

【入水憎溺,怀臭求芳】 意思是,进到水里害怕打湿衣服,被溺着;怀里揣着腐臭的东西,还想得到香味。比喻干了坏事的人,还想求得美名声。《意林·文子》

【八面玲珑得月多】 意思是,手腕圆滑,容易受到上司青睐,得到好处。

【人心难测,海水难量】 意思是,人心不可测。明朝凌濛初《二刻拍案惊奇》卷二十

【又想吃又怕烫】 意思是,想做某件事,但又怕担风险的矛盾心理。

【大事干不了,小事不愿干】 好高骛远但又无真才实学可又死爱面子,放不下架子的人的一种表现。

【大风吹倒梧桐树,自有旁人说短长】 比喻出了少见的事,自然就会有人议论。明朝高明《琵琶记》第三十一出

【三人成虎,十人揉椎】 三人成虎:《战国策·魏策》三:“市之无虎明矣,然而三人言而成虎。”揉椎:折弯铁椎。意思是,本来市里根本没有虎,可是,有三个人接连说市里有虎,于是大家都相信市里有虎;有十个人说大力士能把大铁椎揉弯曲,大家也都相信。比喻谣言假话造的人多了,就能欺骗人。《战国策·秦策》

【三条腿的蛤蟆找不着,两条腿的人有的是】骂人话。比喻人多得很,好找,你不干,难不着我,有的是人干。

【三碗萝卜,萝卜三碗】比喻说闲话,啰唆。像转马灯一样,说过来倒过去,没有新东西,听着乏味打瞌睡。

【口慧之人无必信】口慧:口惠,轻易许诺,说话好听。意思是,爱轻易许诺的人,必然很少守信,不能相信他。《淮南子。说林训》

【上不沾天,下不着地】比喻什么依靠都没有。也比喻说话不着边际,没有准,不可靠,不能相信。

【小恐惴惴,大恐缦缦】惴惴:恐惧不安的样子。缦缦:神情沮丧的样子。意思是,(在社会发生变革时)地位低的人恐惧不安,地位高的人神情沮丧。《庄子·齐物论》

【火烧乌龟,肚子里痛】比喻吃了暗亏,有苦难言,只得埋在心里强忍着。

【不宜言而言是佞之徒,宜言而不言是愚之符】佞:用花言巧语谄媚人。符:表现。意思是,不宜说而说,这是谄媚之徒;该说而不说,这是愚顽的表现。《逊志斋集·口》

【无佛处称尊】意思是,在没有佛的地方自尊自大。比喻在没有强手或能人的地方逞强。宋朝黄庭坚《跋东坡书寒食诗》

【什么鸟儿唱什么歌,什么人说什么话】比喻人因身份、地位、职业不同,说话的观点,甚至语气神态都不一样。

【五心六意,歧道多怪】意思是,心中主意不定,想得很多,遇到岔道就犹豫不决了。《易林·睽·随》

【气馁者自画,量狭者易盈】自画:自己画圈限制自己。量:气量,肚量,胸怀。意思是,遇到挫折爱泄气的人,等于是自己画圈限制自己;气量狭小的人,容易自满。《朱舜水集·恭敏》

【以言伤人者利于刀斧,以术害人者毒于虎狼】意思是,用语言伤人,比用锋利的刀斧砍人还厉害;用心术害人,比虎狼还恶

毒。宋朝林逋《省心录》

【以俗传俗，以讹传讹】 俗：民间流行的俗套。讹：错误。意思是，没有根据没有事实的错误东西在群众中流传。《红楼梦》第十七回

【乐言己之长者不知己，乐言人之短者不知人】 意思是，乐于自吹的人，就是不了解自己；乐于说别人短处的人，就是不了解别人。明朝刘基《郁离子·自瞽自聩》

【务言而缓行，虽辩必不听】 意思是，只说却迟迟不付诸实践行动，这样的人，他虽然说得有理，也不能听他的。《墨子·修身》

【巧言令色，鲜矣仁】 意思是，花言巧语，装出和颜悦色的人，是很少有仁德的。

【皮笑肉不笑】 意思是，不怀好意的冷笑。

【对木偶弹琴】 木偶：木头做的玩具人。比喻看错了对象，等于白说。

【司马昭之心，路人皆知】 司马昭：三国魏大将军。魏帝曹髦在位时，有篡夺帝位之心，曹髦非常气愤，对臣下说："司马昭之心，路人所知也！"后泛比大家都知道的野心和阴谋。《三国之·魏书·高贵乡公纪》

【羊质虎皮者辱】 比喻徒有一个唬人的外表而实质是一个软弱无能的人，应当感到耻辱。宋朝张商英《素书》六

【邪秽在身，怨之所构】 意思是，别人怨恨你，是由于你自身的不正当行为造成的。《荀子·劝学》

【成事不足，败事有余】 意思是，心术不正，办成事不会，把事办坏比谁都行。

【耳不听心不烦】 意思是，社会上乱七八糟的事不愿听见，听到心里就厌烦。

【过分谦虚就是虚伪】 意思是，谦虚不能过分，过分了就成了虚伪，叫人难受。

【有那个贼心,没那个贼胆】 意思是,想干但又没有那个胆量,不敢干。

【有病乱投医】 意思是,人有了病,总想急于治愈,就到处求医问药,也顾不得是真正良医还是庸医、江湖郎中。比喻着急乱求人。

【早知今日,何必当初】 意思是,如果早先知道今天这个样,何必当初要这样呢?后悔话。《水浒传》第四十一回:"早知今日,悔不当初。"

【吃亏在于不老实】 老实:真诚实在。意思是,之所以吃亏,在于不真诚实在。

【吃小亏占大便宜】 意思是,暂时或在某件事上吃一点小亏,却能为后来或另一个方面占到大的好处。

【吃饭端大碗,干活翻白眼】 比喻又馋又懒。吃饭生怕比别人吃少了,到干活时就怕苦怕累,不愿干。

【吃着碗里,瞅着锅里】 吃相难看。比喻贪婪。《金瓶梅词话》第十九回。

【舌头根子底下压死人】 意思是,人的嘴很厉害,恶意中伤,胡乱咬人,能置人于死地。

【舌头长,惹事王】 意思是,爱多嘴胡说的人,特别容易惹是生非。

【众口销骨,三人成虎】 众口:许多人说。销骨:销熔骨头。比喻谣言反复传播,能混淆是非,惑众骗人。明朝彭汝让《木几冗谈》

【众口铄金,积毁销骨】 参阅"众口销骨,三人成虎"。比喻流言蜚语多了,被诋毁者被置于死地。《史记·张仪列传》

【众口铄金,积非成是】 意思是,众口可以使金属熔化,谬误长期积累,反而成了正确的,贻害无穷。清朝佩蘅《孔诞祝圣言感》

【众口流传,不翼而飞】意思是,许多人中都流传着一种流言,就像鸟没有翅膀却能飞一样,假的也成了真的。《战国策·秦策》三:“众口所疑,毋翼而飞。”

【众议成林,无翼而飞】意思是,许多人都说,平地上突然长成一片树林,没有翅膀的鸟可以飞翔,大家也就相信了。比喻谣言可以惑众。《淮南子·说山训》

【多私者不义,扬言者寡信】扬言:言语张扬,吹牛。寡:少。信:信誉。意思是,私心多的人办事不讲道义;说话张扬、吹牛的人,信誉很少。《大戴礼记·文王官人》

【多疑者闲事多】意思是,疑心重的人,会造出许多无谓的事。

【杀鸡不用宰牛刀】轻蔑话。意思是,用不着费那么大的气力就可以制服他。

【买得起马,置不起鞍】奚落话。有的人喜欢买大件东西,却舍不得花钱买配套的小件,需要用时就向别人借,占人家的便宜,人家不高兴,又不便重说,就说此奚落话。也说这是商家的经营策略,主件廉价卖,配件卖得很贵,大捞一把,因为有了主件必须买配件,稳赚。所以,买了主件,买不起配件,叫做买得起用不起。

【好狗不挡道】骂人话。通常是为解决某一事情,一人在中间作梗设障,使问题解决时遇到困难而骂出的话。

【好了伤疤忘了痛】比喻忘记了过去的苦难,即忘本。

【吹牛不上税,大话几人行】意思是吹牛没有用,谁都不行。

【言语之恶,莫大于造诬,行事之恶,莫大于苛刻】造诬:造谣污蔑。意思是,造谣污蔑是最恶毒的话,对人苛刻是最恶毒的行为。明朝吕坤《呻吟语·补遗》

【闲人闲心说闲话】意思是,不干事的人,心里没有正经事,尽说些没有用的甚至挑弄是非的话。

【穷巷多怪,曲学多辩】穷巷:偏僻的陋巷。曲学:见识少且

头脑顽固的老学究。意思是，偏僻的陋巷的人少见多怪，见事浅薄的老学究喜欢无谓的争辩。《商君书·更法》

【快嘴一言，万事莫瞒】快嘴：指嘴里留不住话，不管能不能说就说的人。意思是，嘴里留不住话的人不能保密。

【吴锦好渝，舜英徒艳】渝：变色。英：木槿花，朝开暮落，不长久。意思是，吴地的锦绣容易变色，木槿花虽然开得好看，可是花开不长，容易凋谢。比喻徒有外表的东西，寿命不会长久。南朝梁代刘勰《文心雕龙·情采》

【含血喷人，先污其口】比喻捏造事实诬陷别人，首先伤害了自己。宋朝僧晓莹《罗湖野录》卷二

【听见风就是雨，不是盲从就是愚】比喻捕风捉影，听到一枝半叶就认为是真的。

【鸡窝里飞不出凤凰】比喻瞧不起，不相信普通人能干出非凡的事业。讥讽话。

【驴唇不对马嘴】比喻完全搞错了，说的完全对不上。

【浅人好夸富，贪人好哭穷】浅人：浅薄的人。贪人：贪婪的人。意思是，浅薄的人爱面子，明明很穷却在别人面前夸富；贪婪的人总嫌财富不够，还害怕别人求他，总是在别人面前哭穷。清朝申居郧《西岩赘语》

【话到嘴边留半句，不可全抛一片心】意思是，人与人之间的诚信是微妙的，说话要注意分寸，留有余地，谨慎些。

【空口说白话，眼饱肚中饥】意思是，空话连篇，摆空架子，好看不实用，毫无实际价值。明朝冯梦龙《醒世恒言·徐老仆义愤成家》

【画饼不能充饥】比喻光说空话好听的话是无用的，解决不了问题。

【事至于过当便是伪】意思是，事情到了超过正常的程度，就是假的。清朝王豫《蕉窗日记》卷一

【其言之不怍,则为之也难】怍:惭愧。意思是,说大话而不知惭愧,那么,做起来也很难。《论语·宪问》

【卖瓜儿的总说自己的瓜儿甜】意思是,做买卖的总是自夸自己的货物好,这是天性。

【金玉其外,败絮其中】比喻外表美好,内心里却很不怎么样。明朝刘基《卖柑者言》

【狗不闻腥,猫不闻臭】闻:嗅。比喻不同趣味的人,感兴趣的东西不同。贬义语。

【狗嘴里吐不出象牙】骂人话。意思是,臭嘴里说不出好话来。

【受人施者常畏人】意思是,接受过别人施舍的人,有自卑感,对别人常有一种畏怯的心理。《孔子家语·在厄》

【知其愚者非大愚,知其惑者非大惑】意思是,知道自己愚笨,不是真正的愚笨,知道自己迷惑,不是真正的迷惑。《庄子·天地》

【大惑者终身不解,大愚者终身不灵】意思是,真正迷惑的人,一辈子也不会醒悟,真正愚昧的人,一辈子也不会明白。《庄子·天地》

【语人之短不曰直,济人之恶不曰义】意思是,说别人的短处,不能说是直率;接济人干坏事,这不能说是仗义。宋朝林逋《省心录》

【说者无意,听者有心】意思是,说的人是随便无意说的,可听的人却怀疑是有意说他的。即说话不注意容易引起误会。

【说话看后台,做事看未来】意思是谨慎小心,唯恐怕得罪上司,唯恐怕把事做错了。

【恨你有,笑你无】有:指富有。无:指贫穷。也说“恨你富,笑你穷”。一种嫉妒心理。

【恭敬不如从命】恭维话。意思是,接受对方的友好意图,如

“请坐首席”等，实际是伪谦。

【莫信直中直，须防仁不仁】 直中直：正直无比，实际是假正直。仁不仁：是否仁义。意思是，不要相信那些所谓正直无比的人，必须提防他们假仁假义的那一套。《水浒传》第四十五回

【轻誉者失实，轻许者失言】 意思是，轻易就赞誉别人的人，这种人说话往往失实；轻易就许诺的人，这种人往往不讲信用。宋朝崔敦礼《刍言》卷中

【项庄舞剑，意在沛公】 项庄：项羽部下的武将。沛公：刘邦。《史记·项羽本纪》记载：刘邦和项羽在鸿门会见，酒宴上，项羽的谋士范增让项庄舞剑，企图杀死刘邦。刘邦的谋士张良见此情景，对樊哙说：“今者项庄拔剑舞，其意常在沛公也。”后此典故用来比喻说话或行动虽然表面上是一回事，但实际真实意图却另有阴谋，企图威胁攻击人。

【既在河边站，就有跳海的心】 比喻有迹象表明可能会做出某种危险事的嫌疑。

【既然现在，何必当初】 意思是，后悔也没有用。

【屎能肥田，糠能喂猪，屎人糠腹又何如】 意思是，这些不值钱的臭东西都有用，言下之意，你连屎糠都不如。骂人极端无能无用。

【屎壳郎能酿蜜，谁还养蜜蜂】 讥讽贬人话。比喻不是那种才能的人，干不了那件事。极端瞧不起人。

【狡兔有三窟，刁人无一实】 意思是，狡猾的野兔为了防备敌人侵害，有三处窝；刁钻的人比兔子还狡猾，说话没有一句是真话。

【家大业大，浪费点没啥】 意思是企业大，浪费点没什么了不起。反映职工缺乏主人翁精神，不懂得节约光荣，浪费可耻的道理。

【哪个人前不说人？哪个人后不被人说？】 意思是，社会上，

人与人之间,免不了互相议论,背后说人长短。当然这是不好的。

【看菜下碟,看人说话】意思是,说话要看对象。或者是两面派,见什么人说什么话。

【被头里做事终晓得】比喻做事再机密,也终会被人知道。清朝王有光《吴下谚联》

【胳膊肘儿往外拐】比喻站在外人的立场上,替外人说话,为外人做事。

【爱叫唤的猫是懒猫】猫是抓老鼠的,猫爱叫唤,老鼠自然不敢出来。没有老鼠猫就无所事事了,这是偷的好办法。比喻爱讲困难不干实事的懒人。

【爱戴高帽,自受圈套】戴高帽:带有唆使鼓动性的奉承话。意思是,虚荣心强的人容易受骗上当。

【逢人不说人间事,便是人间无事人】无事人:超脱尘世之外的人。意思是,人都活在人世间,说话就离不开人世间的事。不说人世间的事的人,除非他是神仙。即人世间不存在这样不食人间烟火的人。唐朝杜荀鹤《赠质上人》

【脚踩两只船,船行必被淹】比喻心思不专一,决心未定,好处都想占到,最终一头也得不到。

【钱财不积则贪者忧,权势不尤则夸者悲】尤:突出。夸者:权势欲望很盛的人。意思是,贪婪的人,钱财积攒的不多总是忧愁不乐;权欲很盛的人,权位不大不高时,便会悲伤哀叹。《庄子·徐无鬼》

【笑里刀剐皮割肉,绵里针剔髓挑觔】觔:同筋。比喻阴险尖刻的人之恶毒。元朝石君宝《曲江池》二

【拿着鸡毛当令箭】令箭:古代军队中发布命令时用做凭据的东西,形状像箭。比喻假借上级的旗号来吓唬人,要挟人。

【谁家过年不吃顿饺子】奚落话。意思是,本来很平常正常的事,却说成很不平常很难得的事。有瞧不起看不上之意。

【酒不醉人人自醉】比喻是自找的,别讲客观。《白雪遗音·未曾斟酒》

【病人听不得鬼叫】比喻做了坏事或亏心事,听到一种动静一点类似的消息,就惊恐不安起来。

【难将一人手,掩得天下目】比喻一个人做坏事,不可能把天下所有的人都蒙蔽了。唐朝曹邺《读李斯传》

【谗言巧,佞言甘】谗言:在上级面前说别人的坏话。巧:奸巧。佞言:花言巧语。甘:甜。意思是,谗言奸巧、谄媚的人总是花言巧语。宋朝林逋《省心录》

【谗邪进则众贤退,群枉盛则正士消】谗邪:谗言邪风。进:进言。群枉:邪恶多。正士:正直的人士。消:消极。意思是,谗言邪风进言,众贤良之士就会退居一旁不说话,邪恶盛行,正直的人士就消极了。《汉书·刘向传》

【谗言三至,慈母不亲】典故:春秋时,有一个与曾参同名的人杀了人,有一个人对曾母说,曾参杀了人。曾母不信。第二人又来说曾参杀了人,曾母仍怀疑。接着又来了第三个人说,曾参杀了人,曾母吓得慌忙逃走。比喻谗言可畏。三国魏曹植《当墙欲高行》:"众口可以铄金。谗言三至,慈母不亲。"

【谗言三及慈母惊】参看"谗言三至,慈母不亲"。唐朝李白《王十二雪夜独酌有怀》:"曾参岂是杀人者,谗言三及慈母惊。"

【谗言害忠良,浮云遮日月】谗言:毁谤、挑拨离间的话。害:陷害。忠良:忠诚贤良之士。比喻谗言陷害忠良,就像浮云遮日月一样,搞得日月无光,阴森恐怖。

【装得了一时,装不了永远】装:伪装,故意做作,给人假象。意思是,伪装总会暴露的,容易被人识破。

【装糊涂不是糊涂】意思是,毫不糊涂,是假糊涂。

【蓄疑者乱真知】蓄疑:总是爱怀疑,使怀疑越来越多。真知:真理。意思是,总是爱怀疑的人,使怀疑积蓄起来,最后连真

理也被搞乱了，怀疑起来。明朝吕坤《呻吟语·敦伦》

【嘴是扁的，舌头是卷的】 意思是，人是不实在的，想怎么说就怎么说，没有准头。

【满罐子不荡半罐子荡】 意思是，水装满了罐子，就不会晃荡，没装满，水就容易晃荡。比喻人有真才实学，有才能，从不吹嘘显耀，而知识经验浅薄的人，总爱大吹大擂，很不谦虚。

【跳槽的马最贪吃】 跳槽：马在厩里喂食都有固定的料槽，跑到别的马槽里吃料或嬉闹，叫跳槽。比喻人为了工资待遇或其他原因，找另一个单位去工作，叫跳槽。比喻爱跳槽的人贪心。

【骑虎者势不得下】 比喻事情棘手，干又干不下去，收又不好收回，处于两难之中的境地。《新五代史·郭崇韬传》

【骑马没遇着亲家，骑牛遇着了亲家】 骑马显得风光高贵，骑牛显得俗气低下。比喻尴尬，难为情，面子上不好看。也比喻巧合。

【醉妇不拘节】 意思是，爱喝醉酒的女性，不拘泥节操。

【隔墙须有耳，窗外岂无人】 比喻说话应当谨慎。元朝无名氏《举案齐眉三》

【避人没好话，好话不避人】 意思是，避开人说话，肯定不是好话。其实不尽然，有许多话为了保密，有的话与别人无关，避一下人，是必须的。

【貌轻则招辱】 意思是，穿着打扮轻佻就会招惹侮辱。汉朝杨雄《法言·修身》

十八、生产与经济

1. 农业

【一粒粮食一滴汗，粒粒粮食血汗换】 意思是，粮食是农民辛辛苦苦种出来的，来之不易，应该爱惜，不要浪费。

【一口不饱，遍身不好】 意思是，吃饭应该吃饱，少吃一口身体不舒服。教育人爱惜粮食的现实意义。

【一粥一饭，当思来之不易】 意思是，当你想想粮食是农民怎么种出来的，又怎样经过储藏、加工、运输，做成粥饭端到面前时，你就感到它来的多么不容易。明朝朱柏庐《治家格言》："一粥一饭，当思来之不易；半丝半缕，恒念物力维艰。"

【一花独放不是春，万紫千红春满园】 比喻一个人，一件事，一个单位，一个地区好，还是不行；只有所有的人，所有的事，所有的单位，所有的地区都好，才真正是好。

【一花引来万花开】 比喻树立宣扬一个先进模范人物或先进单位的事迹经验，带动全社会的人，各行各业都来借鉴学习的向上蓬勃景象。

【一夫不耕，必受其饥，一妇不蚕，必受其寒】 意思是，一个农民不种地，他就没有粮食吃，肯定要挨饿；一个农妇不养蚕，她肯定没有衣服穿，就要挨冻。比喻农业生产没有搞好，就要挨饿受冻。宋朝罗大经《鹤林玉露》卷一

【一吹三个浪，一喝九条沟】意思是，粥煮得非常稀，吹一口起三个浪，喝一口起九条沟。比喻生活过得非常艰苦。

【一塘鱼一仓粮】意思是，养一塘鱼顶得上一仓粮食。

【人勤地不懒】意思是，只要人勤奋，任何土地都可以种植，都能生产出财富。

【人是铁，饭是钢，一顿不吃饿得慌】比喻吃饭的重要性，进而说明粮食的重要性。要节约爱惜粮食，重视粮食生产。

【三亩棉花三亩稻，吃穿不愁乐逍遥】意思是，种三亩棉花，三亩水稻，就有吃有穿；不管遇到什么天气，必有一得。比喻农业不能单打一，应该多种几个品种，才能应付各种气候变化，确保丰收。清朝王有光《吴下谚联》卷二

【三年之耕，必有一年之蓄】意思是，连续三年丰收，必然有一年的余粮储蓄。宋朝杨万里《庸言》一

【三亩土地一头牛，老婆孩子热炕头】小农经济理想生活。意思是，家里有三亩土地和一头牛耕种，身边有老婆孩子陪着，晚上全家睡在热乎乎的土炕上，就幸福美满了。

【广种薄收，不如用功一丘】意思是种的很多，但由于耕作粗放，管理不好，结果收成很低，产量低。所以不如精耕细作少种点，反而产量高，收成好。

【才了蚕桑又插秧，农家吃穿两不误】才了：刚做完。意思是，刚种完蚕桑又要忙着插秧。我国南方农民春耕季节非常忙非常辛苦，日夜没有休闲的时间。宋朝范成大《村居即事》："乡村四月闲人少，才了蚕桑又插秧。"

【大人盼种田，小孩盼过年】大人：指做父母的成年人。新中国成立前，农村百分之八十以上的土地被约占农村百分之十的地主富农占有，绝大多数农民没有土地，生活没有出路，所以盼着租地种；而地租很高，农民辛苦一年都交了租，吃不上穿不上，生活异常穷困，贫寒艰辛。只有在过年时，才能稍有点好的吃。所以，

年幼无知的孩子盼着过年有好吃的。

【山火一天,黄金万千】山火:山林火灾。意思是,一天山林火灾,造成的损失巨大。

【马达一响,黄金万两】意思是,农业机器生产效率高,给农业生产带来巨大发展。

【丰年不忘歉收时】歉收:因自然灾害减产歉收。意思是,在丰收之年要想到灾年,节俭过日子。

【牛马年,好种田】中国农历用干支作为纪年法,每个干支又有一个属相作为年名,如公元 1997 年是丁丑年,属相是牛年。传统说法,属相牛年马年天气好,所以说好种田。

【水是无价宝,无水活不了】意思是,水并不是人们习惯看法那么低贱,而是极为珍贵的宝。没有水,就没有生命,更不要说有人类了。现代科学考察浩瀚的宇宙,无数的星系星球,地球上的矿物几乎都有,唯独没有水,所以那里都没有生命,人类无法生存。

【四海无闲田,农夫犹饿死】四海:指全中国。闲田:闲置不耕的土地,无法耕种的土地。原意是全中国没有闲置不耕的土地。现代意谓只要是土地都能生长东西,都能耕种,无论是沙漠还是高山。唐朝李绅《古风二首》:“春种一粒粟,秋收万颗子,四海无闲田,农夫犹饿死。”

【四月南风大麦黄】意思是,到了四月份(农历),和煦的南风吹拂着大地,大麦成熟了。唐朝李欣《送陈章甫》:“四月南风大麦黄,枣花未落桐荫长。”

【只有懒人,没有懒地】意思是,只要勤奋,什么土地都可以种庄稼,植树造林,都可以利用。

【长嘴的要吃,长根的要肥】意思是,凡是长嘴的都要吃东西,凡是长根的都要有肥料。不然,就不能活命生长。即农业生产不管是养殖还是种植,都要投入粮食和肥料,否则,便无法进行。

【田家少闲月】 田家:种田的庄稼人家,农民。意思是,庄稼人很辛苦,一年到头没有休闲的时间。白居易《观刈麦》:"田家少闲月,五月人倍忙。"

【地不负人心】 意思是,土地只要利用它,就会给人带来财富,从不辜负人的心血。

【地里有多少汗,仓里有多少粮】 比喻付出多少劳动就会有多大收获;同时说明粮食是用艰辛的汗水换来的。

【农不如工,工不如商】 意思是,种地不如做工,做工不如经商。在农、工、商中,农民是最苦的。《史记·货殖列传》:"用(因为)贫求富,农不如工,工不如商,刺绣女不如倚市门。"

【好雨依时抵万金】 意思是,一场适时的好雨,抵得上万两黄金那么贵重。元朝王恽《过沙沟店》:"清风破署连三日,好雨依时抵万金。"

【有水无肥一半收,有肥无水望天愁】 意思是,种庄稼没有水就没有收成,遇到旱灾,只有望着老天发愁。

【没有大粪臭,哪有稻谷香】 大粪:人粪便经过发酵后的肥料。意思是,只有不怕脏不怕累,才能获得农业丰收。

【昏镜无好面,恶土无善禾】 恶土:贫瘠的土壤。善禾:好庄稼。意思是,模糊不清的镜子照不出好看的面容;贫瘠的土壤就跟昏镜照不出好面容一样,长不出好的庄稼。《王令集·慎交》

【花钱靠贷款,吃粮靠返销】 返销:计划经济时,国家对粮食实行统购统销,农民粮食不够吃,国家又通过政府把粮食反卖给农民解决口粮不足的问题。原因是地方干部为了论功求赏,往往说假话,冒报产量,造成国家粮食超购。意思是,农业生产很落后,社员很穷困,靠国家发贷款救济,靠吃返销粮维持生活。计划经济时,农村这种情况很普遍,严重挫伤了农民生产的积极性。

【身无御寒衣,家无隔夜粮】 意思是,旧时,人民穷到没有抗御寒冷的衣服穿，过了今天没有明天的粮食吃。

【鸡鸭蛋，谷米换】意思是，养鸡养鸭要用粮食喂才会下蛋。

【鸡屁股挂着油盐罐】旧时农村穷困，农民靠养鸡下蛋换点油盐过日子。

【物贱伤农，国贫民穷】物：指农副产品。农：指农民，农业。意思是，农产品价格过低，就会伤害农民的利益和农民的生产积极性，就会伤害整个农业的发展。

【拾穗虽利，不如躬耕】拾穗：收割季节在稻田里或在麦地里捡拾稻穗或麦穗等粮食。利：便利。躬耕：自己种粮食。比喻捡的没有干的多。清朝施闰章《警志诗》

【种好丰收一半】种：种子。意思是，农业生产，首先要选好良种。良种选好了，等于丰收了一半。

【草盛禾苗稀】意思是，草长得茂盛，庄稼苗就长得稀稀落落。借喻歪风邪气盛，压住了正气，使正气不张。

【草盛豆苗稀】意思与“草盛禾苗稀”同。晋代陶渊明《归园田居五首》：“种豆南山下，草盛豆苗稀。”

【面朝黄土背朝天】面：面部。背：脊背。意思是，农民种田非常辛苦，终日弯着腰，低着头，在田地里耕作。

【春施一担肥，夏收一担粮】意思是，夏收农作物，施春肥特别重要。

【春天白茫茫，夏天水汪汪，只听耧声响，不见粮归仓】意思是，春天地里返出厚厚的一层盐碱，一片白茫茫；夏天又涝了，水汪汪一片。不是盐碱灾，就是涝灾，辛苦一年，颗粒无收。现在经过根治盐碱地和治水，采取科学种地技术，盐碱地变成了稳产高产的“吨粮田”，又是一番景象：“春天绿茵茵，夏天黄金金；一声机器响，粮食装满囤。”

【养蚕种桑，吃穿不慌】意思是，养蚕种桑是农民致富的好门路，能解决温饱。

【科学种田,一年几年】 意思是,农业走上科学技术的道路,获得高于传统农业几倍的收入和效益。

【桃三杏四梨五年,酸枣当年能卖钱】 意思是,桃树嫁接后三年就能结果实,杏树嫁接四年就能结果实,梨树嫁接要五年才能结果实,酸枣嫁接当年就能结果实。

【栽桑种桐,子孙不穷】 桑:指桑树,桑叶是养蚕的饲料。桐:桐树,有梧桐树,泡桐树,油桐树。梧桐树是高大乔木,皮是很好的纤维材料,可以织物、造纸,搓绳;果实金黄色,皮皱,比豌豆稍大,味很香,可食;主干高大挺直,材质细密,淡黄色,属上等木材。泡桐树:是速成树,是软木的好材料。油桐树果实似国光苹果,果实内的桐子似板栗,是榨油的原料;桐油在工业上用途很广。三种桐树经济价值都很高。意思是,栽种桑树,梧桐树,泡桐树,油桐树,经济价值都很高,子孙很受益,不会穷困。

【猪多肥多,肥多粮多】 意思是,养猪和种粮食关系密切,养猪要用粮食,猪粪是很好的有机肥,使农作物增产丰收。把种植业和养殖业科学地结合起来,互相促进发展。

【寒来暑往,秋收冬藏】 藏:储藏。意思是,一年四季总是那样更替运转着,人们也总是那样按照季节劳作着,秋天收割庄稼,冬天把粮食储藏起来。南朝梁周兴嗣《千字文》

【嫁桃结桃,嫁梨结梨】 嫁:嫁接。比喻做什么就会有什么收获。

【靠天吃饭,靠地生存】 意思是,人类不管有多么高的智慧,还是要依赖大自然,必须顺应大自然才能生存。

【瑞雪兆丰年】 兆:预兆。意思是,腊月下大雪,预兆着明年农业是一个大丰收的好年成。

2. 工业

【一时麻痹,终身遗憾】意思是,工伤事故,往往是一时思想麻痹大意,造成伤残,留下终身遗憾。

【一慢二看三通过】城市交通安全语。意思是,在交叉或丁字路口处经过,车要减速慢行,看准了后,有了把握再过去,以确保安全。

【丁要直,条要平,游丁走缝没出门】建筑语。丁:指砌墙横砌的砖,叫丁砖。条:指砌墙顺墙砌的砖,叫条砖。直、平:指砖要砌的正,平直。游丁走缝:墙面不加装饰的清水墙,无论是一层平房还是六层高楼,砖缝从楼顶的最后一块砖到楼下地面以上的第一层砖,水平缝必须成一百八十度的直线,不能像水波浪一样弯曲;竖缝必须成一条线垂直下来,不能左右措位弯曲。没出门:指砌砖达不到技术规范和质量标准,不能出师。技术没有学好,没出师。

【人是第一生产力】生产力:生产活动中所使用的工具,以及有一定的经验和劳动能力而使用生产工具来生产物质资料的人。生产工具需要人去创造,需要人去掌握、使用。因此,人既决定生产工具的性能,又决定生产工具的实际作用的发挥。所以,人是生产力的决定因素,是生产力诸因素中的决定因素,是第一生产力。

【三通一平,缺一不行】建筑施工开工必备条件,通常由建设方负责。三通:指水通,电通,道路通。一平:指整个施工场地平整,包括地上地下障碍物的清除。这四项施工准备条件有一项不具备也不能开工。现在又加上"通讯通"是"四通"。

【工完料净脚下清,文明施工首标准】建筑施工语。文明施工标准。意思是,施工中,必须做到每天下班前把作业面上的施工垃圾、余料清理干净,才能下班,保持施工场地清洁整齐。

【车工紧,钳工松,吊儿郎当机电工】 车工:开车床的工人。半自动化车床转速很高,最低转速也在每分钟千转以上,人完全被机器控制,工人操作眼不能离,手不能停,稍不注意就要出事故,非常紧张;钳工:主要是手工操作,劳动强度大,技术性很强,但可以自己支配速度,不紧张;机电工:为保障机器供电服务的专管电的配合工种,主要负责排除机器电路故障,零时维修电路系统,保障机器正常运转,成天忙碌在各台机器之间,似乎"吊儿郎当"。

【车工紧,刨工轻,累死锻工不填命】 意思是,车工很紧张,刨工很轻松,锻工拿着大锤锻打锻件,要趁热打铁,劳动强度很大,成天累得浑身汗水淋淋。

【不怕一万,就怕万一】 安全语。意思是,在正常情况下,如果有什么问题,都会注意,不会出事故。而在特殊情况下,难以预料或偶然的情况下,最易出问题,如果麻痹大意,就很容易发生事故。所以,要在"一万"中防"万一",警惕不懈。

【劝君莫开英雄车,车毁人亡全家厄】 英雄车:开高速车以逞能过瘾,寻求刺激。厄:厄运,倒霉。意思是,开英雄车容易发生事故,轻者受伤,重者车毁人亡,全家人都跟着一起倒霉。

【劝君酒后莫开车,车毁人亡全家厄】 人喝酒后,大脑和神经都受到抑制,视力发生错觉,手脚僵持抖动,动作迟钝变形,而车的速度很快,特别容易发生事故,往往造成车毁人亡的车祸。

【礼让安全,斗气事故】 意思是,汽车司机开车相互礼让,就安全;相反,开斗气车,互不相让,争先抢道,就要出事故。

【宁停三分,不抢一秒】 交通经验语。意思是,严格遵守交通法规,宁可停三分钟的车,也不抢行不闯红灯。

【宁走百步远,不走一步险】 意思是,为了安全,不能图省事

图快，哪怕多走几步路，也不能冒险抄近道。清朝石玉昆《三侠五义》第一百一十回

【宁可苦干，不可苦熬】意思是，施工、生产条件不好，工人多吃点苦，克服困难是可以的。但是，应该有的生产设备长期得不到更新改造，生产力无法提高，生产效率低下，总是处在落后状态是不行的。

【专用聪明，则功不成】聪明：要小聪明，自命不凡。意思是，专门要小聪明，而又自命不凡，刚愎自用，就不可能成功。《意林·尹文子》

【专用晦昧，则事必悖】晦昧：糊涂而刚愎自用的人。悖：相反，违反。意思是，专门启用思想糊涂而又刚愎自用的人，就会事与愿违，把事情办糟。《尹文子·逸文子》

【司机一滴酒，亲人两行泪】意思是，饮酒开车容易引发事故，既害自己又害别人，车毁人亡，使亲人无限悲痛。

【机电焊，师傅干；打配手，徒弟转】意思是，开机器的机工，微电、高压电的维修、安装的电工，电、气焊的焊工，都是专业性强、技术高，危险性大的工种，必须是熟练工人，持证上岗，否则，不许上岗，以确保安全。徒弟只能当配手，听师傅的指挥，不可独立操作。

【先地下后地上，先结构后装潢，颠倒工序是乱忙】基本建设原则。意思是，先把建筑物的地下埋设的水、电、气、污等各种管线工程施工完了，再进行地上建筑物的结构施工，然后才允许进行装潢。这样，既能保证工程质量，又节省人力财力，还能保证安全生产。

【先算后干，料工省半；先干后算，料工费半】意思是，施工生产必须先做好施工计划和施工组织设计，做好施工预算，再进行施工生产，就省工省料；边干边算，干完了再去算，就浪费人工和材料。

【安全为了生产，生产必须安全】说明生产与安全的关系，要求人们在生产中把安全放在第一的位置。

【安全做得好不一定不出事故，安全做不好一定出事故】意思是，安全因素很多很复杂，有必然性，也存在偶然性和或然性。所以，安全生产做得好，谁也不敢保证百分之百不出事故；但是，安全做得不好，一定要出事故。这是安全生产的规律。

【百年大计，质量第一】意思是，工程质量是关系到人民生命财产安全的重大问题，在工程建设从设计到施工的全过程中，必须放在第一的位置。

【有条件要上，没有条件创造条件也要上】大庆油田人语。意思是，国家建设正急需石油，大庆油田的开发，有现成的条件要上马大干，没有现成的条件，石油工人自己创造条件也要上马干。表现了中国石油工人高度的国家主人翁精神和伟大的爱国主义英雄气概。

【驴不死不下磨】比喻不爱惜设备。只顾一时的利益，对生产设备不保养，不维修，超负荷运转，拼设备的短期行为。

【苦干不如巧干】意思是，生产，干工作，埋头苦干不如开动脑子干。

【若要富，先修路】意思是，要发展经济，必须有通畅的交通运输，把市场连接起来，使生产资料和产品能够很快地流动起来，不然就不能实现市场经济，无法赚钱。

【信息一本万利】信息：指市场经济运动的状况和规律的现时反映情况，即有价值的消息、情报、资料等。市场经济如果不知道市场信息，就如同瞎子摸鱼，碰运气。掌握并充分运用市场信息开展经营活动，才能立于不败之地。

【信息不灵，万事不成】现代商品经济，竞争激烈残酷，市场千变万化，瞬息万变，如果信息不灵，盲目经营，就无法竞争，必然失败。

【信息就是金钱】 意思是,根据信息来经营,就能获得高额利润。因为同种商品,在不同时间,不同地区,不同商家,价差是很大的。

【科学技术也是生产力】 在生产力中,从事生产的劳动力和所使用的生产工具,是生产力诸因素中的主要因素。而科学技术又决定这两大因素的性能和能力的先进性。因此,科学技术也是生产力。

【重视保安全,侥幸出事故】 意思是,重视安全生产,就能确保安全,总是用侥幸的心理对待安全,就会出事故。

【轻忽细事,必有重忧】 意思是,对细小的事轻视疏忽,必然造成重大忧患。清朝申居郧《西岩赘语》

【酒后不开车,开车不喝酒】 车:指汽车,机动车。意思是,酒后开车是非常危险的,容易发生事故。开车不能喝酒,喝了酒就不要开车。

【浪费别人的时间,等于谋财害命】 极言时间宝贵。意思是,不要无谓地占用别人的时间,影响别人的学习和工作。

【乘车坐船三分命】 意思是,乘车坐船很危险,容易发生事故。

【船大好压浪,船小好掉头】 比喻大型企业资产庞大,资金雄厚,经得起社会乃至世界的经济波折甚至经济危机的冲击;而小型企业比较灵活,转型变轨比较容易。

【船大难掉头】 比喻大型企业改革、转型转产比较困难。

【精心设计,精心施工】 通常指较高、精、尖的科技项目的建设,首先要做到设计无误,然后是高质量的施工。做到十分精心,万无一失。

【熟能生巧,巧能升华】 意思是,熟练就能产生技巧,有了技巧,就能升华到运用自如,随心应手。

【警惕安全,麻痹事故】 意思是,平时经常保持高度警惕,防止出事故,就能保证安全;麻痹大意,满不在乎,就可能发生安全事故。

3. 商业

【一物不成,两物见在】意思是,生意没有做成但双方的钱和物都仍然存在,谁也没有损失什么。《醒世恒言》第十三卷

【一分钱一分货】意思是,要想买到好货,就要舍得多花钱。一般是指花不同的钱买到同样的商品,比较起来,质量不相同,花钱多者感到没有吃亏,带有自豪味道。

【一手交钱,一手交货】经商语。意思是,现货现钱,面对面交易,不赊欠不订货。含有好买好卖,买卖双方痛快之意。

【亏本生意行家做】意思是,只有精通生意经的行家,才能把生意做活。

【亏本买卖没人做】比喻没有好处的事谁也不干。

【亏盈是商家常事】意思是,做买卖经商,不是盈就是亏,有盈就有亏,盈利亏损是正常事。

【大舟有深利,沧海无浅波】深利:巨利,厚利。意思是,大船经商有巨利可图,但是,大船要航大海,而大海风浪大,危险很大。比喻图大力就要冒大风险。唐朝黄滔《贾客》

【天上不会掉馅饼】比喻世界上没有便宜可捡。

【无商不奸,无奸不商】奸:奸猾,精明。意思是,经商的没有不奸猾的,不奸猾就经不了商。

【中国的菜是舌头的菜】意思是,中国菜的特点最讲究口味,如南甜西辣,夏咸冬淡,荤清素油等。

【水广鱼大,山高木修】木修:树木长得高大。比喻资本或基础大,获得的利润也大。《淮南子·说山训》

【市场如战场】 比喻市场经济是竞争经济,其竞争的残酷激烈程度跟打仗一样。

【市场就是领土】 意思是,把资本扩展到国际,占领外国市场,赚取超额利润,那里就成了事实上的领土。资本主义国家初期企图用战争征服外国,使其变成殖民地,进行经济掠夺。这种野蛮的办法现代不行了,于是运用资本输出占领市场,以垄断贸易的方式进行经济掠夺,比用战争获得的利益还要好要大,所以有此说。

【市场是国民经济的温度计】 意思是,市场活跃繁荣与否,反映国民经济发展的情况。

【记人之长,忘人之短】 意思是,记住别人的长处,向他学习;忘记别人的短处,克服自己的不足。唐朝张九龄《敕渤海王大武艺书》

【只此一家,别无分店】 独一无二,这里不买,别处没有。

【豆腐盘成了肉价】 比喻商品在生产时,由于人为地增加了工艺等原因,造成成本太高,因而价格很高。顾客不认可,嫌太贵。

【生意不成人情在】 也说"买卖不成人情在"。意思是,生意谈不成没有关系,通过谈生意交流了一次相互之间的情谊,以后还可能成为朋友。

【用户是上帝】 上帝:唯心论认为,上帝是主宰、创造人类和世界的神,因此,是至高无上的,皇帝也得听上帝的。比喻用户是至高无上的。

【用户至上,信誉第一】 商家语。意思是,在商品经营中,要把用户放在至高无上的地位,处处为用户着想,把对用户的承诺和企业的信誉放在第一位。

【百问不烦,百拿不厌】 商店服务语。意思是,顾客对商品提出多少问题都不烦躁,反复拿了多次商品挑剔都不厌烦。

【争的没有买的多】 意思是,买东西争多争少没有多大意思,嫌少就多买点。

【好货不便宜,便宜没好货】 意思是,商品的价格与商品的质量是紧密联系在一起的。要想买到高质量的好货,就要不怕贵。要想便宜,就买不到好货。

【好店三年不换客】 意思是,讲信誉的好商店,它的老顾客很多。

【买卖不成生意在】 意思是,买卖不能成交,不影响继续做生意。

【买卖不成仁义在】 意思是,生意虽然没有做成,但通过接触交流,相互之间建立了感情和信任,这种情义还是存在的,以后有机会还可以做生意。

【买涨不买落】 一种购买心理。因为物价上涨,害怕继续上涨,不买就吃亏,就抢着买;因为物价下落,等着继续下落,下落时就买,担心买早了吃亏,就想等等看,不想买。

【买的便宜吃的贵】 所谓买的便宜,通常是快要过期或质量没有保证的次品。买回后要赶快用,不然怕过期不能用,用量就大;质量有毛病的次品,拿回家后,要进行挑选,断头去尾,挖烂去腐的加工,所剩不多了;烹饪时,又害怕吃坏了,又额外加一些佐料。因为便宜就买得多,一时吃不完,放着时间长了而变质不能吃,只好扔掉。所以说,买的便宜吃的贵。

【买的便宜用的贵】 因为便宜,质量没有保证,使用寿命短,用的结果,反而比价钱高的还贵。

【买的没有卖的精】 意思是,买东西的人没有卖东西的人对商品和市场、购销方面等都很精通,因为卖者了解商品的这些底细,买者却不知道。

【穷秀才富商人】 秀才:泛指文人,读书人。意思是,文人都很穷困,经商做生意的都很富裕。

【明码标价,公正交易】 意思是,把商品的价格写在标签上,向顾客公示,得到各方面的监督,做到公平买卖。

【和气生财】 意思是,对待顾客态度和蔼,待人有礼,服务热情,就会给自己带来财富。

【皇帝的女儿不愁嫁】 比喻被垄断控制的紧俏商品有定向销路,别的地方买不着,不愁没有人买。

【皇帝的女儿也愁嫁】 与“皇帝的女儿不愁嫁”相对。比喻市场经济遵循的是市场规则,那些被垄断控制的老面孔的产品竞争力很差,销售不出去,造成大量积压库存。

【洋货满天飞,国货烂成堆】 洋货:指进口的外国商品。国货:指国产商品。旧时,进口的外国商品充斥着中国的市场,国产商品竞争不过洋货,积压卖不出去,受到挤压打击,无法发展。

【酒香不怕巷子深】 意思是,酒只要好,在深巷子里也有人来买。比喻商品只要质量好,适销对路,在哪里都能销售得好。

【酒香也怕巷子深】 与“酒香不怕巷子深”相对。意思是,销售业的位置特别重要,直接关系到商品的销售。有“选址重于金”的说法。

【枪战有时日,商战无穷年】 意思是,枪战虽然激烈残酷,但它有时间性,决定胜负就结束了;商战却不同,只要有商品存在,商战就永远不会停止。

【商旅不行,利润难得】 意思是,商人不做生意就得不到利润。比喻人应当勤于业,不能玩忽职守。《易林·益》

【商门常开,笑脸常迎】 意思是,商店的大门总是开着对外经营,用笑脸服务。

【商机认利不认人,昏者陪榜精者赢】 昏:利令智昏,只为自己得利而死板强硬。榜:招标书。意思是,商机对那种利令智昏,只考虑单方面利益,态度死板强硬的人,只能是落标,机会最终是互利双赢的商家。

【商道必双赢，一好不再春】 商道：商业的规律。意思是，商业的规律是双赢，无能是厂家和商家，还是经商者和消费者，相互必须是双赢的关系，这样就能持久发展，否则就是砂锅捣蒜，一锤子的买卖。

【商战穷竞争，胜败在成本】 穷：穷尽无止境。意思是，商战是无止境的，最终的胜败决定于成本。

【商战无穷年，科技是关键】 意思是，商战是无止境的，科学技术是胜败的关键。

【商战无穷年，唯有创新可发展】 商战的争夺物是消费者对商品的需求和认可，因此，唯有商品不断创新，得到消费者的需求和认可，才能发展。

【商战胜枪战，只在静悄中】 意思是，商品经济竞争激烈残酷，比打仗还厉害，只不过没有枪炮声，在静悄悄中进行而已。

【商海无边，善游者胜】 意思是，商业领域很大，遍布全世界每一个地方，只要有人的地方就有商业。但是，就像游泳比赛，只有识水性，有高超游泳技巧的人才能得胜一样，只有善于经商的人才能取得胜利。

【商情胜火情】 意思是，情：指信息、情况、情报。意思是，商业信息、情报格外紧急重要，时间性极强，抓不住时机，就失去了商机，损失不可估量。

【商品出厂不由主】 意思是，产品一旦出了厂，流入社会，成为商品，它的命运就由不得生产它的厂家了，而是由市场来决定了。

【商品出厂不认主】 意思与“商品出厂不由主”同。

【商场如战场】 商场：泛指整个商品经济市场。意思是，商品经济市场的激烈竞争，如同真枪真炮的战场一样激烈残酷。

【商品铁无情，认钱不认人】 意思是，商品是铁面无情的，只要给钱就卖，没有钱，谁也不认。

【商品有贵贱,利润有高低】 意思是,商品的价格有昂贵的,有低贱的,商人获得的利润有高也有低。

【商品有贵贱,得失买家知】 意思是,商品价格有昂贵的,有低廉的,到底值不值,划得来划不来,买者使后就知道。

【商品有好赖,喜厌上帝定】 意思是,商品的质量是好是赖,不是厂家、专家说了算的,最终还是由消费者来决定。

【商品命运上帝定】 上帝:指消费者,顾客。意思是,商品能否适销对路,畅销、滞销都是由消费者决定的。

【商品千万种,销售看对路】 对路:适销,符合消费者的需求。意思是,商品不管有多少品种,多少品牌花样,只有适销对路,符合消费者的需求,才能赢得消费者的青睐。

【商店不在大,货好自然灵】 灵:指买的人多,生意兴旺。意思是,经商不在铺门面、铺的摊子大小,关键是卖的货品要好,生意才兴隆。

【商人无利不贪,文人无情不抒】 抒:抒发。意思是,商人的特性就是贪图获利,墨客文人的本性就是贪恋情感的抒发。

【商人无利不起早,文人无文不熬夜】 意思是,商人为了利而不辞辛苦,劳碌奔波,文人为了文章不辞辛苦熬夜笔耕。

【商业有规律,尽在民袋中】 意思是,商业经济的一个根本规律,兴旺萧条与否,惑者经济危机也罢,归根结底,是由人民群众的购买力决定的。

【商业计划上帝订,商情莫测在料中】 意思是,商品生产计划是根据变化莫测的市场信息来决定的。

【商业利润有厚薄,神机妙算也趋中】 意思是,即便有神机妙算的本领,商业有时获得超额利润,有时只获得微薄利润,甚至亏损。但总的规律,利润是趋向平均的。

【商谋远近同兼,火烧眉毛顾眼前】 谋:谋略。意思是,商人经商的谋略决策,总是远期和近期都同时要考虑的,但更着眼于眼前近期的。

【商海深莫测，下海几人行】 意思是，商业学问大而深，人人都想经商发财，最后没有几人成功的。

【商家不奸，无利可贪】 意思是，贪图利润，是商家的本性。如果不奸猾不精明，就无利可图了。

【商不通无用之物，工不作无用之器】 意思是，商人不运输没有用的物品，工人不做没有用的器物。汉代桓宽《盐铁论》

【萝卜快了不洗泥】 比喻紧俏商品，卖得快，销路好，就胡制滥造，不讲质量了，或者不要质量只图快，质量毛糙。

【赔本的买卖没人做】 意思是，做买卖就是为了赚钱盈利，否则就没人干。

【赔本买卖行家做】 所谓赔本买卖，实际是一种经营策略。是运用局部、部分、短时间的抛售来争得全局、整体、长时间的效益；或者通过这种策略，来达到打开销路，扩大或占领市场，从而得到更大利润。所以，这样的经销活动，不是行家是做不了的。

【赔赚乃商家之常事】 意思是，赔和赚，对商家来说，是正常的事情。

【喊得最响的是为了把最坏的货卖出去】 意思是，叫得越欢越响亮，越是欺骗顾客，越要警惕受骗上当。

【訾我货者，欲与我市】 訾：挑缺点、毛病。意思是，爱挑我货物毛病的人，都是我的老顾客。即服务态度好，生意就好，回头客就多。《淮南子·说林训》

【漫天要价，就地还钱】 买卖语。意思是，价格要得很高，买卖双方面对面地讨价还价。

【瞒天讨价，就地还钱】 瞒天：暗中欺诈。意思是，买卖双方暗中进行欺诈性的讨价还价，成交后，一手交货一手交钱。

【骡子卖成了驴价】 比喻生意做亏了。或比喻事情办坏了。

【薄利多销】 经营策略。意思是，采取微薄利润的策略，扩大销售量,赢得更多顾客,达到生意兴隆,赚更多钱的目的。

4. 路子

【一步走错,满盘皆输】 原是弈棋语,现比喻工作中因某一环节的疏忽导致整个工作的失败。

【人翻穷,火翻熄】 翻:胡折腾。熄:熄灭。意思是,如果没完没了地胡折腾,就跟把火倒过来翻过去就要熄灭一样,越折腾越穷。比喻家庭或社会安定、稳定的重要性。

【人无横财不富,马无夜草不肥】 横财:不义之财。意思是,靠自己的双手劳动发不了财,只有占有他人的劳动才富得了。元朝张国宾《合汗衫》第三折

【刀耕火种难糊口,牛耕人种吃不愁】 意思是,刀耕火种的原始生产方式生产,连人的肚皮都填不饱;改用牛耕人种的生产方式,就大进了一步,吃饭不成问题了。

【干活不论好坏,升级一起都来】 意思是,干好干坏都一样,没有区别。计划经济时,到了工资升级时,按照工作年限往上靠,不论能力和贡献。

【干活磨洋工,下班打冲锋】 意思是,吃大锅饭的计划经济时期,职工、社员出工不出力的消极怠工的现象。

【干活磨洋工,吃饭打冲锋】 意思与"干活磨洋工,下班打冲锋"同。

【干的不如看的,看的不如捣乱的】 "吃大锅饭"、"铁饭碗"、"铁胶椅"的弊病。意思是,游手好闲,无事生非,调皮捣蛋,蛮横无理,打架斗殴的人,比老实干工作,埋头生产的人吃得开。

【干活翻白眼,吃饭拿大碗】 意思是,懒人让干活就不高兴,不愿意;但吃饭比谁都贪,生怕自己吃少了。

【干活各尽所能，升级按人分配】计划经济时，劳动凭觉悟，个人干多少算多少，无计量考核，劳动与报酬无直接关系，十年八年升不了一次工资，有了一次升工资，没有办法评，只好按人头分配了，大家都有份。

【工夫不负有心人】意思是，只要付出了劳动和心血，就会有所得，有收获。

【上屋搬到下屋，三担糯谷】意思是，搬家耗费很大。比喻发展经济不能折腾。

【马无夜草不肥，人无外财不富】意思是，光靠自己本分收入是富不起来的，要有外财才富得了。这要看是不是合法的外财，否则不是富，而是祸。

【市场经济有计划，计划经济有市场】意思是，市场经济和计划经济都有计划，有市场。

【计划有余地，奋斗有信心】意思是，在制订经济发展计划时，要留有余地，够得着，这样人们才有信心去奋斗。

【计划超客观，浪费纸几篇】意思是，计划超过了客观条件，实现不了，就毫无用处，浪费纸张。

【计划随时调，余地不能少】意思是，计划不管怎么调，留有余地是一个原则。

【计划必统筹，因素考虑够】意思是，计划要统筹兼顾，把有利因素、不利因素和方方面面的因素都要充分考虑进去。

【计划计划，赶不上变化】中国计划经济时代群众对计划的讥讽语。意思是，上面的计划总是不能切合实际，赶不上形势发展的变化。既反映上级管理部门的官僚主义，又反映计划经济的缺点。

【不怕走得慢，就怕沿路站】意思是，走路沿途经常随便停停歇歇，耽误时间。比喻干工作最忌干干停停，最影响进度。也说“不怕慢，就怕站”。

【不足生于无度】 意思是，钱财总是不足开支，原因是挥霍浪费无度造成的。《孔子家语 · 五刑解》

【日计不足，岁计有余】 意思是，每天节省一点，一年下来就变不足为有余的了。也指办实业要节俭。

【礼义生于富足，盗窃起于贫穷】 意思是，礼节和道义的产生，是以衣食富足为基础的。盗窃现象是因为社会财富分配不均，造成一部分人很富有，一部分人很贫穷，这是引起盗窃的原因。《潜伏论 · 爱日》

【宁要社会主义的苗，不要资本主义的草】 "文化大革命"时期极"左"语。意思是，凡是贴上社会主义标签的东西，都是好的，一点不能动；凡是资本主义的东西都是大毒草，一概排斥。

【只有废人，没有废物】 废人：指无所作为的人。意思是，世界上的任何东西都是有用的，关键是人有无作为。

【生产为了消费，消费促进生产】 意思是，生产的目的是为了消费，有消费就有生产的欲望，生产就有了需求，因此，消费反过来促进生产的发展。

【生产也是消费】 消费分为生产消费和生活消费，生活消费是最终消费；生产要消耗劳动力，土地，生产工具，能燃、材料等生产资料，因此，生产也是消费。

【生产创造消费】 有了那种产品就必然有那种消费，没有那种产品就不会有那种消费。因此，生产创造消费。

【生产水平决定消费水平】 生产发达，产品丰富，经济就发达，人们的经济收入就高，生活水平就会提高；生产落后，经济就落后，人们的经济收入就低，生活水平就必然低。所以，生产水平决定消费水平。

【生产力决定生产方式】 生产力主要由劳动者、生产工具、生产资料构成，生产方式主要表现在生产力、生产对象和生产资料上，而生产力是最积极主动的活跃因素，他可以决定生产对象，可以改变生产资料。因此,有什么样的生产力就有什么样的生产方式。

【机器种田,一年几年】意思是,采用现代机器种田的机械生产方式,生产效率得到极大提高,一年生产出的农产品相当于过去牛耕人种的生产方式几年的收成。

【有积累才能扩大再生产,只有扩大再生产才能发展生产】积累和生产既是一对矛盾,又是相辅相成的。没有积累,就不能补充生产消耗,就不能更新、提高生产工具,不但不能扩大再生产,维持简单生产都不可能;积累过大,消费就低于生产发展,造成生产过剩,就阻碍生产的发展。因此,科学处理积累和生产的关系,关系到生产发展的根本问题。

【没有消费就没有生产】生产的目的是消费,产品没有需要,等于废品,就没有人生产。因此,没有消费就不会有生产。

【没有生产就没有消费】有了产品才有消费的可能,没有产品,想消费也没有。因此,没有生产就没有消费。

【积累大于生产,生产发展】积累大于生产,就可以更新、提高生产工具和人的劳动能力,就可以保证生产的不断发展。

【积累等于生产,生产维持】积累等于生产,生产得以维持,但无法扩大再生产,只能维持现有技术、规模的生产能力。

【积累小于生产,生产停滞破产】积累小于生产,简单再生产也无法维持,因此生产只能停滞,不能再进行,引起破产,甚至经济危机。

【务本节用财无极】务本:指发展经济。意思是,努力发展生产,增加财富,同时节省开支,不浪费,财富就会极大丰富。《荀子·成相》

【向钱看,只有向钱看,才能向前看】钱、前同音,企图用文字游戏推销拜金主义。无论是个人的前途还是国家的前途,绝不仅是一个钱字决定的。社会的发展,绝不是一个钱字能实现的。这是一种极端狭窄的落后的小农经济思想。

【好药治病,坏药致命】 意思是,药品质量的好坏,直接关系到人的生命。比喻好的政策能把国家治理好,坏的政策会把国家置于灭亡的危险。

【劳动力是最活跃的生产力】 生产力是由生产物质资料时所使用的工具,以及有一定的经验和劳动技能而使用生产工具来生产物质资料的人组成的。而劳动力是诸因素的核心,起决定作用、支配作用,同时最活跃。

【利润是生产的动力】 利润是除去成本的纯收入。在商品经济社会里,生产商投的是利润的最大化。因此,只要有利润可投,就有人生产商品,利润率越高,生产积极性就越高。

【利润是市场的动力】 商家投的就是商品的利润。商品利润率越高,商人的积极性就越高,竞争就越激烈。利润低商家积极性就低,没有利润商家就不干。

【治本而节用,则天不能贫】 本:指农业,现泛指国家经济建设。意思是,把国家经济建设抓好,同时勤俭节约,节省开支,那就自然不会贫困。《荀子·天论》

【河里不怕鱼多,库里不怕货多】 小农经济观念。认为仓库里存放的货物越多,就显得越富有,所以"库里不怕货多"。这与商品经济完全相反,库里货越多,积压资金就越多,经济效益越差;长期积压,企业就可能倒闭破产。

【若要穷,穷折腾】 折腾:不讲科学不顾后果不讲效益地胡干。意思是,今天这样干,明天那样干,企业不稳定,职工不安心,就会把企业折腾穷。

【奢者虽富不足,俭者虽贫有余】 意思是,奢侈浪费,虽然很富有也不会富足;节俭勤劳,虽然贫穷,也会富足有余。

【贫可富,乱可治】 意思是,贫困不是命定的,只要志不穷,发奋努力,就可以富裕起来;社会混乱并不可怕,只要严以法纪,就

可以得到治理。唐朝韩愈《太原王公墓志铭》

【政治工作开红花,经济工作结硕果】计划经济时代语,意思是政治思想工作做好了,积极性发挥出来了,经济工作就会搞好。

【须是有道理革之,不革其旧,安能从新】意思是,只要是有道理,就要进行改革;不革除落后的旧东西,先进有生命力的东西就搞不了。

【前人种树,后人乘凉】比喻前人为后人创造积累社会财富。

【废物不废,都是宝贝】废物:泛指垃圾、废渣、废水、废气等一切废品。意思是,一切废物都是可以利用的东西,经过特殊处理,都是宝贵的资源。

【家有万贯,不如出个硬汉】意思是,家里有万贯资产,没有能干的人,也会坐吃山空。如果家里有个强壮能干的硬汉,就会常有收入。清朝钱大昕《恒言录》卷六

【债多不愁,虱多不痒】比喻负担过重,无法克服,人就疲沓了,就不把它当回事。

【借钱想到还钱时】意思是,借钱的时候,要想到将来的偿付能力。

【挖东墙补西墙】比喻日子过得拮据,东借西凑,借钱还钱,挪着用。

【教育决定劳动力水平】劳动者构成劳动力,劳动者的身体素质,思想、品质、技能等的高低,决定劳动力的素质高低,劳动者的综合素质越高,劳动能力就越强。而劳动者的诸方面素质只有通过教育培养和再教育培养,才能不断提高。

【脚蹬手编不够穿,机器纺织供满天】意思是,过去用脚踏织布机,手工编织的落后生产方式生产,生产出的产品还不够一家人的穿着;现在采用大工业机器纺织生产方式生产,满天下的人都有穿着的了。

【蜂虿入怀,解衣去赶】蜂虿:有毒刺的野蜂。比喻别人帮不

了忙，只有靠自己去解决，保护自己不受侵害。清朝吴敬梓《儒林外史》第十三回

【蜂虿入怀，随及解衣】 比喻没有预见和准备，灾难来了，才去采取措施。《水浒传》第十七回

【蜂刺入怀，解衣去赶】 意思与“蜂虿入怀，解衣去赶”同。《水浒传》第六十九回

【谨慎不如机灵】 意思是，谨小慎微不如机警灵活。

【谨慎不等于保守】 谨慎是在于小心慎重，不粗心大意；保守是谨小慎微，因循守旧，根本不敢干。两者不可同日而语。

【谨慎过头就是保守】 意思是，过于谨慎，什么都不敢干，就是保守了。

【资金各自占，撒了胡椒面】 面：粉面。比喻有限的资金使用过于分散，不集中，无侧重点，平均分配，发挥作用不好。

【新三年，旧三年，缝缝补补又三年】 意思是，艰苦节俭过日子，衣服旧了继续穿，衣服破了缝补好又接着穿。现代人把这看作落后困苦不得已而为之，衣服旧了，认为过时了，就扔了不穿，缝补的衣服更不穿。这不是富裕的态度，而是浪费的表现，不可取。

【来得容易，去得容易】 意思是，不是用自己的劳动得来的东西，就不会珍惜，随便挥霍。

【来之不易，用之则惜】 与“来得容易，去得容易”相对。用艰苦劳动甚至生命危险得来的东西，使用就特别珍惜。

【三尺之泉足止三军之渴，三库之水难抗一年之旱】 意思是，泉水虽小，但它源源不断，能满足千军万马饮用。比喻财源虽然不大，但只要源源不断，也能办大事；或者有益的事虽小，也能解决大问题。可是干旱一年，三十个水库都不够用。意谓源深不绝则不可枯绝，而那些固定不变的东西，即使量很大，也不够续用。

【上无片瓦，下无寸土】 比喻穷得一无所有。

【上无片瓦,下无插针之地】比喻穷得一无所有。也说“上无片瓦,下无立锥之地”。

【穷家值万贯】贯:旧时的制钱,用绳子穿上,每一千个叫一贯。意思是,即便是穷人之家,破破烂烂的家什也不少,过日子少了哪一件也不行。

【坐吃山也空】比喻不劳动不创造财富,只是享受,财富再多也会搞空的。

【鸡毛不能上天】比喻缺乏力量是干不成大事业的。有讥讽瞧不起之意。

【抱着金娃娃要饭】要饭:乞讨。比喻生产落后,有丰富的资源不能开发利用。

【拿着金碗要饭】比喻实际是很富有的,但对财富没有开发利用起来,或者不知道利用。

【税收是调节经济发展的杠杆】税收是国家财政收入的主要来源,同时,也是国家调整经济发展的强有力的手段,其作用如同杠杆一样灵活有效。税收是国家行为,国家可以根据经济发展需要,制订实行税收政策。当某种商品过剩,超过市场需求时,国家可以通过调高税率的手段,就会抑制这种商品的生产;当某种商品不能满足市场需求,或者国家急需时,国家可以通过调整税率来促进那种商品的生产。

【税收刺激生产,生产创造税收】国家通过税收调整生产,对生产起很大的刺激作用;国家税收主要来源是生产,没有生产就没有税收,生产水平决定了税收水平。因此,生产创造税收。如果税收过高,商家和消费者承担不起,经济发展就要受挫折。

【肥水不外流】落后小农经济观念。比喻内部的利益不要落入外部去了。也说“肥水不流外人田”。市场经济遵循的是价值原则,平等交易,互惠互换,否则,就成了闭关自守,外部的利益自己也得不到。问题是要懂得经济流通交换游戏规则,不要受骗上当,受人控制欺压罢了。

【物丰则欲省,求澹则争止】欲:欲望、欲求、贪欲。澹:淡,不浓烈,这里是指追求不强烈,不过分。意思是,社会财富丰富,人们的自私自利的欲望就会减少,过于追求物质享受的观念就会淡漠,争权夺利的斗争就会停止。《淮南子·齐俗训》

【春城三百七十桥】春城:云南省昆明市。意思是,昆明市的桥很多。说明富裕繁荣。唐朝刘禹锡《乐天寄忆旧游因作报白君以答》

【积土成山,积水成渊】渊:水潭。意思是,把一筐一筐土堆积起来就成了一座山,把一点一点水汇集到一处就成了水潭,比喻积少成多,积小成大。勤俭节约就会富裕。

【惰而侈则贫,力而俭则富】意思是,懒惰而又奢侈,就要贫困;努力创造财富而又节俭,就会富足。《管子·形势》

【寅年吃了卯年粮,拆了东墙补西墙】意思是把后年的粮食都吃了。比喻日子过得很艰难,靠借债维持。

【滴水成河,粒米成箩】比喻积少成多。不要小看点滴节约,积累起来,数字就很大。反之,别看每人每次浪费点滴不起眼,人多了,加起来就非常惊人。

十九、战争与和平

1. 军队

【人民军队人民爱,人民军队爱人民】意思是,人民自己的军队,人民自然就热爱它;真正属于人民的军队,它自然就热爱人民。

【三军之蠹,有之必败】三军:泛指任何军种。蠹:指侦察不细致不准确,传递信号失灵;贻误行动时间违犯命令;打乱作战部署,忽前忽后,不按命令行动;上级不体恤部下困难;贪得无厌,营私肥己,不顾部下死活;危言耸听,胡乱传播祸福消息;无事喧闹,迷惑文武官;行动放肆,顶撞上级;侵占盗窃国家仓库,擅拿公共财物等九种情况。意思是,军队有这九种情况的,打仗一定要失败。《诸葛亮兵法·将苑》

【不怕调皮捣蛋,就怕单个教练】军队语。单个教练:在集体操练之后的"补课","小灶",进行单个训练,要求更高更严,而且无法投机耍滑,达不到目的练个不停,往往累得吃饭拿不住筷子。所以,调皮兵最怕"单个教练"。意思是,战士调皮捣蛋没关系,最好治的办法,就是单个教练,准把他给练驯服了。

【士可下而不可骄,将可乐而不可忧】士:指贤能的人。意思是,对贤能的人才,要尊敬他们,而不可对他们傲慢;对将帅要使他们愉快,而不可使他们忧惧,对他们要深信不疑。《黄石公三

略·上略》

【平时多流汗,战时少流血】 军事训练语。意思是,多吃苦多训练,增强体质,提高战斗本领,打仗时才能更多地消灭敌人,更好地保存自己。

【甲不坚密,与肉袒同;射不能中,与无矢同】 意思是,盔甲不坚固,就如同把肉体袒露在外面一样;射击不能中敌人,就如同没有箭镞一样。《诸葛亮兵法·将苑》

【令之以文,齐之以武】 意思是,对兵士既要宽厚,又要严明法令。这样部队战斗力就强,打起仗来必定取胜。《孙子兵法·行军篇》

【令不可轻,势不可通】 意思是,军队的法制军令不可轻视随意,将帅的权势权威如山倒,是不可通融的。否则,部队就指挥不动,成了乌合之众,一盘散沙,没有战斗力。《诸葛亮兵法·将苑》

【帅贵在忠,将贵在谋,士贵在勇】 帅:指军队的总帅,总司令。将:指军队的各级指挥官。士:指士兵。意思是,军队的最高统帅最为可贵最为重要的是对国家,对人民的不二赤胆忠心;各级军官最可贵最为重要的是智慧和善于谋略;广大士兵最可贵最为重要的,是英勇善战,不怕牺牲。这只是强调军队不同层次的主侧面,实际上,一个强大善战的军队,这几个方面是从帅到士兵都是同时具备的,互相渗透互相影响,同时起作用的。否则,他的战斗力是不会强大的。

【老兵怕机枪,新兵怕大炮】 意思是,老兵有战场经验,新兵缺少战场经验。老兵认为,大炮虽然比机枪吓人,但能判断弹着点,可以躲避,避其杀伤;而机枪虽然没有大炮那么吓人,但子弹密集,不知弹着点,难以判断躲避,容易被杀伤。新兵不懂这些,所以怕大炮。反映新老兵不同的战场心理。

【安静则治,暴疾则乱】 意思是,指挥员沉着冷静处理问题,军队就治理得好,暴躁性急生硬,就会造成混乱。《尉缭子·兵令

上》

【军机无戏言】军机:军事机密。意思是,军事机密是非常严肃的,半点玩笑都开不得。

【军人以服从命令为天职】意思是,服从命令,听从指挥,是军人的最高职责。

【军队向前进,生产长一寸】南泥湾大生产运动时期语。表明军队打仗和后方生产的关系。意思是,军队在前方打了胜仗,后方生产就向前发展一步。

【军心可鼓不可摇】摇:动摇。意思是,任何时候不可动摇军心,动摇军心是犯法犯罪的行为。

【军队属于国家】军队是国家政权的柱石,是国家领土、领海、领空和主权的捍卫者,世界上任何国家都不允许任何私人、政党、团体拥有军队。

【军队和老百姓,本是一家人】意思是,中国人民解放军是人民的子弟兵,军队和老百姓是鱼水关系,军民亲如一家;军队来于老百姓,服务于老百姓,是一体的。

【军队是特殊的武装组织】意思是,军队是有别于其他任何组织的组织,它拥有完备的强大的武器装备,它执行特殊的任务肩负特殊的使命,它只属于国家、服从于国家;它有严密的组织和严格的纪律。这些特点是任何其他组织所没有或不及的。

【军队的基础在士兵,贯注进步政治精神】毛泽东《论持久战》:"军队的基础在士兵,没有进步的政治精神贯注于军队之中,没有进步的政治工作去执行这种贯注,就不能达到真正的官长和士兵的一致,就不能激发官兵最大限度的抗战热忱,一切技术和战术就不能得到最好的基础去发挥它们应有的效力。"

【军国有五害,可远不可亲】军国:军队。五害:指:一是结党拉派,中伤诽谤好人;二是穿戴奢侈,奇装异服;三是鼓吹妖术,假传神道;四是专爱了解挑拨是非,私下煽动群众;五是窥视个人得失，暗中勾结敌人。意思是，军队有“五害”，对那些奸诈虚伪，违背仁义道德的人，只能对他们疏远而不可亲近。《诸葛亮兵法·将苑》

【军无习练，百不当一，习而用之，一可当百】意思是，军队不进行严格有目标的训练，一百个人也顶不上一个经过训练的人用，经过训练的一个人可以抵上一百个没有经过训练的人。《诸葛亮兵法·将苑》

【军不和则教令乱，阵不和则行列不整】意思是，军队内部不和，军令就会混乱；阵列不和，队列就会不整齐。这样的军队就成了乌合之众，不堪一击。北宋许洞《虎钤经》卷三

【有制之兵，无能之将，不可以败；无制之兵，有能之将，不可以胜】意思是，有完备建制，有严肃军纪，训练有素的军队，即使将领能力不强，也不会打败仗；相反，建制不全，军纪不严，缺乏训练，战斗力就差，即使将领很有能力，也不可能打胜仗。《诸葛亮兵法·兵要》

【当兵为国家，吃苦我一家】意思是，当兵是为了保卫国家，吃苦，牺牲个人利益，只是我一个人的事，值得。

【当兵不怕死，怕死不当兵】自古以来，兵就是作战的工具，作战随时都有死亡的可能，这是每个军人心里都明白的。

【好儿不当兵，好铁不打钉】旧时民间语。意思是，有觉悟的优秀青年不给反动派卖命当炮灰。同时，表明反动派的兵都是流氓兵痞和受压迫受剥削的壮丁，是为了保护剥削阶级和反动派的利益，这种兵不能当。

【好儿要当兵，好铁要打钉】新中国成立后民间语，与“好儿不当兵，好铁不打钉”相对。意思是，优秀青年应该履行宪法的义务，响应国家的号召和召唤，当兵保卫国家安全，像钉子一样钉在边陲守卫祖国的大门。

【没有文化的军队是愚蠢的军队，而愚蠢的军队是不能战胜

敌人的】毛泽东《文化工作中的统一战线》现代化的军队尤其如此。

【攻无不克，战无不胜】意思是，战斗力很强，没有攻不下来的顽敌，没有战不胜的强大敌人。

【兵不兵，三十斤】意思是，军队在行军时，每个战士行军负荷都是三十斤以上。

【兵可千日不用，不可一日不备】兵：指军队。意思是，军队和平时期可能很长时间不会打仗，但是，切不可一日不做好军备，以备无患。《南史·陈瑄传》

【兵民之分自秦汉始】秦汉：指秦朝汉朝。意思是，中国在秦汉以前，军队和百姓是不分的，即没有专门的军队。只是到了秦汉时才开始有了专门从事作战的军队，这时军队和百姓就有了区分。宋朝苏洵《兵制》："三代之时举天下之民皆兵也。兵民之分自秦汉始。"

【国以军为辅，君以臣为佐；辅强则国安，辅弱则国危】意思是，国家以军为辅助力量，君主用大臣作为自己的助手。辅助得好，有力量，国家就安全；辅助得不好，软弱无力，国家就危险。《诸葛亮兵法·便宜十六策》

【国之大务，莫先于戒备】意思是，国家方政大事中，没有比加强战备更重要的了。《诸葛亮兵法·将苑》

【匡救大难之道，以威武为政】意思是，匡正挽救国家非常混乱的局面的方法宗旨，以运用雄威武力为原则。《诸葛亮兵法·便宜十六策》

【治军之政，谓治边境之事】意思是，治军的政策，是说治理国家边境上的事情。《诸葛亮兵法·便宜十六策》

【治国以文为政，治军以武为计】意思是，治理国家靠政治，治理军队以善于实战能打赢为根本。《诸葛亮兵法·便宜十六策》

【治国不可以不从外,治军不可以不从内】意思是,治理国家在专注内部情况的同时,不能不考虑外部国际情况,治理军队在注意外部国际情况的同时,不能不考虑军队内部的情况。《诸葛亮兵法·便宜十六策》

【诛暴讨逆,安社稷之计】意思是,铲除暴乱,讨伐叛逆,也就是保卫国家安定社会的大计。《诸葛亮兵法·便宜十六策》

【枪杆子里面出政权】意思是,用武力夺取政权。在中国,没有武力就没有政权。毛泽东《战争和战略问题》

【非利不动,非得不用,非危不战】意思是,战争于我无利或不利,就不动;打不胜就不打;不是非常危急,就不轻易发动战争。《孙子兵法·火攻篇》

【非仇不怨,非敌不战】意思是,不是真正的仇敌就不怨恨,不是真正的敌军就不打他。即战前动员把对敌人的仇恨心理鼓足,把作战对象找准狠打。《诸葛亮兵法·便宜十六策》

【养兵千日,用兵一时】养兵:指军备。意思是,和平时期,必须完备军备,一旦有战事,就能战而胜之。

【战士军前半死生】意思是,军人的职责就是随时准备打仗,打仗就要死人。所以说,战士在前线是一半生一半死。唐朝高适《燕歌行》

【轻伤不下火线,重伤不叫爹娘】意思是,战士意志坚强,不怕牺牲。负轻伤继续战斗,负重伤能忍耐。

【铁打的营盘流水的兵】营盘:兵营。意思是,兵营是固定不变的,而当兵的调动是很平常的事,就跟流水似的。

【借老婆不借抢】老婆自然是不能借的,反衬武器更是绝对不许借的。如果私下借人武器,其责任和后果是无法承担的。

【食者国之宝,兵者国之爪】食:粮食。兵:军队。爪:利爪。比喻保卫国家强有力的利器。《墨子·七患》

【勇士不顾生】生:生命。意思是,勇敢的士兵为了杀敌保卫

国家，总是不顾自己的生命，把自己的生命置之度外，只想到英勇杀敌。宋朝苏轼《东林第一代广慧禅师真赞》

【管得了千军万马，管不了两个长头发】长头发：指女兵。意思是，女兵事多，不像男兵好管理。这是对女兵的一种歧视。

【整师有九，以整为胜】整师：训练教育部队，使其达到必须的素质。有九：一是部队驻扎时纪律严明，不侵扰老百姓，是文明之师；二是行动有威严，是威武之师；三是作战时势不可挡，是胜利之师；四是退却时敌人不敢追击，是威慑之师；五是部队行军时前面和后面互相照应，是团结之师；六是作战时互相配合，是整体之师；七是各个方面都避免危险，是严谨谨慎之师；八是部队打不散，在任何情况下都能集中作战，是顽强不乱之师；九是善于利用战时间隙休整，使部队始终保持高昂的锐气和斗志，是不疲惫之师。意思是，要把部队整训成在任何艰难困苦的恶劣情况下，都打不垮拖不乱，成为战无不胜的铁军。《诸葛亮兵法·将苑》

【厉士有五，无往不胜】厉：励，奖励，鼓励将士。有五：一是对将士要授予一定的爵位，给一定的报酬；二是对待将士有礼貌，讲信义；三是对将士不断地施与恩惠，执行军法军纪一视同仁；四是将领凡事身先士卒，凡利先人后己；五是对将士有成绩就表扬，有功劳就奖赏。意思是，对将士给予必要的奖励鼓励，将士就会服从命令，听从指挥，不怕牺牲，勇于战斗，无往不胜。《诸葛亮兵法·将苑》

【视卒若婴儿，可与之赴深溪；视卒若爱子，可与之俱死】意思是，将帅如果把士兵当作婴儿看待，士兵就可以同将帅一起奔向深溪；将帅如果把士兵当作心爱的儿子一样看待，士兵就能与将帅同生死。唐朝李筌《太白阴经·人谋》

2. 择将

【人道有七性，知性莫难察】 七性：一是美恶既殊；二是情貌不一；三是表面纯朴忠厚，实际是伪君子；四是表面上奉行指示，执行命令，而背地里却干骗人的勾当；五是外表看很恭敬，实际是欺骗人；六是外表看勇敢激昂，实际内心却贪生怕死；七是虽然尽力工作，心底却不忠诚。意思是，考察这七种人要用七种考察方法：一是向他提出矛盾的观点，观察他辨别是非的能力；二是同他反复辩论一个问题，观察他的辩才和机智应变能力；三是请他出谋划策，看其审时度势和分析问题的能力；四是把面临的困难和危险情况告诉他，考察他克服困难的决心和勇于献身的牺牲精神；五是安排酒宴，看他的自制能力及醉酒后所显示的本色；六是给有利可图的条件，观其是否廉洁奉公，不贪不占；七是给他安排和约定好具体的事情，看其信用。《诸葛亮兵法·将苑》

【三军可夺气，将军可夺心】 三军：军队的统称。春秋时，大国多设三军，如晋设中军、上军、下军，以中军之将为三军统帅。楚设中军、左军、右军。《周礼·夏官·序官》："凡制军，大国三军，次国二军，小国一军。"《商君书·兵守》言守城之法："三军，壮男为一军，壮女为一军，男女之老弱者为一军，此之谓三军也。"气：指士气。心：思想，意志。意思是，军队的士气可以瓦解，指挥官的思想意志可以使其动摇。要善于做阵前攻心战术，瓦解敌军的思想政治工作。《孙子·军争》

【三军易得，一将难求】 意思是，建制一支军队很容易，但要选拔一位将才却是很难得的。《三国演义》第七十回

【大勇不勇，大利不利】 意思是，有大勇的人，人们往往不见他的勇敢，非常厉害的人，人们往往不见他的利害。《六韬·武

韬》

【天下只有常败将军，没有常胜将军】 意思是，打败仗是难免的事，任何指挥员不可能百分之百打胜仗，都有失败的时候，即个别的失败是正常的，可以理解的，不能不允许失败。

【天下所贱，圣人所贵】 意思是，有的人为天下世俗认为下贱所看不起，而独为有慧眼的圣人所看重赏识，即择将要摈弃世俗观念。《六韬·选将》

【千军易得，一将难求】 意思是，得到一个好将领比得到千军还重要；要求得一个将才比要获得千军还难。元朝马致远《汉宫秋》第二折

【千章万句，致人而不致于人】 意思是，千言万语，总超不出"致人而不致于人"这一原则而已。《唐太公李卫公·卷中》

【不知军中之事而同军中之政者则军士惑，不知三军之权而同三军之任者则军士疑】 意思是，不懂得军队的事情，而参与军中政事，就会使官兵迷惑；不了解军队的权衡利弊而担任军队职务，就会使官兵怀疑。唐朝李筌《太白阴经·人谋》

【见可而进，知难而退】 意思是视战场上的态势，可进就进，知道难以取胜就退。《吴子兵法·料敌》

【主不可以怒而兴师，将不可以愠而致战】 意思是，国君不可因为发怒而兴师动众去发动战争，将帅不可因为一时冲动而贸然出击作战。《孙子兵法·火攻篇》

【巧舌胜过百万军】 巧舌：能言善辩。意思是，在谈判中，能抓住对方的心理，抓住对方的弱点，用雄辩的事实和利害关系及其严密的逻辑说服对方，使其信服屈服，比用百万大军还有威力。但这必须有两个条件：真理在手，力量足以使对方畏惧。

【为将之道，与众同也】 意思是，作为将帅，要做到与自己的部下同甘共苦，同命相怜，息息相关，不能搞特殊化。《诸葛亮兵法·将苑》："夫为将之道，军井未汲，将不言渴，军食未熟，将不言

饥;军火未燃,将不言寒;军幕未施,将不言困;夏不操扇,雨不张盖,与众同也。”

【以三寸之舌,强于百万之师】 舌:口舌,口才。现代可以引申为政治思想舆论宣传。意思是,雄辩的口才胜于百万兵力。战国时故事:孝成王九年,秦国用大兵围困了赵国的邯郸,平原君求助于楚国救援,毛遂跟着平原君一同前往。楚王既瞧不起赵国又怕得罪秦国,谈判中态度轻慢。这时,毛遂按剑上前,陈说如果秦国占领邯郸,不仅于赵不利,同时也对楚国危害极大等利害,使楚王看到赵国分量重于九鼎大吕,同意与赵国联合抗秦。回赵后,平原君称赞毛遂:“毛先生以三寸之舌,强于百万之师,胜不敢复相士。”

【古之善将者,养人如己子】 人:指兵士。意思是,古代善于统御部队的将帅,关心爱护战士,就像爱护自己的亲生孩子一样。《诸葛亮兵法·将苑》

【正而无奇则守将,奇而无正则斗将,奇正皆得国之辅】 正:有说是进攻,有说是侧攻,有说是正面进攻。奇:有说是退却,有说是出奇兵。意思是,只知守正而不知用奇的,就是守将;只知用奇而不识守正的,就是斗将;奇正都得法的,是国家辅佐之臣。《唐太公李卫公问对》

【军有头,将有主】 意思是,人总是有组织有领导的。冯梦龙《古今小说·临安里钱婆留发迹》

【军中闻将军之命,不闻有天子之诏】 意思是,军队中只知道将帅的命令,而不知道有皇帝的圣旨。意即军队打仗必须由前线指挥官掌握指挥权。《诸葛亮兵法·将苑》

【识虚实之势,则无不胜;鲜识虚实,反为敌致】 意思是,如果用兵能懂得虚实的情势,便没有不胜利的;如果不懂得虚实,冒失用兵,就反而要被敌人置于被动之中。《唐太公李卫公问对·卷中》:“夫用兵识虚实之势,则无不胜焉。今诸将中弹能言避实击虚,及其临敌,,则鲜识虚实者;盖不能致人,而反为敌所致故也。”

【进不求名,退不避罪】 进:指根据战争实际,能进击取胜有利,而上级未下达出击命令便抓住战机出战取胜。退:战场态势突然变化,对我不利,而上级尚未下达撤退命令,便采取果断措施撤退,并对全局有利。意思是,为了整个战争的胜利,能够根据战场实际,在上级未下达出击的情况下,不顾个人的名利,抓住战机,果断出击取胜;为了保全大局,在没有上级的命令情况下,不害怕军纪处罚,果断撤退。《孙子兵法·地形篇》:“故进不求名,退不避罪,唯民事保,而利于主,国之宝也。”

【贵之而不骄,委之而不专,扶之而不稳,免之而不惧】 意思是,优秀将领所具备的品质是:贵而不骄傲,被委以重任而不专横,有扶持而不依靠,被罢免而不畏惧。《诸葛亮兵法·兵要》

【良将之动也,犹璧之不污】 意思是,优秀的将领应该做到的,像璧玉一样洁白不受污染。《诸葛亮兵法·兵要》

【张设轻重,在于一人】 意思是,全军之众,一切部署安排,筹谋运用,全系于指挥官一人身上。《吴子兵法·论将》

【言行不同,竖私枉公,外向连诬,内向谤讪,有此不除,是谓败乱】 意思是,将领如果言行不一,树私枉公,向外经常污蔑别人,向内对同事造谣毁谤,这样的人不铲除,是部队失败和混乱的原因。《诸葛亮兵法·兵要》

【文武刚柔,军之将也】 意思是,具有文武双全的才能,刚柔并济性格,这样的人才能选作将领。《吴子兵法·论将》

【用兵之害,犹豫最大;三军之灾,生于狐疑】 意思是,用兵的最大的祸害是犹豫不决;军队的一切灾难,都产生于狐疑多虑。《吴子兵法·治兵》

【用兵之法,教戒为先】 意思是,用兵的方法,应该以对部队的教育训练告诫为先,这样就能提高部队的战斗力。《吴子兵法·治兵》

【有死之荣，无生之辱】 意思是，将领应该是全心全意忠于国家，出师之日，在心理上，只有以牺牲报国为荣的念头，没有苟且生还受羞辱的思想。《吴子兵法·论将》

【存亡之道，命在于将】 意思是，兴师用兵是国家的大事，关系着国家存亡；而存亡的要害，又在于将帅。《六韬·论将》

【应以正则师律严，务以顺则臣节贞】 意思是，将帅内心对君主以正直相报，那么部队的军纪就严明，君主使臣子恭顺，那么臣子就会忠诚守节。北宋许洞《虎钤经》卷一

【兵怂怂一个，将怂怂一窝】 兵：指战士，士兵。将：指挥员，将领。意思是，士兵软弱无能只是关系到个别人的作战能力的问题，而指挥员软弱无能，情况就糟了，他所指挥的整个队伍就跟着一起软弱无能了。

【胆小做不得将军】 意思是，干大事就得有大的胆量，当将军就得有积极雄浑的气魄和胆识。电视剧《铁齿铜牙纪晓南》

【委之以利，柔之以害】 意思是，委任有才能的人做将领对治军有利，使用懦弱的人做将领对治军有害。《诸葛亮兵法·便宜十六策》

【畏我者不畏敌，畏敌者不畏我】 意思是，部下敬畏主帅，就不怕敌人；害怕敌人的部下就不敬畏主帅。《魏公兵法》

【勇将不怯死，壮士不毁节】 意思是，勇猛的将领不苟且偷生畏怯死亡。《三国演义》第七十四回："勇将不怯死以苟免，壮士不毁节而求生。"

【将在外，君命有所不受】 意思是，将领在前线指挥作战，要以战场上敌我双方实际态势的变化而作出判断，决定战略战术及其行动部署，不能盲目接受皇帝的命令。

【将贪财则奸不禁，将内顾则士卒慕】 意思是，将帅贪财，下属就会禁不住奸邪作伪；将帅思念家人，士卒就受影响，想家，不安心军旅。汉朝黄石公《三略》

【将军功在杀人多】 人:敌人。意思是,将军都是久经沙场的战斗英雄,是从枪林弹雨中拼杀出来的,功勋卓著才当得了将军。

【将通九变,必避五危】 九变:指在圮地不安营扎寨,在衢地注意结交诸侯,在绝地不长时间停留,在围地要使用奇谋,在死地要拼死决战,有些道路是不能通过的,有些敌军是不能进击的,有些城邑是不能攻取的,有些地块是不能夺取的,君主的命令不合变化了的情况是不能执行的。五危:一味死拼,可能被杀;贪生怕死,可能被俘;急躁易怒,会经不起刺激;廉洁自爱,会经不起侮辱;爱惜民众,会受到牵扯增加烦劳。意思是,将帅必须知道、懂得会用各种战场变化,避免各种危害。《孙子兵法·军争篇》

【将知天道地理民心,又知敌情八阵度势】 天道:天文。八阵:指古代布阵之法,现泛指战术、部署。度势:对整个战争和战场的态势做出准确的审时度势的判断能力。意思是,一个好的将帅,要懂得天文地理,得民心;要熟悉敌人的情况,懂得战场的布阵方法;战斗时,有审时度势,判断准确的指挥能力。《孙膑兵法·八阵》:"知道者,上知天道,下知地理,内得其民之心,外知敌情,阵则之八阵之经,见胜而战,弗见而诤,此王者之将也。"

【将不仁,则三军不亲】 意思是,将帅如果没有仁爱,三军就会疏而不亲,没有亲和力。《六韬·奇兵》

【将不勇,则三军不锐】 意思是,将帅如果不勇敢,三军就不会锋利,战斗力不强。《六韬·奇兵》

【将不智,则三军大疑】 意思是,将帅如果少智无谋,三军就会怀疑不前,对部署指挥有疑虑。《六韬·奇兵》

【将不明,则三军大倾】 意思是,将帅如果没有明断之见,三军就会倾轧混乱,造成内部不团结。《六韬·奇兵》

【将不精微,则三军失其机】 意思是,将帅如果不精细,三军就会失掉制胜之机,能打赢的仗也赢不了。《六韬·奇兵》

【将不常戒,则三军失其备】 意思是,将帅如果不审慎警戒,

三军就会失去戒备,敌人就可能乘机偷袭。《六韬·奇兵》

【将不强力,则三军失其职】 意思是,将帅如果不威严有权威,三军就会玩忽职守,这个军队就没有用了。《六韬·奇兵》

【将才有九,将器有六】 将才有九:指按照人的性格特长和才能而分为仁将,义将,礼将,智将,信将,步将,骑将,猛将,大将。将器有六:指根据人的特长和才能给予不同的任职:十夫之将,百夫之将,千夫之将,万夫之将,十万人之将,天下之将。意思是,将才的性格特长和才能各不相同,可以因人而用;根据将帅才能的大小而委任不同级别的职务。《诸葛亮兵法·将苑》

【将有五善,必具四欲】 五善:指善知敌之形势,善知进退之道,善知国之虚实,善知天时人事,善知山川险要。四欲:指战欲奇,谋欲蜜,众欲静,心欲一。意思是,将帅要具备"五个善于","四个做到"。《诸葛亮兵法·将苑》

【将不可骄,骄则失礼】 意思是,将帅不能骄傲,骄傲了就失去了礼节,失去了礼节就失去人心,失去人心则众叛亲离。《诸葛亮兵法·将苑》

【将不可吝,吝则赏不行】 意思是,将帅要宽宏大量,吝啬就会有功不赏。不赏有功者,士兵就不会奋勇作战。《诸葛亮兵法·将苑》

【将帅不勇,与无将同】 意思是,将帅如果不勇敢,就如同没有将帅一样。《诸葛亮兵法·将苑》

【虽有百万之师,恃吞敌在将者】 意思是,虽然手下有军队百万之众,但歼灭敌人所依靠的主要在将领的用兵和指挥上。北宋许洞《虎钤经》卷二

【勇怯有性,强弱有地】 意思是,人的勇猛和怯懦都是由人的性格决定的,人的刚强和懦弱有地域的影响。唐朝李筌《太白阴经·人谋》引经书

【勇怯在谋,强弱在势】 意思是,勇猛与怯懦在于将帅的谋划

使用，刚强与懦弱在于战斗时所处的态势。唐朝李筌《太白阴经·人谋》

【勇怯在乎法，成败在乎智】意思是，所谓勇敢与怯懦，关键在于军法，成功与失败，关键在于智谋。唐朝李筌《太白阴经·人谋》

【怯人使之以刑则勇，勇人使之以赏则死】意思是，对怯懦的人使用军法处之，就会使他变得勇敢；对勇敢的人使用奖赏，就会使他勇敢不怕死。唐朝李筌《太白阴经·人谋》

【贤才居上，不肖居下】意思是，把有才能和贤良的人安排在重要位置，把不贤德的人安排在低下的位置，这样军队上下都心悦诚服。《诸葛亮兵法·将苑》

【狎侮君子，罔以尽人心；狎侮小子，罔尽人力】狎：轻忽。意思是，将帅必须懂得，轻忽和侮辱君子，就不能服人心；轻视和侮辱老百姓，就不能使他们尽力。这样，军队就自己把自己孤立了。《诸葛亮兵法·将苑》引用《书经》

【战有六北，将之过也】六北：指走：本来势均力敌，却以一击十而败走；驰：军官没能力，军纪松弛；陷：官强兵弱，军官能力难以发挥，如陷泥滩；崩：高级军官愤怒不听指挥，遇敌为发泄怨恨而擅自出战，将帅不了解这些军官的能力，必然招致军队的崩溃；乱：将帅懦弱，管理部队不严，教育部队道理讲不清，官兵隶属关系经常变动，出战列阵乱七八糟；北：将帅不能准确判断敌情，以少战多，以弱战强，用兵不选择精锐对路的部队，必然败北。意思是，这些都不是自然或客观不可克服的问题，纯粹是将帅主观或能力的问题，都是将帅的过错，必须注意。《孙子兵法·地形篇》

【得贤将者兵强国昌，不得贤将者兵弱国亡】意思是，将帅关系到国家的生死存亡，国家得到贤能的将帅，就兵强国盛，没有贤能的将帅，就会兵弱国亡。《六韬·奇兵》

【欲治兵者，必先选将】兵：指军队，部队。意思是，要治好军,必须先选好将领。因为,部队的问题往往就是将领的问题。将领或不忠,或无能,或作风不好,或畏敌怯战,或草包莽撞,再好的武器装备也无用。

【欲筑室者,必先治其基】 治:治理。基:地基,基础。比喻要做好工作,必须先打好基础。宋朝苏辙《新论中》

【善用兵者,修道而保法】 修道而保法:修明政治,确保法令的执行。意思是,善于用兵的人,能够修明政治,确保法令的执行。《孙子兵法·形篇》

【善用兵者,先为不可测,则敌乖其所】 意思是,善于用兵的人,首先要做到不可测度,使敌人的设想与行动相违背而判断错误。《唐太公李卫公问对·卷上》

【善用兵者,防乱于未乱,备急于未急】 意思是,善于用兵打仗的将领,在动乱还没有发生的时候就预先做好了防备动乱的准备,在情况尚未出现危急的时候,就预先做好了应付紧急情况的准备。北宋许洞《虎钤经》卷二

【善战者不怒,善胜者不惧】 意思是,善于打仗的将帅,对部下不随便发怒,对敌人无所畏惧。《诸葛亮兵法·便宜十六策》

【善将者,必有博闻多智者为腹心,沈审谨密者为耳目,勇悍善敌者为爪牙】 意思是,一个优秀的将领,他手下一定有博闻多智的人作为自己的心腹,办事严密谨慎的人作为耳目,勇敢善战的人作为自己的干将。《诸葛亮兵法·将苑》

【善为士者不武;善战者不怒】 意思是,善于带兵打仗的将帅,不逞强显其勇武;善于打仗的人很沉着,不会感情用事,上敌人激将的当,轻易激怒,赤膊上阵。先秦时代老子《道德经》

【智者先胜而后求战,暗者先战而后求胜】 意思是,明智的将帅是先制定战胜敌人的战术计划,然后同敌人作战;愚昧的将帅是先同敌人交战而后寻求胜利的方法。《诸葛亮兵法·便宜十六策》

【强将手下无弱兵】 意思是，足智多谋，英勇强悍的将领手下，其部下也一定都是很有战斗力的。

【辅周则国必强，辅隙则国必弱】 辅周：周密辅助。辅隙：辅助不得力，有漏洞。意思是，军队的将帅辅助国家周密，那么，国家就强大，反之，辅助不得力，有漏洞，国家就必然衰弱。《孙子兵法·谋攻篇》："夫将者，国之辅也。辅周则国必强，辅隙则国必弱。"

【器刚则缺，任重则危】 意思是，兵器太刚硬就容易崩缺，担任了高级职务责任就重大。比喻高级将领责任重大，性格应该柔韧一些，不能太刚硬，那样容易犯错误而受损失。《诸葛亮兵法·将苑》

3. 战略战术

【一夫舍死，万夫莫当】 意思是，一个人如果舍死拼杀，一万个人也顶不上一个。《俗语典》

【一夫拼命，万夫莫敌】 意思是，如果一人豁出命来拼杀，其战斗力大无比。《昊天塔》一

【一夫当关，万夫莫开】 意思是，如果地势险要，一个英勇无敌的人守住关口，一万个人也攻不下来。唐朝李白《蜀道难》

【一人投命，足惧千夫】 意思是，一人舍命拼杀战斗，足可以威慑一千个敌人。《吴子兵法·励兵》

【一切反动派都是纸老虎】 毛泽东《和美国记者安娜·路易斯·斯特朗的谈话》："一切反动派都是纸老虎。看起来，反动派的样子是可怕的，但是实际上并没有什么了不起的力量。从长远的观点看问题，真正强大的力量不是属于反动派，而是属于人民。"

【一切帝国主义都是纸老虎】 毛泽东《在中共中央政治局武昌会议上的讲话》:帝国主义有两重性,一方面是真老虎,铁老虎,成百万人成千万人地吃;另一方面,“从本质上看,从长期上看,从战略上看,必须如实地把帝国主义和一切反动派,都看成纸老虎。从这点上,建立我们的战略思想。”

【人不犯我,我不犯人;人若犯我,我必犯人】 意思是,保持自卫的严正立场。别人不侵犯我,我也不侵犯别人;反之,如果别人侵犯我,就必然反击,坚决消灭它。

【人的因素第一】 意思是,人和武器相比,人是第一位的。因为武器是人制造的,需要人去掌握使用。同样的武器,人的素质不同,效果是绝对不同的。

【人民战争是无限的力量】 人民战争:全民动员,全民武装,全民参战的反侵略战争。共产党领导的抗日战争,是典型的人民战争。

【人有短长,气有盛衰】 意思是,人的才能各有长短,士气有强盛的时候,也有衰落的时候。《吴子兵法·励士》

【力不给则败,心不安则遁】 遁:逃跑。意思是,敌人精疲力竭就要败北,敌人军心惊慌不稳,就要逃遁。宋朝罗大经《鹤林玉露》卷十四

【力不足者守,力有余者攻】 意思是,战场一般规律是:力量不足时就防守,力量有余时就进攻,善战者都会掌握这个情况决定行动。唐朝李筌《太白阴经·人谋》

【上战无与战】 意思是,最高明的战略战术,是使世界上没有人敢与我作战。《六韬·军势》

【万里江山万里营】 营:军队营房。意思是,军人的天职是保卫国家,祖国哪里需要就在哪里安营扎寨。也比喻全民皆兵。

【三军之灾,莫过狐疑】 意思是,对三军的使用,狐疑不信任部下是最大的灾难。《六韬·军势》

【千章万句,以误之一句而已】 意思是,兵书千言万语,归纳起来,都超不出警惕多失以误这一句话而已。《唐太公李卫公问对·卷下》

【凡兵家之法,要在应变】 意思是,大凡兵家用的战法,关键是要根据战争、战场态势和情况随机应变,不可拘泥死守一法。明朝刘基《百战奇略·卷十·变战》

【分不分为縻军,聚不聚为孤旅】 意思是,在兵力部署上,应该分而不分的军队,是被束缚住的军队;想合而不能合的军队,叫做孤独之旅。《唐太公李卫公问对·卷下》

【不战而屈人之兵】 意思是,使用强大的军事态势和各种策略,使敌人畏怯而降服。《孙子兵法·谋攻篇》:"是故百战百胜,非善之善者也,不战而屈人之兵,善之善者也。"

【不教民战,是谓弃之】 意思是,如果不先对老百姓进行军事训练和教育,就叫他们去打仗,这就叫抛弃他们,等于拿他们去送死。《论语·子路》

【不从其瑕而攻之,天下皆强敌也】 意思是,作战不从最弱的地方进攻,那么,天下都是强敌了。《诸葛亮兵法·兵法》

【不可胜者守也,可胜者攻也】 意思是,不能战胜敌人时就守,可以战胜敌人时就攻。即攻守不是力量强弱的问题,而是综合条件分析,是否可以取胜为前提。《唐太公李卫公问对·卷下》

【不知其敌,每战必殆】 殆:危险。意思是,作战时对敌方情况不清楚,就很危险,盲目作战就可能失败。

【不打无准备之仗,不打无把握之仗】 意思是,战斗之前必须做好侦察、敌我双方兵力、武器、敌指挥员的性格等各方面的分析对比,部署、弹药、救护伤员、进攻、撤退、转移、战斗结束后的部署及其新情况的处置等诸方面的准备,做到有胜利的把握。否则,仗就不能打。也比喻做工作事前必须有充分的准备,有把握。毛泽东《论持久战》十大军事原则之第五条

【无兵无粮,因甚不降】投降逻辑。意思是,兵都拼光了,粮草也断绝了,还有何理由不投降呢?战争是残酷的,如果一味地讲客观,那还打什么仗呢?只有投降。为了完成任务,无兵无粮也要设法坚持战斗到底,直到战斗到最后一个人,这才是一个军人的价值。吴敬梓《儒林外史》第十回

【五指之更弹,不如卷手一桎】更:更替,变换。桎:撞击。意思是,用五个手指更替变换弹击,不如握紧拳头猛一击。比喻分散兵力被动抵挡,不如集中优势兵力猛攻一点。《淮南子·病略训》

【五行无常胜,四时无恒位】五行:指金、木、水、火、土。我国古代认为世界万物都是由金木水火土这五种物质构成的。五者相克相生。意思是,五行之中,没有哪一行是常胜的,春夏秋冬四季总是交替的,没有哪一季是固定不变的。比喻战法应该根据战场的实际态势和随时的变化而变化。《孙子兵法·虚实篇》

【五间俱起,莫知其道】五间:指五种间谍计谋。因间,用敌国的人做间谍;内间,用敌人的官吏做间谍;反间,利用敌人来的间谍,使他为我所用;死间,故意制造和泄露假情况给敌人间谍看,使其信以为真,传报给敌方,使敌人误判;生间,派出间谍打入敌人内部,获得情报后及时报告。把这五种间谍活动同时使用起来,使敌人摸不到我的规律和真实情况。《孙子兵法·用间篇》

【天时不如地利,地利不如人和】天时:指四季时间及其气候时机。地利:有利地势地物地貌。人和:人心所向及内部团结、士气。意思是,战争胜负有三个重要条件或因素,即天时、地利、人和,这三个因素其中最重要的是人和。《孟子·公孙丑下》

【天机不可泄露,隔墙防有耳】天机:指神秘的天意,最高机密。泄露:透露出去。比喻军事绝密绝对不能泄露出去。《水浒传》第八十五回

【见利则起,无利则止】意思是,见到有利就行动,不利就停

止。战争是敌我双方的行动,敌人也会如此,善战者总是在对我无利时,设法变不利为有利,这才是正确的选择,消极的“止”是要吃败仗的。唐朝李筌《太白阴经·人谋》

【见利不失,遭时不疑;失利涉时,反受其害】意思是,看到有利时机就不能错过,碰到好机会不能迟疑。失掉有利条件,错过大好时机,就会大受其害。唐朝李筌《太白阴经·人谋》

【以虞待不虞者胜】虞:意料,指准备。意思是,以有准备打没有准备的,有准备的可以取胜。《孙子兵法·谋攻篇》

【以逆抗顺,失败定论】意思是,倒行逆施的叛逆者抗拒顺应人民意志的惩罚,肯定要失败。《战国策·秦策一》:“以乱攻治者亡,以邪攻正者亡,以逆攻顺者亡。”

【以顺讨逆,所向无敌】顺:顺应民意和时代潮流。逆:与顺相对,倒行逆施,叛逆。意思是,顺应人民的意愿和社会时代发展潮流,讨伐倒行逆施的叛逆者,是所向无敌的,一定会胜利。

【以歼灭敌人有生力量为主要目标,不以占领地盘为主要目标】毛泽东《目前的形势和我们的任务》:“以歼灭敌人的有生力量为主要目标,不以保守或夺取城市和地方为主要目标。保守或夺取城市和地方,是歼灭敌人有生力量的结果,往往需要反复多次才能最后地保守或夺取之。”

【以治待乱,以静待哗】意思是,在战场上,掌握军心的方法,是用自己军队的严整等待敌军的混乱,保持自己部队的沉着冷静,等待敌军的喧哗鼓噪。《孙子兵法·军争篇》

【以近待远,以佚待劳,以饱待饥】佚:逸。意思是,在战场上,保持我军接近战地,等待敌军远道而来,保持我军安逸等待敌军的疲惫,保持我军的饱食,等待敌军的饥饿。这是掌握战斗力的方法。《孙子兵法·军争篇》

【以愚克智逆,以智克愚顺,以智克勇机】意思是,用愚蠢去战胜机智,是违背战争规律的;以机智去战胜愚昧,符合战争规

律;用机智去战胜勇敢,在于掌握时机。《诸葛亮兵法·将苑》

【水因地而制流,兵因敌而制胜】 意思是,水根据地势而形成流向,用兵要跟流水一样,根据敌人的情况而确定制胜的战法。《孙子兵法·虚实篇》

【宁可信其有,不可信其无】 意思是,对敌情情报不管是真是假,都应该当做真的来对待,以免麻痹,失去警惕而上当吃亏。冯梦龙《东周列国志》第三十二回

【宁我薄人,无人薄我】 薄:逼近。意思是,打仗的时候,宁可我的部队主动逼近敌军,也不能让敌军逼近我军。《左传·宣公十二年》

【未见利而战,虽众必败;见利而战,虽寡必胜】 意思是,没有见到有利因素就开战,虽然人多也必然要失败;看到有利后才去开战,虽然人少也必然能胜利。唐朝李筌《太白阴经·人谋》

【巧攻胜硬攻】 巧攻:运用谋略及其天时、地利、人和因素,采用灵活的战略战术进攻。硬攻:凭实力面对面地硬拼。意思是,运用智谋策略和巧妙的战术进攻,比依靠实力面对面地硬性拼杀要好。

【东方不亮西方亮,黑了南方有北方】 意思是,中国地域大,这里不行有那里,那里不行还有那里,总有回旋的余地。不能死守地盘,被动挨打。现代战争尤其要充分发挥中国多山的有利特点。

【出其不意,攻其不备】 意思是,在敌人意料不到的时候、地方出击,在敌人没有准备的情况下,采取突然袭击的战术进攻。《孙子·计篇》

【出其所必趋,趋其所不意】 意思是,出击进攻,要向着敌人行动不便的地方;进攻路线,要向着敌人意料不到的方向。《孙子兵法·虚实篇》

【长自己志气,灭敌人威风】 意思是,要从各方面树立自信

心,创造于已有利的气氛和气势,从而达到使敌人胆怯畏惧,威风不起来的一种心理态势。

【只有消灭敌人,才能保存自己】辩证军事家的积极军事观点。意思是,在战争中,敌我都想消灭对方,任何战争最终极的目的,是消灭敌人,最后取得胜利;在战争过程中,只有消灭敌人,才能保存自己;消灭敌人是第一位的,保存自己是第二位的;只有消灭敌人,才能有效地保存自己,因为敌人没有消灭,自己始终处于被消灭的危险,消灭了敌人,自己就减少了一个敌人;消灭了一个敌人,其他敌人就畏惧,削弱了战斗力,便于下一次消灭;自己信心、士气增强,战斗力提高,更能消灭敌人。如此良性循环,自然保存了自己。现代战争尤其如此。

【只有保存自己,才能消灭敌人】消极军事家的消极观点,与"只有消灭敌人,才能保存自己"相对。认为不保存自己就谈不上消灭敌人。但是,战争的双方总是要消灭敌方。不能消灭敌人,自己总是处在被消灭的处境,不利保存自己;一味地消极保存自己,势必破坏战斗力和部署,客观上激发了敌方的战斗力,自己增加了被消灭的危险;消极保存自己,在战术上往往失去战斗意志和决心,容易犯逃跑主义错误,自然消灭不了敌人;敌我总是处在彼消我长的动态状态,消极保存自己,势必把保存自己放在第一位,把消灭敌人放在第二位,这样,战术、战斗目的得不到贯彻实现,自然增强了最终必然被敌方消灭,保存不了自己。现代战争尤其如此。

【决定战争胜败的是人民,而不是一两件新式武器】毛泽东《和美国记者安娜·路易斯·斯特朗的谈话》:"原子弹是美国反动派用来吓人的一只纸老虎,看样子可怕,实际上并不可怕。当然,原子弹是一种大规模屠杀的武器,但是决定战争胜败的是人民,而不是一两件新式武器。"

【地之险易因人而险易,无险无不险,无易无不易】意思是,地形的险易是因人而异的，没有绝对险阻，也没有绝对不险阻的；没有绝对平易的，也没有绝对不平易的。唐朝李筌《太白阴经·人谋》

【多算胜少算，少算胜无算】 算：谋划，算计。意思是，作战多谋划胜于少谋划，少谋划胜于无谋划。《唐太公李卫公问对·卷上》：“太宗曰：‘孙子谓多算胜少算，有以知少算胜无算，凡事皆然。’”

【保存自己消灭敌人，相反相成】 毛泽东《抗日游击战争的战略问题》：“每一场战争都须付出代价，有时是极大的代价，岂非和‘保存自己’相矛盾吗？其实一点也不矛盾，正确点说，是相反相成的。因为这种牺牲，不但是为了消灭敌人的必要，也是为了保存自己的必要，一部分的暂时的‘不保存’（牺牲或支付），是为了全体的永久的保存所必须的。”消灭敌人和保存自己都是需要代价的。

【只能经过战争去消灭战争，不要枪杆子必须拿起枪杆子】 毛泽东《战争和战略问题》：“我们是战争消灭论者，我们是不要战争的；但是只能经过战争去消灭战争，不要枪杆子必须拿起枪杆子。”

【失道者寡助，得道者多助】 失道：非正义，失去人心军心。意思是，非正义战争，失去人心，也失去军心，就缺少支持帮助；合乎正义，就会得人心，就会得到各方面的支持和帮助。《孟子·公孙丑下》

【用兵斗智不斗多】 意思是，使用兵力要讲求谋略，智取，不能单纯靠多用兵力死拼。宋朝欧阳修《准诏言事上书》：“攻人以谋不以力，用兵斗智不斗多。”

【用诈还须识诈人】 诈：诈术。意思是，只有识诈的人才会使用诈术。因为战争双方都是高智商的群体之间的生死较量，都在使用计谋和诈术；而一方诈术的成败与否，不仅取决于自方使用，实施诈术的技术和运作上，而且更重要的是对敌方的全面详情的掌握程度上。

【用诈还逢识诈人】 意思是，使用诈术，要对识诈的人才能使用。这正是矛盾的对立统一特点的生动体现。因为遇到不识诈的莽撞家或骄横的强攻派，诈术使用不当，反受其害。如诸葛亮的"空城计"，如果遇到不管三七二十一"杀进去再说"的草莽家，诸葛亮岂不束手就擒？《三国演义》："第十七回：强中自有强中手，用诈还逢识诈人。"

【用兵之害，犹豫最大】 意思是，用兵的最大危害，是对战争的犹豫不决，是战还是不战，怎么战，下不了决心。《六韬·军势》

【用兵之道，先定其谋，乃施其事】 意思是，用兵打仗的规律，是先制定战胜敌人的计谋，然后才进行战争。《诸葛亮兵法·便宜十六策》

【用兵之术，知变为大】 意思是，用兵的战术，必须懂得随战争、战场的变化而变化战略战术为最重要。北宋许洞《虎铃经》卷一

【用兵之法，必先察吾士气，激吾胜气】 意思是，用兵的方法，一定要考察官兵，激发他们胜利的信心和士气。《唐太公李卫公问对·卷下》

【优势而无准备，不是真正的优势；劣势而有准备，可以打败优势】 毛泽东《论持久战》："优势而无准备，不是真正的优势，也没有主动。懂得这一点，劣势而有准备之军，常可对敌举行不意的攻势，把优势者打败。"

【军爱民，民拥军，军民团结一条心】 意思是，军民关系好是相互的，首先是军队热爱人民，人民就自然拥护军队。这样，军民就会团结一条心，战无不胜。

【军民一家人，无往而不胜】 意思是，军队和人民群众团结得像一家人一样，相互无彼此之分。这样的军队自然是战无不

胜的。

【军民鱼水情,无往而不胜】 意思是,中国人民解放军和人民群众之间是鱼水关系。

【军民团结如一人,试看天下谁能敌】 意思是,军队和人民团结得像一个人一样,就无敌于天下。

【军民联防,铁壁铜墙】 联防:军队和当地人民群众主要是民兵,联合执行边界防务。意思是,实行军民联防,就构筑了像铜墙铁壁一样牢固的国防线。

【军以奇计为谋,以绝智为主】 意思是,打仗要善于出奇制胜,用非凡的智慧进行策划为根本。《诸葛亮兵法·便宜十六策》

【军以粮食为本,兵以奇正为始,器械为用,委积为备】 意思是,军队作战,要以粮食供应保证为根本,以奇正用兵为原则,以各种军事器械、武器弹药等一切作战物资的委积为备。《诸葛亮兵法·便宜十六策》

【关起门来打狗,不若固疆防越】 原意是把狗关在屋里打,这样狗就跑不掉。抗日战争时期是一种打击日寇的战术,即把日寇引进布满地雷或有地道的村庄,封死村口和退路,使其无法逃遁,彻底消灭敌人。这只是敌强我弱,对付外敌侵入的一种被动战术,最好的办法是不让侵略者感肆意侵入,御敌于国门之外。

【守要守得住,攻要攻得下】 意思是,战斗目的要明确,每次防守或出击要达到战斗目的。

【守如铜墙铁壁,攻如破竹卷席】 意思是,防守要牢固得像铜墙铁壁一样坚不可摧,进攻要迅猛得想破竹卷席一样。《孙子·军争篇》:"其疾如风,其徐如林,侵掠如火,不动如山,难知如阴,动如雷震。"

【守则不足,攻则有余】 意思是,观察敌阵,如果是守,那是因为兵力不足;如果是攻,那是因为兵力有余,有打胜仗的有利条件和优势。

【至事不语，用兵不言】 意思是，对重大军事秘密问题，不可以语露，用兵的谋略不能言传，要绝对保密。《六韬·军势》

【在战略上藐视敌人，在战术上重视敌人】 意思是，在整体上，在本质上，从长远看，要藐视敌人，以建立必胜的信心和决心；在具体上，在客观上，在每一次战斗、战役上，要重视敌人，以保证战胜敌人。毛泽东《在各国共产党和工人党莫斯科会议上的讲话》："为了同敌人作斗争，我们在一个长时间内形成了一个概念，就是说，在战略上我们要藐视一切敌人，在战术上我们要重视一切敌人。"

【若我事得，则敌事败；若敌事得，则我事败】 意思是，攻守是敌我一个事情的两个方面，若是我得手，敌人便失败；敌人得手，我便失败。《唐太公李卫公问对·卷下》

【若爱未加，而独用峻法，鲜克济焉】 意思是，凡做将领的，先要和士卒友爱，建立感情，然后才可以对他们施行严明的军法。如果对部属没有一点恩惠，没有建立感情，而仅用严刑峻法，很少能达到目的。《唐太公李卫公问对·卷中》

【患兵者地，困敌者险】 意思是，妨碍军队行动的一个大患是地形不利，如高山、江河阻塞，而地势险要，我占领有利地形，能使敌人陷入困境。《孙膑兵法·威王问》

【师克在和不在众】 师：军队。克：克敌制胜。和：人和。众：兵多。意思是，军队打胜仗，在于内部团结，士气高，得民心，而不在兵多。《左传·桓公十一年》

【伤其十指，不如断其一指】 比喻把敌人击溃，虽然敌人受到重创，但却仍然保留其残余架子编制，它还可以重整旗鼓卷土重来，如十个指头都受了伤可以治愈一样；而消灭它一个建制，就如同砍掉一个手指一样，它就永远重整不了，就少了一个敌人。

【先人有夺人之心】 意思是，先发制人，就有夺取敌人的士气和作战的勇气。《左传·宣公十二年》

【先人者制人,后人者制于人】 意思是,先发制人,进攻在先,就能制服敌人,跟在人家后面被动应付,就会被敌方制服。《刘禹锡集·观博》

【先打分散和孤立之敌,后打集中和强大之敌】 意思是,先消灭弱敌,后消灭强敌。这样便于削弱敌人力量,增强自己的力量。毛泽东《目前的形势和我们的任务》

【先胜而后举,神明之道】 意思是,在战争未打响之前就经过了精细的胜利谋划,然后再开战,这是最神明的战斗方法。北宋许洞《虎铃经》卷一

【阵地就是生命】 阵地:指战场作战阵地。意思是,阵地像生命一样重要,必须坚守住,不能让敌人攻破,不能丢失。

【防乱于未乱,备急于未急】 意思是,在战乱还未发生前就有预防,在战争危急未到来之前就把战备做好,才能立于不败之地。宋朝许洞《虎铃经》

【两军相遇,勇者胜】 意思是,敌对的两支军队遭遇到一起,谁英勇不怕牺牲谁胜利。

【攻其无备,出其不意】 意思是,在敌人无防备时发起攻击,行动要迅速,使敌人出乎意料。《孙子兵法·计篇》

【攻如燎发,战似摧枯】 意思是,进攻要像火烧毛发一样快,战斗要像折断枯木一样坚决。《随书·音乐志下》

【攻守不同兼】 意思是,战术不能同时又是守又是攻。攻守不定,指战员目的不明,容易打乱仗,会造成失败。

【攻坚不畏难,畏难难更难】 攻坚:攻打敌方防备坚固,火力强大的地方。意思是,攻打敌军防备坚固,火力强大的阵地,要英勇果敢,不能有畏惧情绪。否则就难以攻坚了,反而要付出更惨重的代价。

【攻防两不误】 意思是,进攻不能误了防守,防守不能忘了进攻。要在进攻时防备敌人偷袭反攻,要在防守时,积极准备,抓住

战机随时向敌发动进攻。

【攻坚则瑕者坚,攻瑕则坚者瑕】 意思是,先攻击强大的敌人,则弱敌也变成了强敌;先攻击弱敌,强敌也变成了弱敌。《诸葛亮兵法·兵法》

【攻是守之机,守是攻之策】 意思是,进攻是防守的机要,即是最好的防守;防守是进攻的策略和准备,为进攻服务,不是消极防守。《唐太公李卫公问对·卷下》

【攻者必有攻其心之术,守者必也守吾气而有待】 意思是,进攻不仅是强攻硬打,还必须要有一套对敌的攻心战术;防守不仅是守住阵地,主要是把指战员的士气鼓得更足,以等待战机出击。《唐太公李卫公问对·卷下》

【投之亡地然后存,陷之死地然后生】 意思是,把部队置于不决死冲杀就会被消灭的地理态势,因而将士都能奋勇拼杀,最后才能取得胜利。《孙子·九地》

【运用之妙,存乎一心】 意思是,对战略战术运用得是否巧妙,全在于指挥员根据当时敌我双方及其地势等实际情况,随机应变,决定战法。《宋史·岳飞传》

【兵不厌诈,诈必坚营】 诈:对敌人进行诈骗,迷惑。意思是,用兵要不厌其烦地运用诈骗计谋迷惑敌人,但必须明白,诈术是在有后方充分准备和强大攻势做后盾的。

【兵无常势,水无常形】 意思是,军队没有保持不变的态势,就跟水没有固定的形态一样。《孙子兵法·虚实篇》

【兵之胜败,本在于政】 意思是,军事上的胜败,根本原因在政治问题上。《淮南子·兵略训》

【兵事以民为本】 兵事:军事。意思是,依靠人民,得到人民的热爱、拥护和支持,是军事的根本。明朝冯梦龙《东周列国志》第三十九回:“民生以德义为本,兵事以民为本。”

【兵马未到,粮草先行】 意思是,战争打响之前,首先要做好后勤保障,尤其是军队的粮食和军马的草料供应必须准备充足。现代战争后勤保障尤其重要。

【兵贵神速】 兵:军队、部队。神速:指作战中整体各个方面各个阶段的速度,都要火速。如集结、配合、调动、准备、行军、部署、战斗等都要速度快,抢时间,否则,落在敌人后面,就被动挨打。现代机械化加信息化、空天地一体化战争,尤其如此。《三国志·魏书·郭嘉传》

【兵出须名,振威暴昏】 意思是,出兵须要有名义,表明战争的目的性质,以振奋自己的威风,暴露敌方的昏乱和不义。南朝梁代刘勰《文心雕龙·檄移》:“故兵出须名,振此威风,暴彼昏乱。”

【兵有分有聚,各贵适宜】 意思是,作战时,兵力部署有分有聚,重要的是分聚都要根据作战的实际需要,分聚得适宜。《唐太公李卫公问对·卷下》

【兵形象水,因地制流】 意思是,兵的形态像水,按照地形而成流。比喻作战时,兵的作战态势如同水与地形的关系一样,是因整个敌我战场的态势形成的,并不是固定不变的。唐太公李卫《公问对·卷中》

【进不可迎于前,退不可绝于后】 意思是,善于指挥作战的指挥者,进击时,迫使敌军不敢阻挡;撤退时,不会被敌人切断后路。《孙膑兵法·善者》

【你打你的,我打我的,打得赢就打,打不赢就走】 毛泽东游击战术。意思是,发挥游击战的灵活性、主动性,有效性,以我为主,以消灭敌人有生力量为目的,不恋战。

【利用战役时间休整,不给敌喘息时间】 毛泽东《目前的形势和我们的任务》:“善于利用两个战役之间的间隙休息和整训部队。休整的时间,一般地不要过长,尽可能不使敌人获得喘息的时间。”

【诡道可使由之,不可使知之】 意思是,诡诈之术保密是绝对的法则,只能让人去做,而不能让他知道为什么,但要讲清任务和注意事项。《唐太公李卫公问对·卷下》

【敌进我退,敌驻我扰,敌疲我打,敌退我追】 毛泽东的游击战术,被称为"十六字令战术"。指在敌强我弱的情况下,以消灭敌人有生力量,避开敌人的优势,抓住战机,消灭敌人,保存自己为目的。《星星之火可以燎原》

【佯北勿从,锐卒勿攻】 意思是,对佯装溃退的军队,不要追赶,因为是计谋;对精锐的士气正旺的敌人不要硬攻。《孙子兵法·军争篇》

【审敌虚实,而避其危】 意思是,用兵必须审察敌人的虚实,根据敌情用兵打击他的薄弱之处,避免危势。《吴子兵法·料敌》

【受降如受敌,但须严备】 意思是,接受投降如同受敌攻击一样,因为假降也是一种诈术。必须严加防备,严格按照受降路线、方式方法、部署进行。不能忘乎所以,丧失警惕。《旧唐书·裴行俭传》

【知己知彼,百战不殆】 知己:熟知自己部队的情况,如兵力、武器装备、指战员特点、性格等。知彼:充分了解掌握敌人的情况。殆:危险。意思是,既知道自己的情况,又知道敌人的情况,作战一百次也不会出危险。《孙子·谋政篇》

【知己知彼,百战百胜】 意思与"知己知彼,百战不殆"同。其实,"知"还是取胜的一个重要条件,更重要的是"知"之后的实际认识和战术、对策是否正确合理,否则仍旧不能取胜。

【知己知彼,兵家大要】 意思是,作战要做到知己知彼,这是兵家最为重要的事。《唐太公李卫公问对·卷下》

【始如处女,后如脱兔】 比喻军队打仗,指战员开始要严肃认真,不可妄动;待战斗打响后,就要奋不顾身地向前冲杀。曹操《孙子兵法序》

【哀兵必胜】对敌斗争的一种策略。即以一种悲愤的斗争方式,既激发了内部的斗争情绪,又动摇震撼了敌人的空虚残酷心理,还取得了社会的同情和支持,所以必胜。

【乱生于治,怯生于勇,弱生于强】意思是,混乱是由严整、怯弱是由勇敢、弱小是由强大转化而来的。《孙子兵法 · 势篇》

【非计策无以决嫌定疑,非谲奇无以破奸息寇,非阴谋无以成功】意思是,不用心筹划就无法知道疑难,决定计策;不出奇制胜就无法破奸灭寇;不隐蔽企图就不能成功。《黄石公三略 · 中略》

【要立功,打先锋】意思是,要想立功受奖,就要冲锋在前。

【武器不是战争胜负的决定因素】毛泽东《论持久战》:"武器是战争的重要的因素,但不是决定的因素,决定的因素是人不是物。力量对比不是军力和经济力的对比,而是人力和人心的对比。军力和经济力是要人去掌握的。"

【胜兵先胜而后求战,败兵先战而后求胜】意思是,取胜的军队是先做好战争的准备,创造胜利的条件而后同敌人交战;失败的军队总是先交战而后寻求取胜的方法。《孙子兵法 · 形篇》

【举秋毫不为多力,闻雷霆不为耳聪】意思是,能举起秋毫的不算力大,能听见雷声的不算耳灵。比喻很容易取胜的而取得了胜利,不能算善于作战 。《孙子兵法 · 形篇》

【轻敌者必败】意思是,轻视敌人必然要打败仗。

【变动无常,因敌转化;不为事先,动而辄随】意思是,战争是变化无常的,战略战术要依据敌情而变化,不能按照事先规定不变,而要针对敌人的行动变化随机应变。《黄石攻略 · 上略》

【待敌者佚,趋战者劳】佚:逸。意思是,在战场上等待敌人的到来就安逸,急忙赶到战场匆匆应战就疲劳。《孙子兵法 · 虚实篇》:"凡先处战地而待敌者佚,后处战地而趋战者劳。"

【明修栈道,暗度陈仓】栈道:又名阁道,我国战国时在今川、陕、甘、滇省境内峭崖陡壁上凿孔架桥连阁而成的一种悬空道路,是当时西南地区的重要交通要道，主要用于当时的军事。渡：指越过。陈仓：古地名。意思是，楚汉相争时，刘邦表面派人修复栈道，做出要向南进军的样子，以迷惑敌人，暗地里却突然回兵攻下陈仓，然后向东重返咸阳。后比喻表面向南以迷惑敌人，暗地里却打个回马枪或攻占另一个地方。也泛比迷惑敌人的机密战术。元朝无名氏《气英布》第一折

【非大奥知微，不能御敌】 意思是，不通晓道理的深奥玄妙，就不能防御敌人。唐朝李筌《太白阴经人谋》

【胜者随道而修途，败者斜行而失路】 意思是，作战要先解决交通运输问题，胜者是利用道路而修坦途，失败者是不择路途而迷失方向。《诸葛亮兵法·便宜十六策》

【其疾如风，其徐如水】 意思是，在抢夺阵地，出击时，军队的行动要神速，像疾风那样迅猛；军队在以逸待劳迷惑敌人时，行动要缓慢，像树林那样徐徐摆动。《孙子兵法·军争篇》

【侵略如火，不动如山】 意思是，在进攻时，要像燎原之火那样猛烈；在坚守阵地时，要像泰山那样巍然屹立。《孙子兵法·军争篇》

【骄兵必败】 意思是，军队有骄傲心理或情绪，轻视敌人，不把敌人看在眼里，这样的军队必然要吃败仗。

【势如彍弩，节如发机】 彍：张满弓。节：控制进攻的时机和打击的距离力量。意思是，进攻的气势要像张满弩弓一样足，控制的进攻时机和距离的力量程度要像射箭一样准确有力。《孙子兵法·势篇》

【虽有智慧，不如乘势】 意思是，虽然有智慧谋略，不如抓住战机和有利态势乘胜追击。《孟子·公孙丑上》

【星星之火可以燎原】 意思是，一点火星可以发展成燎原大火。比喻革命力量现在虽然很小，但可以发展成席卷全国的伟大革命。

【瓮中捉鳖，手到防蜇】 比喻敌人被困死，无法逃跑，轻易就可以消灭，但必须小心，防止敌人拼死反抗。《水浒传》第十八回

【狭路相逢，勇者胜】 意思是，敌对两军在地势险要处遭遇，勇猛的一方取胜。双方力量相当是这样，但如果力量悬殊，则力量大的一方取胜。

【临阵磨枪，不战也慌】 意思是，平时毫无战备，待到敌人打到头上来了，再去准备，不用上战场，就惊慌失措了。

【敌不可易，时不可失】 易：轻视。意思是，对敌不可轻视，不可失去战斗时机。《战国策·秦策》

【敌实则我必以正，敌虚则我必以奇】 实：与虚相对，敌已做好备战。虚：与实相对，未做好战备。正：针对敌实而采用相应的战术。奇：与正相对。针对敌虚而采用奇袭的战术，目的都是保证战斗的必胜。

【事莫大于必克，用莫大于玄默，动莫大于不意，谋莫大于不识】 意思是，军事上最重要的莫过于取得战争的胜利，用兵上最要紧的莫过于神秘，行动上最要紧的莫过于出其不意，谋划最要紧的莫过于使敌人捉摸不透。《六韬·军势》

【战阵无常势，因敌以为形】 意思是，在战场上，进攻和防守没有固定的阵势，它是根据敌情来决定它的态势。唐朝李筌《太白阴经·人谋》

【敌佚能劳之，饱能饥之，安能动之】 意思是，敌人安逸就使它疲劳，敌人饱食就使它饥饿，敌人安定就使它慌乱动荡。《孙子兵法·虚实篇》

【敌弱以乱，敌强以治】 乱：扰乱它，用精兵攻击。治：用弱兵诱惑，用重兵攻击。意思是，当敌军弱时，就扰乱它，用精兵进行猛烈攻击；当敌军强大时，用弱兵引诱它，然后用车兵骑兵重型武器进行集中猛烈的突击围攻。《孙膑兵法·八阵》

【速乘其利，击其不意】 意思是，要乘有利之机，迅猛攻击敌

人料想不到的地方。《六韬·兵道》

【射人先射马，擒贼先擒王】王：首领，指挥官。意思是，打敌人的骑兵，要先射倒敌人的战马；捉拿侵犯国土的贼寇，先捉住贼寇的首领。唐朝杜甫《前出塞九首》

【高陵勿向，背丘勿逆】意思是，对占高地的敌军不要仰攻，对从高处向下冲击的敌军，不要正面迎击。《孙子兵法·军争篇》

【难知如阴，动如雷震】意思是，部队隐蔽意图时要如阴云遮蔽星辰一样，发起攻击时，要有雷霆万钧之势。《孙子兵法·军争篇》

【能守而后可战，能战而后可和】意思是，打仗要能守得住，才可以出战；能战胜敌人，然后才有讲和的条件。即以守保战，以战促和。清朝申涵煜《省心短语》

【诸子百策，走为上策】诸子：所有的军事家。百策：泛指一切策略。上策：最好的策略。意思是，没有别的办法，只有走。

【诸军负信，势必不振】负信：背信弃义。意思是，各路军队都背弃了信义，军队的士气必然低落不振。或者因为军队的士气不振，诸军就会背弃信义。《太平御览·兵部》

【谋能势成，谋拙势失】意思是，如果将帅的谋略很高明，有利的态势就能形成；如果将帅的谋划笨拙，就会失去有利的态势。唐朝李筌《太白阴经·人谋》："谋能势成，谋拙势失，则勇者怯。"

【将有六情，战有六法】将有六情：一是性情勇猛，勇敢不怕死的；二是性情急躁，急于求成的；三是名利思想强烈，贪功图利的；四是性情温柔，仁善而不残忍的；五是书生气重，有才智但胆小慎为的；六是善计谋，但多疑而优柔寡断的。战有六法：一是对付敌军勇敢不怕死的将领，可采取欺凌的办法，二是对付敌军总是急于求成的将领，采取久拖的办法；三是对付敌军贪功图利的将领，以施于小利的办法；四是对付敌军仁慈不残忍的将领，可采取使其烦劳的办法；五是对付敌军有才智而胆小的将领，使其陷入困境而威胁他的办法;六是对付敌军善计谋但寡断多疑的将领,采取突然打击的办法。意思是,根据敌军将领的特点,采相应的战法。《诸葛亮兵法·将苑》

【祸莫大于轻敌】 祸:指战败。意思是,打仗,没有比轻敌更大的灾祸了。先秦时代老子《道德经》

【欲攻敌,必先谋】 意思是,要向敌人发动进攻,必须先做好各个方面的谋划。三国魏曹操《孙子注·谋攻篇》

【集中绝对优势兵力,力求全歼不漏】 意思是,每次战斗,集中于敌二到五倍的力量,四面包围敌人,力求全歼,不使漏网。毛泽东《目前的形势和我们的任务》

【善行者无达迹】 行:行军。达迹:行军路线的痕迹。意思是,善于行军的将领,保密隐蔽工作做得很好,不让敌人知道一点部队行动的痕迹。《老子》

【善战者不羞走,羞走者不善战】 意思是,长于作战的军队,不以退走为羞耻;把退走看做羞耻的而该退走不退走的军队,不是善战的军队。即进退皆为战争态势和目的的需要来决定,一切要服从战争的目的。三国魏曹植《请招降江东表》

【善战者致人,而不致于人】 意思是,善于指挥作战的人能调动敌人,而绝不会被敌人调动。《孙子兵法·虚实篇》

【善者分敌而不相救,受敌而不相知】 意思是,善于指挥作战的将帅,能把敌军分离而相互不能救应,使敌军受到攻击而相互不知道情况。《孙膑兵法·善者》

【善攻者,敌不知其所守;善守者,敌不知其所攻】 意思是,善于进攻的军队,敌人不了解他守备的情况;善于防守的军队,敌人不知道从哪里进攻。《孙子·虚实篇》

【善守者,藏于九地之下;善攻者,动于九天之上】 九地:很深很秘密。九天:迅猛异常,惊天动地之势。意思是,善于防守的军队,能把自己的兵力隐藏得很深很秘密的地方;善于进攻的军队,

战斗神速猛烈，有惊天霹雳之势。《孙子兵法·形篇》

【善胜敌者，胜于无形】 意思是，善于战胜敌人的指挥员，在战争还没有形成时就已经取得了胜利。《六韬·军势》

【善战者，其势险，其节短，势如彍弩，节如发机】 势：战场阵势，攻势。节：战斗节奏，火候。彍弩：张满弓的弩。发机：弩发射箭的扳机。意思是，善于作战的人，他运用的阵势是很险的，他的节奏是很短的。他的进攻阵势像发射的强弩那样不可挡，他的攻势节奏像发射弩的机关那样快。《唐太公李卫公问对·卷中》

【强中更有强中手，用诈还逢识诈人】 意思是，在强人中还有更强的人；使用诈术，逢上识诈的人才起作用。这是人的心理矛盾的统一对立性的作用。《三国演义》第十七回

【避其锐气，击其惰归】 惰归：松懈疲惫，收兵时。意思是，善于用兵的人，总是避开敌人的锐气，等到敌人松懈，疲惫，快要收兵时，就去攻击他。《孙子兵法·军争》："善用兵者，避其锐气，击其惰归，此治气者也。"

【避之于易，邀之于厄】 易：指平坦开阔的地形。厄：指阻塞、狭隘之地形。意思是，如果遇到敌众我寡时，要与敌方避开在平坦宽阔的地形上交战，把敌人引诱到阻塞狭隘的地形上进行打击。《吴子兵法·应变》

【微隙在所必乘，微利在所必得】 意思是在战场上，敌方有微小的疏忽空隙之机，必须乘势利用；很微小的利益也必须得到，不能放过。《三十六计·顺手牵羊》

【震雷始于曜电，出师先乎威声】 曜：光曜，明亮。意思是，打雷从闪电开始，出兵先要传播声威。南朝梁代刘勰《文心雕龙·檄移》

4. 战争与和平

【一日违敌,累世为患】违敌:避开敌人,放走了敌人。累世:世世代代。患:祸患,灾患。意思是,一天把敌人放走了,就给世世代代留下了祸患。汉朝桓宽《盐铁论·击之》

【一日纵敌,数世之患】纵敌:不敢跟敌人作战,放走了敌人。数世:几代人。意思是,不敢同敌人作战,把敌人轻易放走了,就给几代人留下了祸患。《左传·僖公三十三年》

【一切进步的战争都是正义的,一切阻碍进步的战争都是非正义的】意思是,战争的性质有正义的和非正义的两种,推动人类社会进步的是正义的战争,阻碍人类社会进步的战争是非正义的。毛泽东《论持久战》

【大炮一响,黄金万两】意思是,战争要耗费巨大财力。

【大军之后,必有凶年】大军:大战。意思是,经过一场大战的灾难之后,一定会出现灾年荒年。先秦时代老子《道德经》

【上兵伐谋,其次伐交,其次伐兵,其下攻城】兵:前一个兵指战法,策略。后一个兵指用兵交战。意思是,最好的作战策略是以谋略战胜敌人,其次是用外交手段胜敌,再次是用交兵胜敌,最下等的办法是攻城。《孙子兵法·谋攻篇》

【才智不明,不能用兵】意思是,对部队的人才和智谋不了解,就不能指挥部队出征打仗。唐朝李筌《太白阴经·人谋》

【小国能打败大国,弱国能战胜强国】意思是,战争的胜败不是国家的大小强弱,而是战争的性质和国家人民对战争的态度。小国弱国只要是正义的,人民心齐奋勇,也能打败大国强国。

【忠实不明,不能知人】意思是,对部下的忠勇和诚实情况不明白,就不能算作有智慧的人。唐朝李筌《太白阴经·人谋》

【天下虽兴,好战必亡】意思是,国家虽然兴旺发达,但如果穷兵黩武,就必然会灭亡。《白居易·策林三》

【天下虽安,忘战必危】意思是,国家虽然安定了,太平无事,但如果产生了和平麻痹思想,忘记了备战,那就危险。《司马法·仁本》

【天时地利人和,虽胜不得有殃】意思是,天时、地利、人和,这三个条件都不具备,即便暂时取得了胜利,但还是会有后患,最终难逃失败的命运。《孙膑兵法·月战》

【天时不能祐无地之主,地利不能济乱亡之国】意思是,天时不能保佑没有国土的君主,地利不能帮助混乱即将灭亡的国家。唐朝李筌《太白阴经·人谋》

【不尽知用兵之害者,则不能知尽用兵之利】尽:依靠。用兵:战争,开战。意思是,别的解决办法没有,不得不选用战争。所以,不能了解用兵害处的人,就不能了解用兵的好处。《孙子兵法·作战篇》

【不战者在我,必战者在敌】意思是,战与不战,不取决于我,对我来说,有时不能战,有时必须战。但是,不战决定在我,可是,我不是敌的总司令,敌要战,我们不能叫他不战,所以,必战决定于敌人。《唐太公李卫公·卷下》

【无备者伤,穷兵者亡】意思是,打仗没有准备的必然受挫伤,穷兵黩武的必然要灭亡。《孙膑兵法·威王问》

【无恃敌之不至,恃吾之不可击】意思是,不要倚恃敌人不会来,而要倚恃我有充分的准备,使敌人无法进攻。《诸葛亮兵法·便宜十六策》

【以权术用兵,则天下不能敌】意思是,用奇妙的方法和手段带兵指挥打仗,就会无敌于天下。唐朝李筌《太白阴经·人谋》

【专一则胜,离散则败】意思是,部队上下同仇敌忾,齐心协力,就能取胜;反之,上下离心离德,各有打算,就要失败。《尉缭

子·兵令上》

【议之知其得失，诈之知其安危，计之知其多寡，形之知其生死。虑之知其苦乐，谋之知其善备】意思是，反复讨论可以知道有利的条件和不利的因素，用诈术欺骗敌人的行动可以判断其安危，筹算可以知道敌人兵力的多少，我方“示形”之后，根据敌人的反映可了解到敌人所据地形是生地或死地，侦察敌人可以知道它的士气，想办法可以了解到敌人的防备完善程度。《诸葛亮兵法·便宜十六策》

【兄弟不和，必遭外侮】兄弟：指民族内部和民族与民族之间。意思是，一个国家各个兄弟民族内部以及各个民族与民族之间，如果不团结，闹分裂，就必然要遭到外国的欺侮。

【乐兵者亡，利胜者辱】乐兵：指好战，轻率用兵；一说玩弄战争，穷兵黩武。利胜：指贪图胜利，以玩弄战争为荣耀。意思是，好战就会灭亡，贪图胜利就会失败。《孙膑兵法·见威王》

【用众在乎心一，心一在乎禁祥去疑】意思是，用兵在于众心一致，心齐在于禁止妖邪之说，除去狐疑不定的心理。《唐太公李卫公问对·卷下》

【用兵之道，在于人和】意思是，用兵的奥妙在于军队内部和军民之间的团结，得军心，得民心。《诸葛亮兵法·将苑》

【戎之用休，董之用威】意思是，要用劝阻来防备，要以威力来震慑，以避免战争。唐朝李筌《太白阴经·人谋》

【有备无患】备：准备。患：灾祸。意思是，事先做好准备，可以避免灾祸。《东周列国志》第七十八回

【有备则制人，无备则制于人】制：制约，制服。于：被制。意思是，有准备，就能制服别人，没有准备，就被别人制服。汉朝桓宽《盐铁论·险固》

【地利者为兵之助，犹天时不可恃】意思是，有利的地形是军队作战的辅助，这也像天时一样，不能依赖。唐朝李筌《太白阴

经·人谋》

【杀人一万,自损八百】意思是,杀伤了对方,自己也总要付出很大伤亡代价。《元史本纪》

【众未居胜,少未居败】意思是,军队众多不一定就能取得胜利,军队少也不一定就会失败。即胜败在于“道”。《孙膑兵法·客主人分》

【兵败如山倒】意思是,军队打了败仗,垮得就像山倒塌了一样快一样惨。

【兵匪一家,欺压百姓】意思是,旧时的军队都是乌合之众,特别是打败仗的逃亡部队,已经不是国家和民族的卫士而是军阀或少数富人的工具,比土匪有过之而无不及,跟土匪是一路货色,走到哪里只能欺压手无寸铁的百姓。

【兵贵胜,不贵久】兵:指作战。意思是,军队作战贵在速胜,而不利于持久。《孙子兵法·作战篇》

【兵贵为主,不贵为客,贵速不贵久】意思是,用兵以在本土作战为要,不以到远土作战为要;作战重要在时间短,不在时间长。《唐太公李卫公问对·卷中》

【兵不拘主客耻速,唯发必中节】主:在本土作战。客:在国外作战。意思是,用兵不必拘于主客和慢快,只要运用恰到好处,便能取得胜利。《唐太公李卫公问对·卷中》

【兵贵致人,非欲拒之】意思是,用兵贵在制服敌人,而不是阻止住敌人。如果从战略战术的需要,能阻止住敌人就把敌人阻止住,同样是制服敌人。《唐太公李卫公问对·卷中》

【兵势不行,敌国乃强】意思是,用兵之势已经形成而不讨伐,敌人就要强大。《六韬·上贤》

【兵不两胜,亦不两败】兵:指战争。意思是,战争只有胜和败之分,没有敌对两方都取胜的,也没有双方都失败的。《六韬·论将》

【兵强则灭,木强则折】 强:前一个强指逞强,黩武。后一个强指强大,死枯。用后句比喻前句。意思是,好用军事逞强,好战,就会跟大树死枯了一样要遭到砍伐摧折。先秦时代老子《道德经》

【以战去战,虽战可恃】 意思是,用战争的方法去消灭战争,即使要参加战争,这个战争是可以利用的。《商君书·画策》

【两叶不去,将用斧柯】 意思是,一棵芽孢刚长出两片叶子不去掉,等到长大了就要用斧子去砍了。比喻边疆问题不解决在萌芽状态,等到问题发展到严重状态时,就要费大力气解决了。《六韬·守土》

【两虎相斗,必有一伤】 比喻两个方面互相争斗、残杀,最后肯定有一方受到伤害。《三国演义》第六十二回

【两虎相斗,势不俱生】 比喻两方争斗、残杀,势必双方都要负出巨大伤亡。《史记·廉颇蔺相如列传》

【两国交战,不斩来使】 意思是,两个国家正在发生交战之时,虽然双方正处在敌对的战争状态,但是,不杀害对方派来的使者。

【玩火者必自焚】 焚:烧。比喻挑起战火事端的人,最后必然是自己受到战争的惩罚。通常是警告语。

【只有消灭了国家,才有人类永久和平】 毛泽东《中国革命战争的战略问题》

【只有动员群众才能进行战争,只有依靠群众才能进行战争】 毛泽东《关心群众生活,注意工作方法》

【军事家不能超过物质条件许可的范围外企图战争的胜利,然而可以在物质条件许可的范围内争取战争的胜利】 毛泽东《中国革命战争的战略问题》:“军事家不能超过物质条件许可的范围外企图战争的胜利,然而军事家可以而且必须在物质条件许可的范围内争取战争的胜利。”

【过高地估计敌人的力量是错误的，过低地估计人民的力量也是错误的】毛泽东《目前的形势和我们的任务》

【抗兵相若，哀者胜】抗兵相若：意思是敌对双方军力相当。哀：慈。也可以理解为将士之间感情深，所以对战场上牺牲者有着悲痛哀伤之情。意思是，敌对两军实力相当遭遇的时候，悲痛哀伤的一方就会激起无穷的战斗力，因此可以获得胜利。先秦时代老子《道德经》

【观电而惧雷壮，听声而惧兵威】意思是，看到闪电就害怕雷声的强烈，听到声威就害怕军队的威力。南朝梁代刘勰《文心雕龙·檄移》

【没有人民的军队，便没有人民的一切】军队是国家的保护神，是保护国家和平建设的柱石，是保护人民根本利益的武装力量。毛泽东《论联合政府》："没有一个人民的军队，便没有人民的一切。"

【法西斯主义就是战争】法西斯主义：法西斯制度 1922 年首先建立于意大利，1933 年德国和其他许多欧洲国家相继建立。其特征是消灭民主自由，摧毁一切社会进步组织，建立恐怖制度，支持侵略战争和政策，以便某一国称霸世界，奴役独立民族。其思想领域，鼓吹憎恨人类的强盗"哲学"和"道德"，其依据是"种族论"，把人类分成"卑贱"的"劣等民族"和"高贵"的"优等民族"。法西斯哲学家摈弃而且毁灭人类历史文化的伟大成就，宣扬兽性本能比人类理性优越，主张对"种族血统"的神秘崇拜和对"元首"的个人崇拜等。法西斯主义在第二次世界大战中遭到了彻底的失败，但在新的国际形势中，一种浓厚的霸权主义法西斯主义正在形成。这个问题不解决，第三次世界大战就不可避免。毛泽东《论持久战》

【国虽大，好战必亡；天下虽安，忘战必危】意思是，国家虽然很大，但是，如果好战，就必定灭亡；天下虽然安宁，但是，如果忘

记了备战,就必然危险。《唐太公李卫公问对·卷下》

【国不可从外治,军不可从中御】 中御:从中枢、中央摇制。意思是,治理国家不能受外国的干预控制,作战不能受中枢的遥制。《六韬·立将》

【取用于国,因粮于敌】 意思是,在出外作战时,军队的武器装备取于国内,粮草得之于敌区。《孙子兵法·作战篇》:"取用于国,因粮于敌,故军食可足也。"

【胜久则钝兵挫锐,久暴师则国用不足】 暴师:暴同曝,指军队在前方作战。意思是,作战应该速战速决,时间长了,就会使军队疲惫,锐气挫伤,甚至厌战;战争耗费就大,国家的开支费用就会不足。《孙子兵法·作战篇》:"其用战也,胜久则钝兵挫锐,攻城则力屈,久暴师则国用不足。"

【胜兵若以镒称铢,败兵若以铢称镒】 镒:一镒是二十四两。铢:一铢是二十四分之一两。意思是,得胜的军队对失败的军队就像用镒称铢一样,失败的军队对得胜的军队就像用铢称镒一样。比喻胜军对败军的藐视瞧不起的心理,败军畏惧胜军的恐惧心理。《唐太公李卫公问对·卷中》

【得其法则昌,失其法则亡】 意思是,节制之师的道理很深奥,得要领的就昌盛,不得要领的就灭亡。《唐太公李卫公·卷下》

【荧荧不救,炎炎奈何?】 意思是,星星的细火不及时扑灭,发展成熊熊大火怎么办?比喻边疆上发生小的军事摩擦冲突,必须及时化解,不然发展成一场战争就不好办了。《六韬·守土》

【指虚无之状,不可以决胜负】 意思是,信鬼神,搞卜巫之类的迷信,谁也看不见鬼神是什么样,这些虚无缥缈的东西,是不可以决定战争胜负的。唐朝李筌《太白阴经·人谋》

【春秋无义战,战国始统兼】 春秋:指中国春秋时代。义战:正义战争。意思是,春秋时代都是各个诸侯国家互相吞并的时

代,没有正义的战争。到了战国时代,开始了逐渐兼并统一的战争。《孟子·尽心下》

【师出必有名】师出:出兵,宣战。有名:有正当的理由,借口。意思是,宣战出兵攻打人家,必须有个正当的借口理由。《礼记·檀弓下》

【我们不但要有强大的正规军,我们还要大办民兵师】毛泽东《对新华社记者的谈话》:"帝国主义者如此欺负我们,这是需要认真对付的。我们不但要有强大的正规军,我们还要大办民兵师。这样,在帝国主义侵略我国的时候,就会使他们寸步难行。"

【亲民者胜,离民者败】亲民:国家热爱自己的人民,以民为本。离民:国家脱离人民,不关心维护人民的利益。意思是,一个国家如果热爱自己的人民,实行以民为本的理念,就可以战胜外敌,反之,在外敌入侵时,就要失败。

【拥护正义战争,反对非正义战争】正义战争:反侵略、反奴役、反压迫的进步战争。非正义战争:与正义战争相反,是侵略、奴役、压迫性质的战争。

【战争是流血的政治】毛泽东《论持久战》:"政治是不流血的战争,战争是流血的政治。"

【战无常胜】意思是,打仗不可能经常取胜,没有失败。《三国志·魏书·王昶传》:"国有常众,战无常胜。"

【战胜易,守胜难】意思是,取得一次战斗胜利容易,要守住这个胜利就很困难。《吴子兵法·图国》

【战争是政治的继续】毛泽东《论持久战》:"'战争是政治的继续',在这点上说,战争就是政治,战争本身就是政治性质的行动,从古以来没有不带政治性的战争。"意思是,政治进行不下去了,就使用战争的方式解决政治解决不了的问题,最后达到政治的目的。

【战争是政治的赌注】意思是,政治问题解决不了,就通过战争的方式解决。但是,战争的开始都是抱着胜利的强烈欲求,可战争最终的结局,总是有一胜一负,这就是一次流血的赌注。

【战争是最高的政治斗争形式】战争是一切政治形式和途径解决不了问题后所采取的流血形式,通过战争使问题得到解决。因此,战争是最高的政治斗争形式。毛泽东《中国革命战争的战略问题》

【战争是政策的另一种手段的继续】意思是,一种政策贯彻不下去,于是用战争的手段去扫除障碍,以达到贯彻这一政策的目的。

【战争引起革命,革命制止战争】意思是,帝国主义的侵略争霸战争,引起本国和被侵略蹂躏的人民的革命,消除侵略战争的国家机器,建立新的国家制度,从而制止战争。

【战争唤醒了人民,人民赢得了战争】意思是,战争的残酷和给人民带来的痛苦,使人们认识了战争的性质及对人类文明的破坏性,从而积极参加到战争正义的一方,战胜非正义一方,结束战争。

【战争的伟力之最深厚的根源,存在于民众之中】毛泽东《论持久战》:“战争的伟力之最深厚的根源,存在于民众之中。日本敢于欺负我们,主要的原因在于中国民众的无组织状态。克服了这一缺点,就把日本侵略者置于我们数万万站起来了的人民之前,使它像一匹野牛冲入火阵,我们一声唤也要把它吓一大跳,这匹野牛就非烧死不可。”

【战胜易,和胜难】意思是,打仗取胜容易,用和解的办法取得胜利困难。唐朝李筌《太白阴经·人谋》

【贵和重而人不尚战也】意思是,如果大家都能以和为贵,都把和看得最为贵重,那么,人们就不会崇尚战争了。反驳孔子的“和为贵”。唐朝李筌《太白阴经·人谋》

【真正的铜墙铁壁是群众】毛泽东《关系群众生活,注意工作方法》:“真正的铜墙铁壁是什么？是群众,是千百万真心实意地拥护革命的群众。这是真正的铜墙铁壁,什么力量也打不破的,完全打不破的。”

【罢去无益,则国可宁,罢去无能,则国可利】 意思是,不去打那些对国家没有好处的战争,这样国家就会有安宁;不去打那些没有能力去打的战争,则对国家是有利的。《诸葛亮兵法·便宜十六策》

【探候不谨,与无目同】 意思是,侦察兵不能进行周密的侦察,对敌人的情况掌握得不全不准,打起仗来,就如同没有眼睛一样。《诸葛亮兵法将苑》

【知奸之道,兵之本也】 奸:奸细,敌侦察兵、特务。意思是,掌握敌人的奸细、侦察、特务的情况,详细了解派遣奸细的道理,并善于运用它,是军队作战的根本。北宋许洞《虎钤经》卷三

【剑下无情义】 意思是,对敌人无情义可言,决不留情。

【剑寒敌蠢动】 意思是,剑放出闪闪寒光,预示着敌人在蠢蠢欲动。比喻敌情观念强,警惕性高。

【急急如漏网之鱼,忙忙如丧家之犬】 比喻敌人失败之后,残余分子惊慌失措,垂头丧气的狼狈样子。

【胜者王侯败者寇】 意思是,胜利了就称王称侯,统治国家;失败了,就无安身落脚之地,成了盗寇。

【胜败乃兵家常事】 意思是,打胜仗和打败仗,是兵家很平常很正常的事情,一点也不奇怪。《水浒传》第五十五回

【敌存灭祸,敌去招过】 意思是,有敌情存在,可以使人提高警惕,因而免除祸患;敌情没有了,容易使人产生和平麻痹思想,因而会招来过失。唐朝柳宗元《敌戒》

【敌人不投降,就叫它灭亡】 意思是,敌人顽固不放下武器,就坚决全部彻底消灭它。

【私有制引起战争,战争消灭私有制】 意思是,战争的根源是

私有制引起的,只要世界上存在私有制,战争就不可避免。私有制消亡了,战争也就不会有了。

【禁攻寝兵,救世之战】 寝:平息。兵:武器。泛指各种暴力行动。意思是,禁绝公伐,停止暴力行动,平息世上各类战争,解救人类的痛苦。《庄子·天下》

【富未居安,贫未居危】 意思是,国家富足未必就安全,国家贫困也不一定就危亡。即国家的安危在于"道"。《孙膑兵法·客主人分》

【善攻者不以兵革,善守者不以城郭】 意思是,善于进攻的,使敌人不知道从何处防守,善于防守的,使敌人不知道从哪里进攻。所以,善于进攻的人,不使用军队就可以使敌人降服;善于防守的人,不依托城郭之固使敌人无法攻克。《诸葛亮兵法·便宜十六策》

【强兵灭,伯兵绝】 强兵:黩武之兵。伯兵:霸权之兵。意思是,黩武之兵终究要灭亡,霸权主义之兵终究要断绝。唐朝李筌《太白阴经·人谋》

【黑暗即将过去,曙光即在前头】 黑暗:指侵略、反动战争乌云。曙光:指和平光明。意思是,现在正处在困难的时候,胜利很快就要到来。毛泽东《目前形势和我们的任务》

【静以理安,动以理威】 意思是,部队驻扎时,要考虑到安全,部队行动时,要有雄壮的军威。《诸葛亮兵法·便宜十六策》

【篱笆不是墙,挡鸡挡猪不挡狼】 意思是,篱笆没有墙坚固高大,挡家畜还可以,挡野兽不行。比喻对敌人不光要团结,还要强大。

【黩武之众易动,惊弓之鸟难安】 黩武:好战,好炫耀武力。动:冲动。安:安定。意思是,好战好炫耀武力的国家,很容易冲动,就跟惊弓之鸟一样,难于安静下来。《晋书·王鉴传》

【黩武穷兵,祸不旋踵】 意思是,穷兵黩武,灾祸就不远了。

明朝刘基《百战奇略·卷十·好战》

5. 三十六计

【三十六计】 最早见于《南齐书·王敬则传》,何时累聚成卷册,尚无准确年代和作者可考。全计共分六套:胜战计,攻战计,并战计,敌战计,混战计和败战计。每套又各分为六计,总共三十六计。前三套是处于优势之计,后三套是处于劣势之计。各计都有解语,有不少是用八卦阴阳变理,推演成为兵法的刚柔、奇正、虚实、主客、进退和攻守的变化,有朴素的军事辩证法。解语后面有"按",按语里多引证宋代以前的战例和孙子、吴起、尉缭子等兵家的精辟语句。集中了中国古代兵家不少的奇谋方略。

总说六六三十六,数中有术,术中有数。阴阳变理,机在其中。机不可设,设则不中。意思是,6 乘 6 等于 36,在筹算中求出策略,而策略又依赖于周密的计算。这就是用相反的原理——阴阳变理的运用。作战策略就是这样制订的。机谋不可勉强安排,勉强安排就注定失败。

第一套　胜战计

【第一计,瞒天过海】 备周则意怠,常见则不疑。阴在阳之内,不在阳之外。太阳,太阴。意思是,认为防备万分周到的,就容易松劲懈怠;平时看惯了的东西,往往就不再怀疑了。秘计隐藏在暴露的事物里,而不是和公开的形式相排斥。非常公开的往往蕴藏着非常机密的东西。

【第二计,围魏救赵】 共敌不如分敌,敌阳不如敌阴。意思是,树敌不可过多,对敌要各个击破,对现时还不忙于消灭的,要隐蔽我们的意图。

【第三计，借刀杀人】 敌已明，友未完，引友杀敌，不自出力，以损推演。意思是，作战对象已经确定，而朋友的态度还不稳定，要诱导朋友去消灭敌人，避免消耗自己的力量。施用“损”卦推理演算。

【第四计，以逸待劳】 困敌之势，不以战，损刚益柔。意思是，控制敌方力量发展的命脉来扼杀他，而不采取进攻战的形式，这就是“损刚益柔”原理的演用。

【第五计，趁火打劫】 敌之害大，就势取利，刚决柔也。意思是，敌方的危机很大，就乘机取利，用优势力量攻击软弱的，占领他的阵地，掠取他的军需。

【第六计，声东击西】 敌志乱萃，不虞，坤下兑上之象；力其不自主而取之。意思是，敌人乱撞瞎碰，摸不清情况，这是《易经》萃卦上所说的“坤上兑下”的混乱征状。必须利用敌方失去控制力的时机给以消灭。现代理解是，佯攻或给敌以假象，要进攻东面或这个地方，而实际是进攻西面或那个地方。

第二套　敌战计

【第七计，无中生有】 诳也，非诳也，实其所诳也。少阴，太阴，太阳。意思是，无中生有是运用假相，但不是弄假到底，而是使假相变真相。大小假相，掩护真相。即给敌人“没有”的假相以蒙蔽敌人，使敌人放松麻痹，这时突然变成“有”，以给予迅雷不及掩耳之势的攻击。

【第八计，暗度陈仓】 示之以动，利其静而有主，益动而巽。意思是，故意在一个地方暴露行动，利用敌方固守的时机，突然主动偷袭。明修栈道，暗度陈仓即为一战例。

【第九计，隔岸观火】 阳乖序乱，阴以待逆。暴戾恣睢，其势自毙。顺以动豫，豫顺以动。意思是，敌人内部分裂，秩序混乱，我便等待他发生暴乱，那时敌人穷凶极恶，翻目仇杀，势必自行灭亡。我要根据敌人的变动做好准备;做好准备之后,还要根据敌人的变动而行动。

【第十计,笑里藏刀】信而安之,阴以图之;备而后动,勿使有变:刚中柔外也。意思是,用一切可能的计策,使敌人相信我方,并使其麻痹松懈,我则暗中策划,充分准备,机会一到,立即动手,使他来不及应变。这是暗中厉害,表面柔和的策略。

【第十一计,李代桃僵】势必有损,损阴以益阳。意思是,当局势发展对我必然有所损失的时候,要舍得局部的损失,以换取全局的优势。这如同壁虎用断尾的办法而迷惑敌手得以逃生的道理一样。

李代桃僵:见《乐府·鸡鸣篇》:桃树生长在露井上,李树生长在桃树的旁边,虫子来啮吃树根,结果把李树的根吃掉了而僵死,却保护了桃树,使桃树得以保持生命。树木尚且能以身相代替死,兄弟之间还要忘记手足之情吗?

【第十二计,顺手牵羊】微隙在所必乘,微利在所必得。少阴,少阳。意思是,作战时,敌军在运动时,一定有很多漏洞。这时,对敌微小的漏洞,也要必须利用;微小的利益,也必须获取。变敌人小的疏忽,为我方小的胜利,积小胜为大胜。

第三套　攻战计

【第十三计,打草惊蛇】疑以叩实,察而后动。复者,阴之谋也。意思是,敌方兵力不暴露,必然隐藏着很大的阴谋,不可冒失前进。应该普遍地搜索他的前锋。所以,对敌有怀疑就要侦察实情,实情完全掌握了再行动。反复侦察是发现暗藏敌人的必须策略。

【第十四计,借尸还魂】有用者,不可借。不能用者,求借。借不能用者而用之,匪我求童蒙,童蒙求我。意思是,对敌方有用的不可以利用,怕的是我不能控制它;不能利用的却要去利用,因为我完全能控制它。利用不能用的而控制它,目的不是我受别人的支配,而是我支配别人。比喻历史上改朝换代时,纷纷扶植亡国君主的后代;把兵借给别人,并代替别人进行攻击或是防御的,都属于“借尸还魂”的计谋。

【第十五计,调虎离山】待天以困之,用人以诱之,往蹇来反。意思是,敌方占据着有利地形,并有坚固的攻防工事,这时,不能强攻。要用人为假象去诱骗它,把敌人调出来;等到天时、地利对敌方不利时再去围困它,发起进攻。往前有危险,就返身离开。

【第十六计,欲擒故纵】逼则反兵,走则减势。紧随勿迫,累其气力,消其斗志,散而后擒,兵不血刃。需,有孚,光。见《易经·需》:“需,有孚,光亨贞吉。”即不进逼敌人,并让它相信,这对战争是有利的。意思是,逼得敌人无路可走,就会遭到拼命地反扑。所以,故意让它逃走,紧紧地跟踪敌人,但不要逼迫它,借以消耗敌人的体力和士气。等敌人的兵力分散了,疲惫不堪了,再行加以捕捉。这样用兵可以避免流血。不进逼敌人,并让它相信,这对战争是有利的。诸葛亮对孟获的七纵七擒计谋便是一例。但是,这不符合作战的要求,特别是战场上俘获敌首,是不可轻易放掉的。

【第十七计,抛砖引玉】类以诱之,击蒙也。意思是,用类似敌人喜得的东西,用似是而非的方法,去引诱迷惑敌人,使敌人懵懂受骗上当,或被引出军事基地,或进入埋伏,然后见机发动进攻歼之。

【第十八计,擒贼擒王】摧其坚,夺其魁,以解其体;龙战于野,其道穷也。意思是,要完全战胜敌人,不能满足于小的胜利,要抓住战机,彻底地摧毁敌人的主力,擒获他的首领,借以粉碎他的战争机构,这是一场激烈的总决战。

第四套　混战计

【第十九计,釜底抽薪】不敌其力,而消其势,兑下乾上之象。

意思是，锅里的水其所以沸腾，是因为灶里有火的力量，而火是柴禾烧得旺的结果。那么，把柴火从灶里抽出来，水自然就不能沸腾了。比喻敌人力量很强大，气势很旺，我力量上不能战胜敌人。这种情况下，我可以用攻心战术，动摇敌人军心，破坏敌人的士气；同时，抓住时机，集中绝对优势兵力，突然袭击捣毁敌人一薄弱部分，瓦解他的气势。这就是《易经》兑下乾上的履卦上所说的“柔履刚”的办法。

【第二十计，混水摸鱼】乘其阴乱，利其弱而无主。随，以向晦入宴息。意思是，在动乱不定的局面下，存在几种冲突的力量。弱小的依从谁或是反对谁，都还没有确定，敌人又多是蒙蔽而没有察觉。这时，我方应乘敌人内部混乱之机，利用敌方还是弱小而又没有主见，可用软硬兼施，许以诺言的策略，使他随从我，像人随着天时吃饭、休息一样。

【第二十一计，金蝉脱壳】存其形，完其势；友不疑，敌不动；巽而止蛊。巽：谦让。意思是，当同友军联合对敌作战时，要仔细察明敌人的态势。如果发现别处有敌人，必须保持原来的阵势，分兵去迎击。这样，保存阵地的原形，造成强大的声势，但要使友军不怀疑，使敌人也不敢贸然进犯，而我却可以隐蔽地击破另外一支敌军。“金蝉脱壳”就是在对敌作战时，暗中抽走精锐部队去袭击别处敌人的奇谋。

【第二十二计，关门捉贼】小敌困之。剥，不利有攸往。出自《易经·剥》：剥，落也。以阴剥阳，以小人损君子，是小人道长，君子道消，小人侵害君子，故君子不利有攸往。大意是，有剥落之象的，虽然弱小，也能突然变得刚强起来，因而对他不利于急追远赶。意思是，对付小股弱小的突然来袭的敌人，要加以包围、歼灭；如果敌人垂死挣扎，玩命违抗，从后边急追远赶，那是很不利的。抗日战争中，中国人民创造了“关门打狗”的战术，把小股日寇引进村里，然后封锁村口，围而歼之，使日寇丧魂落魄。

【第二十三计，远交近攻】 形禁势格，利从近取，害以远隔。上火下泽。意思是，当战局处于扭转不利的形势时，要考虑阻止敌人发展的趋势，攻取附近的地方就有利，攻击较远的地方就不利。《易经·睽》说：火苗向上冒，池水向下流，志向不同，也可以用利益和他结交；邻近的不要和他结交，结交了，反而会使变乱发生在近处。现代已进入信息化，天、空、地，海、陆、空一体战争时代，地球已经变得很小，远、近的概念已经变得很小。“远攻近稳”很重要，美国采取的就是这个战略。

【第二十四计，假道伐虢】 两大之间，敌胁以从。我假以势。困，有言不信。假道伐虢：春秋时，虞、虢二国毗邻，都靠近晋国。晋国久有并吞它们的野心，于是，僖公二年，晋国采取荀息的策略，先用名马、宝玉买通了虞公，借道给晋兵攻打虢国。虢国灭亡后，僖公五年，晋国从虞国回军，乘虞国不备，转手突袭虞国，轻而易举地把虞国也消灭了。困，有言不信：《易经·困》卦说：对处在困迫状况下的国家，光空谈而没有行动，是不会被它信任的。意思是，对处在两个强大敌人中间的国家，敌人胁迫它屈从时，我方却假作援救它，立即假道出兵，以取得他的信任。待消灭了前一个敌对国家后，转手再消灭所谓被援助的国家。这种做法，在今天的信息时代，会立即遭到全世界的谴责。搞不好，众叛亲离，自己搬起石头砸自己的脚，得不偿失。

第五套　并战计

【第二十五计，偷梁换柱】 频更其阵，抽其劲旅，待其自败，而后乘之。曳其轮也。曳其轮《易经·即济》：“初九，曳其轮。”《经解》：“前有险，众皆兢济，初能曳而止之，所谓见险而能之，休离明故也。”轮流代替之义。可解为，先拖住它，然后再代替他。意思是，用计谋多次变动敌人的阵容，把他的主力调开，等待他自行败阵，然后用谋以主力进攻他。《易经·即济》卦说：“先拖住敌人，然后再替换他。”

【第二十六计，指桑骂槐】 大凌小者，警以诱之。刚中而应，行险而顺。意思是，强大的慑服弱小的，要用警告的方法来诱导他。《易经·师》卦说：适当的强硬，可以得到拥护，施用险诈，可以得到顺从。这是对付不服从调动指挥的部将的办法，即从反面责备别人，借以暗中警告他，迫使他服从。部将到了这等地步，即便达到调动的目的，也很难打胜仗。

【第二十七计，假痴不癫】 宁伪作不知不为，不伪作假知妄为；静不露机，云雷屯也。云雷屯：见《易经·屯》：“象曰：云雷屯，君子以经纶”《周易姚氏学》解：“冬雷藏地中，至春乃激薄而出。”这里可解作：迅猛激烈的云雷藏于地里。意思是，宁可假装不知道而不行动，不可假装知道而轻举妄动。要沉着，不要泄露一点机密，就像迅猛激烈的云雷，在冬季藏于地下般的平静。

【第二十八计，上屋抽梯】 假之以便，唆之使前，断其援应，陷之死地。遇毒，位不当也。意思是，用小利去引诱敌人，故意露出破绽，使敌人深入我方，然后选择有利时机，断绝敌人的前应和后援，使他完全处于死地。就如同让人家上房后，立即抽掉梯子，让他下不来一样。也说“过河拆桥”。敌人这样的下场，《易经·嗑》卦上说得好：“抢吃腊肉的磕掉了牙，怪自己的动作不当。”

【第二十九计，树上开花】 借据布势，力小势大。鸿渐于陆，其羽可用为仪也。意思是，借别人局面布成阵势，兵力弱小的看来阵容也显得强大。即把精锐部队布置到友军的阵地上，造成强大的声势以慑服敌人。这就像用假花布置在树上，像真的一样，以假相威慑敌人。《易经·渐》卦说：“鸿雁飞向大陆，全凭它羽毛丰满的双翼助长气势。”

【第三十计，反客为主】 乘隙插足，扼其主机，渐之进也。意思是，有空子就要插脚进去，扼住他的主脑机关。要循次而尽：受人差使的是奴隶，受人尊敬的是客人；不能站稳脚跟的，是暂时的客人,能站稳脚跟的是长久的客人;长久当客人而不能主管事情的是卑贱的客人,能主管事情并逐渐抓住大权的就变成主人了。所以,反客为主的局势:第一步是要争取当客人的身份;第二步要会找空子;第三步要随机插脚进去;第四步要掌握大权;第五步就变成主人了。

第六套　败战计

【第三十一计,美人计】兵强者,攻其将。将智者,伐其情。将弱兵颓,其势自萎。利用御寇,顺相保也。意思是,对兵力强大的敌人,就要用美人计攻击他的将帅;将帅明智的,就打击他的情绪。将帅斗志衰弱,部队士气消沉,他的气势必定自行萎缩。《易经·渐》卦说,利用敌人内部严重的弱点,来控制敌人,可以有把握地保存自己的实力。例如春秋末年,越王勾践被吴国打败后,便用美女西施和国内的贵重财宝来取悦吴王夫差,使其贪图安逸享受,放松警惕;而越王勾践却卧薪尝胆,暗中练兵,乘机出兵,一举打败了吴国。英雄难过美人关,美人计是用不爽。

【第三十二计,空城计】虚者虚之,疑中生疑;刚柔之际,奇而复奇。意思是,空虚的就让它空虚,使人更加难以揣测;在进攻和防御中运用空虚的战术来隐蔽自己的空虚,亦发显得用兵出奇。空城计只能对识计者使用,同时,必须是真正的计谋,而且要计后有计,而不是被动的。否则,遇到鲁莽的取胜心切的将领,就要反受其殃。

【第三十三计,反间计】疑中之疑,比之自内,不自失也。意思是,在疑局中再布置一层疑局,促使敌人互相猜疑、嫉妒,诱使敌方的间谍离间敌人。这样,等于是敌人来援助我,而我不会受到损失。如三国“蒋干中计”便是一例。

【第三十四计,苦肉计】人不自害,受害必真。假真真假,间以得行。童蒙之吉,顺以巽也。童蒙之吉,顺以巽也:引自《易经·蒙》。《周易·诀义》卷一解:六五童蒙吉者,而处尊,不自任察。但委付于二,不劳己之聪明,犹如童稚之人,自可获吉。如成王委用周公之义。这里意思是,顺着敌人的性子活动,敌人被蒙骗得像小孩一样。意思是,利用人不自己害自己的心理,便认为受迫害必然是真的。这样,假的变真,真的变假,间谍便乘机活动,获取假情报,还误以为真。《易经·蒙》卦说:把他骗得乖乖的,顺着他活动。

【第三十五计,连环计】将多兵众,不可以敌,使其自累,以杀其势。在师中吉,承无宠也。在师中吉,承天宠也:见《易经·师》:将帅用兵不偏不倚,正确而无讹错,那是得到天神的相助。意思是,敌军兵力强大,不能靠硬打,应当运用谋略,使他们自相牵制,借以削弱它的力量。《易经·师》卦说:"将帅靠指挥不偏不倚,惯打胜仗的就是用兵如神。"例:庞统诈降曹操,怂恿曹操把战船用铁锁勾连起来,便于用火焚烧。战争打起来,结果遭到对方用火攻,战船被大火烧着,又互相连接,解不开,致使战船互相燃烧。遭到惨败。

【第三十六计,走为上】全师避敌,左次无咎,未失常业。走为上:是在劣势条件下的一计。意思是说当处在劣势的时候走是上策,不是说"走"是三十六计中最高明的一计。左次无咎,未失常业:见《易经·师》。经解:"此量敌而后进,虑胜而后悔者。"这里可解作:根据情况,以退为进,这是合乎正常的用兵法则的。意思是,善进攻者必善退却。当态势对我极为不利时,不能死打硬拼,而采取全军退却,甩开敌人,以退为进,待机破敌。这是不违背正常作战法则的。